D1693507

Buch-Updates
Registrieren Sie dieses Buch auf unserer Verlagswebsite. Sie erhalten dann Buch-Updates und weitere, exklusive Informationen zum Thema.

Galileo
Buch Update

Und so geht's
> Einfach www.galileocomputing.de aufrufen
<<< Auf das Logo **Buch-Updates** klicken
> Unten genannten **Zugangscode** eingeben

Ihr persönlicher Zugang zu den Buch-Updates: 126224001636

Jörg Schmidt

Tabellenkalkulation mit OpenOffice.org 2.3 – Calc

Galileo Press

Liebe Leserin, lieber Leser,

wir freuen uns, dass Sie sich für die 2., aktualisierte und erweiterte Ausgabe dieses Buches entschieden haben.

Wenn Sie grundlegende Kenntnisse in der Tabellenkalkulation mitbringen und die Funktionen kennen lernen wollen, die OpenOffice.org 2.3 Calc dafür zur Verfügung stellt, werden Sie von diesem Buch profitieren. Haben Sie bislang mit Microsoft Excel gearbeitet, so werden Sie hier über die wesentlichen Unterschiede der beiden Programme informiert und erhalten Hilfestellung bei Problemen des Umstiegs. So lautet eine typische Rezension zur 1. Auflage:

»*Dieses Buch stellt eine nützliche Anschaffung dar, wenn man sich mit dem Gedanken trägt, von »MS Excel« auf »Calc« umzusteigen. Man bekommt für einen fairen Preis die aktuellste Version der Office Suite als auch einen umfangreichen und kompetent aufgemachten Ratgeber für die ersten Schritte, aber auch das nötige Know-how, um komplexe Arbeitsabläufe zu organisieren.*«
media-mania.de 12/2006

Besonders das Modul Calc hat in der Version 2.3 einige wichtige Neuerungen erfahren. Hervorzuheben sind wesentliche Verbesserungen des Chart-Moduls, aber auch die Unterstützung von Matrix- bzw. Array-Konstanten in Formeln, neue Tabellenfunktionen oder die Browservorschau für den HTML-Export. Ein Umstieg lohnt sich mit Sicherheit!

Dieses Buch wurde mit großer Sorgfalt begutachtet, lektoriert und produziert. Sollten sich dennoch Fehler eingeschlichen haben oder Fragen auftreten, zögern Sie nicht, mit uns Kontakt aufzunehmen. Sagen Sie uns, was wir noch besser machen können. Ihre Anregungen und Fragen sind jederzeit willkommen.

Viel Spaß beim Lesen wünscht

Ihre Judith Stevens-Lemoine
Lektorat Galileo Computing

judith.stevens@galileo-press.de
www.galileocomputing.de
Galileo Press · Rheinwerkallee 4 · 53227 Bonn

Auf einen Blick

	Vorwort	11
1	Einleitung	15
2	Schnelleinstieg	43
3	Die Programmumgebung	59
4	Das Tabellendokument	81
5	Diagramme	153
6	Formeln und Funktionen	205
7	Funktionen im Detail	255
8	Makros in Calc	381
9	Spezielle Arbeitstechniken	429
10	Hinweise für Nutzer von MS Excel	463
A	Glossar	477
B	Wichtige Internetadressen	483
C	Formelindex für OpenOffice.org Math	491
D	Tastaturkombinationen	507
E	Das OpenDocument-Format	517
F	Der Inhalt der DVD	523
	Funktionen	525
	Index	531

Der Name Galileo Press geht auf den italienischen Mathematiker und Philosophen Galileo Galilei (1564–1642) zurück. Er gilt als Gründungsfigur der neuzeitlichen Wissenschaft und wurde berühmt als Verfechter des modernen, heliozentrischen Weltbilds. Legendär ist sein Ausspruch *Eppur se muove* (Und sie bewegt sich doch). Das Emblem von Galileo Press ist der Jupiter, umkreist von den vier Galileischen Monden. Galilei entdeckte die nach ihm benannten Monde 1610.

Gerne stehen wir Ihnen mit Rat und Tat zur Seite:
judith.stevens@galileo-press.de bei Fragen und Anmerkungen zum Inhalt des Buches
service@galileo-press.de für versandkostenfreie Bestellungen und Reklamationen
stefan.krumbiegel@galileo-press.de für Rezensions- und Schulungsexemplare

Lektorat Judith Stevens-Lemoine
Korrektorat Holger Schmidt, Bonn
Cover Barbara Thoben, Köln
Titelgrafik Barbara Thoben, Köln
Typografie und Layout Vera Brauner
Herstellung Iris Warkus
Satz SatzPro, Krefeld
Druck und Bindung Koninklijke Wöhrmann B.V., Zutphen, Niederlande

Dieses Buch wurde gesetzt aus der Linotype Syntax Serif (9,25/13,25 pt) in FrameMaker. Gedruckt wurde es auf fein holzhaltigem Naturpapier.

Bibliografische Information der Deutschen Bibliothek
Die Deutsche Bibliothek verzeichnet diese Publikation in der Deutschen Nationalbibliografie; detaillierte bibliografische Daten sind im Internet über http://dnb.ddb.de abrufbar.

ISBN 978-3-8362-1113-0

© Galileo Press, Bonn 2008
2. Auflage 2008

Das vorliegende Werk ist in all seinen Teilen urheberrechtlich geschützt. Alle Rechte vorbehalten, insbesondere das Recht der Übersetzung, des Vortrags, der Reproduktion, der Vervielfältigung auf fotomechanischem oder anderen Wegen und der Speicherung in elektronischen Medien. Ungeachtet der Sorgfalt, die auf die Erstellung von Text, Abbildungen und Programmen verwendet wurde, können weder Verlag noch Autor, Herausgeber oder Übersetzer für mögliche Fehler und deren Folgen eine juristische Verantwortung oder irgendeine Haftung übernehmen. Die in diesem Werk wiedergegebenen Gebrauchsnamen, Handelsnamen, Warenbezeichnungen usw. können auch ohne besondere Kennzeichnung Marken sein und als solche den gesetzlichen Bestimmungen unterliegen.

Inhalt

Vorwort		11

1 Einleitung — 15

1.1	OpenOffice.org – Programm und Projekt	15
	1.1.1 Wie entstand OpenOffice.org?	15
	1.1.2 Das Programm OpenOffice.org	16
1.2	OOo 2.3 – was ist neu?	18
1.3	Neuerungen und Verbesserungen in Calc 2.3	19
1.4	Einige Hinweise zur Installation	20
	1.4.1 Systemvoraussetzungen	20
	1.4.2 Vorbereitungen	21
	1.4.3 Installation unter Windows	22
	1.4.4 Installation unter Linux	30
	1.4.5 Notwendige weitere Installationsschritte	31
1.5	Portable OpenOffice.org	39
1.6	Wo gibt es Hilfe?	40

2 Schnelleinstieg — 43

2.1	Neues Tabellendokument erzeugen	43
2.2	Daten eingeben	44
2.3	Berechnungen	48
2.4	Tabelle formatieren	50
2.5	Diagramm erstellen	52
2.6	Diagramm in Impress nutzen	55

3 Die Programmumgebung — 59

3.1	Ein Blick auf die Programmoberfläche	59
	3.1.1 Grundsätzliches	59
	3.1.2 Wesentliche Elemente des Anwendungsfensters	60
3.2	Das Menü und die Symbolleisten	65
	3.2.1 Menüleiste (Menüs) konfigurieren	65
	3.2.2 Symbolleisten	66
	3.2.3 Menü- und Symbolleisteneinstellungen im Dokument speichern	70
3.3	Die Einstellungen im Dialog »Optionen«	74

Inhalt

3.4		Fenster »Gallery«, »Navigator«, »Formatvorlagen« und »Datenquellen«	75
	3.4.1	Allgemeines	75
	3.4.2	Die Gallery	76
	3.4.3	Der Navigator	78
	3.4.4	Das Fenster Formatvorlagen	78
	3.4.5	Das Fenster »Datenquellen«	78

4 Das Tabellendokument — 81

4.1	Vorlagen in Calc		81
	4.1.1	Das Konzept der Vorlagen in OpenOffice.org	81
	4.1.2	Formatvorlagen erstellen und bearbeiten in Calc	82
	4.1.3	Dokumentvorlagen	91
	4.1.4	Vorlagen verwalten	96
	4.1.5	Hierarchien bei Vorlagen	99
	4.1.6	Themen und Autoformat	104
4.2	Tabellen und Zellen		106
	4.2.1	Grundlegendes	106
	4.2.2	Tabellen	106
	4.2.3	Zellen	109
4.3	Tabellen drucken		131
	4.3.1	Vorgehensweise beim Drucken	131
	4.3.2	Seitenvorlagen sind unerlässlich	132
	4.3.3	Weitere Einstellungen	135
	4.3.4	Druckvorgang starten	137
4.4	Exportieren und Importieren von Dokumenten		138
	4.4.1	Als PDF exportieren	138
	4.4.2	Speichern und Importieren verschiedener Formate	145
4.5	Weitere Objekte in Calc-Tabellen		146
	4.5.1	Grafiken einfügen	146
	4.5.2	Andere Objekte einfügen	147

5 Diagramme — 153

5.1	Funktionsverbesserungen und neue Funktionen in Chart2		153
5.2	Zentrale Einstellungen für Diagramme		157
	5.2.1	Grundfarben	157
	5.2.2	Schraffuren, Farbverläufe und Bitmapmuster	159
5.3	Erstellen eines Diagramms		162
5.4	Anpassen des Gesamtdiagramms		166
	5.4.1	Markieren und Editiermodus	166

	5.4.2	Größe ändern, kopieren, verschieben und löschen	167
	5.4.3	Spezielle Möglichkeiten beim Verschieben und Kopieren	169
	5.4.4	Sonstige Anpassungen	173
5.5	Anpassen des Diagramminhalts		174
	5.5.1	Allgemeines	174
	5.5.2	Diagrammtitel, Untertitel und Titel der Achsen	176
	5.5.3	Diagrammachsen und Gitter	177
	5.5.4	Diagrammfläche und Diagrammwand	179
	5.5.5	Datenbereiche bearbeiten	180
	5.5.6	Datenreihen und Datenpunkte	183
	5.5.7	3D-Diagramme	184
5.6	Diagrammvorlagen?		187
5.7	Ein xy-Diagramm mit Regressionsgeraden		189
5.8	Ein animiertes Diagramm		193
5.9	Die verschiedenen Diagrammtypen		194
	5.9.1	Säulen- und Balkendiagramme	194
	5.9.2	Flächendiagramme	195
	5.9.3	Liniendiagramme	196
	5.9.4	Kreisdiagramme	196
	5.9.5	xy-Diagramme	197
	5.9.6	Netz-, Kurs- und Säulen/Linien-Diagramme	197
5.10	Statistik in Diagrammen		198
	5.10.1	Mittelwert und Fehlerindikatoren	198
	5.10.2	Regression	200

6 Formeln und Funktionen ... 205

6.1	Grundlagen		205
6.2	Formeln eingeben		206
	6.2.1	Formeln per Tastatur eingeben	206
	6.2.2	Der Funktions-Assistent	208
	6.2.3	Die Funktionsliste	213
6.3	Fehler		214
	6.3.1	Allgemeine Eingabefehler	214
	6.3.2	Fehler in Formeln	217
	6.3.3	Fehler in Formeln finden	219
6.4	Probleme bei Zahlen, Zeitwerten und Texten		222
	6.4.1	Allgemeines	222
	6.4.2	Daten	223
	6.4.3	Der 29.02.1900 – ein ganz besonderer Tag	226

	6.4.4	Uhrzeiten	228
	6.4.5	Import von Einzelwerten und Dateien	230
6.5	Matrixformeln		235
	6.5.1	Einführung	235
	6.5.2	Mit Matrizen rechnen	239
6.6	Entwicklung komplexer Formeln		240
6.7	Benutzerdefinierte Funktionen		245
	6.7.1	Einführung	245
	6.7.2	Organisation von Makros in OpenOffice.org	246
	6.7.3	Benutzerdefinierte Funktionen schreiben	250

7 Funktionen im Detail 255

7.1	Kategorien und Funktionen im Überblick		255
7.2	Die Operatoren		258
7.3	Datenbankfunktionen		260
	7.3.1	Allgemeines	260
	7.3.2	Erläuterungen zu den Funktionen	262
7.4	Datums- und Zeitfunktionen		266
	7.4.1	Allgemeines	266
	7.4.2	Berechnen und Auswerten von Daten	267
	7.4.3	Berechnen und Auswerten von Zeiten	275
7.5	Finanzmathematische Funktionen		277
	7.5.1	Allgemeines	277
	7.5.2	Abschreibung von Gütern	277
	7.5.3	Zinsrechnung	281
	7.5.4	Wertpapierfunktionen	287
7.6	Informationsfunktionen		294
7.7	Logikfunktionen		300
7.8	Mathematische Funktionen		303
	7.8.1	Grundrechenarten	303
	7.8.2	Funktionen zum Runden	307
	7.8.3	Potenzrechnung und Logarithmus	308
	7.8.4	Trigonometrische Funktionen	310
	7.8.5	Sonstige mathematische Funktionen	314
7.9	Matrixfunktionen		317
	7.9.1	Einführung	317
	7.9.2	Die einzelnen Matrixfunktionen	319
7.10	Statistikfunktionen		325
	7.10.1	Regressionsfunktionen	325
	7.10.2	Sonstige	327

7.11	Tabellenfunktionen		345
7.12	Textfunktionen		354
7.13	AddIn–Funktionen		363
7.14	MEHRFACHOPERATION()		379

8 Makros in Calc ... 381

8.1	Allgemeines		381
8.2	Makros aufzeichnen und ausführen		382
	8.2.1	Aufzeichnung und Wiedergabe kurz erklärt	382
	8.2.2	Verschiedene Arten, ein Makro zu starten	388
8.3	Hello World		392
8.4	Makros manuell erstellen oder bearbeiten		394
	8.4.1	Einige Worte zu Beginn	394
	8.4.2	Makros in OpenOffice.org	395
	8.4.3	Makros als Extensions weitergeben	399
8.5	Codebeispiele für Calc-Makros		401
	8.5.1	Dokumente	401
	8.5.2	Tabellen in Calc	404
	8.5.3	Zeilen, Spalten und Zellen	405
	8.5.4	Zellnotizen auslesen	408
	8.5.5	Calc mit VBA fernsteuern	409
	8.5.6	Objekte analysieren	410
	8.5.7	Dialoge in Makros	412
	8.5.8	Bedingte Formatierung mit mehr als drei Bedingungen	419
	8.5.9	Das ODF-Dateiformat nutzen	422

9 Spezielle Arbeitstechniken ... 429

9.1	Externe Verknüpfungen		429
	9.1.1	Einzelne Zellen (Zellbereiche) verknüpfen	429
	9.1.2	Komplette Tabellen verknüpfen	433
	9.1.3	Verknüpfungen zu Online-Inhalten	434
	9.1.4	Verknüpfungen bearbeiten	436
9.2	Calc als Datenbank		437
	9.2.1	Tabellen erstellen	437
	9.2.2	Filtern und Sortieren von Listen	439
	9.2.3	Liste in Datenbank überführen	443
9.3	Kreuztabellen in Calc		445
9.4	Teilergebnisse		447
9.5	Konsolidieren		451

9.6	Zielwertsuche und Szenarien	452
9.7	Formularfelder nach PDF exportieren	457

10 Hinweise für Nutzer von MS Excel 463

10.1	Einleitung	463
10.2	Was ist generell zu beachten?	464
10.3	Hinweise zu einigen typischen Problemen	465
10.4	Sicherheitsaspekte	470

Anhang 475

A	Glossar		477
B	Wichtige Internetadressen		483
	B.1	Hier können Sie Fragen stellen	483
	B.2	Ergänzende Materialien	484
	B.3	Makros und Programmierung	487
	B.4	Sonstiges	489
C	Formelindex für OpenOffice.org Math		491
	C.1	Unäre/binäre Operatoren	491
	C.2	Relationen	492
	C.3	Mengenoperatoren	493
	C.4	Funktionen	494
	C.5	Operatoren	496
	C.6	Attribute	497
	C.7	Klammern	498
	C.8	Formatierungen	500
	C.9	Griechische Buchstaben	501
	C.10	Sonstiges	503
D	Tastaturkombinationen		507
	D.1	Allgemeine Hinweise	507
	D.2	Tastaturkombinationen für OpenOffice.org	509
	D.3	Tastaturkombinationen für Calc	511
	D.4	Tastaturkombinationen für Chart	514
	D.5	Tastaturkombinationen für Math	515
E	Das OpenDocument-Format		517
F	Der Inhalt der DVD		523

Funktionen	525
Index	531

Vorwort

Seitdem vor etwa zwei Jahren die Version 2.0 von OpenOffice.org erschien, hat die gesamte Entwicklung des Projekts an Dynamik gewonnen. War es damals zum Teil noch so, dass OpenOffice.org als sympathischer Außenseiter betrachtet wurde, so hat sich dieses Bild inzwischen gewandelt. OpenOffice.org wird als ernsthafte Alternative wahrgenommen.

Diese Entwicklung ist auch damit zu erklären, dass in der Öffentlichkeit neben rein technischen Parametern auch Chancen wahrgenommen werden, die aus der Tatsache resultieren, dass OpenOffice.org unter OpenSource-Lizenz entwickelt wird. Zunehmend wächst gerade in Unternehmen das Bewusstsein, dass freier Quellcode, offen dokumentierte Schnittstellen und Anlehnung an allgemeine, herstellerunabhängige Standards, wichtige strategische Faktoren darstellen.

Das vorliegende Buch soll helfen, einen Einblick in OpenOffice.org Calc zu gewinnen. Es vermittelt notwendige Grundlagen im Umgang mit Calc, greift wichtige Themen vertiefend auf und gibt Rat für Umsteiger von MS Excel. Eingeflossen sind sowohl meine Erfahrungen, welche ich in etwa vier Jahren Beteiligung am OpenOffice.org-Projekt gewonnen habe, als auch Erkenntnisse aus meiner beruflichen Praxis.

Ohne die Hilfe und Unterstützung vieler Projektmitglieder und von Partnern aus dem beruflichen Umfeld wäre die Entstehung dieses Buches schwerlich möglich gewesen. Viele waren bereit, meine Fragen geduldig zu beantworten und mich umfassend zu unterstützen, wofür ich mich an dieser Stelle bedanken möchte. Ein herzlicher Dank gilt ebenfalls meiner Lektorin, Judith Stevens-Lemoine, und dem gesamten Team von Galileo Press für die angenehme Zusammenarbeit.

Nun wünsche ich viel Spaß beim Lesen und Erfolg bei der Arbeit mit Calc!

Jörg Schmidt
joesch@calc-info.de

Zeichenerklärungen und Hinweise

Im vorliegenden Buch dienen Symbole der schnelleren Orientierung, insbesondere der Kenntlichmachung wichtiger Zusammenhänge. Verwendet werden folgende Symbole:

[»] **Hinweis**
Hier erhalten Sie nähere Erläuterungen zur entsprechenden Thematik bzw. Erklärungen zu weitergehenden Zusammenhängen.

~ (Umstieg) **MS Excel (MS Office)**
Dieses Symbol kennzeichnet Informationen, die spezifisch für Umsteiger von MS Excel sind. Die gegebenen Informationen sind gültig für Excel-Versionen ab 97; betrifft eine Information nur bestimmte Versionen, finden Sie einen gesonderten Hinweis.

[+] **Tipp**
Hier erhalten Sie Tipps, die Ihnen die Arbeit erleichtern können.

[o] **CD-ROM**
Das CD-Symbol verweist auf die Buch-CD. Sie finden dort Dateien, auf die im Text verwiesen wird.

Beispieldateien können in verschiedenen Dateiformaten vorliegen, beachten Sie, dass sich inhaltlich gleiche Dateien beim Öffnen in verschiedenen Versionen von OpenOffice.org Calc verschieden verhalten können.

Beachten Sie auch, dass teilweise vorhandene Excel-Dateien (*.xls) sich beim Öffnen in MS Excel anders als beim Öffnen in Calc verhalten können. Sich ergebende Unterschiede sind somit teils zwangsläufig, teils beabsichtigt. Es kann daher notwendig sein, die Dateien in MS Excel zu öffnen, damit Unterschiede zu Calc deutlich werden; hierzu können Sie ggf. auch den bei Microsoft kostenlos erhältlichen Excel-Viewer verwenden.

Mit der Weiterentwicklung von OpenOffice.org gibt es immer wieder Veränderungen bei spezifischen Begriffen. Oftmals wurden in früheren Versionen von OpenOffice.org verwendete Begriffe auf allgemeinere Begriffe angepasst, um das Verständnis von Umsteigern zu erleichtern. Ein typisches Beispiel ist die erfolgte Umbenennung des *Stylisten* in *Formatvorlagen*.

Im Text werden im Allgemeinen die derzeitig bei Calc gebräuchlichen Begriffe verwendet, was nicht in allen Fällen bedeuten muss, dass die Verwendung der Begriffe dem Wortsinn entsprechen muss, noch dass eine »Begriffskompatibilität« zu anderen Programmen zwingend ist. Ein typisches Beispiel ist hier der Begriff *Tabelle*, der im Umfeld von Calc gebräuchlicher als der von MS Excel-Nutzern verwendete Begriff *Tabellenblatt* ist. Beide Begriffe meinen inhaltlich jedoch dasselbe. An Stellen, wo es besonders darauf ankam, Zusammenhänge zu verdeutlichen, wurden teils auch anschauliche Begriffe verwendet, die sich nicht zwingend mit den allgemein üblichen Begriffen decken müssen.

Einige im Computerumfeld gebräuchliche Begriffe werden als bekannt vorausgesetzt bzw. nur einmalig kurz erläutert. Es kann sich auch um Begriffe handeln, welche die Notwendigkeit einer bestimmten Vorgehensweise bezeichnen. Beispielsweise meint der Begriff »*klicken Sie*« natürlich »*machen Sie einen Einfachklick mit der primären Maustaste*«.

Eigennamen von Funktionsparametern, Variablen, Dialognamen usw. sind im Text *kursiv* hervorgehoben. **Fette** Textstellen im Fließtext bezeichnen meist Befehle oder Schaltflächenbeschriftungen, teilweise jedoch auch wichtige Begriffe. In Calc verwendbare **Formeln** sind in einer eigenen Schriftart wiedergegeben und somit von allgemeinen (mathematischen) Formelausdrücken unterschieden.

Die im Text genannten Internetadressen wurden zum Zeitpunkt der Manuskripterstellung sorgfältig auf Erreichbarkeit geprüft. Bedingt durch die Spezifiken des Mediums Internet kann leider nicht grundsätzlich garantiert werden, dass die Adressen dauerhaft aktuell sind.

Sollte eine der genannten Adressen also nicht (mehr) erreichbar sein, nutzen Sie die allgemeinen Informationsquellen zu OpenOffice.org, um in Erfahrung zu bringen, wo die gesuchten spezifischen Informationen aktuell erreichbar sind.

Dieses Kapitel gibt einige grundlegende Informationen zu OpenOffice.org sowohl in Hinblick auf das Programm als auch auf das Projekt. Weiteres Material zu entsprechenden Details ist auf der Buch-CD verfügbar.

1 Einleitung

1.1 OpenOffice.org – Programm und Projekt

1.1.1 Wie entstand OpenOffice.org?

Der Ursprung von StarOffice und somit letztlich auch von OpenOffice.org liegt in Deutschland. Hier entwickelte Marco Börris in den Achtzigerjahren des letzten Jahrhunderts zunächst die Textverarbeitung StarWriter und später – nach Gründung der Firma StarDivision – eine komplette OfficeSuite, die unter dem Namen StarOffice vertrieben wurde.

Die US-amerikanische Firma Sun erwarb im Jahre 1999 die Firma StarDivision und somit gleichzeitig alle Rechte am Programmpaket StarOffice. Anschließend brachte Sun zwar noch die Versionen 5.1a bis 5.2 von StarOffice heraus, entschloss sich jedoch im Jahre 2000 zur Freigabe des Quellcodes von StarOffice und rief damit das Projekt OpenOffice.org ins Leben.

Ziel von Sun war es, mit der Freigabe des Quellcodes von StarOffice eine führende OfficeSuite zu entwickeln. Besondere Schwerpunkte waren hierbei die Multiplattformfähigkeit, die Verwendung freier Dateiformate basierend auf einem XML-Dateiformat sowie offen dokumentierte Schnittstellen.

Bis zum heutigen Tag betreut Sun dieses Projekt federführend und ist damit auch bei weitem wichtigster Unterstützer des OpenSource-Projekts OpenOffice.org. Gar nicht wegzudenken ist jedoch die Arbeit vieler Freiwilliger, die sich für OpenOffice.org engagieren. Dieser freiwilligen, unentgeltlichen Mitarbeit haben sich weltweit Menschen verschrieben, die mit hohem persönlichen Einsatz das Projekt vorantreiben und es so ermöglichen, dass OpenOffice.org immer besser wird. Auch Sie können das Projekt unterstützen, sei es in Form persönlicher Mitarbeit oder durch indirekte Unterstützung.

Die erste offizielle Version von OpenOffice.org (1.0) wurde im Mai des Jahres 2002 vom Projekt OpenOffice.org herausgegeben. Gleichzeitig erschien Star-

Office 6.0, das nunmehr auf OpenOffice.org basierte und eine kommerzielle Version von OpenOffice.org darstellt. StarOffice unterscheidet sich von OpenOffice im Wesentlichen nur dadurch, dass es zusätzliche Vorlagen sowie lizenzpflichtige Zusätze z. B. eigene Rechtschreibwörterbücher enthält. StarOffice und OpenOffice.org sind somit im Kern völlig identisch.

Besonders auf dem Linux-Desktop erwarb OpenOffice.org schnell eine führende Stellung. Seit Herausgabe der ersten Version von OpenOffice.org wurde das Paket ständig weiterentwickelt und liegt nunmehr in Version 2.3 vor.

1.1.2 Das Programm OpenOffice.org

Vorteile von OpenOffice.org

Ein ganz wesentlicher Vorteil von OpenOffice.org ist die Tatsache, dass es auf verschiedenen Betriebssystemen (Windows, Linux, Solaris, Macintosh) lauffähig ist und damit in heterogenen Umgebungen den uneingeschränkten Austausch von erstellten Dokumenten ermöglicht. Gerade bei kommerzieller Verwendung ist diese Tatsache von hoher Bedeutung, weil dadurch Kosten von Nutzerschulungen verringert und Unsicherheiten bezüglich zukünftiger Entwicklungen gemindert werden.

OpenOffice.org ist auch von den Kosten her interessant, einmal weil es lizenzkostenfrei oder in Form kommerzieller Versionen (z. B. StarOffice) zu einem sehr günstigen Preis zur Verfügung steht, und zum anderen, weil OpenOffice.org auch auf älteren Betriebssystemen und damit auf kostengünstiger Hardware läuft. Dieser Kostenaspekt kann gerade bei Firmenneugründungen eine besondere Bedeutung haben, wobei Sie natürlich nicht vernachlässigen dürfen, dass zusätzliche Kosten anfallen werden.

Sicherlich mag der Aspekt, dass OpenOffice.org sozusagen »kostenlos« erhältlich ist, für viele Privatanwender von großer Bedeutung sein, nur andererseits wäre es falsch, diesen Aspekt als Hauptkriterium zu sehen, denn auch die »inneren« Werte von OpenOffice.org sind überzeugend. Der Autor des vorliegenden Buches ist der Meinung, dass eine OfficeSuite heutzutage ein so unverzichtbares Arbeitsmittel ist, dass der Kostenaspekt für sich allein betrachtet nicht der Grund Ihrer Entscheidung für oder gegen eine bestimmte Software sein sollte. Sobald Sie OpenOffice.org erst einmal kennengelernt haben, werden Sie jedoch sehen, dass auch der Leistungsumfang überzeugen kann.

Im Firmenumfeld ist OpenOffice.org ebenfalls keine schlechte Wahl und eine ernsthaft zu erwägende Alternative. Bedenken Sie vor allem, dass die häufig bestehende Unsicherheit bezüglich eines Betriebssystemwechsels hierbei völlig beseitigt werden kann. Es ist problemlos möglich, zum Beispiel Windows-

Umgebungen »sanft« auf Linux umzustellen, ohne dass zusätzliche Aufwendungen für Schulungsmaßnahmen bezüglich der Office-Software anfallen. Außerdem verringern Sie zukünftige Abhängigkeiten von einzelnen Herstellern und setzen auf offen dokumentierte Standards und Schnittstellen, was die Zukunftssicherheit ebenfalls erhöht.

> OpenOffice.org verwendet seit Version 2.0 das *OpenDocument-Format* (ODF) als Standardformat. ODF bezeichnet offene Formate für Office-Dateien und wurde von der OASIS (Organization for the Advancement of Structured Information Standards) spezifiziert.
>
> Seit 2006 ist OpenDocument von der ISO (International Organization for Standardization) **als internationale Norm (ISO/IEC 26300) anerkannt**. Weitere Informationen finden Sie im Anhang.

[«]

Die Entwicklung von OpenOffice.org schreitet unübersehbar voran und die Community wächst, zumal sich neben Projektbegründer und Hauptsponsor Sun Microsystems zunehmend weitere Firmen, sowohl in spezifischen Projekten als auch generell an der Entwicklung beteiligen, beispielsweise Novell, Google, IBM und Intel.

Zum jetzigen Zeitpunkt hat die Anzahl der Downloads von OpenOffice.org die 100 Millionen Grenze überschritten und OpenOffice.org gewinnt immer größere Marktanteile. In Deutschland wächst – ausgehend von vielen Migrationsprojekten der öffentlichen Hand – auch die Anzahl kommerzieller Nutzer. Nicht nur kleine und mittlere, sondern auch große Firmen erkennen zunehmend das Potenzial von OpenOffice.org, namentlich auch in strategischer Perspektive.

OpenOffice.org ist OpenSource

Ein Aspekt, der für OpenOffice.org spricht, erwächst aus der Tatsache, dass es sich um ein OpenSource-Programm handelt, Sie also den Quellcode jederzeit einsehen können. Entscheidend dabei ist, dass diese Einsicht in den Quellcode ein aus der Lizenz, unter der OpenOffice.org vertrieben wird (LGPL – *GNU Lesser General Public Licence*), erwachsenes Recht Ihrerseits ist. Sie müssen also niemanden darum bitten, den Code einsehen zu dürfen. Falls Sie es möchten, können Sie (unter Beachtung der Lizenzen) den Quellcode auch beliebig verändern und OpenOffice.org somit in eigene Programme einbinden.

Als Normalnutzer mag Ihnen die Möglichkeit der offenen Einsicht in den Quellcode vielleicht etwas abstrakt hinsichtlich ihrer praktischen Bedeutung erscheinen, aber bereits für kleine Firmen kann diese Tatsache von Bedeutung sein.

Eine Überlegung hierbei betrifft den Sicherheitsaspekt: Denn auch wenn Sie selbst keinen Einblick in den Quellcode nehmen möchten, können Sie doch sicher sein, dass niemand versuchen wird, schädlichen Code in das Programm einzuschleusen. Sollten Sie OpenOffice.org (oder darauf basierende Entwicklungen) in sicherheitsrelevanten Bereichen einsetzen wollen, können Sie sich davon überzeugen, dass der Code nichts im Hintergrund tut, was die Sicherheit gefährden könnte. Selbstverständlich müssen Sie dazu den Code lesen können (OpenOffice.org ist in C++ programmiert), aber hiermit können Sie im Bedarfsfall auch einen Sachkundigen beauftragen – wichtigste Tatsache bleibt Ihr Recht zur Einsicht in den Quellcode.

Eine weitere Überlegung betrifft die Möglichkeit von Softwareentwicklungen basierend auf OpenOffice.org. Deutlich muss die Tatsache betont werden, dass OpenSource zwar auch kostenlos bedeuten kann, aber gleichzeitig keinerlei Zwang dazu besteht, auf OpenOffice.org basierende Eigenentwicklungen kostenfrei zu vertreiben. Sie können sehr wohl für Ihre eigenen Leistungen Geld verlangen, lediglich müssen Sie unter Beachtung der Lizenzen auch deren Quellcode offen legen.

Die Notwendigkeit, Ihre eigenen Quellcodes offen zu legen, besteht generell nur, wenn Sie Ihre eigenen Entwicklungen quasi in das Paket integrieren möchten. Die Entwicklung von Software, die mit OpenOffice.org zusammenarbeitet, ist hiervon völlig unberührt, sodass hier ein weites Feld für Entwicklungen gegeben ist. Auch Entwickler, die Software nach dem Shareware-Prinzip vertreiben, dürfen sich hier angesprochen fühlen.

1.2 OOo 2.3 – was ist neu?

Seit dem Erscheinen von OpenOffice.org 2.0 sind nahezu zwei Jahre vergangen, in denen OpenOffice.org kontinuierlich weiterentwickelt wurde.

Neuere Verbesserungen in OpenOffice.org betreffen insbesondere:

- Bessere Unterstützung der betriebssystemspezifischen Eigenschaften von MS Windows Vista (grundsätzlich wird Vista seit OpenOffice.org 2.2 unterstützt).
- Es wurde die Funktion eines Online-Updates eingeführt (derzeit sind Updates jedoch immer noch vollständige Installationssätze, inkrementelle Updates sind noch nicht möglich).
- Neue Extensions-Verwaltung und neue Möglichkeiten (z. B. Gallery-Themen, Dokumentvorlagen) bei der Verwendung von Extensions. Seit OpenOffice.org 2.3 ist der Zugriff auf die Extensions-Seite des Projekts (*http://extensions.services.openoffice.org/*) direkt aus dem Extensionsmanager heraus möglich (Extensions haben die sogenannten Packages abgelöst).

- Permanente Weiterentwicklungen beim PDF-Export.
- Verbesserungen beim Datenbankmodul Base, in OpenOffice.org 2.3 erfolgt die Einführung eines neuen Berichtsdesigners.
- Rechtschreibprüfung wurde in OpenOffice.org 2.0.2 umgestellt, es wird jetzt ein neuer Prüfungsalgorithmus verwendet, außerdem müssen Wörterbücher nicht mehr gesondert installiert werden.
- Ein neuer Exportfilter (Media-Wiki) ist in Writer mit Version 2.3 verfügbar.
- Verbesserter HTML-Export in Draw.
- Detailverbesserungen in Impress, das aus früheren Versionen bekannte Feature der Animation an Kurven wurde reimplementiert.

1.3 Neuerungen und Verbesserungen in Calc 2.3

Bei Calc hat es, seit OpenOffice.org 2.0, etliche Verbesserungen der Kompatibilität, zu MS Excel, gegeben, insbesondere die Kompatibilität von Tabellenfunktionen betreffend.

Als Autor eines Buches zu Calc freut es mich besonders das in Version 2.3 nun eine erhebliche Verbesserung beim Diagrammmodul (Chart) durch die Einführung von Chart2 eingetreten ist. Genaueres dazu finden Sie in Kapitel 5.

Einige weitere Verbesserungen in Version 2.3 sind:

- Geänderte Voreinstellungen der Druckoptionen.
- Matrix- bzw. Array-Konstanten werden in Formeln unterstützt.
- Neue Tabellenfunktionen: **ASC()**; **JIS()**; **PIVOTDATENZUORDNEN()** (sowie **BAHTTEXT()** und **INFO()** bereits in früheren Versionen) .
- Der erste Buchstabe des Textinhalts einer Calc-Zelle wird nicht mehr automatisch in Großbuchstaben gewandelt.
- Verschiedene Verbesserungen beim Ex- und Import des Excel-Dateiformats, betreffend die Kompatibilität (beispielsweise automatische Umwandlung der Tabellenfunktionen für Cotangens in entsprechende für Tangens).
- Erweiterung der Automatik beim Verwenden der Summierungsfunktion
- Detailänderungen an Menüs, Shortcuts und Kontextmenüs
- Neu implementierte Browservorschau für HTML-Export
- Einführung einer neuen bzw. erweiterten API für das Chart-Modul Chart2
- Erweiterte Fehlercodeanzeige bei Tabellenformeln für Kompatibilität zu MS Excel (z. B. »#DIV/0!« statt »Err:503«)

1.4 Einige Hinweise zur Installation

1.4.1 Systemvoraussetzungen

Allgemeine Anforderungen

[O]
- Etwa 280 MB freier Festplattenplatz für die Installation. Während der Installation wird mehr Festplattenplatz für das Entpacken der Installationsdateien benötigt, hierfür sollten etwa 150 MB verfügbar sein. Dieser Platz zum Entpacken kann jedoch entbehrlich sein, wenn das Installationsarchiv in Form von Einzeldateien, z. B. auf einer CD, verfügbar ist.
- Grafikkarte mit mindestens 800 × 600 Pixeln Auflösung und 256 Farben
- Java – installiertes JRE (Java Runtime Environment) ab Version 1.4.1_01

[»] Inzwischen sind auch Installationspakete von OpenOffice.org mit integriertem JRE verfügbar, Sie erkennen diese an der Dateibezeichnung, z. B.:
OOo_2.3.0_Win32Intel_install_**wJRE**_de.exe

Windows

- PC mit Pentium oder kompatiblem Prozessor
- Windows 98, Windows 98SE, Windows ME, Windows 2000 (Service Pack 4 oder höher), Windows XP, Windows 2003, Windows Vista[1]
- 128 MB freier Arbeitsspeicher

[»] Ausdrücklich muss gesagt werden, dass **Windows 95 nicht mehr** offiziell **unterstützt** wird. Es ist mit erheblichem manuellen Aufwand möglich, OpenOffice.org 2.x unter Windows 95 zu installieren. Da hierzu Änderungen bzw. Patches am System notwendig sind, kann es sich hier nur um einen Ausnahmefall handeln, wobei selbst dann OpenOffice.org 2.x nicht in vollem Umfang funktionieren wird. Der Rat kann also nur lauten: Sehen Sie davon ab, einen Versuch zu unternehmen, und verwenden Sie gegebenenfalls eine Vorgängerversion.

Auch **Windows NT 4.0** wird **nicht mehr offiziell unterstützt**, Erfahrungen von Nutzern besagen jedoch, dass eine Installation unter Umständen möglich ist. Natürlich bleibt diese Art der Installation erfahrenen Nutzern vorbehalten und ist ohne Erfolgsgarantie. In jedem Fall muss für Windows NT 4.0 das Servicepack 6a installiert sein.

Da der Autor des vorliegenden Buches selbst Mitautor des offiziellen deutschsprachigen Installationshandbuches für OpenOffice.org 2 ist, informieren Sie sich gegebenenfalls in der aktuellen Version oder wenden Sie sich zum Erfahrungsaustausch an die Mailinglisten des deutschsprachigen OOo-Projekts (siehe Kapitel 1.6).

---

1 Erweiterte MS Vista Integration ist seit OpenOffice.org 2.2 gegeben.

Linux

- PC mit Pentium oder kompatiblem Prozessor (oder PowerPC-Prozessor)
- Linux Kernel 2.2.13 oder höher
- 128 MB RAM
- XServer (mit mindestens 800 × 600 Pixel Bildschirmauflösung und 256 Farben) mit Window-Manager (z. B. KDE oder GNOME). Für die Unterstützung von Eingabehilfen ist GNOME 2.0 oder höher erforderlich.
- glibc2 Version 2.2.0 oder höher

Auf Details der Installation unter *Mac OS* und *Solaris* wird an dieser Stelle nicht weiter eingegangen, kurz seien jedoch die Voraussetzungen für die Installation auf diesen Systemen genannt. Genauere Informationen finden Sie im Installationshandbuch, das sich auch auf der Buch-CD befindet.

Mac OS

- Betriebssystem OS 10.3 (»Panther«) oder OS 10.4 (»Tiger«). OpenOffice.org läuft auf allen Systemen, die Panther-fähig sind, empfohlen ist eine Mindestversion 10.3.5.
- Installiertes X11-Paket

Solaris

- Betriebsumgebung Solaris 7 oder 8
- Solaris 8 benötigt den Patch 108436-01.
- Solaris 7 benötigt den Patch 106328-08.
- XServer (mindestens 800 × 600 Pixel bei 256 Farben) mit Fenstermanager (zum Beispiel OpenWindows™, CDE, Gnome)

1.4.2 Vorbereitungen

Da Sie gerade dieses Buch lesen, ist dieser Schritt einfach, da Sie alle notwendigen Dateien auf der Buch-CD finden; trotzdem seien einige allgemeine Hinweise gestattet.

Die Installationsdateien können kostenlos aus dem Internet heruntergeladen werden. Die bevorzugte Quelle für deutschsprachige Versionen ist hierbei *http://de.openoffice.org/downloads/quick.html*. Dort finden Sie auch Hinweise über weitere Server, von denen Sie die Installationsdateien ebenfalls herunterladen können.

[»] Wenn Sie Ihre Installationsdateien selbst herunterladen, sollten Sie überlegen, diese vor der eigentlichen Installation **auf Integrität zu prüfen**. Die notwendigen Schritte dazu können Sie im offiziellen Installationshandbuch von OpenOffice.org 2 nachlesen.

Da zur vollständigen Nutzung aller Funktionen von OpenOffice.org 2.3 eine Java-Installation benötigt wird, sollten Sie, falls Sie noch über keine entsprechende Installation verfügen, die benötigten Installationsdateien für das JRE (Java Runtime Environment) ebenfalls gleich herunterladen (*http://java.com/de/download/manual.jsp*).

Sollten Sie über keinen schnellen Zugang zum Internet verfügen, können Sie alle notwendigen Dateien auch auf CD beziehen. Einfachster Weg dafür dürfte der Gang zum nächsten Zeitungskiosk sein, weil viele Computerzeitschriften regelmäßig auf ihren Heft-CDs OpenOffice.org veröffentlichen.

[»] Bitte beachten Sie hierbei genau, um welche Version von OpenOffice.org es sich handelt. Leider zeigt die Erfahrung, dass Zeitschriften dazu neigen, auch Beta-Versionen oder sogenannte Snap-Shots auf ihren CDs zu veröffentlichen. Was eine Beta-Version ist, dürfte Ihnen geläufig sein. Snap-Shots sind Versionen, die von den Entwicklern des OpenOffice.org-Projekts regelmäßig zum Testen herausgegeben werden. Weder eine Beta-Version noch einen Snap-Shot sollten Sie zum produktiven Arbeiten einsetzen, auch wenn Sie häufig in Foren und anderen Quellen lesen können, wie stabil diese bereits sind.

Ganz allgemein zu empfehlen ist der Bezug von OpenOffice.org in Form von CDs (bzw. ISO-Images), die von verschiedenen unabhängigen Anbietern kostenlos oder gegen geringes Entgelt bereitgestellt werden. Diese CDs enthalten neben den eigentlichen Installationsdateien auch meist eine große Fülle an zusätzlichem Material, beispielsweise Dokumentvorlagen, Gallery-Themen, Makro-Sammlungen u.Ä.

1.4.3 Installation unter Windows

Auf einem Mehrbenutzersystem melden Sie sich zunächst als Administrator an. Starten Sie anschließend die ausführbare Installationsdatei (*OOo_2.3.0_Win32Intel_install_de.exe*).

Zunächst wird eine automatische Überprüfung vorgenommen, und anschließend sehen Sie den Willkommensbildschirm (siehe Abbildung 1.1), klicken Sie hier einfach auf **Weiter**.

Abbildung 1.1 Willkommensbildschirm

Sie gelangen nun zur Auswahl, wohin Sie die Installationsdateien entpacken möchten (siehe Abbildung 1.2). Belassen Sie es bei der Vorauswahl des Assistenten, oder wählen Sie ein anderes Verzeichnis. Es handelt sich hierbei noch nicht um das spätere Installationsverzeichnis, sondern nur um das Verzeichnis, in welches die Installationsdateien zunächst entpackt werden.

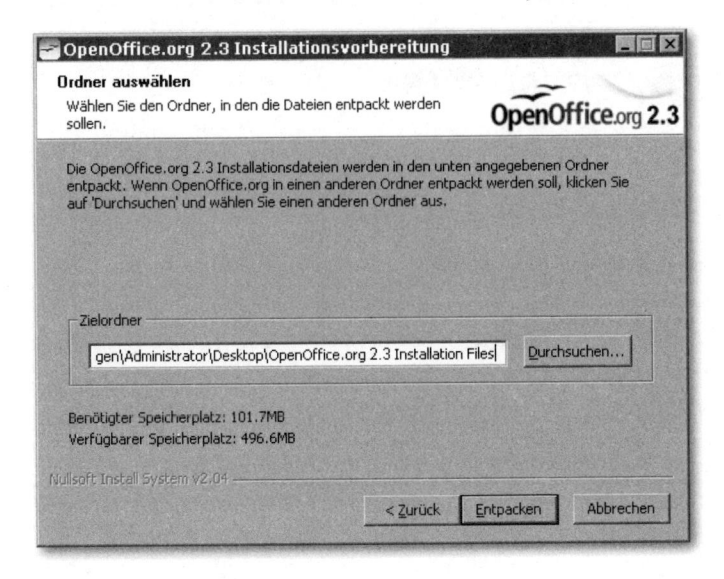

Abbildung 1.2 Installationsdateien entpacken

1 | Einleitung

Klicken Sie auf **Entpacken** um das Entpacken der Installationsdateien zu starten. Der Fortschritt des Entpackens wird Ihnen in einem Dialog angezeigt, klicken Sie dort auf die Schaltfläche **Details anzeigen**, sehen Sie den Fortschritt des Entpackens für die einzelnen Dateien. Nachdem das Entpacken beendet ist, startet automatisch der eigentliche Installationsassistent (siehe Abbildung 1.4).

Anmerkung:

Da nicht nur direkt vom OpenOffice.org-Projekt Installationssätze erstellt werden, kann es auch sein, dass Sie Installationsdateien beispielsweise als Zip-Archiv oder in Form der bereits entpackten Installationsdateien auf CD erhalten. Letztlich sollte aber immer ein Verzeichnis mit den entpackten Installationsdateien zu erhalten bzw. zu erzeugen sein (siehe Abbildung 1.3).

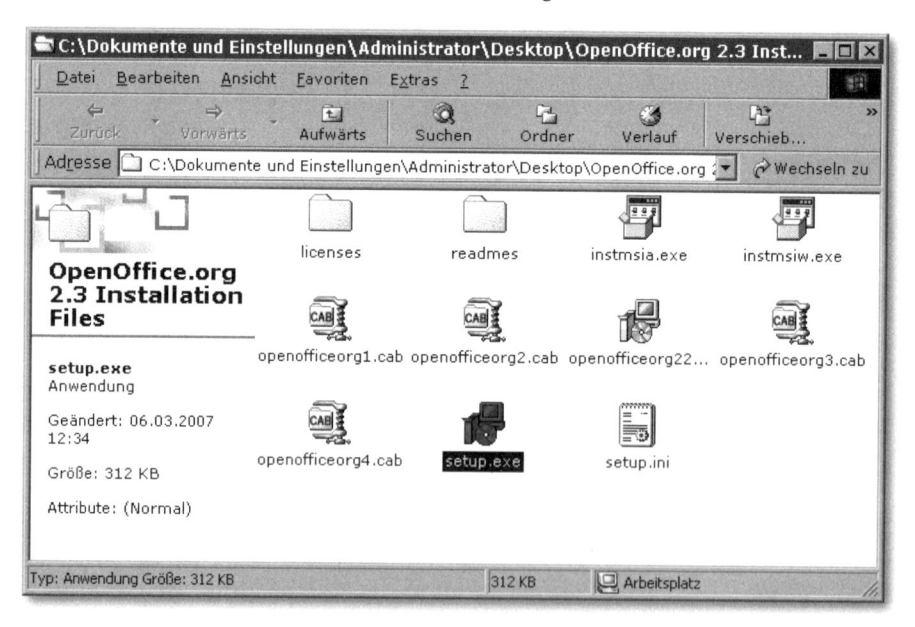

Abbildung 1.3 Entpackte Installationsdateien

In diesen Fällen (in denen also schon entpackte Dateien vorliegen oder Sie ein Archiv manuell entpackt haben) müssen Sie den Installationsassistenten manuell aufrufen, indem Sie Setup.exe (siehe Abbildung 1.3) manuell starten.

Klicken Sie auf der Startseite des Assistenten (siehe Abbildung 1.4) auf **Weiter**, und aktivieren Sie auf der Folgeseite die Option *Ich akzeptiere die Bedingungen der Lizenzvereinbarung* (siehe Abbildung 1.5), damit die Schaltfläche **Weiter** aktiv wird.

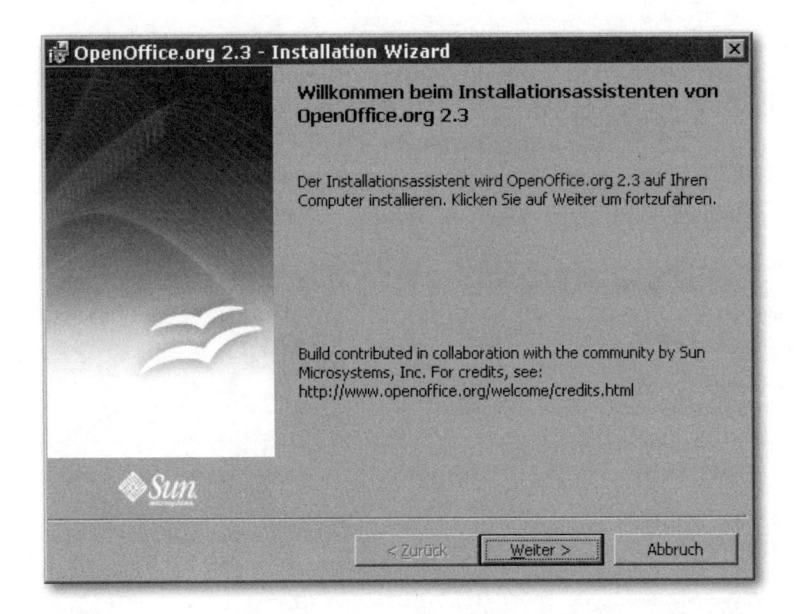

Abbildung 1.4   Startseite des Installationsassistenten

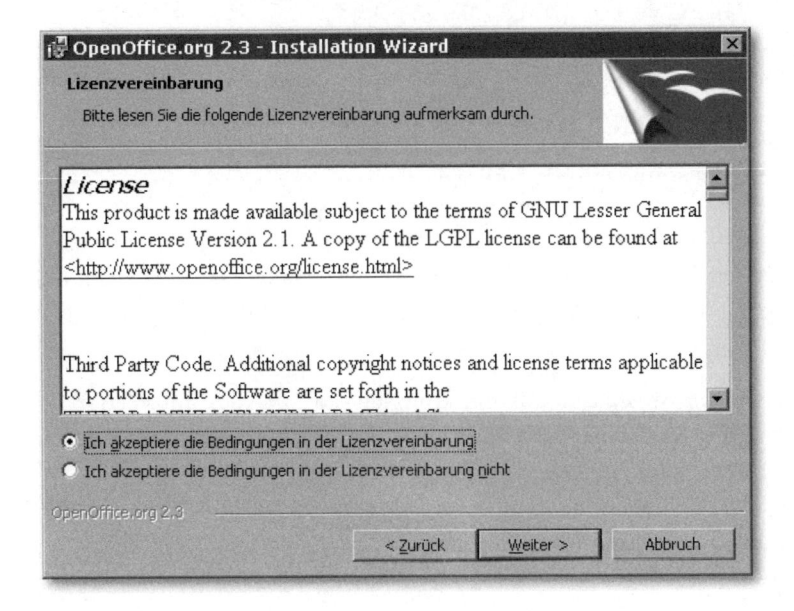

Abbildung 1.5   Lizenzvereinbarung akzeptieren

Nach nochmaligem Klick auf **Weiter** gelangen Sie zu einer Seite des Assistenten, wo Sie Ihren Namen und Ihre Organisation eingeben können (siehe Abbildung 1.6).

Wichtig ist die Wahl, für wen Sie installieren möchten – auf einem Mehrbenutzersystem ist die Option **Jeder, der diesen Computer benutzt (alle Benutzer)** im Allgemeinen die richtige Entscheidung. Die Wahl dieser Option gewährleistet, dass OpenOffice.org 2.3 für alle Benutzer installiert wird, wobei jeder Benutzer bei erstmaligem Starten des Programms von einem Assistenten begrüßt wird, der notwendige Einstellungen für den jeweiligen Benutzer abfragt. Dazu später mehr.

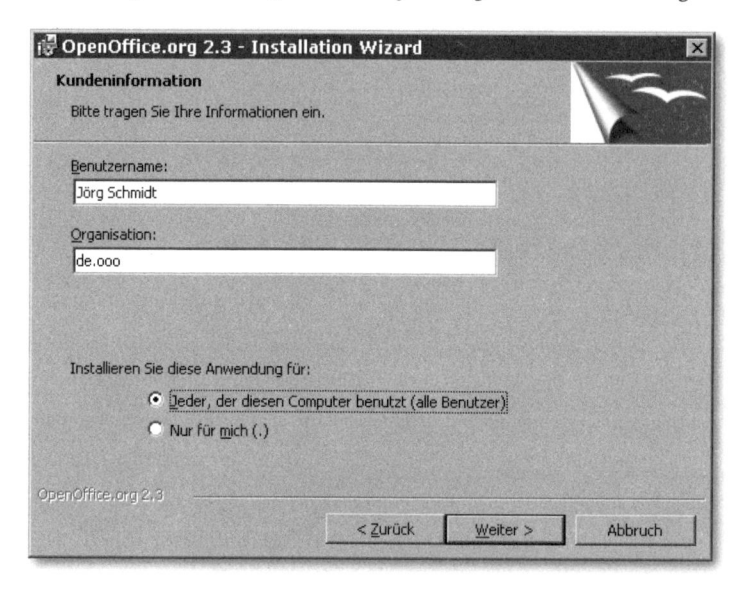

Abbildung 1.6 Benutzerdaten eingeben

Wiederum müssen Sie auf **Weiter** klicken, um zur nächsten Dialogseite zu gelangen. Hier haben Sie die Möglichkeit, den Umfang der Installation festzulegen. Im Allgemeinen können Sie hier die vorausgewählte Option **Vollständig** beibehalten.

Wenn Sie die Option **Angepasst** wählen, kommen Sie mit Klick auf **Weiter** zu einer Unterseite des Assistenten, wo Sie genaue Anpassungen des Installationsumfangs vornehmen können (siehe Abbildung 1.7). Bitte beachten Sie, dass Sie **Angepasst** auch wählen müssen, wenn Sie nur das Zielverzeichnis für die Installation von OpenOffice.org selbst festlegen möchten.[2]

---

2 Standardverzeichnis für die Installation ist in Ihrem Windows-Programmverzeichnis das (später bei der Installation automatisch angelegte) Verzeichnis *OpenOffice.org 2.3* (auf vielen Windows-Systemen also *C:\Programme\OpenOffice.org 2.3*).

Einige Hinweise zur Installation | **1.4**

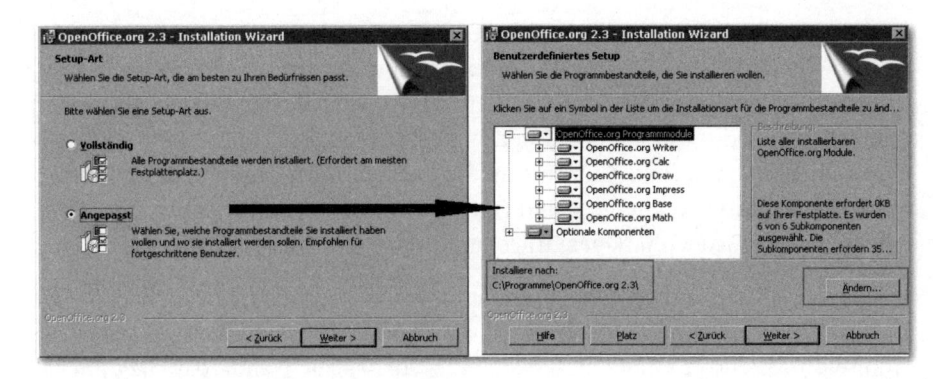

Abbildung 1.7 Umfang der Installation festlegen

Ihre Einstellungen zum Umfang der Installation beeinflussen natürlich den notwendigen Speicherplatz für die Installation, allerdings hat die Auswahl (oder Nichtauswahl) einzelner Komponenten keinen allzu großen Einfluss auf den Gesamtspeicherplatzbedarf. Beispielsweise würde die Anwahl aller Calc-spezifischen Komponenten den Speicherplatzbedarf nur um ca. 14 MB reduzieren, das sind etwa 5 % des gesamten Platzbedarfs.

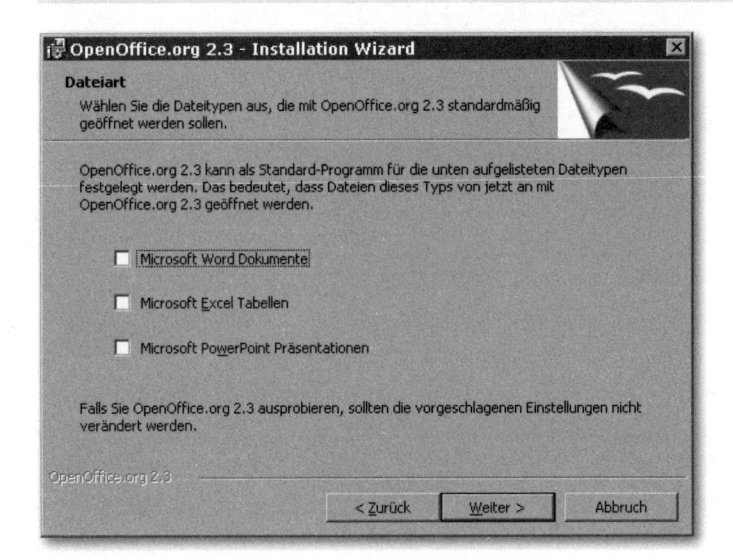

[«]

Abbildung 1.8 Öffnen von MS Office-Dateien konfigurieren

Haben Sie auf **Weiter** geklickt oder zunächst den genauen Installationsumfang benutzerdefiniert angepasst, gelangen Sie zu einer Dialogseite, welche es gestattet, das Verhalten von OpenOffice.org 2.3 gegenüber den Dateiformaten von MS Office festzulegen. Hier kann ich Ihnen keinen Ratschlag geben, da ich nicht weiß, welches spätere Verhalten Sie bevorzugen. Lassen Sie, wie in Abbildung 1.8 ersichtlich, die Auswahlkästchen leer, so werden MS Office-Dokumente weiterhin geöffnet wie bisher, also im Allgemeinen mit den Programmen von Microsoft Office. Natürlich ist es auch bei dieser Einstellung möglich, MS-Dateiformate mit OpenOffice.org zu öffnen, nur müssen Sie dann im Kontextmenü der Datei den Punkt **Öffnen mit...** verwenden und **OpenOffice.org** auswählen. Oder Sie öffnen entsprechende Dateien in OpenOffice.org direkt über **Datei öffnen**.

Existiert auf Ihrem System keine Installation von Microsoft Office, können Sie die Auswahlkästchen ohne jeden Nachteil aktivieren, da bei nachträglicher Installation von Microsoft Office dieses ohnehin wieder zur Standardapplikation für die entsprechenden Formate wird.

Klicken Sie letztmalig auf die Schaltfläche **Weiter**.

Abbildung 1.9 Den eigentlichen Installationsprozess starten

Nun sind alle Informationen gesammelt, sodass Sie den eigentlichen Installationsprozess mit Klick auf **Installieren** beginnen können. Sollten Sie sich nicht sicher sein, können Sie **Abbruch** drücken, und Ihr System bleibt unverändert. Sollten Sie nochmals Änderungen vornehmen wollen, betätigen Sie einfach **Zurück**, um dies zu tun.

Es dauert nun einige Zeit, die Dateien zu kopieren und Zuordnungen bzw. Einstellungen auf Ihrem System vorzunehmen. Der Installationsassistent informiert Sie über den erreichten Fortschritt. Im Prinzip ist es möglich, auf die Schaltfläche **Abbruch** zu klicken, um den laufenden Prozess zu stoppen.

Sobald die Installation vollständig ist, informiert Sie der Assistent darüber. Klicken Sie **Beenden**, um den Assistenten zu schließen.

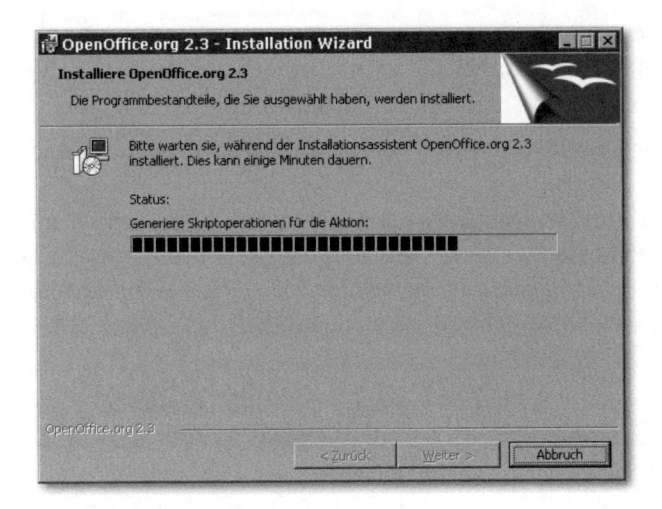

Abbildung 1.10 Die Installation läuft.

Abbildung 1.11 Die Installation ist vollständig.

OpenOffice.org 2.3 ist nun installiert. Beachten Sie jedoch, das eventuell noch einige weitere Dinge notwendig sein können:

▶ **Installation einer Java-Laufzeitumgebung**
Wie Sie in den Installationsvoraussetzungen gelesen haben, sollte diese vor der Installation von OpenOffice.org installiert werden. Die Installation ist aber genauso gut nachträglich möglich bzw. es gibt inzwischen bereits OOo-Installationssätze mit integriertem JRE. Installationshinweise für die Java-Laufzeitumgebung (JRE) finden Sie in Kapitel 1.4.5.

- **Erstellung der Benutzerprofile**
  Benutzerprofile werden beim erstmaligen Starten von OpenOffice.org automatisch angelegt, Informationen dazu finden Sie in Kapitel 1.4.5.
- **Installation zusätzlicher Wörterbücher für die Rechtschreibprüfung und Thesaurus**
  Eine Installation von Wörterbüchern ist bei neueren Versionen von OpenOffice.org *nicht* mehr notwendig, sie werden automatisch bei der Programminstallation installiert. Es kann jedoch sein, dass Sie Wörterbücher für weitere Sprachen benötigen, welche Sie dann nachinstallieren müssten (siehe Kapitel 1.4.5).

  Wörterbücher für Englisch sollten bei jeder OpenOffice.org-Installation, unabhängig von der konkreten Sprache des installierten OpenOffice.org, automatisch mit installiert werden.

Ich kann Ihnen darüber hinaus auch nicht sagen, weshalb bei einem deutschsprachigen OpenOffice.org so interessante Sprachen wie beispielsweise Afrikaans (Namibia), Afrikaans (Südafrika), Estnisch, Litauisch oder Swahili (Tansania) mitinstalliert werden. In jedem Fall sind Sie so für Ihre nächste Reise nach Namibia oder Tansania bereits gerüstet ... *»hakuna matata«*.

1.4.4 Installation unter Linux

RPM-Installation

Aufgrund der verschiedenen Paketmanager zur Installation und Verwaltung von RPM-Installationspaketen gebe ich im Folgenden nur eine allgemeine Anleitung zur Installation von der Kommandozeile aus.

Die Installation erfordert folgende Schritte:

- Melden Sie sich als lokaler **root** an, und öffnen Sie eine Konsole.
- Erstellen Sie ein Verzeichnis zur Aufnahme der Installationsdateien, wechseln Sie in dieses Verzeichnis, und entpacken Sie das heruntergeladene Archiv mittels:

  ```
  # tar -xzvf <...>/OOo_2.3.0_LinuxIntel_Install_de.tar.gz
  ```

  (wobei <...> den Pfad um Archiv bezeichnet)
- Wechseln Sie in den erzeugten Unterordner RPMS.

  ```
  # cd RPMS
  ```
- Überprüfen Sie, ob bereits OpenOffice.org-Pakete bzw. andere OpenOffice.org-Versionen installiert sind.

  ```
  # rpm -qa | grep openoffice
  ```

- Löschen Sie eine vorhandene Installation bei Bedarf.
- Installieren Sie nun alle im Verzeichnis vorhandenen Pakete.

  ```
  # rpm  -Uhv  *.rpm
  ```

  Wollen Sie OpenOffice.org in ein anderes – als in den Installationspaketen vorgegebenes – Verzeichnis installieren, nutzen Sie bitte:

  ```
  # rpm -Uhv --prefix /opt/Ihr_Wunschpfad *.rpm
  ```

Werden während der Installation keine entsprechenden Hinweise oder Fehlermeldungen ausgegeben, war diese erfolgreich.

> Genaueres zur Desktopintegration auf gängigen Linuxdistributionen finden Sie im Installationshandbuch, das auch auf der CD enthalten ist. [«]

Über die Installation unter Debian und den auf Debian basierendenden Distributionen, sowie zur Installation unter Mac OS und Solaris, informieren Sie sich bitte im Installationshandbuch. Dieses ist auf der CD enthalten und kann auch jederzeit, in aktueller Version, von:

http://de.openoffice.org/doc/setupguide/2.0/installations_handbuch.pdf

heruntergeladen werden.

1.4.5 Notwendige weitere Installationsschritte

Java-Laufzeitumgebung installieren

Um alle Möglichkeiten von OpenOffice.org 2.x vollständig nutzen zu können, sollte auf Ihrem System eine Installation der JRE (Java Runtime Evironment »Java«) in Mindestversion 1.4.1_01 bestehen. Überprüfen Sie, ob diese Voraussetzung erfüllt ist, falls nicht, laden Sie die notwendigen Installationsdateien für Ihr Betriebssystem von *http://java.com/de/download/manual.jsp* herunter und folgen den Anweisungen des Installationsassistenten bzw. der vorhandenen Dokumentation.

> Genaueres zu den Einschränkungen welche ohne Java-Installation bestehen finden Sie im Internet: [«]
>
> *http://wiki.services.openoffice.org/twiki/bin/view/Main/OOoJava*

Es besteht auch die Möglichkeit, die JRE ohne das manuelle Herunterladen von Installationsdateien direkt aus der Weboberfläche heraus zu installieren, nahezu Bedingung ist hierfür jedoch eine schnelle Internetanbindung.

Sollten auf Ihrem System JRE-Installationen niederer Version als 1.4.1_01 bestehen, können Sie diese parallel beibehalten, was für andere Programme möglicherweise notwendig sein kann.

Sollten Sie entgegen den gegebenen Empfehlungen eine Installation der Java-Laufzeitumgebung nicht durchführen wollen, erhalten Sie in Situationen, in denen diese vom Programm benötigt wird, einen entsprechenden Hinweis.

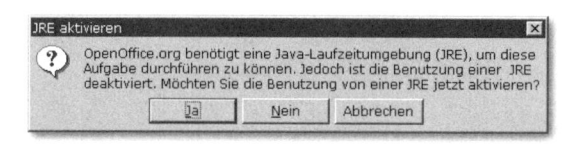

Abbildung 1.12 Java ist nicht installiert – oder nicht eingebunden.

Spätestens jetzt ist es nötig, Java zu installieren bzw. unter **Extras • Optionen • OpenOffice.org • Java** zu aktivieren.

Benutzerprofil anlegen

Das Anlegen eines Benutzerprofils ist der Vorgang, bei dem ein Benutzerverzeichnis für den jeweiligen angemeldeten Benutzer angelegt wird. In dieses Verzeichnis werden notwendige Konfigurationsdateien kopiert bzw. erzeugt. Das Benutzerverzeichnis wird standardmäßig als ein Unterverzeichnis im durch das Betriebssystem festgelegten Benutzerverzeichnis angelegt. Der notwendige Vorgang läuft weitgehend automatisch ab.

Melden Sie sich als Benutzer an, als der Sie mit OpenOffice.org 2.x arbeiten möchten, und starten Sie ein Modul des Programms. Unter MS Windows können Sie beispielsweise das Calc-Modul aus dem Programmmenü heraus aufrufen, unter Linux wechseln Sie ins Installationsverzeichnis (Programmverzeichnis) und geben auf der Konsole *./soffice* ein.

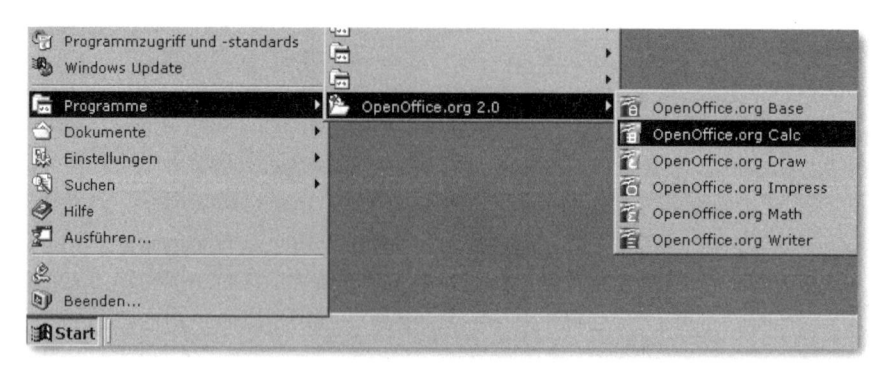

Abbildung 1.13 Calc unter MS Windows starten

Zunächst sehen Sie den Splash-Screen der Anwendung und eine integrierte Fortschrittsanzeige.

Abbildung 1.14 Startbildschirm von OpenOffice.org – Splash-Screen

Nach einem kurzen Moment sehen Sie den ersten Bildschirm des Assistenten (siehe Abbildung 1.15), der Sie bei der weiteren Einrichtung des Programms unterstützt.

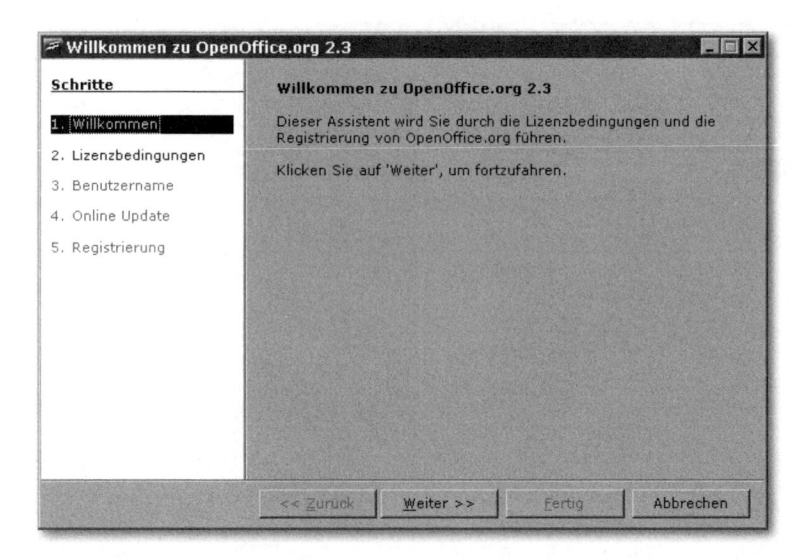

Abbildung 1.15 Benutzer einrichten – Schritt 1

Klicken Sie einfach auf **Weiter**, um im nächsten Fenster die Lizenzbedingungen zu lesen. Auch als Benutzer müssen Sie diese Lizenzbedingungen akzeptieren, sonst wird der Assistent beendet, ohne dass ein Benutzerverzeichnis erstellt wird.

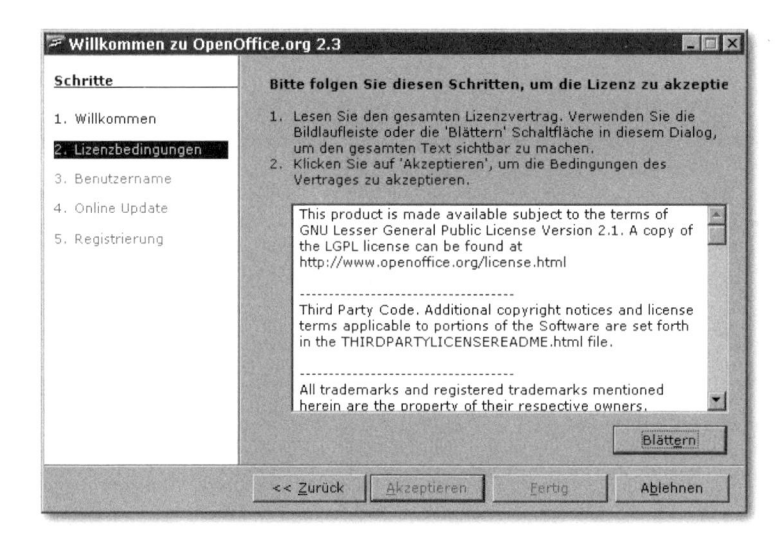

Abbildung 1.16   Benutzer einrichten – Schritt 2

Sie müssen die Lizenzbedingungen bis ganz nach unten scrollen, damit die Schaltfläche **Akzeptieren** aktiv wird.

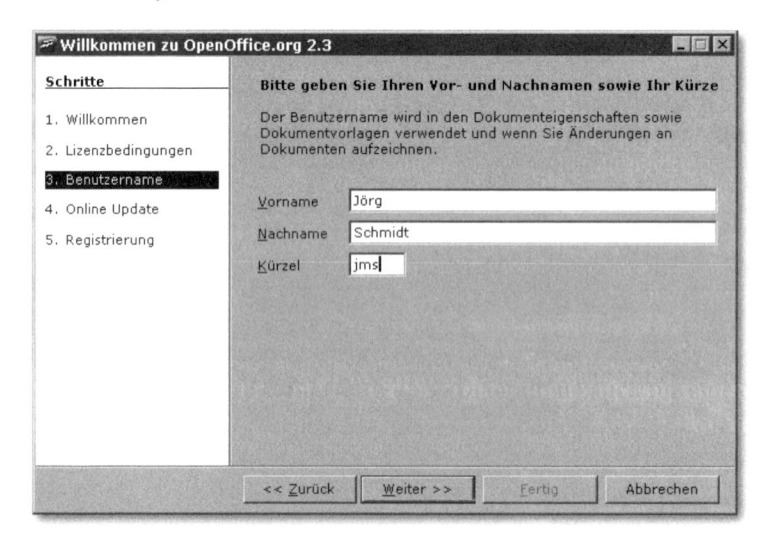

Abbildung 1.17   Benutzer einrichten – Schritt 3

In der folgenden Dialogseite können Sie Ihren Namen sowie ein Kürzel angeben. Diese Angaben können später auch in OpenOffice.org (**Extras • Optionen • OpenOffice.org • Benutzerdaten**) beliebig geändert werden. Klicken Sie anschließend auf **Weiter**.

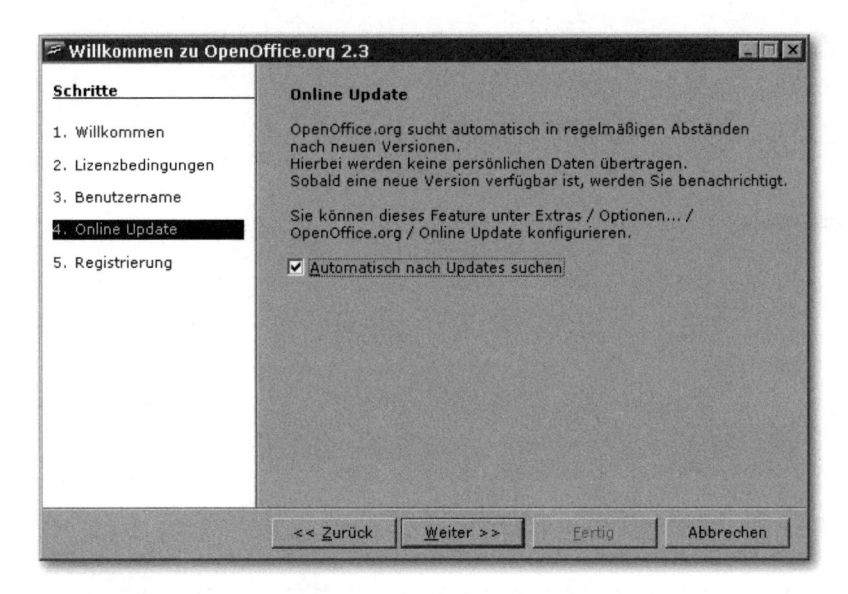

Abbildung 1.18 Benutzer einrichten – Schritt 4

Auf der erscheinenden Dialogseite können Sie durch das Aktivieren der Option **Automatisch nach Updates suchen** OpenOffice.org so einrichten, dass automatisch nach verfügbaren Programmupdates gesucht wird. Hierfür gelten die Einstellungen unter **Extras • Optionen • OpenOffice.org • Online Update**, die Sie später noch konfigurieren müssen.

Im Moment sind diese Einstellungen noch nicht verfügbar, da Sie zunächst den Assistenten bis zum Ende durchlaufen müssen. OpenOffice.org sucht aber bereits mit Klick auf **Weiter** nach entsprechenden Updates, brechen Sie diese Suche eventuell zunächst ab. Der spätere automatische Suchzyklus für Updates ist unter **Extras • Optionen • OpenOffice.org • Online Update** konfigurierbar, zudem können Sie von dort jederzeit eine manuelle Suche nach Updates starten.

> Beachten Sie bitte, dass zum derzeitigen Entwicklungsstand (OOo 2.3) Updates immer nur in Form vollständiger Installationsdateien verfügbar sind. An der Möglichkeit, zukünftig auch inkrementelle Updates zur Verfügung zu stellen, wird noch gearbeitet. [«]

Klicken Sie letztmalig auf **Weiter**. Im letzten Fenster haben Sie die Möglichkeit, sich als Nutzer zu registrieren. Diese Registrierung ist vollkommen freiwillig und hat insbesondere nichts mit einer Programmaktivierung zu tun, d.h., auch wenn Sie sich hier für *Ich möchte mich nicht registrieren* entscheiden, können Sie OpenOffice.org uneingeschränkt nutzen.

1 | Einleitung

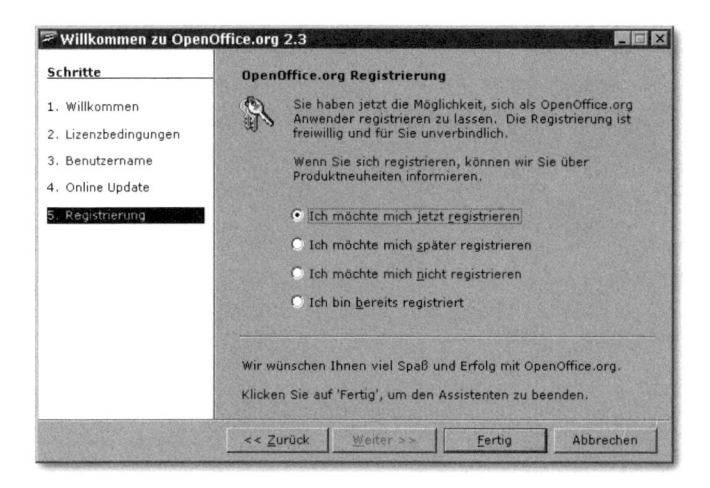

Abbildung 1.19   Benutzer einrichten – Schritt 5

Nach Betätigung der Schaltfläche **Fertig** sehen Sie für kurze Zeit noch den Splash-Screen. Anschließend öffnet sich das Calc-Modul von OpenOffice.org (wenn Sie ursprünglich dieses Modul gestartet hatten). Gegebenenfalls öffnet sich Ihr Browser, und es wird versucht, eine Internetverbindung zur Registrierungsseite aufzubauen, falls Sie sich im letzten Dialog für eine Registrierung entschieden hatten.

Bevor Sie beginnen, sollten Sie gegebenenfalls die Arbeitsumgebung an Ihre Wünsche anpassen. Lesen Sie hierzu die Erläuterungen in Kapitel 3, »Die Programmumgebung«.

Insbesondere sollten Sie unter **Extras • Optionen • OpenOffice.org • Java** kontrollieren, dass OpenOffice.org die Java-Installation eingebunden hat.

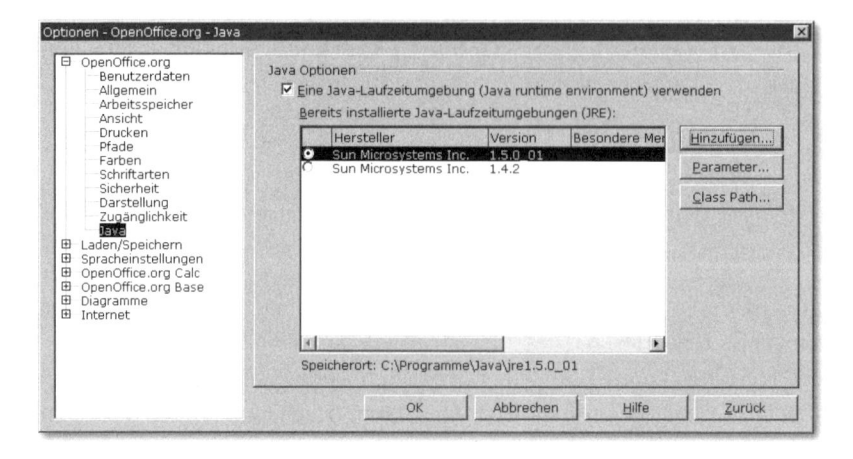

Abbildung 1.20   Java einrichten

Nötigenfalls betätigen Sie die Schaltfläche **Hinzufügen...**, um Java manuell einzubinden. Vergessen Sie nicht, anschließend den Dialog mittels **OK**-Schaltfläche zu schließen.

Wörterbücher installieren

Die Installation von deutschsprachigen Wörterbüchern für Rechtschreibprüfung und Thesaurus ist in den neueren Versionen von OpenOffice.org nicht mehr nötig, da entsprechende Wörterbücher bereits während der Installation automatisch installiert werden.

Falls sie jedoch weitere, anderssprachige Wörterbücher benötigen, wird deren Installation von einem Assistenten unterstützt.

Wählen Sie in einem Modul von OpenOffice.org **Datei • Assistenten • Weitere Wörterbücher installieren...**, um den Assistenten zu starten. Beim Start des Assistenten öffnet sich derzeit noch eine Textdatei (*DicOOo.sxw*), aus der heraus Sie den Assistenten per Schaltfläche manuell starten müssen. Klicken Sie dazu auf Ihre Sprache (Deutsch) und anschließend auf die sichtbar werdende Schaltfläche **Starte DicOOo**.

> Die Datei *DicOOo.sxw* enthält übrigens einige kurze Hinweise sowie einen Verweis auf die stets aktuelle Anleitung zum Installieren der Wörterbücher. [«]

Nach Start des eigentlichen Assistenten sehen Sie einen Dialog, der Sie durch die weitere Installation führt.

Der weitere Installationsprozess ist selbsterklärend, beachten Sie jedoch im Startfenster des Assistenten die Option **Offline Sprachpaket Installation**. Ist diese aktiviert, können Sie Wörterbücher installieren, die Ihnen als lokal gespeicherte Dateien vorliegen. Ist die Option hingegen deaktiviert, erfolgt die Installation mittels direktem Online-Zugriff auf die benötigten Dateien. Beachten Sie, dass eine Verbindung zum Internet bestehen muss.

> Sollten Sie die Offline-Installation der Wörterbücher bevorzugen, müssen Sie sich zunächst die entsprechenden Dateien beschaffen. Verfügen Sie über eine OpenOffice.org-CD, sind – wie in Kapitel 1.4.2 beschrieben – neben den eigentlichen Installationsdateien meist weitere Inhalte vorhanden. Wörterbuchdateien dürften ebenfalls ladbar sein. [«]
>
> Falls nicht, können Sie jederzeit aktuelle Wörterbuchdateien unter
>
> *http://de.openoffice.org/spellcheck/about-spellcheck-detail.html*
>
> finden und herunterladen.

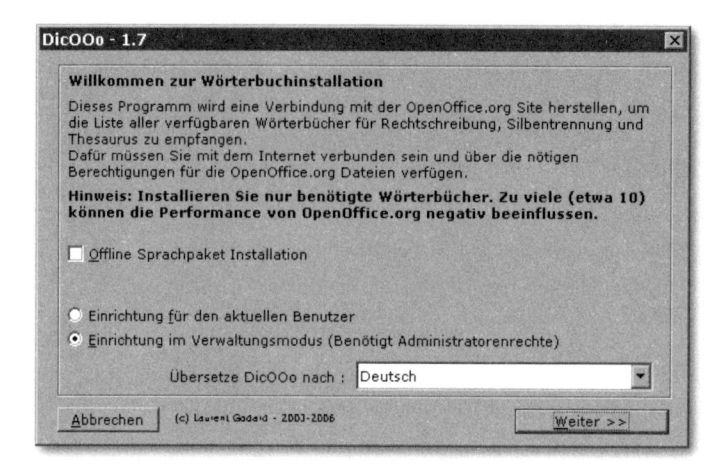

Abbildung 1.21 DicOOo

Beachten Sie bitte, dass nach der erfolgten Installation der zusätzlichen Wörterbücher OpenOffice.org komplett beendet und neu gestartet werden muss. Schließen Sie also alle geöffneten Fenster des Programms, und beenden Sie auch den Schnellstarter, falls dieser aktiv war.

Ändern, Reparieren und Entfernen

Um Änderungen an einer bestehenden Installation von OpenOffice.org 2.x durchzuführen, rufen Sie den Installationsassistenten nochmals auf. Hierzu benötigen Sie wiederum Administratorenrechte.

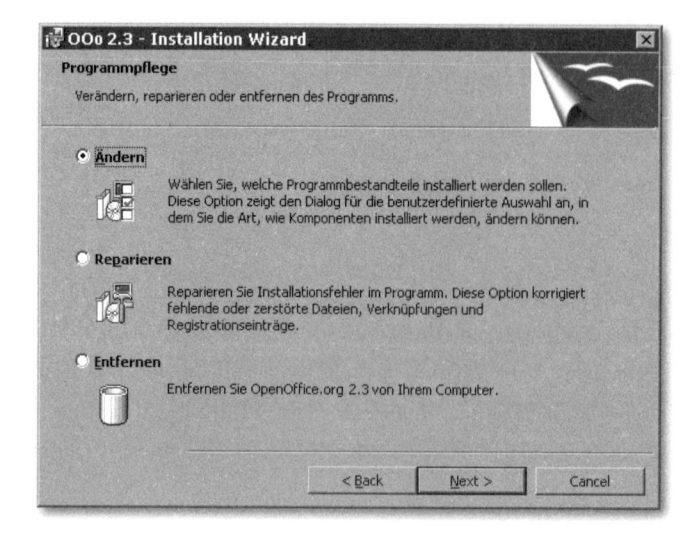

Abbildung 1.22 Ändern oder Entfernen einer bestehenden Installation

Klicken Sie im Begrüßungsbildschirm auf **Weiter**, und wählen Sie im nächsten Dialog die gewünschte Option. Folgen Sie im Weiteren den Anweisungen des Assistenten.

1.5 Portable OpenOffice.org

In der ersten Auflage dieses Buchs hatte ich eher versteckt im Anhang auf *Portable OpenOffice.org* verwiesen, denn dieses Projekt steckte damals noch in den Kinderschuhen. Sehr viel hat sich seitdem getan, und ich kann Ihnen Portable OpenOffice.org sehr empfehlen.

[o]

Portable OpenOffice.org ist, wie der Name schon andeutet, eine portable Version von OpenOffice.org (*Standalone Programm*), welche auf jedem Windows-Rechner[3] ohne Installation funktioniert. Ursprünglich von *John Haller* initiiert, hat sich Portable OpenOffice.org inzwischen stark verbreitet. Es existieren hierbei mehrere Modifikationen sowie auch verschiedene Kombinationen mit weiteren Programmen, welche ebenfalls ohne Installation laufen. Einige Vertreiber bieten komplett abgestimmte Zusammenstellungen als *'Büro für die Hosentasche'* an.

Portable OpenOffice.org wird im Allgemeinen auf USB-Stick installiert, kann aber auch auf beliebigen anderen Datenträgern genutzt werden, in entsprechender Modifikation auch auf nichtbeschreibbaren Datenträgern, wie beispielsweise CDs.

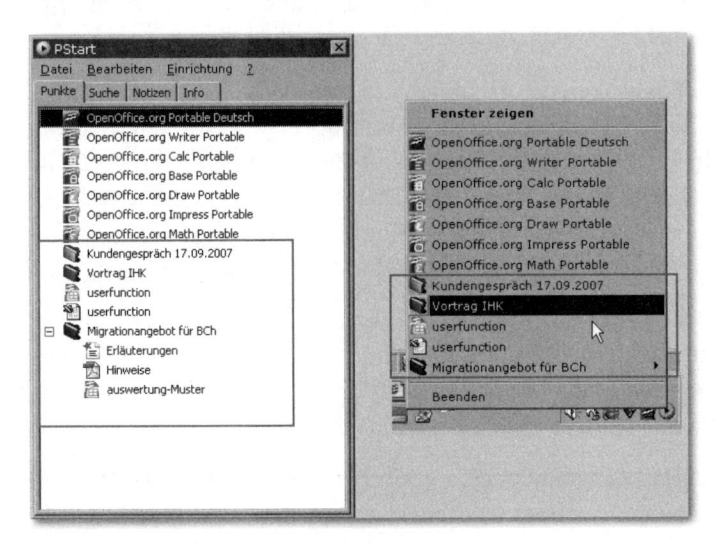

Abbildung 1.23   Portable OOo – links Startfenster, rechts Systraymenü

---

3   Inzwischen existiert auch eine Version für Mac OS X.

Viele der Modifikationen sind mit der eigentlichen Portable-Oberfläche (siehe Abbildung 1.23) zum Verwalten der Einzelapplikationen sowie weiteren Dateien ausgestattet, es existieren jedoch auch Versionen von Portable OpenOffice.org ohne spezielle Startoberfläche.

Beachten Sie die äußerst flexible Konfigurierbarkeit – in Abbildung 1.23 sehen Sie beispielsweise einige der Oberfläche hinzugefügte Ordner und Dateien, welche auf diese Art und Weise bequem aufgerufen werden können. Versionen ohne Startoberfläche eignen sich hingegen hervorragend, um eine Impress-Präsentation direkt von CD zu starten.

Sie sollten Portable OpenOffice.org in jedem Fall einmal ausprobieren. Links, von wo Sie Portable OpenOffice.org herunterladen können, finden Sie im Anhang.

1.6 Wo gibt es Hilfe?

Hilfe bei Problemen zu finden, kann manchmal selbst ein Problem sein, das wissen Sie sicherlich aus eigenem Erleben. Wie sieht die Situation bei OpenOffice.org konkret aus?

Als Privatanwender von OpenOffice.org werden Sie Ihre Installationsdateien meist kostenlos aus dem Internet beziehen oder von der CD einer Computerzeitschrift. Bereits bei der Installation bestätigen Sie die Lizenz, womit Sie sich auch einverstanden erklären, dass Sie eine Software nutzen, für die Sie kein verbrieftes Anrecht auf Support haben. Trotzdem stehen Sie nicht allein da.

Die erste schnelle Möglichkeit ist es immer, in der Online-Hilfe von OpenOffice.org nachzuschlagen. Diese erreichen Sie stets über F1. In vielen Dialogen finden Sie auch Hilfeschaltflächen, wo Sie direkten Zugriff auf die spezielle Stelle der Hilfe haben, die zum gerade genutzten Dialog passt. Sie sollten wirklich zunächst in der Hilfe nachschlagen, denn die Hilfe von OpenOffice.org ist in großen Teilen sehr konzentriert formuliert und »kommt auf den Punkt«.

Die Online-Hilfe ist so aufgebaut, wie Sie es erwarten dürfen, Sie haben sowohl Zugriff über eine hierarchische Gliederung als auch einen Index und über eine Suchfunktion. Nutzen Sie besonders auch die Möglichkeit eigener Lesezeichen für Hilfethemen, die Sie häufiger nachschlagen möchten.

Falls Sie Neueinsteiger bei OpenOffice.org sind und bevorzugt Ihre Hilfe in Büchern suchen, werden Sie erfreut feststellen, dass hier bereits viele Möglichkeiten bestehen. Noch vor zwei Jahren war das Angebot an (deutschsprachiger) Literatur zu OpenOffice.org eher gering, inzwischen ist jedoch eine ganze Reihe von Büchern zu verschiedenen Bereichen von OpenOffice.org erschienen. Informieren Sie sich einfach zeitgemäß bei einem Online-Buchversender oder ganz klassisch bei Ihrem Buchhändler. Viele Verlage bieten auch Probekapitel ihrer Bücher zum Download an, sodass Sie sich einen Eindruck verschaffen können, ohne gleich kaufen zu müssen.

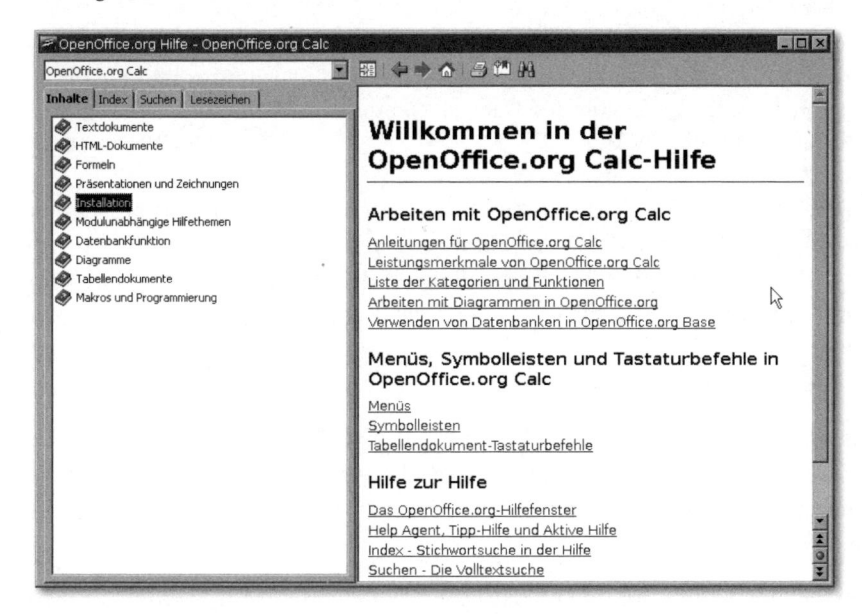

Abbildung 1.24 Online-Hilfe von OpenOffice.org

Die bei weitem größte Informationsquelle zu OpenOffice.org ist natürlich das Internet. Im Prinzip können Sie hier jegliche Information finden, Sie müssen nur wissen wo. Um deutschsprachige Informationen zu finden, ist der zentrale Anlaufpunkt im Internet die deutschsprachige Projektseite:

http://de.openoffice.org/

Besonders hervorzuheben sind die bestehenden deutschsprachigen Mailinglisten, bei denen Sie meist kurzfristig Hilfe finden können. Diese Listen sind erreichbar über ihre Einstiegsseite:

http://de.openoffice.org/about-users-mailinglist.html

Ein großer Vorteil dieser Listen ist die Tatsache, dass Sie hier auf viele aktive Projektmitglieder treffen können und so auch auf schwierige Fragen meist eine kompetente Antwort erhalten.

Im Anhang des Buches habe ich weitere Quellen zusammengestellt, beachten Sie aber auch die beiliegende Buch-CD, die viele nützliche Informationsmaterialien enthält.

> [»] Egal welches konkrete Medium Sie im Internet auch nutzen (z. B. Mailinglisten, Foren oder Usenet), seien Sie sich immer klar darüber, dass Ihr Gegenüber ebenfalls nur ein Mensch ist, der nicht immer alles wissen kann. Sie werden im Internet auf viele hilfsbereite Menschen treffen, aber verlieren Sie bitte auch niemals aus den Augen, dass diese ihre Hilfe freiwillig erweisen.
>
> Manchmal mögen Sie vor einem sehr ärgerlichen Problem stehen, aber versuchen Sie trotzdem, es sachlich und möglichst detailliert zu beschreiben. Beachten Sie bitte auch gegebene Gepflogenheiten des allgemeinen Umgangs z. B. auf einer Mailingliste oder in einem Forum.

Eine weitere Möglichkeit hatte ich bereits an anderer Stelle erwähnt: Beschaffen Sie sich OpenOffice.org auf CD. Es gibt inzwischen eine ganze Anzahl verschiedener CDs, die sehr gute Zusammenstellungen der Installationsdateien zusammen mit ergänzenden Materialien bieten. Nicht zuletzt finden Sie auf solchen CDs meist ein ganzes Bündel an Dokumentationen, die Sie sonst erst einmal im Internet selbst suchen müssten.

Solche CDs bieten also einen wirklichen Mehrwert für Sie, und Sie sollten sich nicht davor scheuen, hierfür auch etwas Geld auszugeben. Über das aktuelle Angebot an CDs können Sie sich auf der deutschsprachigen Projektseite informieren.

Sollten Sie OpenOffice.org im geschäftlichen Umfeld einsetzen, werden Sie sich sicher zunächst etwas intensiver Gedanken gemacht haben, wo Sie im Bedarfsfall Unterstützung finden können. Die Anzahl an Firmen, die Ihnen Support rund um OpenOffice.org anbieten, wächst ständig. Auch hier ist als erster Anlaufpunkt die deutschsprachige Projektseite geeignet, denn dort finden Sie eine Auflistung von Firmen, die kommerzielle Dienstleistungen zu OpenOffice.org anbieten.

Selbstverständlich steht es Ihnen völlig frei, sich auch als geschäftlicher Anwender von OpenOffice.org an die kostenlosen Foren, Mailinglisten etc. zu wenden. Sie werden stets ein offenes Ohr für Ihre Fragen finden und meist auch eine Lösung für Ihr konkretes Problem.

Aber nicht nur bei Problemen sollten Sie den Kontakt suchen, vielleicht haben Sie ja einen Vorschlag, was man besser lösen könnte. Wenn Sie OpenOffice.org einsetzen, freuen sich alle am Projekt Beteiligten, von Ihren Erfahrungen zu hören. Nutzen Sie die Chance, die das Medium Internet Ihnen bietet, solche Dinge anzusprechen, und diskutieren Sie mit anderen. Helfen Sie mit, indem Sie andere auf OpenOffice.org aufmerksam machen, oder unterstützen Sie das Projekt direkt.

Dieses Kapitel vermittelt erste Eindrücke der Tabellenkalkulation Calc. Sie werden mit grundsätzlichen Techniken vertraut gemacht und erstellen Ihr erstes Dokument. Sie werden die Verwendung einfacher Formeln kennen lernen sowie Ihr erstes Diagramm erstellen.

2 Schnelleinstieg

2.1 Neues Tabellendokument erzeugen

Das für unser zu erzeugendes Dokument gewählte Beispiel ist eine sehr einfach gehaltene Kapitalbedarfsrechnung für ein (fiktives) Unternehmen. Solche Kapitalbedarfsermittlungen sind nötig, um Vorhersagen über den Kapitalbedarf treffen zu können und auf dieser Grundlage z. B. Verhandlungen über den Kreditrahmen des Unternehmens mit Banken zu führen.

Nach Eingabe der notwendigen Daten erfolgen einfache Berechnungen. Das Ergebnis der Berechnungen wird als Diagramm dargestellt. Abschließend wird gezeigt, wie Sie dieses Diagramm in eine Präsentation integrieren können.

Starten Sie OpenOffice.org über das Programmmenü, und erzeugen Sie hierbei durch Auswahl des Eintrags *OpenOffice.org Calc* ein neues Tabellendokument. Da OpenOffice.org unter verschiedenen Betriebssystemen verfügbar ist, kann das genaue Vorgehen je nach Betriebssystem etwas unterschiedlich sein. Insbesondere wenn Sie eine »fertige« Linux-Distribution verwenden, kann der genaue Eintrag im Programmmenü unterschiedlich ausfallen, da diese Distributionen meist schon mit OpenOffice.org zusammen ausgeliefert werden.

Falls OpenOffice.org bereits läuft, weil Sie beispielsweise ein Writer-Dokument geöffnet haben, erzeugen Sie ein leeres Tabellendokument über **Datei • Neu • Tabellendokument**. Dieses Dokument beruht auf einer internen Standardvorlage von OpenOffice.org. Wie Sie eigene Vorlagen einbinden und verwenden können, ist in Kapitel 4.1.3, *»Dokumentvorlagen«*, detailliert nachzulesen.

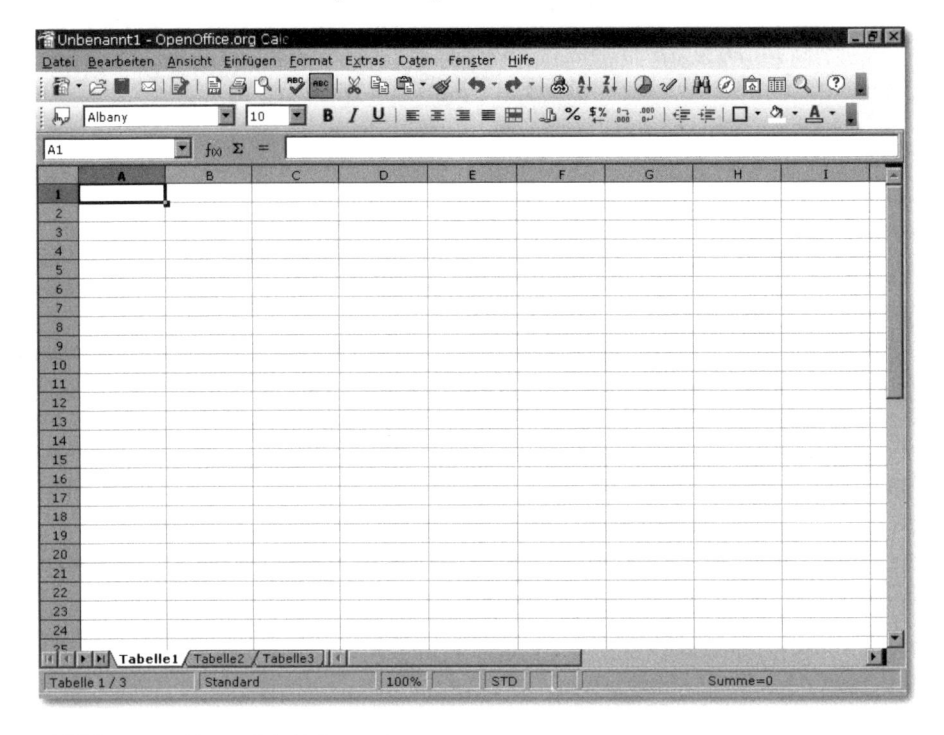

Auf Ihrem Bildschirm sollte jetzt Folgendes zu sehen sein:

Abbildung 2.1 Neues Calc-Dokument

Beachten Sie, dass die Zelle A1 durch den umgebenden Rahmen als die aktive Zelle gekennzeichnet ist.

Umstieg Wenn Sie bisher mit Excel gearbeitet haben, dürfte Ihnen die Struktur der Menüs bekannt vorkommen. Viele »Kleinigkeiten« sind in OpenOffice.org 2.3 auf die Bedürfnisse von Excel-Umsteigern abgestimmt.

2.2 Daten eingeben

Zunächst tragen Sie für unser Beispiel die Überschriften für die Daten ein. Die Zelle A1 ist bereits markiert, also können Sie sofort mit der Eingabe beginnen. Geben Sie »Monat« ein und bestätigen Sie die Eingabe mittels ⏎, automatisch wird der Eintrag in die Zelle übernommen und die nächste Zelle aktiv gesetzt. Tragen Sie analog die weiteren Überschriften ein. Ihr Dokument sollte nun so aussehen:

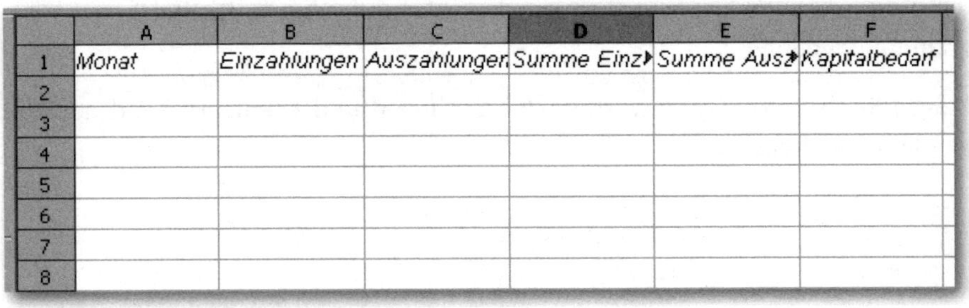

Abbildung 2.2 Eingetragene Überschriften

In einigen Zellen ist der eingetragene Text nicht vollständig sichtbar, was auch durch ein kleines rotes Dreieck in den Zellen kenntlich gemacht ist. Machen Sie sich darüber jetzt keine Gedanken, da es zweckmäßig ist, zunächst alle Werte einzugeben und anschließend zu formatieren.

> Für unser Beispiel haben wir [⇥] zum Wechseln in die nächste Zelle verwendet, weil wir uns horizontal in der Zeile bewegen. Grundsätzlich ist hierfür auch die Verwendung von [←], [→], [↑], [↓] sowie [↵] und der Maus möglich. Sie sollten im Allgemeinen [↵] bevorzugen und die Richtung, in die damit die Selektion wechselt, innerhalb der Programmoptionen festlegen (siehe Kapitel 3, »Die Programmumgebung«).

[+]

> Für unsere Eingabe haben wir mittels [⇥] die Zellen A1 bis G1 durchlaufen, in Excel würde nun das Drücken von [↵] in die Zelle A2 führen. Um ein ähnliches Verhalten zu erreichen, markieren Sie zu Beginn beispielsweise den Bereich G2:A1. Sind Sie nun mit Ihrer Eingabe in G1 angelangt, führt eine erneute Betätigung von [⇥] nach A2. Bei fortlaufender Betätigung von [↵] zum Wechsel der aktiven Zelle in einem markierten Bereich ist das Verhalten von Calc analog zu Excel (die Zellen werden spaltenweise durchlaufen).

Umstieg

Wechseln Sie in Zelle A2, geben Sie »Januar« ein, und schließen Sie die Eingabe mit [↵] ab. Wechseln Sie zurück in Zelle A2, und beachten Sie das kleine Quadrat rechts unten in der Zellumrandung. Führen Sie den Mauspfeil über dieses Quadrat, und er wird zu einem Kreuz. Halten Sie nun die primäre Maustaste gedrückt und ziehen Sie den Cursor nach unten, die überstrichenen Zellen werden dann automatisch richtig ausgefüllt. Ziehen Sie bis Zelle A13 und lassen Sie die Maustaste los. Die fortlaufenden Monatsnamen sind nun eingetragen.

Dieses Eingabeverhalten ist auch in horizontaler Richtung verfügbar und basiert auf *Sortierlisten*, die Sie über die Programmoptionen anpassen können. Dadurch können Sie völlig frei festlegen, welche Begriffe Sie verwenden wollen. Die Möglichkeit, die Monatsnamen zu verwenden, besteht deshalb, weil diese (und einige weitere) bereits als Listen vorhanden sind. Mehr darüber in Kapitel 3, »Die Programmumgebung«.

Tragen Sie weitere Zahlenwerte in die Spalten B und C entsprechend nachfolgender Abbildung ein:

	A	B	C
1	Monat	Einzahlungen	Auszahlungen
2	Januar	10000	60000
3	Februar	20000	40000
4	März	30000	30000
5	April	40000	50000
6	Mai	60000	80000
7	Juni	10000	20000
8	Juli	5000	30000
9	August	60000	60000
10	September	80000	20000
11	Oktober	70000	10000
12	November	30000	20000
13	Dezember	90000	30000
14			

Abbildung 2.3 Werte eingeben

Ist Ihnen aufgefallen, dass die Monatsnamen linksbündig und die Zahleneingaben rechtsbündig in den Zellen ausgerichtet sind? Dieses Verhalten wird dadurch bewirkt, dass Calc automatisch zwischen Text und Zahlenwerten unterscheidet. Die kombinierte Eingabe von Buchstaben und Zahlen innerhalb einer Zelle wird als Text behandelt. Dieses automatische Unterscheiden von Text und Zahlen ist u.U. auch nützlich, um Fehleingaben schnell zu erkennen. Zum Beispiel in »O2345« und »02345«. Erster Ausdruck (O und vier Ziffern) wird als Text erkannt, letzterer (fünf Ziffern) natürlich als Zahl.

[+] Manchmal wird es notwendig sein, Zahlen so einzugeben, dass sie bereits bei der Eingabe als Text behandelt werden. Stellen Sie in einem solchen Fall Ihrer Eingabe das Hochkomma >'< voran. Calc behandelt alles nach dem Hochkomma so, als wenn es Text wäre.

Da die Zahlen in den Zellen B2 bis C13 Geldbeträge darstellen, sollten Sie diese jetzt entsprechend formatieren. Klicken Sie hierzu die Zelle B2 mit der Maus an, und ziehen Sie bei gedrückter primärer Maustaste bis zur Zelle C13, wodurch alle Zellen im Bereich markiert werden. Klicken Sie nun die entsprechende Schaltfläche an, um die markierten Zellen mit dem Standardwährungsformat zu formatieren:

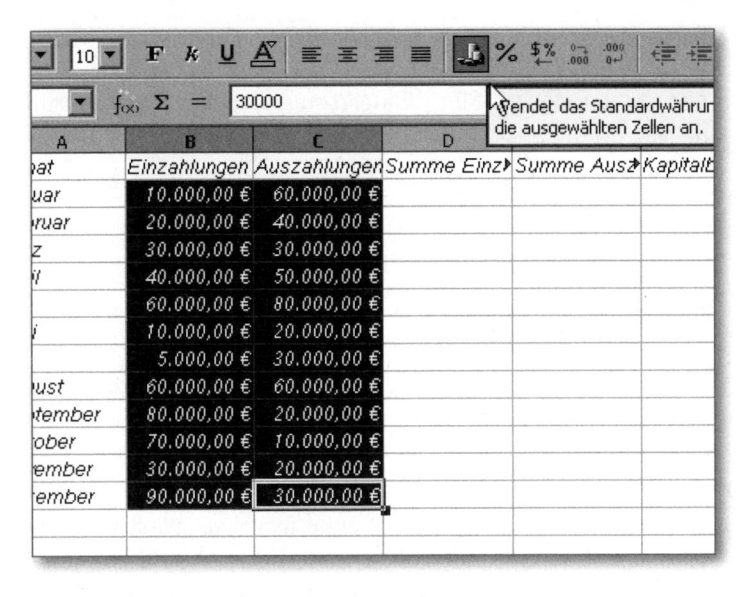

Abbildung 2.4 Zellen formatieren

Weitere Währungsformate (und andere Formate) sind z. B. über das Kontextmenü der markierten Zellen verfügbar.

Alle notwendigen Zahlenwerte sind somit eingetragen, weitere Werte werden im Folgenden durch Berechnung ermittelt.

Halt – bitte speichern Sie zunächst das Dokument, um möglichen Datenverlust zu verhindern. Wählen Sie hierzu **Datei • Speichern**. Im erscheinenden Dialog sollte als Dateityp das Standardformat für Calc-Dokumente (*.ods) voreingestellt sein, sodass Sie nur einen Namen für die Datei vergeben müssen. Bitte beachten Sie die Optionen im **Speichern**-Dialog.

> Damit der Dateiname um die Dateinamenserweiterung (*.ods) automatisch ergänzt wird, muss die entsprechende Option im Datei-Dialog aktiviert sein, was als Standardeinstellung der Fall ist. Falls Sie einmal vergessen haben sollten, diese Option zu aktivieren, können Sie die Datei auch später noch entsprechend umbenennen.

Umstieg

Der **Speichern**-Dialog bietet Ihnen eine ganze Palette weiterer Formate zum Speichern Ihrer Datei an, verwenden Sie jedoch möglichst das Standardformat, da nicht ausgeschlossen ist, dass bestimmte Inhalte Ihrer Datei in anderen Formaten nicht verfügbar sind. Sie werden jedoch beim Austausch von Dokumenten mit den Benutzern anderer Tabellenkalkulationsprogramme feststellen, dass die notwendige Konvertierung im Allgemeinen sehr gut und exakt funktioniert.

2.3 Berechnungen

In Spalte D sollen nun die summierten Einzahlungen eingetragen werden, hierfür gibt es verschiedene Möglichkeiten.

Um zunächst die erste Einzahlung zu übertragen, denn hier ist ja noch keine Summierung zu berücksichtigen, markieren Sie Zelle D2 und geben folgende Formel ein: **=B2**. Der Inhalt von Zelle B2 wird dadurch auch in Zelle D2 angezeigt.

Gleichberechtigt können Sie beispielsweise auch den Inhalt von B2 nach D2 kopieren. Wählen Sie Zelle B2 aus, erzeugen Sie das Kontextmenü und wählen dort **Kopieren** (Strg + C). Dann markieren Sie D2 und wählen ebenfalls im Kontextmenü **Einfügen** (Strg + V). Der angezeigte Wert in Zelle D2 entspricht nun ebenfalls dem Wert in B2. Allerdings hat das einfache Kopieren auch einen Nachteil. Die Werte in B2 und D2 sind nun völlig unabhängig voneinander, sollten Sie also den Wert in B2 später noch einmal ändern wollen, passt Calc den Wert in D2 nicht automatisch an. Deshalb sollten Sie D2 mit B2 beim Kopieren verknüpfen. Markieren Sie hierzu zunächst wieder B2 und wählen **Kopieren**, markieren anschließend D2 und wählen dort (im Kontextmenü) nun **Inhalte einfügen...** Im erscheinenden Dialog müssen Sie nun *Verknüpfen* aktivieren und mit **OK** bestätigen, um eine Verknüpfung in D2 einzufügen.

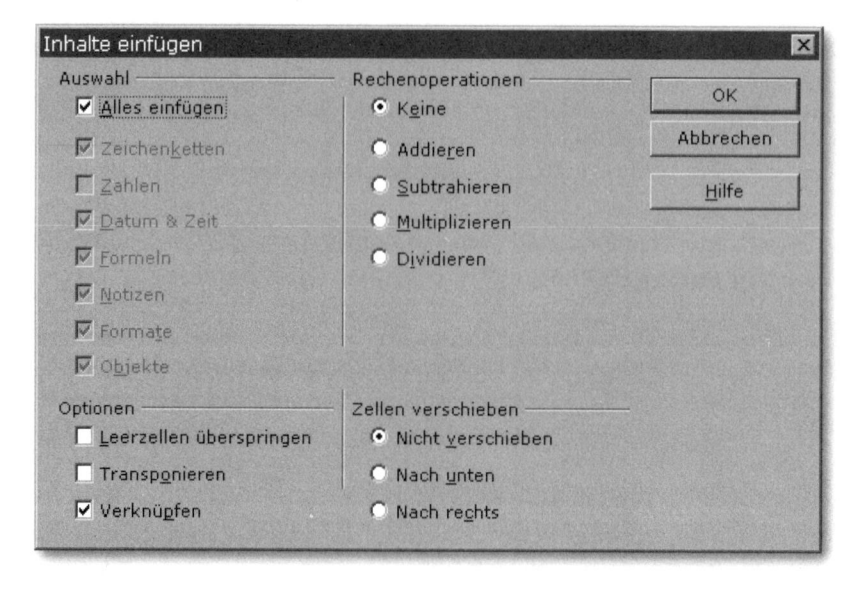

Abbildung 2.5 Inhalte einfügen

Anschließend sollte in Zelle D2 folgende Formel stehen: **=$Tabelle1.$B$2**. Diese Formel ist eigentlich ein Äquivalent zu **=B2**, allerdings mit *absoluten Bezügen* (in Kapitel 5 erfahren Sie mehr darüber).

Ist nun ein Wert in Zelle D2 vorhanden, müssen noch die Werte in den Zellen D3 bis D13 berechnet werden. Inhaltlich handelt es sich hierbei um die Summe aller Einzahlungen bis zum betreffenden Monat (einschließlich). Zelle D3 muss somit den Wert enthalten, der sich aus der Summe der bisherigen Einzahlungen (D2 bzw. B2) plus der Einzahlung des laufenden Monats (B3) ergibt. Die Formel hierfür lautet: **=D2+B3**. Da diese Formel relative Bezüge beinhaltet, kann sie nun ganz einfach weiterverwendet werden, indem sie nach D4 bis D13 übertragen wird.

Erinnern Sie sich noch, wie Sie bei der Eingabe automatisch die Monate ergänzen konnten? Nun, obwohl für die Formeln keine Sortierliste vorliegt, ist die Handhabung sehr ähnlich. Markieren Sie D3 und ziehen Sie mit gedrückter Maustaste am kleinen schwarzen Quadrat (rechts unten bei der Zellmarkierung von D3) bis Zelle D13 und lassen Sie los.

	A	B	C	D
1	Monat	Einzahlungen	Auszahlungen	Summe Einz.
2	Januar	10.000,00 €	60.000,00 €	10.000,00 €
3	Februar	20.000,00 €	40.000,00 €	30.000,00 €
4	März	30.000,00 €	30.000,00 €	60.000,00 €
5	April	40.000,00 €	50.000,00 €	100.000,00 €
6	Mai	60.000,00 €	80.000,00 €	160.000,00 €
7	Juni	10.000,00 €	20.000,00 €	170.000,00 €
8	Juli	5.000,00 €	30.000,00 €	175.000,00 €
9	August	60.000,00 €	60.000,00 €	235.000,00 €
10	September	80.000,00 €	20.000,00 €	315.000,00 €
11	Oktober	70.000,00 €	10.000,00 €	385.000,00 €
12	November	30.000,00 €	20.000,00 €	415.000,00 €
13	Dezember	90.000,00 €	30.000,00 €	505.000,00 €
14				

Abbildung 2.6 Formel übertragen

Calc hat die Formel in D3 richtig erkannt und in alle Zellen übertragen. Gleichzeitig wurden die Zellbezüge der einzelnen Formeln angepasst.

> Zum Übertragen der Formeln in D3 bis D13 wäre es auch möglich, die Zelle D2 auszuwählen, mit der Maus auf das kleine schwarze Quadrat zu zeigen (der Mauspfeil wird zum Kreuz) und jetzt einen Doppelklick auszuführen, wodurch automatisch die Zellen ausgefüllt würden.
>
> Der Unterschied zum oben beschriebenen »Ziehen«: Calc erkennt bei diesem Vorgehen die Anzahl der auszufüllenden Zellen daran, bis zu welcher Zelle die linke Nachbarspalte gefüllt ist.

[+]

Die Spalte E können Sie nun auf gleiche Weise wie Spalte D füllen, nur müssen Sie jetzt die Werte aus Spalte C berücksichtigen.

Die Werte in Spalte F stellen einfache Differenzen der jeweiligen Werte in Spalte E und D dar. Schreiben Sie in F2 die Formel **=E2-D2**, und übertragen Sie diese anschließend – ebenfalls durch Ziehen mit der Maus – nach F3 bis F13.

Sie sollten nun wieder den erreichten Zwischenstand speichern, bevor Sie beginnen, die Formatierung der Tabelle etwas zu verbessern. Wählen Sie **Datei • Speichern** (Strg + S) oder klicken Sie auf das **Speichern**-Symbol in der Standardsymbolleiste.

2.4 Tabelle formatieren

[O] Nun können Sie das Aussehen der Tabelle durch Formatierung noch verbessern. Zunächst sollte erreicht werden, dass die Beschriftungen in allen Tabellenköpfen vollständig lesbar sind.

Markieren Sie Zelle A1, und ziehen Sie bei gedrückter Maustaste bis Zelle F1, um die Tabellenköpfe zu markieren. Erzeugen Sie das Kontextmenü, und wählen Sie **Zellen formatieren...** Im erscheinenden Dialog *Zellen formatieren* wechseln Sie auf das Register *Ausrichtung*. Dort ändern Sie die Einstellungen für horizontale bzw. vertikale Textausrichtung in *zentriert* bzw. *Mitte*. Aktivieren Sie auch den automatischen Zeilenumbruch. Im Register *Hintergrund* wählen Sie eine Hintergrundfarbe, und ändern Sie außerdem im Register *Schrift* den Schriftschnitt auf *Fett*. Bestätigen Sie anschließend Ihre Änderungen durch Drücken der Schaltfläche **OK**.

Markieren Sie Zelle A1, halten Sie ⇧ gedrückt und klicken auf Zelle F13, um alle Zellen zu markieren. Stellen Sie die optimale Breite der Spalten mittels **Format • Spalte • Optimale Breite...** her. Um nun Zellumrandungen festzulegen, können Sie die Schaltfläche **Umrandung** in der Symbolleiste *Format* verwenden. Klicken Sie auf diese Schaltfläche, und ein kleines Fenster wird sichtbar. Dieses können Sie an der Titelzeile auf den Arbeitsbereich ziehen, oder Sie klicken nur auf die Schaltfläche im kleinen Fenster rechts unten, um alle Zellen mit einer Zellumrandung zu versehen.

[»] Bei der gerade angesprochenen Art von »kleinem Fenster« handelt es sich um eine *Abreißleiste*. Solche Leisten können frei auf dem Bildschirm positioniert werden.

In Version 2.0 von OpenOffice.org wurden Menüs und Symbolleisten stark überarbeitet, sodass das Prinzip der Abreißleisten an einigen Stellen auch vorteilhaft mit Symbolleisten kombiniert wurde. Beispielsweise ist in den älteren Versionen von OpenOffice.org die Abreißleiste *Zellen einfügen* eine ganz »klassische« Abreißleiste, ab Version 2.0 dagegen verhält sie sich (auch) wie eine eigenständige Symbolleiste.

Selbstverständlich könnten Sie noch weitere Änderungen an der Formatierung vornehmen, beispielsweise die Schriftart ändern und Ähnliches. Ich möchte es jedoch bei den wenigen Formatanpassungen belassen. Das Ergebnis sollte nun etwa so aussehen.

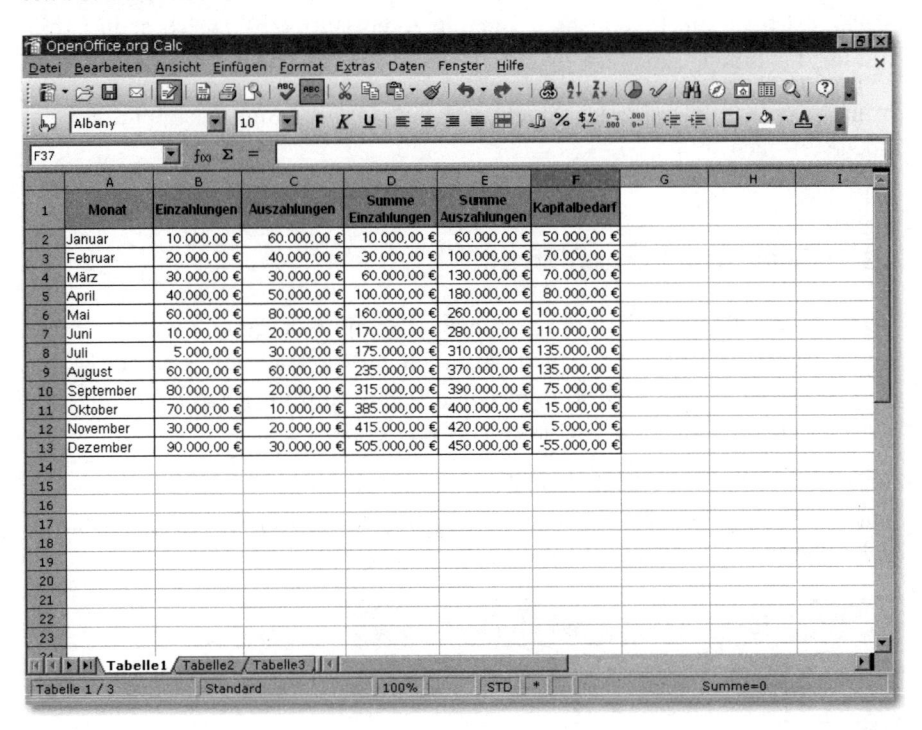

Abbildung 2.7 Die formatierte Tabelle

Die Art und Weise, in der die Tabelle gerade formatiert wurde, wird auch *direkte* oder *harte* Formatierung genannt. Zum Formatieren einfacher Tabellen ist dieses Verfahren geeignet, für umfangreichere Tabellen sollten Sie aber unbedingt einen Blick auf die Möglichkeiten werfen, die Zellvorlagen bieten. Alles über Vorlagen finden Sie in Kapitel 4.1 »*Vorlagen in Calc*«.

Die Tabelle ist nun fertig und könnte in dieser Form bereits verwendet werden. Sie könnten sie in einen Bericht einfügen, ins HTML-Format exportieren, als E-Mail versenden usw.

> Manchmal wird von Nutzern bemängelt, dass sich Calc-Tabellen nur als OLE-Objekte in Textdokumente einfügen lassen, wenn die Verbindung zum Calc-Dokument nicht verloren gehen soll, da die Darstellung dieser Tabellen nicht als optimal empfunden wird.

[«]

> Fügen Sie einfach die Tabelle als DDE-Verknüpfung ein (**Bearbeiten • Inhalte einfügen... • DDE-Verknüpfung**), auch so bleibt die Verbindung erhalten und die Tabelle sieht im Writer wie eine »normale« Tabelle aus.

Es bietet sich an, die Tabelle als Diagramm zu visualisieren, da sich dadurch die Aussage der Tabelle schneller erfassen lässt.

Im nächsten Kapitel zeige ich Ihnen, wie Sie ein Diagramm basierend auf der Tabelle erstellen.

2.5 Diagramm erstellen

[O] Die Werte der Tabelle sollen nun in einem Diagramm dargestellt werden. Da es sowohl aus inhaltlichen als auch aus Gründen der Übersicht nicht zu empfehlen ist, alle Werte in einem Diagramm darzustellen, möchte ich für die folgende Beschreibung den Kapitalbedarf (Spalte F) verwenden.

Zunächst markieren Sie die Zellen F2 bis F13 und die Zellen A2 bis A13 und rufen dann den Dialog zum Einfügen eines Diagramms mit **Einfügen • Diagramm...** auf (siehe Abbildung 2.8).

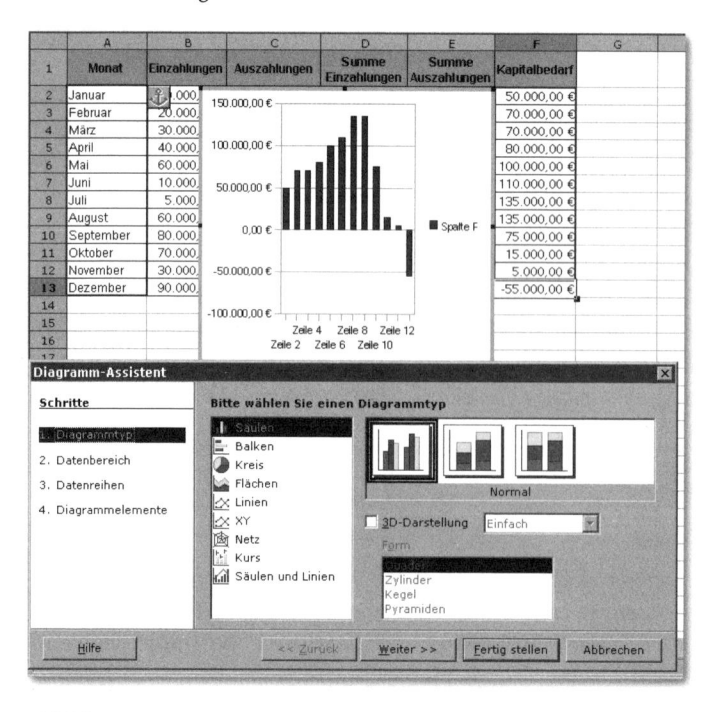

Abbildung 2.8 Diagramm erstellen

Belassen Sie es bei den schon vorhandenen Einstellungen und klicken Sie auf **Weiter**. Sie gelangen zum nächsten Schritt des Assistenten (Datenbereich). Die zwei Zellbereiche der Tabelle sind hier schon eingetragen (durch Semikolon getrennt) und der Eintrag *Erste Spalte als Beschriftung* ist aktiviert. Nehmen Sie hier keine Veränderungen vor und klicken Sie nochmals auf **Weiter**.

In der nun sichtbaren Seite des Assistenten (Datenreihen) könnten Sie weitere Datenreihen hinzufügen, belassen Sie aber die Einträge unverändert und klicken Sie auf **Weiter**.

Sie erreichen die letzte Seite des Assistenten (siehe Abbildung 2.9). Tragen Sie hier als Diagrammtitel beispielsweise »Kapitalbedarf« ein und deaktivieren Sie das Kontrollkästchen *Legende anzeigen*. Mit Klick auf **Fertig stellen** beenden Sie den Assistenten und fügen das Diagramm in die Tabelle ein.

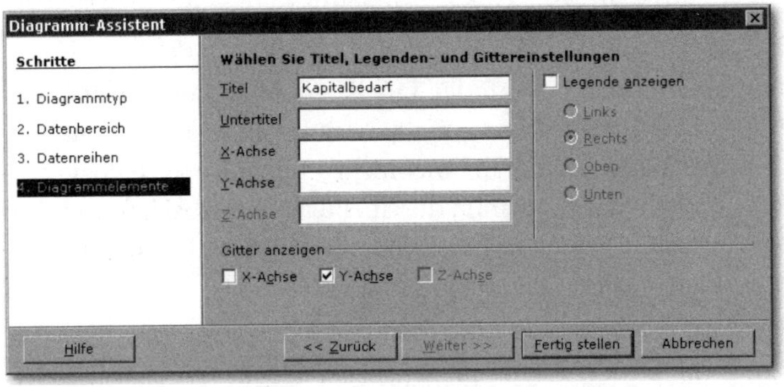

Abbildung 2.9 Diagrammtitel angeben

Das Diagramm befindet sich automatisch im Bearbeitungsmodus, kenntlich an einem hellgrauen Rahmen um das Diagramm.

> Falls Sie unabsichtlich außerhalb des Diagramms auf eine Zelle klicken, verlassen Sie den Bearbeitungsmodus. Um wieder in diesen zu wechseln, führen Sie einen Doppelklick auf das Diagramm aus.

Da das Diagramm etwas klein sein dürfte, vergrößern Sie es zunächst durch Ziehen an den grauen Rahmen in horizontaler Richtung etwas. Es bietet sich außerdem an, die Anordnung der Beschriftung der x-Achse zu ändern. Zeigen Sie mit der Maus auf die sichtbare x-Achse, bis Sie den Tooltip *X-Achse* sehen, und klicken Sie dann, ohne die Mausposition zu verändern (oder über Menü: **Format • Achse • X-Achse...**), diese Achse an, um sie zu markieren.

Nun erscheint der Dialog *X-Achse*. Wählen Sie dort im Register *Beschriftung* als Anordnung *Hoch-tief versetzt* und bestätigen Sie Ihre Änderung. Klicken Sie einfach auf eine der sichtbaren Säulen des Diagramms, sodass *alle* Säulen markiert sind, und wählen Sie im Kontextmenü **Objekteigenschaften**. Im Register *Fläche* können Sie nun beispielsweise eine andere Farbe zur Darstellung aller Säulen wählen.

[»] Übrigens können Sie die Farben, die für ein neues Diagramm als Standard verwendet werden, im **Optionen**-Dialog anpassen (**Extras • Optionen • Diagramm • Grundfarben**).

Passen Sie analog beispielsweise die Schriftart und Größe des Titels des Diagramms noch an.

Da wir das Diagramm später in eine Präsentation einfügen wollen, ist es empfehlenswert, schon jetzt den Diagrammhintergrund auf transparent zu stellen. Über die Einstellung der Transparenz auf 100 % ist das schnell erledigt (**Format • Diagrammfläche**; dort: Register *Transparenz*).

Klicken Sie nun auf einen freien Bereich der Tabelle außerhalb des Diagramms, um den Bearbeitungsmodus zu verlassen. Da Sie Transparenz aktiviert hatten, scheinen nun die Gitternetzlinien durch, was nicht unbedingt vorteilhaft aussieht. Markieren Sie deshalb das Diagramm durch einfachen Mausklick und drücken Sie [Strg] + [X], um das Diagramm auszuschneiden. Wechseln Sie zum zweiten Tabellenblatt, wählen Sie dort Zelle A1 aus und drücken [Strg] + [V], um das Diagramm einzufügen.

Das Diagramm sollte anschließend noch markiert sein, falls nicht, klicken Sie es mit der Maus an, wählen Sie im Kontextmenü **Verankerung • an der Seite**. Vergrößern Sie das Diagramm gegebenenfalls noch etwas, indem Sie es bei gedrückter [⇧]-Taste mit der Maus etwas größer ziehen (an einem der grünen Ziehpunkte).

Zeigen Sie mit der Maus auf den senkrechten Strich zwischen A und B in der Anzeige der Spaltenköpfe des Tabellenblatts (der Mauszeiger wird dabei zum Doppelpfeil) und ziehen Sie mit gedrückter Maus die Spalte A etwas breiter als Ihr Diagramm breit ist. Wiederholen Sie das Ganze analog für die erste Zeile bei den Zeilenköpfen (Linie zwischen 1 und 2 ziehen). Optimal sollten Sie in beide Richtungen so weit ziehen, dass anschließend die Zelle A1 den gesamten sichtbaren Platz ausfüllt.

Blenden Sie anschließend gegebenenfalls noch die Anzeige der Zeilen- und Spaltenköpfe aus, damit sie den optischen Eindruck nicht stören. Positionieren Sie nun das Diagramm möglichst in der linken oberen Ecke der Tabelle, um später in der Präsentation auf einfache Art und Weise eine optimale Darstellung zu erzielen. Das Endergebnis sollte nun ähnlich aussehen wie in Abbildung 2.10 gezeigt.

Leider gibt es in Calc noch nicht die Möglichkeit spezieller Blätter zur Anzeige von Diagrammen, sodass das Arbeiten mit einer stark vergrößerten Zelle A1 eines separaten Tabellenblatts (wie oben stehend beschrieben) ein Kompromiss zur bestmöglichen optischen Darstellung ist.

Mein Vorschlag, die Darstellung wie beschrieben anzupassen, ist natürlich nur eine Möglichkeit. Sie hätten beispielsweise auch die Gitterlinien ausblenden oder die Zellumrandungen weiß darstellen können.

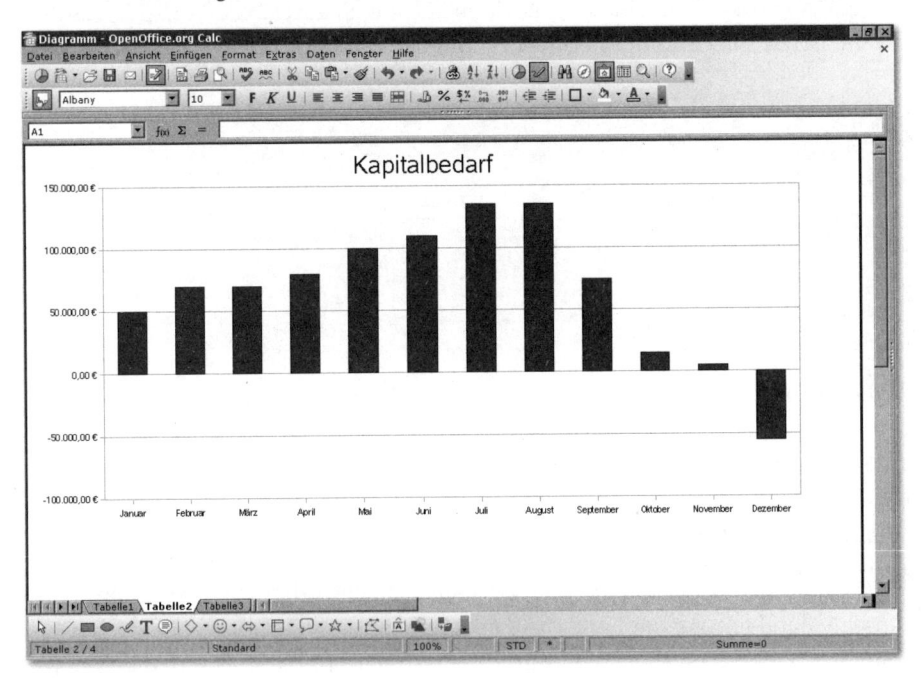

Abbildung 2.10 Das fertige Diagramm

Abschließend erläutere ich im folgenden Abschnitt, wie Sie das gerade erstellte Diagramm in eine Impress-Präsentation einbinden.

2.6 Diagramm in Impress nutzen

Das gerade erstellte Diagramm können Sie nun in eine Präsentation einbinden. Hierzu gibt es die Möglichkeit, es einfach in Calc auszuwählen und auf eine Folie in Impress (das Präsentationsmodul von OpenOffice.org) zu kopieren. Bei diesem Vorgehen wird jedoch die Verbindung zur Calc-Datei gekappt, sodass Änderungen der Werte nicht im Diagramm berücksichtigt werden.

[»] Seit OpenOffice.org 2.0 wird es möglich, Calc-Tabellen bzw. Diagramme als OLE-Objekte verknüpft in Präsentationen einzubinden.

Um das Diagramm aktualisierbar in eine Präsentation einzubinden, müssen Sie es als verknüpftes OLE-Objekt einfügen.

Öffnen Sie hierzu Ihre bestehende Präsentation oder erstellen Sie eine neue. Wählen Sie die Folie aus, auf der Sie das Diagramm platzieren möchten. Um das bestehende Diagramm einzufügen, rufen Sie den entsprechenden Dialog aus dem Menü heraus mit **Einfügen • Objekt • OLE-Objekt...** auf.

Abbildung 2.11 Diagramm in Impress einfügen

Aktivieren Sie die Option *Aus Datei erstellen*, und wählen Sie die gerade erstellte Calc-Datei aus. Bevor Sie mittels **OK** Ihre Auswahl bestätigen, aktivieren Sie bitte die Option *Mit Datei verknüpfen*.

Die Calc-Datei wird nun in Ihre Präsentation eingefügt, und Sie müssen sie anschließend nur auf der Folie richtig platzieren und möglicherweise auch in der Größe skalieren. Speichern Sie nun die Präsentation, bleibt das Diagramm verknüpft, und Veränderungen in den Diagrammdaten werden auch in der Präsentation dargestellt.

Die Aktualisierung des verknüpften Diagramms in der Präsentation erfolgt beim Öffnen der Präsentation je nach Einstellungen völlig automatisch oder auf Nachfrage automatisch.

Eigentlich ist in der Präsentation die komplette Calc-Datei verknüpft und nicht nur das Diagramm. Es ist also möglich, innerhalb von Impress auch direkt Zahlenwerte zu ändern. Falls jedoch das Tabellendokument und die Präsentation gleichzeitig geöffnet sind, ist eine Änderung von Werten nur entweder im Tabellendokument oder in der Präsentation möglich, weil OpenOffice.org das Tabellendokument nur einmal bearbeitbar öffnet. Da Sie üblicherweise Tabellendokumente in Calc direkt bearbeiten werden, dürfte dieser Nachteil akzeptabel sein.

Diagramm in Impress nutzen | **2.6**

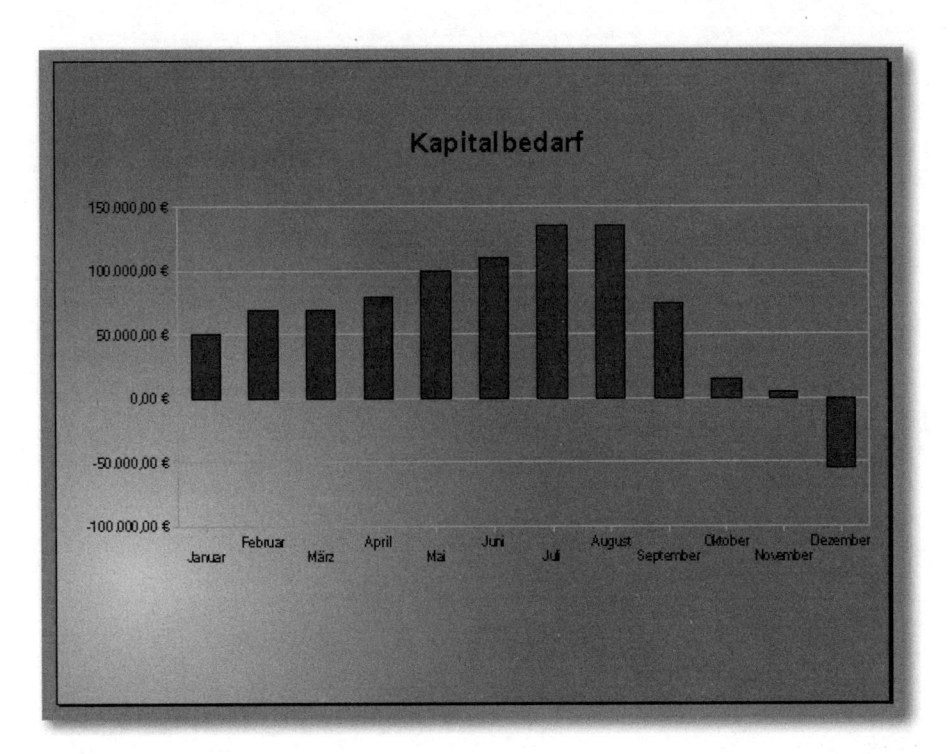

Abbildung 2.12 Das verknüpfte Diagramm in Impress

Beachten Sie bitte, zum oben erläuterten Verknüpfen von Diagrammen, die Hinweise in Kapitel 5.4.3.

[«]

Hier finden Sie Erläuterungen zu wichtigen Bestandteilen der Programmoberfläche von OpenOffice.org im Allgemeinen sowie spezifisch auf Calc bezogen. Weiterführend werden die Konfiguration und der Umgang mit wichtigen Elementen des Calc-Moduls beschrieben.

3 Die Programmumgebung

3.1 Ein Blick auf die Programmoberfläche

3.1.1 Grundsätzliches

OpenOffice.org vereint als integrierte Office-Suite die einzelnen Programmteile unter einer einheitlichen Oberfläche. Abhängig davon, mit welchem Modul Sie arbeiten, bestehen jedoch hinsichtlich der vorhandenen Symbolleisten sowie anderer Bedien-(und Kontroll-)Elemente gewisse Unterschiede. Grundlegende Elemente sind jedoch in allen Modulen vorhanden, und die Bedienung der Module folgt einheitlichen Konzepten.

Besonderer Wert wird auf freie Konfigurierbarkeit gelegt, beispielsweise ist es möglich, Symbolleisten an beliebigen Stellen des Anwendungsfensters anzudocken. Ein typisches Programmfenster eines OpenOffice.org-Moduls sieht wie folgt aus (siehe Abbildung 3.1):

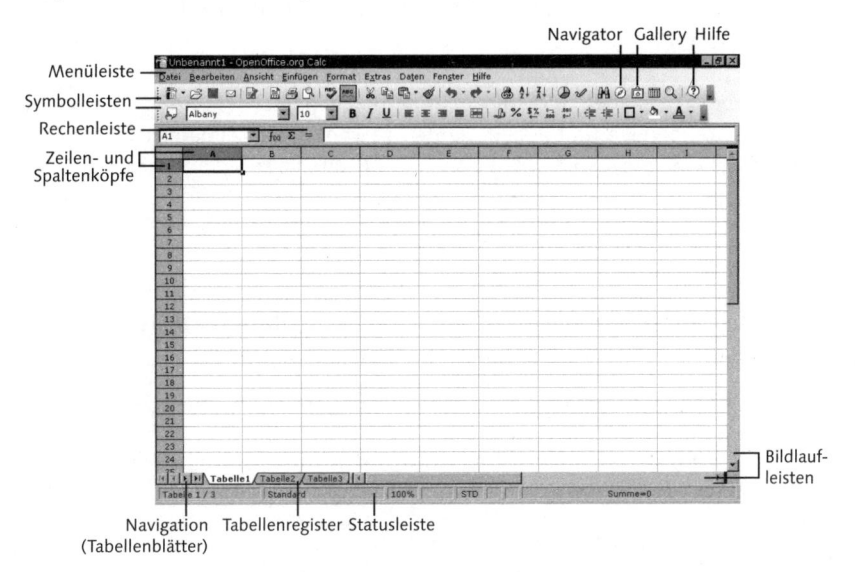

Abbildung 3.1 Programmfenster von OpenOffice.org (Calc)

Sie erkennen in der Abbildung den grundsätzlichen Aufbau der Benutzeroberfläche. In den einzelnen Programmmodulen gibt es gewisse Unterschiede, z. B. hinsichtlich der in den Menüs vorhandenen Einträge. Auch ist beispielsweise die Anzeige von spezifischen Symbolleisten vom jeweiligen Arbeitskontext abhängig.

3.1.2 Wesentliche Elemente des Anwendungsfensters

Menüleiste

In der Menüleiste sind die verfügbaren Befehle und Funktionen in Kategorien zusammengefasst. Für verschiedene Module werden Sie in den einzelnen Kategorien mehr oder weniger unterschiedliche Befehle finden.

Symbolleisten

Die Symbolleisten enthalten häufig benötigte Funktionen in Form kleiner Icon-Schaltflächen, um die Funktionen schnell aufrufen zu können. Die Konfigurierbarkeit der Symbolleisten wurde bereits in OpenOffice.org 2.0 stark verbessert. Der Konfigurierungsdialog (**Extras • Anpassen**) ist bedienungsfreundlicher gestaltet, und die Symbolleisten lassen sich seit OpenOffice.org 2.0 an (nahezu) beliebigen Stellen des Fensters andocken.

Rechenleiste

Die Rechenleiste ist ein spezifisches Element der Oberfläche von Calc. Hier können Sie Zellinhalte anzeigen/ändern, den Funktions-Assistenten aufrufen sowie mittels Tastatureingabe oder Auswahl im Kombinationsfeld einzelne Zellen oder Zellbereiche auswählen.

[»] Sie können Zellbereichsnamen auch direkt in der Rechenleiste festlegen. Markieren Sie hierzu einen Zellbereich und geben Sie den gewünschten Zellbereichsnamen in das Kombinationsfeld *Tabellenbereich* (links in der Rechenleiste) per Tastatur ein.

Hilfe

Immer wieder unterschätzt wird die sehr gute Hilfefunktion in OpenOffice.org. Allgemein finden Sie in den Dialogen immer eine Schaltfläche **Hilfe**, die beim Anklicken das gerade zum Kontext passende Hilfethema aufruft.

Darüber hinaus bieten die *Direkthilfe* und der *Help-Agent/Office-Assistent* weitere Möglichkeiten.

> Die Hilfetexte in OpenOffice.org sind im Allgemeinen sehr gut formuliert und bieten die Fakten, die Sie erwarten dürfen, ohne in Langatmigkeit zu verfallen. Für Umsteiger gibt es jedoch manchmal dadurch Probleme, dass in OpenOffice.org für bestimmte Dinge spezifische Begriffe verwendet werden. Zunehmend wurden jedoch – und werden weiterhin – Begriffsanpassungen vorgenommen, die den Zugang für Um- und Einsteiger erleichtern sollen.

Titelzeile

In der Titelzeile wird der Name des Dokuments plus ein Zusatz, das konkrete Modul von OpenOffice.org betreffend, angezeigt, beispielsweise »*Mein Dokument.ods – OpenOffice.org Calc*« oder (für noch ungespeicherte Dokumente) »*Unbenannt1 – OpenOffice.org Calc*«.

> Ob in der Titelzeile die Dateiendung angezeigt wird, ist gegebenenfalls abhängig von der konkreten Situation. Beim Öffnen der Datei wird die Dateiendung angezeigt, bei der ersten Änderung im Dokument verschwindet sie, um nach dem Speichern der Änderungen wieder aufzutauchen. Erneute Änderungen wirken sich danach nicht mehr auf die Titelzeile aus, sondern der beschriebene Ablauf wiederholt sich erst, wenn das Dokument neu geladen wird.

Zeilen- und Spaltenköpfe

Zentrales Element einer Tabellenkalkulation sind die Zellen, die über ihre Zellnamen referenziert werden. Die Anzeige der Zeilen- und Spaltenköpfe ermöglicht einerseits eine schnelle Orientierung, andererseits können hiermit auch Arbeiten im Tabellenblatt durchgeführt werden.

> Die Möglichkeit der sogenannten Z1S1-Bezugsart besteht hier bei Calc nicht.

Navigation (Tabellenblätter)

Mittels der Navigation machen Sie Tabellenregister (nicht die Tabellen selbst) sichtbar, wenn (wegen der Vielzahl der Tabellenblätter) nicht gleichzeitig alle Tabellenregister sichtbar sein können.

Tabellenregister

Das Tabellenregister zeigt alle sichtbaren Tabellenblätter an. Ausgeblendete Tabellenblätter (**Format • Tabelle • Ausblenden**) sind hier nicht aufgeführt. Im Kontextmenü des Tabellenregisters können Sie Arbeiten erledigen, die komplette Tabellen betreffen, beispielsweise Tabellen umbenennen oder verschieben.

Bildlaufleisten

Mit den Bildlaufleisten verschieben Sie den im Anwendungsfenster sichtbaren Teil des Tabellenbereichs. Die angezeigten Balken in den Bildlaufleisten vermitteln einen Eindruck von der Gesamtgröße der Tabelle, je länger diese Balken, desto kleiner die Tabelle, und je kürzer, desto größer die Tabelle.

Statusleiste

Die Statusleiste (Statuszeile) bietet einige wesentliche Informationen zum aktuellen Dokument und darüber hinaus einige Möglichkeiten des Zugriffs auf bestimmte Eigenschaften, beispielsweise auf den Zoomfaktor (in OpenOffice.org »Maßstab«) der Tabelle.

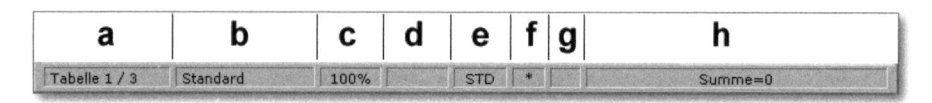

Abbildung 3.2   Bereiche der Statusleiste

Was konkret in der Statusleiste angezeigt wird, ist zum Teil konfigurierbar, zudem reagieren bestimmte Felder der Statusleiste auf Mausinteraktion:

- **Bereich a**
  Anzeige des aktuellen Tabellenblattes und Gesamtanzahl aller Tabellenblätter der Datei. Die Gesamtanzahl umfasst dabei auch ausgeblendete Tabellenblätter.
- **Bereich b**
  Anzeige der Seitenvorlage für das aktuelle Tabellenblatt, bei Doppelklick erfolgt der Aufruf des Dialogs zum Bearbeiten dieser Seitenvorlage.
- **Bereich c**
  Anzeige des aktuellen Zoomfaktors der Dokumentdarstellung, Kontextmenü bietet Schnellzugriff zur Veränderung des Zoomfaktors, Doppelklick bewirkt Aufruf des Dialogs *Zoomfaktor*.
- **Bereich d**
  Anzeige des aktuellen Überschreibmodus – *EINFG* für Einfügen sowie *ÜBER* für Überschreiben.
- **Bereich e**
  Anzeige des aktuellen Auswahlmodus – *STD* für Standard, *ER* für Erweitern sowie *ERG* für Ergänzen.
- **Bereich f**
  Existieren im Dokument ungespeicherte Änderungen (bzw. wurden bei einem neuen Dokument bereits Einträge vorgenommen), erscheint hier ein *.

▶ **Bereich g**
Mittels Kontextmenüs oder Doppelklicks rufen Sie den Dialog für digitale Signaturen auf.

▶ **Bereich h**
Zeigt Informationen zu aktuell markierten Zellen an. Sie können im Kontextmenü bestimmen, was anzeigt werden soll. Zur Auswahl stehen: *Summe*, *»keine«*, *Mittelwert*, *Anzahl*, *Anzahl2*, *Maximum* und *Minimum*. Haben Sie dort beispielsweise *Summe* eingestellt und markieren im Tabellenblatt die Zellen A1 bis A3, die die Werte 1, 3 und 8 enthalten, wird *Summe=12* angezeigt.
oder:
Zeigt, wenn ein Objekt markiert ist, Breite, Höhe, x-Position und y-Position des Objektes an.

Format übertragen

Diese Funktion wurde mit OpenOffice.org 2.0 neu eingeführt. Sie funktioniert analog zu der gleichnamigen Funktion in *MS Office* (dort umgangssprachlich auch *Pinselfunktion* genannt).

> Bei der Funktion *Format übertragen* handelt es sich sicherlich aus Sicht mancher OpenOffice.org-Anwender um eine umstrittene Funktion. Einerseits wurde sie neu eingeführt, um bisherigen MS Office-Anwendern den Umstieg zu erleichtern, andererseits steht diese Funktion gewissermaßen im Widerspruch zum bewährten (Format-)Vorlagenkonzept in OpenOffice.org. (Genaueres in Kapitel 4.1.1).
>
> Falls Sie Neueinsteiger in OpenOffice.org sind, sollten Sie sich die Mühe machen, sich in das Vorlagenkonzept von OpenOffice.org einzuarbeiten. Diese Mühe wird langfristig durch wesentliche Erleichterung Ihrer Arbeit belohnt.

Umstieg

Formatvorlagen

Das Vorlagenkonzept ist ein herausstechendes Merkmal von OpenOffice.org. Das Maximum an Möglichkeiten bezüglich Formatvorlagen werden Sie wohl im Writer-Modul von OpenOffice.org finden, aber auch in Calc sind selbstverständlich Formatvorlagen verfügbar. Wichtiges Arbeitsmittel für Formatvorlagen ist das Dialogfenster *Formatvorlagen*, das über die Funktionstaste F11 oder über **Format • Formatvorlagen** aufgerufen wird.

> Das Dialogfenster *Formatvorlagen* ist weitgehend identisch mit dem Dialogfenster *Stylist* in älteren Versionen von OpenOffice.org.

[«]

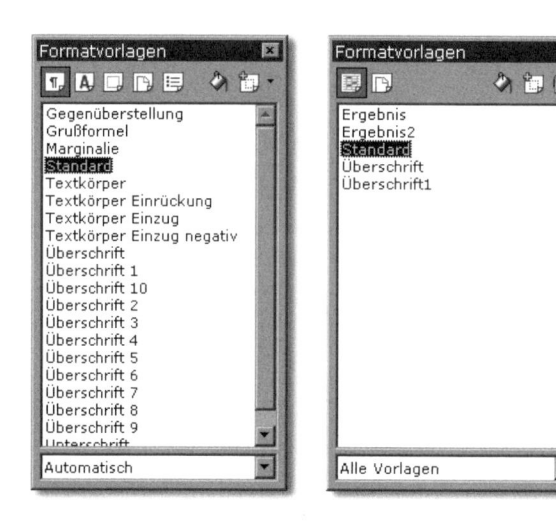

Abbildung 3.3 Dialog »Formatvorlagen« – links Writer, rechts Calc

Navigator

Der Navigator ist ein sehr praktisches Arbeitsmittel, um zwischen einzelnen Bestandteilen des Dokuments zu wechseln.

Abbildung 3.4 Navigator in Calc

Gallery

Auch die Gallery ist ein spezieller Bestandteil von OpenOffice.org. Sicherlich liegen die Anwendungsschwerpunkte der Gallery ebenfalls bei Textdokumenten, aber auch in Calc ist es ja nicht ungewöhnlich, zur Gestaltung von Tabellen beispielsweise Bilder einzusetzen.

Ihrer Natur nach ist die Gallery ein Container zur Verwaltung von Bild- und Klangdateien, durch ihre perfekte Integration in die OpenOffice.org-Anwendung erleichtert sie die Organisation und Verwendung der genannten Dateitypen in OpenOffice.org sehr.

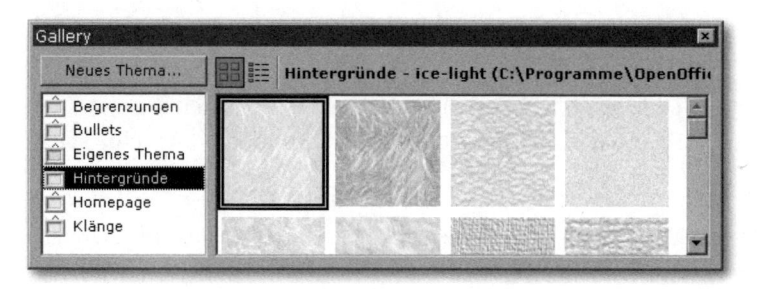

Abbildung 3.5 Gallery – hier »freischwebend«

3.2 Das Menü und die Symbolleisten

3.2.1 Menüleiste (Menüs) konfigurieren

Sie können die Menüleiste weitgehend an Ihre Vorstellungen anpassen, rufen Sie dazu den entsprechenden Konfigurationsdialog über **Extras • Anpassen...** auf. Es erscheint folgender Dialog:

Abbildung 3.6 »Anpassen«-Dialog

Wechseln Sie nun in das Register *Menü* (links oben), und nehmen Sie die gewünschten Anpassungen an den Menüeinträgen vor. Die notwendigen Schaltflächen sowie Auswahlfelder (Listen- und Kombinationsfelder) sind selbsterklärend, beachten Sie jedoch zwei grundsätzliche Dinge:

▶ Die Anpassungen, die Sie vornehmen, gelten immer für das Programmmodul, in dem Sie sich gerade befinden.

▶ Im Kombinationsfeld *Speichern in* legen Sie fest, wo Ihre Einstellungen gespeichert werden. Das kann das gerade aktuelle Programmmodul oder eine spezifische Datei sein.

Umstieg
Viele Umsteiger von MS Excel fragen, wie sie Symbolleisten und Menüs beim Öffnen einer spezifischen Datei ändern und nach Schließen der Datei wieder die ursprünglichen Einstellungen herstellen können. In MS Office-Dokumenten wird so etwas normalerweise mit einem Autostartmakro bewerkstelligt, in OpenOffice.org jedoch vorzugsweise durch Speichern der entsprechenden Einstellungen im Dokument.

(Es ist möglich, Menüs und Symbolleisten auch mittels Makros anzupassen, allerdings ist danach ein Neustart von OpenOffice.org erforderlich, weshalb dieses Verfahren für Einzeldokumente nicht praktikabel ist.)

3.2.2 Symbolleisten

Symbolleisten konfigurieren

Die Anpassung der Symbolleisten erfolgt ganz analog zur gerade beschriebenen Anpassung der Menüleiste.

[»] Da es einige hundert Befehle gibt, die in die Menüs und Symbolleisten aufgenommen werden können, mussten die Entwickler eine Vorauswahl treffen, eine auf Ihre Bedürfnisse ausgerichtete Anpassung kann jedoch die Arbeit sehr erleichtern.

Die Symbolleisten können noch weitergehend konfiguriert werden.

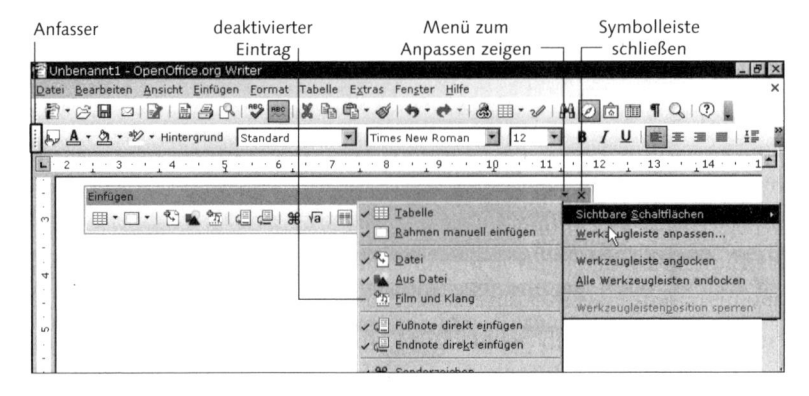

Abbildung 3.7 Erweiterte Anpassung

Solange eine Symbolleiste nicht gesperrt ist, können Sie jede Leiste an ihrem »Anfasser« entweder frei ins Anwendungsfenster ziehen oder an einer anderen Stelle des Fensters andocken. Das über das kleine Dreieck neben der **Schließen**-Schaltfläche einer Symbolleiste aufklappende Menü ermöglicht weitere Einstellungen, insbesondere können hier Einträge vorübergehend deaktiviert werden.

Das Konzept der Abreißleisten in OpenOffice.org

Eine Besonderheit in OpenOffice.org ist die Änderung des Erscheinungsbilds von bestimmten Symbolen in Symbolleisten und die damit einhergehende Bedienung. In der Abbildung 3.8 sehen Sie als Beispiel die Symbolleiste **Werkzeuge**:

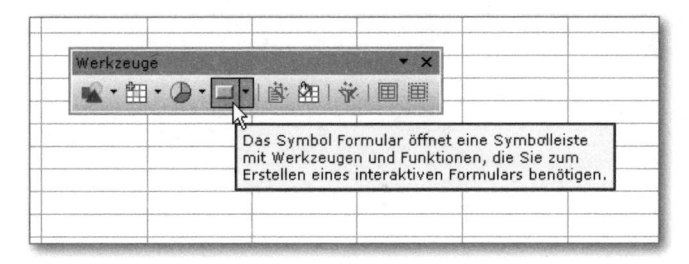

Abbildung 3.8 Symbolleiste »Werkzeuge«

Die vier linken Schaltflächen bestehen aus zwei Teilen, einmal aus der eigentlichen Schaltfläche und einmal aus einer kleineren Teilschaltfläche (kenntlich durch ein kleines Dreieck).

> In bisherigen Versionen von OpenOffice.org waren solche speziellen Schaltflächen immer durch ein kleines grünes Dreieck im Bild der Schaltfläche kenntlich gemacht. Die Schaltfläche war also (funktionell) nicht geteilt.

[«]

Hinter dieser Art von Schaltflächen verbergen sich immer *Abreißleisten*. Die Besonderheit ist, dass das eigentliche Schaltflächensymbol wechselt in Abhängigkeit davon, welche Funktion zuletzt verwendet wurde.

Die Bedienung solcher Schaltflächen erfolgt durch:

- *kurzen* Klick auf den Hauptteil der Schaltfläche, hierbei wird die Funktion ausgeführt, die dem gerade aktuell angezeigten Symbol entspricht.
- *langen* Klick auf die Schaltfläche *oder* Klick auf die Teilschaltfläche (mit dem kleinen Dreieck), und die Abreißleiste klappt heraus.

Im zweiten Fall klappt somit die Abreißleiste heraus:

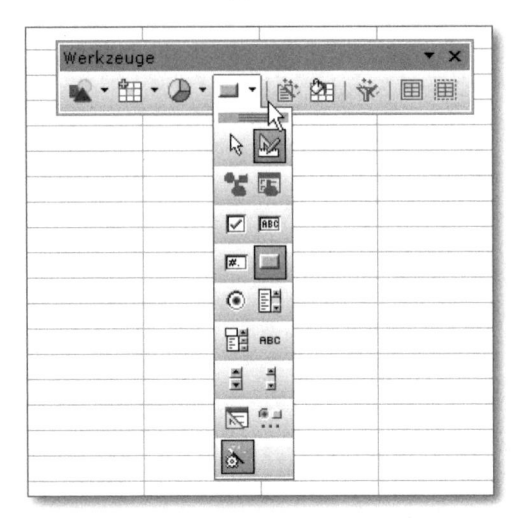

Abbildung 3.9 Abreißleiste

Die Abreißleiste verfügt über einen schmalen grauen Balken als Titelzeile. Ziehen Sie bei gedrückter primärer Maustaste die Abreißleiste an diesem Balken etwas von der Symbolleiste weg und lassen sie wieder los. In diesem Moment wird die Abreißleiste quasi zu einer »richtigen« Symbolleiste.

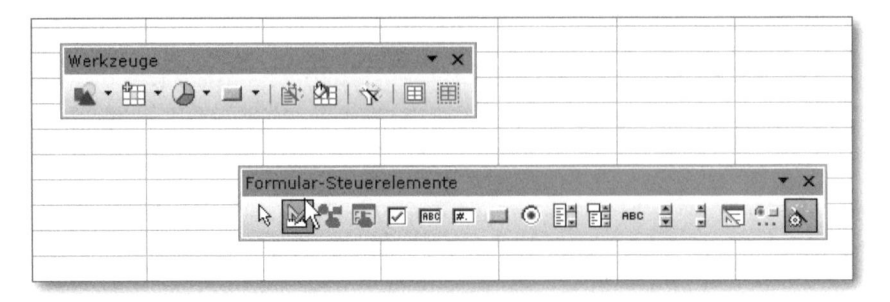

Abbildung 3.10 Zweite Symbolleiste

[»] In älteren Versionen waren Abreißleisten dieser Art noch etwas anders als normale Symbolleisten, weil sie sich üblicherweise nicht andocken ließen.

Die sichtbar gewordene Symbolleiste verhält sich nun wie alle Symbolleisten, d.h., Sie können sie beispielsweise frei im Anwendungsfenster andocken. Es ist bei frei schwebenden Leisten auch möglich, durch Ziehen an den Rändern die Form zu ändern.

Wenn Sie die Symbolleiste andocken möchten, ziehen Sie hierzu die Symbolleiste an der Titelzeile an eine der vier Seiten des Anwendungsfensters und lassen sie los. Beachten Sie, dass Sie erst dann loslassen dürfen, wenn OpenOffice.org Ihre Absicht zum Andocken erkannt hat, was durch einen grauen Rahmen kenntlich gemacht wird.

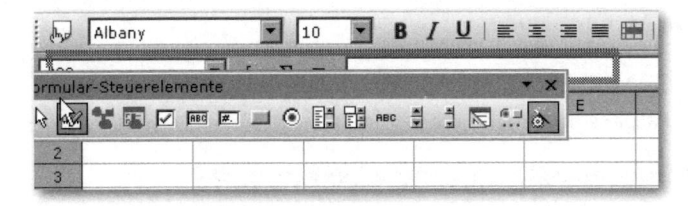

Abbildung 3.11 Symbolleiste andocken

Es gibt auch bestimmte Symbole/Schaltflächen, die zweigeteilte Schaltflächen (wie oben beschrieben) darstellen, jedoch etwas anders interagieren.

- Erstens handelt es sich hierbei um Schaltflächen, deren Abreißleiste weniger eine Leiste, sondern vielmehr eine Palette ist, die nicht angedockt werden kann.
- Zweitens sind es Schaltflächen, die nur ein Pull-down-Menü zeigen.

Die »Kurz-/Langklick«-Bedienung ist jedoch auch bei diesen Schaltflächen anwendbar. Die Abbildung 3.12 illustriert die zwei genannten Fälle am Beispiel der Schaltflächen **Neu** und **Umrandung**.

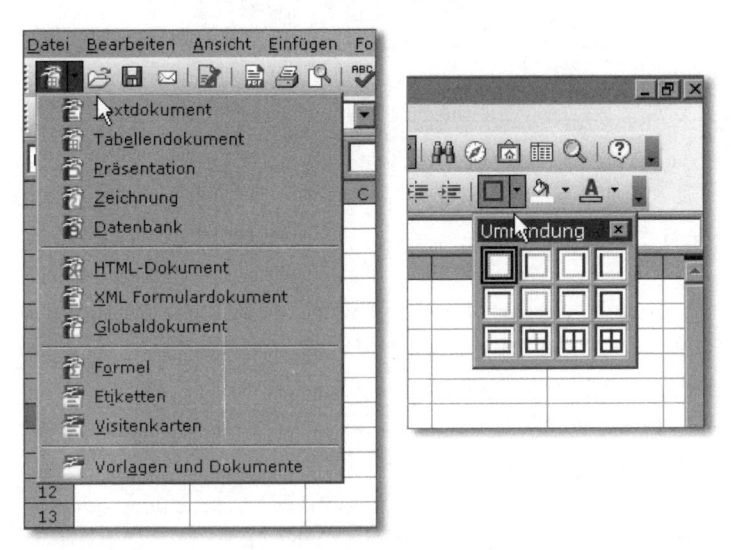

Abbildung 3.12 Die Schaltflächen »Neu« und »Umrandung«

3.2.3 Menü- und Symbolleisteneinstellungen im Dokument speichern

Menüeinstellungen

Das Speichern von Menü- und Symbolleisteneinstellungen in einem bestimmten Dokument sei hier noch einmal anhand eines Beispiels verdeutlicht. Folgende Arbeitsschritte sind für Menüs notwendig:

1. Öffnen Sie ein (neues oder existierendes) Dokument.
2. Rufen Sie **Extras • Anpassen** auf und wechseln Sie zum Register *Menüs*.

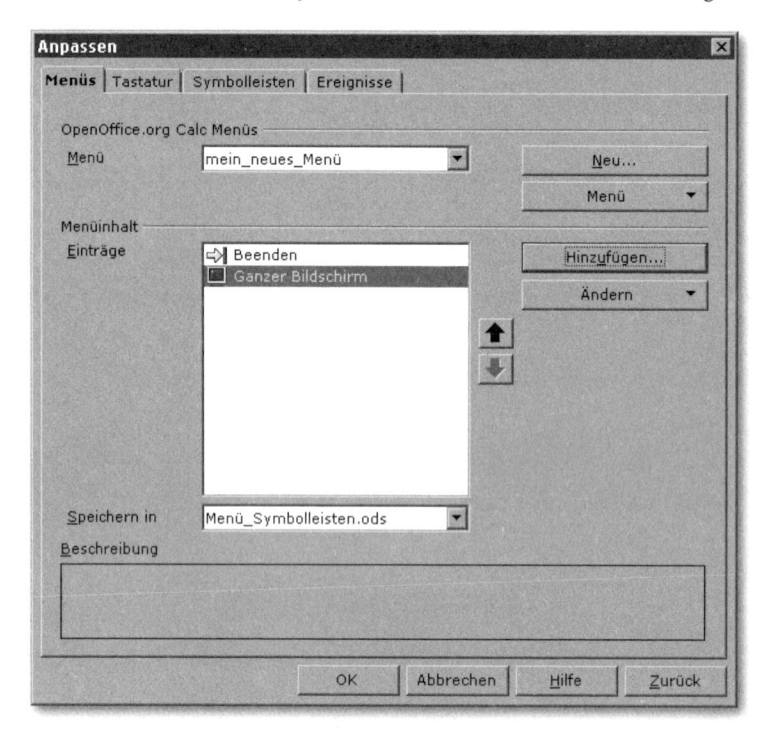

Abbildung 3.13 Menü in Dokument speichern

3. Kontrollieren Sie, ob unter *Speichern in* das gewünschte Dokument eingestellt ist (*Menü_Symbolleisten.ods* in Abbildung 3.13).
4. Klicken Sie auf **Neu...** und vergeben Sie einen Namen für Ihr neues Menü – im Bereich *Menü* wird nun der Name Ihres neuen Menüs angezeigt, gleichzeitig ist die Liste unter *Menüinhalt (Einträge)* noch leer.
5. Klicken Sie auf **Hinzufügen...** um Ihrem Menü Einträge hinzuzufügen oder klicken Sie auf **Ändern**, um ein Untermenü oder eine Gruppierung hinzuzufügen.

> Das Ändern von Symbolen ist an dieser Stelle nicht möglich. Die Zuordnung von [«]
> Symbolen zu den einzelnen Einträgen erfolgt über Symbolleisten, d.h., ist über **Extras
> • Anpassen** (Bereich: Symbolleisten) einem Befehl bereits ein Symbol zugeordnet
> (oder ist dort geändert worden), gilt diese Änderung auch für den entsprechenden
> Menüeintrag.
>
> Da diese Symbolzuordnung, wenn Sie sie einmal vorgenommen haben, auch gilt,
> wenn der Eintrag aus der Symbolleiste wieder entfernt wird, müssen Sie unter
> Umständen diesen Umweg wählen.

6. Sind alle Einstellungen vorgenommen, klicken Sie bitte auf **OK**, um den Dialog zu verlassen.
7. Vergessen Sie bitte nicht, nach Durchführung von Punkt 1-6 noch Ihr Dokument zu speichern. Das Speicherformat muss hierbei natürlich eines der Standardformate von OpenOffice.org sein, für Calc also *.ods oder *.ots.

Beim Öffnen dieses Dokuments sehen Sie also zukünftig immer Ihr selbst erstelltes Menü, beispielsweise wie in Abbildung 3.14 gezeigt.

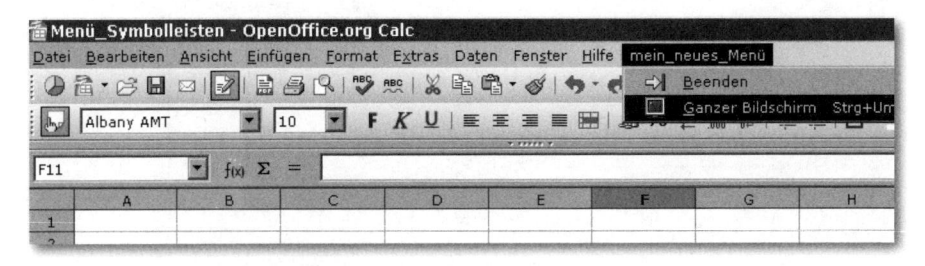

Abbildung 3.14 Benutzerdefiniertes Menü in Datei

> Genauso wie das Hinzufügen neuer Menüs funktioniert auch das Anpassen bestehen- [«]
> der Menüs an das spezielle Dokument. Beachten Sie bitte, dass sich die Einstellungen
> der (per Standard) vorhandenen Menüs beim späteren Öffnen des Dokuments sowohl
> aus den Dokumenteinstellungen als auch zentralen Einstellungen (der auf dem Ziel-
> system vorhandenen OpenOffice.org-Installation) ergeben können.

Symbolleisteneinstellungen

Angenommen, Sie hätten zwei Makros aufgezeichnet (oder selbst programmiert) und bereits in einem Dokument gespeichert. Folgende Arbeitsschritte sind notwendig, um im Dokument eine Symbolleiste zum Starten dieser Makros zu erstellen[1]:

---

[1] Zusätzliche Informationen zum Starten von Makros finden Sie in Kapitel 8.2.2 des vorliegenden Buches.

1. Öffnen Sie das Dokument.
2. Rufen Sie **Extras • Anpassen** auf und wechseln Sie zum Register *Symbolleisten*.
3. Kontrollieren Sie, ob unter *Speichern in* das gewünschte Dokument eingestellt ist (*Menü_Symbolleisten.ods* in Abbildung 3.15).

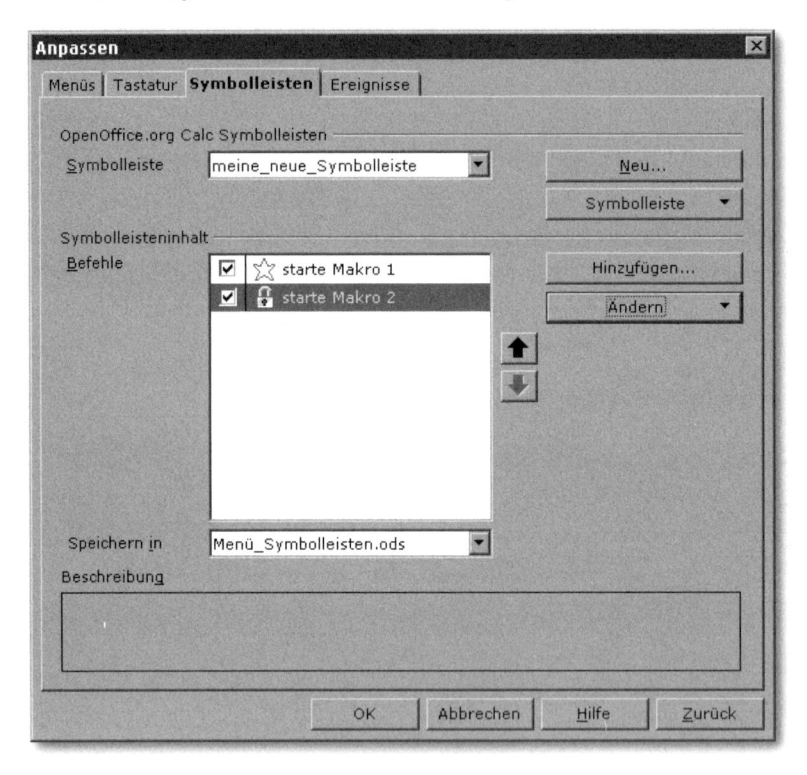

Abbildung 3.15 Symbolleiste in Dokument speichern

4. Klicken Sie auf **Neu...** und vergeben Sie einen Namen für Ihre neue Symbolleiste – im Bereich *Symbolleiste* wird nun der Name Ihrer neuen Leiste angezeigt, gleichzeitig ist die Liste unter *Symbolleisteninhalt (Befehle)* noch leer.
5. Klicken Sie auf **Hinzufügen...** und wechseln Sie im erscheinenden Dialog zum Dokumentmodul, welches die Makros enthält (siehe Abbildung 3.16). Markieren Sie rechts das erste Makro und klicken Sie auf **Hinzufügen**, markieren Sie anschließend das zweite Makro und klicken Sie nochmals auf **Hinzufügen**. Klicken Sie nun auf **Schließen**.
6. Um Ihren Makros ein Symbol zuzuordnen, klicken Sie (im Dialog *Anpassen*) auf **Ändern • Symbol austauschen...** und weisen Sie im erscheinenden Dialog (siehe Abbildung 3.17) ein Symbol zu. Sie können sowohl vorhandene Symbole verwenden als auch eigene importieren.

Das Menü und die Symbolleisten | **3.2**

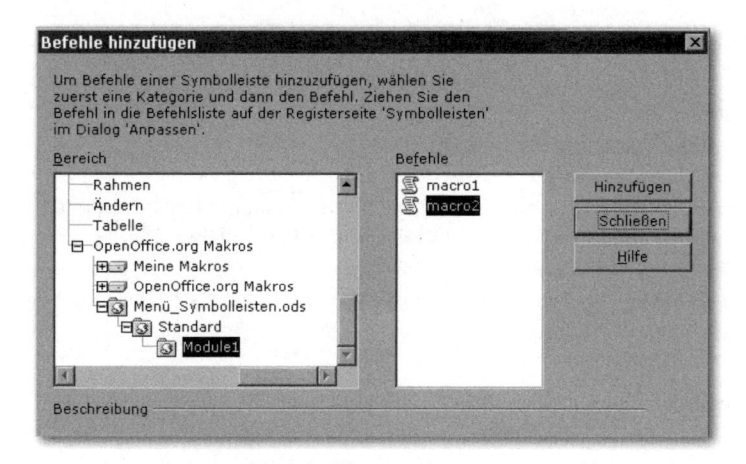

Abbildung 3.16 Dokumentmakro zuweisen

Wenn Sie eigene Symbole über die Schaltfläche **Importieren...** auswählen, sind diese im Dialog *Symbole austauschen* (siehe Abbildung 3.17) erst auswählbar, nachdem Sie die Auswahl aller Symbole ganz nach unten gescrollt haben, da jedes neu importierte Symbol zunächst ganz hinten an die Liste aller Symbole angefügt wird. Markieren Sie das importierte Symbol, bevor Sie zur Übernahme auf **OK** klicken. Wiederholen Sie dieses Vorgehen für das zweite Makro, nachdem Sie es vorher im Dialog *Anpassen* markiert haben.

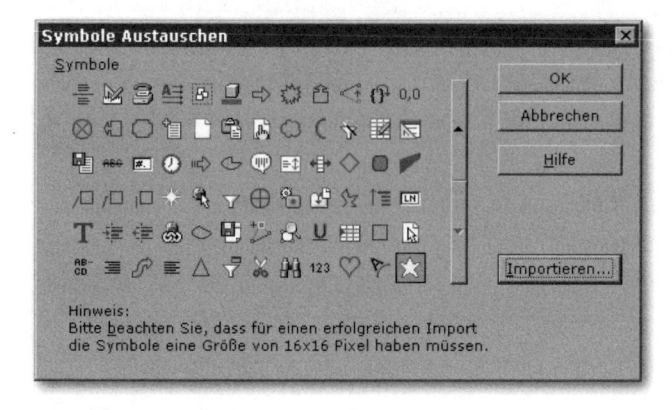

Abbildung 3.17 Symbol zuweisen

7. Abschließend können Sie noch die Beschriftung der neu erstellten Symbolleistenschaltflächen ändern, indem Sie auf **Ändern • Umbenennen...** klicken. Diese Einstellung wird in der späteren Symbolleiste nur sichtbar, wenn Sie die Anzeige der Beschriftung zulassen, erleichtert Ihnen jedoch auch im Dialog *Anpassen* die Übersicht.

8. Legen Sie abschließend mittels Schaltfläche **Symbolleiste** fest, ob nur Symbole, nur Text oder Symbole und Text angezeigt werden sollen. Klicken Sie abschließend auf **OK**.

9. Vergessen Sie nicht, die Datei zu speichern.

[+] Die Symbole, welche Sie gerade Ihren Makros zugewiesen haben, blieben bezüglich der Zuweisung auch erhalten, wenn Sie die Einträge der Symbolleiste wieder entfernen würden. Dieser Punkt hat beispielsweise Bedeutung, falls Sie Ihre Makros bei Aufnahme ins Menü mit einem Symbol versehen wollen, denn dort ist eine direkte Zuweisung von Symbolen nicht vorgesehen.

[»] Leider ist OpenOffice.org derzeit noch nicht in der Lage, die Bildschirmposition von Symbolleisten in Dokumenten unabhängig von der konkreten OpenOffice.org-Installation im Dokument zu speichern. Sie müssen also damit rechnen, wenn Sie die Datei auf einem anderen Computer öffnen, dass Ihre Symbolleiste zunächst nicht in der gewünschten Position am Bildschirm erscheint.

Umstieg — Obige Erläuterungen treffen nur zu, wenn Sie Ihr Dokument im Format *.ods oder anderen OpenOffice.org-Formaten speichern, *nicht* jedoch, wenn Sie das Dokument im Format *.xls speichern.

3.3 Die Einstellungen im Dialog »Optionen«

Zum Öffnen des Dialogs wählen Sie im Menü **Extras • Optionen**. Bei OpenOffice.org 2.x erscheinen in der Baumstruktur des Dialogs nur die Zweige, die für das jeweilige Modul (aus dem heraus Sie den Dialog aufgerufen haben) relevant sind.

Öffnen Sie den Dialog aus Calc heraus, werden folgende Zweige dargestellt:

- OpenOffice.org
- Laden/Speichern
- Spracheinstellungen
- OpenOffice.org Calc
- OpenOffice.org Base
- Diagramme
- Internet

Öffnen Sie den Dialog zum ersten Mal, erscheint die Kategorie *Benutzerdaten* des Zweigs OpenOffice.org. Wenn Sie später diesen Dialog wieder öffnen, wird immer die zuletzt gewählte Kategorie dargestellt.

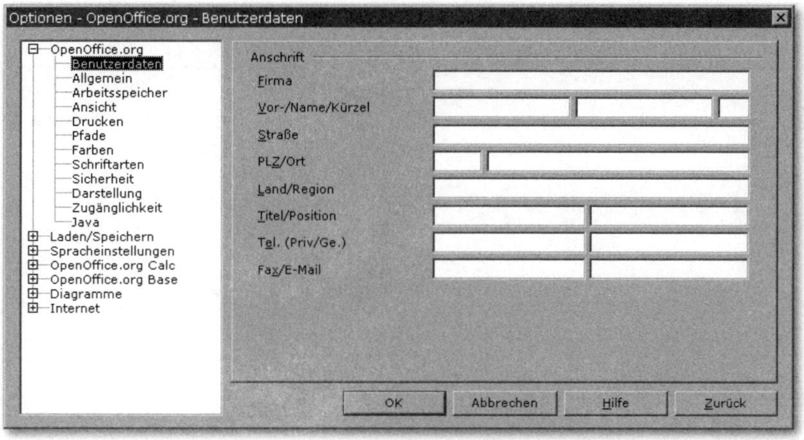

Abbildung 3.18 Der Dialog »Optionen«

Falls Sie Einstellungen verändern, berücksichtigen Sie bitte, dass einige Einstellungen für die richtige Funktion von OpenOffice.org essenziell sind. Sollten Sie Zweifel bezüglich der Einstellungen haben, ziehen Sie die Hilfe von OpenOffice.org zu Rate, die im Dialog *Optionen* jederzeit über die Schaltfläche **Hilfe** erreichbar ist.

3.4 Die Fenster »Gallery«, »Navigator«, »Formatvorlagen« und »Datenquellen«

3.4.1 Allgemeines

Gallery, Navigator und Formatvorlagen können entweder frei auf dem Bildschirm positioniert oder beliebig am Anwendungsfenster angedockt werden.

Die in Abbildung 3.19 gezeigte Konfiguration ist sicherlich nicht geeignet, wenn Sie mit Calc arbeiten wollen, verdeutlicht aber die Möglichkeiten.

Wie zu sehen, können Sie auch zwei Elemente untereinander andocken. Beachten Sie die punktierten Bereiche (»Schaltflächen«) an den Rändern der angedockten Fenster. Ein Klick mit der Maus darauf blendet die angedockten Fenster aus (eigentlich werden sie nur minimiert, denn mittels der »Schaltflächen« können sie wieder sichtbar gemacht werden).

Falls Sie es bevorzugen, mit Tastaturkombinationen (Shortcuts) zu arbeiten, können Sie auch damit die Fenster aus- und einblenden. Sie erscheinen stets dort, wo sie vor dem Ausblenden sichtbar waren. Folgende Kombinationen sind als Standard festgelegt: Datenquellen: F4 , Formatvorlagen: F11 , Navigator: F5 .

3 | Die Programmumgebung

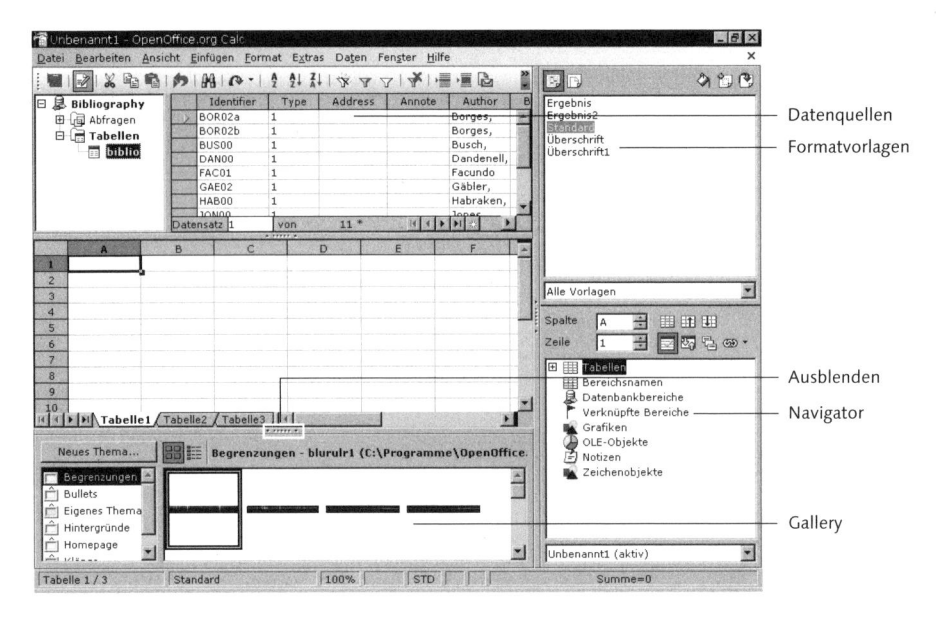

Abbildung 3.19 Die Dialoge sind im Anwendungsfenster angedockt.

[»] Falls unter dem Betriebssystem MS Windows das Andocken der Fenster nicht gelingt, überprüfen Sie bitte die Einstellung *Fensterinhalt beim Ziehen anzeigen*, welche aktiviert sein muss. Diese Einstellung ist beispielsweise in der Systemsteuerung über *Anzeige* (Register *Effekte*) verfügbar.

3.4.2 Die Gallery

Die *Gallery* ermöglicht es Ihnen, Ihre Bilddateien (und Tondateien) übersichtlich in Kategorien zu verwalten.

Umstieg Die Gallery entspricht in etwa dem *MS Clip Organizer*, der in neueren Versionen von MS Office enthalten ist.

Nach der Installation von OpenOffice.org 2.0 sind nur wenige Themen in der Gallery vorhanden, was lizenzrechtliche Gründe hat. Sicherlich wird Sie der Umfang nicht befriedigen, Sie können jedoch eigene Grafiken (Tondateien) leicht hinzufügen. Prinzipiell gibt es hierbei vier Möglichkeiten:

▶ Ziehen Sie entsprechende Grafiken aus einer (beliebigen) OpenOffice.org-Anwendung mit der Maus direkt in die Gallery.

▶ Ziehen Sie Dateien per Drag & Drop in die Gallery.

▶ Fügen Sie entsprechende Dateien per Dialog ein.

▶ Integrieren Sie Themendateien (*Themes*).

Beim Ziehen von Grafiken aus einer OpenOffice.org-Anwendung in die Gallery müssen Sie beachten, dass Sie nach dem Markieren der Grafik zunächst einen kurzen Moment mit der Maus auf der Grafik verharren, damit der Mauszeiger in den Verschiebemodus wechselt (kenntlich an einem grauen Rechteck direkt am Mauszeiger). Ziehen Sie dann die Grafik in die Gallery. Beachten Sie, dass beim beschriebenen Vorgehen die Gallery angedockt sein muss.

Um eine größere Anzahl von Grafiken in die Gallery zu integrieren, arbeiten Sie am besten mit den entsprechenden Dialogen. In Abbildung 3.5 sehen Sie links oben die Schaltfläche **Neues Thema**, klicken Sie auf diese Schaltfläche, um ein neues Thema anzulegen.

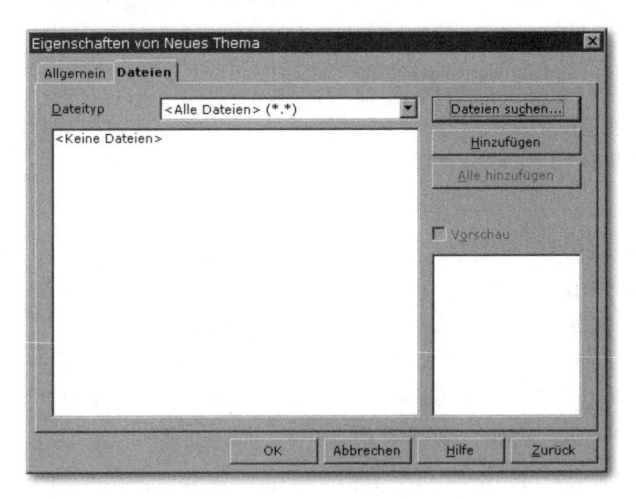

Abbildung 3.20   Der Dialog zum Erstellen eines Themas in der Gallery

Vergeben Sie im Register *Allgemein* des erscheinenden Dialogs einen Namen für Ihr Thema, und wählen Sie im Register *Dateien* die entsprechenden Dateien aus. Klicken Sie auf **Hinzufügen**, um das Thema zu erstellen.

> Im Internet finden Sie eine große Anzahl von fertig vorbereiteten Gallery-Themen, (*Themes*), die Sie leicht in die Gallery integrieren können. Eine Auswahl an Themen befindet sich auch auf der Buch-CD.

[o]
[«]

Bilder, die Sie der Gallery hinzugefügt haben, stehen nun in allen Modulen von OpenOffice.org zur Verfügung. Um ein Bild Ihrem Dokument hinzuzufügen, markieren Sie es in der Gallery und ziehen es entweder per Drag & Drop ins Dokument oder verwenden das Kontextmenü.

Besonders vorteilhaft ist das Arbeiten mit der Gallery beispielsweise, wenn Sie größere Dokumente (z. B. Diplomarbeiten) verfassen.

3.4.3 Der Navigator

Der *Navigator* (siehe Abbildung 3.4) zeigt alle Bestandteile Ihres Dokuments übersichtlich an. Durch Doppelklick auf ein Element wird dieses markiert (bzw. es wird zum entsprechenden Element gesprungen).

Mittels Navigator ist es auch möglich, Kopien von bestehenden Elementen (z. B. Grafiken) an anderer Stelle einzufügen oder Hyperlinks zu erzeugen. Auch das Erzeugen von Kopien ganzer Tabellen ist möglich.

Falls Ihr Dokument Szenarien enthält, können Sie diese anzeigen und bequem zwischen ihnen wechseln, auch das Bearbeiten der Eigenschaften des jeweiligen Szenarios ist möglich.

Enthält Ihr Dokument benannte Zellbereiche (oder Datenbankbereiche), können Sie mittels Navigator darauf zugreifen – in umfangreichen Dokumenten sicherlich eine Erleichterung, um den Überblick zu bewahren.

3.4.4 Das Fenster Formatvorlagen

Das Ziel einer modernen Office-Suite ist es, die Arbeit zu vereinfachen und wiederkehrende Arbeitsabläufe zu beschleunigen. Formatvorlagen können hierbei eine große Hilfe sein, weshalb OpenOffice.org über ein sehr ausgereiftes Vorlagenkonzept verfügt. Wichtiges Arbeitsmittel ist hierbei das Fenster *Formatvorlagen* (in Versionen vor 2.0 auch »Stylist« genannt).

Da das Thema Vorlagen ziemlich komplex ist, wird es separat in Kapitel 4.1.1 behandelt; dort finden sich auch ausführliche Hinweise zum Arbeiten mit dem Fenster *Formatvorlagen*.

3.4.5 Das Fenster »Datenquellen«

Das Fenster *Datenquellen* (F4) zeigt alle in OpenOffice.org angemeldeten Datenquellen in Form einer Baumstruktur an. Es ist möglich, mittels Drag & Drop einzelne Datensätze (auch Datenfelder oder ganze Tabellen) in Ihr Dokument zu übernehmen.

Datenquellen werden in OpenOffice.org seit Version 2.0 nicht mehr über **Extras • Datenquellen** verwaltet, sondern über **Extras • Optionen**. Im Zweig *OpenOffice.org Base* können Sie im Bereich *Datenbanken* neue Datenbanken registrieren.

Die Fenster »Gallery«, »Navigator«, »Formatvorlagen« und »Datenquellen« | **3.4**

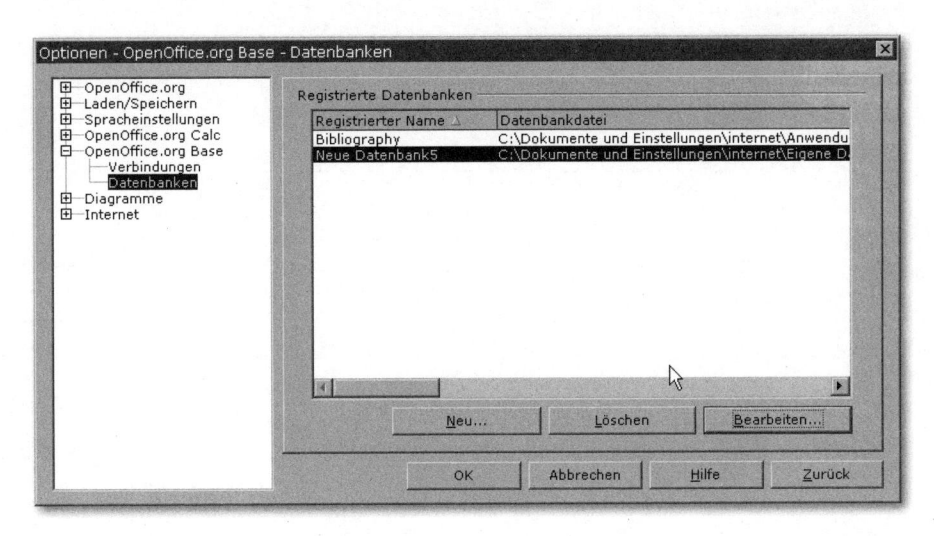

Abbildung 3.21 Datenbank registrieren

Dieses Kapitel gibt Informationen über die Bestandteile eines Calc-Tabellendokuments. Es werden notwendige Arbeitstechniken in Tabellendokumenten erläutert sowie allgemeine Konzepte vorgestellt.

4 Das Tabellendokument

4.1 Vorlagen in Calc

4.1.1 Das Konzept der Vorlagen in OpenOffice.org

Der Gebrauch von Vorlagen in OpenOffice.org dient Ihrer Arbeitserleichterung, indem Vorlagen es möglich machen, bereits vorhandene Attribute zu nutzen *(Formatvorlagen)* und Dokumente basierend auf *Dokumentvorlagen* zu erstellen. Insbesondere ist es auch möglich, einer großen Anzahl von Dokumenten ein einheitliches Erscheinungsbild zuzuordnen und dieses abzuändern, ohne jeweils alle Änderungen in Einzeldokumenten durchführen zu müssen.

Formatvorlagen werden zusammen mit den jeweiligen Dokumenten gespeichert. Allerdings sind in Dokumenten vorhandene Formatvorlagen auch leicht in andere Dokumente zu übernehmen. Folgende Vorlagentypen werden unterschieden:

Vorlagentyp	Modul
Absatzvorlagen	Writer
Zeichenvorlagen	Writer
Rahmenvorlagen	Writer
Listenformatvorlagen	Writer
Seitenvorlagen	Writer, Calc
Zellvorlagen	Calc
Grafikobjektvorlagen	Draw, Impress
Präsentationsobjektvorlagen	Impress

Die in Calc verwendeten Vorlagentypen (Seiten- und Zellvorlagen) werden im nächsten Kapitel ausführlicher dargestellt.

Wenn Sie in OpenOffice.org ein neues Dokument über **Datei • Neu** öffnen, basiert dieses auf der jeweiligen Standarddokumentvorlage für das entsprechende Modul. Jederzeit ist es möglich, ein beliebiges Dokument als Dokumentvorlage zu speichern. Hierbei werden alle im Dokument vorhandenen Vorlagen auch in der Dokumentvorlage gespeichert und stehen somit in neuen, auf dieser Vorlage basierenden Dokumenten zur Verfügung. Sie können ebenfalls jede vorhandene Dokumentvorlage als Standarddokumentvorlage einrichten.

[»] Das Vorlagenkonzept in OpenOffice.org ist sehr ausgefeilt und kann Ihnen die Arbeit erheblich erleichtern. Allerdings ist es auch ziemlich komplex, und Sie werden einige Zeit benötigen, um es zu verstehen.

Bitte nehmen Sie sich diese Zeit, denn sobald Sie das Vorlagenkonzept verstanden haben, werden Sie begeistert von den Möglichkeiten sein.

Im Folgenden gehe ich auf die Vorlagentypen in Calc ein. Die Bedienkonzepte sind jedoch vollständig auf alle anderen Module von OpenOffice.org anwendbar.

4.1.2 Formatvorlagen erstellen und bearbeiten in Calc

Zellvorlagen anpassen

Wenn Sie ein neues Dokument öffnen (**Datei • Neu • Tabellendokument**), beruht dieses auf der aktuellen Standarddokumentvorlage für Tabellendokumente. Im Dokument selbst sind bereits einige Vorlagen für Zellen und Seiten definiert.

[»] Die stets vorhandenen Zellvorlagen (»Ergebnis«, »Ergebnis2«, »Standard«, »Überschrift«, »Überschrift1«) sowie Seitenvorlagen (»Bericht«, »Standard«) können zwar angepasst, aber nicht umbenannt oder gelöscht werden.

In Abbildung 4.1 sehen Sie das Fenster *Formatvorlagen*. Die einzelnen Schaltflächen haben folgende Funktion:

- **Zellvorlagen/Seitenvorlagen**
  Wechselt in der Anzeige zwischen Zell- und Seitenvorlagen.
- **Gießkannenmodus**
  Hiermit wechseln Sie in den Gießkannenmodus, mit dem Sie bestehende Formatvorlagen schnell auf Zellen oder Tabellen übertragen können. Klicken Sie auf diese Schaltfläche und wählen Sie anschließend z. B. eine Zellvorlage. In der Tabelle können Sie nun beliebige Zellen anklicken, und diese werden mit der gewählten Zellvorlage formatiert. Befinden sich in der Zelle bestimmte harte Formatierungen (auch direkte Formatierungen genannt), bleiben diese unbeeinflusst. Haben Sie alle gewünschten Zellen formatiert, verlassen Sie den Gießkannenmodus durch nochmaliges Klicken auf die Schaltfläche.
- **Neue Vorlage aus Selektion**
  Erstellt aus einer vorhandenen Formatierung einer Zelle oder einer Seite eine neue Vorlage.

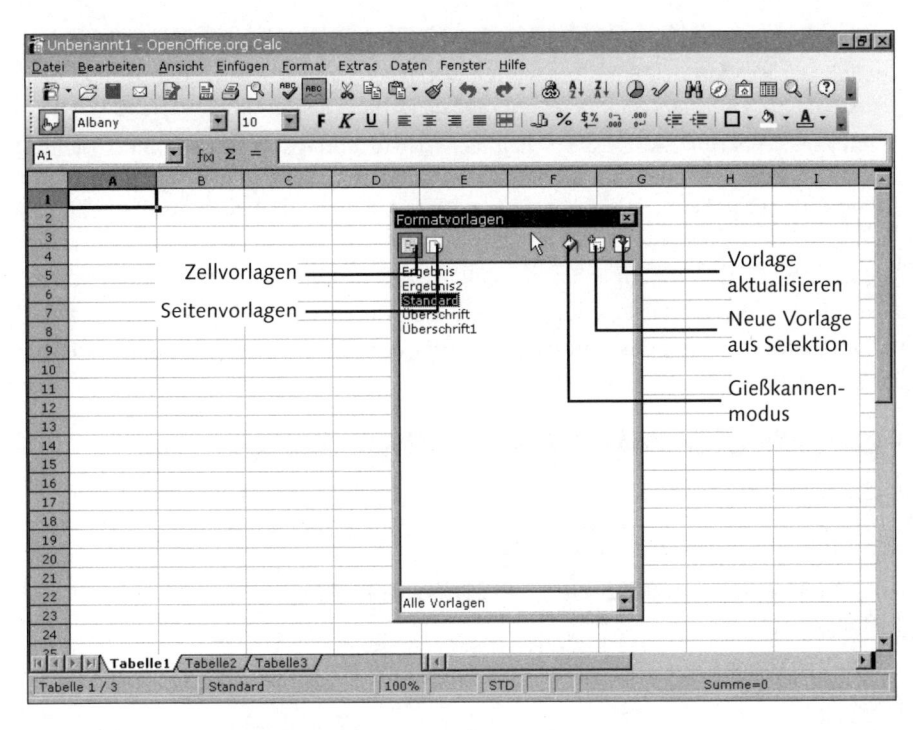

Abbildung 4.1 Fenster »Formatvorlagen« in Calc

▸ **Vorlage aktualisieren**
Aktualisiert eine vorhandene Zell- oder Seitenvorlage unter Verwendung der Formatierung einer Zelle oder Seite.

▸ **Darstellung** (Kombinationsfeld)
Dient zur Auswahl des Darstellungsmodus der Vorlagen im Fenster *Formatvorlagen*. Es stehen folgende Möglichkeiten der Anzeige zur Verfügung:

Hierarchisch – Bei dieser Einstellung werden die Vorlagen in einer Art Baumstruktur dargestellt, sodass Sie Abhängigkeiten erkennen können. Diese Abhängigkeiten resultieren aus der Einstellung *Verknüpfung* für die Vorlage.

Alle Vorlagen – Dadurch werden alle verfügbaren Vorlagen des aktuellen Vorlagentyps angezeigt.

Verwendete Vorlagen – Nur die im Dokument verwendeten Vorlagen, d.h. Vorlagen, die zur Formatierung im aktuellen Dokument benutzt werden, werden angezeigt.

Benutzervorlagen – Nur die Vorlagen, die vom Benutzer erstellt wurden, werden angezeigt.

[»] Beachten Sie beim Arbeiten mit dem Fenster *Formatvorlagen*, dass es in einigen Fällen wichtig ist, den richtigen Bereich (Zellvorlagen oder Seitenvorlagen) explizit zu aktivieren, da Calc hiervon ableitet, worauf sich die gewählte Aktion bezieht.

Betätigen Sie beispielsweise die Schaltfläche **Neue Vorlage aus Selektion**, so wird entweder eine Zellvorlage (die der gerade markierten Zelle entspricht) oder eine Seitenvorlage (die der Seitenvorlage der gerade aktiven Tabelle entspricht) erzeugt.

Alle Zellen in Calc sind zunächst der Zellvorlage *Standard* zugeordnet. Um diese oder eine andere Zellvorlage anzupassen, markieren Sie sie im Fenster *Formatvorlagen* und erzeugen das Kontextmenü. Wählen Sie dort den Eintrag **Ändern...**, um den Dialog *Zellvorlage* anzuzeigen.

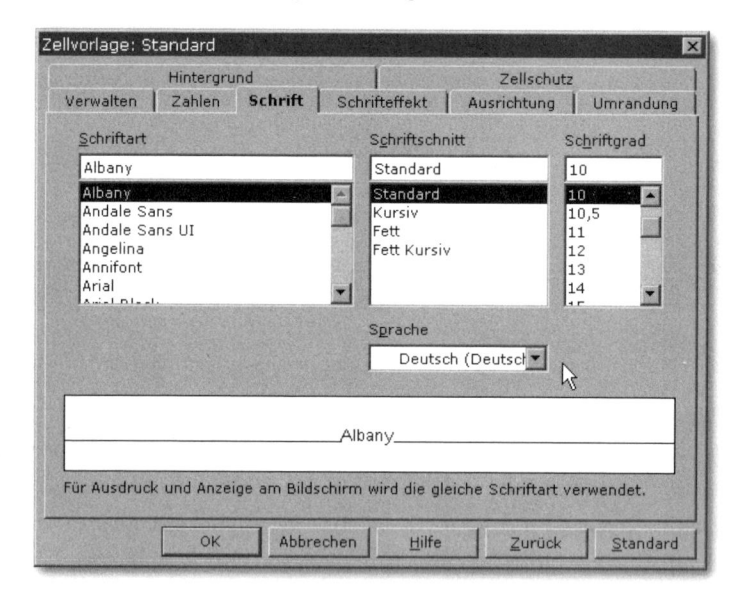

Abbildung 4.2 Der Dialog »Zellvorlage«

In diesem Dialog werden die Einstellungen für die Zellvorlage vorgenommen. In den einzelnen Registern sind folgende Einstellungen zu finden:

▶ **Verwalten**
Hier können Sie den Namen der Vorlage ändern sowie deren Verknüpfung zu einer anderen Vorlage.

▶ **Zahlen**
Hier legen Sie das Zahlenformat der Zelle fest, wobei Sie verschiedene vordefinierte Formate verwenden oder auch eigene erstellen können.

▶ **Schrift**
Legen Sie hier die gewünschte Schriftart sowie Schriftschnitt und Größe fest.

Beachten Sie auch die Einstellung für die Sprache, da diese wichtig für das richtige Funktionieren der Rechtschreibprüfung ist.

- **Schrifteffekt**
Wählen Sie die Farbe der Schrift sowie verschiedene Schrifteffekte.

- **Ausrichtung**
Hier wählen Sie die horizontale und vertikale Ausrichtung innerhalb der Zelle, legen einen Einzug fest oder stellen eine diagonale Ausrichtung innerhalb der Zelle ein. Auch die Einstellungen *An Zellgröße anpassen* und *Senkrecht gestapelt* sind hier verfügbar.

- **Umrandung**
Hier werden alle Einstellungen festgelegt, welche die Zellumrandung betreffen.

- **Hintergrund**
Wählen Sie die Farbe für den Hintergrund der Zelle. Ist die gewünschte Farbe nicht verfügbar, können Sie weitere Farben im Dialog *Optionen* konfigurieren (siehe Kapitel 3.3).

- **Zellschutz**
Die Einstellungen ermöglichen ein differenziertes Ausblenden und Schützen von Zellinhalten. Die Möglichkeit, Zellinhalte vor Veränderung zu schützen, ist erst wirksam, wenn Sie die Tabelle selbst auch schützen. Für Letzteres wählen Sie **Extras • Dokument schützen • Tabelle**, und vergeben Sie bei Bedarf ein Kennwort, um zu verhindern, dass der Zellschutz durch andere Personen aufgehoben werden kann.

Nehmen Sie im Dialog die gewünschten Einstellungen vor, und betätigen Sie anschließend **OK**.

Die Änderungen werden in die Zellvorlage übernommen, und gleichzeitig ändert sich die Formatierung der mit der Zellvorlage verbundenen Zellen entsprechend.

Eine weitere bequeme Methode, Zellvorlagen zu ändern, ist es, zunächst die Formatierung einer Zelle anzupassen und diese angepasste Formatierung in die bestehende Zellvorlage zu übernehmen.

Markieren Sie hierzu eine Zelle, die mit der Zellvorlage formatiert ist und die Sie ändern möchten, und erzeugen Sie das Kontextmenü. Wählen Sie im Kontextmenü den Eintrag **Zellen formatieren...**, und der zugehörige Dialog wird angezeigt. Dieser Dialog gleicht dem oben beschriebenen Dialog *Zellvorlage*, mit dem Unterschied, dass das Register *Verwalten* nicht vorhanden ist. Nehmen Sie die notwendigen Einstellungen vor, und bestätigen Sie anschließend mit **OK**.

[»] Die Formatierung dieser gerade angepassten Zelle beruht nun sowohl auf der der Zelle zugeordneten Zellvorlage als auch auf den Formatierungen, die Sie gerade vorgenommen haben. Bei den im Dialog *Zellen formatieren* geänderten Formatierungen handelt es sich um sogenannte »harte« oder »direkte« Formatierungen. Solche Formatierungen haben Vorrang gegenüber Zellvorlagen und überschreiben somit die entsprechenden Einstellungen der Zellvorlage. Überschrieben werden natürlich nur die aus der Zellvorlage resultierenden Formatierungen in der Zelle, nicht die entsprechenden Einstellungen in der Zellvorlage selbst. Auch wenn Sie eine andere Zellvorlage anwenden, bleiben die harten Formatierungen erhalten.

Nachdem Sie die Änderungen vorgenommen haben, achten Sie darauf, dass die Zelle weiterhin markiert ist. Nun betätigen Sie im Fenster *Formatvorlagen* (siehe Abbildung 4.1) die Schaltfläche **Vorlage aktualisieren**. Hierbei muss der Bereich der Zellvorlagen sichtbar sowie die zu ändernde Vorlage markiert sein.

Alle Änderungen werden nun in die Zellvorlage übernommen und sind damit keine harten Formatierungen mehr. Gleichzeitig werden alle Zellen, die ebenfalls auf der Zellvorlage basieren, entsprechend angepasst.

[»] Falls Sie bereits mit der Textverarbeitung von OpenOffice.org (Writer) gearbeitet haben, werden Sie wissen, dass Sie dort auch das automatische Aktualisieren von beispielsweise Absatzvorlagen aktivieren können. Ein solches automatisches Aktualisieren ist jedoch für Zellvorlagen in Calc im Dialog *Zellvorlage* nicht aktivierbar.

Neue Zellvorlage erstellen

Lassen Sie mit **Format • Formatvorlagen** oder F11 das Fenster *Formatvorlagen* anzeigen, wechseln Sie dort zu den Zellvorlagen und erzeugen Sie auf einer Zellvorlage, die als Grundlage für die neue Vorlage dienen soll, das Kontextmenü. Wählen Sie dann **Neu...** Es erscheint der Dialog *Zellvorlage*. Nehmen Sie hier die gewünschten Einstellungen vor, und vergeben Sie einen Namen für die Zellvorlage. Mit Klick auf die Schaltfläche **OK** wird die Zellvorlage erstellt und im Fenster *Zellvorlagen* angezeigt.

Diese neu erstellte Zellvorlage ist noch keiner Zelle zugeordnet. Um eine Zelle mit dieser Zellvorlage zu formatieren, markieren Sie eine oder mehrere Zellen (Zellbereiche), und doppelklicken auf die Zellvorlage. Alle in der Zellvorlage festgelegten Formatierungen werden nun angewandt, die bestehende Zellvorlage der Zelle(n) wird somit überschrieben.

[»] Enthält die Zelle harte (direkte) Formatierungen, so werden diese beim Anwenden der Zellvorlage nicht geändert. Um diese harten Formatierungen zu entfernen, wählen Sie im Kontextmenü der Zelle **Standard** oder drücken Sie Strg + ⇧ + Leertaste.

Eine andere Methode, um eine neue Zellvorlage zu erstellen, ist die folgende:

Passen Sie mittels des Dialogs **Zellen formatieren** (Kontextmenü der Zelle, Eintrag **Zellen formatieren...**) die Formatierung einer oder mehrerer Zelle(n) an. Anschließend betätigen Sie im Fenster *Formatvorlagen* die Schaltfläche **Neue Vorlage aus Selektion** (siehe Abbildung 4.1), oder markieren Sie die gerade angepasste Zelle, und ziehen Sie sie mit der Maus auf das Fenster *Formatvorlagen*. In beiden Fällen erscheint der folgende Dialog, in dem Sie einen Namen für die neue Zellvorlage eingeben und bestätigen müssen.

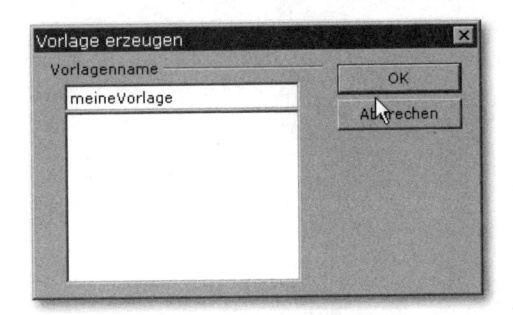

Abbildung 4.3 Dialog »Vorlage erzeugen«

Die neue Zellvorlage wird nun im Fenster *Formatvorlagen* angezeigt. Gleichzeitig beruht die Formatierung der ursprünglich angepassten Zelle(n) auf dieser Zellvorlage.

Seitenvorlagen

Der zweite Vorlagentyp in Calc sind die Seitenvorlagen. Diese dienen der Anpassung der Darstellung von Tabellen, wenn sie gedruckt werden.

Wegen des konsequenten Vorlagenkonzepts, das auch für Seitenvorlagen gilt, ist es erforderlich, für jede Tabelle eine eigene Seitenvorlage zu erstellen. Natürlich ist es auch möglich, eine Seitenvorlage für mehrere Tabellen zu verwenden, aber dann ist nur eine einheitliche Druckformatierung für diese Tabellen möglich.

> Achtung, hier liegt ein wichtiger Unterschied in der Handhabung von Calc und MS Excel. Beachten Sie bitte, dass Anpassungen, die Sie in der Seitenansicht vornehmen, sich auf die gerade aktuelle Seitenvorlage beziehen. Diese aktuelle Seitenvorlage kann jedoch für mehrere Tabellen gültig sein, sodass Änderungen unter Umständen ungewollte Änderungen auch bei anderen Tabellen bewirken.

Um eine Seitenvorlage anzupassen, markieren Sie diese im Fenster *Formatvorlagen* und wählen im Kontextmenü **Ändern...**

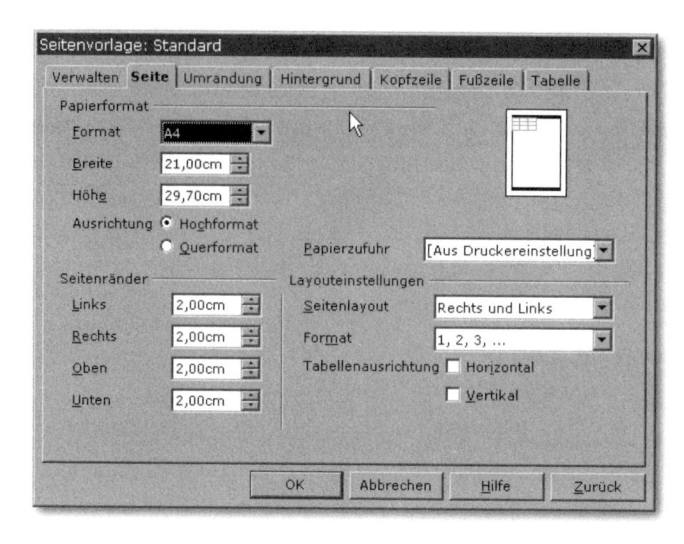

Abbildung 4.4 Dialog »Seitenvorlage«

Die einzelnen Register ermöglichen folgende Einstellungen:

- **Verwalten**
  Name der Seitenvorlage

- **Seite**
  Einstellungen für das Papierformat, die Seitenränder, das Seitenlayout sowie die Ausrichtung von Blatt und Tabelle

- **Umrandung/Hintergrund**
  Dieses Register erinnert an das gleichnamige für die Formatierung von Zellen bzw. Zellvorlagen, allerdings beziehen sich die hier vorgenommenen Einstellungen auf den Bereich, der gedruckt wird.

  Einstellungen, die Sie beispielsweise für Zellhintergründe bei der Formatierung der Zellen getroffen haben, haben jedoch auch in der Druckansicht Vorrang.

- **Kopfzeile/Fußzeile**
  Beide Register sind gleich aufgebaut. Hier tätigen Sie Einstellungen zum Erscheinungsbild von Kopf- und Fußzeilen beim Ausdruck.

  Mit der Schaltfläche **Zusätze** erreichen Sie einen Dialog, in dem Sie Einstellungen zur Umrandung und zum Hintergrund vornehmen. Sie können beispielsweise im Hintergrund der Kopfzeile ein Logo einbinden, das dann auf allen Seiten, die auf dieser Seitenvorlage beruhen, wiederholt wird.

  In einem Kombinationsfeld (siehe Abbildung 4.5) sind vordefinierte Einträge für Kopf- bzw. Fußzeilen erreichbar, das Einfügen bestimmter Feldbefehle ist aber auch manuell möglich (in der Abbildung sind die dafür nötigen Schaltflächen durch die ausgeklappte Auswahl verdeckt).

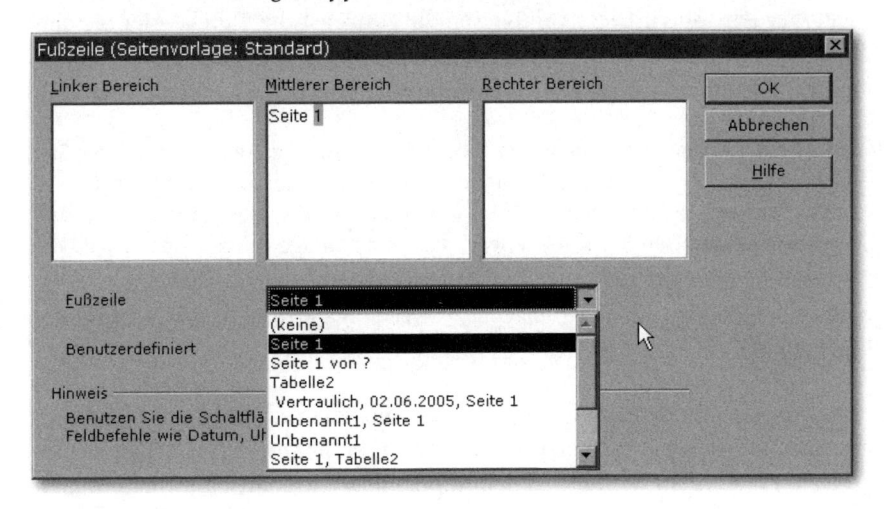

Abbildung 4.5 Dialog »Fußzeile« – Auswahl aufgeklappt

- **Tabelle**
  Hier sollten Sie insbesondere die Einstellungen im Bereich *Drucken* beachten, da diese Einfluss darauf haben, was gedruckt wird.

> Bitte beachten Sie, dass es für die Darstellung (bzw. das Drucken) von Nullwerten zwei unterschiedliche Einstellungen in Calc gibt:
>
> **Extras • Optionen • OpenOffice.org Calc • Ansicht** – und dort im Bereich *Anzeigen* der Eintrag *Nullwerte* – hat nur Einfluss auf die Darstellung von Nullwerten innerhalb der Tabellenzellen am Bildschirm. Um zusätzlich zu beeinflussen, ob Nullwerte ausgedruckt (oder nicht ausgedruckt) werden, müssen Sie die Einstellung im Dialog *Seitenvorlage* (siehe Abbildung 4.4), dort Register *Tabelle* entsprechend vornehmen.

[«]

Haben Sie alle gewünschten Einstellungen vorgenommen, schließen Sie den Dialog *Seitenvorlage* mit Klick auf **OK**, um diese zu übernehmen.

Um eine völlig *neue Seitenvorlage* zu *erstellen*, haben Sie wie bei Zellvorlagen die Möglichkeit, im Fenster *Formatvorlagen* auf einer bestehenden Seitenvorlage das Kontextmenü zu erzeugen und dort **Neu...** zu wählen oder sich der Schaltfläche **Neue Vorlage aus Selektion** zu bedienen. Bei Letzterem ist egal, welche Zellen gerade markiert sind, nur das aktive Blatt ist wichtig, da die neue Seitenvorlage auf dessen Seitenvorlage basiert.

> Das Erzeugen von Vorlagen basierend auf bestehenden Vorlagen mittels der Schaltfläche **Neue Vorlage aus Selektion** wird auch als Klonen einer Vorlage bezeichnet.

[«]

Wie schon angedeutet müssen den einzelnen Tabellen verschiedene Seitenvorlagen zugewiesen werden, wenn sie mit verschiedenen Druckeinstellungen gedruckt werden sollen. Hierzu aktivieren Sie zunächst die Tabelle, der Sie eine andere Seitenvorlage zuweisen möchten, und doppelklicken Sie dann die gewünschte Seitenvorlage im Fenster *Formatvorlagen*.

[»] Wollen Sie eine Seitenvorlage mehreren Tabellen gleichzeitig zuweisen, markieren Sie diese, indem Sie [Strg] gedrückt halten und mit der Maus auf die jeweiligen Tabellenregister klicken (alle Tabellen markieren Sie bequem über das Kontextmenü der Tabellenregister.) Weisen Sie anschließend die Seitenvorlage durch Doppelklick wie oben stehend beschrieben zu.

Wollen Sie mehrere (aufeinander folgende) Tabellen markieren, ist das in Calc auch mit Tastatur möglich ([Strg] + [⇧] + [Bild ↑] / [Bild ↓]).

Das Konzept der Seitenvorlagen wird auch bei importierten Tabellendokumenten angewandt. Öffnen Sie beispielsweise eine bestehende Excel-Arbeitsmappe (Excel-Datei) in Calc, so wird durch den Importfilter automatisch für jede Tabelle eine eigene Seitenvorlage erzeugt. Die Einstellungen der Seitenvorlagen entsprechen hierbei den in der Excel-Arbeitsmappe vorhandenen. Vorhandene Einstellungen sind die, die unter MS Excel im Dialog *Seite einrichten* für das jeweilige Tabellenblatt festgelegt wurden.

Nach dem Öffnen der Datei in Calc wird das im Fenster *Formatvorlagen* deutlich.

Abbildung 4.6 Automatisch erzeugte Seitenvorlagen beim Import

Die Namen der erzeugten Seitenvorlagen sind änderbar, ebenso die Einstellungen dieser Seitenvorlagen.

Umstieg Für jedes in einer Excel-Arbeitsmappe vorgefundene Tabellenblatt werden die vorhandenen Einstellungen in die automatisch erzeugte Seitenvorlage übertragen. Das gilt auch, wenn in Excel keine Druckeinstellungen geändert wurden (also Standardeinstellungen vorliegen) oder Druckeinstellungen für mehrere Tabellenblätter gleich waren.

Falls die importierte Datei sehr viele Tabellen enthält, werden sehr viele Seitenvorlagen automatisch erzeugt. Wenn Sie einige dieser Seitenvorlagen löschen, wird auf die entsprechenden Tabellen die Seitenvorlage *Standard* angewandt, sodass Sie möglicherweise eine angepasste Seitenvorlage separat zuweisen müssen.

4.1.3 Dokumentvorlagen

Dokumentvorlagen erstellen

Jedes Dokument basiert auf einer Dokumentvorlage, in der ebenfalls Formatvorlagen enthalten sind. Auch kann eine Dokumentvorlage bereits »normale« Inhalte besitzen (z. B. Zahlenwerte in Zellen). Auch Makros und benutzerdefinierte Funktionen können in Dokumentvorlagen gespeichert sein und so mit der Vorlage weitergegeben werden.

Die Erstellung einer neuen Vorlage ist einfach:

Öffnen Sie ein bestehendes (oder ein leeres) Dokument und speichern es – nach entsprechender Anpassung – als Vorlage. Alle Inhalte des Dokuments werden dabei in die Vorlage übernommen. Das Speichern als Vorlage kann auf zwei Arten geschehen, woraus sich Konsequenzen für die Vorlage ergeben.

Der übliche Weg, der die maximale Funktionalität der Vorlage sicherstellt, ist der über **Datei · Dokumentvorlage · Speichern...** (⇧ + F11). Es erscheint dann der Dialog *Dokumentvorlagen*.

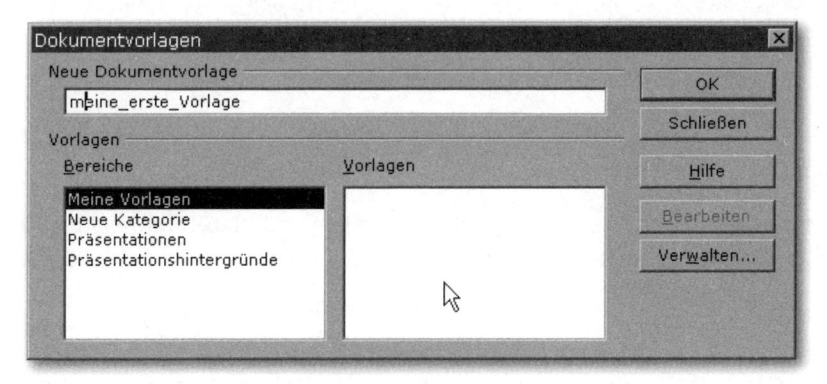

Abbildung 4.7 Dialog »Dokumentvorlagen«

Geben Sie einen Namen für die Vorlage ein und wählen Sie einen Bereich, in dem die Vorlage abgelegt werden soll. Klicken Sie anschließend die Schaltfläche **OK**, um die Tabellendokumentvorlage im Standardvorlagenformat für Tabellendokumente (*.ots) zu speichern.

Die gerade gespeicherte Vorlage ist nun auch in die Vorlagenverwaltung von OpenOffice.org integriert. Dieses ist leicht durch Aufrufen des Dialoges *Dokumentvorlagen verwalten* zu überprüfen (**Datei • Dokumentvorlage • Verwalten...**).

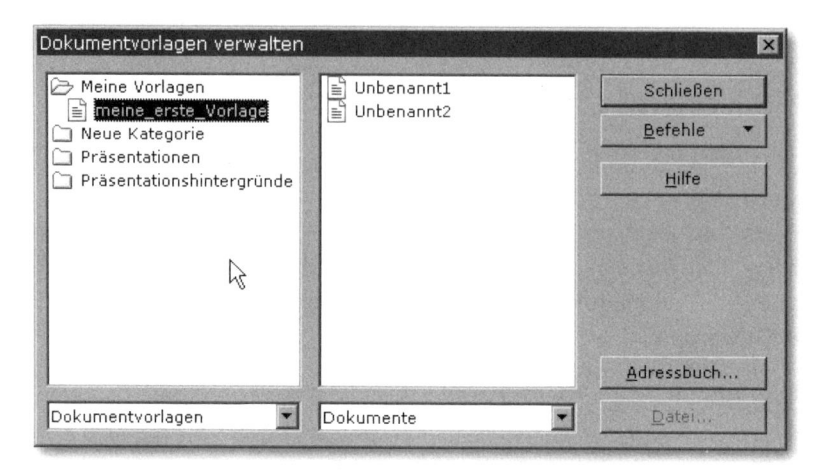

Abbildung 4.8 Dokumentvorlagen verwalten

Doppelklicken Sie gegebenenfalls auf den Ordner des entsprechenden Bereichs, um dessen Inhalt anzuzeigen.

[»] Im selben Dialog können Sie auch neue Bereiche anlegen, um Ihre Vorlagen übersichtlich einordnen zu können. Erzeugen Sie das Kontextmenü auf einem der sichtbaren Ordner, wählen Sie **Neu** (Tastatur: Einfg), und vergeben Sie einen Namen für den neuen Bereich (bzw. Ordner).

Der andere Weg, eine Dokumentvorlage zu speichern, ist es, diese mittels des normalen **Datei • Speichern unter...** zu speichern (siehe Abbildung 4.9).

Wählen Sie als Dateityp *.ots und geben Sie den gewünschten Namen ein. Das Feld *Automatische Dateinamenserweiterung* muss aktiviert sein, damit die Endung .ots automatisch ergänzt wird.

[»] Achtung! Bei dieser Art des Speicherns einer Dokumentvorlage wird diese nicht in die Vorlagenverwaltung von OpenOffice.org eingebunden. Die wichtigste Konsequenz daraus ist, dass diese Vorlage nicht dem Konzept der Vererbung unterliegt. In Sonderfällen kann dies erwünscht sein, im Allgemeinen meist nicht.

Deshalb sollten Sie den normalen Weg über **Datei • Vorlage • Speichern...** generell bevorzugen!

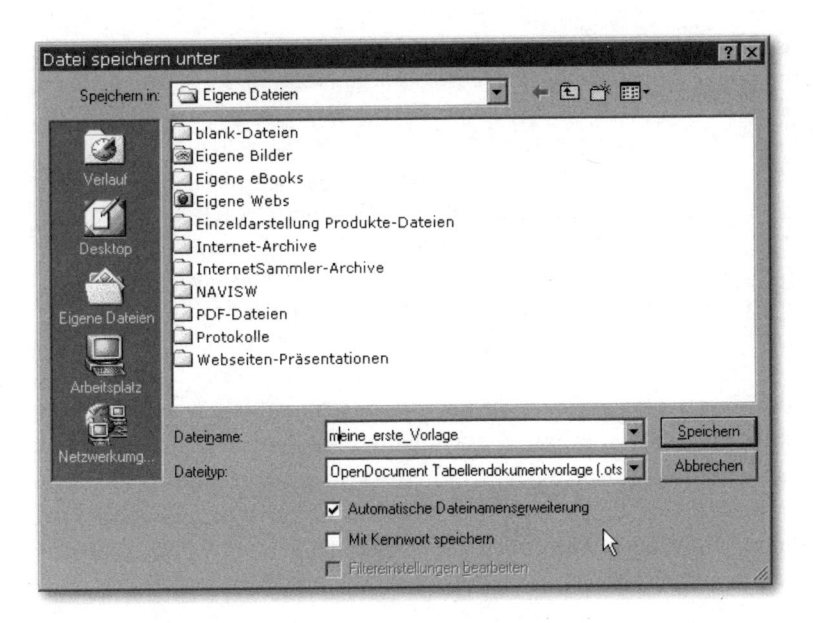

Abbildung 4.9 Vorlage speichern im normalen Dialog

Andere Vorlagentypen (z. B. *.stc oder *.xlt) wären ebenfalls möglich, allerdings könnte Ihr Dokument auch Inhalte oder Formatierungen enthalten, die in diesen Formaten nicht gespeichert werden können. OpenOffic.org gibt deshalb eine entsprechende Warnmeldung aus.

Enthält das Tabellendokument, das Sie als Dokumentvorlage speichern wollen, beispielsweise Zellen mit der erst in Calc 2.0 eingeführten diagonalen Zellumrandung und Sie speichern im Format *.stc (OpenOffice.org 1.0 Tabellendokumentvorlage), so wird diese Zellumrandung beim Öffnen dieser Vorlage nicht verfügbar sein.

> Probieren Sie im Zweifelsfall aus, ob im gewählten Speicherformat alle Inhalte übernommen werden. In der Praxis werden Sie meist nur aus Kompatibilitätsgründen ein anderes Format verwenden (müssen), dann haben Sie ohnehin keine Wahl.

[«]

Makros bzw. benutzerdefinierte Funktionen werden in MS Excel-Dokumentvorlagen nicht übernommen, was auch wenig Sinn machen würde, da OOoBasic (bzw. StarBasic) zu VBA nicht direkt »kompatibel« ist.

In speziellen Fällen müssen Sie auch damit rechnen, dass in OpenOffice.org erstellter OOoBasic-Code nicht vollständig abwärtskompatibel zu älteren Versionen von OpenOffice.org ist. Diese Probleme sind aber selten und lassen sich gegebenenfalls durch Nachbearbeitung beheben.

4 | Das Tabellendokument

[»] Solcherart Kompatibilitätsprobleme sind sicherlich ärgerlich, es handelt sich jedoch nicht um wirkliche Programmfehler. Leider sind solche Probleme auch nicht generell auszuschließen, da die Gewährleistung vollständiger Abwärtskompatibilität bedeuten würde, dass Weiterentwicklungen im Programm nicht möglich wären.

Der denkbare Weg für ältere OpenOffice.org-Versionen, entsprechende Updates herauszugeben, wird bei OpenOffice.org nur für sicherheitsrelevante Updates bzw. Patches für spezifische wichtige Vorgängerversionen beschritten. Bei derzeitigem Stand (August 2007) würde beispielsweise die Version 1.1.5 im Bedarfsfall mit Sicherheitsupdates versorgt werden, jedoch im Allgemeinen keine weiter zurückliegenden Versionen.

Beachten Sie, dass Dokumente auch *Verknüpfungen* enthalten können. Der Begriff Verknüpfung sagt es schon, diese Inhalte befinden sich nicht direkt im Dokument und werden deshalb auch nicht in die Vorlage übernommen. Falls Ihr Dokument also Verknüpfungen enthält, müssen Sie sicherstellen, dass die Ziele dieser Verknüpfungen auch dann noch zur Verfügung stehen, wenn das Dokument als Vorlage gespeichert wird.

Es kann auch zweckmäßig sein, die im Dokument vorhandenen Verknüpfungen zu lösen und entsprechende Inhalte ins Dokument zu integrieren, bevor Sie es als Dokumentvorlage speichern. Alle im Dokument enthaltenen Verknüpfungen können Sie mittels **Bearbeiten • Verknüpfungen...** anzeigen.

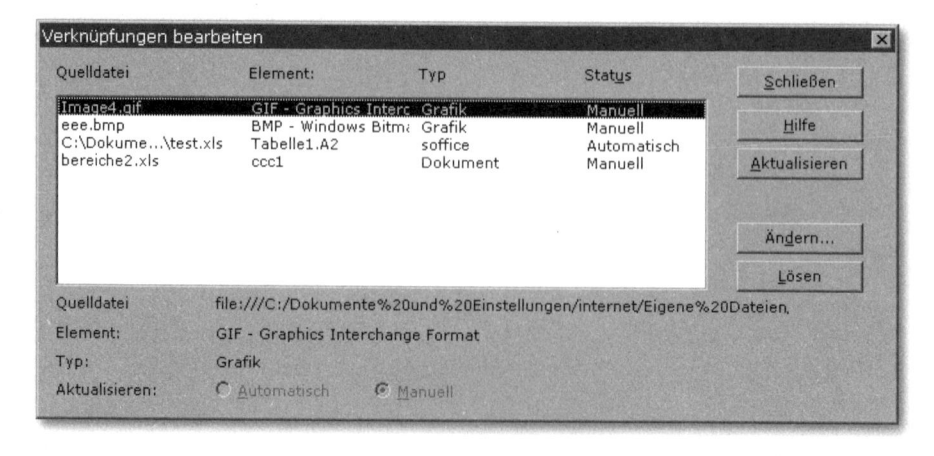

Abbildung 4.10 Beispiel für Verknüpfungen in einem Dokument

Abbildung 4.10 zeigt beispielhaft einige Verknüpfungen in einem Calc-Dokument. Um die Verknüpfungen zu lösen, markieren Sie die Verknüpfung und klicken die Schaltfläche **Lösen**.

Dokumentvorlagen bearbeiten

Beim normalen Öffnen einer Dokumentvorlage öffnet sich üblicherweise ein leeres Dokument basierend auf dieser Vorlage. Um eine bestehende Vorlage zu bearbeiten, müssen Sie diese im Bearbeitungsmodus öffnen. Zwei Wege bieten sich dazu an, einmal über **Datei • Dokumentvorlage • Verwalten** oder zum anderen über **Datei • Neu • Vorlagen und Dokumente**.

Im ersten Fall sehen Sie den Dialog *Dokumentvorlagen verwalten* (Abbildung 4.8). Suchen Sie dort die Vorlage, erzeugen Sie darauf das Kontextmenü und wählen Sie **Bearbeiten**. Im zweiten Fall erscheint der Dialog *Vorlagen und Dokumente*.

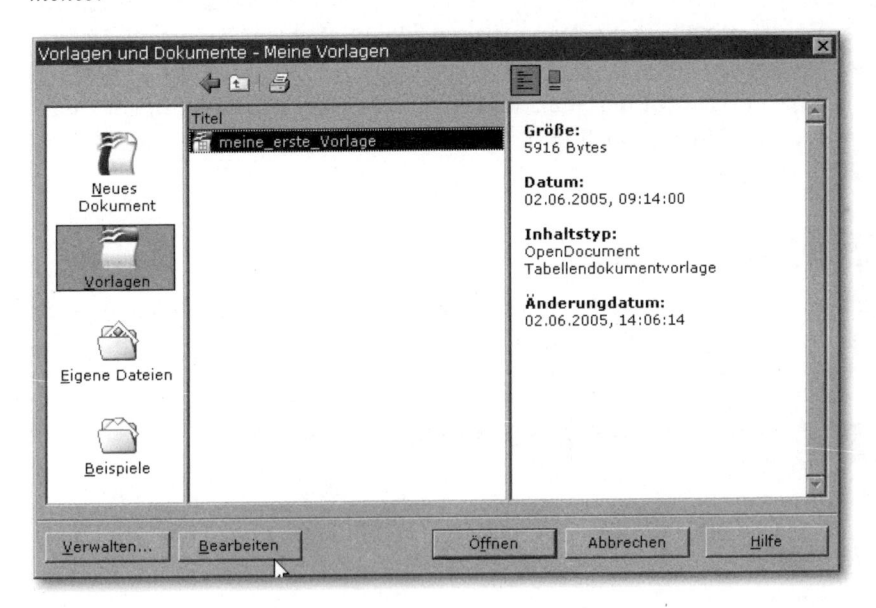

Abbildung 4.11 Dialog »Vorlagen und Dokumente«

Wählen Sie links die Kategorie *Vorlagen* und im mittleren Fenster die Vorlage, die Sie bearbeiten möchten (eventuell benutzen Sie das kleine Ordnersymbol unterhalb der Titelleiste zum Navigieren).

Im rechten Fenster sehen Sie nun einige kurze Angaben zur gewählten Vorlage. Diese Anzeige lässt sich auch umstellen, klicken Sie hierzu auf das Symbol **Dokumentvorschau** oberhalb des Fensters.

Wenn Sie die Vorlage ausgewählt haben, klicken Sie auf die Schaltfläche **Bearbeiten**, um die Vorlage im Bearbeitungsmodus zu öffnen. Klicken Sie bitte nicht auf die **Öffnen**-Schaltfläche, denn dann würde ein leeres Dokument basierend auf der gewählten Vorlage geöffnet.

[»] Zum Öffnen einer Dokumentvorlage im Bearbeitungsmodus ist der offensichtliche Weg über **Datei • Dokumentvorlage • Bearbeiten...** nicht zu empfehlen, weil dort in Grundeinstellung die Vorlagenordner angezeigt werden, die im Programmverzeichnis (Unterordner *share\template*) liegen. Da das nicht das Verzeichnis ist, in dem (üblicherweise) die von Ihnen erstellten Vorlagen ablegt sind, müssten Sie erst mühevoll zum *template*-Ordner in Ihrem *user*-Verzeichnis navigieren.

Haben Sie die Vorlage nun geöffnet, können Sie sie beliebig bearbeiten. Speichern Sie anschließend wahlweise mittels **Speichern** in der Symbolleiste **Standard**, über **Datei • Speichern** oder mittels Strg + S.

Sie können die bearbeitete Vorlage auch unter neuem Namen abspeichern, sodass die ursprüngliche Vorlage erhalten bleibt. Wählen Sie hierzu **Datei • Dokumentvorlage • Speichern...**. Beachten Sie hierbei bitte, dass die gerade neu gespeicherte Vorlage auf der alten Vorlage beruht, sich also (zukünftige) Änderungen der alten Vorlage auch in der neuen Vorlage auswirken können. Genaueres dazu finden Sie in Kapitel 4.1.5.

4.1.4 Vorlagen verwalten

Zentrales Arbeitsmittel zum Verwalten sowohl der Dokumentvorlagen als auch der enthaltenen (Format-)Vorlagen (in Calc Zell- und Seitenvorlagen) ist wiederum der Ihnen schon bekannte Dialog *Vorlagen verwalten*.

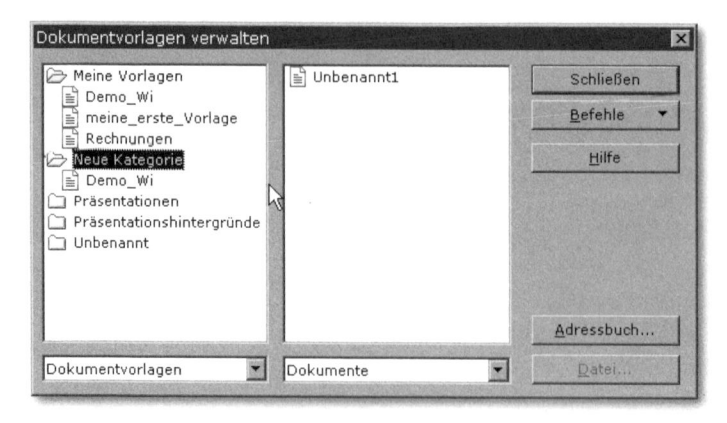

Abbildung 4.12 Dokumentvorlagen verwalten

Links können Sie die einzelnen Ordner (Bereiche) durch Doppelklick öffnen, sodass die enthaltenen Vorlagen angezeigt werden.

[»] Welche Ordner im oben stehenden Dialog angezeigt werden, können Sie unter **Extras • Optionen • OpenOffice.org • Pfade • Dokumentvorlagen** regeln.

Wollen Sie eine Vorlage von einem in einen anderen Bereich *verschieben*, markieren Sie die Vorlage, ziehen Sie sie bei gedrückter primärer (linker) Maustaste in den Zielbereich und lassen los (zur Kontrolle wird während des Ziehens ein graues Rechteck neben dem Mauspfeil sichtbar). Um eine Dokumentvorlage zu *kopieren*, markieren Sie sie ebenfalls, aber halten während des Ziehens mit der Maus [Strg] gedrückt (neben dem Mauspfeil sehen Sie ein kleines »+«).

Über die Schaltfläche **Befehle** können Sie eine markierte Dokumentvorlage auch exportieren oder an anderer Stelle gespeicherte Dokumentvorlagen in die Vorlagenverwaltung von OpenOffice.org importieren.

Besonders wichtig ist die Möglichkeit, eine neue *Standarddokumentvorlage* zu bestimmen. Markieren Sie die Vorlage, die zukünftig als Standardvorlage für Tabellendokumente zur Anwendung kommen soll, und wählen Sie in deren Kontextmenü **Als Standardvorlage setzen**. Alle Tabellendokumente, die Sie zukünftig über **Datei • Neu • Tabellendokument** erzeugen, basieren auf dieser gerade gesetzten Standardvorlage. Jederzeit können Sie auch eine andere Vorlage zur Standardvorlage bestimmen, indem Sie so vorgehen wie gerade beschrieben. Sollte es einmal nötig werden, zur ursprünglichen Standardvorlage zurückzukehren, ist das beispielsweise über die Schaltfläche **Befehl** möglich. Wählen Sie im dortigen Pull-down-Menü den Eintrag **Standardvorlage zurücksetzen • Tabellendokument**.

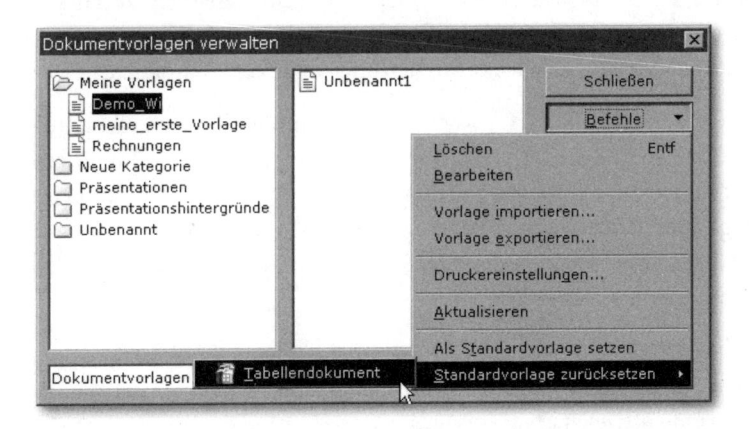

Abbildung 4.13 Ursprüngliche Standardvorlage wiederherstellen

Wie schon angesprochen werden Formatvorlagen ebenfalls zusammen mit Dokumenten bzw. Dokumentvorlagen abgespeichert, sie sind quasi Bestandteil der Dokumente oder Dokumentvorlagen.

Diese Vorlagen (bei Calc Zell- und Seitenvorlagen) können Sie ebenfalls verwalten im Dialog *Dokumentvorlagen verwalten*.

Analog wie Sie durch Klicken auf einen Bereichsordner die in ihm enthaltenen Dokumentvorlagen anzeigen konnten, öffnet sich bei Doppelklick auf eine dieser Dokumentvorlagen zunächst der Untereintrag *Vorlagen*, und bei nochmaligem Doppelklick auf diesen Untereintrag sehen Sie alle in der Dokumentvorlage enthaltenen (Format-)Vorlagen (Zell- bzw. Seitenvorlagen in Calc).

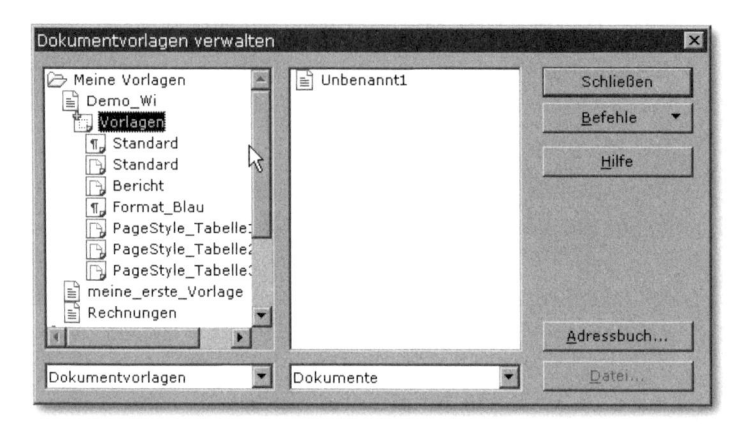

Abbildung 4.14 Zell- und Seitenvorlagen in Dokumentvorlagen

Völlig analog wie bereits für die Dokumentvorlagen beschrieben, können Sie nun auch einzelne Vorlagen (Zell- und Seitenvorlagen) verschieben oder kopieren. Das Verschieben und Kopieren ist hierbei sowohl zwischen Dokumentvorlagen als auch von Dokumentvorlagen in Dokumente (und umgekehrt) möglich.

Um beispielsweise die in Abbildung 4.14 sichtbare Zellvorlage »Format_Blau« aus der Tabellendokumentvorlage »Demo_Wi« in das sichtbare Dokument »Unbenannt1« zu kopieren, markieren Sie diese, halten [Strg] gedrückt und ziehen die Zellvorlage (mit gedrückter primärer Maustaste) in das rechte Fenster auf das Dokument »Unbenannt1« und lassen los. Schon befindet sich eine Kopie der Zellvorlage im Dokument.

[+] Alle gerade beschriebenen Arbeitstechniken sind völlig analog auch in anderen Modulen von OpenOffice.org anwendbar. Lediglich die konkreten Formatvorlagen werden je nach Dokumenttyp verschieden sein.

Gerade das letzte gezeigte Verfahren zur »Wiederverwendung« von Formatvorlagen ist sehr nützlich, weil auf diesem Wege Vorlagen aus beliebigen Dokumenten auch nachträglich in andere Dokumente übertragen werden können, ohne alle Einstellungen neu vornehmen zu müssen.

Eine nützliche Eigenschaft ist die Möglichkeit, die Einstellungen der Seiten- und Zellvorlagen auch ausdrucken zu können. Auf diese Art und Weise können Sie alle Einstellungen übersichtlich dokumentieren. Markieren Sie hierzu eine der Vorlagen, und wählen Sie im Pull-down-Menü der Schaltfläche **Drucken** (gedruckt werden immer die Eigenschaften aller Vorlagen).

Im nächsten Kapitel werde ich Ihre Aufmerksamkeit nochmals stark beanspruchen, aber es lohnt sich wirklich. Tauchen Sie ein in die Thematik der Hierarchien in Format- und Dokumentvorlagen.

4.1.5 Hierarchien bei Vorlagen

Zellvorlagen

Im Abschnitt »Zellvorlagen anpassen« in Kapitel 4.1.2 wurde bereits erwähnt, dass der Dialog zum Anpassen der Zellvorlagen auch die Möglichkeit umfasst, eine Zellvorlage mit einer anderen zu verknüpfen. Was bedeutet das nun?

In jedem Tabellendokument existiert eine Zellvorlage mit Namen »Standard«. Diese Zellvorlage stellt die höchste Hierarchieebene aller Zellvorlagen im Dokument dar. Alle anderen Zellvorlagen sind mit dieser verknüpft, wobei es sich um eine direkte oder indirekte Verknüpfung handeln kann.

> Wenn Sie bereits mit der Textverarbeitung von OpenOffice.org (Writer) vertraut sind, werden Sie wissen, dass es dort bei bestimmten Formatvorlagentypen auch »unabhängige« Vorlagen geben kann. Bei den Zellvorlagen in Calc ist das jedoch nicht der Fall.

[«]

Betrachten Sie die folgende Abbildung des Fensters *Formatvorlagen*, in der einige Zellvorlagen in hierarchischer Darstellung zu sehen sind.

Abbildung 4.15 Zellvorlagen in hierarchischer Darstellung

Die Zellvorlage *Standard* stellt – wie schon angesprochen – die oberste Hierarchieebene innerhalb der Zellvorlagen in einem Calc-Dokument dar. Im gezeigten Beispiel liegen die Zellvorlagen »Ebene_a«, »Ergebnis« und »Überschrift« eine

Hierarchieebene unterhalb und sind *direkt* mit *Standard* verknüpft (Verknüpfungen sind im Fenster durch graue Linien visualisiert). Die Zellvorlagen »Ebene_b« bis »Ebene_e« sind quasi gestaffelt immer mit einer Vorgängervorlage verknüpft, diese Verknüpfungen sind immer direkte Verknüpfungen. Eine *indirekte* Verknüpfung besteht zum Beispiel zwischen den Vorlagen *Standard* und »Ebene_d«, da diese über die Zellvorlagen »Ebene_a« bis »Ebene_c« verknüpft sind.

In der Zellvorlage *Standard* sei nun als Schriftart Arial (Standard; 10 Punkt) eingestellt. Solange in den (hierarchisch) darunter liegenden Zellvorlagen keine manuelle Anpassung der Schriftart erfolgt, entspricht die Schriftart in allen diesen Vorlagen der in *Standard* (ändern Sie die Schriftart dort, ändert sich gleichzeitig die Schriftart in den anderen (hierarchisch tiefer liegenden) Vorlagen).

Ändern Sie nun die Schriftart in der Zellvorlage »Ebene_b« in Verdana (Fett; 12 Punkt) und die in »Ebene_d« in Tahoma (Kursiv), so bewirkt das Folgendes:

Zellvorlage	Schriftart	Schriftschnitt	Schriftgröße
Standard	Arial	Standard	10 Punkt
Ebene_a	Arial	Standard	10 Punkt
Ebene_b	Verdana	Fett	12 Punkt
Ebene_c	Verdana	Fett	12 Punkt
Ebene_d	Tahoma	Kursiv	12 Punkt
Ebene_e	Tahoma	Kursiv	12 Punkt

Es findet somit eine Vererbung der betroffenen Eigenschaften der Zellvorlagen statt. Änderungen auf einer höheren Hierarchieebene bewirken die gleiche Änderung in hierarchisch tiefer liegenden Ebenen, falls dort keine zusätzliche Änderung erfolgt.

Jedes Register des Dialogs *Zellvorlage* besitzt (rechts unten) die Schaltfläche **Standard**.

Ändern Sie nun im gezeigten Dialog der Zellvorlage »Ebene_c« die Schriftgröße in 14 Punkt, so ändert sich die Schriftgröße in den tieferen Ebenen ebenfalls auf 14 Punkt.

Betätigen Sie jetzt die genannte Schaltfläche (**Standard**) in »Ebene_c«, ändert sich (bezogen auf unser Beispiel) die Schrift für diese Ebene wieder auf Verdana (Fett; 12 Punkt), weil der Standard für »Ebene_c« sich von »Ebene_b« ableitet. In den darunter liegenden Ebenen wird die Schriftgröße wieder zu 12 Punkt. Ein Klick nun auf die gleiche Schaltfläche in »Ebene_d« ändert diese und »Ebene_e« auf Verdana (Fett; 12 Punkt).

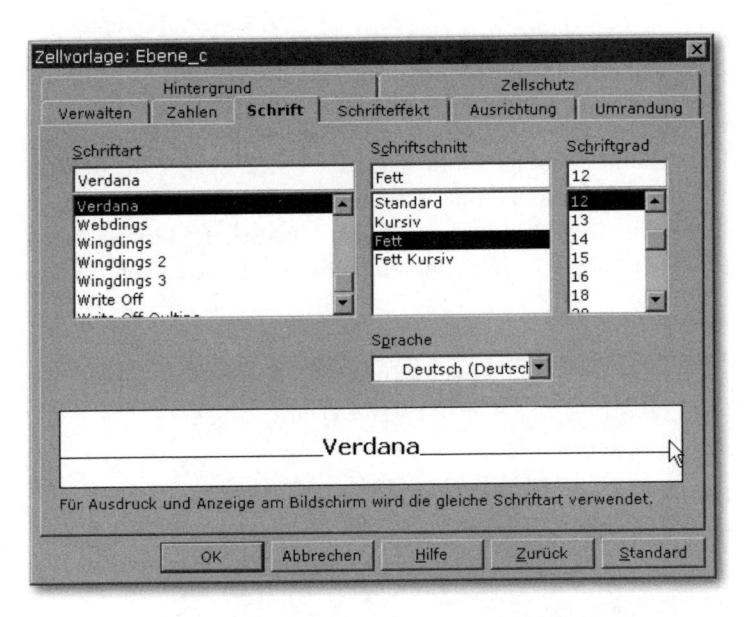

Abbildung 4.16 Zellvorlage »Ebene_c« – siehe Beispiel im Text

Die hier am Beispiel der Schriftart dargestellte Vererbung von Formatierungen zwischen verknüpften Zellvorlagen ist völlig gleich bezüglich anderer Eigenschaften von Zellvorlagen. Diese Vererbung ist somit besonders bequem, um eine bestimmte Eigenschaft in mehreren oder allen Zellvorlagen gleichzeitig zu verändern. Da wie in Abbildung 4.15 ersichtlich auch mehrere »Zweige« in der Hierarchie der Zellvorlagen existieren können, ergeben sich mannigfaltige Möglichkeiten.

Bei den Seitenvorlagen existiert diese Art der Vererbung von Eigenschaften nicht. [«]

Dokumentvorlagen

Wie schon festgestellt, basiert jedes Dokument auf einer Dokumentvorlage. Bei einem geöffneten Dokument können Sie die Eigenschaften des Dokuments über **Datei • Eigenschaften...** anzeigen lassen. Im erscheinenden Dialog ist auf dem Register *Allgemein* (unten) eingetragen, auf welcher Dokumentvorlage das Dokument beruht. Es gibt hierbei die Besonderheit, dass Dokumente, die auf der mitgelieferten Standardvorlage beruhen, keinen Eintrag bezüglich der Dokumentvorlage besitzen. Diese Eigenschaft ist aber logisch dadurch zu begründen, dass Sie keine Möglichkeit haben, diese quasi »Default«-Standarddokumentvorlage zu bearbeiten (zumindest nicht innerhalb der Programmumgebung). Sie können nur eine Ihrer eigenen Dokumentvorlagen als Standarddokumentvorlage setzen, wie bereits beschrieben.

Zunächst ist es wichtig zu verstehen, welche Auswirkungen es auf ein Dokument hat, wenn sich die Dokumentvorlage, auf der es beruht, ändert.

Erstellen Sie einmal eine Dokumentvorlage, speichern Sie sie und setzen Sie diese Vorlage als Standarddokumentvorlage (siehe Kapitel 4.1.4). Erzeugen Sie nun ein neues Tabellendokument über **Datei • Neu • Tabellendokument**, tragen Sie einige Inhalte ein und speichern Sie das Dokument. In den Eigenschaften dieses (noch geöffneten) Dokuments können Sie nun ablesen, auf welcher Dokumentvorlage es beruht.

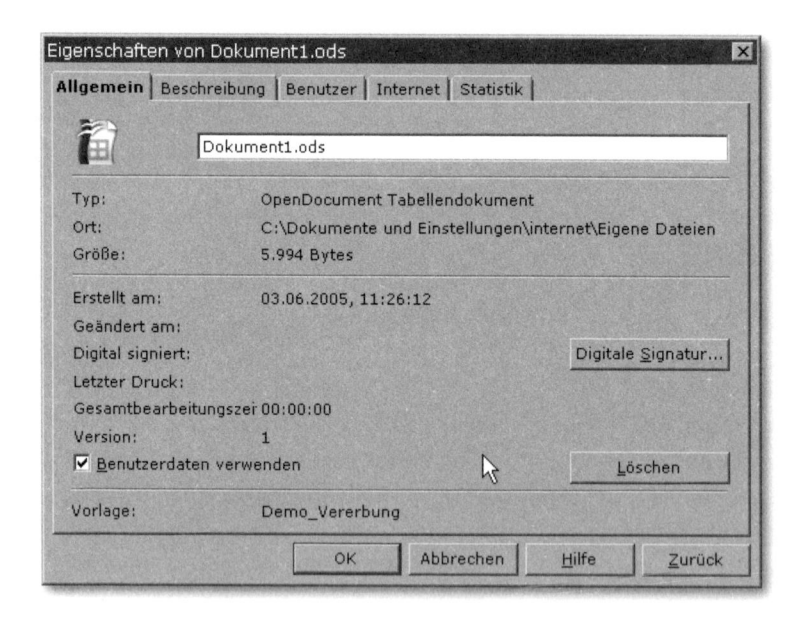

Abbildung 4.17 Dokument basierend auf Dokumentvorlage

Sie erkennen, dass dieses Dokument auf der Dokumentvorlage »Demo_Vererbung« beruht (die als Standarddokumentvorlage gesetzt war). Schließen Sie jetzt das Dokument, öffnen Sie die Dokumentvorlage »Demo_Vererbung« im Bearbeitungsmodus, und nehmen Sie einige Veränderungen an den enthaltenen Zellvorlagen vor und speichern sie.

Öffnen Sie die auf der Dokumentvorlage beruhende Datei erneut, weist OpenOffice.org darauf hin, dass sich die Dokumentvorlage geändert hat.

Sie sollten hier mit **Ja** bestätigen. Wenn Sie das tun, werden die Änderungen in der Dokumentvorlage in das Dokument übernommen. Es gilt aber auch hier wieder das Prinzip der Vererbung von Vorlagen, sodass selbstverständlich Änderungen, die Sie während der Dokumenterstellung vorgenommen haben, erhalten bleiben. Ebenfalls bleiben im Dokument (manuell) erstellte Vorlagen bestehen.

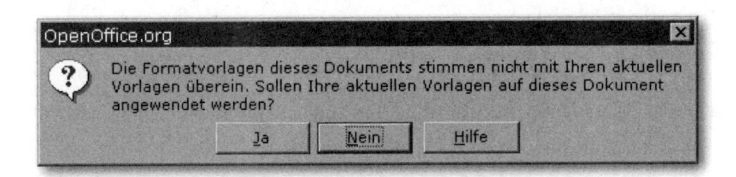

Abbildung 4.18 Die Dokumentvorlage wurde geändert.

Sollten Sie auf diesen Dialog mit **Nein** antworten, werden Änderungen der Dokumentvorlage nicht übernommen, und das Dokument ist quasi von der Dokumentvorlage »abgekoppelt«. Es kann in diesem Fall etwas verwirren, dass die Dokumentvorlage weiterhin in den Eigenschaften des Dokuments angezeigt wird.

Schließen Sie jetzt das Dokument wieder und öffnen Sie ein neues. Dieses basiert wiederum auf der Dokumentvorlage »Demo_Vererbung«, da diese noch als Standarddokumentvorlage gesetzt ist. Nehmen Sie in diesem neuen Dokument einige Veränderungen an den Zellvorlagen vor. Speichern Sie anschließend das Dokument als Dokumentvorlage (»Demo_Vererbung2«). Lassen Sie sich die Eigenschaften der letzteren Dokumentvorlage anzeigen.

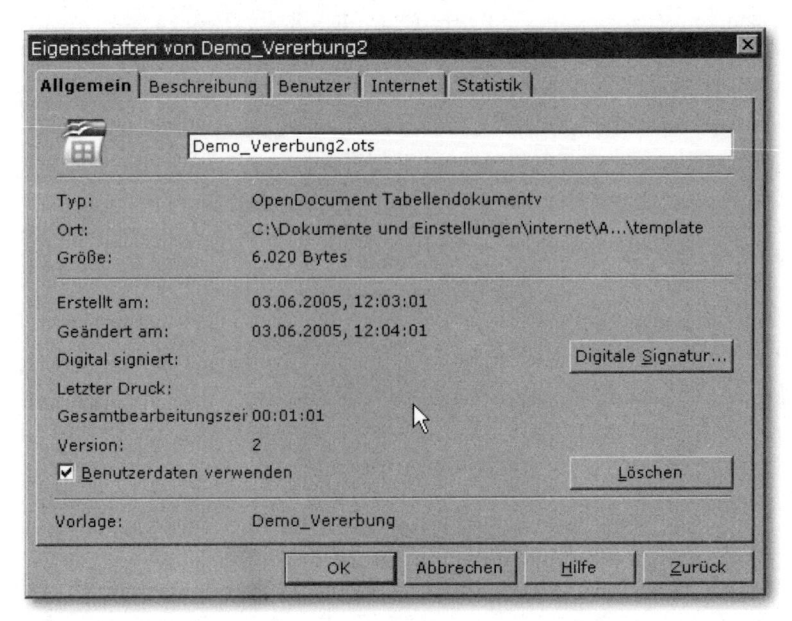

Abbildung 4.19 Dokumentvorlage basierend auf Dokumentvorlage

Die ursprüngliche Dokumentvorlage (»Demo_Vererbung«) ist hier als Vorlage eingetragen. Es handelt sich jedoch nicht um ein Dokument, sondern um eine

Dokumentvorlage. Letztlich hat die zweite Dokumentvorlage die Eigenschaften der ersten Dokumentvorlage geerbt.

Sollten Sie jetzt an der ersten Dokumentvorlage Änderungen vornehmen, werden Sie beim Öffnen der zweiten Dokumentvorlage zum Bearbeiten ebenfalls gefragt, ob die Veränderungen übernommen werden sollen.

Durch diese Eigenschaften wird es beispielsweise möglich, eine große Anzahl von Dokumentvorlagen zu erstellen, die sich alle von einer »Stammvorlage« ableiten. Diese Stammvorlage könnte dann wesentliche Formatierungen enthalten, die für alle Dokumente später gleich sein sollen. Sollen später Änderungen erfolgen, müssen diese nur in der »Stammvorlage« vorgenommen werden und können bei den anderen, auf dieser Vorlage basierenden Vorlagen einfach nur übernommen werden. Dieses Vorgehen bietet sich an für die Gestaltung von Geschäftspapieren, die ja meist über ein einheitliches Design verfügen sollen. Soll dann später das Design geändert werden, ist das leicht über die »Stammvorlage« zu tun, und die Änderungen in den anderen Vorlagen müssen nur übernommen werden.

Sie verfügen somit über eine zentrale Vorlage und müssen nicht alle Vorlagen manuell überarbeiten – eine große Erleichterung.

[»] Achtung! Dokumentvorlagen verhalten sich hinsichtlich der Vererbung nur so wie beschrieben, wenn sie in die Vorlagenverwaltung von OpenOffice.org integriert sind.

In den vorherigen Kapiteln wurde beschrieben, wie das erreicht werden kann, insbesondere durch den Ort des Speicherns, Importieren innerhalb des Dialogs *Vorlagen verwalten* sowie Einstellungen im Dialog *Optionen* (Pfade).

Sind die Vorlagen erst einmal so integriert, können Sie sie aber auch aus dem Dateisystem heraus benutzen und müssen nicht zwingend über das GUI von OpenOffice.org darauf zugreifen.

4.1.6 Themen und Autoformat

Nicht direkt der Thematik Vorlagen zuzuordnen sind die Möglichkeiten von *Autoformat* und *Themen*. Trotzdem möchte ich kurz darauf eingeahen, weil es sich um Hilfsmittel handelt, die Ihnen die Anwendung einheitlicher Formatierungen erleichtern.

Der Dialog *Autoformat* dient zum Anwenden gespeicherter Formatierungen auf Zellbereiche in Tabellen oder ganze Tabellen. Damit der Eintrag im Menü aktiv wird, muss zumindest ein Zellbereich der aktuellen Tabelle markiert sein. Rufen Sie dann den Dialog über **Format · Autoformat...** auf (siehe Abbildung 4.20).

Links können Sie zwischen verschiedenen vordefinierten Formatierungen wählen und rechts mittels der Schaltfläche **Zusätze** bestimmte Formatierungen an-

4.1 Vorlagen in Calc

und abwählen (z. B. Zahlenformat). Übernehmen Sie Ihre Auswahl mit **OK**, und sie wird auf den markierten Zellbereich angewandt.

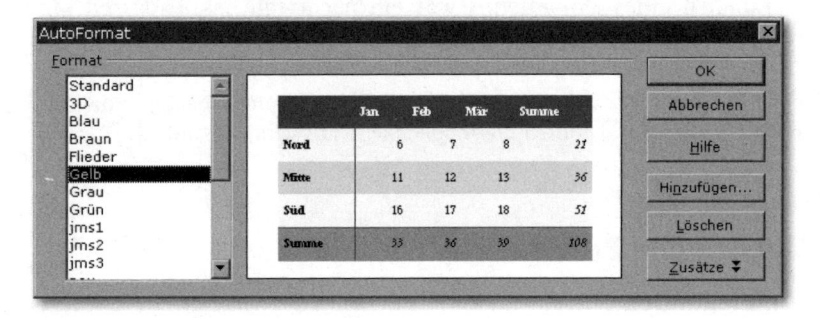

Abbildung 4.20 Dialog »Autoformat« in Calc

> Die Formatierungen, die zur Anwendung kommen, sind »harte« Formatierungen, es werden also keine Zellvorlagen neu erstellt. **[«]**

Es ist möglich, eigene Autoformate hinzuzufügen. Formatieren Sie dazu einen Zellbereich und rufen Sie den Dialog auf. Mit der Schaltfläche **Hinzufügen...** können Sie Ihr Autoformat abspeichern. Das hinzugefügte Autoformat steht anschließend innerhalb von Calc zur Verfügung und ist nicht auf das gerade aktive Dokument beschränkt. Bitte beachten Sie, dass beim Speichern eines Autoformats Formateigenschaften immer als »harte« Formatierungen gespeichert werden, selbst wenn es ursprünglich eine Zellvorlage gab.

Um den Dialog *Themen* aufzurufen, lassen Sie zunächst über **Ansicht • Symbolleisten • Werkzeuge** die Werkzeugsymbolleiste anzeigen und betätigen dort die Schaltfläche **Themenauswahl**.

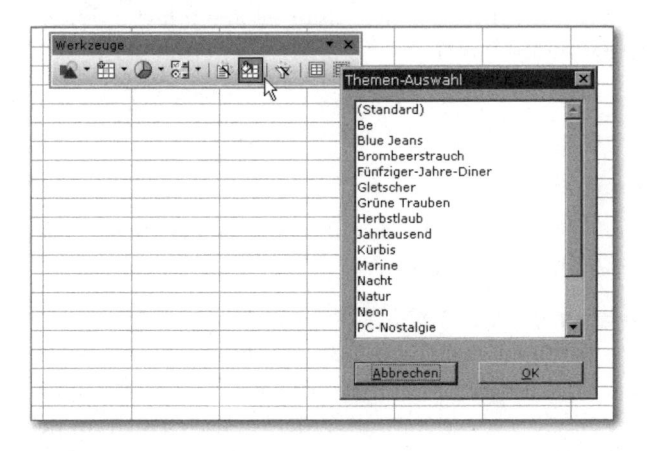

Abbildung 4.21 »Themen«-Dialog aufrufen

Markieren Sie ein Thema und übernehmen es mit **OK**. Durch die Anwendung eines Themas werden dem Dokument neue Zellvorlagen hinzugefügt. Das Thema gilt für alle Tabellen eines Dokuments, was ein nachträgliches Anpassen (des Dokuments) nicht ausschließt.

[»] Leider können Sie innerhalb von Calc weder bestehende Themen bearbeiten noch eigene Themen hinzufügen, wodurch die Möglichkeiten beschränkt sind.

4.2 Tabellen und Zellen

4.2.1 Grundlegendes

Ein Tabellendokument besteht immer zumindest aus einer Tabelle. Falls gewünscht kann die Anzahl der Tabellen eines neuen Dokuments dadurch beeinflusst werden, dass man eine Standardvorlage setzt, die eine entsprechende Anzahl von Tabellen enthält. Maximal kann ein Calc-Dokument 256 Tabellen enthalten. Jede Tabelle (Tabellenblatt) hat einen eindeutigen Namen.

Die Tabellen selbst gliedern sich in einzelne Zellen, die alle über ihren Zellnamen (bzw. ihre Koordinaten) ansprechbar sind. Eine Tabelle besteht in Calc (ab Version 2.0) aus 256 Spalten (bezeichnet mit Buchstaben A bis IV) und aus 65536 Zeilen (bezeichnet mit Zahlen).

Zellen können im Wesentlichen drei verschiedene Inhalte enthalten: Zahlen, Text oder Formeln. Außerdem tragen Zellen Formatierungen, die ihr Aussehen bestimmen, und können auch Notizen enthalten. Vom Wesen her nicht Inhalt der Zelle sind Objekte, die lediglich an der Zelle verankert sind (z. B. Grafiken).

Das Arbeiten mit Tabellendokumenten kann nicht unmaßgeblich durch Anpassung der Programmumgebung beeinflusst werden, Informationen hierzu finden Sie in Kapitel 3, »Die Programmumgebung«.

4.2.2 Tabellen

Einfügen, Verschieben, Kopieren

Auf komplette Tabellen greifen Sie im Allgemeinen über die Tabellenregister zu, von dort sind verschiedene Aktionen zu erreichen.

Einige der Aktionen sind auch im Menü von Calc erreichbar, beispielsweise befindet sich dort der Befehl **Einfügen • Tabelle aus Datei...**, mit dem Sie Tabellen aus externen Dateien in das bestehende Dokument einfügen können. Diese Art des Einfügens ist aber auch mittels *Tabelle einfügen* möglich, da letztlich immer derselbe Dialog erscheint. Abhängig von Ihrer Auswahl im Dialog lassen sich so externe Tabellen sowohl einfügen als auch nur als Verknüpfung einfügen. Deutlich zu unterscheiden ist der Befehl **Verknüpfung zu externen Daten...**. Hiermit können Sie Verknüpfungen (zu benannten Bereichen) in Calc- und Excel-Dateien, HTML-Dateien sowie einfachen *.txt- bzw. *.csv-Dateien herstellen.

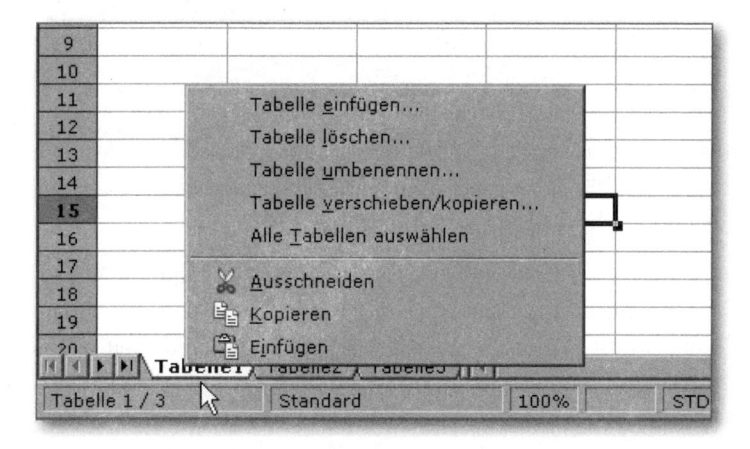

Abbildung 4.22 Pull-down-Dialog für Tabellen

Weitere Möglichkeiten bietet der *Navigator*, mit dem Sie ebenfalls ganze Tabellen oder auch nur Bereiche kopieren, verknüpfen oder verlinken können.

Mittels des Fensters *Datenquellen* (F4) können Sie schnell auf den Inhalt von Datentabellen registrierter Datenquellen zugreifen.

> Der in früheren Versionen von OpenOffice.org vorhandene Menüeintrag **Extras • Datenquellen...** existiert nicht mehr, weil Datenquellen jetzt über das neue Base-Modul registriert werden können. Ähnliche Möglichkeiten wie in älteren Versionen haben Sie jedoch über **Extras • Optionen • OpenOffice.org Base • Datenbanken**.

Schützen, Ausblenden

Manchmal besteht der Wunsch, im Dokument enthaltene Tabellen »unsichtbar« zu machen – blenden Sie sie einfach aus (**Format • Tabelle • Ausblenden**). Auf diese Art und Weise ist es möglich, sogenannte Hilfstabellen zu verwenden, denn der Inhalt von ausgeblendeten Tabellen kann weiterhin (z. B. mittels Formeln) angesprochen werden.

> Die letzte sichtbare Tabelle des Dokuments kann mittels dieses Befehls nicht ausgeblendet werden.

Haben Sie mehrere Tabellen ausgeblendet und wollen nur einzelne wieder einblenden, erscheint ein entsprechender Dialog, in dem Sie auswählen können.

Mittels des Befehls **Extras • Dokument schützen • Tabelle...** können Sie die entsprechende Tabelle vor Veränderungen schützen, hierzu muss die Option **Gesperrt** für alle zu schützenden Zellen vorher bei den Zellen aktiviert werden. Sie können ein Kennwort verwenden, wenn Sie darauf verzichten, besteht jedoch ebenfalls ein Schutz, beispielsweise vor versehentlichem Überschreiben. Geschützt ist jedoch nur die jeweilige Tabelle.

Ein wichtiger Hinweis:

Diese Art des Schutzes sollten Sie nicht unbedingt als Schutz vor beabsichtigtem unberechtigtem Zugriff auf die Tabelle im Sinne eines Sicherheitsfeatures sehen, da der Schutz nicht sehr stark ist. Hierzu zwei Beispiele:

- Es ist möglich, bei aktiviertem Schutz mit ausgeblendeten Formeln diese Formeln auch ohne Kenntnis des Passwortes für den Blattschutz mit einem Makro auszulesen. Somit lassen sich unter Umständen die Formeln eines geschützten Blattes komplett auslesen und in ein neues Blatt übertragen.
- Beim Speichern einer Tabelle mit geschützten Blättern im Dateiformat *.xls (MS Excel) und anschließendem Öffnen in Excel lässt sich dort der Blattschutz *ohne* Eingabe des Passwortes aufheben. Umgekehrt gilt auch, dass selbst eine in MS Excel erstellte Datei mit Blattschutz nicht davor gefeit ist, dass nach Öffnen dieser Datei in Calc 2.x der Blattschutz ohne Kenntnis des Passwortes aufgehoben werden kann.

Die ebenfalls vorhandene Möglichkeit *Dokument schützen* schützt wiederum nur die Struktur des Dokuments. Beispielsweise ist es hierdurch jedoch auch möglich, das Einblenden ausgeblendeter Tabellen zu verhindern.

Mehrere Tabellen gleichzeitig bearbeiten

Manchmal müssen Sie in mehreren Tabellen eines Tabellendokuments an jeweils gleichen Zellen Änderungen vornehmen. Das entsprechende Verfahren nennt sich *Gruppieren* von Tabellen.

Sie können bei gedrückter [Strg]-Taste mehrere Tabellen mittels Mausklick auf deren Reiter markieren. Anschließend können Sie bei einer der markierten Tabellen Werte in Zellen eingeben oder ändern. Die entsprechenden Eingaben oder Änderungen erfolgen in allen markierten Tabellen synchron. Beachten Sie aber, dass die Gefahr von Fehleingaben erhöht ist, weil vorhandene Werte ohne Nachfrage überschrieben werden.

Formatierungen lassen sich so ebenfalls auf mehreren Tabellen gleichzeitig durchführen.

4.2.3 Zellen

Markieren

Um Zellen oder Zellbereiche bearbeiten zu können, müssen diese zunächst markiert werden. Um eine Zelle auszuwählen, klicken Sie die Zelle einfach mit der Maus an, um die Zelle wird dann ein sichtbarer Rahmen eingeblendet. Um die Zelle zu markieren, halten Sie dabei die Taste ⇧ gedrückt oder ziehen kurz bei gedrückter Maustaste in die Nachbarzelle und zurück. Durch Doppelklick in eine Zelle bringen Sie diese direkt in den Bearbeitungsmodus, hierdurch müssen Sie nicht auf die Eingabezeile zurückgreifen, wenn Sie innerhalb eines Zellinhalts navigieren wollen, um z. B. nur Teile davon auszuwählen.

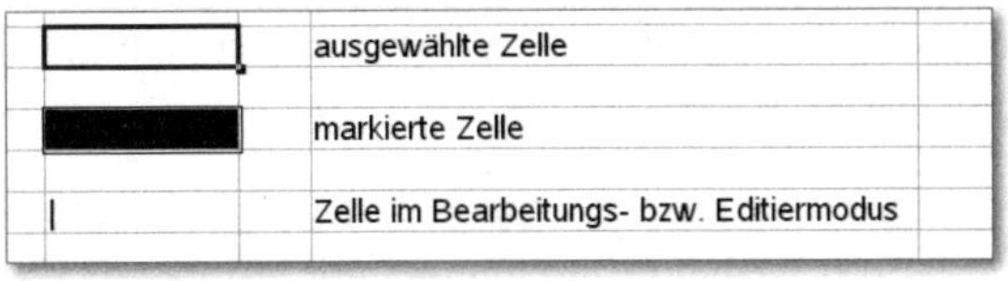

Abbildung 4.23 Verschiedene Arten der Zellauswahl

Zeilen oder *Spalten* markieren Sie, indem Sie die entsprechenden Zeilen- oder Spaltenköpfe anklicken. Mehrere Zeilen und Spalten markieren Sie durch entsprechenden Klick und ⇧ bzw. Strg, bei Ersterem können Sie durch Ziehen mit der Maus zusammenhängende Zeilen bzw. Spalten markieren. Beide Verfahren können Sie auch kombinieren.

Einen *Zellbereich* markieren Sie, indem Sie auf eine Zelle klicken und dann bei gedrückter Maustaste den Bereich »aufziehen«. Außerdem können Sie eine Zelle anklicken, dann ⇧ gedrückt halten und auf eine weitere Zelle klicken, so werden alle dazwischen liegenden Zellen ebenfalls markiert. Allein mit der Tastatur markieren Sie mit ⇧ und Pfeiltasten. Ebenso können Sie den Erweiterungsmodus zusammen mit der Maus verwenden, wobei Sie zum Aktivieren des Modus entweder F8 benutzen oder mit der Maus in das Modusfeld der Statusleiste klicken, bis dort »ER« sichtbar ist.

Mehrere Bereiche markieren Sie im Ergänzungsmodus (»ERG«) oder – ähnlich wie bei mehrere Zeilen/Spalten beschrieben – mittels ⇧ bzw. Strg und Maus.

Um alle Zellen einer Tabelle zu markieren, klicken Sie auf das leere Feld zwischen Zeilenkopf 1 und Spaltenkopf A.

Zellinhalte kopieren oder verschieben

Markieren Sie eine Zelle oder einen Zellbereich, erzeugen Sie das Kontextmenü und wählen Sie **Kopieren**, anschließend wählen Sie einen gleich großen (oder nur die linke obere Zelle) Bereich aus und wählen **Einfügen** (wiederum Kontextmenü). Wollen Sie die Inhalte verschieben, wählen Sie im ersten Schritt **Ausschneiden** statt **Kopieren**. Gleiches erreichen Sie auch mit den entsprechenden Menübefehlen (**Bearbeiten**-Menü) oder den entsprechenden Tastaturkombinationen (Tastaturbefehle, Shortcuts) [Strg] + [C] (Kopieren), [Strg] + [X] (Ausschneiden), [Strg] + [V] (Einfügen).

Bei der beschriebenen Arbeitsweise werden immer die *kompletten* Zellinhalte verschoben bzw. kopiert. Beim Verschieben hat dies den Nachteil, dass bei den Ausgangszellen auch jegliche Formatierung entfernt wird. Wenn Sie einen großen Bereich mit vielen verschiedenen Zellformatierungen verschieben, kann das unerwünscht sein, weil Sie die Formatierungen im Ausgangsbereich noch benötigen. Es ist dann unter Umständen besser, zunächst nur zu kopieren und anschließend in den Ausgangszellen nur selektiv zu löschen.

Verschieben und Kopieren können Sie auch mittels Drag & Drop. Markieren Sie die Quellzelle(n) und klicken Sie dann innerhalb der Markierung mit der Maus, lassen Sie aber nicht die Maustaste los, sondern beginnen Sie gleich mit dem Ziehen. Lassen Sie los, wenn die Zielzellen erreicht sind. Neben dem Mauspfeil ist während des Verschiebens ein graues Rechteck sichtbar. Halten Sie beim Verschieben [Strg] gedrückt, erscheint neben dem Mauspfeil ein kleines »+«, und es wird kopiert und nicht verschoben. Der Inhalt der Zielzellen wird bei beiden Varianten überschrieben.

Umstieg — Es ist bei Calc nicht wie bei MS Excel erforderlich, beim Drag & Drop die markierten Zellen am Rand der Markierung »anzufassen«, jede Stelle der Markierung eignet sich dafür.

Häufig übersehen wird leider die Funktion **Inhalte einfügen**. Diese Funktion ermöglicht ein selektives Kopieren von Zellinhalten. Gehen Sie vor wie gerade beschrieben, wählen Sie jedoch zum Einfügen statt »Einfügen« den Eintrag **Inhalte einfügen** (im Kontextmenü oder **Bearbeiten**-Menü) aus, Sie sehen folgenden Dialog (siehe Abbildung 4.24).

Zunächst entfernen Sie die Auswahl bei *Alles einfügen*, dadurch werden die darunter stehenden Optionen aktiv. Lassen Sie nun nur diejenigen Punkte aktiv, die Sie den Inhalten entsprechend einfügen möchten.

Die Rechenoperationen sollten selbsterklärend sein. Zum Subtrahieren ist zu sagen, dass der Inhalt der Zwischenablage von den Zielzellen subtrahiert wird. Natürlich müssen Sie bei Anwendung der Rechenoperationen darauf achten, dass der Inhalt von Quell- und Zielzellen »kompatibel« ist.

Tabellen und Zellen | 4.2

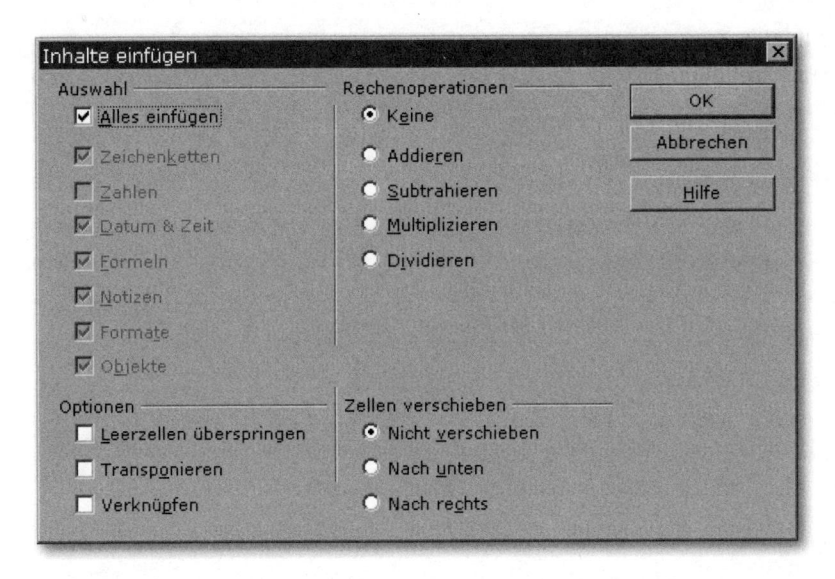

Abbildung 4.24 Inhalte einfügen

> Sie sollten Addieren nicht immer wörtlich nehmen, es ist nämlich möglich, wenn Sie unter Auswahl nur **Formate** aktiviert haben, mittels der Option **Addieren** nur die Formatierung der Quellzelle(n) auf die Zielzelle(n) zu übertragen, ohne deren Inhalte zu ändern.

[+]

Die Optionen unter *Zellen verschieben* legen fest, ob die Zielzellen überschrieben oder die bestehenden Zielzellen zunächst verschoben werden.

Die Option **Verknüpfen** stellt in den Zielzellen eine Verknüpfung zu den Quellzellen her. Die in der Verknüpfung verwendeten Zelladressen sind normalerweise absolut, drücken Sie deshalb (bei markierter Zielzelle) nach dem Kopieren einmal oder mehrfach ⇧ + F4, um relative Adressen zu erhalten.

Besonders nützlich ist auch die Option **Transponieren**, mit deren Hilfe Sie Zeilen in Spalten und umgekehrt wandeln können.

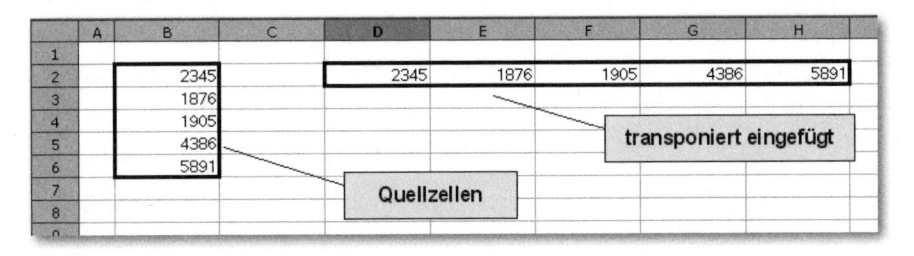

Abbildung 4.25 Transponieren

Im abgebildeten Beispiel wurden zunächst die Zellen B2 bis B6 kopiert, anschließend Zelle D2 markiert und der Inhalt der Zwischenablage mit aktivierter Option *Transponieren* mittels **Inhalte einfügen** eingefügt.

Zellinhalte löschen

Um Zellinhalte zu löschen, markieren Sie die Zelle(n) und drücken [Entf], oder wählen Sie **Inhalte löschen** (Kontextmenü oder **Bearbeiten**-Menü). In beiden Fällen erscheint der Dialog **Inhalte löschen**, in dem Sie genau bestimmen, was gelöscht werden soll.

Um zu vermeiden, dass der Dialog erscheint, können Sie auch [⇧] + [Entf] drücken, um ohne Nachfrage alle Zellinhalte zu löschen. Beachten Sie jedoch, dass dabei eigentlich ein Ausschneiden der Zellinhalte erfolgt, ein eventuell bestehender Inhalt der Zwischenablage also überschrieben wird.

[»] Sollten Sie sich einmal versehentlich vertan haben, machen Sie Ihre Aktion rückgängig mit [Strg] + [Z]. Im **Optionen**-Dialog können Sie die Anzahl der Rückgängig-Schritte festlegen (in OpenOffice.org 2.3 ist die Vorgabe 100 Schritte).

Zellen einfügen und löschen

Um einzelne Zellen oder Zellbereiche zu löschen, markieren Sie diese und wählen **Bearbeiten • Zellen löschen...** (oder Kontextmenü) und im erscheinenden Dialog die gewünschte Option.

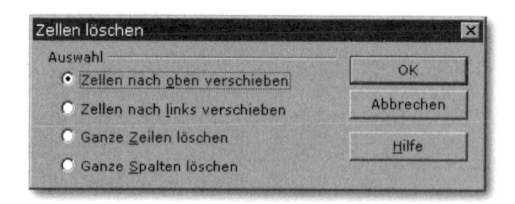

Abbildung 4.26 Dialog »Zellen löschen«

Die ersten beiden Optionen bestimmen, in welcher Weise die durch das Löschen der Zellen entstehende Lücke gefüllt wird. Die letzten beiden Optionen ermöglichen es, ganze Zeilen oder Spalten zu löschen, obwohl Sie nur bestimmte Zellen gewählt hatten. Hierbei werden jeweils die Zeilen oder Spalten komplett gelöscht, von denen mindestens eine Zelle markiert ist.

[+] Sie wollen gerne weniger als 256 Spalten in einer Tabelle haben? Leider können Sie zwar Spalten löschen, aber es werden immer wieder leere Spalten hinzugefügt. Wollen Sie über weniger als 256 Spalten verfügen, müssen Sie die überflüssigen ausblenden.

> Um beispielsweise eine vierspaltige Tabelle zu erhalten, markieren Sie Zelle E1, drücken Sie [Strg] + [⇧] + [→] und blenden dann mit **Format • Spalte • Ausblenden** die Spalten aus. Analoges gilt für Zeilen.

Das Einfügen ist ebenso einfach. Markieren Sie zum Einfügen von Zeilen oder Spalten entweder eine Zelle oder einen Zellbereich oder eine oder mehrere Zeilen oder Spalten. Wählen Sie **Einfügen • Zeilen...** (oder Spalten), und es werden so viele Zeilen oder Spalten eingefügt, wie es Ihrer Markierung entsprach. Zeilen werden immer oberhalb und Spalten immer links der Markierung eingefügt. Eventuell bestehende Zellformatierungen werden berücksichtigt und sind in den neuen Zeilen oder Spalten ebenfalls vorhanden.

In Calc existiert zum Einfügen bereits eine vorbereitete Symbolleiste, die Sie bei Bedarf mit **Ansicht • Symbolleisten • Zelle einfügen** aktivieren können.

Abbildung 4.27 »Zellen einfügen« – vordefinierte Symbolleiste

Über diese Symbolleiste ist das Einfügen besonders bequem, weil Sie durch Wahl der entsprechenden Schaltfläche gleich die Richtung bestimmen können, in die bestehende Zellen verschoben werden.

Zellen schützen oder ausblenden

Da Sie im Dialog *Zellen formatieren* im Register *Zellschutz* die Optionen für jede Zelle separat setzen können, ist zusammen mit dem Schutz der Tabelle (**Extras • Dokument schützen • Tabelle...**) ein individueller Schutz für jede einzelne Zelle zu erreichen.

Zellen verbinden

Falls Sie bereits mit OpenOffice.org-Version 1.x gearbeitet haben, wissen Sie, dass dort die Funktion *Zellen verbinden* einige Unzulänglichkeiten besaß (die Funktion hieß eigentlich »Zellen zusammenfassen«), die zu folgender Art von Meldung führten.

Solche Meldungen werden Sie in Calc 2.x beim Zusammenfassen von bereits zusammengefassten Zellen mit separaten Zellen nicht mehr erhalten.

Die Funktion *Zellen verbinden* ist in Calc 2.x jedoch mehr eine gesetzte Option als ein Befehl. Die Funktion ist bequem über die Symbolleiste **Format** erreichbar.

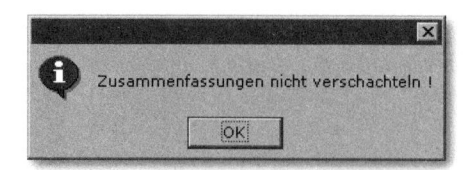

Abbildung 4.28   Meldungsfenster in Vorgängerversion

> **Umstieg**   Die Funktionalität des Verbindens von Zellen ist in Calc *nicht* wie bei MS Excel über den Dialog *Zellen formatieren* erreichbar.

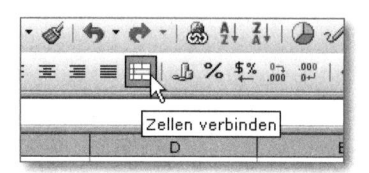

Abbildung 4.29   Schaltfläche »Zellen verbinden« in Calc

Um Zellen zu verbinden, markieren Sie zunächst die entsprechenden Zellen. Falls mehrere Zellen von diesen markierten Zellen Inhalte enthalten, sehen Sie nach dem Betätigen der Schaltfläche **Zellen verbinden** folgende Nachfrage:

Abbildung 4.30   Nachfrage beim Verbinden von Zellen

Bejahen Sie die Frage, so werden die Inhalte aller Zellen als Text (String) mit jeweils einem Leerzeichen dazwischen zusammengefasst und stehen nun in der durch Verbinden erzeugten Zelle.

Heben Sie später die Zusammenfassung der Zellen auf, wird der Inhalt der verbundenen Zelle beibehalten und in die linke obere Einzelzelle »übertragen«. Ein automatisches Rekonstruieren der Zellinhalte ist somit ausgeschlossen, und auch ein manuelles Rekonstruieren würde an Grenzen stoßen, da beim Zusammenfassen Formeln nicht erhalten bleiben, sondern nur das aktuelle Ergebnis der Formel in die Zusammenfassung eingeht.

Verneinen Sie die Frage, so wird nur der Inhalt der linken oberen Zelle als Inhalt der verbundenen Zelle angezeigt. Der Inhaltstyp bleibt hierbei erhalten, beispielsweise Zahl bleibt Zahl und Formel bleibt Formel.

> Das Verhalten, das Calc beim Verneinen der Frage zeigt, entspricht nicht exakt dem Standardverhalten von MS Excel.
>
> Wenn mehrere Zellen zum Zusammenfassen markiert sind, jedoch nur eine davon Inhalt enthält, zeigt Excel diesen Inhalt als Ergebnis der Zusammenfassung an. Calc tut das nur, wenn die Zelle, die den Inhalt enthält, tatsächlich die linke obere Zelle ist.

Das Verneinen bewirkt auch, dass der Inhalt aller Ursprungszellen beim späteren Wiederaufheben des Verbindens der Zellen automatisch rekonstruiert wird.

Dieses Verhalten beruht auf einer Besonderheit beim Verbinden von Zellen, die bei Calc und MS Excel gleich ist. Verbinden Sie beispielsweise die Zellen A1 bis A4, so erhält die verbundene Zelle den Namen (die Koordinate) »A1«. Die Zellen A2 bis A4 werden jedoch nicht etwa gelöscht, sondern sind nur verdeckt, weshalb auch ihr Inhalt erhalten bleibt, außer Sie hätten in Calc das Zusammenfassen aller Inhalte in einer Zelle bejaht.

> Eigentlich könnte Ihnen diese Besonderheit egal sein, aber sie lässt sich nutzen. Für unser Beispiel ließe sich auf den Inhalt der verdeckten Zellen A2 bis A4 einfach per Formel zugreifen. Auch der Zugriff per Makro ist möglich, sodass die Inhalte der Zellen auch geändert werden können, solange sie verdeckt sind.

Wollen Sie zu einer Anzahl bereits verbundener Zellen noch weitere Zellen hinzufügen, so erhalten Sie – wie bereits anfangs erwähnt – keine Meldung mehr. Sie müssen jedoch zweimalig die Schaltfläche drücken, wobei zunächst die bestehende Zusammenfassung aufgehoben und anschließend alle Zellen erneut zusammengefasst werden.

Spaltenbreite und Zeilenhöhe anpassen

Entsprechende Einstellungen können Sie über die Spalten- bzw. Zeilenköpfe mit der Maus erledigen. Doppelklicken Sie auf die Begrenzungslinie in den Köpfen (vorher muss der Mauspfeil als Doppelpfeil erscheinen), um optimale Breite und Höhe einzustellen. Beides ist beispielsweise auch über das Menü **Format** möglich, dort können Sie auch beliebige Breiten bzw. Höhen genau einstellen. Wählen Sie **Format • Spalte • Breite…** bzw. analoge Einträge für Zeile (Höhe), und nehmen Sie die gewünschte Einstellung vor.

Überlange Texte in Zellen

Bei Texten, die länger als eine Zelle sind, stellt Calc den Inhalt dann vollständig dar, wenn die Nachbarzelle(n) leer ist (sind). Die nachfolgende Abbildung verdeutlicht die denkbaren Fälle.

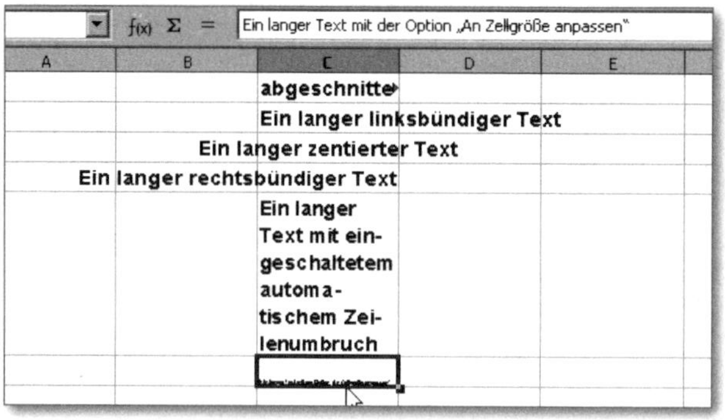

Abbildung 4.31 Überlange Texte in Zellen

Im Dialog *Zellen formatieren* ist es auch möglich, die Option **An Zellgröße anpassen** zu aktivieren. Sinnvoll ist diese Option jedoch nur, wenn der Text nur geringfügig größer als die Zelle ist, da bei zu langem Text der Text so stark verkleinert wird, dass die Lesbarkeit leidet.

Enthält eine Zelle Text, der in der Zelle nicht vollständig dargestellt werden kann, so ragt dieser bei nicht leerer Nachbarzelle in diese hinein. Ist die Nachbarzelle nicht leer, wird der Text abgeschnitten. In der Bildschirmdarstellung wird dieser Fall zusätzlich durch ein kleines rotes Dreieck kenntlich gemacht (siehe Abbildung).

Ist für die Zelle der automatische Zeilenumbruch aktiviert, wird der Text innerhalb der Zelle entsprechend umgebrochen und – falls die automatische Silbentrennung zusätzlich aktiviert ist – auch getrennt. Einen manuellen Zeilenumbruch in der Zelle können Sie mittels [Strg] + [↵] einfügen.

Mehr Übersicht in der Tabelle

In der Praxis müssen Sie oftmals mit sehr großen Tabellen arbeiten, Calc stellt Ihnen jedoch Hilfsmittel zur Verfügung, um die Übersicht zu erleichtern.

Häufig wird es nötig sein, dass Sie in großen Tabellen scrollen können und gleichzeitig weiterhin die Tabellenköpfe im Auge behalten. Hierfür existiert die Funktion **Fenster fixieren**.

Markieren Sie eine Zeile oder eine Spalte und wählen Sie im Menü **Fenster • Fixieren**. Die Zellen oberhalb der gewählten Zeile (bzw. links der gewählten Spalte) bleiben an ihrer Position, wenn Sie horizontal oder vertikal in der Tabelle scrollen. Auch das gleichzeitige Fixieren in horizontaler und vertikaler Richtung ist möglich, markieren Sie hierzu eine einzelne Zelle, bevor Sie die Fixierung aktivieren.

Mit der Funktion **Fenster teilen** erzeugen Sie hingegen einzelne Bereiche, die separat zu scrollen sind. Diese Funktionalität ist nützlich, wenn Sie die Inhalte einer Tabelle an verschiedenen Stellen gleichzeitig betrachten wollen. Wählen Sie **Fenster • Teilen** oder ziehen Sie manuell eine Teilung auf, indem Sie die etwas dickeren schwarzen Linien oberhalb der vertikalen Scrollleiste bzw. rechts der horizontalen Leiste bei gedrückter Maustaste ins Tabellenblatt ziehen.

Spalten und Zeilen, die Sie nicht unmittelbar benötigen, können Sie auch ausblenden. Markieren Sie die gewünschten Spalten bzw. Zeilen, und blenden Sie sie mit **Format • Zeile • Ausblenden** (bzw. Spalte) aus.

Um die Spalten und Zeilen später wieder einzublenden, müssen sie markiert sein. Hierzu gibt es zwei Möglichkeiten, entweder Sie markieren einen Bereich von Spalten oder Zeilen, der die ausgeblendeten mit erfasst (markieren Sie im Bereich der Zeilen- bzw. Spaltenköpfe), oder Sie geben in das Namensfeld der Rechenleiste den Namen einer Zelle ein, die zu der ausgeblendeten Zeile oder Spalte gehört, und drücken ⏎. Nun können Sie wieder Einblenden.

In bestimmten Situationen kann die Übersicht in einer Tabelle auch erhöht werden, indem Sie die Zeilen abwechselnd in zwei verschiedenen Farbtönen einfärben. Das können Sie beispielsweise durch bedingte Formatierung erreichen.

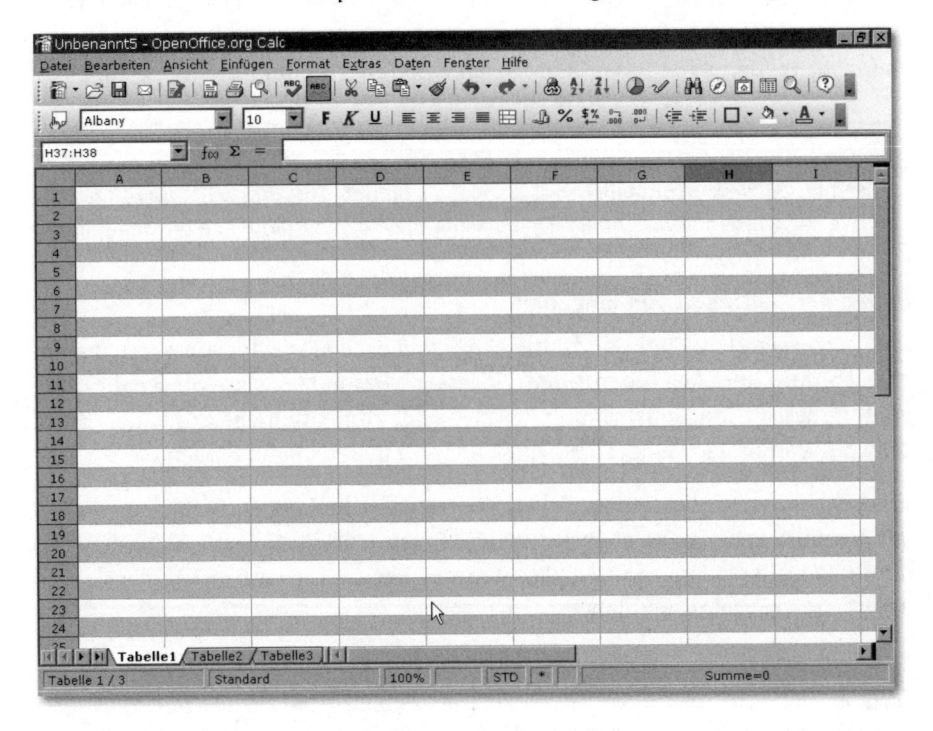

Abbildung 4.32 Zeilen mittels bedingter Formatierung einfärben

Erstellen Sie zunächst zwei Zellvorlagen mit zwei verschiedenen Farben für den Zellhintergrund. Markieren Sie nun eine Zelle der Tabelle und wählen Sie **Format • Bedingte Formatierung...** Wenn die Namen der erstellten Zellvorlagen »Hell« und »Dunkel« sind, tragen Sie in den aufgerufenen Dialog Folgendes ein:

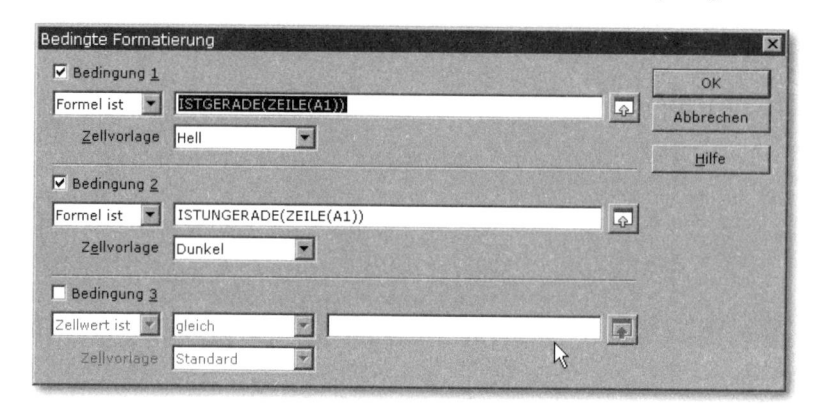

Abbildung 4.33 Dialog »Bedingte Formatierung«

Schließen Sie Ihre Eingabe mit **OK** ab. Kopieren Sie die Zelle, der Sie gerade die bedingte Formatierung zugewiesen haben, und markieren Sie anschließend den Zellbereich, der eingefärbt werden soll. Bei **Bearbeiten • Inhalte einfügen** aktivieren Sie im Bereich *Auswahl* nur *Formate* und fügen mit dieser Einstellung ein.

[»] Obwohl durch die bedingte Formatierung den Zellen Zellvorlagen zugewiesen werden, ist im Fenster *Formatvorlagen* zu erkennen, dass die Formatierung der Zellen weiterhin auf den ursprünglichen Zellvorlagen beruht. Die durch bedingte Formatierung zugewiesenen Zellvorlagen »überschreiben« die vorhandenen nur temporär.

Prüfen der Gültigkeit von Eingaben

Eine gerne genutzte Funktion ist die Möglichkeit, die Eingabe von Werten automatisch auf Gültigkeit überprüfen zu lassen. Besonders sinnvoll ist die Integration dieser Gültigkeitsprüfung in Tabellendokumentvorlagen, die zum Erfassen von Werten nach längerfristig gleichen Voraussetzungen dienen.

Hierbei werden für bestimmte Zellen Kriterien für die Eingabe festgelegt, die bei der eigentlichen Eingabe geprüft werden. Entspricht die Eingabe nicht den vorher festgelegten zulässigen Werten, wird sie abgewiesen, und es kann zusätzlich eine Aktion ausgelöst werden.

Umstieg — Seit Calc 2.0 besteht wie in MS Excel die Möglichkeit, die Gültigkeit von Eingaben auch anhand von Listen zu prüfen. Diese Listen können manuell vorgegeben werden, oder die Inhalte der Listen werden aus einem Zellbereich entnommen.

Tabellen und Zellen | 4.2

Alle Einstellungen für die Gültigkeitsprüfung können Sie in einem Dialog vornehmen. Wählen Sie, nachdem Sie eine (oder mehrere) Zelle(n) markiert haben, im Menü **Daten • Gültigkeit...**, um den entsprechenden Dialog anzuzeigen.

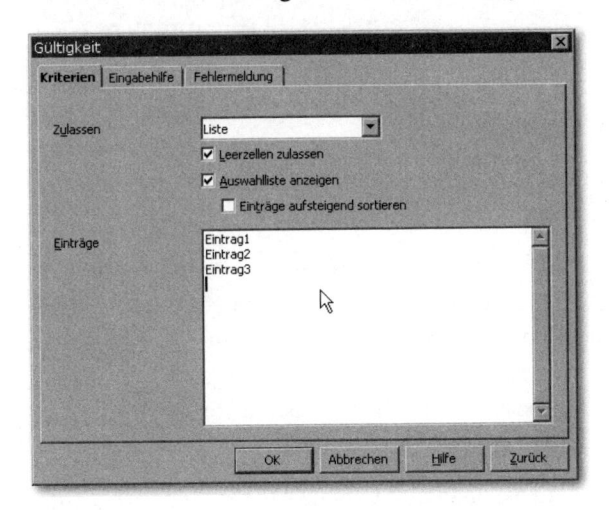

Abbildung 4.34 Gültigkeit von Eingaben konfigurieren

Die eigentlichen Einstellungen sind selbsterklärend. Sie müssen zunächst ein Kriterium wählen, das dazu dient, die Gültigkeit zu prüfen, und anschließend im Register **Fehlermeldung** eine Aktion, die beim Versuch einer ungültigen Eingabe ausgelöst werden soll. Da als Aktion auch Makros aufgerufen werden können, sind die Möglichkeiten nahezu unbegrenzt.

Wenn Sie als Kriterium die Gültigkeitsprüfung anhand einer Liste auswählen, ist die spätere Eingabe besonders bequem, da Sie die zulässigen Werte in einer Auswahl in der Zelle anzeigen lassen können.

> Die Möglichkeit, für Eingabelisten Zellbereiche mit den entsprechenden Werten anzugeben, ist besonders dann bequem, wenn Sie häufig gleiche Listen benötigen. Es wäre beispielsweise auch denkbar, alle notwendigen Listen in einer Tabelle zentral zu verwalten und diese Tabelle jeweils in neue Dokumente zu importieren (oder zu verknüpfen). [«]

In OpenOffice.org 2.3 (in vorherigen Versionen traf das nur teilweise zu) existieren für die Angabe von Zellbereichen, innerhalb von **Daten • Gültigkeit**, alle vier Varianten: [o]

- Direkte Eingabe eines Zellbereichs (z. B. **Tabelle2.A2:A11**).
- Angabe eines vorher festgelegten Bereichsnamens, z. B. »Bereich1«, wobei »Bereich1« unter **Einfügen • Namen** definiert ist als **Tabelle2.A2:A11**.

- Angabe eines vorher festgelegten Bereichsnamens, z. B. »Bereich2«, wobei »Bereich2« unter **Einfügen • Namen** mittels einer Formel (z. B. **INDIREKT ("Tabelle2.A2:A11")**) definiert ist.
- Direkte Übergabe eines Bereiches mittels Formel (z. B. **INDIREKT("Tabelle2.A2:A11")**).

Hilfen beim Ausfüllen von Zellen

Neben der gerade beschriebenen Möglichkeit der Gültigkeitsprüfung von Eingaben gibt es noch eine ganze Reihe weiterer Eingabehilfen.

Sie können beispielsweise im Menü **Extras • Zellinhalte • Autoeingabe** aktivieren, um zu erreichen, dass bei einer Eingabe von Text in eine Zelle geprüft wird, ob es in der entsprechenden Spalte schon eine Zelle mit gleichem Inhalt gibt. Während Sie schreiben, wird dann ein entsprechender Vorschlag zur Ergänzung eingeblendet. Die schon vorhandenen Einträge in der Spalte lassen sich auch aus einer Liste wählen, die Sie mit `Strg` + `D` anzeigen lassen können.

Schon aus Kapitel 2, »Schnelleinstieg«, dürften Ihnen die Möglichkeiten des *Autoausfüllens* und des *automatischen Ausfüllens* bekannt sein. Das Autoausfüllen erfolgt auf Grundlage von Sortierlisten, die unter **Extras • Optionen • OpenOffice.org Calc • Sortierlisten** verwaltet werden. Die Möglichkeit des automatischen Ausfüllens wurde in Kapitel 2 anhand von Formeln beschrieben, es geht jedoch auch mit Zahlenwerten. Geben Sie in Zelle A1 bis A3 beispielsweise 100, 200 und 300 ein, können Sie mit der Maus am kleinen Rechteck rechts unten bei der Zellmarkierung ziehen, und in den Zellen A4 bis ... werden automatisch die Folgewerte (400 ...) ergänzt.

[»] Das Verfahren funktioniert auch mit Kombinationen von Text und Zahlen, beispielsweise würden Auftragsnummer 001, Auftragsnummer 002 ... automatisch fortlaufend ergänzt werden können.

Besonders bequem ist dieses Verfahren für Datumswerte, da automatisch die Daten fortlaufend richtig ergänzt werden.

Bei Sortierlisten ist das Verfahren völlig analog, nur dass Sie dadurch, dass die Sortierlisten vorher festgelegt wurden, auch Reihen völlig beliebiger Begriffe ergänzen können. Calc akzeptiert für Sortierlisten aber nur Texte.

Ähnlich zum gerade Beschriebenen ist das Ausfüllen mittels des Dialogs *Reihe füllen*. Allerdings müssen Sie hier nicht den kompletten Zellbereich mit der Maus aufziehen, sondern können dialoggestützt den Start- und Endwert der Reihe sowie das Intervall vorgeben und dann automatisch ausfüllen lassen. Der entsprechende Dialog lässt sich über **Bearbeiten • Ausfüllen • Reihe...** aufrufen.

Zellen formatieren

Moderne Tabellenkalkulationsprogramme sind längst mehr als Werkzeuge zum reinen Erfassen von Daten und Ausführen von Berechnungen. Gerade beim Einsatz im professionellen Umfeld ist auch die Gestaltung von Tabellen, sowohl in der Bildschirmansicht als auch beim Ausdruck, von hoher Bedeutung. Calc hält deshalb eine große Palette von Formatierungsmöglichkeiten für Zellen bereit.

Die Formatierung von Zellen kann hierbei durch Nutzung der Funktionalität der Symbolleiste **Format**, des Menüs sowie des Kontextmenüs der Zelle erfolgen. Um den entsprechenden Dialog *Zellen formatieren* aufzurufen, markieren Sie eine oder mehrere Zellen und wählen im Kontextmenü den Eintrag **Zellen formatieren...**

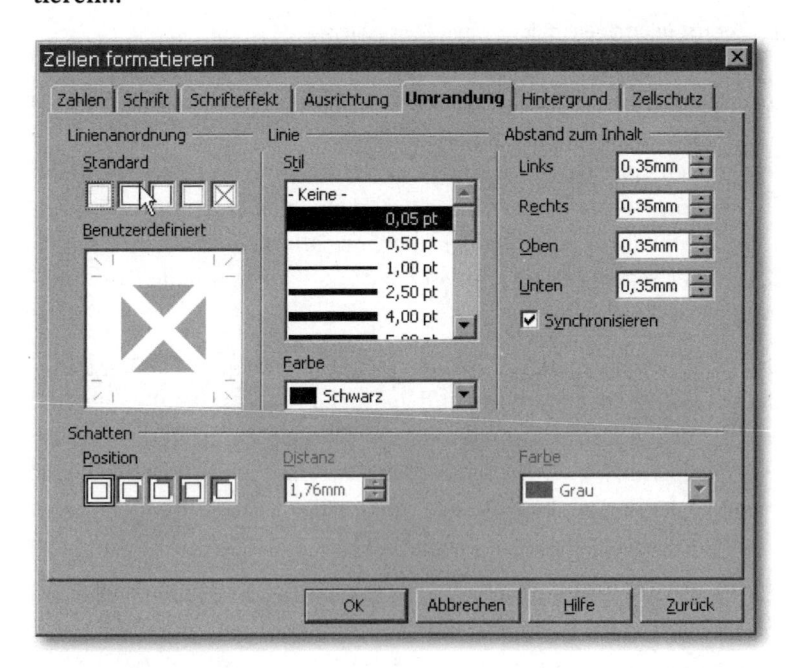

Abbildung 4.35 Dialog »Zellen formatieren«

In diesem Dialog sind alle entsprechenden Einstellungen zugänglich. Nehmen Sie mittels dieses Dialogs Änderungen an den Zellformatierungen vor, handelt es sich dabei um *harte* oder *direkte* Formatierungen. Wollen Sie solche Formatierungen später ändern, ist das nur direkt in der entsprechenden Zelle möglich.

Eine andere Art der Formatierung (*weiche* Formatierung) ist mit Zellvorlagen möglich. Markieren Sie hierzu wiederum eine oder mehrere Zellen, und rufen Sie den Dialog *Formatvorlagen* auf. Wechseln Sie dort zu den Zellvorlagen und doppelklicken Sie eine Vorlage, um sie zuzuweisen. Eine Zellvorlage ist im Prinzip die Zusammenfassung einer Anzahl von harten Formatierungen, der große Vorteil ist jedoch, dass diese einzelnen Formatierungen in der Zellvorlage zentral verwaltet werden (siehe Kapitel 4.1).

Mit Hilfe der Funktion *Formate übertragen* (sogenannter »Formatpinsel« oder »Pinselfunktion«) können Sie in Calc bzw. in OpenOffice.org 2.x generell sowohl harte als auch weiche Formatierungen übertragen.

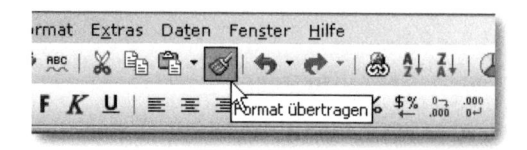

Abbildung 4.36 Format übertragen in der Standardsymbolleiste

Um eine Formatierung mit dieser Funktion zu übertragen, markieren Sie zunächst die Zelle, deren Formatierung Sie übertragen möchten. Anschließend klicken Sie auf die entsprechende Schaltfläche in der Symbolleiste **Standard** (siehe Abbildung 4.36), wodurch der Mauszeiger zu einem »Farbeimer« wird. Klicken Sie nun in die Zielzelle, auf die Sie die Formatierung der ursprünglich markierten Zelle übertragen wollen. Sowohl harte als auch weiche Formatierungen sind nun übertragen.

Falls Sie mehrere Zellen formatieren wollen, können Sie bei nebeneinander liegenden Zellen bei aktivierter Funktion und gedrückter Maustaste über alle Zellen ziehen. Falls die Zellen nicht zusammen liegen, führen Sie zum Aktivieren der Funktion einen Doppelklick auf die Schaltfläche aus, und der Modus *Format übertragen* wirkt so lange, bis Sie ihn mit nochmaligem Einfachklick auf die Schaltfläche wieder beenden.

Zugegeben, die Funktion *Format übertragen* ist bequem zu handhaben, aber sie hat auch Nachteile. Folgendes Beispiel soll diese verdeutlichen:

Sie haben eine Zelle Ihren Wünschen entsprechend formatiert und möchten diese Formatierung nun auf weitere Zellen, die über eine oder mehrere Tabellen verstreut sind, ebenfalls anwenden. Mit der Funktion *Format übertragen* ist das wie gerade beschrieben möglich. Falls Sie jedoch die Formatierung aller gerade umformatierten Zellen später nochmals ändern wollen, müssen Sie bei der Funktion *Format übertragen* alle Zellen nochmals anklicken, um die Formatierung zu ändern.

Ganz anders bei der Anwendung von Zellvorlagen. Formatieren Sie eine Zelle wie gewünscht, rufen Sie das Fenster *Formatvorlagen* auf ([F11]), und achten Sie darauf, dass der Bereich Zellvorlagen aktiv ist. Klicken Sie im Fenster rechts oben auf

Neue Vorlage aus Selektion, und vergeben Sie einen Namen für die neue Zellvorlage. Diese Zellvorlage können Sie nun auf alle gewünschten Zellen bei aktiviertem *Gießkannenmodus* (siehe Kapitel 4.1) übertragen. Der Vorteil ist, dass Sie bei nochmaliger Änderung der Formatierung diese Änderungen nur in der Zellvorlage durchführen müssen und alle Zellen automatisch angepasst werden.

Abschließend sei bemerkt, dass sich die Nachteile der Funktion *Format übertragen* natürlich nur dann ergeben, wenn die Ausgangszelle harte Formatierungen beinhaltet. Ist die Ausgangszelle nur mittels einer Zellvorlage formatiert, ist die Wirkung der Funktion nicht anders als die des Gießkannenmodus.

Notizen in Zellen

Sie können in jeder Zelle einen Hinweis, eine *Notiz* einfügen. Markieren Sie die Zelle, wählen Sie **Einfügen • Notiz...**, und geben Sie den Text Ihrer Notiz ein. Jede Zelle, die eine Notiz enthält, ist in der Tabelle durch ein kleines rotes Viereck in der rechten oberen Ecke gekennzeichnet. Streichen Sie mit der Maus über eine solche Zelle, wird die Notiz angezeigt. Es ist auch möglich, Notizen dauerhaft anzuzeigen, wählen Sie hierzu im Kontextmenü der Zelle **Notiz anzeigen**.

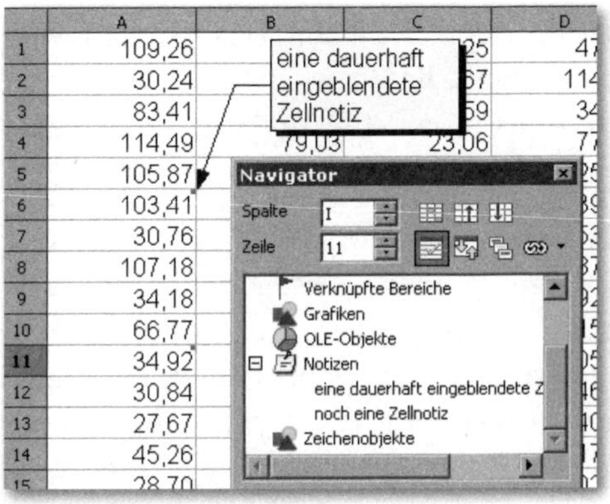

Abbildung 4.37 Notizen in Zellen – Zelle A11 beachten

In der Abbildung enthalten zwei Zellen eine Notiz, nur in einer wird sie dauerhaft angezeigt. Durch Doppelklick einer Notiz im Navigator springen Sie zu der Zelle, welche die Notiz enthält.

Um eine Notiz nachträglich zu bearbeiten, lassen Sie diese anzeigen und doppelklicken, um den Text zu editieren oder markieren, die Notiz und erzeugen das Kontextmenü, um die Notiz zu formatieren.

Beachten Sie die verschiedenartigen Möglichkeiten der Darstellung von Notizen beim Ausdrucken der Tabelle bzw. beim Exportieren der Tabelle als PDF.

Autoformatierung bei der Eingabe

In Calc wird jede Eingabe im Prinzip als Text oder Zahl betrachtet. Bei der Eingabe versucht Calc zu erkennen, was Sie eingeben, und passt gegebenenfalls das Zellformat automatisch an.

Einfach von Text oder Zahlen zu unterscheiden ist für Calc die Eingabe einer Formel, da diese mit dem Zeichen »=« eingeleitet werden muss, um als Formel erkannt zu werden. Ausnahme sind die Matrixformeln, die in geschweifte Klammern eingefasst sind, sodass hier das erste Zeichen die öffnende geschweifte Klammer »{« ist. Allerdings werden die geschweiften Klammern nicht direkt eingegeben, sondern bei Eingabe einer Matrixformel per Tastatur dadurch erzeugt, dass Sie zum Abschluss der Eingabe nicht wie gewohnt ⏎, sondern ⇧ + Strg + ⏎ drücken.

Eingabe von Text in Zellen wird natürlich immer als Text interpretiert, ebenso die gemischte Eingabe von Text und Zahlen. Bei Letzterem gibt es aber Ausnahmen, beispielsweise wird die Eingabe von »100 €« (ohne Anführungszeichen) korrekt als Währungseingabe erkannt (auf einem System mit entsprechender Ländereinstellung).

Eine weitere Ausnahme betrifft die zwei Wörter »falsch« und »wahr«, diese werden (deutschsprachiges System vorausgesetzt) als die Wahrheitswerte »true« und »false« erkannt, in der Zelle automatisch rechts ausgerichtet und sind auch zu Zahlen (1 und 0) umformatierbar.

Aber auch Zahleneingaben, die als Zahl keinen »Sinn« ergeben, werden als Text interpretiert, woraus Probleme resultieren können. Beispiele für als Texte erkannte Zahlen sind Ausdrücke, die mehr als ein Komma (1,2,3) oder mehr als zwei Doppelpunkte oder Punkte oder Mischungen aus Doppelpunkt, Punkt und Komma enthalten. Außerdem werden beispielsweise auch syntaktisch richtige Datumsangaben als Text gewertet, wenn das Datum nicht wirklich existiert (z. B. 32.12.2005).

Allerdings besteht auch die Möglichkeit zu erzwingen, dass die Eingabe einer Zahl als Text erkannt wird. Hierzu gibt es drei Möglichkeiten:

▶ Setzen Sie die Zellformatierung *vor* der Eingabe der Zahl auf *Text* (Formatcode: @).

▶ Geben Sie die Zahl mit vorgestelltem Apostroph ein ('123).

▶ Geben Sie die Zahl in Anführungszeichen ein (="123").

Bei der Eingabe von Zahlen versucht Calc zu erkennen, ob es sich möglicherweise um ein Datum, eine Uhrzeit oder eine Währungsangabe handelt. Um entsprechend erkannt zu werden, müssen Sie Daten mittels ».« oder »-« oder »/« getrennt eingeben, Uhrzeiten getrennt durch »:« und Währungen mit nachgestelltem Währungszeichen »€«.

Beachten Sie auch die Konsequenzen der automatischen Zahlenerkennung. So ist es zwar möglich, aus einer Eingabe »100€« nachträglich, durch Änderung des Zahlenformats in der Zelle, »100 $« zu machen, aber es ist weder möglich, eine Eingabe von »112005« als Datum »1.1.2005« umzuformatieren, noch aus der Eingabe »11.03« nachträglich, durch Umformatieren, die Zahl »1103« zu machen. Der Grund dafür ist, dass Calc erkannte Datumseingaben intern in serielle Zahlen umwandelt.

Bei der Eingabe gewöhnlicher Zahlen haben Sie die Wahl, diese mit (1.234,567) oder ohne Tausender-Separator (1234,567) einzugeben.

> Stört es Sie, dass die Eingabe von 1234,567 eine Anzeige von 1234,57 in der Zelle bewirkt? Sie können die Anzahl der Nachkommastellen, die für die Anzeige als Standard verwendet werden, unter **Extras • Optionen • OpenOffice.org Calc • Berechnen** verändern.

[+]

Prozentangaben werden ebenfalls als solche erkannt, beispielsweise bewirkt die Eingabe von »12 %« die Anzeige von »12,00 %« in der Zelle, und der dahinter stehende Zahlenwert ist 0,12.

Zahlenformate für Zellen manuell festlegen

Zahlen können auch nach der Eingabe noch manuell formatiert werden. Hierzu benutzen Sie am besten wieder den Dialog *Zellen formatieren*. Im Register *Zahlen* des Dialogs finden Sie in der Liste *Kategorien* verschiedene Kategorien mit vordefinierten Formaten für Zahlen. Um das Zahlenformat einer Zelle zu ändern, wählen Sie eine Kategorie und anschließend das gewünschte konkrete Format. Im Bereich *Optionen* können Sie gegebenenfalls noch zusätzliche Optionen festlegen oder ändern.

> Grundlegende Zahlenformate können Sie auch über die Symbolleiste **Format** zuweisen (möglicherweise müssen Sie entsprechende Einträge in der Symbolleiste erst aktivieren, damit sie angezeigt werden).

[«]

Sollten Ihnen die vordefinierten Formate nicht ausreichen, können Sie auch benutzerdefinierte Formate erstellen. Hierbei können Sie ein völlig neues Format erstellen oder Sie greifen auf schon bestehende Formate zurück und passen diese an Ihre Bedürfnisse an. Falls Sie bestehende Formate als Ausgangspunkt wählen, werden diese nach entsprechenden Änderungen automatisch auch der Kategorie *Benutzerdefiniert* zugeordnet. Die Ausgangsformate bleiben hierbei natürlich unverändert bestehen.

Wie wird ein benutzerdefiniertes Zahlenformat konkret erstellt?

Zunächst ist es wichtig, dass alle Zahlenformate in Form von Zahlenformatcodes festgelegt werden müssen.

[»] Da bei allen vordefinierten Zahlenformaten die Zahlenformatcodes eingeblendet werden, ist es möglich, sich an bestehenden Zahlenformaten zu orientieren und diese als Ausgangspunkt für eigene Zahlenformate zu nutzen.

Ein Zahlenformatcode besteht immer maximal aus drei Abschnitten, die durch Semikolon getrennt werden müssen. Besteht der Zahlenformatcode nur aus einem Abschnitt, wird er immer angewandt, besteht er aus zwei Abschnitten, so gilt, wenn sich in den zwei Abschnitten *keine Bedingungen* befinden, der erste Abschnitt für positive Werte und Null und der zweite Abschnitt für negative Werte. Beispiele für Formatcodes mit zwei Abschnitten finden Sie in Tabelle 4.1.

Gibt es jedoch in (mindestens) einem der Abschnitte eine Bedingung, so gilt der Abschnitt für alle Werte, die dieser Bedingung entsprechen, und der andere Abschnitt für alle sonstigen Werte. Enthalten beide Abschnitte Bedingungen, so müssen beide Bedingungen zusammen alle möglichen Werte umfassen, sonst akzeptiert Calc das Zellformat nicht. Es ist also relativ überflüssig (eher sogar fehlerträchtig), explizit zwei Bedingungen anzugeben. Beachten Sie hierzu bitte auch die letzte Zeile in Tabelle 4.1.

Zellwert	Formatcode	Darstellung	Bemerkung
12,34	0;[ROT]	12	
−12,34	0;[ROT]	−12	in Rot – RGB(255,0,0)
0	0;[ROT]	0	
12,34	[<0][BLAU]0;0,00	12,34	
−12,34	[<0][BLAU]0;0,00	−12	in Blau – RGB(0,0,255)
0	[<0][BLAU]0;0,00	0,00	
12,34	[<0][BLAU]0;[>0]0,00	12,34	Formatcode wird nicht akzeptiert und bei Eingabebestätigung automatisch zu: [<0][BLAU]0;[>0]0,00;Standard umgewandelt

Tabelle 4.1 Formatcodes mit zwei Abschnitten

Bei Ausdrücken mit drei Abschnitten gilt, wenn sich in den drei Abschnitten *keine Bedingungen* befinden: Der linke Abschnitt wird angewendet bei positiven Zahlen, der mittlere Abschnitt für negative Zahlen und der letzte Abschnitt, wenn der Zellwert 0 ist.

Gibt es hingegen in (mindestens) einem der Abschnitte eine Bedingung, so gilt das angegebene Format für Werte, die diese Bedingung erfüllen. Die Summe aller Bedingungen (in allen drei Abschnitten) muss aber wiederum alle möglichen Werte umfassen.

Falls Sie, analog zur letzten Zeile in Tabelle 4.1, versuchen würden, den Formatcode:

[<0][BLAU]0;[>2]0,00;[<1]0

einzugeben, ist es nicht möglich, die Eingabe abzuschließen. Beim Klicken auf das grüne Häkchen neben der Eingabezeile für den Formatcode reagiert Calc nur damit, dass der letzte Abschnitt des Formatcodes markiert wird (siehe Abbildung 4.38).

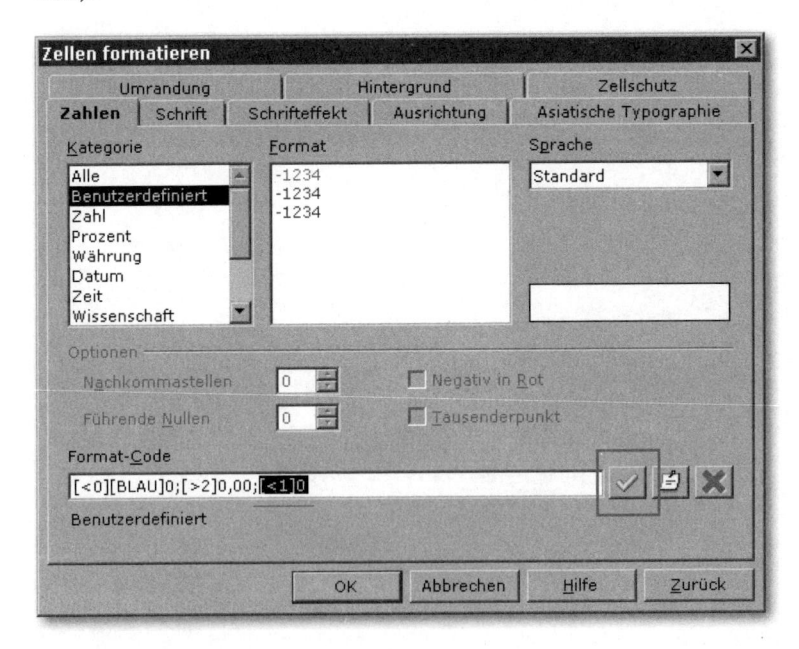

Abbildung 4.38 Dreiteiliger Formatcode (siehe Text)

Klicken Sie hingegen sofort auf **OK**, wird weiterhin der vorherige Formatcode (falls Sie also nicht explizit formatiert hatten, der Code *Standard*) verwendet.

Durch einen Formatcode, der aus zwei bzw. drei Teilen besteht, ist es somit möglich, eine bedingte Formatierung in der Zelle – in Abhängigkeit vom Zahlenwert – zu erreichen.

Einige wichtige Zeichen, die in Zahlenformatcodes verwendet werden, sind in folgender Tabelle dargestellt:

Zeichen	Bedeutung
0	Die Eingabe einer Ziffer wird erwartet, sind nicht genügend Ziffern vorhanden, wird ggf. eine 0 ergänzt.
#	Die Eingabe einer Ziffer ist möglich.
?	Steht für eine Stelle im Zähler oder Nenner eines Bruchs.
.	Tausender-Separator
,	Dezimaltrennzeichen
;	Trenner zwischen den Abschnitten eines Formatcodes
[ ]	Eckige Klammern schließen Bedingungen oder Farbangaben ein.
" "	Anführungszeichen schließen Texte ein. Einzelne Buchstaben können auch mit vorgestelltem \ geschrieben werden.
@	Kennzeichnet einen Textabschnitt.

Einige Beispiele für Zahlenformatcodes:

Eingegebene Zahl	Formatcode	Anzeigewert
1233,456	#	1233
1233,456	#,0	1233,5
1233,456	#,0000	1233,4560
1233,456	#.##0,####	1.233,456
1233,456	# ?/?	1233 4/9
1233,456	# ??/??	1233 5/11
2000000	#.	2000
2000000	#..,# "Mio."	1,4 Mio.
11,1	[>10][GRÜN]#,00;[<-10][ROT]-#,00;#,00	11,10
2300,00	0" (G)"; 0" (V)";0	2300 (G)
22,3	#.##0,00 [$€-407];-#.##0,00 [$€-407]	22,00 €
22,3	#.##0,00 "km"	22,30 km
Meier	"Name: "@	Name: Meier

Ihren selbst erstellen Zahlenformatcodes können Sie im Dialog auch eine kurze Notiz zuordnen. Klicken Sie dazu auf die Schaltfläche mit dem kleinen Notizzettel (siehe Abbildung 4.39), um die Eingabezeile für die Notiz sichtbar zu machen.

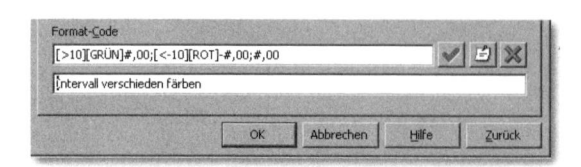

Abbildung 4.39 Benutzerdefinierter Formatcode

Probleme mit Datums- und Zeitformaten

Häufig gibt die Behandlung von Datums- und Zeitwerten in Tabellenkalkulationen Anlass zu Irrtümern bezüglich der realen Situation in der Tabelle. Einige Zusammenhänge seien hier kurz verdeutlicht.

Beachten Sie grundsätzlich, dass zwischen der Darstellung der Zellinhalte und den konkreten Zell*werten* ein Unterschied besteht (bzw. bestehen kann). Es ist notwendig, diese Unterschiede zu verstehen, um nicht während der Arbeit auf unerklärliche Phänomene zu stoßen. Folgendes soll das verdeutlichen:

Öffnen Sie ein leeres Calc-Dokument und geben Sie in Zelle A1 und Zelle A2 Folgendes ein:

A1: 22:00

A2: 09:15

Wählen Sie nun Zelle A3 und betätigen Sie die Schaltfläche **Summe**, und Calc wählt automatisch den Bereich A1:A2 als Summenbereich. Übernehmen Sie diese Vorauswahl, indem Sie ⏎ drücken.

	A	B	C	D
1	22:00:00		22:00:00	0,916667
2	09:15:00		09:15:00	0,385417
3	31:15:00		1,3	1,302083
4				

Abbildung 4.40 Situation nach Eingabe

Betrachten Sie die Zellen A1 bis A3, deren Inhalte so entstanden sind (ignorieren Sie in der Abbildung die anderen Zellen). Alles sieht »gut« aus, aber was ist geschehen?

In allen drei Zellen stehen zwar Zeitwerte, aber das ist lediglich das, was Sie sehen. Es ist nicht der eigentliche Inhalt, denn das sind serielle Zahlen. Diese Zahlenwerte entsprechen in den Zellen A1 bis A3 den Zahlenwerten, die in den Zellen D1 bis D3 (zur Illustration) dargestellt sind. Außerdem bestehen in der Ursache für die Darstellung in den Zellen A1 bis A3 Unterschiede zwischen A1 und A2 und andererseits A3. Diese Unterschiede werden deutlich, wenn Sie die Zellen A1 bis A3 markieren und deren Inhalt mittels **Inhalte einfügen...** (deaktivieren Sie im erscheinenden Dialog unter *Auswahl* den Punkt *Formeln*) in die Zellen C1 bis C3 einfügen. Was ist hier los?

Als Sie die Eingaben in den Zellen A1 und A2 tätigten, erkannte Calc diese Eingaben als Zeiten, weil Sie als Trenner den Doppelpunkt (:) verwendet haben. Ihre Eingabe wurde automatisch in eine Zahl umgewandelt, und da die Zellen in der

»Grundformatierung« den Formatcode *Standard* verwenden, wurde zusätzlich (weil Ihre Eingabe als Zeit erkannt wurde) die zutreffende Standardformatierung für Zeiten verwendet. Als Sie wiederum die Summe der Stunden in Zelle A3 erzeugten, wurde diese zwar auch als serielle Zahl in der Zelle gespeichert, aber der (quasi temporär) zugewiesene Formatcode ist ein anderer und resultiert (in Bezug auf seine automatische Anwendung) aus der Summenformel in A3. Die Tabelle verdeutlicht die entstandene Situation in etwa.

Zelle	Formatcode	Automatische Formatierung	Anzeige	Zellwert (genau)
A1	Standard	HH:MM:SS	22:00:00	0,916667 (1/24*22)
A2	Standard	HH:MM:SS	09:15:00	0,385417 (1/24*9,25)
A3	Standard	[HH]:MM:SS	31:15:00	1,302083 (1/24*31,25)

Beachten Sie bitte, dass Sie sich die automatisch zustande gekommene Formatierung in der Zelle A3 quasi an die Summenformel »gebunden« vorstellen müssen. Die Situation ist bezüglich des Formatcodes hier ähnlich wie das Verhalten der Zellformatierung bei Anwendung einer bedingten Formatierung.

Verdeutlichen Sie sich auch, dass die Angaben unter *Automatische Formatierung* in der Tabelle nicht den realen Formatcodes der Zellen entsprechen, denn diese sind für alle drei Zellen *Standard*.

[»] Man könnte der Meinung sein, dass die in den Zellen A1 und A2 zur Anwendung kommende Formatierung ebenfalls [HH]:MM:SS entspräche, denn optisch ergäbe das in der konkreten Anzeige keinen Unterschied, gleichwohl ist es nicht so.

Wenn Sie nun wie oben beschrieben die Inhalte von A1 bis A3 in C1 bis C3 kopieren, wird die Formel entfernt und mit ihr die an sie »gebundene« Formatinformation. Aus dem Inhalt der Zelle A3 wird in Zelle C3 eine reine Zahl, welche mit der Standardformatierung von Zahlen formatiert wird, denn der Formatcode in C3 lautet ja *Standard*. Die Information, dass es sich um eine Zeit handelt, geht also bei dieser (!) Art des Kopierens im Konkreten verloren.

Es bleibt somit abschließend festzuhalten, dass die eigentlichen Zellwerte zu jedem Zeitpunkt seriellen Zahlen entsprachen, die Sie der Tabelle entnehmen können.

[+] Vielleicht vollziehen Sie das Beispiel einmal nach und verwenden zusätzlich einige andere Optionen beim Kopieren mittels *Inhalte einfügen*.

4.3 Tabellen drucken

4.3.1 Vorgehensweise beim Drucken

Haben Sie eine Tabelle erstellt, können Sie diese über die entsprechende Schaltfläche in der Symbolleiste **Standard** oder über den Befehl **Datei • Drucken...** sofort direkt ausdrucken. Manchmal werden Sie hierbei jedoch enttäuscht sein, denn alle zum Druck verwendeten Einstellungen entsprechen zunächst Standardwerten.

Calc berücksichtigt beim Drucken von Tabellen auch die unter **Extras • Optionen • OpenOffice.org • Drucken** und **Extras • Optionen • OpenOffice.org Calc • Drucken** festgelegten Einstellungen. Wenn Sie nur die aktuelle Tabelle drucken wollen, ist besonders die Option *Nur ausgewählte Tabellen drucken* wichtig, die direkt nach der Installation von OpenOffice.org *nicht* aktiviert ist.

Auch Seitenvorlagen sind für den Ausdruck wichtig, insbesondere wenn Sie mehrere Tabellen in verschiedener Darstellung drucken wollen.

> Sie sind von MS Excel gewohnt, die Einstellungen der Seitenformatierung bei einem Dokument mit *mehreren* Tabellen in der Druckansicht vorzunehmen. Dies führt bei Calc nur zum Erfolg, wenn jeder Tabelle zunächst eine separate *Seitenvorlage* zugewiesen wurde.

Umstieg

Um eine bestimmte Tabelle schnell zu drucken, können Sie so vorgehen:

- Überzeugen Sie sich, dass die Option *Nur ausgewählte Tabellen drucken* gesetzt ist, und wählen Sie die zu druckende Tabelle aus (mittels Tabellenregister).
- Lassen Sie mit **Datei • Seitenansicht** die Tabelle in der Seitenansicht anzeigen.
- Rufen Sie den Dialog *Seitenvorlage* zum Anpassen der Seite auf (Schaltfläche **Seite** in der sichtbaren Symbolleiste **Seitenvorschau**).
- Nehmen Sie hier die gewünschten Einstellungen vor. Beachten Sie bitte auf dem Register *Tabelle* den Bereich *Drucken*. Dort bestimmen Sie für bestimmte Inhalte, ob sie gedruckt werden sollen. Beispielsweise entstehen häufig Missverständnisse dadurch, dass Sie die Anzeige von Nullwerten in der Tabelle unterdrückt haben und diese jedoch im Ausdruck plötzlich zu sehen sind. Hierzu müssten Sie hier den Punkt *Nullwerte* abwählen.
- Nachdem Sie die Änderungen der Einstellungen bestätigt haben, sollte die Darstellung in der Seitenansicht Ihren Vorstellungen entsprechen.
- Sie können nun drucken. Verwenden Sie am besten den Aufruf über **Datei • Drucken...** (`Strg` + `P`), damit Sie möglicherweise erforderliche Einstellungen – Ihren konkreten Drucker betreffend – vornehmen können.

4 | Das Tabellendokument

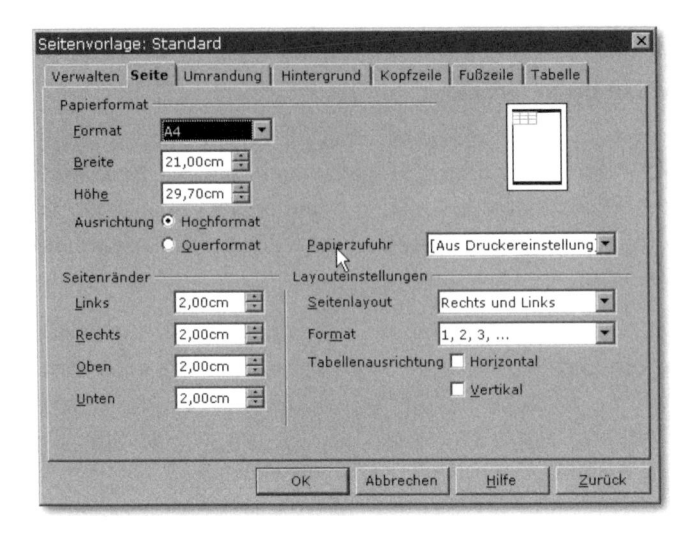

Abbildung 4.41 Dialog »Seitenvorlage«

Diese Kurzdarstellung ist eigentlich nur geeignet, um schnell eine Tabelle zu drucken. Ich bin davon ausgegangen, dass Sie druckspezifische Einstellungen nicht selbst vorgenommen haben, sondern dass weitgehend Standardeinstellungen vorliegen. Sind beispielsweise schon Druckbereiche definiert, haben diese natürlich Einfluss auf die Druckdarstellung. Zudem hat das Verfahren den Nachteil, dass alle Einstellungen bezüglich der Seite sich auf alle Tabellen auswirken, die auf derselben Seitenvorlage beruhen.

Um alle Möglichkeiten beim Drucken auszuschöpfen, lesen Sie bitte die folgenden Abschnitte aufmerksam.

4.3.2 Seitenvorlagen sind unerlässlich

Wie Sie mit Seitenvorlagen umgehen

Um unterschiedliche Tabellen einer Calc-Datei verschieden formatiert zu drucken, müssen Sie jeder Tabelle zunächst eine separate Seitenvorlage zuweisen. Beispielsweise können Sie auf diesem Weg für jede Tabelle unterschiedliche Kopf- und Fußzeilen definieren.

Bereits im Abschnitt über Vorlagen in Calc hatte ich das Verfahren erläutert, möchte es jedoch nochmals erklären. Öffnen Sie ein leeres Tabellendokument, das auf der Standardvorlage von Calc beruht (Sie haben also noch keine eigene Standardvorlage gesetzt), enthält dieses Dokument drei Tabellen, die alle mit der Seitenvorlage **Standard** verbunden sind. Der einfachste Weg, jeder Tabelle eine eigene Seitenvorlage zuzuordnen, ist:

- Lassen Sie das Fenster *Formatvorlagen* anzeigen (`F11`), und schalten Sie dort auf *Anzeige der Seitenvorlagen*.
- Wählen Sie Tabelle1 aus, und klicken Sie im Fenster *Formatvorlagen* auf die Schaltfläche **Neue Vorlage aus Selektion**.
- Im erscheinenden Dialog vergeben Sie einen Namen für die Seitenvorlage, beispielsweise »Tabelle1«, und bestätigen.
- Im Fenster *Formatvorlagen* ist nun die neue Seitenvorlage sichtbar, doppelklicken Sie darauf, um sie der aktuellen Tabelle zuzuweisen. Darauf sollte in der Statusleiste der Tabelle diese Seitenvorlage angezeigt werden.

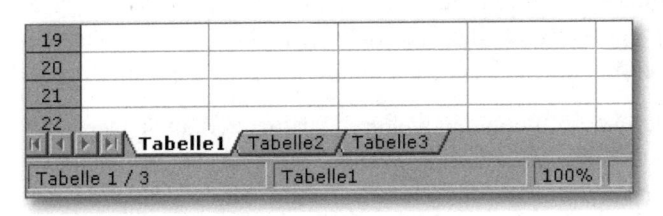

Abbildung 4.42 Zugewiesene Seitenvorlage

Verfahren Sie wie beschrieben für alle Tabellen.

Der Vorteil der Seitenvorlagen besteht darin, dass Sie Einstellungen für einzelne Tabellen nicht wiederholt vornehmen müssen, wenn das Erscheinungsbild beim Drucken gleich sein soll. Das heißt aber auch, dass Sie verschiedenen Tabellen *nur dann* verschiedene Seitenvorlagen zuweisen müssen, wenn die Druckdarstellung verschieden sein soll.

> Ist eine Seitenvorlage mehreren Tabellen zugewiesen, und Sie stellen anschließend fest, dass eine dieser Tabellen doch etwas anders gedruckt werden soll, können Sie dieser eine separate Seitenvorlage nachträglich zuweisen.

[«]

Wichtige Einstellungen in Seitenvorlagen

Die Überschrift ist vielleicht etwas irreführend, da für Sie natürlich alle Einstellungen der Seitenvorlage wichtig sind – schließlich wollen Sie, dass der Ausdruck Ihren Vorstellungen entspricht –. Ich möchte mich jedoch im Folgenden auf einige ausgewählte Einstellungen beschränken, da viele der notwendigen Einstellungen keiner gesonderten Erklärung bedürfen.

Kopf- und Fußzeilen gestalten

Um Kopf- und Fußzeilen in der Seitenvorlage anzupassen, aktivieren Sie zunächst **Kopfzeile** (bzw. **Fußzeile**) **einschalten**. Mit *rechter* und *linker Rand* regeln Sie, wie weit die Kopf-/Fußzeile gegenüber dem eigentlichem Seitenrand zusätzlich eingezogen werden soll. *Abstand* regelt den Abstand der Kopf-/Fußzeile vom eigentlichen Druckbereich, *Höhe* die Höhe der Kopfzeile. Aktivieren Sie die Option *Höhe dynamisch anpassen*, so wird die Kopfzeile in der Höhe vergrößert, wenn der Inhalt es erfordert.

Wichtige Gestaltungsmöglichkeiten verbergen sich hinter der Schaltfläche **Zusätze...** Im erscheinenden separaten Dialog nehmen Sie auf der Registerseite *Umrandung* alle Einstellungen zur Umrandung der Kopfzeile vor. Die Einstellungen *Abstand zum Inhalt* können Sie auch nutzen, um Ihrem Text etwas Einzug zu geben, indem Sie die Synchronisation abschalten und die Werte für links und rechts entsprechend anpassen. Im Register *Hintergrund* befindet sich die wichtige Option, ein Bild als Hintergrund einzusetzen. Dieses Bild könnte ein Firmenlogo sein. Wählen Sie in diesem Fall zweckmäßig unter *Art* die Option *Position*.

Die Schaltfläche **Bearbeiten...** öffnet einen weiteren Dialog, in dem Sie den Textinhalt der Kopf-/Fußzeile festlegen können. Wählen Sie eine der Vorgaben im Kombinationsfeld, oder benutzen Sie die Schaltflächen im Bereich *Benutzerdefiniert*. Natürlich können Sie beides kombinieren und eigene Texte ergänzen.

Einstellungen im Register Tabelle

Wenn die zu druckende Tabelle (bzw. die festgelegten Druckbereiche) nicht auf ein Blatt passt, bestimmen Sie unter *Seitenreihenfolge*, in welcher Reihenfolge die Einzelblätter gedruckt werden.

Im Bereich *Drucken* können Sie auswählen, welche Inhalte auf dem Ausdruck wiedergegeben werden sollen.

Wählen Sie hier **Notizen** aus, werden diese am Ende auf einem separatem Blatt gedruckt. Zu jeder Notiz wird hierbei die Zelladresse angegeben. Wollen Sie die Notizen so drucken, wie sie am Bildschirm erscheinen, müssen Sie vor dem Drucken die Notizen für die gewünschten Zellen in der Bildschirmansicht anzeigen lassen.

> Umstieg
> Diese Möglichkeiten sind das Äquivalent zu den Optionen *am Ende des Blattes* und *wie auf dem Blatt angezeigt* im Dialog *Seite einrichten* von MS Excel.

Im Bereich *Skalierungsmodus* gibt es wie bisher die Möglichkeit, den Ausdruck prozentual zu skalieren und auf eine bestimmte Seitenzahl anzupassen. Auch besteht die Option, den Ausdruck auf eine maximale Seitenzahl in Breite und Höhe zu skalieren. Da die Skalierung immer proportional erfolgt, kann die sich ergebende tatsächliche Seitenzahl nach unten abweichen. Es ist möglich, einen Parameter zu entfernen: Markieren Sie den Wert und drücken [Entf]. Falls Sie beide Werte löschen, wird die Skalierung auf 100 % gesetzt.

4.3.3 Weitere Einstellungen

Die Druckbereiche

Als Standard werden von Calc beim Drucken immer die kompletten Tabellen gedruckt, genauer gesagt der Bereich links-oberhalb der letzten Zelle, die noch Inhalt enthält. In diesem Bereich werden allerdings auch leere Zellen bei der Seitenaufteilung berücksichtigt.

Wollen Sie nur bestimmte Teile einer Tabelle drucken, müssen Sie für die Tabelle Druckbereiche definieren.

Markieren Sie hierzu die Zellen, die gedruckt werden sollen. Auch die gleichzeitige Auswahl mehrerer Zellbereiche ist möglich.

Wählen Sie **Format • Druckbereiche • Festlegen**, und Calc übernimmt diese Druckbereiche für die aktuelle Tabelle. Wollen Sie weitere Bereiche hinzufügen, müssen Sie diese nur markieren und im Menü an gleicher Stelle **Hinzufügen** wählen. Um einen Überblick über die Druckbereiche zu gewinnen, wählen Sie **Format • Druckbereiche • Bearbeiten...**

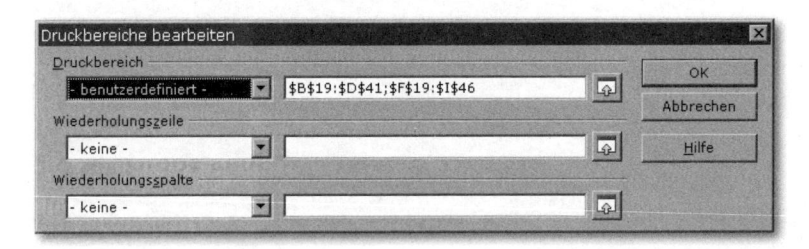

Abbildung 4.43 Dialog zum Bearbeiten der Druckbereiche

Wiederholungszeilen und Wiederholungsspalten

In der vorstehenden Abbildung erkennen Sie die Optionen zum Definieren einer Wiederholungszeile und -spalte. Geben Sie, wenn gewünscht, Werte ein oder wählen Sie Zeilen und/oder Spalten aus. Sie können auch mehrere Zeilen oder Spalten wählen, die Einträge müssen in der Form $A bzw. $A:$C (für Spalten) oder $1 bzw. $1:$3 (für Zeilen) erfolgen.

Wiederholungszeilen und -spalten werden auf jeder Seite des Ausdrucks eingefügt.

Druckspezifische Einstellungen im Optionen-Dialog

Dieser unter **Extras • Optionen** aufrufbare Dialog enthält in den Bereichen **OpenOffice.org • Drucken** und **OpenOffice.org Calc • Drucken** ebenfalls Optionen, die Einfluss auf den Ausdruck von Tabellen haben.

Seitenumbrüche

Calc nimmt – basierend auf Ihren Angaben in der Seitenvorlage – die Aufteilung der Tabelle in einzelne Druckseiten automatisch vor, wenn Sie in die Seitenansicht wechseln. Manchmal kann es vorkommen, dass die automatische Aufteilung der Tabelle nicht Ihren Wünschen entspricht. In solchen Fällen müssen Sie eingreifen, indem Sie selbst manuelle Seitenumbrüche einfügen.

Markieren Sie hierzu eine Zelle, und wählen Sie **Einfügen • Manueller Umbruch • Zeilenumbruch** (oder Spaltenumbruch). Zeilenumbrüche werden oberhalb und Spaltenumbrüche links der markierten Zelle eingefügt. Überflüssige manuelle Umbrüche löschen Sie über **Bearbeiten • Manuellen Umbruch löschen**.

Zur Kontrolle können Sie auch die Seitenumbruch-Vorschau benutzen, wählen Sie dazu **Ansicht • Seitenumbruch-Vorschau**.

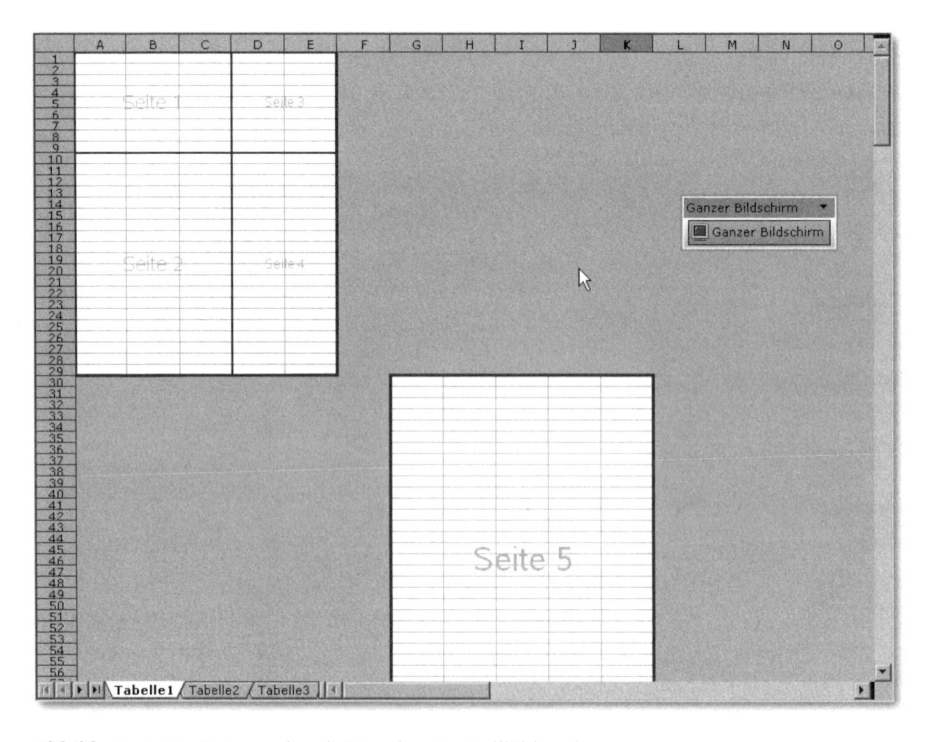

Abbildung 4.44 Seitenumbruch-Vorschau im Vollbildmodus

In der Seitenumbruch-Vorschau werden nur die zu druckenden Bereiche der Tabelle dargestellt. In der Abbildung erkennen Sie zwei Druckbereiche, wobei im ersten Bereich durch manuelle Umbrüche der zu druckende Inhalt auf vier Seiten aufgeteilt wurde.

In der Seitenumbruch-Vorschau können Sie die blau hervorgehobenen Seitenumbrüche auch durch Ziehen mit der Maus anpassen.

4.3.4 Druckvorgang starten

Haben Sie alle Einstellungen vorgenommen, sollten Sie vielleicht nochmals einen kontrollierenden Blick auf das fertige Drucklayout werfen, indem Sie **Datei • Seitenansicht** öffnen. Dort können Sie alle Seiten anzeigen, die gedruckt werden, und diese auch in Vergrößerung betrachten.

> Die konkrete Funktion der Seitenvorschau ist in OpenOffice.org etwas anders als in MS Excel, detaillierte Hinweise dazu finden Sie in Kapitel 10.

Umstieg

Sind Sie mit dem Ergebnis zufrieden, rufen Sie nun über **Datei • Drucken** den Druckdialog auf.

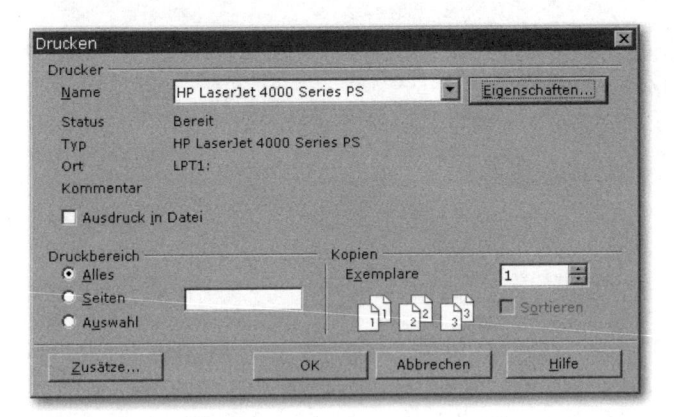

Abbildung 4.45 Druckdialog

Hier nehmen Sie weitere Einstellungen vor. Der Dialog, den Sie mit **Eigenschaften...** aufrufen, ist spezifisch für den gewählten Drucker. Im Abschnitt *Druckbereich* können Sie noch wählen, was gedruckt werden soll, wobei *Alles* sich auf Ihre bisherigen Einstellungen bezieht und *Seiten* auf die daraus resultierenden Seiten. (Keinesfalls meint Seiten die Tabellen, somit wird bei Auswahl *Seite 1-3* nicht etwa Tabelle 1-3 gedruckt, sondern die ersten drei Seiten aller Seiten in der Seitenvorschau.) Mit der Option *Auswahl* können Sie einen ausgewählten Zellbereich drucken.

Die Schaltfläche **Zusätze...** ermöglicht einen schnellen Zugriff auf die Einstellungen aus dem Bereich **Extras • Optionen • OpenOffice.org Calc • Drucken**. Haben Sie alle Einstellungen vorgenommen, betätigen Sie **OK**, um den Druckvorgang zu starten.

4.4 Exportieren und Importieren von Dokumenten

4.4.1 Als PDF exportieren

Allgemeines

Eine Eigenschaft von OpenOffice.org ist die Möglichkeit des direkten Erzeugens von PDF-Dokumenten ohne Zusatzsoftware, die seit OpenOffice.org 1.1 besteht.

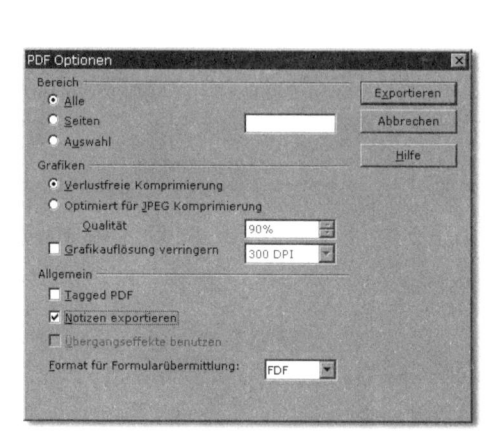

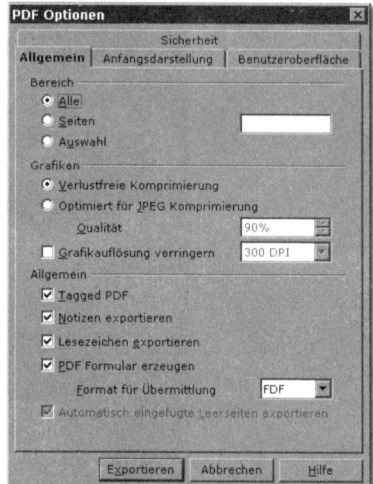

Abbildung 4.46 Dialog »PDF Optionen« – links OOo 2.0, rechts 2.3

Die Funktionen des PDF-Exports sind seitdem stetig erweitert worden, besonders starke Verbesserungen gab es zur Version 2.0 von OpenOffice.org. Aber auch in der Folgeentwicklung bis zur jetzt aktuellen Version 2.3 haben sich weitere Verbesserungen ergeben. Wie stark die Entwicklung vorangegangen ist, macht bereits ein Blick auf den Dialog *Optionen* des PDF-Exports deutlich (siehe Abbildung 4.46).

Einige Möglichkeiten für den PDF-Export innerhalb des Calc-Moduls sind beispielsweise:

- Exportieren von Notizen
- Einbinden von Formularfeldern
- direkte Übernahme von Hyperlinks
- Schützen des fertigen PDFs

Zellnotizen werden bei der Erzeugung des PDFs automatisch übernommen, wenn die entsprechende Option aktiviert ist (siehe weiter unten). Mit den beiden schon bestehenden Möglichkeiten zur Übernahme von Notizen (siehe Kapitel

4.3) besteht somit eine dritte, die für PDF-Dokumente spezifisch ist. Bei dieser Art des Exports von Notizen werden diese später im PDF als »Notizzettel« angezeigt, deren Inhalt Sie nach Anklicken einsehen können (siehe Abbildung 4.47)[1].

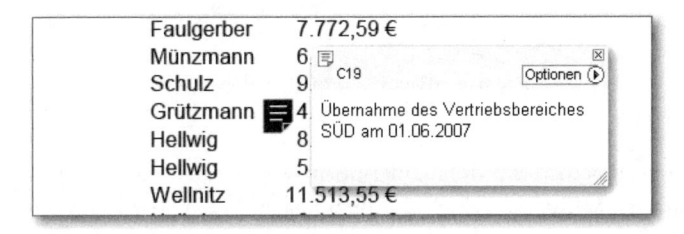

Abbildung 4.47 Notiz in PDF-Datei

Das Einbinden von Formularfeldern ist eine weitere interessante Möglichkeit, weil es die direkte Erstellung von PDF-Formularen ermöglicht. Sie können damit beispielsweise Formulare erstellen, die am Bildschirm ausgefüllt und anschließend ausgedruckt werden können. Wichtig ist hierbei die Eigenschaft, dass auch Felder mit Auswahlfunktion, wie Listboxen und Kombinationsfelder, ins PDF übernommen werden. Genauer erläutert wird das Erstellen von PDF-Formularen in Kapitel 9.7.

> Sicherlich werden Sie die Möglichkeiten des PDF-Exports häufig nutzen, um Dokumente an Dritte weiterzugeben. Achten Sie dann darauf, ob die Option zum Einbinden von Notizen aktiviert ist oder nicht, da Notizen Informationen enthalten können, die möglicherweise nicht weitergegeben werden sollen (z. B. persönliche Anmerkungen).

[«]

Die Möglichkeit des *Schützens* des exportierten PDFs ist ein relativ neues Feature in OpenOffice.org. Mittels Vergabe eines Passworts beim PDF-Export können Sie hierbei die Inhalte des PDFs schützen bzw. regeln was ein Benutzer mit dem PDF alles »anstellen« darf (z. B. Drucken oder Inhalt entnehmen).

Hyperlinks werden ebenfalls automatisch mit in das PDF übernommen. Hierbei ist prinzipiell auch eine relative Linksetzung möglich. Sie müssen jedoch das Linkziel im Hyperlink-Dialog (**Einfügen • Hyperlink**) manuell anpassen, um zum richtigen Ergebnis zu gelangen. Betrachten Sie bitte folgendes Beispiel:

Angenommen, Sie möchten in einer Calc-Zelle einen Link auf ein PDF-Dokument setzen, welches sich eine Ebene tiefer im Ordner namens *Allgemein* befindet; dann sind folgende Arbeitsschritte nötig:

---

[1] Diese Möglichkeit ist letztlich auch abhängig von der konkreten Funktionalität Ihres verwendeten PDF-Betrachtungsprogramms (z. B. Adobe Reader).

4 | Das Tabellendokument

- Erstellen Sie das Calc-Dokument und speichern Sie es auf gleicher Ebene wie der Ordner *Allgemein*.
- Markieren Sie eine Zelle und wählen Sie **Einfügen • Hyperlink**.

Achtung:

Sie stoßen bei dieser Art der Linkerzeugung auf zwei Probleme, die nicht verschwiegen werden dürfen:

1. Innerhalb von OpenOffice.org werden Links normalerweise immer absolut angezeigt, was häufig zu Mißverständnissen führt. Beachten Sie bitte, dass die Art, wie sich ein Link (nach Speichern des Dokuments) tatsächlich verhält (also relativ oder absolut), abhängig von den Einstellungen unter **Extras • Optionen • Laden/Speichern • Allgemein** ist. Ist an dieser Stellen das Speichern von Links mit relativen Bezug aktiviert, so werden sich Links später auch relativ verhalten, *obwohl Sie in OpenOffice.org mit vollständigem (also scheinbar absolutem) Pfad angezeigt werden!*

    Das heißt, der Link, der in Abbildung 4.48 als *file:///D:/Allgemein/fhg_ossstudie.pdf* angezeigt wird, also mit absolutem Pfad, könnte als relativer Link wirken, wenn die Einstellung unter **Extras • Optionen • ...** entsprechend gesetzt ist, was jedoch nicht direkt zu erkennen ist. Sie müssen also wissen, welche Einstellung tatsächlich gesetzt ist.

Ich gebe zu, dass dieses Verhalten verwirrend sein kann, leider kommt es aber noch »dicker«, wenn es um den Export von funktionierenden relativen Links in das PDF-Format geht. Ich kann Sie also an dieser Stelle noch nicht entlassen, sondern muss Ihre Aufmerksamkeit weiter strapazieren.

Sie haben Punkt 1 verstanden und glauben nun, wenn Sie die Einstellung unter **Extras • Optionen • ...** relativ gewählt haben, würden Sie auch automatisch relative Hyperlinks ins PDF bekommen?

Nein, das wäre dann doch etwas zu leicht. Vergessen Sie also den gerade gelesenen Punkt 1 temporär wieder und lesen Sie Teil 2 dieser Hyperlink-Story:

2. Beim PDF-Export werden Hyperlinks (in Abweichung zu 1.) so übernommen, wie sie im Dokument angezeigt werden. Hier wird also ein absolut angezeigter Link auch absolut übernommen. Um einen relativen Link zu bekommen, müssen Sie den Link händisch kürzen oder gleich manuell eintragen. Die Linkangabe entspricht hier also der allgemein üblichen Angabe für relative Hyperlinks.

4.4 Exportieren und Importieren von Dokumenten

Nachdem Sie nun Punkt 2. kennen, können wir die Erzeugung des relativen Links fortsetzen:

- Im erscheinenden Dialog klicken Sie links auf **Dokument** und wählen anschließend rechts oben das konkrete Dokument aus. Das Ergebnis könnte dann aussehen wie in Abbildung 4.48 gezeigt.

  Damit Ihr Link im späteren PDF korrekt als relativer Link funktioniert, müssen Sie nun den automatisch erzeugten Eintrag:

  file:///D:/Allgemein/fhg_oss-studie.pdf

  kürzen auf:

  Allgemein/fhg_oss-studie.pdf

  Tragen Sie anschließend noch einen Text für den Link ein und bestätigen Sie abschließend mit **Übernehmen** und klicken dann auf **Schließen**.

- Der Link ist nun richtig eingetragen, und Sie können den PDF-Export durchführen (siehe weiter unten) und erhalten im PDF einen relativen Link.

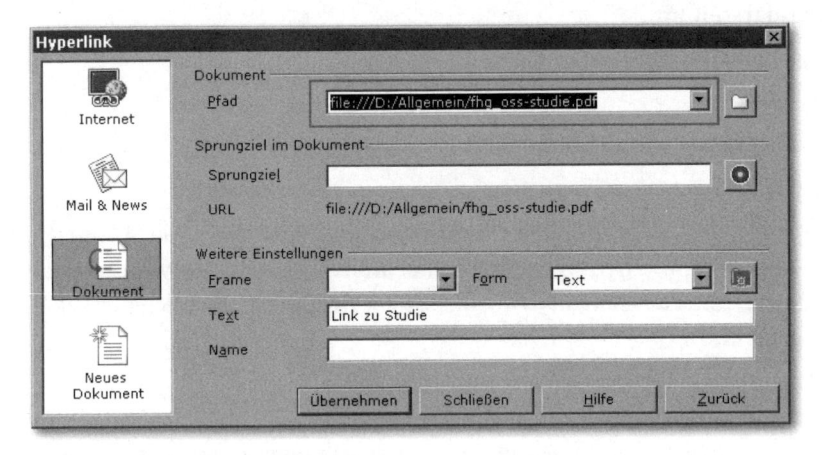

Abbildung 4.48 Hyperlink-Dialog

Ich hätte es jetzt fast vergessen: Aber lesen Sie doch bitte noch den abschließenden Punkt der Geschichte:

3. Haben Sie, wie gerade beschrieben, den relativen Hyperlink erzeugt, und Sie speichern anschließend die Calc-Datei und laden sie neu, werden Sie eines der zwei Phänomene erleben:

   - Der eigentliche Hyperlink ist verschwunden und in der Zelle steht nur noch der Text des Links. Das passiert, wenn unter **Extras • Optionen • Laden/Speichern • Allgemein** relative Hyperlinks *deaktiviert* waren, als Sie das Dokument gespeichert haben.

▶ Der Hyperlink wechselt zurück auf absolute Anzeige des Pfades, mit der Konsequenz, das, Sie vor dem erneuten PDF-Export die Links wiederum händisch kürzen müssen. Das geschieht, wenn unter **Extras • Optionen • ...** relative Hyperlinks *aktiviert* waren.

[+] Sie können auch die Tabellenfunktion **HYPERLINK()** nutzen, um entsprechende Links zu erzeugen, die auch ins PDF übernommen werden. Für unser Beispiel ergäbe sich:
=HYPERLINK("Allgemein/fhg_oss-studie.pdf";"Link zu Studie")
Ein so erzeugter Link würde sofort relativ übernommen.

PDF-Export und Optionen

Um ein Calc-Dokument als PDF zu exportieren, wählen Sie im Menü **Datei • Exportieren als PDF...**, und es erscheint zunächst[2] der Dialog zum Einstellen der Optionen für das PDF. Dieser Dialog umfasst vier Bereiche:

▶ **Allgemein**
▶ **Anfangsdarstellung**
▶ **Benutzeroberfläche**
▶ **Sicherheit**

Auf der Seite *Allgemein* (siehe Abbildung 4.46) finden Sie folgende Einstellungen:

▶ **Bereich**
Hier legen Sie fest, welche Seiten exportiert werden sollen oder ob Sie nur die aktuell markierten Zellen exportieren möchten. (Hinweis: Verwechseln Sie nicht *Seiten* mit *Tabellenblättern*, mit *Seiten* sind die tatsächlichen Druckseiten gemeint.)

▶ **Grafiken**
Mit den hier vorhandenen Einstellungen regeln Sie die Qualität des Exports möglicher Grafiken. Die vorgenommenen Einstellungen haben indirekt auch Einfluss auf die Dateigröße des PDFs.

▶ **Allgemein**
Weitere Einstellungen zur Übernahme bestimmter Dokumentinhalte ins PDF.

Die Seite *Anfangsdarstellung* (siehe Abbildung 4.49) fasst einige Einstellungen zur späteren Darstellung des fertigen PDFs im Anzeigeprogramm (z. B. Adobe Reader) zusammen. Die vorhandenen Einstellungen betreffen:

---

[2] In älteren Versionen von OpenOffice.org war es umgekehrt, dort erschien zunächst der Dialog »Speichern« und erst anschließend der der Optionen.

- **Bereiche**
  Hier legen Sie fest, wie die spätere PDF-Datei beim Öffnen dargestellt werden soll, z. B., welche Seite ist unmittelbar nach dem Öffnen sichtbar.

- **Vergrößerung**
  Festlegung zur Defaultgröße (also Zoom des PDF) beim späteren Öffnen.

- **Seitenlayout**
  Darstellung der Seiten beim Öffnen, werden beispielsweise Einzel- oder Doppelseiten dargestellt.

Alle diese Vorgaben betreffen nur das Defaultverhalten der Datei unmittelbar beim Öffnen.

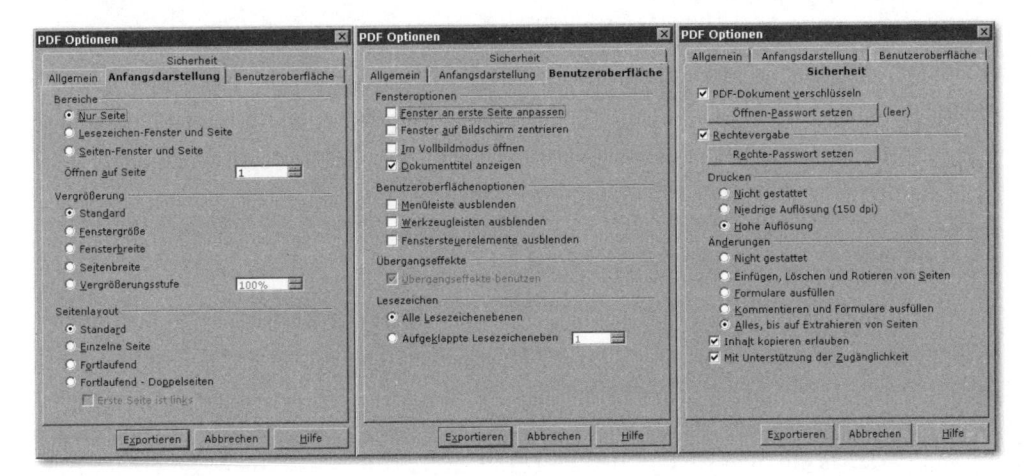

Abbildung 4.49 PDF-Optionen bearbeiten

Auf dem Register *Benutzeroberfläche* sind Einstellungen zum Verhalten des späteren PDF-Anzeigeprogramms verfügbar. Es existieren hierbei die vier Bereiche:

- **Fensteroptionen**
  Die hier vorgenommenen Einstellungen regeln das Verhalten des PDF-Anzeigeprogramms beim späteren Öffnen des PDFs hinsichtlich der Fenstergröße.

- **Benutzeroberflächenoptionen**
  Diese regeln das Verhalten von Menüs und Fenstersteuerelementen im PDF-Anzeigeprogramm beim Öffnen der Datei.

- **Übergangseffekte**
  Diese Einstellung ist in Calc deaktiviert, denn sie betrifft den Export von Effekten bei Impress (dem Präsentationsprogramm von OpenOffice.org).

- **Lesezeichen**
  Darstellung der Lesezeichen beim Öffnen des PDFs.

Die letzte Seite des Dialogs (*Sicherheit*) umfasst Einstellungen zu Benutzerrechten und zur Sicherheit des PDFs. Ein unter *PDF-Dokument verschlüsseln* angegebenes Passwort bewirkt, dass beim Öffnen des PDFs dieses Passwort eingegeben werden muss. Das Passwort unter *Rechtevergabe* ermöglicht es, Zugriffsrechte auf das PDF einzuschränken. Diese Beschränkungen können nur durch Eingabe des richtigen Passworts aufgehoben werden.

Nachdem Sie alle nötigen Einstellungen im Dialog *Optionen* vorgenommen haben, klicken Sie auf **Exportieren**. Der Dialog wird nun geschlossen, und es wird ein Dialog zur Auswahl des Speicherorts des PDFs angezeigt. Wählen Sie hier Speicherort und Dateinamen und klicken auf **Speichern**, um die Erzeugung der PDF-Datei zu starten.

[»] Bitte achten Sie darauf, dass im Dialog *Speichern* die Option *Automatische Dateinamenserweiterung* aktiviert ist, um sicherzustellen, dass das erzeugte PDF tatsächlich auch die entsprechende Dateiendung ».pdf« erhält, da sonst unter Umständen der Dateityp später nicht automatisch erkannt wird.

In Kurzfassung nochmals alle Schritte, um ein Dokument nach PDF zu exportieren:

- Formatieren Sie Tabellenblätter und mögliche weitere Inhalte wie gewünscht.
- Richten Sie die Seitenvorlage(n) richtig ein, legen Sie beispielsweise den Inhalt von Kopf- und Fußzeilen fest.
- Legen Sie bei Bedarf Druckbereiche fest, und richten Sie eventuell relative Links ein, wie weiter oben beschrieben.
- Rufen Sie den PDF-Export beispielsweise über **Datei • Exportieren als PDF...** auf, und passen Sie die Optionen im erscheinenden Dialog an.
- Wählen Sie den Speicherort und starten Sie den Export.

[»] PDF-Formulare weisen einige zusätzliche Besonderheiten auf, gesonderte Hinweise dazu finden Sie in Kapitel 9.7.

Sie wissen nun, wie Sie Ihre Dokumente als PDF exportieren und somit bequem weitergeben können. Abschließend noch eine kurze Anmerkung:

PDF ist ein sehr verbreitetes Format zur Weitergabe von Dateien. Allerdings ist PDF grundsätzlich kein geeignetes Format, wenn Sie Tabellendokumente in bearbeitbarer Form weitergeben möchten. OpenOffice.org ist auch nicht in der Lage, PDF-Dokumente direkt zu öffnen oder bearbeitbar zu importieren.

4.4.2 Speichern und Importieren verschiedener Formate

Sie können in Calc eine Vielzahl verschiedener Tabellendokumentformate öffnen und auch ein fertiges Calc-Dokument in verschiedenen Formaten speichern. Beachten Sie jedoch, dass die einzelnen Formate nicht gleich gut geeignet sind, um vorhandene Inhalte weiterzugeben. In einigen Fällen ist das auf die Definition des Formats selbst zurückzuführen, in anderen auf gewisse Unzulänglichkeiten bei den vorhandenen Ex- bzw. Importfiltern.

Ein häufig anzutreffendes Format zur Weitergabe von Tabellen, die nur Werte enthalten, ist beispielsweise das CSV-Format (»*Comma Separated Values*«; *.csv). Dieses Format kann als reines »Text«format beispielsweise keine eingebetteten Objekte oder Formatierungen speichern. Versuchen Sie, ein Tabellendokument also in diesem Format zu speichern, werden solche Informationen zwangsläufig nicht erfasst. Außerdem werden generell nur die aktuellen Zellwerte und nicht etwa auch Formeln gespeichert. Die Speicherung ist auch (formatbedingt) auf die gerade aktuelle Tabelle beschränkt, worauf Sie aber während des Speicherns hingewiesen werden. Ähnliche formatbedingte Einschränkungen werden Sie auch bei anderen Formaten finden (z. B. bei dBase).

Etwas anders gelagert sind mögliche Probleme bei Fremdformaten anderer Tabellenkalkulationsprogramme. Obwohl auch hier die Möglichkeit besteht, dass bestimmte Inhalte eines bestehenden Dokuments nicht übernommen werden können, kann es zusätzlich Probleme mit den entsprechenden Ex-/Importfiltern geben.

Andere Programme verwenden häufig sogenannte *proprietäre* Dateiformate, die für die Allgemeinheit nicht oder nicht vollständig dokumentiert sind. Somit ist die Entwicklung funktionierender Filter für diese Dateiformate erschwert. Hieraus folgt dann leider auch, dass eine 100%ige Kompatibilität nicht gewährleistet werden kann.

> Falls Sie ein Tabellendokument in einem Fremdformat speichern, empfiehlt es sich, das Dokument zunächst im Originalformat (i.A. also *.ods) zu speichern. Hierdurch verfügen Sie immer über eine Kopie des originalen Inhalts des Dokuments. Falls beim Export in das Fremdformat Inhalte verloren gehen, haben Sie somit die Möglichkeit, auf das Original der Datei zurückzugreifen. [«]

OpenOffice.org verwendet als »sein« Dokumentformat das – seit einiger Zeit auch von der ISO standardisierte – *Open Document Format* (ODF). Eigentlich handelt es sich dabei um eine ganze Gruppe einzelner Formate für die unterschiedlichen Arten von Office-Dokumenten (z. B. *.ods für Tabellendokumente und *.odt für Textdokumente). Weitere Hinweise hierzu finden Sie im Anhang.

4.5 Weitere Objekte in Calc-Tabellen

4.5.1 Grafiken einfügen

Wählen Sie **Einfügen • Bild • Aus Datei...**, um Grafiken in verschiedenen Formaten in eine Tabelle einzufügen. Der erscheinende Dialog zur Dateiauswahl ermöglicht es Ihnen zu bestimmen, ob die Grafik als Verknüpfung oder direkt eingefügt werden soll.

Auch können Sie die *Gallery* zum Hinzufügen von Grafiken nutzen, indem Sie die Grafik einfach in der Gallery markieren (verweilen Sie einen Augenblick bei gedrückter Maustaste auf der Grafik) und sie dann ins Dokument ziehen. Zudem können Sie auf der Grafik das Kontextmenü erzeugen und dann mittels des Eintrags **Einfügen** die Grafik ins Dokument übernehmen.

Ist die Grafik eingefügt und markiert, erscheint kontextsensitiv die Symbolleiste zur Bearbeitung.

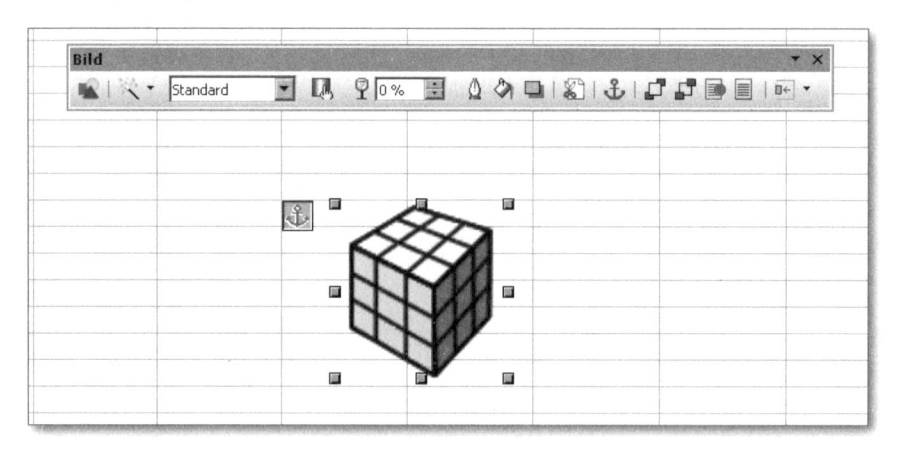

Abbildung 4.50 Markierte Grafik – Symbolleiste frei schwebend

Mittels dieser Symbolleiste bzw. des Kontextmenüs der Grafik haben Sie direkten Zugriff auf Befehle zum Bearbeiten der Grafik.

Grafiken können auch in einer Seitenvorlage (siehe Kapitel 4.1) als Hintergrundbild für die Seite verwendet oder in Kopf- und Fußzeilen entsprechend eingefügt werden. Ebenso können Sie eine Grafik in der Tabelle in den Hintergrund legen (Kontextmenü). In diesem Fall ist die Grafik anschließend nicht mehr direkt mit der Maus auswählbar. Benutzen Sie den Navigator, und führen Sie dort einen Doppelklick auf den Eintrag der Grafik aus, um die Grafik in der Tabelle zu markieren.

Weitere Objekte in Calc-Tabellen | **4.5**

> Eine Grafik im Hintergrund einer Tabelle und eine Grafik im Hintergrund der Seitenvorlage dieser Tabelle sind zwei verschiedene Grafiken, die sich im Ausdruck überlagern würden. Sie können allerdings in der Seitenvorlage die Hintergrundgrafik der Tabelle ausblenden und so nur die Hintergrundgrafik der Seitenvorlage drucken.

[«]

4.5.2 Andere Objekte einfügen

Calc ermöglicht es, weitere Objekte in eine Tabelle einzufügen, beispielsweise OLE-Objekte, PlugIns und Formelobjekte. Wählen Sie hierzu die entsprechenden Punkte im Menü unter **Einfügen • Objekt**.

Formelobjekte

Formelobjekte sind nicht mit Formeln in Zellen zu verwechseln, sondern es handelt sich um im Formeleditor von OpenOffice.org (*Math*) erstellte Formeln.

Wählen Sie **Einfügen • Objekt • OLE-Objekt** und dort wahlweise **Neu erstellen** oder **Aus Datei erstellen**, falls Sie schon ein fertiges Formeldokument besitzen, was Sie einfügen möchten. Zum Neuerstellen können Sie auch **Einfügen • Objekt • Formel** benutzen. Es öffnet sich das Fenster des Formeleditors, in dem Sie die Formel erstellen bzw. bearbeiten können.

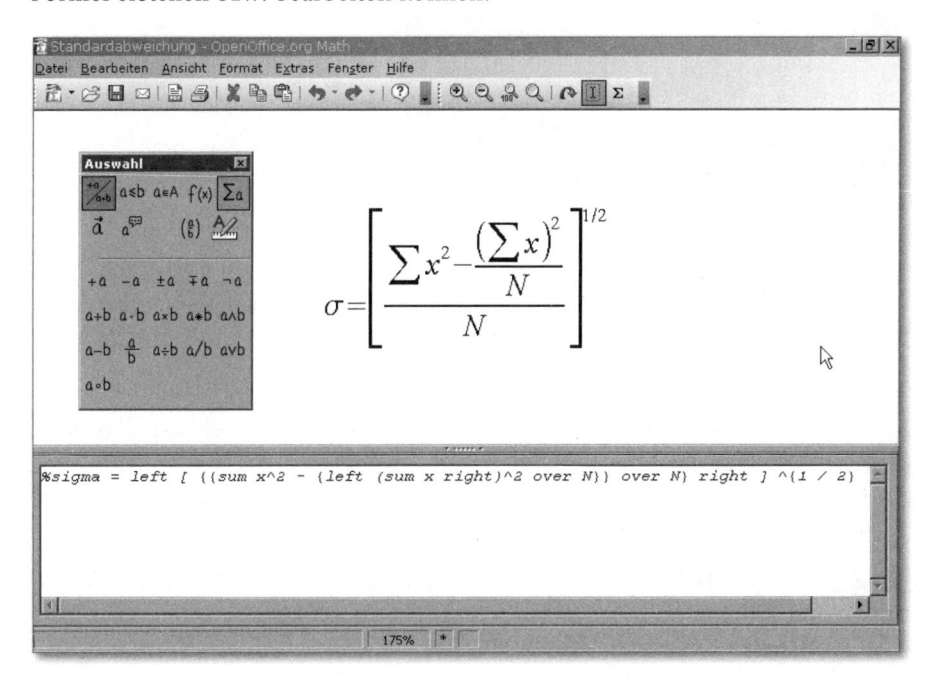

Abbildung 4.51 OpenOffice.org Formeleditor – Math

Unten in der Abbildung sehen Sie das Kommandofenster, in das Sie einzelne Befehle eingeben können, welche die Formel beschreiben. Um die Eingabe zu erleichtern, können Sie das Fenster *Auswahl* benutzen, das eine große Anzahl vordefinierter Standardausdrücke bereithält. Sie müssen nur die gewünschte Kategorie und dann den konkreten Ausdruck wählen, und dieser wird in das Kommandofenster übernommen, wo Sie anschließend noch konkrete Parameter ergänzen müssen.

Für »dritte Wurzel aus 27« wählen Sie beispielsweise im Bereich *Funktionen* den Ausdruck n-te Wurzel, und es wird Folgendes eingetragen:

```
nroot{<?>}{<?>}
```

Ergänzen Sie nun die zwei Ausdrücke <?> durch 3 bzw. 27, und Ihr Wurzelausdruck ist komplett.

Außerdem können Sie Symbole in Ihre Formel einfügen, indem Sie über **Extras • Katalog...** das entsprechende Dialogfenster aufrufen.

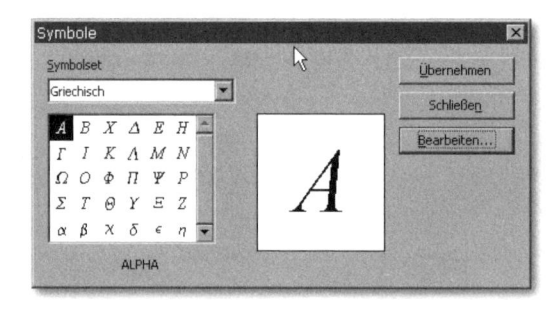

Abbildung 4.52 Symbole in Formel einfügen

Dort können Sie ein entsprechendes Symbol wählen. Mit der Schaltfläche **Bearbeiten...** können Sie die Symbolauswahl Ihren Bedürfnissen entsprechend anpassen.

Eine Anpassung des Erscheinungsbildes der einzelnen Teile einer Formel ist über das Menü **Format** möglich.

Zeichnen

Seit OpenOffice.org 2.0 existiert eine völlig neu gestaltete Symbolleiste **Zeichnen**, die es ermöglicht, eine Vielzahl von Zeichenobjekten bequem einzufügen bzw. zu erstellen.

> **Umstieg** Umsteiger von MS Office wird es freuen, nun auch in OpenOffice.org ein Äquivalent für *WordArt* zu finden, die *Fontwork Gallery*.

Weitere Objekte in Calc-Tabellen | **4.5**

Diese Symbolleiste können Sie beispielsweise mit der Schaltfläche **Zeichenfunktionen anzeigen** (Standardsymbolleiste) einblenden.

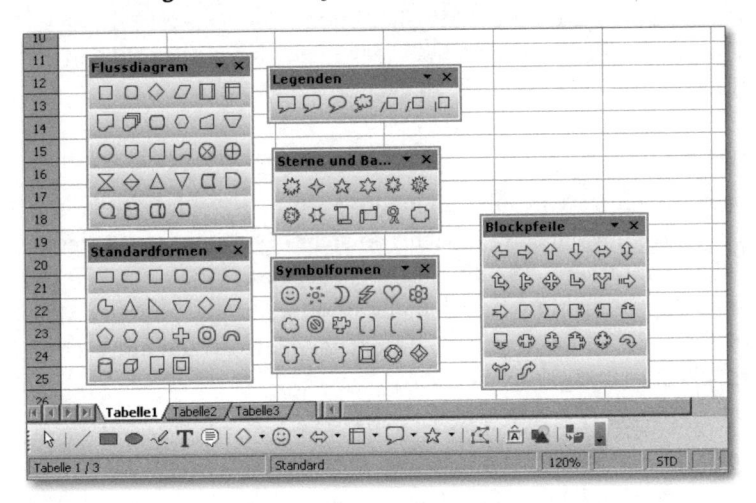

Abbildung 4.53   Symbolleiste Zeichenfunktionen

In Abbildung 4.53 sind alle verfügbaren Abreißleisten dieser Symbolleiste frei schwebend dargestellt. Um eine Form zu zeichnen, wählen Sie eine der vordefinierten Formen und ziehen sie dann auf dem Tabellenblatt bis zur gewünschten Größe mit der Maus auf. Wenn die Form markiert ist, erscheint kontextsensitiv die entsprechende Symbolleiste für diverse Änderungen des Zeichnungsobjekts.

Um Text in Form einer Zeichnung zu gestalten, können Sie die *Fontwork Gallery* (siehe Abbildung 4.54) benutzen.

Abbildung 4.54   Fontwork Gallery

149

Hier finden Sie eine Menge vordefinierter Stile, um Schriftzüge dekorativ zu gestalten. Kenner früherer Versionen von OpenOffice.org werden wissen, dass es auch dort *Fontwork* schon gab. Alle Möglichkeiten von *Fontwork* bestehen weiterhin, die Fontwork Gallery ermöglicht es jedoch durch die Auswahl vordefinierter Stile, schneller zu einem Ergebnis zu gelangen.

Formular-Elemente

Manchmal werden Sie einige Formular-Elemente auch in einer Tabelle benötigen. Um diese einzufügen, wählen Sie zunächst **Ansicht • Symbolleisten • Steuerelemente**, um die entsprechende Symbolleiste anzuzeigen. Wählen Sie in der Symbolleiste nun das gewünschte Steuerelement, und ziehen Sie es mit der Maus auf dem Tabellenblatt auf. Im Kontextmenü des Steuerelements sind nun weitere Einstellungen möglich.

Häufig werden in Tabellen normale Schaltflächen benutzt, um Makros zu starten. Um einer Schaltfläche ein Makro zuzuweisen, rufen Sie zunächst, wie gerade beschrieben, die Symbolleiste für Steuerelemente auf und zeichnen eine Schaltfläche. Im Kontextmenü der Schaltfläche können Sie nun über **Kontrollfeld...** den Dialog *Eigenschaften* der Schaltfläche aufrufen. Im Register *Allgemein* können Sie verschiedene Anpassungen der Schaltfläche vornehmen.

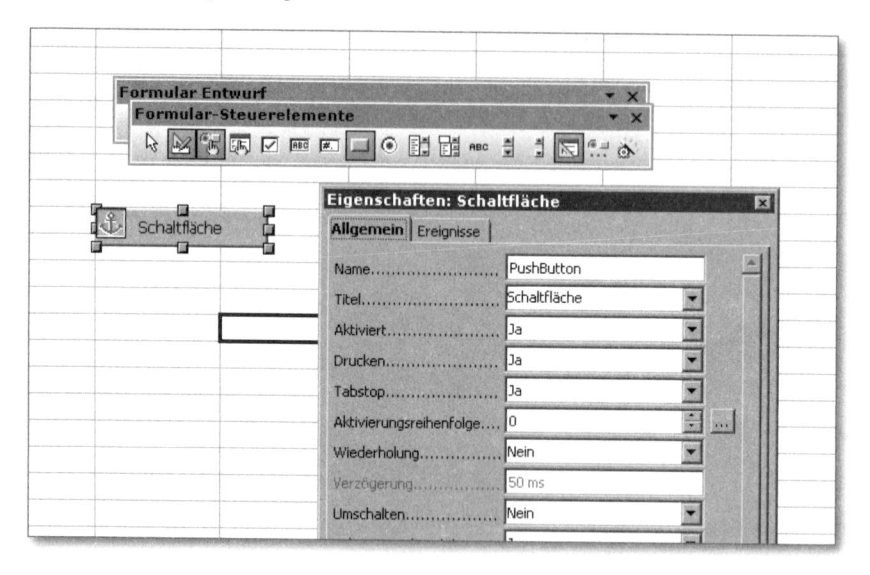

Abbildung 4.55 Steuerelement einfügen

Wechseln Sie dann ins Register *Ereignisse*, und klicken Sie auf die Schaltfläche neben dem Ereignis *Beim Auslösen*, es öffnet sich der Dialog *Makro zuweisen*. Dort klicken Sie die Schaltfläche **Zuweisen**, um den Dialog zur Auswahl des

Makros anzuzeigen. Sie können daraufhin das gewünschte Makro wählen und der Schaltfläche zuweisen. Verlassen Sie nun den Entwurfsmodus der Schaltfläche (Steuerelement-Symbolleiste), und Sie können durch Anklicken der Schaltfläche das Makro starten.

Beachten Sie bitte, dass das Makro, wenn Sie es starten möchten, auch verfügbar sein muss. Da Sie es eben zugewiesen haben, ist das der Fall, aber wenn Sie das Dokument weitergeben, müssen Sie sicherstellen, dass das Makro im Dokument gespeichert ist, damit es auf dem Zielrechner auch gestartet werden kann. Es wäre im Grundsatz auch möglich, das Makro separat weiterzugeben, was aber für einfache Makros eher unüblich sein dürfte.

Weitere Informationen zu Makros finden Sie in Kapitel 8.

Beachten Sie die erweiterten Möglichkeiten des PDF-Exports in OpenOffice.org. Formular-Elemente in Dokumenten werden beim Export nach PDF im Allgemeinen weiterhin funktionieren. Natürlich heißt das nicht, dass Sie Makros mit einer Schaltfläche aus dem erzeugten PDF heraus starten könnten, aber dass die Funktionalität von beispielsweise Kombinationsfeldern und Optionsbuttons erhalten bleibt.

Ein Beispiel zur Erzeugung von PDF-Formularen finden Sie in Kapitel 9.7.

Mit Diagrammen können Sie Daten visualisieren, um sie für den Betrachter leichter erfassbar zu machen. Zudem können Sie innerhalb der Diagramme die Aufmerksamkeit des Betrachters auf Dinge lenken, die Ihnen wesentlich erscheinen. Das Diagrammmodul von OpenOffice.org (Chart) hat in der Version 2.3 eine gründliche Überarbeitung erfahren.

5 Diagramme

5.1 Funktionsverbesserungen und neue Funktionen in Chart2

Ein zentraler Punkt der Weiterentwicklungen in OpenOffice.org 2.3 ist das neue Diagrammmodul *Chart2* – wesentliche Verbesserungen seien hier kurz dargestellt. Alles zum Arbeiten mit Diagrammen finden Sie in den Folgekapiteln, beginnend mit Kapitel 5.2.

Diagramm-Assistent

Der neue Diagramm-Assistent ermöglicht das Arbeiten, ohne an eine bestimmte Schrittreihenfolge gebunden zu sein. Gleichzeitig wurde die Diagrammvorschau aus dem Assistenten entfernt und erfolgt nunmehr direkt auf dem Tabellenblatt in der Originaldarstellung des Diagramms (*Live-Preview*).

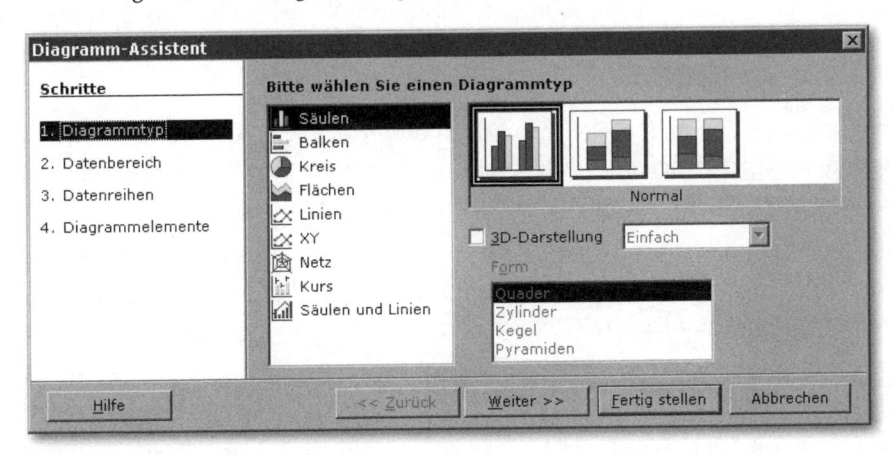

Abbildung 5.1 Diagramm-Assistent

Festlegen der Diagrammdaten

Für das Festlegen der Diagrammdaten existiert jetzt im Diagramm-Assistenten eine gesonderte Dialogseite (ebenfalls als eigenständiger Dialog verfügbar), mit welcher auch getrennte Datenbereiche mittels Mausbedienung ausgewählt werden können.

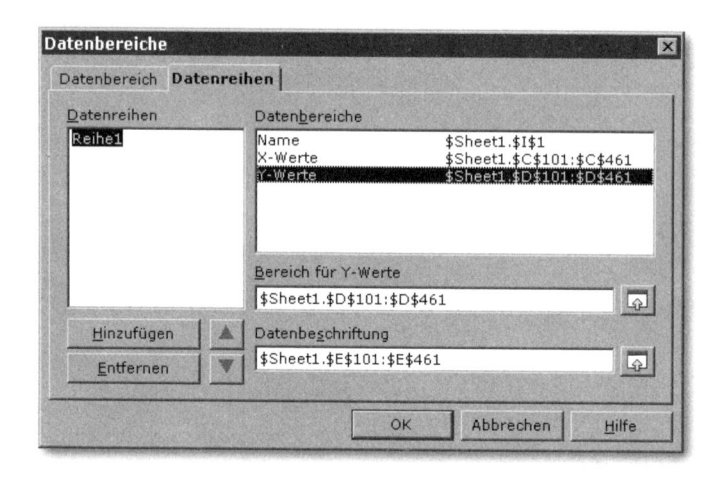

Abbildung 5.2 Dialog »Datenbereiche«

Ebenfalls können einige weitere Parameter eingestellt werden, beispielsweise die Namen der Datenreihen.

Regression

Die Darstellung von Regressionen ist für eine erweiterte Anzahl von Diagrammtypen möglich, die sich ergebende Regressionsfunktion (sowie das Bestimmtheitsmaß) werden bei markierter Regressionskurve (bzw. Regressionsgerade) in der Statusleiste angezeigt.

Ebenso ist die Regressionsgleichung als Tooltipp sichtbar, wenn unter **Extras • Optionen • OpenOffice.org • Allgemein** der Punkt *Erweiterte Tipps* aktiviert ist (hierzu muss sich das Diagramm im Editiermodus befinden).

Die Regressionskurven werden automatisch innerhalb des gesamten Wertebereichs des Diagramms dargestellt (soweit sinnvoll) und sind nicht mehr auf den Bereich vorhandener Datenwerte begrenzt.

[»] Leider ist die Regressionsgleichung noch nicht automatisch im Diagramm darstellbar (OOo 2.3). Die Umsetzung dieses Features ist jedoch für Folgeversionen geplant, sodass es sein kann, dass diese Möglichkeit bereits besteht, wenn Sie das Buch in Händen halten.

Funktionsverbesserungen und neue Funktionen in Chart2 | **5.1**

Einen Lösungsweg zur Darstellung einer Regressionsgleichung innerhalb eines Diagrammes – unabhängig von der Version von OpenOffice.org – finden Sie in Kapitel 5.7.

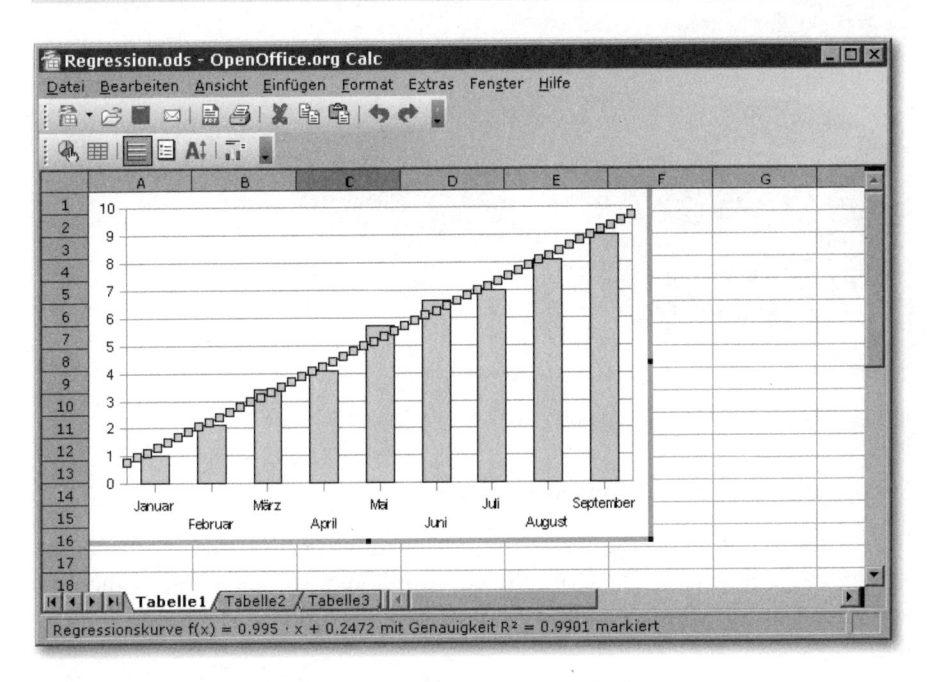

Abbildung 5.3 Funktionsgleichung der Regression in Statuszeile

Erweiterte Möglichkeiten der Diagrammdarstellung

Mit OpenOffice.org 2.3 wird es möglich, in xy-Diagrammen auch unsortierte [o] Daten darzustellen.

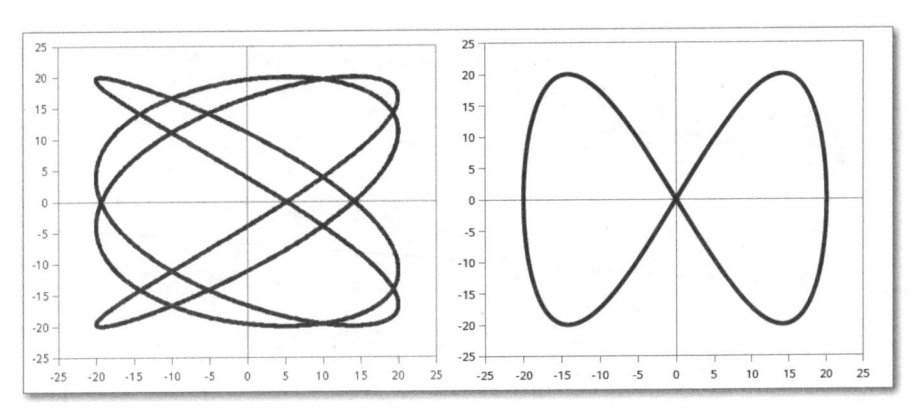

Abbildung 5.4 Beispiele für sogenannte Lissajous-Figuren

Eine Beispieldatei, mit der Sie dieses Feature anhand von *Lissajous-Figuren* testen können, finden Sie auf der Buch-CD.

Für 3D-Kreis-Diagramme besteht die Möglichkeit, einzelne (oder alle) Segmente ausgerückt darzustellen.

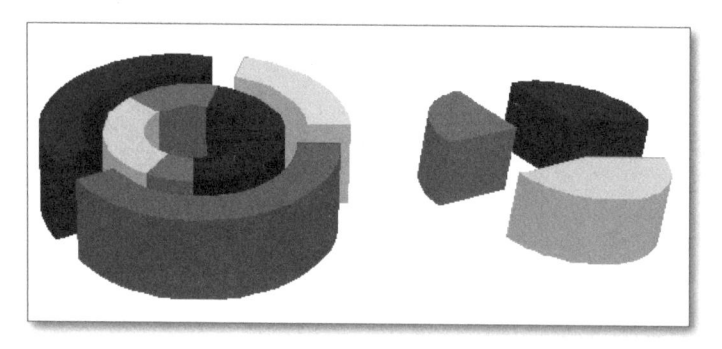

Abbildung 5.5 3D-Kreis-Diagramme

Leichtere Anpassbarkeit von Diagrammen

Der Dialog zur Bearbeitung der 3D-Ansicht wurde neu gestaltet, je nach konkretem Diagrammtyp sind spezifische Zusatzoptionen zur leichteren Bedienbarkeit verfügbar, überflüssige (weil nicht nutzbare) Optionen wurden zum Teil entfernt.

Für 3D-Diagramme existieren jetzt die zwei Voreinstellungen *realistisch* und *einfach*, welche sich durch Schattierungs- und Kantenrundungsdarstellung unterscheiden. Selbstverständlich sind auch diese Parameter nachträglich detailliert anpassbar.

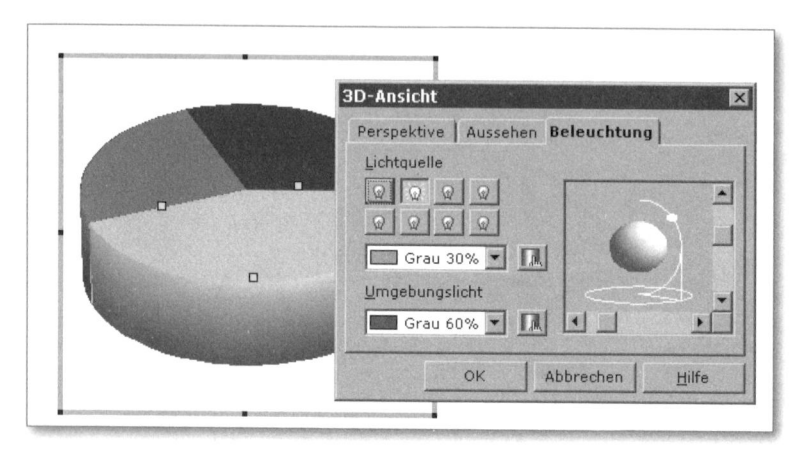

Abbildung 5.6 Dialog »3D-Ansicht«

An verschiedenen Stellen wurde das Arbeiten mit der Maus erleichtert, z. B. ist es nun möglich, bei Kreisdiagrammen (2D und 3D) alle Segmente gemeinsam zu markieren und Einstellungen (beispielsweise die Anzeige von Beschriftungen) gleichzeitig zuzuweisen.

Weitere Änderungen im Chart-Modul betreffen beispielsweise:

- Erweiterte Einstellbarkeit für logarithmische Achsenskalierung
- Vereinheitlichung der Symbolleistenbefehle, beim Einfügen eines Diagramms wird das vorherige Aufziehen der Diagrammgröße nicht mehr unterstützt
- Getrennte Datenreihen können auf separaten x-Werten basieren
- Neue Default-Farbpalette für Diagramme
- Einheitliche Einstellung aller Parameter im Edit-Modus (beispielsweise ist auch der Datenbereich nur noch im Edit-Modus anpassbar)
- In Netzdiagrammen werden Polygone statt Kreise verwendet
- Rechte-Winkel-Option für leichtere Einstellbarkeit

Insgesamt wurden mit Chart2 viele Verbesserungen erreicht, wobei obige Ausführungen keinen Anspruch auf Vollständigkeit erheben. Einiges ist jedoch auch noch in Entwicklung begriffen.

Da Chart2 zurzeit einen der Schwerpunkte der Entwicklung von OpenOffice.org bildet, ist damit zu rechnen, dass weitere Verbesserungen relativ bald in kommenden Programmversionen erfolgen werden. Informationen zu weiteren geplanten Änderungen und Verbesserungen sowie zum jeweiligen aktuellen Stand der Entwicklung finden sie auf den Projektseiten von OpenOffice.org, beispielsweise ausgehend von: *http://graphics.openoffice.org/chart/chart.html*.

5.2 Zentrale Einstellungen für Diagramme

5.2.1 Grundfarben

In OpenOffice.org werden viele, immer wieder benötigte Einstellungen möglichst so vorgenommen, dass man zukünftig leicht darauf zugreifen kann. Die in diesem Zusammenhang besonders wichtigen Vorlagen wurden bereits im Vorgängerkapitel beschrieben, jedoch gibt es auch für Diagramme einige Einstellungen, die Sie beachten sollten.

Unter **Extras • Optionen • Diagramme** befindet sich der Bereich *Grundfarben*, in dem Sie die Farben festlegen können, die als Standard für die Darstellung von Diagrammen verwendet werden.

5 | Diagramme

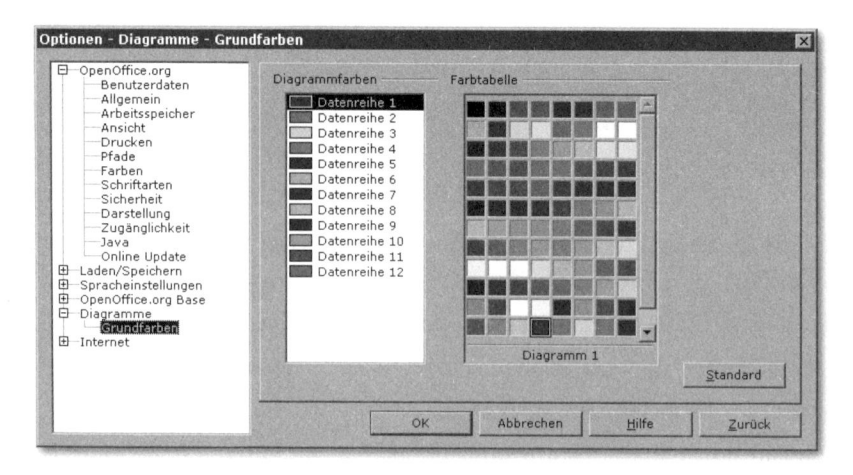

Abbildung 5.7 Grundfarben für Diagramme festlegen

Wählen Sie im linken Teil des Dialogs eine Datenreihe aus und klicken Sie im rechten Teil, um dieser Reihe eine Grundfarbe zuzuweisen. Mittels der Schaltfläche **Standard** können Sie – bei Bedarf – jederzeit die Farbeinstellungen wiederherstellen, welche im Auslieferungszustand[1] von OpenOffice.org vorhanden waren.

Sollten Ihnen die vordefinierten Farbtöne der Grundfarben nicht genügen, können Sie weitere Farben über **Extras • Optionen • OpenOffice.org • Farben** hinzufügen.

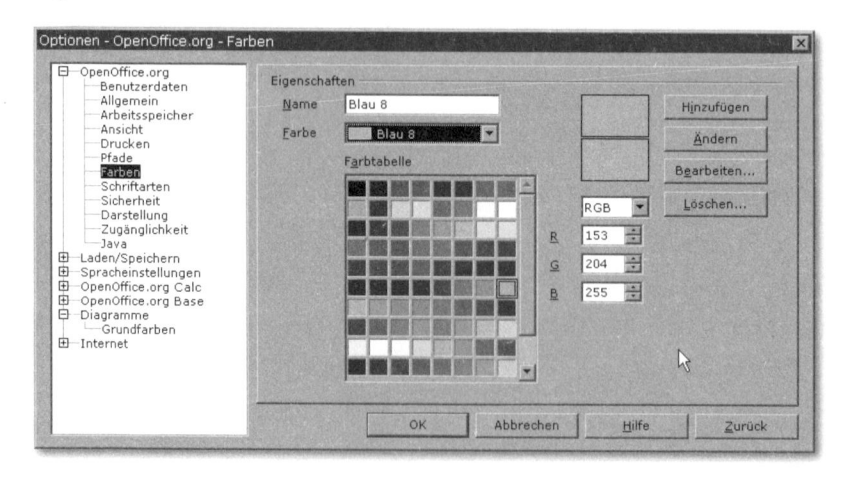

Abbildung 5.8 Farben definieren

---

[1] Wenn Sie OpenOffice.org bereits in einer früheren Version kennen, wird Ihnen auffallen, dass sich die festgelegten Grundfarben für Diagramme in OpenOffice.org 2.3 geändert haben.

158

Wählen Sie dazu eine Ausgangsfarbe unter *Farbe*, und geben Sie direkt in *Name* einen Namen für die neue Farbe ein. Wechseln Sie mittels **Bearbeiten...** in den Dialog zum Auswählen der Farbe und wählen Sie die Farbe aus. Bestätigen Sie Ihre Wahl über **Hinzufügen**. Die neu definierte Farbe steht anschließend nicht nur für Diagramme, sondern für alle Module von OpenOffice.org zur Verfügung.

5.2.2 Schraffuren, Farbverläufe und Bitmapmuster

Manchmal möchten Sie für die Diagramme vielleicht lieber Schraffuren benutzen, beispielsweise wenn die Diagramme mittels Monochromlaserdrucker gedruckt werden sollen. OpenOffice.org hält dafür einige vordefinierte Schraffuren bereit.

Um zu den vordefinierten Schraffuren eigene hinzuzufügen, ist ein kleiner Umweg nötig. Blenden Sie über die Schaltfläche **Zeichenfunktionen anzeigen** die Symbolleiste für Zeichenfunktionen ein. Wählen Sie dort das Symbol Rechteck (andere Zeichnungsobjekte wären auch geeignet) durch Einfachklick und ziehen nun mit der Maus ein Rechteck auf dem Arbeitsbereich auf. Wählen Sie im Kontextmenü des Rechtecks **Fläche...** und wechseln Sie zum Register *Schraffur*.

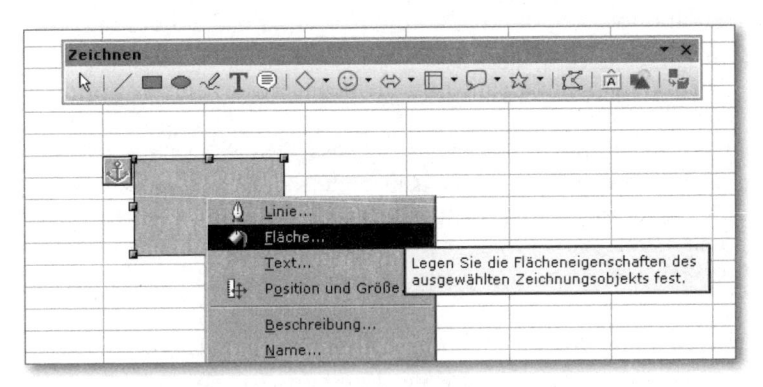

Abbildung 5.9 Rechteck zeichnen und Dialog aufrufen

Hier können Sie Schraffuren erstellen oder vorhandene ändern. Wählen Sie dazu zuerst im linken Fensterbereich die gewünschten Eigenschaften der Schraffur und kontrollieren Sie Ihr Ergebnis in der Vorschau. Klicken Sie anschließend auf **Hinzufügen...** bzw. **Ändern...** Mittels der im Dialog vorhandenen Schaltfläche zum Speichern können Sie Schraffurtabellen auch extern sichern und später neu laden. Haben Sie alle gewünschten Schraffuren hinzugefügt, schließen Sie den Dialog mit Klick auf **OK**.

Ebenso wie Schraffuren können Sie im gleichen Dialog auf dem Register *Farbverläufe* auch Farbverläufe definieren.

5 | Diagramme

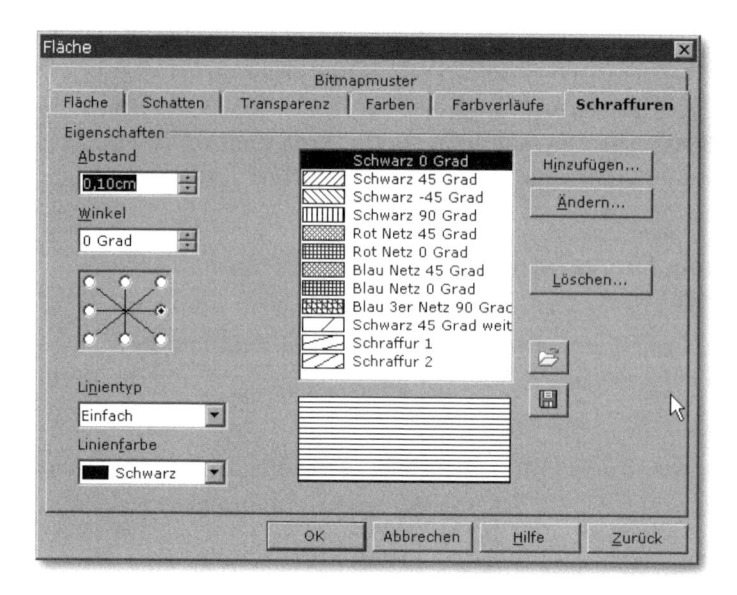

Abbildung 5.10 Neue Schraffur erstellen

Haben Sie die Definition vorgenommen, können Sie anschließend das Rechteck wieder löschen. Ihre Definition der Schraffur (bzw. des Farbverlaufs) bleibt erhalten.

[»] Haben Sie neue Schraffuren oder Farbverläufe definiert, sind diese für neue Diagramme sofort nutzbar. Bestand jedoch in einem geöffneten Dokument bereits ein Diagramm, auf das Sie die Schraffur anwenden wollen, so müssen Sie zunächst die Datei speichern und mittels **Datei • Neu laden** erneut laden, damit die Schraffur für das bestehende Diagramm auch zur Verfügung steht.

Für die optische Gestaltung von Diagrammen können auch *Bitmapmuster* bzw. Bilder verwendet werden. Diese müssen Sie dazu zunächst ebenfalls zu einer bestehenden Auswahl solcher Muster hinzufügen.

[»] Die Begriffe *Bitmapmuster* und *Bitmap*, die in diesem Zusammenhang in OpenOffice.org verwendet werden, sind eventuell missverständlich – sowohl *Bitmapmuster* als auch *Bitmap* werden als Sammelbegriff für tatsächliche Bitmapmuster und Bilder verwendet, keinesfalls sind damit nur Bilder im Dateiformat *.bmp gemeint.

Dieses Hinzufügen erfolgt weitgehend analog zum Vorgehen, das beim Hinzufügen von Schraffuren und Farbverläufen angewandt wurde. Nach dem Zeichnen eines Rechtecks (wie oben beschrieben) und dem Aufruf des Dialogs *Fläche* (siehe Abbildung 5.10), wechseln Sie auf diesem Dialog jedoch zum Register *Bitmapmuster* (siehe Abbildung 5.11). Auf diesem Dialogregister haben Sie sowohl die

Möglichkeit, eigene Muster zu erstellen, als auch bestehende Bilder in die Auswahl aufzunehmen.

Zum Erstellen eines neuen Musters wählen Sie zunächst die Farbe für den Vorder- und Hintergrund des Musters aus (links unten im Dialog) und klicken dann mit der Maus im Bereich *Mustereditor* jeweils einzelne Quadrate an. Ein Klick mit der linken (primären) Maustaste überträgt die Vordergrundfarbe, ein entsprechender Klick mit der rechten (sekundären) Maustaste die Hintergrundfarbe. Die Wiederholung des Klicks mit gleicher Maustaste stellt die ursprüngliche Farbe wieder her.

Das Ergebnis können Sie sich im Vorschaufeld (Dialogmitte, unten) ansehen. Hier wird dargestellt, wie Ihr gezeichnetes Muster später, bei wiederholender Aneinanderreihung (*Kachelung*), aussehen wird. Sind Sie mit dem Ergebnis zufrieden, müssen Sie es abspeichern, indem Sie die Schaltfläche **Hinzufügen...** anklicken und einen Namen vergeben. Das erstellte Muster wird nach dem Speichern in der Liste der verfügbaren Muster (Dialogmitte) aufgelistet und ist dauerhaft abrufbar.

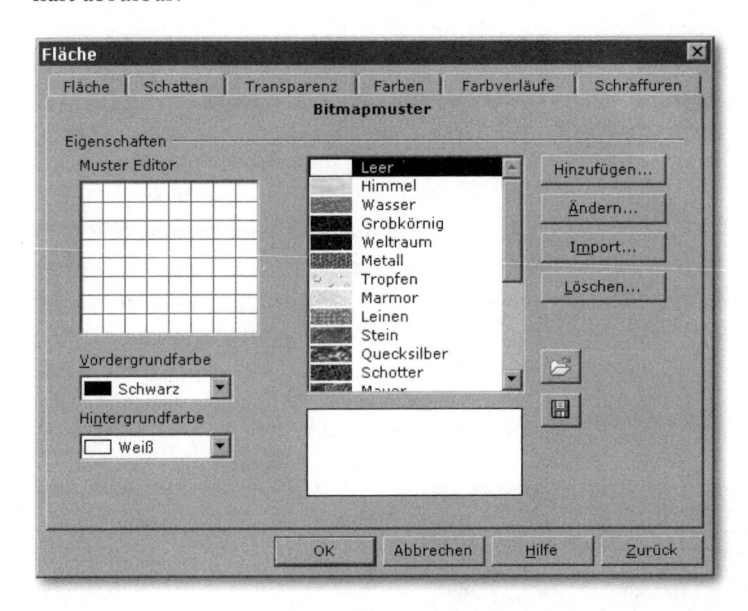

Abbildung 5.11   Bitmapmuster erstellen

Anstatt ein Bitmapmuster wie gerade beschrieben zu erstellen, können Sie auch vorhandene Bilder als »Muster« hinzufügen. Klicken Sie hierzu auf die Schaltfläche **Import...**, wählen Sie die gewünschte Bilddatei aus und vergeben Sie einen Namen.

[+] Wie Sie vielleicht beim Erstellen von Schraffuren bemerkt haben, ist die Linienstärke für Schraffuren nicht frei wählbar. Falls Sie Schraffuren mit breiteren Linien benötigen, können Sie hierfür auch entsprechende Bilder in einem Zeichenprogramm Ihrer Wahl erstellen, abspeichern und anschließend importieren.

5.3 Erstellen eines Diagramms

Grundlage für jedes Diagramm ist üblicherweise eine Tabelle in Calc, welche die notwendigen Daten enthält. Sie müssen also zunächst eine solche Tabelle erstellen oder bereits vorliegende Daten in eine Tabelle importieren. Häufig werden Sie die Daten anschließend noch rechnerisch aufbereiten.

[»] Es ist in OpenOffice.org auch möglich, Diagramme als quasi eigenständige Objekte einzufügen. Dieses Vorgehen eignet sich, um einfache Diagramme (mit wenigen darzustellenden Daten) schnell zu erstellen und wird häufiger in Writer-Dokumenten verwendet. Der Nachteil solcher Diagramme ist jedoch, dass die Handhabung relativ unflexibel ist. Beispielsweise können in der zugrunde liegenden Datentabelle keine Berechnungen erfolgen.

Diese Art der Diagramme (die im vorliegenden Buch, nicht weiter betrachtet werden) erzeugen Sie über **Einfügen • Objekt • OLE-Objekt...** und der Auswahl des Objekttyps *OpenOffice.org Diagramm*. Hierbei wird ein Default-Diagramm eingefügt, für welches Sie anschließend Werte eingeben und die Darstellung anpassen müssen.

Bevor Sie mit dem Einfügen des Diagramms beginnen, kann es zweckmäßig sein die entsprechenden Daten innerhalb der Tabelle zunächst zu markieren. Dies ist jedoch nicht notwendig. Falls Zeilen- oder Spaltenbeschriftungen in Ihrer Tabelle enthalten sind, die als spätere Beschriftungen für das Diagramm verwendet werden sollen, sollte Ihre Markierung auch diese Beschriftungen mit einschließen.

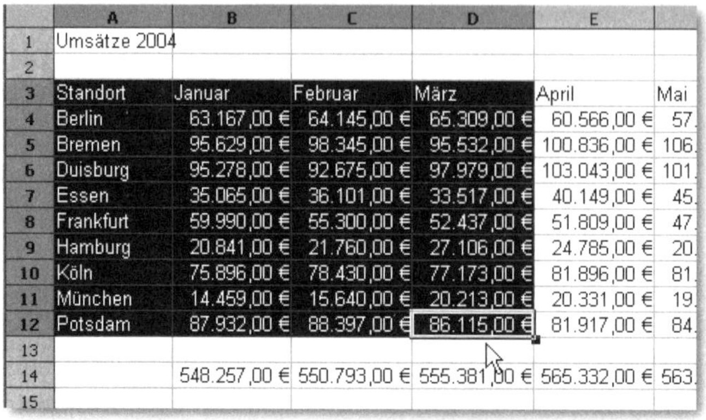

	A	B	C	D	E	
1	Umsätze 2004					
2						
3	Standort	Januar	Februar	März	April	Mai
4	Berlin	63.167,00 €	64.145,00 €	65.309,00 €	60.566,00 €	57
5	Bremen	95.629,00 €	98.345,00 €	95.532,00 €	100.836,00 €	106
6	Duisburg	95.278,00 €	92.675,00 €	97.979,00 €	103.043,00 €	101
7	Essen	35.065,00 €	36.101,00 €	33.517,00 €	40.149,00 €	45
8	Frankfurt	59.990,00 €	55.300,00 €	52.437,00 €	51.809,00 €	47
9	Hamburg	20.841,00 €	21.760,00 €	27.106,00 €	24.785,00 €	20
10	Köln	75.896,00 €	78.430,00 €	77.173,00 €	81.896,00 €	81
11	München	14.459,00 €	15.640,00 €	20.213,00 €	20.331,00 €	19
12	Potsdam	87.932,00 €	88.397,00 €	86.115,00 €	81.917,00 €	84
13						
14		548.257,00 €	550.793,00 €	555.381,00 €	565.332,00 €	563
15						

Abbildung 5.12 Ausgewählter Tabellenbereich

5.3 | Erstellen eines Diagramms

In Chart2[2] besteht die Möglichkeit nicht mehr, die Größe des Diagramms vor dem Aufruf des Assistenten festzulegen. Ebenso ist es nicht möglich, innerhalb des Diagramm-Assistenten die Tabelle zu bestimmen, in welche das Diagramm ausgegeben wird.

Wenn Sie also das Diagramm in eine bestimmte Tabelle ausgeben möchten, sollten Sie vor dem Aufruf des Assistenten diese Tabelle aktivieren, gegebenenfalls auch eine neue Tabelle anlegen. Ansonsten können Sie auch zunächst das Diagramm in die aktuelle Tabelle einfügen und nach Fertigstellung in die gewünschte Tabelle kopieren.

Rufen Sie den Diagramm-Assistenten über **Einfügen • Diagramm...** auf. Sie sehen anschließend die erste Seite des Diagramm-Assistenten.

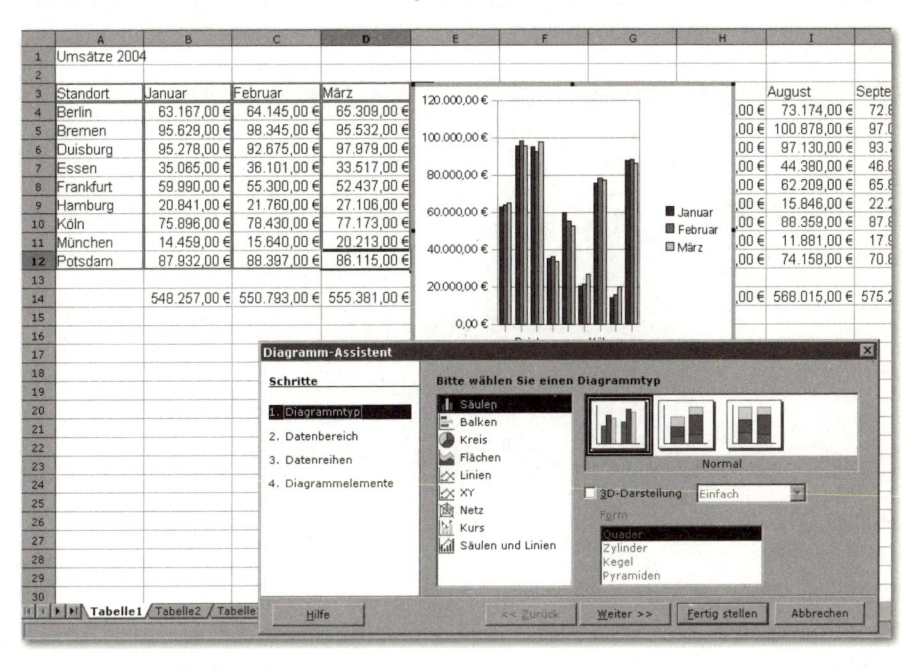

Abbildung 5.13 Diagramm-Assistent nach dem Aufruf

Das Diagramm wird sofort innerhalb der Tabelle (und nicht wie im alten Chart-Modul auf dem Dialog) dargestellt, der voreingestellte Diagrammtyp ist dabei ein einfaches Säulendiagramm.

Wählen Sie nun im Diagramm-Assistenten den gewünschten Diagrammtyp aus. Resultierend aus Ihrer Auswahl, kann sich hierbei die erste Seite des Dialogs verändern, wenn zum gewählten Diagrammtyp zugehörige Optionen eingeblendet

---

2 Diese Aussagen beziehen sich auf die zum Zeitpunkt der Manuskripterstellung aktuelle Version (2.3) von OpenOffic.org.

werden. Für diese erste Erläuterung des Diagramm-Assistenten soll jedoch der vorgegebene Diagrammtyp *Säulendiagramm* verwendet werden.

Beim Säulendiagramm können Sie entweder die normale 2D-Darstellung verwenden oder durch Aktivierung des Kontrollkästchens **3D-Darstellung** die 3D-Darstellung für das Diagramm einschalten, wodurch weitere Optionen aktiv werden. Wechseln Sie danach mit der Schaltfläche **Weiter >>** zur nächsten Seite des Diagramm-Assistenten.

[»] Die einzelnen Schritte des Diagramm-Assistenten können in Chart2 auch in beliebiger Reihenfolge durchlaufen werden, klicken Sie einfach im Bereich *Schritte* des Diagramm-Assistenten auf den gewünschten Schritt, um die zugehörige Dialogseite zu aktivieren.

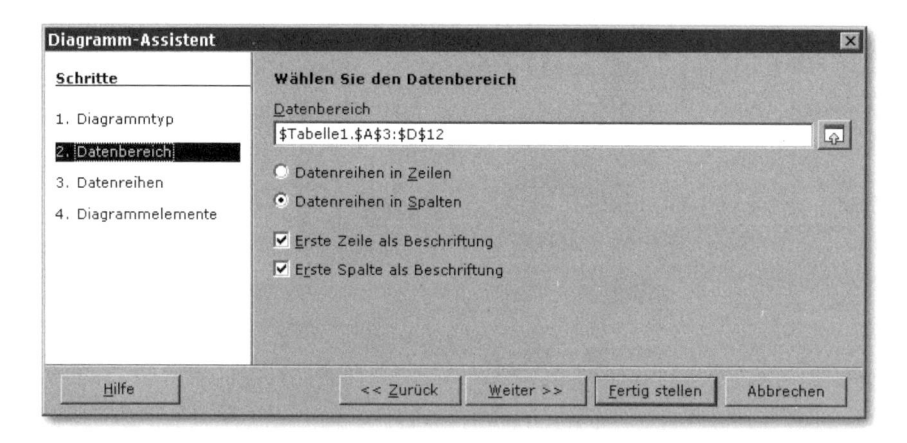

Abbildung 5.14 Diagramm-Assistent – Datenbereich

Wenn bereits vor Aufruf des Diagramm-Assistenten ein Datenbereich in der Tabelle ausgewählt war, ist dieser hier eingetragen. Hatten Sie vorher keinen Datenbereich gewählt (oder wollen den gewählten nachträglich ändern), können Sie diesen entweder mittels Maus in der Tabelle auswählen oder ihn manuell in das Feld *Datenbereich* eintragen.

Zum Auswählen mittels der Maus klicken Sie auf die Schaltfläche neben dem Feld *Datenbereich*, um den Dialog vorübergehend zu verkleinern. Markieren Sie dann den Bereich in der Tabelle und kehren Sie durch nochmaliges Klicken auf die Schaltfläche zum Dialog zurück. Bitte wählen Sie für den Bereich benötigte Beschriftungszeilen und/oder Beschriftungsspalten gleich mit aus (siehe Zellen (A3)B3 bis D3 und A4 bis A12 in Abbildung 5.13).

Je nach Anordnung der Datenreihen, entscheiden Sie sich bitte für die Option *Datenreihen in Zeilen* oder *Datenreihen in Spalten*. Aktivieren Sie ebenfalls die

Kontrollkästchen für die Diagrammbeschriftung, falls eine solche gewünscht ist und der angegebene Datenbereich entsprechende Zellen für Beschriftungseinträge umfasst. Dieser Arbeitsschritt (bzw. diese Dialogseite) entspricht inhaltlich den aus älteren OpenOffice.org-Versionen bekannten Möglichkeiten.

Mit Klick auf **Weiter >>** gelangen Sie zur inhaltlich neuen Dialogseite *Datenreihen* (siehe Abbildung 5.15), welche erweiterte Möglichkeiten zur bequemen Auswahl bietet.

Abbildung 5.15 Diagramm-Assistent – Datenreihen

Bezüglich unseres kleinen Einführungsbeispiels sind hier bereits alle gewünschten Daten (resultierend aus den Einträgen der vorigen Dialogseite) eingetragen. Klicken Sie deshalb auf **Weiter >>**.

Auf der jetzt sichtbaren Dialogseite *Diagrammelemente* (siehe Abbildung 5.16) können Sie weitere Einträge vornehmen. Diese werden entsprechend in der Vorschau des Diagramms dargestellt, wobei die konkrete Formatierung zunächst Default-Vorgaben entspricht.

Falls notwendig, können Sie auch bereits durchlaufene Seiten des Diagramm-Assistenten nochmals anzeigen, um Änderungen vorzunehmen. Wie bereits angesprochen, sind Sie dabei nicht an eine bestimmte Reihenfolge gebunden, sondern können jede Seite durch Anklicken ihres Eintrags im Bereich *Schritte* direkt anspringen.

Entsprechen alle Angaben Ihren Vorstellungen, stellen Sie das Diagramm fertig (und beenden gleichzeitig den Assistenten), indem Sie auf **Fertig stellen** klicken. Das fertige Diagramm befindet sich anschließend im Editiermodus, sodass Sie weitere Anpassungen gleich im Anschluss vornehmen können.

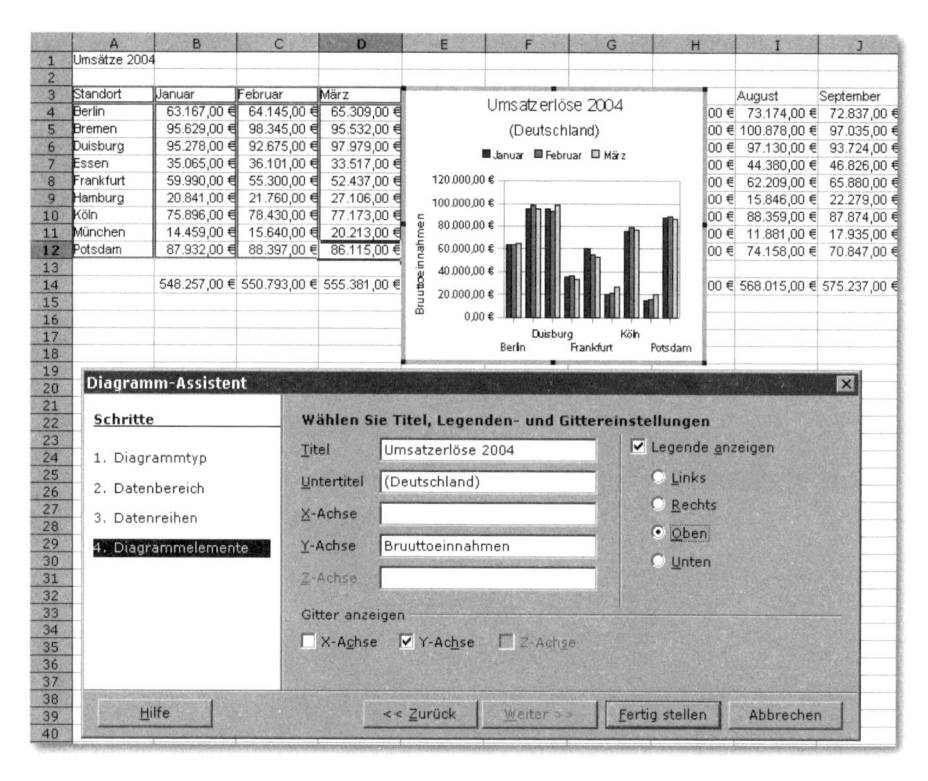

Abbildung 5.16 Diagramm-Assistent – Diagrammelemente

5.4 Anpassen des Gesamtdiagramms

5.4.1 Markieren und Editiermodus

Diagramme stellen innerhalb eines Tabellendokumentes Objekte dar, weshalb zwei grundsätzliche Möglichkeiten der Bearbeitung/Anpassung bestehen. Zum einen können Sie das Gesamtobjekt anpassen, zum anderen auch das Diagrammobjekt bzw. dessen Inhalt bearbeiten.

Alle Anpassungen, die das Gesamtobjekt betreffen werden nach Markieren des Diagramms durchgeführt. Um ein Diagramm zu markieren, klicken Sie einmal mit der Maus auf das Diagramm. Dass das Diagramm markiert wurde erkennen Sie am Sichtbarwerden der acht Ziehpunkte (in OpenOffice.org *Griffe* genannt) des Diagramms.

Zum Bearbeiten des Diagramms müssen Sie dieses in den Editiermodus versetzen. Hierzu führen Sie einen Doppelklick auf das Diagramm aus oder wählen im Kontextmenü des Diagramms den Eintrag **Bearbeiten**.

Anpassen des Gesamtdiagramms | **5.4**

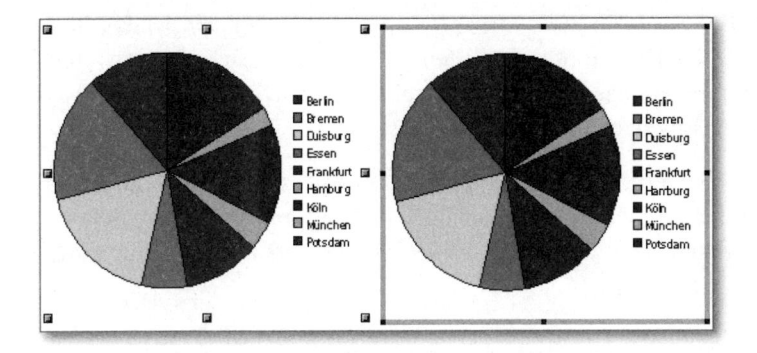

Abbildung 5.17 Markiertes Diagramm (links) und Diagramm im Editiermodus

> In Chart2 erfolgt auch die Bearbeitung der Datenbereiche des Diagramms im Editiermodus. Der entsprechende Eintrag steht also im Kontextmenü eines nur markierten Diagramms nicht mehr zur Verfügung.

Wenn sich das Diagramm im Editiermodus befindet, kann es nicht direkt markiert werden. Verlassen Sie zum Markieren zunächst den Editiermodus, indem Sie auf eine freie Stelle neben dem Diagramm klicken, und markieren Sie anschließend das Diagramm.

5.4.2 Größe ändern, kopieren, verschieben und löschen

Um die Größe eines Diagramms zu ändern, gehen Sie so vor:

- Markieren Sie das Diagramm, indem Sie einen Einfachklick auf das Diagramm ausführen.
- Zeigen Sie mit der Maus auf die *Griffe* (Ziehpunkte), und der Mauszeiger wird zum Doppelpfeil.
- Halten Sie die primäre (i.A. linke) Maustaste gedrückt und ändern Sie die Größe des Diagramms durch Ziehen mit der Maus, halten Sie dabei gegebenenfalls die Taste ⇧ gedrückt, um die Proportionen des Diagramms beizubehalten.

Die Größenänderung ist auch über das Kontextmenü des vorher markierten Diagramms möglich, wählen Sie dazu den Kontextmenüeintrag **Position und Größe...**.

Um ein Diagramm zu verschieben, markieren Sie es und zeigen mit der Maus auf das Diagramm, sodass der Mauspfeil zum Symbol des Verschiebens (Vierfachpfeil) wird, und ziehen Sie anschließend mit gedrückter Maustaste das Diagramm an die gewünschte Position.

Die Möglichkeit der Positionsänderung besteht ebenfalls über den Dialog **Position und Größe...** des Diagramms. Beachten Sie bitte, dass sich die dort angegebenen Werte immer auf das gesamte Tabellenblatt beziehen, auch wenn Sie das Diagramm an einer Tabellenzelle verankert haben.

Vielleicht haben Sie in einer Vorgängerversion von OpenOffice.org beim Erstellen eines Diagramms die Symbolleistenschaltfläche **Diagramm einfügen** benutzt, um vor dem Einfügen des Diagramms dessen Größe und Position durch Aufziehen mit der Maus festzulegen.

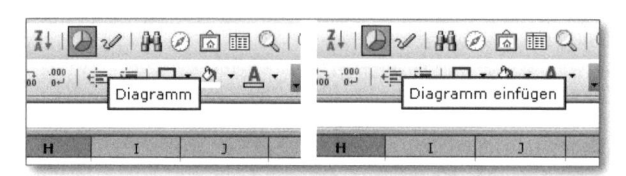

Abbildung 5.18   Schaltflächen – OpenOffice.org 2.3 (links) und 2.0.4

Obwohl eine entsprechende Schaltfläche auch in OpenOffice.org 2.3 existiert (Sie können sie über **Extras • Anpassen** der Symbolleiste hinzufügen, die in der Symbolleiste vorhandene ist eine andere Schaltfläche), gibt es dort – nach meiner Beobachtung – diese Möglichkeit nicht mehr. Die Schaltfläche bewirkt ein normales Einfügen eines Diagramms, ruft also den Diagramm-Assistenten direkt auf.

Das Kopieren eines Diagramms ist normal über Markieren des Diagramms und den Kontextmenüeintrag **Kopieren** (bzw. Tastaturkombination [Strg] + [C] oder Menüeintrag **Bearbeiten • Kopieren**) möglich. Anschließend wählen Sie eine Zelle auf demselben oder einem anderen Tabellenblatt aus und fügen das kopierte Diagramm ein (z. B. mit [Strg] + [V]).

Sie erhalten bei diesem Vorgehen ein Diagramm, welches dem kopierten Diagramm entspricht, wobei insbesondere der Datenbereich nach dem Kopieren gleich bleibt. Anschließend können Sie die Formatierung des kopierten Diagramms unabhängig vom ursprünglichen Diagramm anpassen (natürlich können Sie auch nachträglich den Datenbereich ändern). Beide Diagramme sind also nur unmittelbar nach dem Kopieren identisch, sind aber ansonsten voneinander unabhängig.

Wenn Sie ein Diagramm an seiner ursprünglichen Position ausschneiden und an einer neuen Position einfügen wollen, funktioniert das ganz analog. Ausschneiden können Sie das Diagramm beispielsweise mittels [Strg] + [X] und einfügen wieder entsprechend mit [Strg] + [V]. Diese Art des Vorgehens entspricht im Prinzip dem Verschieben des Diagramms, ist aber notwendig, wenn Sie das Diagramm auf ein anderes Tabellenblatt »verschieben« wollen.

Diese Möglichkeit des Verschiebens werden Sie in OpenOffice.org (beginnend mit Version 2.3) häufiger benötigen, denn der Diagramm-Assistent von Chart2 kennt die Möglichkeit nicht mehr, ein Diagramm in ein bestimmtes Tabellenblatt auszugeben.

Praktisch ist die Situation bei Chart2 so, dass das Diagramm immer in das Tabellenblatt eingefügt wird, welches zum Zeitpunkt des Aufrufs des Diagramm-Assistenten das aktive Blatt war. Sie können sich dieses Verhalten aber zunutze machen, wenn Sie vor Aufruf des Diagramm-Assistenten erst das Tabellenblatt aktivieren, in welches das Diagramm eingefügt werden soll, und nicht dasjenige, in dem die zu verwendenden Daten stehen (beide Tabellenblätter können natürlich auch identisch sein).

Um ein Diagramm zu löschen, markieren Sie es und drücken [Entf].

5.4.3 Spezielle Möglichkeiten beim Verschieben und Kopieren

Oft übersehen werden beim Arbeiten mit OpenOffice.org die Möglichkeiten, die sich aus der Verwendung des Befehls *Inhalte einfügen* ergeben. Dieser Befehl steht, abhängig vom aktuellen Kontext, in nahezu allen Modulen von OpenOffice.org zur Verfügung und ist über das Menü **Bearbeiten • Inhalte einfügen...**, als Tastaturkombination [Strg] + [⇧] + [V], über die Symbolleistenschaltfläche **Einfügen** oder über das Kontextmenü **Inhalte einfügen...** verfügbar.

Den Befehl Inhalte einfügen sollten Sie generell im Hinterkopf haben, wenn Sie sich in einer Situation befinden, in der einfaches Einfügen nicht zum gewünschten Ergebnis führt. Versuchen Sie dann doch einmal Inhalte einfügen und testen Sie notfalls alle dort (kontextabhängig) angebotenen Einfügeformate.

Beispielsweise beim Kopieren von Webseiteninhalten entsteht häufig die Situation, dass der Inhalt nach dem Einfügen mit [Strg] + [V] nicht den Erwartungen entspricht, in dieser Situation kann Inhalte einfügen hilfreich sein.

Haben Sie ein Diagramm kopiert oder ausgeschnitten, nutzen Sie *Inhalte einfügen* beispielsweise wie folgt:

Calc/Calc

Wechseln Sie zu einem anderen Tabellenblatt (innerhalb desselben Calc-Dokuments), wählen Sie **Bearbeiten • Inhalte einfügen...** und entscheiden Sie sich im erscheinenden Dialog entweder für *Star Object Descriptor (XML)* oder für *GDI Metafile*. Die erste Auswahl entspricht im Ergebnis dem »normalen« Einfügen mit [Strg] + [V], die zweite fügt das Diagramm als Grafik in das Dokument ein.

Bei der ersten Möglichkeit erhalten Sie also ein Diagramm, welches weiterhin aktualisierbar ist, bei der zweiten Möglichkeit nur eine statische Grafik, die nicht mehr von Änderungen der Diagrammdaten beeinflusst wird. Beide Fälle unterscheiden sich in den Möglichkeiten der weiteren Bearbeitung.

5 | Diagramme

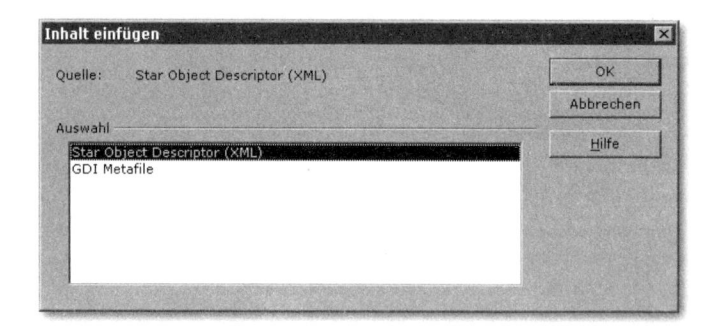

Abbildung 5.19 Dialog »Inhalt(e) einfügen«

Das erhaltene Diagramm kann entsprechend formatiert und bearbeitet werden wie das Ursprungsdiagramm, die Grafik hingegen verhält sich wie eine übliche Grafik. Sie können sie beispielsweise spiegeln, ihr ein Makro zuweisen und Weiteres.

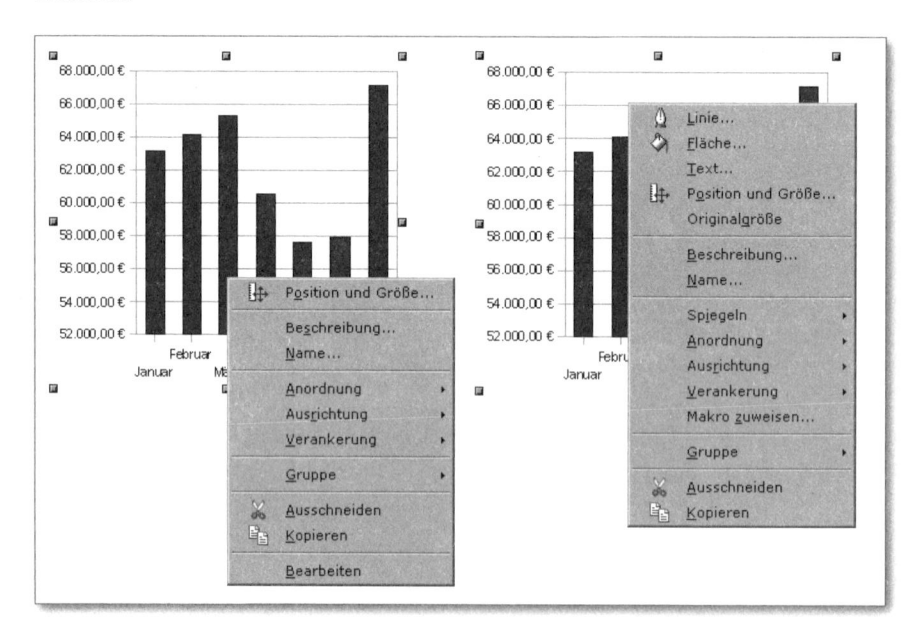

Abbildung 5.20 Diagramm (links) und Diagramm als Grafik

Erkennbar werden die unterschiedlichen Möglichkeiten auch aus den unterschiedlichen Kontextmenüs (siehe Abbildung 5.20).

Mittels Kopieren von Diagrammen eröffnet sich auch ein Weg, vorformatierte Diagramme als eine Art von »Diagrammvorlagen« zu benutzen, lesen Sie hierzu bitte Kapitel 5.6.

Calc/Writer (Impress, Draw)

Beim Kopieren eines in Calc erstellten Diagramms in das Textverarbeitungsmodul von OpenOffice.org (Writer) haben Sie ebenfalls die zwei vorgenannten Möglichkeiten des Einfügens als Star Object Descriptor (XML) oder als GDI Metafile.

Beim Einfügen als aktualisierbares Diagramm (Star Object Descriptor (XML)) wird jedoch die eigentliche Verbindung zur Datenquelle gelöst und das Diagramm wird zum eigenständigen (bearbeitbaren) Diagramm (OLE-Objekt) in Writer, wie eingangs des Kapitels 5.3 beschrieben.

> Das Präsentationsmodul (Impress) und das Zeichenprogramm (Draw) von OpenOffice.org verhalten sich analog. In Draw (teilweise auch in Impress) bestehen jedoch erweiterte Möglichkeiten zur Bearbeitung, nachdem Sie das Diagramm dort als Grafikobjekt eingefügt oder zum Grafikobjekt umgewandelt haben.

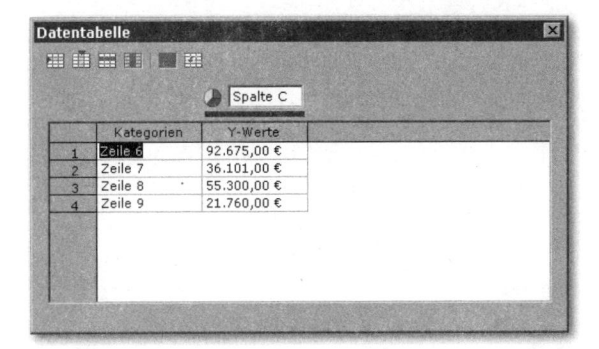

Abbildung 5.21 Diagrammdatentabelle zum Bearbeiten der Diagrammdaten

Durch Doppelklicken des Diagramms in Writer versetzen Sie es auch dort in den Editiermodus, und im Kontextmenü des Diagramms steht dann der Eintrag **Diagrammdatentabelle...** zur Verfügung, mit dessen Hilfe Sie einen Dialog aufrufen können, in welchem Sie die Diagrammdaten bearbeiten können.

Wollen Sie das Diagramm aktualisierbar auf die Daten der Calc-Tabelle verknüpfen, müssen Sie etwas anders vorgehen (siehe auch Kapitel 2):

Wählen Sie im Menü (in Writer) **Einfügen • Objekt • OLE-Objekt...**, wählen Sie im erscheinenden Dialog die Option »*aus Datei erstellen*« und aktivieren Sie zusätzlich die Option »*mit Datei verknüpfen*«. Wählen Sie anschließend die Calc-Datei aus, welche das gewünschte Diagramm enthält.

Beachten Sie bitte folgende Hinweise:

Das nun in Writer sichtbare Objekt (es umfasst prinzipiell die gesamte Calc-Datei) müssen Sie sicherlich in der Größe bzw. hinsichtlich des dargestellten Bereichs etwas anpassen, allerdings wirken sich diese Anpassungen auch in der zugrunde liegenden (verknüpften) Calc-Datei aus. Zudem gehen bei späterem Bearbeiten der Calc-Datei gegebenenfalls wieder Einstellungen (die Darstellung betreffend) verloren.

Es ist deshalb zweckmäßig, wenn Sie ein Diagramm auf diesem Weg einbinden, dass Sie zunächst ein separates Calc-Dokument erstellen, in welches Sie (nur) die Daten des ursprünglichen Calc-Dokuments verknüpfen (z. B. mittels **Einfügen • Tabelle aus Datei**). In diesem Calc-Dokument erstellen Sie dann das Diagramm erneut. War Ihr ursprüngliches Diagramm bereits umfänglich formatiert, beachten Sie bitte Kapitel 5.6 und folgen Sie der dortigen Beschreibung sinngemäß.

Dieses zweite Calc-Dokument verknüpfen Sie anschließend – wie oben stehend beschrieben – in Writer und passen dort die Darstellung an.

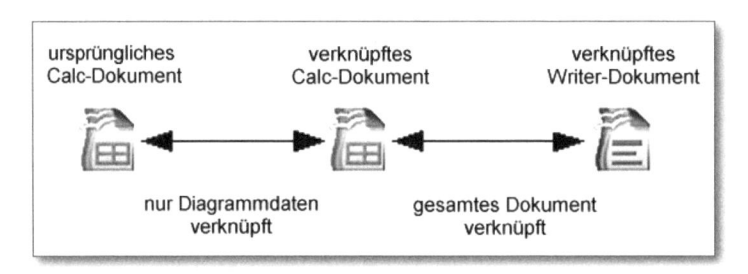

Abbildung 5.22 Schema der Verknüpfungen

Wenn Sie spätere Bearbeitungen nur im ursprünglichen Diagramm vornehmen, wird die Darstellung des zweiten Calc-Dokuments (welches in Writer verknüpft ist) nicht direkt beeinflusst, das Diagramm und die Daten werden aber aktualisiert.

Das direkt im Writer-Dokument verknüpfte Calc-Dokument (siehe Abbildung 5.22 – Mitte) sollten Sie nun nicht mehr eigenständig öffnen, um nicht die Darstellung zu verändern (mit den entsprechenden Auswirkungen auf die Darstellung im Writer-Dokument). Prinzipiell ist ein Bearbeiten dieses Dokuments natürlich nicht ausgeschlossen, beachten Sie dann jedoch, dass das Dokument zum gleichen Zeitpunkt nur einmal bearbeitbar geöffnet sein kann.

Ist also das Writer-Dokument geöffnet, wird ein nachträgliches Öffnen des Calc-Dokuments dieses nur schreibgeschützt öffnen und umgekehrt.

Im ersten Fall sehen Sie beim Öffnen des Calc-Dokuments in der Titelzeile den Hinweis »(schreibgeschützt)« und das enthaltene Diagramm verhält sich so, als wenn das Tabellenblatt geschützt wäre. Den Versuch, das Calc-Dokument in dieser Situation mittels der Schaltfläche **Datei bearbeiten** zu bearbeiten, quittiert

Calc mit der Meldung, dass Sie nur eine Kopie des Dokuments zum Bearbeiten öffnen können. Beachten Sie bitte, dass diese Kopie ein neues, ungespeichertes Dokument darstellt.

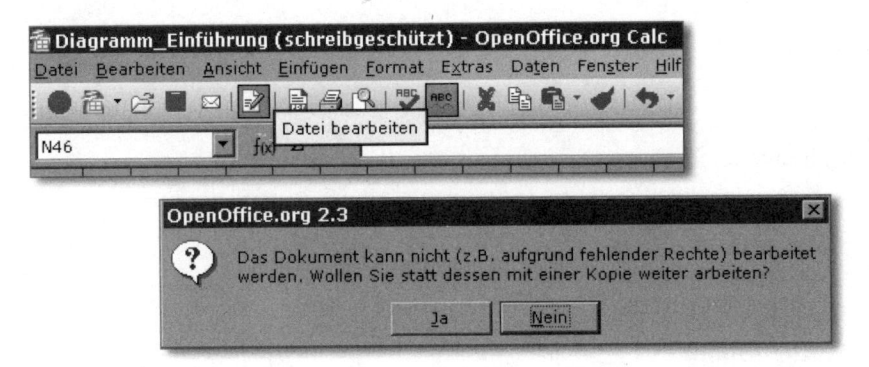

Abbildung 5.23   Situation im schreibgeschützten Dokument

Im zweiten Fall (nachträgliches Öffnen des Writer-Dokuments) enthält die Titelzeile keinen Hinweis, außerdem können Sie das verknüpfte Calc-Dokument scheinbar durch Doppelklick in den Bearbeitungsmodus versetzen. Sobald Sie aber versuchen, eine Änderung vorzunehmen, quittiert Writer dies mit der Meldung »*Dokument ist nur zum Lesen geöffnet...*

5.4.4   Sonstige Anpassungen

Das Kontextmenü eines Diagramms (siehe Abbildung 5.20) bietet weitere Möglichkeiten zur Anpassung des Diagramms.

▶ **Beschreibung**
   Hier können Sie eine ausführliche Beschreibung des Diagramms eingeben.

▶ **Name**
   Geben Sie hier einen Namen für das Diagramm ein, dieser wird beispielsweise im *Navigator* (siehe Kapitel 3, »Die Programmumgebung«) angezeigt.

▶ **Anordnung**
   Dort aufgeführte Einstellmöglichkeiten dürften selbsterklärend sein. Beachten Sie jedoch den Punkt *In den Hintergrund*, welcher das Diagramm quasi »hinter« die Tabelle plaziert, mit der Konsequenz, dass Sie es nicht mehr mit der Maus aktivieren können.
   Rufen Sie in diesem Falle den Navigator auf (F5) und wählen Sie dort das Diagramm aus. Es wird dann im Tabellenblatt markiert, und Sie können es über das Kontextmenü wieder in den Vordergrund legen (**Anordnung · In den Vordergrund**).

▶ **Verankerung**
Hier legen Sie fest, ob das Diagramm an der Zelle (relativ) oder am Tabellenblatt (absolut) verankert ist.

▶ **Gruppe**
Dieser Punkt (bzw. dessen Unterpunkte) ist nur erreich- und verwendbar, wenn mehrere Objekte markiert sind, um diese zu gruppieren.
Gruppierte Objekte verhalten sich in Folge wie ein einzelnes Objekt, werden beispielsweise als Ganzes verschoben. Für Diagramme kann diese Funktion zum Beispiel sinnvoll sein, um Firmenlogos am Diagramm zu verankern.

5.5 Anpassen des Diagramminhalts

5.5.1 Allgemeines

Im vorherigen Kapitel ging es um Anpassungen, die das Diagramm als Gesamtobjekt betreffen, hier soll es nun um das Anpassen einzelner Bestandteile des Diagramms gehen. Alle entsprechenden Anpassungen erfolgen im **Editiermodus** des Diagramms.

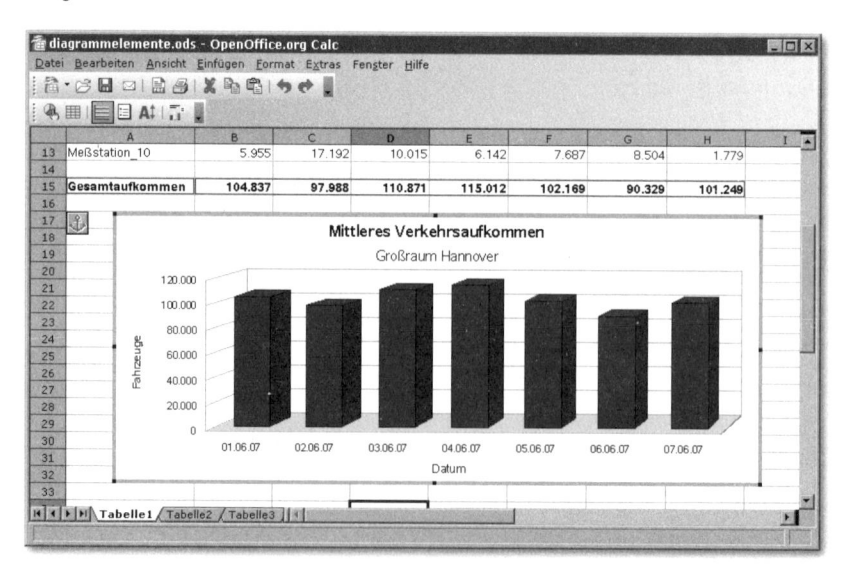

Abbildung 5.24   Diagramm im Editiermodus

Beachten Sie bitte folgende allgemeine Hinweise:

Die wesentlichen Einzelbestandteile des Diagramms lassen sich markieren und innerhalb des Diagramms mit der Maus verschieben, eine *direkte* Größenanpassung ist bei etlichen Elementen (z. B. Legende, Titel) nicht möglich.

Möchten Sie ein Diagrammelement entfernen, genügt es, das Element zu markieren und [Entf] zu drücken. Dieser Weg ist in bestimmten Fällen auch der einzig mögliche. Haben Sie beispielsweise ein Grafikelement (während sich das Diagramm im Editiermodus befand) in das Diagramm kopiert, werden Sie in dessen Kontextmenü keinen Befehl zum Ausschneiden oder Löschen finden.

Befindet sich das Diagramm im Editiermodus, existiert eine separate Funktion zum Rückgängigmachen und Wiederherstellen von durchgeführten Arbeitsschritten. Diese Möglichkeit besteht jedoch nur für den Zeitraum, in dem sich das Diagramm durchgängig im Editiermodus befindet, d.h., verlassen Sie den Editiermodus auch nur kurzfristig, so wird die *History* (Aufzeichnung der Arbeitsschritte) verworfen.

Das Markieren bestimmter Elemente ist nicht immer ganz einfach. Falls Sie ein Element nicht wie gewünscht markieren können: Klicken Sie zunächst in einen Bereich deutlich abseits des Elements und versuchen Sie anschließend nochmals, das Element zu markieren.

Manche Elemente liegen sehr dicht beieinander, und welches Element beim Anklicken markiert wird, ist von der exakten Positionierung des Mauspfeils vor dem Anklicken abhängig. Lassen Sie einfach vor dem Anklicken die Maus kurz verharren, die Form des Mauspfeils und ein entsprechender Tooltipp zeigen an, welches Element beim Klicken markiert wird.

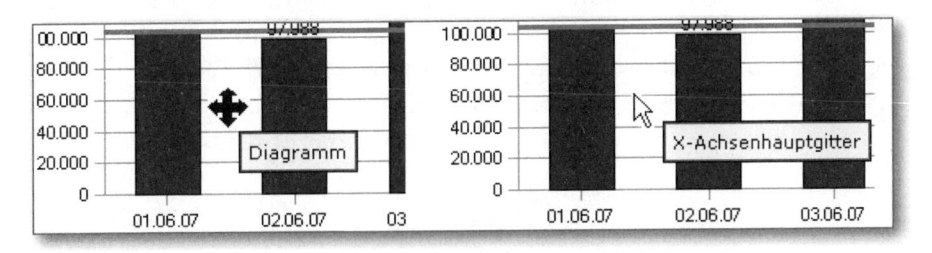

Abbildung 5.25 Form des Mauspfeils und Tooltipp

Warten Sie nach dem Mausklick einen kurzen Augenblick, gerade auf ältern Computern dauert es im manchen Fällen einen Moment, bis Sie die Markierung sehen. Ein bewusst langsam ausgeführter Einzelklick mit der Maus kann manchmal ebenfalls helfen. Haben Sie zum Beispiel eine komplette Datenreihe im Diagramm markiert, markiert ein entsprechender Einzelklick einen Datenpunkt. Hektisches Doppelklicken würde hingegen den Dialog zur Einstellung der Eigenschaften der Datenreihe aufrufen.

Benutzen Sie, nachdem Sie ein Element markiert haben, die [⇆]-Taste, um weitere Elemente zu »durchlaufen«. Welche Elemente hierbei durchlaufen werden, ist jedoch vom Kontext des ursprünglich markierten Elements abhängig. Hatten Sie beispielsweise ursprünglich den Titel des Diagramms markiert, können Sie mittels [⇥] nicht die einzelnen Datenpunkte des Diagramms durchlaufen.

5.5.2 Diagrammtitel, Untertitel und Titel der Achsen

Diese Elemente können Sie bereits während der Erstellung des Diagramms mit dem Diagramm-Assistenten einfügen. In einem fertigen Diagramm rufen Sie im Menü den entsprechenden Dialog über **Einfügen – Titel...** auf.

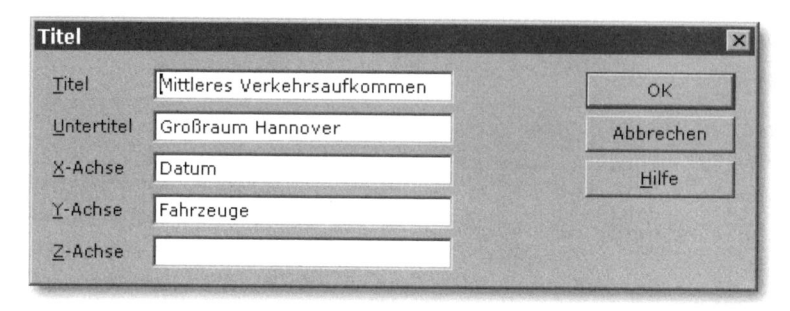

Abbildung 5.26 Titel anpassen

Anschließend können Sie die gewünschten Änderungen vornehmen. Um bestimmte Titel zu löschen, markieren Sie den Text und drücken Sie [Entf]. Da die im Dialog gemachten Eintragungen so ins Diagramm übernommen werden, wie Sie sie vornehmen, beachten Sie beim Löschen bitte auch Leerzeichen. Denn diese würden ebenfalls im Diagramm angezeigt und beeinflussen (obwohl selbst nicht sichtbar), wegen des durch sie beanspruchten Platzes, das Gesamtlayout des Diagramms.

Es ist auch möglich, den Text eines Titels direkt im Diagramm zu editieren, führen Sie hierzu einen Doppelklick auf den Titel aus. Ein schraffierter Rahmen um den Titel zeigt Ihnen an, dass Sie den Text nun bearbeiten können.

Zum Bearbeiten weiterer Eigenschaften markieren Sie den Titel durch Anklicken mit der Maus und rufen in dessen Kontextmenü den Eintrag **Objekteigenschaften...** auf. Der erscheinende Dialog umfasst folgende Bereiche:

▶ **Linie**
Wählen Sie hier einen Linienstil aus und treffen Sie weitere Einstellungen zur Darstellung der Linie. Die Linie wird im Diagramm als Umrandung des Titels sichtbar.

▶ **Fläche**
Hier stellen Sie für den Titel einen Hintergrund ein.

- **Transparenz**
  Die Einstellungen der Transparenz gelten für den Hintergrund des Titels, welcher unter *Fläche* festgelegt wurde.
- **Zeichen**
  Bestimmen Sie hier die Schriftart und Schriftgröße für den Titel.
- **Schrifteffekt**
  In diesem Bereich können Sie verschiedenste Schrifteffekte festlegen.
- **Ausrichtung**
  Bestimmen Sie die Ausrichtung des Titels. Beachten Sie die Option zur vertikalen Darstellung des Textes, hierbei werden die Buchstaben des Titels »gestapelt« dargestellt.

> Sie können auch alle Titel des Diagramms über **Format • Titel • Alle Titel...** gemeinsam formatieren. Dort festgelegte Einstellungen wirken sich auf alle Titel im Diagramm aus. Individuell vorgenommene Einstellungen für die Einzeltitel werden nicht überschrieben.

Manchmal wünschen Sie sich vielleicht auch Titel für die sekundären Achsen eines Diagramms, diese sind jedoch nicht direkt verfügbar. Es gibt folgende zwei Möglichkeiten:

1. Zeichnen Sie ein Rechteck in Calc (hierzu müssen Sie zunächst den Editiermodus des Diagramms verlassen), beschriften Sie es Ihren Wünschen entsprechend und formatieren Sie es. Markieren Sie nun das Rechteck, schneiden es aus, bringen das Diagramm wieder in den Editiermodus und fügen das Rechteck ein.

2. Nutzen Sie einen der bestehenden Titel innerhalb des Diagramms und erstellen Sie von diesem eine Kopie. Beachten Sie bitte, dass Sie innerhalb des Diagramms nur das »Original« und nicht die Kopie bearbeiten können. Es ist deshalb notwendig, den Originaltitel zunächst so anzupassen, wie später die Kopie aussehen soll. Danach kopieren Sie den Titel und ändern abschließend das Original wieder.

5.5.3 Diagrammachsen und Gitter

Achsen können Sie über den Dialog **Einfügen • Achsen** anzeigen oder ausblenden, ein direktes Löschen der Achsen im Diagramm wird nicht unterstützt.

Um eine der Diagrammachsen zu formatieren, markieren Sie die Achse im Diagramm und rufen aus deren Kontextmenü den Dialog ihrer Eigenschaften auf, indem Sie auf **Objekteigenschaften...** klicken. Im Dialog finden Sie die folgenden Bereiche:

- **Linie**
- **Zeichen**
- **Schrifteffekt**
- **Beschriftung**
  Legen Sie hier fest, wie (bzw. ob) die Beschriftung der Achse angezeigt werden soll.
- **Skalierung**
  Beim Erstellen des Diagramms wurden hier bereits automatisch Werte eingetragen, welche Sie aber nach Bedarf anpassen können. Ebenso können Sie eine logarithmische Skalierung für die Achse einschalten und die Anzeige der Marken für Haupt- und Hilfsintervalle anpassen.
  (Nur verfügbar, wenn es sich um eine Achse handelt, welche Zahlenwerte darstellt.)
- **Zahlen**
  Bei der Erstellung des Diagramms wurde hier automatisch die Option *Quellenformat* genutzt, deaktivieren Sie bei Bedarf diese Option, um die Formatierung manuell anzupassen.
  (Nur verfügbar, wenn es sich um eine Achse handelt, welche Zahlenwerte darstellt.)

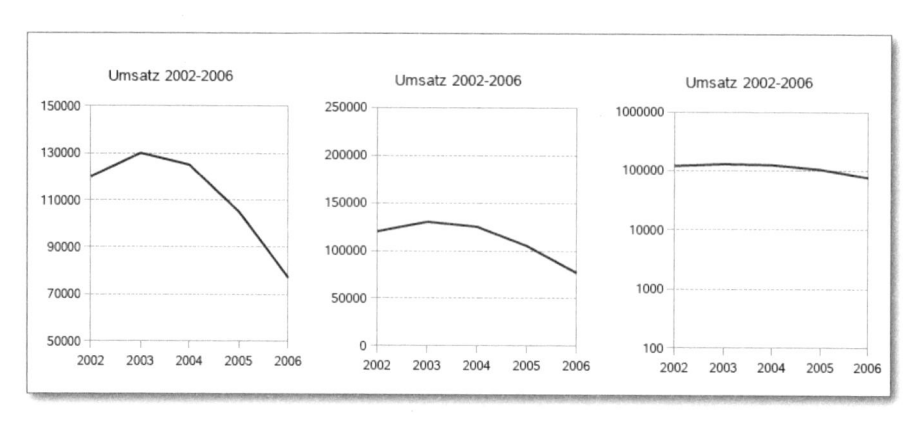

Abbildung 5.27 Achsenskalierung bei Diagrammen

Über **Format • Achse • Alle Achsen...** besteht die Möglichkeit, Einstellungen vorzunehmen, welche für alle Achsen gelten. Einstellungen, die für Einzelachsen vorgenommen werden, überschreiben gegebenenfalls diese zentralen Einstellungen.

> Denken Sie beim Skalieren von Diagrammachsen generell auch daran, dass ein Diagramm in seiner optischen Gesamtheit wirkt. Abbildung 5.27 zeigt ein Beispiel. Die den drei Diagrammen zugrunde liegenden Zahlenwerte sind vollkommen gleich, lediglich die Skalierungen der y-Achsen sind verschieden. Besonders deutlich ist im rechten Diagramm zu erkennen, wie ungünstig (oder auch günstig, wenn Sie daran denken, dass Sie die dargestellten Umsätze zu verantworten hätten) die Wahl einer ungeeigneten Achsenskalierung sein kann. Die Skalierung der y-Achse ist bei diesem Diagramm logarithmisch, wodurch (trotz erheblich unterschiedlicher Werte) der Eindruck entsteht, die Umsätze wären fast unverändert. [+]

Gitter dienen im Diagramm der besseren Lesbarkeit. Die Anzeige der Gitter wird über **Einfügen • Gitter** ein- bzw. abgeschaltet.

Unterschieden werden Haupt- und Hilfsgitter, wobei deren Abstände im Bereich *Skalierung* des Dialogs *Objekteigenschaften* der jeweiligen Achse festgelegt werden. Beachten Sie bitte, dass sich der Wert für *Hilfsintervall* auf »Teile des Hauptintervalls« bezieht, siehe Abbildung 5.28.

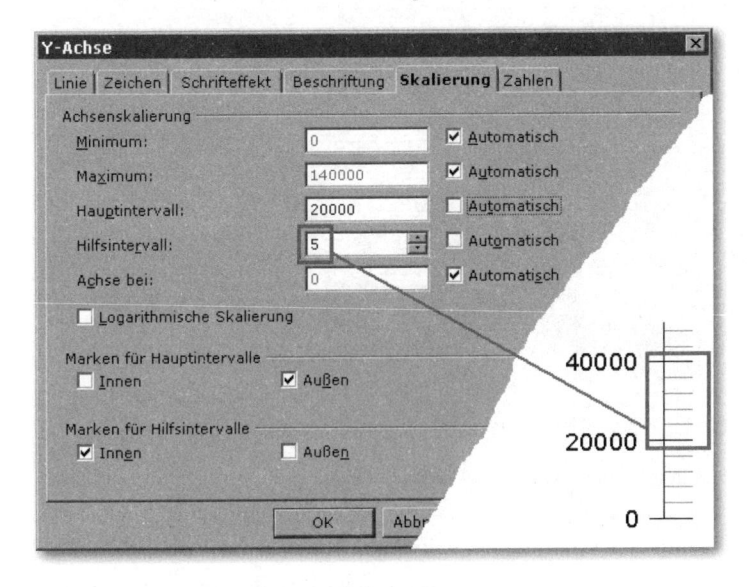

Abbildung 5.28 Einstellung »Hilfsintervall«

5.5.4 Diagrammfläche und Diagrammwand

Die Diagrammfläche umfasst die Fläche des gesamten Diagrammobjekts, die Diagrammwand nur die Fläche des Datenbereichs des Diagramms, sofern dieser existiert (siehe Abbildung 5.29). Kreisdiagramme besitzen beispielsweise keine Diagrammwand.

3D-Diagramme besitzen zuweilen zusätzlich einen *Diagrammboden*, welcher die untere Fläche des gedachten »Kastens« des Datenbereichs bezeichnet (in Abbildung 5.24 die Fläche, auf welcher die Säulen »stehen«).

Alle drei Flächen (Diagrammfläche, Diagrammwand und Diagrammboden) besitzen einen identischen Dialog zur Anpassung ihrer Darstellung, und zwar mit den Bereichen:

- Linie
- Fläche
- Transparenz

Beachten Sie, dass sich sowohl Diagrammwand als auch Diagrammboden beim Diagramm vor der Diagrammfläche befinden, es also möglich ist, die Diagrammfläche durchscheinen zu lassen, wenn Sie entsprechende Einstellungen der Transparenz vornehmen.

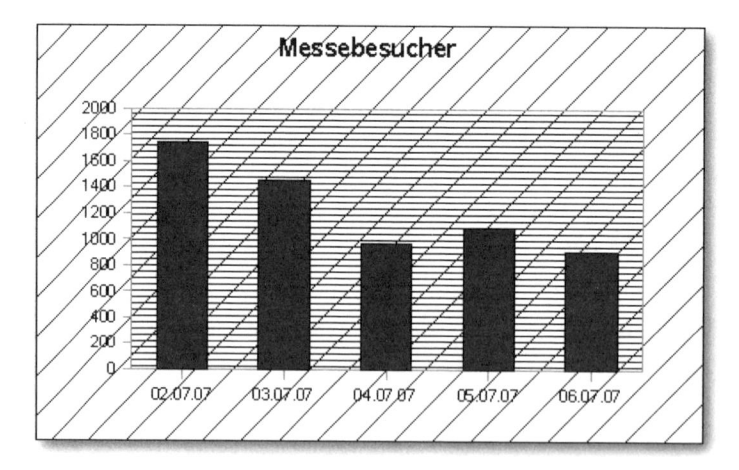

Abbildung 5.29 Diagrammfläche (schräg schraffiert) und Diagrammwand

Außerdem bestimmt die Transparenz aller drei Flächen, ob das Tabellenblatt im Hintergrund des Diagramms sichtbar ist (bzw. durchscheint).

5.5.5 Datenbereiche bearbeiten

[o] In Chart2 wurde die Anpassung der Datenbereiche durch Erweiterung des bestehenden Dialogs verbessert, Datenreihen können nun bequemer als früher bearbeitet werden.

In Abbildung 5.30 sehen Sie das Beispiel eines Kartenvorverkaufs. Um weitere Datenreihen zum Diagramm hinzuzufügen, rufen Sie den Dialog zum Bearbeiten der Diagrammdaten mittels **Format • Datenbereiche...** aus dem Menü heraus auf und wechseln im erscheinenden Dialog zum Register *Datenreihen*. Dort sind die Angaben über alle Datenreihen des Diagramms einsehbar und können einzeln angepasst werden. Um in das Diagramm beispielsweise die Datenreihe für die Preisgruppe 3 hinzuzufügen, gehen Sie wie folgt vor:

- Markieren Sie links im Dialog den Namen der letzten Datenreihe (im Beispiel »2«).
- Klicken Sie auf die Schaltfläche **Hinzufügen**.
- Achten Sie darauf, dass rechts (unter *Datenbereiche*) *Name* markiert ist, klicken Sie auf die Schaltfläche des Feldes *Bereich für Name* und wählen Sie Zelle D4 aus.
- Markieren Sie unter *Datenbereiche* den Eintrag *Y-Werte*, klicken Sie auf die Schaltfläche des Feldes *Bereich für Y-Werte* und wählen Sie den Zellbereich D5 bis D9. In der Vorschau des Diagramms sehen Sie anschließend, dass die Datenreihe hinzugefügt wurde.
- Klicken Sie auf **OK**, um die Änderungen zu übernehmen.

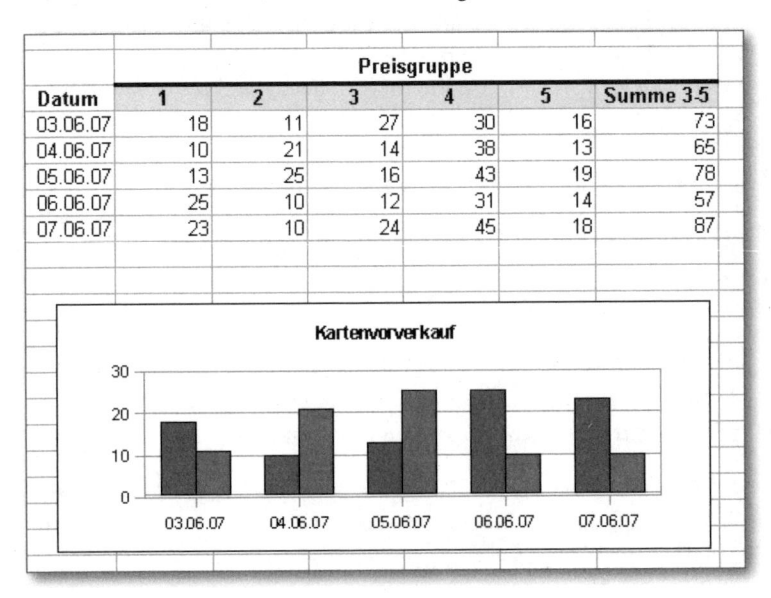

Abbildung 5.30 Beispiel Kartenvorverkauf

Falls Sie eine Datenreihe ändern möchten, markieren Sie diese (links unter *Datenreihen*) und nehmen im rechten Bereich des Dialogs die gewünschten Anpassungen vor. Zum Löschen einer Datenreihe markieren Sie diese ebenfalls und klicken anschließend auf **Entfernen**.

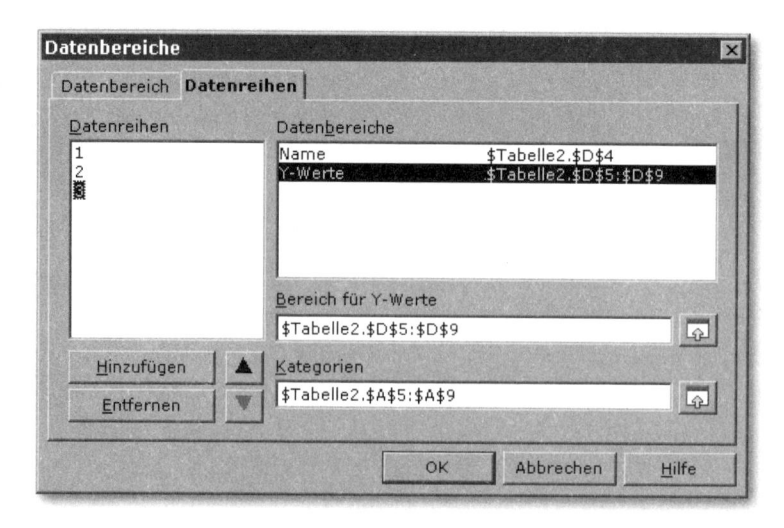

Abbildung 5.31 Datenreihe hinzufügen

[»] Im Register *Datenbereich* des Dialogs *Datenbereiche* finden Sie die Darstellung der Diagrammdaten, in der Form, wie Sie sie vielleicht aus früheren OpenOffice.org-Versionen kennen. Dieses Register ist weiterhin nützlich, falls Sie mehrere Datenreihen, welche sich in einem geschlossenen Zellbereich befinden, gleichzeitig hinzufügen möchten.

Sie können Diagrammdaten auch mittels Drag & Drop hinzufügen:

- Stellen Sie sicher, dass sich das Diagramm nicht im Editiermodus befindet.
- Markieren Sie im Tabellenblatt einen geschlossenen Datenbereich (gegebenenfalls inklusive von Zeilen- und Spaltenbeschriftungen).
- Ziehen Sie den markierten Bereich auf das Diagramm und lassen ihn dort fallen. Im erscheinenden Dialog wählen Sie, ob Ihr Datenbereich für das Diagramm zu verwendende Beschriftungszeilen oder -spalten enthält.

Achtung, bei diesem Vorgehen werden bereits vorhandene Diagrammdaten überschrieben. Wollen Sie die im Diagramm schon vorhandenen Daten ergänzen, müssen Sie beim Ziehen [Strg] + [⇧] gedrückt halten.

Umstieg: Beachten Sie bitte die bei Calc abweichende Handhabung des Drag & Drops von Zellen. Sie müssen zuerst den Zellbereich markieren, anschließend die Maustaste kurz loslassen und können erst nach nochmaligem Drücken der Maustaste mit dem Ziehen beginnen. (siehe Kapitel 4.2.3)

5.5.6 Datenreihen und Datenpunkte

Um eine Datenreihe zum Anpassen der Darstellung zu markieren, klicken Sie die Datenreihe mit der Maus an. Dass die Datenreihe markiert ist, erkennen Sie an den kleinen grünen Quadraten, welche die einzelnen Datenpunkte der Datenreihe symbolisieren.

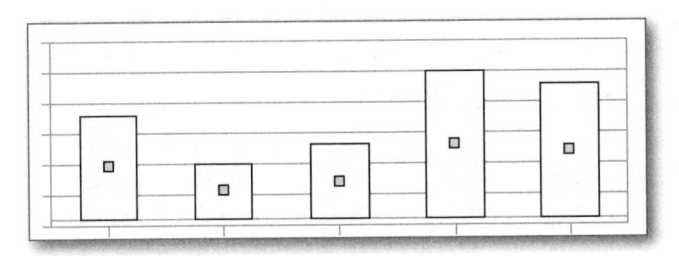

Abbildung 5.32 Markierte Datenreihe

Zum Anpassen wählen Sie im Kontextmenü den Eintrag **Objekteigenschaften...** oder nutzen Sie das Menü **Format • Objekteigenschaften**, um den entsprechenden Dialog aufzurufen. Der angezeigte Dialog umfasst folgende Bereiche[3]:

- **Linie**
  Hier stellen Sie die Eigenschaften der Linien der Datenreihe ein. Falls der verwendete Diagrammtyp auch Symbole für die Datenpunkte beinhaltet, können Sie ebenfalls Einstellungen für diese Symbole vornehmen.

- **Fläche**
  Stellen Sie die Füllung für die Fläche der Darstellung der Datenreihe ein.

- **Transparenz**
  Einstellungen für die Transparenz der Flächenfüllung.

- **Zeichen**
  Legen Sie Einstellungen für die zu verwendende Schriftart der Beschriftung der Datenpunkte fest.

- **Schrifteffekt**
  Bestimmen Sie erweiterte Schrifteffekte.

- **Datenbeschriftung**
  Legt fest. ob eine Datenbeschriftung der einzelnen Datenpunkte angezeigt werden soll und was als Beschriftung angezeigt wird.

- **Layout**
  Für bestimmte 3D-Diagramme können Sie hier die Art der Darstellung der Daten wählen.

---

3 Welche Bereiche konkret angezeigt werden, ist abhängig vom konkreten Diagrammtyp.

▶ **Statistik**

In diesem Bereich können Sie entscheiden, welche statistischen Auswertungen ins Diagramm eingeblendet werden.

▶ **Optionen**

Analog zum Anpassen der Darstellung von kompletten Datenreihen können Sie auch die Darstellung einzelner Datenpunkte gesondert anpassen. Auf diese Art und Weise können Sie einzelne Datenpunkte hervorheben.

Einen einzelnen Datenpunkt markieren Sie, indem Sie (bei schon markierter Datenreihe) den Datenpunkt anklicken. Bitte warten Sie einen Sekundenbruchteil, damit die Auswahl sichtbar wird. Klicken Sie zu schnell ein zweites Mal, wird sonst der Dialog für die Datenreihe aufgerufen. Dass Sie einen Datenpunkt markiert haben, erkennen Sie daran, dass am Datenpunkt acht grüne Griffe sichtbar werden (siehe Abbildung 5.33).

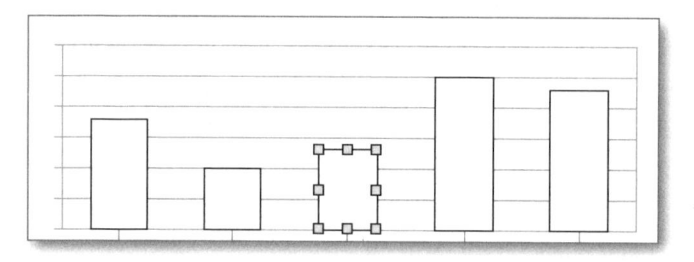

Abbildung 5.33 Einzelner Datenpunkt markiert

Ist ein Datenpunkt einer Datenreihe markiert, können Sie die weiteren Datenpunkte auch mittels [⇥] bzw. [⇧] + [⇥] durchlaufen.

Um die Darstellung des Datenpunktes anzupassen, rufen Sie in dessen Kontextmenü den Eintrag **Objekteigenschaften...** auf, der erscheinende Dialog entspricht inhaltlich dem schon oben besprochenen Dialog für die Datenreihe.

5.5.7 3D-Diagramme

Bereits beim Erstellen des Diagramms sind einige 3D-Optionen direkt im Diagramm-Assistenten verfügbar (siehe Abbildung 5.13). Für die 3D-Effekte in einem 3D-Diagramm gibt es jedoch noch weitere Möglichkeiten der Anpassung, welche Sie über den Dialog *3D-Ansicht* erreichen können. Sie können diesen Dialog entweder über das Kontextmenü des 3D-Diagramms oder über **Format • 3D-Ansicht...** aufrufen. Dieser Dialog gliedert sich in die drei Register: *Perspektive*, *Aussehen* und *Beleuchtung*.

Im Register *Perspektive* können Sie mittels der Option *rechtwinklige Achsen* die Darstellung rechtwinkliger Achsen erzwingen, die Möglichkeit der gesonderten Rotation um die z-Achse wird hierbei deaktiviert.

Die Einstellmöglichkeiten für *x-*, *y-* und *z-Rotation* bewirken eine Drehung des Diagramms um die jeweilige Achse. Stellen Sie beispielsweise bei einem 3D-Säulendiagramm den Wert für die x-Achse auf 0 Grad, erreichen Sie, dass der *Diagrammboden* (die untere Fläche, auf der die Säulen »stehen«) waagerecht steht (also 90 Grad zur Oberfläche Ihres Monitors). Sie blicken im Prinzip nur auf die Kante des Diagrammbodens, welche damit als Linie erscheint.

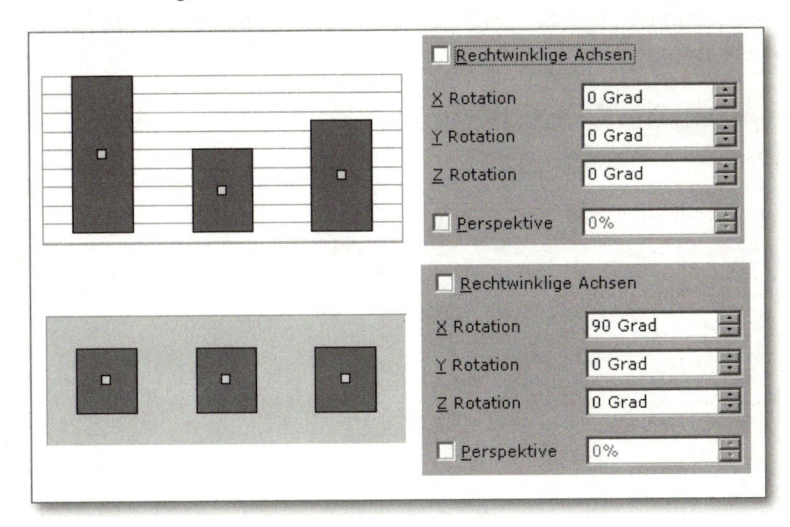

Abbildung 5.34 3D-Diagramm rotieren

Stellen Sie hingegen den Wert für *x-Rotation* auf 90 Grad, blicken Sie von oben auf das Diagramm und die Säulen erscheinen als Quadrate. Sie könnten auch auf −90 Grad rotieren und würden (bei nicht transparentem Diagrammboden) tatsächlich nur den Diagrammboden als Rechteck sehen, welches die Säulen vollkommen verdeckt.

> 3D-Diagramme können Sie im Editiermodus auch frei mit der Maus drehen. Klicken Sie dazu auf die Diagrammwand, um das Diagramm zu markieren und Sie sehen die acht Drehpunkte. Zeigen Sie nun auf einen der Drehpunkte (der Mauszeiger wird zusätzlich zum kreisförmigen Pfeil) und verschieben Sie ihn mit der Maus.

Die Option *Perspektive* bewirkt, dass das Diagramm in Perspektive einer Kamera erscheint (ohne diese Option wird es in Parallelprojektion angezeigt), wobei der Hintergrund optisch verkleinert wird. Bei Einstellung von 100 % beträgt diese Verkleinerung etwa die Hälfte der Originalgröße.

Im Register *Aussehen* können Sie zwischen den Schemen *einfach* oder *realistisch* wählen, ihre Auswahl bewirkt dabei die entsprechende Anpassung der Optionen *Schattierung*, *Objektumrandung* und *Kantenrundung*. Ebenfalls hat Ihre Auswahl automatisch Einfluss auf Einstellungen im Register *Beleuchtung*. Sie können auch die Optionen für *Schattierung*, *Objektumrandung* und *Kantenrundung* per Hand setzen, wobei die Auswahl des Schemas eventuell auf *benutzerdefiniert* wechselt. *Objektumrandung* bewirkt, dass die Kanten der 3D-Objekte mit einer Linie hervorgehoben werden, *Kantenrundung*, dass scharfkantige Objekte »geglättet« werden.

Im Register *Beleuchtung* finden Sie eine (nahezu verwirrende) Fülle an Möglichkeiten zur Ausleuchtung Ihres 3D-Diagramms.

Abbildung 5.35 Ausleuchtung für 3D-Diagramme einstellen

Beachten Sie bitte die etwas ungewöhnliche Bedienung der acht Schaltflächen im Bereich *Lichtquelle*. Diese dienen einerseits zum »Anschalten« von »Lampen«, als auch zur Auswahl der gerade aktiven Lampe, auf welche sich die aktuellen Einstellungen beziehen. Auf den Schaltflächen sehen Sie Symbole von kleinen Glühlampen – erscheinen diese in der Farbe Gelb, ist die jeweilige Lampe eingeschaltet. Sie können eine Lampe einschalten, indem Sie auf deren Schaltfläche klicken, welche zunächst nur »eingedrückt« erscheint. Klicken Sie anschließend nochmals auf die eingedrückte Schaltfläche, wird die Lampe eingeschaltet. Klicken Sie unter gleichen Umständen auf eine eingeschaltete Lampe, würde diese entsprechend ausgeschaltet.

Um die konkreten Beleuchtungseinstellungen für eine bestimmte Lampe anzupassen, klicken Sie einmal auf deren Schaltfläche, sodass diese eingedrückt erscheint, und nehmen anschließend die gewünschten Einstellungen vor. Sie können dabei die Farbe des Lichts und des Umgebungslichts festlegen sowie die Richtung, aus der das Licht auf Ihr Diagramm fällt. Für letztere Einstellung dienen die Schieberegler des rechten Feldes, in welchem Sie Ihr Diagramm durch eine große und die Lichtquelle durch eine kleine Kugel symbolisiert vorfinden.

> Ihre Einstellungen werden – nach meinen Beobachtungen – auch für nicht eingeschaltete Lampen übernommen, zeigen aber natürlich erst Wirkung, wenn Sie die Lampe später tatsächlich einschalten. Wenn Sie Einstellungen für solche nicht eingeschalteten Lampen vornehmen wollen, scheinen die Schieberegler für die Richtung des Lichts zunächst nicht erreichbar – klicken Sie auf die stilisierte große Kugel, um sie zu aktivieren.

[«]

5.6 Diagrammvorlagen?

Wenn Sie beim Kopieren von Diagrammen für das kopierte (oder ausgeschnittene) Diagramm ein Tabellenblatt eines anderen Calc-Dokuments als Ziel zum Einfügen nutzen, stehen Ihnen ähnliche Möglichkeiten wie innerhalb eines Dokuments zur Verfügung.

Fügen Sie das Diagramm in ein anderes Calc-Dokument ein, erreichen Sie, dass bereits im Ursprungsdiagramm gemachte Anpassungen mit übernommen werden. Ein typisches Beispiel ist die Übernahme der Farbeinstellungen der Datenpunkte.

Sie haben sicherlich bereits bemerkt, dass wenn Sie ein Diagramm neu erstellen, die Einstellungen des Diagramms zunächst auf programminternen Vorgabewerten (*Defaultwerten*) beruhen. Leider ist es derzeit (abgesehen von den Farbeinstellungen, vgl. Kapitel 5.2.1) nicht möglich, diese Vorgaben zentral zu ändern bzw. abzuspeichern. Falls Sie also ein Diagramm besonders aufwendig angepasst haben, gibt es momentan noch keine direkte Möglichkeit, diese Anpassungen (im Sinne einer »Diagrammvorlage«) zur späteren Wiederbenutzung zu speichern.

> Benutzer von MS Excel kennen die Möglichkeit des Abspeicherns solcher Diagrammvorlagen als das Anlegen sogenannter *Benutzerdefinierter Typen* im Diagramm-Assistenten von MS Excel.

Umstieg

Um nun doch die Einstellungen eines bereits angepassten Diagramms für spätere Diagramme wiederverwenden zu können, ist es möglich, wie folgt vorzugehen:

- ▶ Gestalten Sie Ihr Diagramm wie gewünscht.
- ▶ Legen Sie ein neues Calc-Dokument (**Datei • Neu • Tabellendokument**) an.
- ▶ Kopieren Sie das Diagramm und fügen Sie es in ein Tabellenblatt des neuen Dokumentes als Star Object Descriptor (XML) ein. Hierbei handelt es sich

eigentlich um das ganz »normale« Kopieren, beispielsweise mittels ⌈Strg⌉ + ⌈V⌉, beachten Sie jedoch auch Kapitel 5.4.3.

▶ Speichern Sie das neue Dokument (zweckmäßig als Dokumentvorlage).

In der erhaltenen Dokumentvorlage (Sie hätten auch im Dokumentformat *.ods speichern können) verfügt das enthaltene Diagramm nun über entsprechende Einstellungen des ursprünglichen Diagramms. Wenn Sie also basierend auf dieser Dokumentvorlage ein neues Dokument erstellen, wird das enthaltene Diagramm bereits die gewünschten Einstellungen besitzen.

Beachten Sie dabei Folgendes: Wenn Sie das Diagramm in das neue Dokument kopieren, wird es unmittelbar danach zunächst aussehen wie im Ursprungsdokument (siehe Abbildung 5.36), sobald Sie aber das Diagramm in den Editiermodus bringen, ist die Anzeige leer.

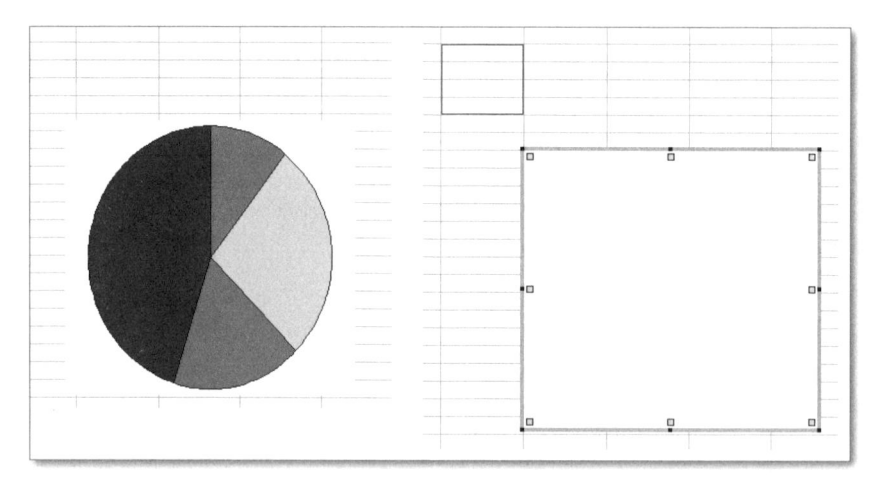

Abbildung 5.36 Diagramm – nach dem Einfügen (links) und im Editiermodus

Grund dafür ist, dass in der neuen Datei noch keine Daten vorhanden sind, welche angezeigt werden können. Außerdem kann es sein, dass in der neuen Datei die Adressen der Datenbereiche des Diagramms gar nicht existieren. Es gibt also zwei Fälle:

1. Die Datenbereiche existieren in der neuen Datei, sind aber noch leer.
2. Die Datenbereiche existieren in der neuen Datei nicht.

Der erste Fall liegt typischerweise dann vor, wenn Sie in der Ursprungsdatei die Standardtabellennamen (Tabelle1, Tabelle2 usw.) nicht verändert haben, denn dann basiert das Diagramm beispielsweise auf dem Datenbereich:

$Tabelle1.$C$6:$C$9

und da die Tabelle namens *Tabelle1* im neuen Dokument auch existiert[4], wird der Datenbereich (genauer: dessen Adresse) beim Kopieren übernommen, ist jedoch im neuen Dokument noch leer.

Der zweite Fall liegt dann vor, wenn die Tabelle, auf der das Diagramm beruhte, besonders benannt war, also beispielsweise:

$Tabelle_mit_besonderem_Namen.$C$6:$C$9

In diesen Fall wird Calc die Adresse des Datenbereichs beim Einfügen in das neue Dokument nicht berücksichtigen, das Diagramm besitzt also anschließend keinen Datenreich.

Natürlich hätten Sie im neuen Dokument, vor dem Einfügen des Diagramms, zunächst eine Tabelle entsprechend umbenennen können, um das zu vermeiden.

Zudem hätten Sie das komplette Tabellenblatt der Ausgangsdatei kopieren (siehe hierzu Kapitel 4.2) und nach Einfügen in der Zieldatei die Daten löschen können, vorausgesetzt Daten und Diagramm befinden sich in der Quelldatei auf demselben Tabellenblatt. Befinden sie sich auf verschiedenen Blättern, hätten Sie zunächst das Blatt mit den Daten kopieren müssen.

Calc passt beim Kopieren von Tabellenblättern die Datenbereiche selbstständig an, wenn sich Tabellennamen ändern. Besitzt beispielsweise Ihr Ausgangsdokument ein Tabellenblatt namens *Tabelle1*, und dieses Tabellenblatt enthält sowohl die Diagrammdaten als auch das zu den Daten gehörige Diagramm, wird nun beim Kopieren in ein anderes Dokument, das schon eine Tabelle namens *Tabelle1* enthält, der Name der kopierten Tabelle automatisch auf *Tabelle1_2* geändert und der Eintrag der Datenbereiche für das Diagramm entsprechend angepasst.

5.7 Ein xy-Diagramm mit Regressionsgeraden

In Kapitel 5.1 hatte ich erwähnt, dass in Chart2 (OpenOffice.org 2.3) die Anzeige von Regressionsgleichungen in der Statuszeile möglich ist. Viele Nutzer wünschen sich jedoch eine Möglichkeit, entsprechende Regressionsgleichungen direkt im Diagramm anzuzeigen. Im folgenden Beispiel zeige ich Ihnen, wie es prinzipiell möglich ist, eine Regressionsgleichung in einem Diagramm anzuzeigen.

---

[4] Das gilt natürlich nur, wenn Ihr neues Dokument auf der »normalen« Standarddokumentvorlage beruht, also der Vorlage, die ursprünglich (nach Neuinstallation von OpenOffice.org) galt.

5 | Diagramme

[o] In einer Messreihe für ein reales Gas seien folgende Werte für Druck und Temperatur bei konstantem Volumen durch Messung ermittelt worden:

Temperatur in Grad Kelvin	Druck in Pascal
300	24.910
350	29.112
400	33.150
450	37.448
500	41.552
550	45.839
600	49.803

(Für die folgenden Betrachtungen wird unterstellt, dass sich das Gas, im thermodynamischen Sinne, wie ein ideales Gas verhält.)

Legen Sie nun zunächst ein neues Calc-Dokument an und tragen Sie oben stehende Werte in eine Tabelle ein.

Wählen Sie nun die Werte (sowie die Überschriften) aus und starten Sie den Diagramm-Assistenten. Analog wie beim einführenden Beispiel (siehe Kapitel 5.3) durchlaufen Sie im Diagramm-Assistenten vier Schritte. Verwenden Sie für das jetzige Beispiel jedoch folgende Angaben:

Datenbereich:

$Tabelle1.$A$1:$B$8 und »*Erste Zeile als Beschriftung*« sowie »*Daten in Spalten*« aktivieren

Diagrammtyp/Variante:

XY-Diagramm/«Nur Punkte»

Fügen Sie das Diagramm in die Tabelle ein, in der sich auch die Zahlenwerte befinden. Anschließend können Sie noch Titel für x- und y-Achse in der Formatierung etwas anpassen.

Formatieren Sie nun die Datenreihe, die wegen der Art des Diagramms nur aus einzelnen Punkten besteht, indem Sie im Eigenschaftsdialog der Datenreihe (Register *Linie*) im Bereich *Symbol* ein passendes Symbol zuweisen. Die Farbe des Symbols können Sie im Register *Fläche* anpassen.

[»] Als Symbole werden auch Grafiken aus der Gallery angeboten. Falls Sie weitere Symbole (bzw. Grafiken) verfügbar haben möchten, müssen Sie diese in der Gallery zum Thema *Bullets(!)* hinzufügen, und sie werden zukünftig als Symbole angeboten.

Fügen Sie nun über **Einfügen • Statistik** eine Regressionsgerade in das Diagramm ein, Ihr Diagramm sollte anschließend ähnlich wie in Abbildung 5.37 gezeigt aussehen.

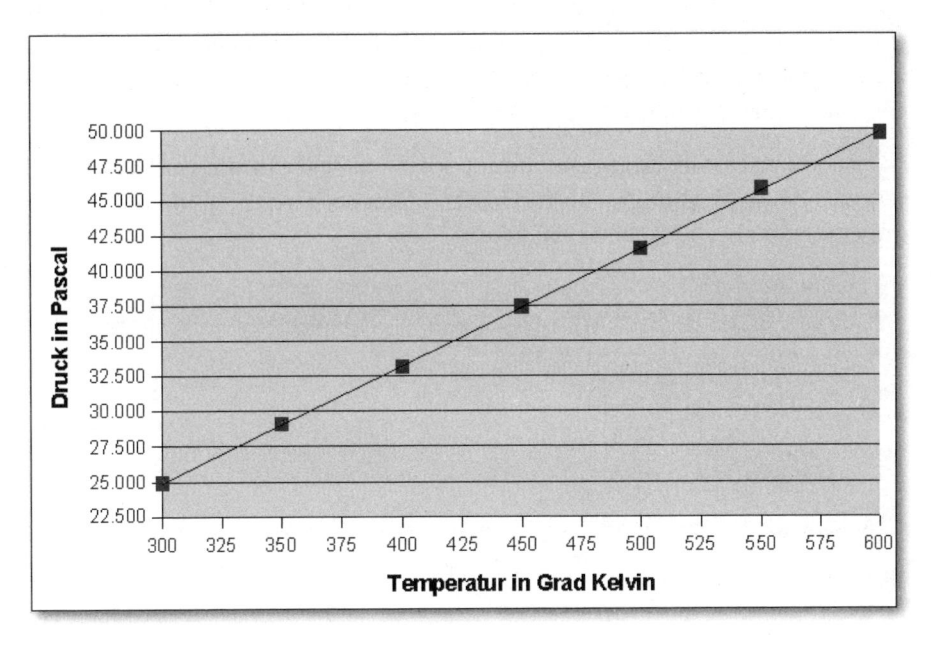

Abbildung 5.37 Das erstellte Diagramm mit Regressionsgeraden

Wie bereits gesagt, ist das Einfügen der Gleichung der Regressionsgeraden in das Diagramm auf direktem Weg leider nicht möglich. Im Folgenden wird jedoch eine Möglichkeit beschrieben, die Gleichung zu ermitteln und aktualisierbar anzuzeigen.

Zunächst ist es hierzu erforderlich, die Funktionsgleichung der Regressionsfunktion zu berechnen, was im Beispiel besonders einfach ist, da es sich um eine lineare Regression handelt. Eine entsprechende Regressionsgerade kann allgemein durch die Gleichung **y = ax + b** beschrieben werden.

Es ist lediglich notwendig, die Koeffizienten **a** und **b** zu berechnen. Hierzu bietet sich die Funktion **RGP()** an. Bei der Funktion **RGP()** handelt es sich um eine Matrixfunktion, die für gegebene Wertepaare eine Regressionsgerade berechnet und die beiden gesuchten Koeffizienten sowie weitere Indikatoren in Form einer Ergebnismatrix zurückgibt.

Da wir für unsere Funktionsgleichung nur die zwei Koeffizienten **a** und **b** benötigen, ist es ausreichend, die Ergebnismatrix auf zwei Zellen zu beschränken. Allerdings soll im Beispiel nur die eigentliche Funktionsgleichung sichtbar gemacht werden. Deshalb könnte man beispielsweise das Ergebnis von **RGP()** in zwei Zellen darstellen, die anschließend ausgeblendet werden.

Erinnern Sie sich noch an das Kapitel, wo es um das Zusammenfassen von Zellen ging? Dort hatte ich hervorgehoben, dass Zellen, die zusammengefasst werden, nicht »verschwinden«, sondern lediglich ausgeblendet werden. Diese Tatsache können wir hier nutzen.

Fügen Sie zunächst in die Tabelle noch eine weitere Zeile ein, die als Überschriftszeile dienen soll, und tragen Sie dort in der linken Zelle (A1) eine Überschrift ein, was etwa wie abgebildet aussehen könnte.

	A	B	C	D	E
1	Beispiel für die	Anzeige der Gleichung einer Regressionsgeraden			
2					
3	Temperatur in Grad Kelvin	Druck in Pascal			
4	300	24.910			
5	350	29.112			
6	400	33.150			
7	450	37.448			

Abbildung 5.38 Überschriftzeile – Text nur in Zelle A1

Markieren Sie nun die Zellen B1 und C1, und rufen Sie mittels **Einfügen • Funktion...** (Strg + F2) den Funktions-Assistenten auf. Mit Hilfe des Funktions-Assistenten (vgl. Kapitel 6.2.2) fügen Sie nun die vollständige Formel für **RGP()** ein. Die Formel sollte so aussehen:

= RGP(B4:B10;A4:A10;1;0)

Tragen Sie außerdem in Zelle B13 die folgende Formel ein:

="y = " & B1 &"x " & WENN(C1<0;"- "&ABS(C1);"+ "&C1)

Diese gibt als Ergebnis die Funktionsgleichung der Regressionsgeraden in Form eines Strings (Textes) zurück.

Fassen Sie abschließend die Zellen A1 bis E1 zusammen (**Format • Zellen verbinden**), lassen Sie hierbei jedoch *nicht* den Inhalt der verdeckten Zellen nach A1 verschieben.

Stellen Sie den Hintergrund der Diagrammfläche auf 100 % Transparenz, ordnen Sie das Diagramm entsprechend auf der Tabelle an und schützen Sie seine Position. Die Funktionsgleichung wird nun »im« Diagramm (aktualisierbar) angezeigt.

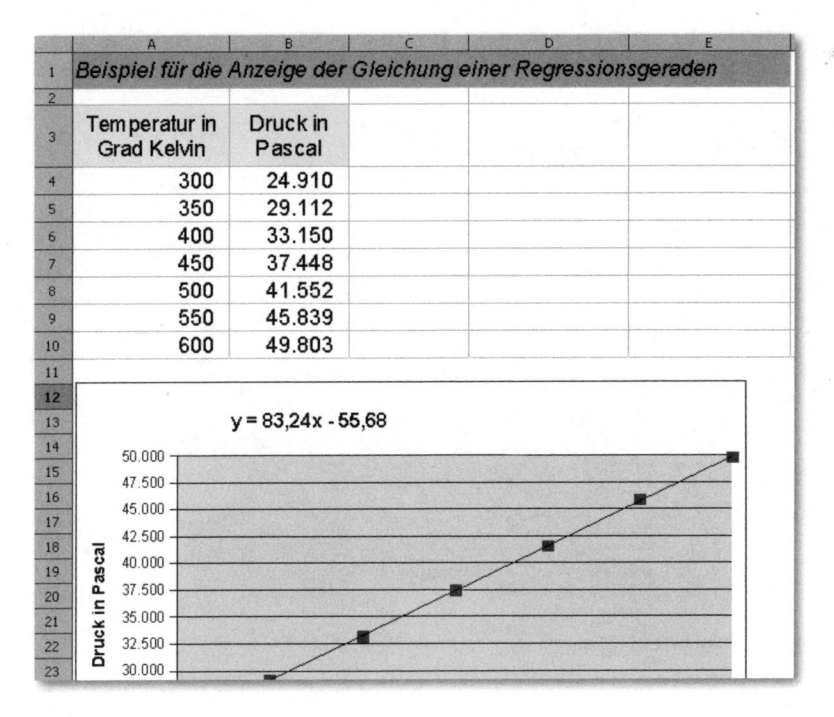

Abbildung 5.39 Fertiges Diagramm

Prinzipiell ist es auch möglich, Regressionsgleichungen mit Hilfe der Diagrammlegende anzuzeigen, wenn die Regressionsgleichung in einer Zelle steht, die Überschrift einer Datenreihe ist (Sie müssen diese Zelle dann im Dialog *Datenbereiche* unter »Bereich für Name« angeben). Optisch wirkt die Anzeige in der Legende aber häufig nicht so gut, weil längere Gleichungen leider automatisch umgebrochen werden.

5.8 Ein animiertes Diagramm

Von einem Anwender wurde ich vor einiger Zeit gefragt, ob es nicht möglich wäre, in einem Säulendiagramm die Säulen am Bildschirm horizontal zu scrollen, um bei einem umfangreichen Diagramm Ausschnitte genauer betrachten zu können. Ich hielt das zunächst für nicht sehr schwierig, stellte aber bei Tests leider fest, dass Chart dafür ungeeignet war, da jeder Bildneuaufbau bei Wertveränderung zu einem unübersehbaren Flackern des Diagramms führte. So legte ich das Ganze zunächst als zwar interessante Lösung, aber in der Funktion (wegen des Flackerns) ungeeignet zur Seite.

Als ich nun vor einiger Zeit erste Entwicklerversionen des neuen Chart2 sah, bemerkte ich, dass dort dieser Flacker-Effekt nicht mehr existiert, und möchte

Ihnen deshalb meine Datei als Anregung für eigene Experimente nicht vorenthalten. Sie finden die Datei auf der CD.

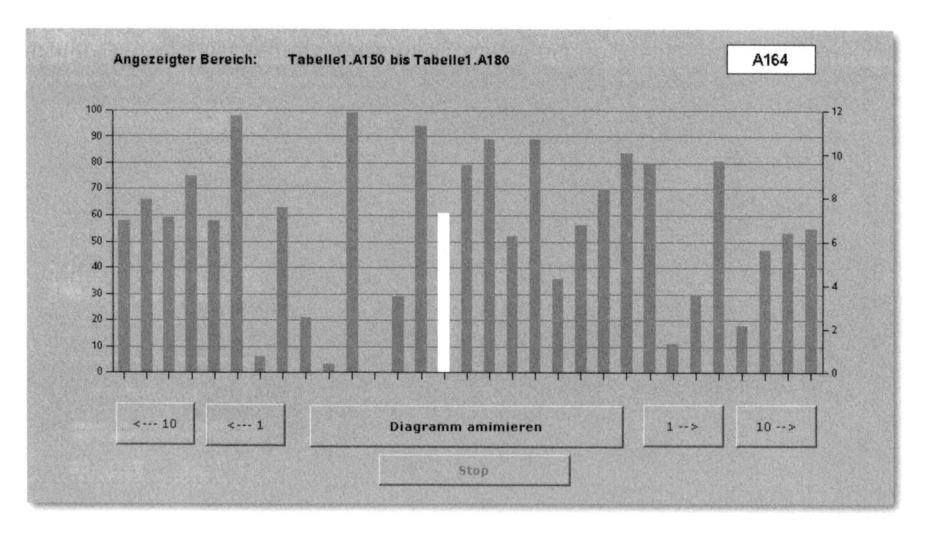

Abbildung 5.40 Animiertes Diagramm

5.9 Die verschiedenen Diagrammtypen

5.9.1 Säulen- und Balkendiagramme

Säulen- und Balkendiagramme sind eigentlich die Klassiker unter den Diagrammen, sie eignen sich zum Vergleichen von Datenreihen genauso gut wie zum Vergleich von Rubriken. In Abbildung 5.41 sind eine Vielzahl von Untertypen zu erkennen, diese lassen sich aber in drei Gruppen eingliedern:

▸ **Normal**
Bei diesem Typ werden die Werte von einzelnen Zahlenreihen gruppiert dargestellt, natürlich eignen sich diese Diagramme auch für eine einzelne Datenreihe. Typische Verwendung für diesen Diagrammtyp ist die Darstellung von Zahlenreihen zu Umsatzentwicklungen und Ähnlichem. Für wenige Einzelwerte wirkt dieser Typ besonders in Präsentationen sehr übersichtlich, bei sehr vielen Einzelwerten kann er jedoch unübersichtlich werden, sodass Sie vielleicht ein Liniendiagramm bevorzugen sollten.

Kein direkter Untertyp sind die 3D-Diagramme des Typs *Tief*. Diese sind die einzigen 3D-Säulendiagramme, die nicht nur formal Datenpunkte in 3D darstellen, sondern die räumliche Anordnung von Datenreihen in der Tiefe erlauben.

- **Gestapelt**
  Dieser Typ stellt die Einzelwerte mehrere Datenreihen für jeweils einzelne Datenpunkte gestapelt dar. Hierdurch wird die Summe mehrerer Datenreihen betont und die Einzelreihen rücken eher in den Hintergrund. Bei einer großen Anzahl von Datenreihen, mit in den einzelnen Punkten stark differierendem Verhältnis der Einzelwerte, kann es (auch bei guter Farbauswahl) schnell einmal unübersichtlich werden.
- **Prozentual Gestapelt**
  Bei diesem Typ treten die absoluten Werte völlig in den Hintergrund, es wird immer nur das relative Verhältnis der Datenreihen in den einzelnen Datenpunkten deutlich.

Für alle 3D-Untertypen von Säulendiagrammen können Sie statt des Quaders auch Zylinder, Kegel oder Pyramide zur Darstellung verwenden.

Abbildung 5.41 Untertypen der Säulen- und Balkendiagramme

5.9.2 Flächendiagramme

Flächendiagramme sind besonders dann geeignet, wenn es gilt, Anteile von einer Gesamtheit über einen Zeitraum darzustellen. Hier bieten sie besonders bei Datenreihen mit vielen Einzelwerten Vorteile gegenüber gestapelten und prozentual gestapelten Säulendiagrammen.

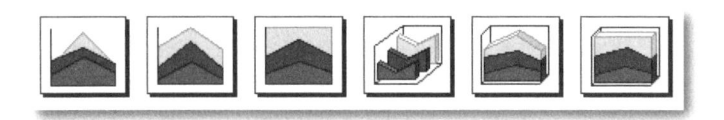

Abbildung 5.42 Untertypen der Flächendiagramme

Etwas problematisch sind die nicht gestapelten Typen von Flächendiagrammen, weil Sie hier darauf achten müssen, dass Ihre Daten für die Darstellung mit dem Typ *Normal* (2D) bzw. *Tief* (3D) überhaupt geeignet sind. Bei beiden Typen überdecken sich nämlich die Datenreihen und sind nur vollständig ablesbar, wenn bei mehreren Datenreihen die Werte so deutlich unterschiedlich sind, dass sie sich ohne Überdeckung anordnen lassen. Für die Darstellung einer einzelnen Datenreihe gilt diese Einschränkung natürlich nicht.

5.9.3 Liniendiagramme

Liniendiagramme sind besonders geeignet, um Veränderungen von Werten über einen bestimmten Zeitraum zu visualisieren. Gerade die nichtgestapelte Form der Liniendiagramme bietet hier Vorteile gegenüber Flächendiagrammen.

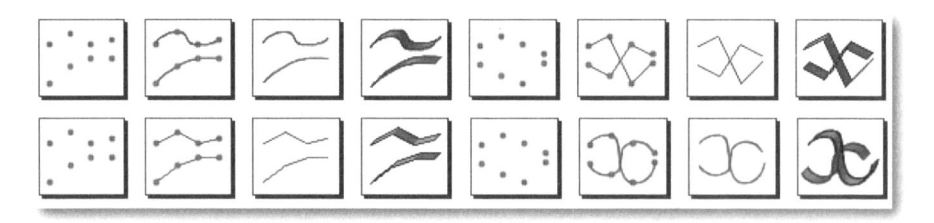

Abbildung 5.43 Untertypen der Liniendiagramme

Für Liniendiagramme ist die Dialogseite im Dialog *Diagrammtyp* etwas abweichend von anderen Diagrammtypen gestaltet, da hier das Stapeln von Datenreihen als Option und nicht als Untertyp realisiert ist.

5.9.4 Kreisdiagramme

Kreisdiagramme können nur relative Werte darstellen und unterscheiden sich deshalb grundlegend von den vorstehend genannten Diagrammtypen. Kreisdiagramme umfassen vollflächige Typen (*Tortendiagramme*) und ringförmige Typen (*Donutdiagramme*). In der Form von Ringdiagrammen ermöglichen Kreisdiagramme auch die Darstellung mehrerer Datenreihen.

Abbildung 5.44 Untertypen der Kreisdiagramme

Bei Kreisdiagrammen ist es möglich, einzelne Segmente auszurücken, um bestimmte Datenpunkte zu betonen oder alle Segmente auszurücken (*explodierte Diagramme*).

Bei 3D-Kreisdiagrammen besteht eine Fülle an Gestaltungsmöglichkeiten, achten Sie aber hierbei auf Übersichtlichkeit – manchmal ist weniger mehr und ein einfaches 2D-Kreisdiagramm ist keinesfalls unzeitgemäß.

5.9.5 xy-Diagramme

Abbildung 5.45 Untertypen der xy-Diagramme

Bei xy-Diagrammen (auch *Punktdiagramme* genannt) werden die Daten innerhalb eines x/y-Koordinatensystems dargestellt, wobei sowohl x- als auch y-Achse als Werteachse verwendet werden. Die Einzelpunkte können mit Linien verbunden sein bzw. es liegen nur Linien ohne besondere Betonung der Einzelpunkte vor.

xy-Diagramme eignen sich besonders gut, wenn es darum geht, Anhäufungen von Werten zu visualisieren bzw. die Lage von Werten zu beurteilen, um Schlussfolgerungen abzuleiten. Man denke beispielsweise an *Portfolioanalysen* zur Beurteilung von Produkten bei der Produktstrategieentwicklung in Unternehmen. Da jeder Einzelpunkt gesondert formatiert werden kann, ergeben sich vielfältige Möglichkeiten zur visuellen Datenaufbereitung.

Wichtige Neuerung in Chart2 ist, dass man Werte auch unsortiert anzeigen kann, woraus erweiterte Möglichkeiten zur Darstellung resultieren. Ein Demonstrationsbeispiel für *Lissajous-Figuren* (siehe Abbildung 5.4) finden Sie auf der CD.

5.9.6 Netz-, Kurs- und Säulen/Linien-Diagramme

In Netzdiagrammen werden einzelne Datenreihen in radialen Linien dargestellt, der Abstand der Datenpunkte zum Zentrum entspricht ihrem Wert. Netzdiagramme erlauben das Hervorheben einzelner Datenpunkte, das Stapeln von Datenreihen und die Einfärbung von Flächen – 3D-Varianten sind jedoch nicht verfügbar.

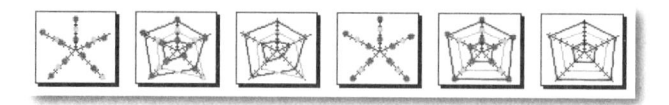

Abbildung 5.46 Untertypen der Netzdiagramme

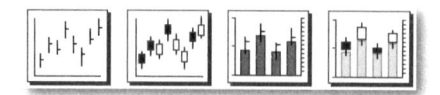

Abbildung 5.47 Untertypen der Kursdiagramme

Für Datenreihen, in denen die Werte einen Tiefst-, Mittel- und Höchstwert annehmen können, sind Kursdiagramme geeignet. Typischer Anwendungsfall, dem dieser Diagrammtyp seinen Namen verdankt, ist die Visualisierung von Börsenkursen. Calc stellt vier Untertypen zur Verfügung, welche sich durch die konkreten Möglichkeiten der Darstellung unterscheiden.

Abbildung 5.48 Untertypen der Säulen/Linien-Diagramme

Säulen/Linien-Diagramme ermöglichen beim Darstellen mehrerer Datenreihen die Auswahl, ob die jeweilige Datenreihe in Form von Säulen oder Linien dargestellt werden soll. Die Darstellungsform ist für jede Datenreihe indirekt frei wählbar, indem Sie die Reihenfolge der Datenreihen im Dialog **Datenbereiche** verändern.

5.10 Statistik in Diagrammen

5.10.1 Mittelwert und Fehlerindikatoren

Mittels des Menübefehls **Einfügen • Statistik...** können Sie bei markierter Datenreihe den Dialog zum Einfügen statistischer Anzeigen in ein Diagramm aufrufen (nicht bei 3D- sowie Kreis- und Kursdiagrammen). Neben der Möglichkeit des Einfügens von Regressionen (siehe Kapitel 5.10.2) und der Anzeige einer Mittelwertlinie können Sie zwischen folgenden Fehlerkategorien wählen:

▶ **Varianz**
Zeigt die Varianz der Datenreihe in den jeweiligen Datenpunkten an. Da es sich bei der Anzeige um die Varianz der Grundgesamtheit der Werte handelt, entspricht der angezeigte Wert dem Ergebnis der Tabellenfunktion **VARIANZEN()**. Der Wert ist gleich dem Quadrat der wahlweise ebenfalls anzeigbaren Standardabweichung.

▶ **Standardabweichung**
Zeigt die Standardabweichung an. Der angezeigte Wert entspricht dem Ergebnis der Tabellenfunktion **STABWN()**.

▶ **Prozentual**
Zeigt Fehlerindikatoren in den einzelnen Datenpunkten an, deren Größe einem prozentualen Wert, bezogen auf den Wert des jeweiligen Datenpunktes, entspricht. Den gewünschten Prozentwert können Sie separat festlegen.

▶ **Größter Fehler**
Zeigt in allen Datenpunkten einen gleich großen Fehlerindikator an, dessen Größe durch einen (einstellbaren) Prozentwert, bezogen auf den größten Wert der Datenreihe, bestimmt ist.

▶ **Konstanter Wert**
Zeigt Fehlerindikatoren mit konstanten Werten für alle Punkte der Datenreihe an. Die Werte für positive und negative Abweichungen können separat festgelegt werden und sind als Absolutwerte anzugeben. Ob positive, negative oder beide Indikatoren angezeigt werden, richtet sich (neben der Wertfestsetzung) nach der Einstellung im Bereich *Fehlerindikator*.

Wie die gewählte Fehlerkategorie im Diagramm angezeigt wird, ist durch die Auswahl im Bereich *Fehlerindikator* (siehe Abbildung 5.49) bestimmt.

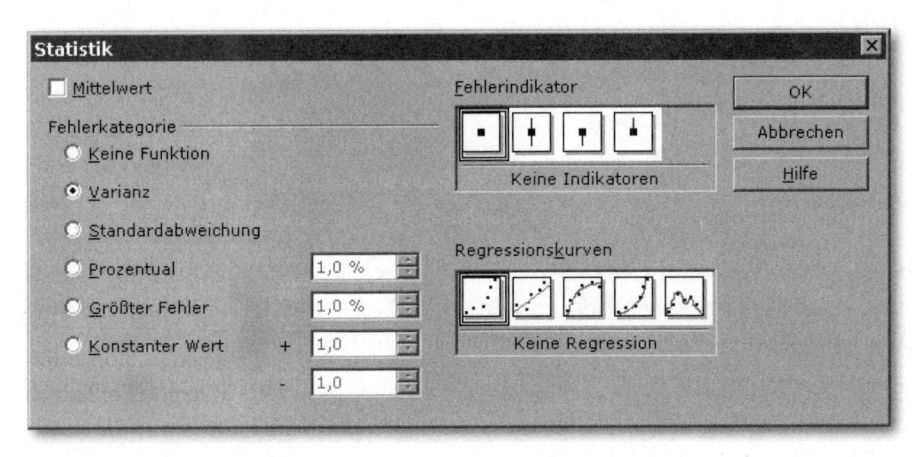

Abbildung 5.49 Dialog »Statistik«

5.10.2 Regression

Mit Chart2 ist jetzt die Anzeige von Regressionen für eine erweiterte Anzahl von Diagrammtypen (nur 2D- und nicht in Kreis-, Netz- und Kursdiagrammen) möglich. Neu ist auch, dass die Gleichung der Regression in der Statuszeile angezeigt wird, wenn die Regressionskurve ausgewählt ist (siehe Abbildung 5.3).

> **Umstieg**
> Leider ist es in OpenOffice.org 2.3 noch nicht möglich, für Regressionskurven den Schnittpunkt mit der y-Achse manuell festzulegen. Beim Öffnen von Excel-Dateien (*.xls), in denen diese Festlegung getroffen ist, wird sie nicht berücksichtigt. Außerdem existieren die Arten *polynomisch* und *gleitender Durchschnitt* für Regressionen nicht. Derzeit bleibt Ihnen nur der Weg, solche Regressionen händisch – auf Grundlage separat berechneter Daten – zu erstellen.

Regressionskurven erhalten beim Einfügen automatisch die gleiche Farbe wie die dazugehörige Datenreihe und werden bei eingeschalteter Legende auch dort angezeigt.

Lineare Regression

Die lineare Regressionsfunktion besitzt die Gleichung $y = a*x+b$, wobei a die *Steigung* ($\Delta y/\Delta x$) der Regressionsgeraden darstellt und b der y-Koordinate des Schnittpunktes der Regressionsgeraden mit der y-Achse entspricht. Beide Werte (a und b) können Sie auch, z. B. mittels der Tabellenfunktion **RGP()**, separat berechnen (vgl. Kapitel 5.7).

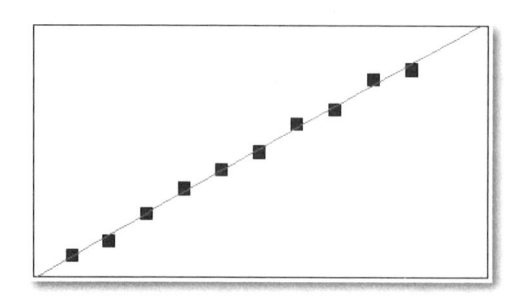

Abbildung 5.50 Lineare Regression

Die lineare Regression sollten Sie verwenden, wenn die Werte Ihrer Datenreihe sich einer Geraden angenähert anordnen[5] und die y-Werte bei steigenden oder fallenden x-Werten ebenfalls gleichmäßig (proportional) steigen oder fallen.

---

5 Natürlich bietet diese – sehr vereinfachte – Art der Betrachtung (und weitere entsprechende Hinweise bei den anderen Regressionstypen) nur einen Anhaltspunkt für die Wahl der geeigneten Regression. Detailliertere Betrachtungen hätten jedoch den Rahmen des Buches gesprengt.

Logarithmische Regression

Die Funktionsgleichung der logarithmischen Regression lautet $y = a*\ln(x)+b$.

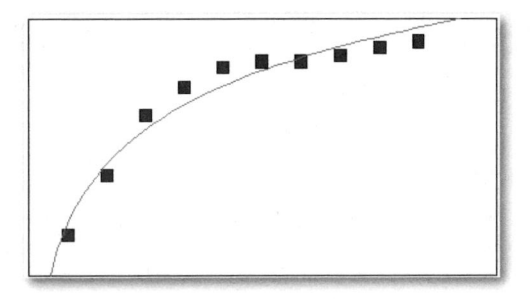

Abbildung 5.51 Logarithmische Regression

Diese Regression verwenden Sie zweckmäßig, wenn die Werte Ihrer Datenreihe mit steigenden x-Werten zunächst überproportional anwachsen und sich dieser Zuwachs mit weiter steigenden Werten für x zunehmend verringert.

Potenzielle Regression

Für die potenzielle Regression gilt die allgemeine Gleichung $y = a*x\char`\^b$.

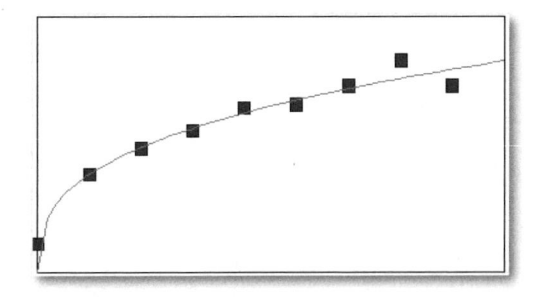

Abbildung 5.52 Potenzielle Regression

Exponentielle Regression

Die exponentielle Regression folgt der Funktionsgleichung $y = a*b\char`\^x$.

Anmerkung:

Die in der Hilfe von MS Excel angegebene allgemeine Funktionsgleichung[6] $y = a*e\char`\^(c*x)$ entspricht oben stehender Gleichung:

---

[6] Die in MS Excel konkret genannte Funktion ist $y = c*e\char`\^(b*x)$, diese unterscheidet sich natürlich nur durch die Variablenbezeichner.

$y = a*b^\wedge x$

$y = a*e^\wedge(c*x)$

oder auch:

$\ln(y) = \ln(a)+\ln(b)*x$

$\ln(y) = \ln(a)+c*x$

somit :

$\ln(a)+\ln(b)*x = \ln(a)+c*x$

$\ln(b)*x = c*x$

$\ln(b) = c$

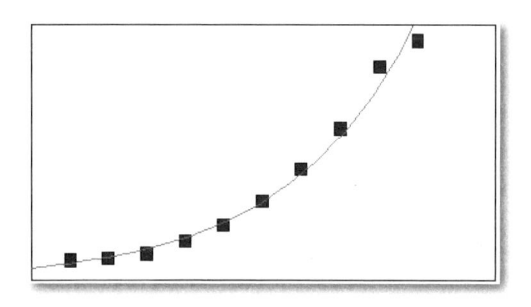

Abbildung 5.53 Exponentielle Regression

Beachten Sie bitte die sich ergebende unterschiedliche Anzeige in Calc und Excel. Beispielsweise ergeben sich für die Werte:

X	Y
1	1,30
2	1,40
3	1,70
4	2,50
5	3,50
6	5,00
7	7,00
8	9,50
9	13,40
10	15,00

die Regressionsgleichungen wie in Abbildung 5.54 dargestellt, wobei beide Gleichungen äquivalent sind, da:

$\ln(1{,}353) = 0{,}3025$

MS Excel *(Anzeige im Diagramm):*

y = 0,8013e^{0,3023x}   **R² = 0,9883**

OOo Calc *(Anzeige in Statuszeile):*

Regressionskurve f(x) = 0.8013 · 1.353^x mit Genauigkeit R² = 0.9883

Abbildung 5.54   Exponentielle Regressionsgleichungen

Eine exponentielle Regression können Sie bei Datenreihen verwenden, bei denen mit steigenden x-Werten die y-Werte zunächst nur langsam (unterproportional) wachsen, sich mit weiter steigenden x-Werten das Wachstum der y-Werte jedoch überproportional verstärkt.

Formeln und Funktionen sind der Kernbestandteil jeder modernen Tabellenkalkulation. Dieses Kapitel vermittelt grundsätzliche Informationen zum Arbeiten mit Formeln und Funktionen in Calc, wobei auch Hinweise für Umsteiger von MS Excel gegeben werden.

6 Formeln und Funktionen

6.1 Grundlagen

Bereits in Kapitel 2, »Schnelleinstieg«, konnten Sie einen Eindruck bezüglich der Verwendung von Formeln und Funktionen gewinnen. Möglicherweise wecken beide Begriffe negative Erinnerungen an Ihren Mathematikunterricht. Die Verwendung von Formeln und (einfachen) Funktionen in Calc setzt jedoch keine tiefgründigen Kenntnisse der Mathematik voraus. Andererseits werden Sie mir, nach der Durcharbeitung dieses und des Folgekapitels, vielleicht auch zustimmen können, dass das Lösen komplexerer Aufgabenstellungen durchaus Spaß machen kann. Worin besteht denn nun eigentlich der Unterschied zwischen einer Formel und einer Funktion?

In einer Formel verwenden Sie lediglich Zahlen und/oder Text in Verbindung mit verschiedenen einfachen Operatoren zur Lösung einer Fragestellung. Zahlen und Text können dabei auch indirekt in Form von Zelladressen benutzt werden, gerade das ist eine Kernfunktionalität einer jeden Tabellenkalkulation.

Eine Funktion hingegen ist eine Art Rechenschablone, welche die Funktionalität einer oder mehrerer Rechenoperationen umfasst. Im Grundsatz lassen sich alle Funktionen auch als Formeln darstellen, nur wären diese Formeln teilweise höchst komplex und schwer zu durchschauen. Wenn Sie Funktionen verwenden, können Sie sich also Ihre Arbeit einerseits erleichtern, andererseits ist auch die Gefahr durch fehlerhafte Eingaben gemindert, weil die Ausdrücke kürzer sind.

Folgendes Beispiel veranschaulicht den Unterschied zwischen einer Formel und einer Funktion:

Stellen Sie sich vor, Sie hätten in einer Calc-Tabelle zehn Zahlenwerte in den Zellen A1 bis A10 erfasst und möchten diese addieren, sodass das Ergebnis der Addition in Zelle A11 steht. Mit einer Formel können Sie das so schreiben:

=A1+A2+A3+A4+A5+A6+A7+A8+A9+A10

Dieser Ausdruck ist natürlich fehleranfällig bezüglich der Eingabe und bedingt einen hohen Zeitaufwand. Außerdem werden Sie in der Praxis nicht nur zehn, sondern einige hundert oder tausend Zahlen addieren müssen, diese Art der Berechnung ist dann nicht mehr handhabbar.

Eine Lösung ist jedoch sehr elegant möglich, indem Sie eine entsprechende Funktion verwenden. Als Äquivalent für den oben stehenden Ausdruck wäre das:

=SUMME(A1:A10)

Dieser Ausdruck sagt nichts weiter als »*summiere alle Werte, die sich im Zellbereich befinden, der durch die Zellen A1 und A10 begrenzt wird*«. Der Ausdruck, den Sie schreiben müssen, ist wesentlich kürzer und würde sich auch nur geringfügig verlängern, wenn Sie einige tausend Zellen addieren müssten. Zweitens eröffnet Ihnen Calc bei einer Funktion auch die Möglichkeit, Zellen (Zellbereiche) mittels der Maus auszuwählen, sodass die Gefahr fehlerhafter Eingaben sinkt.

Die hier konkret aufgeführte Funktion hätten Sie noch direkt mittels Tastatur eingeben können, da aber in der Praxis häufig umfassendere Ausdrücke erforderlich sind, unterstützt Sie Calc bei der Eingabe.

6.2 Formeln eingeben

6.2.1 Formeln per Tastatur eingeben

Diese Art der Eingabe ist die direkteste Möglichkeit zur Eingabe von Formeln. Sie hat jedoch den Nachteil, dass Sie seitens Calc keine Hinweise erhalten, wenn Ihnen während der Eingabe Fehler innerhalb der Formel unterlaufen. Für kurze Formeln dürfte diese Art der Eingabe jedoch der schnellste Weg sein.

Um eine Formel einzugeben, verfahren Sie wie folgt:

- Markieren Sie die gewünschte Zelle.
- Geben Sie per Tastatur ein »=« ein (Calc erkennt jetzt automatisch, dass es sich bei der Eingabe um eine Formel handelt, und wechselt in den Editiermodus), oder verwenden Sie den entsprechenden Button in der Rechenleiste hierzu.
- Geben Sie Ihre Formel ein (Sie haben die Möglichkeit, Adressen von Zellen/Zellbereichen in die Formel zu übernehmen, indem Sie diese mittels Maus markieren; nutzen Sie diese Möglichkeit, um die Gefahr fehlerhafter Eingaben zu verringern).
- Beenden Sie die Formeleingabe mit ⏎ oder mit Klick auf den entsprechenden Button der Rechenleiste.[1]

---

[1] Bei der Eingabe von Matrixformeln müssen Sie statt ⏎ die Tastenkombination Strg + ⇧ + ⏎ verwenden. Genaueres dazu lesen Sie bitte in Kapitel 6.5 nach.

6.2 | Formeln eingeben

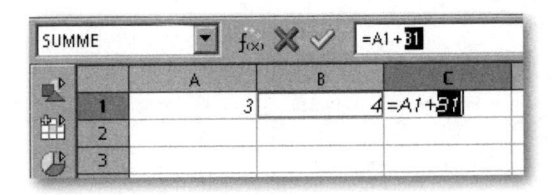

Abbildung 6.1 Formeleingabe

Nun sehen Sie in der Zelle das Ergebnis Ihrer Formel, es sei denn, Sie hätten Calc so konfiguriert, dass die Formeln selbst angezeigt werden; hierzu siehe Kapitel 3, »Die Programmumgebung«.

Falls Ihre Eingabe der Formel fehlerhaft war, sehen Sie innerhalb der Zelle einen entsprechenden Hinweis.

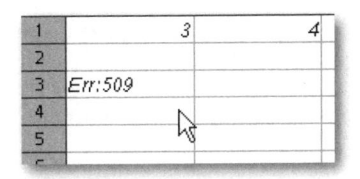

Abbildung 6.2 Fehlerhinweis – Beispiel

Mit dieser Anzeige unterstützt Sie Calc bei der Lokalisierung des Fehlers. Die hier angezeigte Nummer (der sogenannte Fehlercode) 509 steht für den Fehler »fehlender Operator«. Genaueres zu Fehlern und ihrer Beseitigung können Sie in Kapitel 6.3 nachlesen.

Um den Fehler zu korrigieren, müssen Sie zunächst in den Editiermodus schalten. Führen Sie hierzu beispielsweise einen Doppelklick auf die entsprechende Zelle durch. Sie können nun den Fehler entsprechend korrigieren und die vorgenommene Änderung der Formel wiederum durch ⏎ bestätigen.

Häufig stehen Sie vor der Aufgabe, Werte innerhalb von Tabellen summieren zu müssen. Um Ihnen die Eingabe einer Summenformel zu erleichtern, stellt Calc in der Rechenleiste eine eigene Schaltfläche bereit.

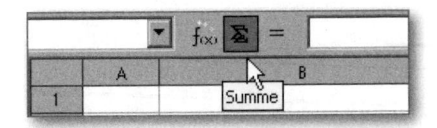

Abbildung 6.3 Summenschaltfläche in Rechenleiste

6 | Formeln und Funktionen

Betrachten Sie das folgende Beispiel:

	A	B	C	D	E
1	Anzahl	Artikel	Einzelpreis	Gesamt	
2	7	Widerstand 10 kΩ (0,5W)	0,12 €	0,84 €	
3	10	Elko 100 µF (10V)	0,30 €	3,00 €	
4	3	Elko 10 µF (10V)	0,21 €	0,63 €	
5	5	Printtaster No.33010D	1,65 €	8,25 €	
6	8	Trimmer 3,5-22pF	0,85 €	6,80 €	
7	5	Transistor BC817-25	1,05 €	5,25 €	
8	2	IC LM393	2,15 €	4,30 €	
9				=SUMME(D2:D8)	
10					
11					

Abbildung 6.4 Beispieltabelle für Summenformel

Die Preise in der Spalte D sollen addiert werden, und das Ergebnis der Addition soll in Zelle D9 stehen.

Markieren Sie Zelle D9 und klicken Sie auf die Summenschaltfläche. Calc versucht daraufhin, aus der Lage der Zellen zu erkennen, welche addiert werden sollen, und macht automatisch einen Vorschlag (der entsprechende Zellbereich wird umrahmt). Im Beispiel hat Calc unsere Absicht richtig erkannt, und wir können die Formel direkt mit ⏎ übernehmen. In anderen Fällen kann es nötig sein, den vorgeschlagenen Bereich zu verändern. Sie können das bequem mittels der Maus erledigen und z. B. auch mehrere getrennte Bereiche auswählen.

Seit OpenOffice.org 2.3 ist auch eine einfachere Handhabung möglich:

Markieren Sie hierzu Zelle D2 bis D8 und klicken Sie auf die Summenschaltfläche – Calc trägt automatisch die richtige Formel ein und schließt die Eingabe ab.

[»] Es wäre beim gerade beschriebenen Verhalten auch möglich gewesen, Zelle D2 bis D9 zu markieren, da D9 noch leer war. Calc hätte dann die richtige Formel in D9 eingefügt. Wenn D9 nicht leer gewesen wäre, wäre eine neue Zelle für D9 eingefügt und die bestehende Zelle D9 nach unten verschoben worden. Nach meinen Beobachtungen wären dabei mögliche Formelinhalte der »alten« Zelle D9 – bezogen auf ihre Zellbezüge – wie absolute Zellbezüge behandelt worden.

6.2.2 Der Funktions-Assistent

Wenn Sie längere Formeln eingeben wollen, können Sie dies bequem mit dem *Funktions-Assistenten* erledigen. Insbesondere ist dies auch dann nützlich, wenn Sie eine Formel erst entwickeln müssen und eigentlich noch nicht sicher sind, wie Sie Ihre Berechnung konkret in eine Formel umsetzen können.

Formeln eingeben | **6.2**

Nehmen wir einmal an, Sie hätten die Summenformel aus dem Beispiel des letzten Kapitels mit dem Funktions-Assistenten eingeben wollen:

Zunächst markieren Sie die Zelle, in der Ihre Formel später stehen soll, für unser Beispiel also Zelle D9. Rufen Sie nun den Funktions-Assistenten mittels der entsprechenden Schaltfläche in der Rechenleiste auf (siehe Abbildung 6.3, links neben der Summenschaltfläche). Beim Aufruf erscheint folgendes Dialogfenster:

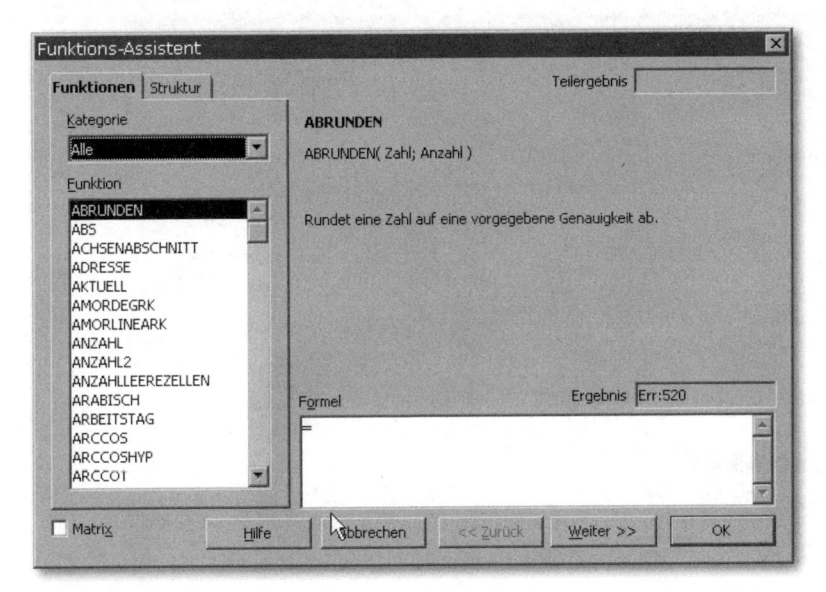

Abbildung 6.5 Funktions-Assistent

Sie sehen links die zwei Register *Funktionen* und *Struktur*. Beim Aufruf ist das Register *Funktionen* aktiv, und Sie sehen unterhalb des Registerreiters das Kombinationsfeld, in dem Sie die Kategorie der entsprechenden Funktion einstellen können. Ändern Sie hier die Auswahl, passt sich die Auswahl in der unten stehenden Listbox-Funktion automatisch an. Im rechten Bereich des Fensters sehen Sie oben und in der Mitte die zwei Felder *Teilergebnis* und *Ergebnis*, die Sie bei der richtigen Formeleingabe unterstützen. Zentral erkennen Sie die große Editbox *Formel*, die Ihre eigentliche Formel darstellt, bei Aufruf ist hier bereits ein »=« voreingetragen.

Um nun die Summenformel einzugeben, müssen Sie im linken Fensterbereich zunächst die entsprechende Funktion auswählen. Da Sie bereits wissen, dass die benötigte Funktion **SUMME()** heißt, können Sie die Einstellung bei *Alle* belassen und diese Funktion durch Scrollen der alphabetisch geordneten Funktionsnamen in der Listbox suchen. Markieren Sie anschließend die Funktion durch Einzelklick.

6 | Formeln und Funktionen

Im rechten Fensterbereich sehen Sie nun eine kurze Beschreibung der Syntax der Funktion sowie ihrer Aufgabe. Dadurch haben Sie die Möglichkeit, Ihre Auswahl nochmals zu korrigieren, falls Sie feststellen, dass die ausgewählte Funktion nicht die richtige ist. Um die Funktion in die Editbox zu übernehmen, führen Sie einen Doppelklick auf den Namen der Funktion durch, und diese wird in die Editbox übernommen. Auf dem Bildschirm sieht das so aus:

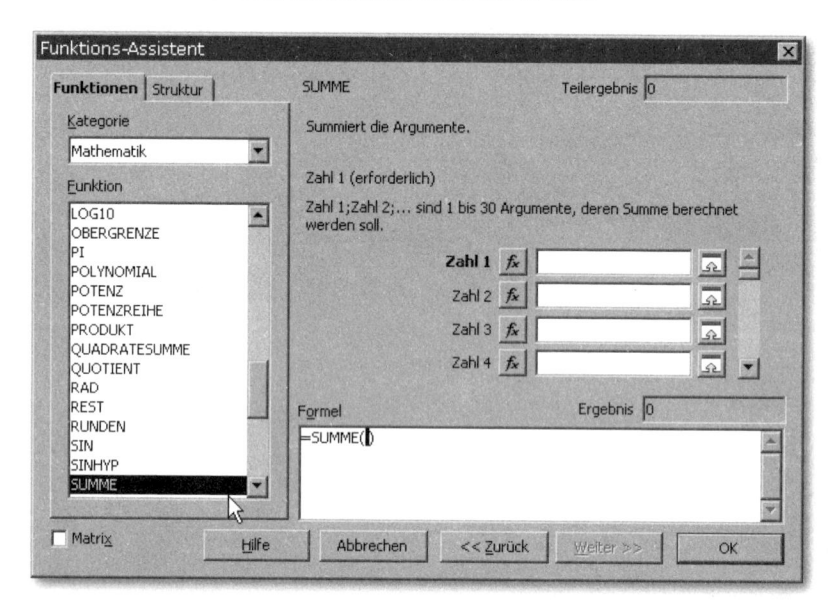

Abbildung 6.6 Formel bearbeiten

[+] Sie können durch Drücken der Schaltfläche **Hilfe** sehr bequem den Hilfeeintrag der gerade aktuellen Funktion anzeigen lassen. Beachten Sie jedoch, dass der aktive Cursor in einem der Eingabefelder für die Parameter der Funktion stehen muss. Befindet sich der aktive Cursor hingegen in der Editbox, wird die allgemeine Hilfe zum Funktions-Assistenten angezeigt.

Je nach konkret gewählter Funktion werden automatisch entsprechende Felder zur Eingabe von Funktionsparametern angezeigt. Bei manchen Funktionen werden somit auch gar keine Felder angezeigt, weil keine Parameter erwartet werden, bei der Funktion **JETZT()** ist das beispielsweise der Fall.

Sie müssen nun die notwendigen Parameter der Formel ergänzen. Als Parameter sind natürlich auch weitere Funktionen zugelassen.

Wollen Sie eine weitere Funktion als Parameter hinzufügen, betätigen Sie die Schaltfläche **fx**, und Sie können wiederum im linken Fensterausschnitt des Funktions-Assistenten eine neue Funktion hinzufügen. Erneut haben Sie hier die Möglichkeit, die hinzuzufügende Funktion erst durch Einzelklick zu markieren, um eine kurze Erläuterung zur entsprechenden Funktionen zu erhalten. Durch Doppelklick wird die gewählte Funktion in die Formel eingefügt und gleichzeitig im entsprechenden Parameterfeld angezeigt. Es wäre zur Eingabe einer Funktion auch möglich, diese per Tastatur in das Parameterfeld direkt einzutippen. Letztlich ist der Funktions-Assistent sehr variabel zu handhaben, und Sie können die Eingabe so tätigen, wie es Ihrem persönlichen Arbeitsstil entspricht.

Kehren wir aber zu unserer konkreten Summenformel zurück, bisher steht ja im Funktions-Assistenten nur die eigentliche Summenfunktion **=SUMME()**, und Sie müssen nun den Parameter D2:D8 ergänzen. Um Schreibfehler zu vermeiden, betätigen Sie die Schaltfläche **Verkleinern** direkt neben dem ersten Parameterfeld, das der Funktions-Assistent anzeigt. Der Assistent wird ausgeblendet, und eine Auswahlmaske erscheint.

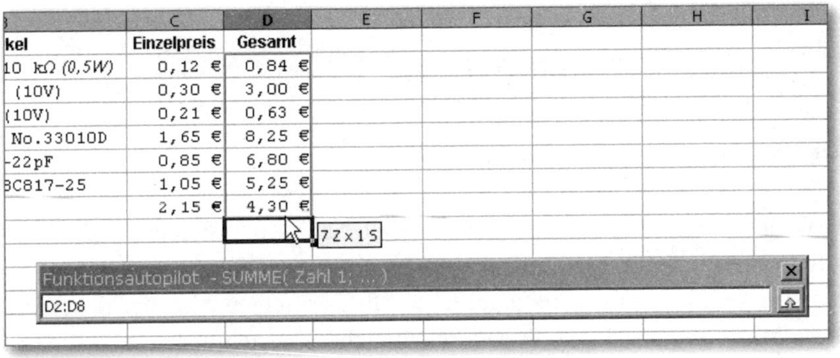

Abbildung 6.7 Funktions-Assistent – Auswahlmaske

Klicken Sie für unser Beispiel in die Zelle D2, halten Sie die primäre Maustaste gedrückt und bewegen nun die Maus bis zur Zelle D8. Hierbei wird automatisch der Zellbereich D2:D8 ausgewählt und in die Auswahlmaske eingetragen. Zur optischen Kontrolle versieht OpenOffice.org die gewählten Zellen mit einem Rahmen. Wenn der entsprechende Zellbereich markiert ist, lassen Sie die Maustaste los. Falls Sie bei der Kontrolle feststellen, dass die getroffene Auswahl nicht richtig war, können Sie diese mit der Maus beliebig oft korrigieren. War Ihre Auswahl korrekt, klicken Sie in der Auswahlmaske die Schaltfläche **Verkleinern**, um die Auswahl in Ihre Formel zu übernehmen. Automatisch sehen Sie nun wieder den Funktions-Assistenten.

Beachten Sie, dass das Ergebnis oben rechts im Feld *Teilergebnis* angezeigt wird, außerdem wird das Ergebnis der Gesamtformel im Feld *Ergebnis* angegeben. Da unsere Beispielformel nur aus einer Funktion besteht, sind Ergebnis und Teilergebnis gleich.

6 | Formeln und Funktionen

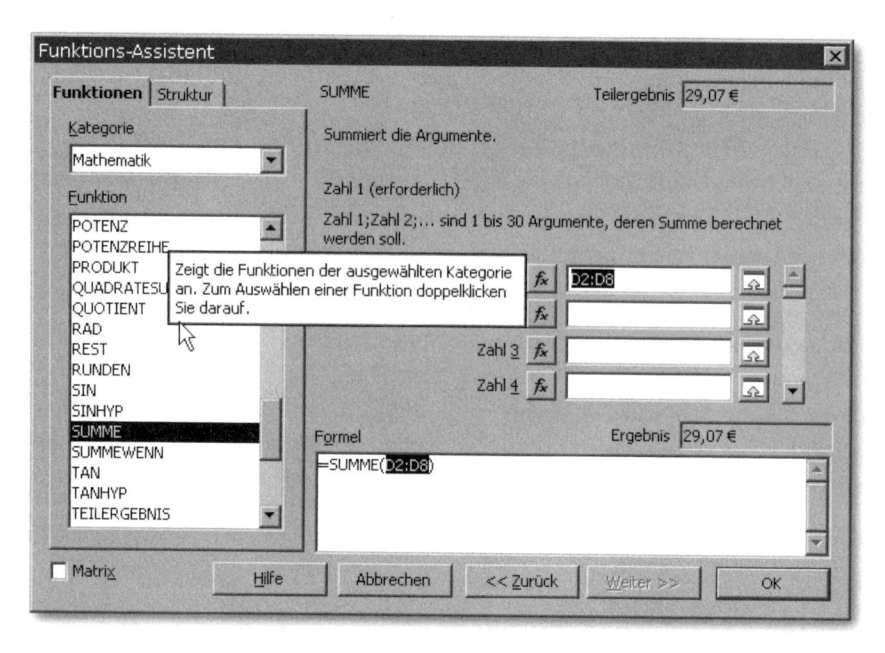

Abbildung 6.8 Fertige Formel im Funktions-Assistenten

Sollten Sie eine falsche Formel eingegeben haben, würden in den genannten Feldern entsprechende Fehlermeldungen eingeblendet, und Sie hätten die Möglichkeit, Ihre Eingabe nochmals zu korrigieren. Da die Formel jedoch korrekt ist, können Sie sie nun durch Klick auf die **OK**-Schaltfläche übernehmen. Dadurch wird die Formel in die Zelle D9 übernommen und automatisch das Ergebnis der Formel ermittelt und angezeigt.

Beim Arbeiten mit dem Funktions-Assistenten haben Sie – wie schon angeführt – immer die Möglichkeit, manuelle Eingaben zu tätigen. Die Nutzung dieser Möglichkeit ist jedoch mit der Gefahr falscher Eingaben verbunden. Andererseits werden fehlerhafte Eingaben sofort in den Feldern *Ergebnis* und *Teilergebnis* sichtbar, sodass Sie über eine gute Kontrolle verfügen. Da Sie in der Praxis, je nach dem konkreten Bereich, in dem Sie Calc einsetzen, häufig gleiche Funktionen immer wieder verwenden, ist die Möglichkeit der manuellen Eingabe u.U. ein guter Weg, Ihre Arbeitsgeschwindigkeit zu steigern. Das Optimum dürfte meist in einer Kombination von Tastatureingabe und Eingabe mit der Maus bestehen.

Umstieg
Wenn Sie bisher den Funktions-Assistenten benutzt haben, um Ihre Funktionen in Excel einzugeben, sollte Ihnen das Arbeiten mit demjenigen von Calc nicht schwer fallen. Beachten Sie, dass der Funktions-Assistent in Calc erweiterte Möglichkeiten bietet und alle notwendigen Bearbeitungsschritte zur Eingabe einer Formel in einem Dialogfenster integriert.

6.2.3 Die Funktionsliste

Eine weitere Möglichkeit zur Eingabe von Formeln ist die Funktionsliste.

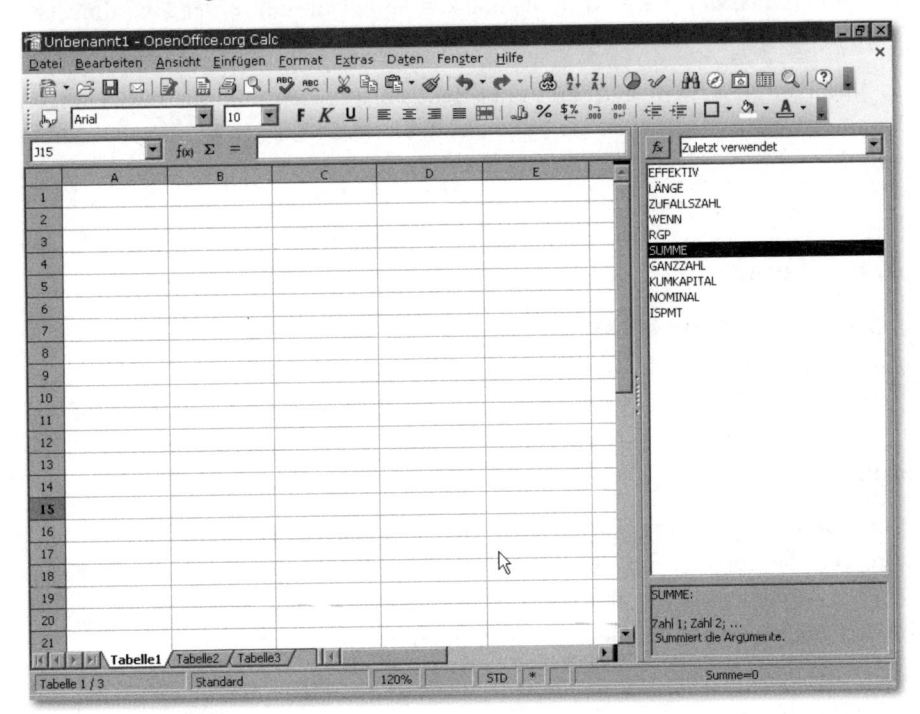

Abbildung 6.9 Funktionsliste – angedockt

Um die Funktionsliste anzuzeigen, wählen Sie im Menü **Einfügen • Funktionsliste**. Die Funktionsliste kann frei schwebend im Arbeitsbereich angezeigt werden, oder Sie können sie, wie im Bild zu sehen, auch andocken. Hierzu ziehen Sie die Funktionsliste an der Titelzeile an den Rand des Anwendungsfensters und lassen los, sobald ein grauer Rahmen erscheint. Sie können die Funktionsliste im angedockten Zustand auch nur ausblenden. Klicken Sie hierzu auf die in der Abbildung aus grauen Punkten bestehende Schaltfläche in der Mitte des linken Randes der Funktionsliste.

Wie beim Funktions-Assistenten existiert ein Auswahlfeld, in dem Sie die verschiedenen Funktionskategorien auswählen können, um alle in der Kategorie enthaltenen Funktionen in einer Liste anzuzeigen. Markieren Sie anschließend eine Funktion in der Liste, wird unterhalb der Liste eine Kurzinformation zur ausgewählten Funktion angezeigt.

Um eine Funktion in die gerade aktive Zelle der Tabelle einzufügen, führen Sie in der Funktionsliste einen Doppelklick auf sie aus. Die Funktion wird zusammen mit Platzhaltern für die Parameter in die Zelle eingefügt. Sollen als Parameter weitere Funktionen dienen, achten Sie darauf, dass der entsprechende Platzhalter des Parameters markiert ist, und doppelklicken Sie wiederum in der Funktionsliste die gewünschte Funktion.

Ist Ihre Funktion (bzw. Formel) in der Zelle entsprechend um die notwendigen Parameter ergänzt, drücken Sie ⏎, um die Eingabe für diese Zelle abzuschließen.

6.3 Fehler

6.3.1 Allgemeine Eingabefehler

Fehler bei der Eingabe kommen gar nicht so selten vor und sind teilweise schwer zu finden, weil sie leicht übersehen werden. Elementar sind hierbei einfache Tippfehler, die sich in Calc mehr oder weniger schwerwiegend auswirken können.

Einfache *Tippfehler* können in einer Tabellenkalkulation bewirken, dass die spätere Verarbeitung der Eingabe mittels z. B. Formeln den Fehler in weitere Bereiche des Tabellenblattes überträgt. Es ist schwierig, allgemeine Ratschläge zu geben, Folgendes sollten Sie jedoch beachten:

Kontrollieren Sie *während der Eingabe*, wie Calc »reagiert«. Ein typisches Beispiel hierfür ist die Tatsache, dass Calc bei der Eingabe zwischen Text und Zahlen exakt unterscheidet und Text immer links- sowie Zahlen rechtsbündig ausrichtet. Stimmt die Ausrichtung in der Zelle nicht mit Ihren Erwartungen überein, haben Sie mit einiger Sicherheit eine fehlerhafte Eingabe getätigt. Beachten Sie beispielsweise, dass Calc Eingaben auch bewertet und bestimmte Formatierungen dann automatisch erzeugt. Dieses Verhalten ist allgemein eine Erleichterung, darf aber nicht falsch interpretiert werden.

Geben Sie beispielsweise in eine Zelle »100 €« (ohne Anführungszeichen) ein, erkennt Calc das und wandelt es automatisch um in das korrekte *Währungsformat*, der Zellinhalt stellt somit eine Zahl dar. Allerdings ist hier die Gefahr, dass eine Eingabe von »100 $« nicht als Währung erkannt wird, wenn Sie auf einem System mit deutschen Ländereinstellungen arbeiten. Die Eingabe wird also beibehalten, und in der Zelle steht keine Zahl, sondern ein Text.

Weitere Zahlenformate, die automatisch erkannt werden, sind beispielsweise *Uhrzeiten und Datumsangaben*. Wenn Sie deutsche Systemeinstellungen benutzen, können Datumswerte eingegeben werden z. B. als 23-11-05 oder 23/11/2005 oder 23.11.05. Alle diese Eingaben werden als Datum gewertet. Um Uhrzeiten einzugeben, müssen Sie den Doppelpunkt als Trenner verwenden, also zum Beispiel »14:30«.

Interessant zu wissen ist auch, dass Calc offensichtlich falsche Datumseingaben als Text interpretiert: Die Eingabe »29.02.2005« ist Text, weil dieses Datum nicht existiert. Geben Sie Datumswerte in Kurzform ein, wertet Calc die Einstellungen unter **Extras • Optionen** aus, um das Datum richtig zu erkennen. Mehr zu diesen Einstellungen finden Sie in Kapitel 3, »Die Programmumgebung«. Angenommen Sie arbeiten mit den vorhandenen Grundeinstellungen, werden Datumswerte in Kurzform als Jahreszahlen zwischen 1930 und 2029 aufgefasst. Die Konsequenz ist – Standardeinstellungen vorausgesetzt – folgende:

Eingabe	Wird interpretiert als	Wird angezeigt als
1.1.5	01.01.2005	01.01.05
01.01.29	01.01.2029	01.01.29
01.01.30	01.01.1930	01.01.30
01.01.2030	01.01.2030	01.01.30

Die letzte Zeile der Tabelle zeigt, dass bei vierstelliger Eingabe die Einstellungen unter **Extras • Optionen** ignoriert werden und Sie somit auch Werte außerhalb des Intervalls 1930 ... 2029 korrekt eingeben können.

Leider gibt es, jedoch aus guten Gründen, bei der Eingabe von Zeitwerten keine entsprechende Analogie. Eine Eingabe von »23:15« wird korrekt erkannt und automatisch mittels des Formatcodes HH:MM:SS formatiert (angezeigt wird 23:15:00). Bei Eingabe von z. B. 27:00 wird jedoch die Eingabe ebenfalls als Zeiteingabe erkannt und nicht in Text umgewandelt, sondern mit Zeitformat [HH]:MM:SS formatiert (angezeigt wird 27:00:00).

Das Rechnen mit Zeiten im Formatcode [HH]:MM:SS bringt einige Vorteile mit sich (mehr dazu in Kapitel 7, »Funktionen im Detail«), allerdings besteht eine Gefahr: Weisen Sie der Zelle, nachdem Ihre Eingabe (»27:00«) als Zeitwert erkannt wurde, manuell das Zeitformat HH:MM:SS zu, ist der sichtbare Wert in der Zelle 03:00:00. Das heißt jedoch nicht, dass 24 Stunden »verloren« gegangen sind, sondern nur, dass sie, aufgrund der manuellen Formatierung, nicht mehr angezeigt werden – intern entspricht der Zellwert immer noch 27:00:00.

Eingaben, die mittels Komma getrennt sind, werden ausschließlich als *Dezimalzahlen* betrachtet. Allerdings darf dann auch nur ein Komma in der Eingabe enthalten sein: »1,5,7« wird als Text bewertet. Eingaben mit Tausendertrennzeichen wie »23.788,53« werden richtig als Dezimalzahlen erkannt (allerdings bei Standardeinstellungen automatisch auf 23788,23 zurückgesetzt).

Ein nicht zu unterschätzendes Problem ist auch die falsche Verwendung von (unnötigen) *Leerzeichen*. Es besteht in Calc keine Möglichkeit, Leerzeichen durch Einblendung der Steuerzeichen – wie im Writer – sichtbar zu machen. Geben Sie etwa » abc« ein, ist das nicht dasselbe wie »abc«, da die erste Eingabe ein führendes (unnützes) Leerzeichen enthält. Greifen Sie nun mit einer Formel wie **=WENN(A1="abc";1;0)** auf den Inhalt zu, ist in der Formel die Bedingung nicht erfüllt und es würde 0 angezeigt.

[+] Es besteht auch die Möglichkeit, Probleme mit überflüssigen Leerzeichen formelseitig abzufangen. Für unser Beispiel würde die Formel **=WENN(GLÄTTEN(C1)="abc";1;0)** zum gewünschten Ergebnis führen.

Wie Sie gerade gesehen haben, können unnötige Leerzeichen in Verbindung mit Text zu Fehlern führen.

Geben Sie jedoch eine Zahl mit vorgestelltem oder nachfolgendem Leerzeichen ein, so werden diese Leerzeichen entfernt, und die Zahl wird korrekt erkannt.

Denken Sie aber auch daran, dass ein einzelnes Leerzeichen in einer Zelle ebenfalls als Text interpretiert wird, die Zelle also keinesfalls leer ist. Optisch ist dies nicht zu erkennen, erzeugt jedoch bei der Verwendung von Formeln eventuell unerwünschte Resultate.

[+] Falls Sie Texte mittels Formel auswerten, beachten Sie auch die Problematik Groß-/Kleinschreibung in Calc-Versionen vor 2.3. Wenn Sie nicht die entsprechende Option unter **Extras • Autokorrektur** abschalten, bewirkt eine Eingabe von [a][b][c] + [↵] nämlich einen Zellwert »Abc«, was leicht übersehen werden kann.
Mit OpenOffice.org 2.3 existiert dieses Verhalten, wie gerade gesagt, nicht mehr, eine Eingabe von [a][b][c] + [↵] führt also zu »abc«, auch dann wenn die Option *Jeden Satz mit einem Großbuchstaben beginnen* aktiv ist.

Nutzen Sie auch die Möglichkeiten, die Ihnen die *Autokorrekturfunktion* von Calc bietet. Immer wiederkehrende spezifische Begriffe sind in der Ersetzungsliste der Autokorrektur gut aufgehoben und bieten Ihnen auch einen Zeitvorteil bei der Eingabe.

Auch wenn Sie ein geübter Anwender sind, sollten Sie immer kritisch gegenüber Ihren Eingaben bleiben, denn manchmal suchen Sie verzweifelt einen Fehler in einer nicht richtig arbeitenden Formel, obwohl nur eine kleine Unaufmerksamkeit bei der Eingabe eines Zellwertes die Ursache ist. Da Zellen mannigfaltig verknüpft sein können, steht der falsche Wert auch nicht immer im Mittelpunkt Ihrer Aufmerksamkeit, er kann sich nämlich auch auf einem anderen Tabellenblatt oder in einer anderen Datei usw. verbergen.

6.3.2 Fehler in Formeln

Im engeren Sinne geht es hier um Fehler, die deutlich sichtbar zutage treten, weil Calc solche fehlerhaften Formeln durch eine Fehlermeldung in der Zelle, welche die Formel enthält, kennzeichnet:

1,65	7,46	8,55
2,52	Err:511	3,98
6,98	8,08	1,59
0,57	3,77	7,67
0,09	1,82	8,85

Abbildung 6.10 Fehlermeldung

Auf diese konkreten Fehlermeldungen werde ich im nächsten Kapitel detailliert eingehen. Ich möchte jedoch zunächst die Kapitelüberschrift etwas weiter auslegen.

Es muss ganz allgemein unterschieden werden zwischen Formeln, die wirklich fehlerhaft sind (im Sinne der Anforderungen der Syntax), und Formeln, die lediglich ein falsches Ergebnis liefern, ohne dass die Formelsyntax an sich zu bemängeln wäre.

Elementar ist, dass in Formeln Tippfehler auftreten können, wie im vorgehenden Kapitel beschrieben. Dies betrifft zum Beispiel die Tatsache, dass aus Flüchtigkeit Operatoren falsch geschrieben werden oder falsche Angaben zu Werten erfolgen.

> Sie können für Funktionsnamen und Zellnamen völlig gleichberechtigt Groß- oder Kleinschreibung verwenden, ohne dass es zu Problemen kommt.   [+]

Es kann aber auch sein, dass *Verwechslungen* auftreten, die zu völlig unerwarteten Resultaten führen. Typisch hierfür ist z. B. die Verwendung falscher Funktionsnamen bei manueller Formeleingabe. Funktionsnamen wie **ARCCOS()** – **ARCCOT(); DBSTDABW()** – **DBSTDABWN()** bergen dafür ein nicht unerhebliches Potenzial. Ärgerlich ist, dass in solchen Fällen das Ergebnis nicht immer augenscheinlich falsch ist und Calc keine Fehlermeldung in die Zelle schreibt, da ja die Formel als solche richtig ist.

Da Sie beim Erstellen von Formeln häufig auf die Möglichkeit zurückgreifen werden, bereits in anderen Zellen vorhandene Formeln zu kopieren, ist eine Fehlerquelle auch die Verwendung von falschen *Bezügen* in der Ausgangsformel. Das gilt natürlich ebenso für das Verschieben entsprechender Formeln. Gerade bei Anfängern treten oft Verständnisprobleme bei Zellbezügen auf. Die Verwendung richtiger Zellbezüge ist elementar, worauf es jedoch beim effizienten Arbeiten auch ankommt, ist die Verwendung zweckmäßiger Zellbezüge.

Eine häufig auftretende Fehlerquelle ist der sogenannte *Zirkelbezug*. Glücklicherweise erkennt Calc diese Zirkelbezüge automatisch und kennzeichnet die Zelle, die eine fehlerhafte Formel enthält, mittels des Fehlercodes Err:522. Worum handelt es sich nun bei einem Zirkelbezug?

Ein Zirkelbezug liegt immer dann vor, wenn eine Formel ihre Ausgangswerte aus einer anderen Zelle bezieht und in der anderen Zelle ebenfalls eine Formel existiert, die ihrerseits die Ausgangswerte aus der ersten Zelle erhält ... etwas unverständlich vielleicht, zugegeben. Aber hier haben Sie zwei Beispiele zur Verdeutlichung:

Einfachster denkbarer Zirkelbezug ist sicherlich die Formel **=A1**, geschrieben in Zelle A1. Auch eine Tabelle, die in Zelle A1 die Formel enthält **=B1** und in Zelle B1 die Formel **=A1**, ergibt die Fehlermeldung Err:522 in beiden Zellen, obwohl beide Formeln für sich genommen nicht fehlerhaft sind.

Zirkelbezüge müssen jedoch nicht zwangsläufig zu Fehlern führen. Geben Sie beispielsweise in Zelle A1 die Formel:

=A1+1/3

ein, so führt das bei Standardeinstellungen zu einem Fehler. Ändern Sie jedoch die Einstellung für *Minimaler Änderungswert* unter **Extras • Optionen • OpenOffice.org Calc • Berechnen** auf den Wert 1, können Sie durch drücken von ⌊Strg⌋ + ⌊⇧⌋ + ⌊F9⌋ bewirken, dass die Formel **A1+1/3** einfach »hochzählt«. (Hinweis: Der eingestellte Wert von 1 bewirkt nur ein sicheres Hochzählen in ganzen Zahlen, um den Fehler zu vermeiden, würde auch ein Wert geringfügig größer als 1/3 – z. B. 0,34 – genügen.)

Im Allgemeinen sind Fehler durch Zirkelbezüge leicht zu finden, allerdings sind auch Verschachtelungen möglich, welche die Beseitigung erschweren können. Womit ich dann zur nächsten Fehlerursache überleite: Verständnisprobleme.

Häufig werden Sie Calc einfach dazu benutzen, Zahlenwerte zusammenzustellen und einfache Berechnungen wie Addition und Multiplikation durchzuführen. Meist handelt es sich dabei um die Verwendung von Calc für Zwecke der Buchführung oder Datenverwaltung.

Sobald es sich aber um umfangreichere Berechnungen, z. B. statistische Auswertungen, handelt, sollten Sie sich etwas Zeit nehmen, die Zusammenhänge zu durchdenken, bevor Sie mit dem Erstellen notwendiger Formeln beginnen. Insbesondere können Sie so auch erkennen, ob nicht die Verwendung von einer benutzerdefinierten Funktion effizienter ist als das Ausarbeiten komplexer Formeln. Dem Erstellen komplexer Formeln und dem Programmieren von benutzerdefinierten Funktionen habe ich zwei eigene Kapitel gewidmet, bitte schlagen Sie dort nach.

Auch in den Bereich Verständnisprobleme fällt die Thematik der Anwendung elementarer *mathematischer Regeln* und die Beachtung der Tatsache, dass einige Funktionen *Parameter* nicht nur in festgelegter Reihenfolge, sondern auch in einem bestimmten Format erwarten.

Bei einigen Tabellenfunktionen werden Sie den Hinweis finden, dass bestimmte Parameter *optional* sind, was jedoch nicht zwingend heißt, dass die Nichtangabe ohne Wirkung wäre. Der entsprechende Abschnitt in der Hilfedatei zur Funktion **SVERWEIS(Suchkriterium;Matrix;Index;Sortiert)** lautet beispielsweise:

> *»Sortiert ist ein optionaler Parameter, der angibt, ob die erste Spalte in der Matrix in aufsteigender Reihenfolge sortiert ist. Ist dies nicht der Fall, geben Sie hier den Booleschen Wert FALSCH ein.«*

Beachten Sie hier, dass in solchen Fällen die Angabe des Parameters zwar nicht zwingend ist, gleichwohl eine Entscheidung darstellt, die der Angabe des Parameterwerts mit WAHR äquivalent ist.

6.3.3 Fehler in Formeln finden

Calc ist bemüht, Sie bei der Eingabe und Korrektur von Formeln zu unterstützen. In eindeutigen Situationen ist Calc in der Lage, Formeln selbstständig zu korrigieren. Beispiel hierfür ist die Ergänzung fehlender Klammern in einfachen Funktionen wie z. B. **Summe()**, **Produkt()** oder **LÄNGE()**. Geben Sie z. B. **=LÄNGE(A5)** ein und schließen mittels ⏎ ab, ergänzt Calc automatisch die fehlende Klammer.

In vielen Situationen kann Calc jedoch nicht selbstständig entscheiden, was an der Formel korrigiert werden muss, weil dies auch davon abhängig sein kann, was Sie erreichen wollen. Calc erkennt lediglich, dass die Formel in aktueller Schreibweise falsch ist und die entsprechende Ursache. Als Rückgabe schreibt Calc anschließend in die Zelle einen Fehlercode, der Sie über die Ursache des Fehlers informiert und Ihnen so die Korrektur erleichtert.

In der Hilfedatei von OpenOffice.org Calc finden Sie eine tabellarische Übersicht aller Fehlermeldungen (suchen Sie nach dem Stichwort *Fehlercodes*).

Besonders hilfreich bei Fehlern in komplexeren Formeln ist der Funktions-Assistent, da Sie mit seiner Hilfe auch Teile der Formel analysieren können.

Hierzu folgendes Beispiel:

In einer Bestandstabelle funktionieren einige Formeln nicht richtig. Da es sich um eine größere Anzahl von gleichen Formeln handelt, ist die Fehlfunktion zunächst unklar.

6 | Formeln und Funktionen

	G	L	M	N	O
1	Genaue Bezeichnung	Bestand *			
33	4233 33 Fa. F.Legger11-AB	#WERT!		=WENN(FINDEN("*";G33;1);SUMME(A33:C33);0)	
34	4233 34 Fa. F.Legger11,5-AA	#WERT!		=WENN(FINDEN("*";G34;1);SUMME(A34:C34);0)	
35	4233 35 Fa. F.Legger11,5-AB*	4389		=WENN(FINDEN("*";G35;1);SUMME(A35:C35);0)	
36	4233 36 Fa. F.Legger12-AA	#WERT!		=WENN(FINDEN("*";G36;1);SUMME(A36:C36);0)	
37	4233 37 Fa. F.Legger12-AB*	4357		=WENN(FINDEN("*";G37;1);SUMME(A37:C37);0)	

Abbildung 6.11 Einige Formeln liefern einen Fehler.

Der in den Zellen, in denen die Formeln fehlerhaft arbeiten, ausgegebene Hinweis (Fehlermeldung) ist #WERT!, also Fehlernummer 519. Somit entspricht (bzw. entsprechen) ein (oder mehrere) Wert(e) in der Formel nicht der jeweiligen Definition für einen Parameter.

[»] Ist eine Zelle, die einen Fehler enthält, markiert, so wird ein kurzer Hinweis zum Fehler auch in der Statusleiste (Statuszeile) angezeigt.

Um herauszufinden, wo der Fehler genau steckt, müssten Sie jetzt die Formeln analysieren. Hierbei leistet der Funktions-Assistent wertvolle Hilfe, denn er ist auch in der Lage, fehlerhafte Teilergebnisse zu kennzeichnen.

Markieren Sie hierzu Zelle L33, und rufen Sie den Funktions-Assistenten auf.

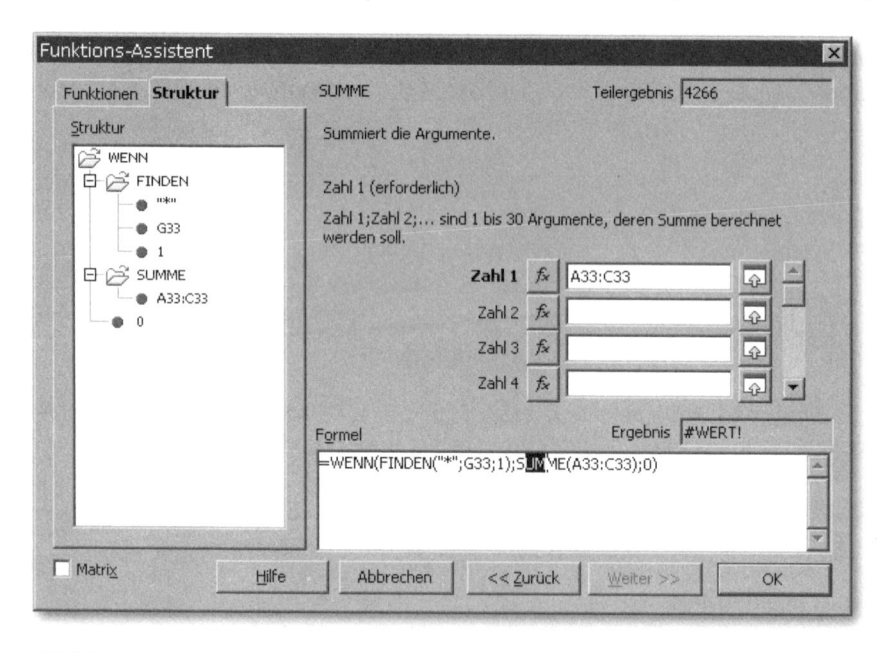

Abbildung 6.12 Suchen eines Fehlers mittels Funktions-Assistenten

Im linken Teil des Funktions-Assistenten sehen Sie die Struktur der Formel. Lägen Fehler bei der Verwendung der Argumente der einzelnen Funktionen vor, so wären diese Fehler hier durch einen roten Punkt vor dem Argument gekennzeichnet. Blaue Punkte vor dem Argument bedeuten hingegen, dass das Argument dem richtigen Datentyp entspricht. Für unser Beispiel werden im Strukturbereich des Funktions-Assistenten keine falschen Argumente signalisiert.

Setzen Sie jetzt den Cursor direkt in die einzelnen Funktionsnamen der Formel. In Abbildung 6.12 ist das bei **SUMME()** zu sehen, wobei es reicht, den Cursor ins Wort »Summe« zu stellen, Sie müssen also nicht extra einzelne Buchstaben markieren. Nun sehen Sie rechts oben, dass die Summenfunktion ein gültiges Teilergebnis (4266) liefert.

Setzen Sie den Cursor nun jedoch in die Funktion **FINDEN()**, werden Sie unter **Teilergebnis** wiederum die Fehlermeldung #WERT! erhalten. Somit muss der Fehler in der Funktion **FINDEN()** auftreten. Sie wissen aber bereits, dass die Parameter dem Typ nach in Ordnung sind.

Für die konkrete Funktion **FINDEN(Suchtext; Text; Position)** gilt jedoch, dass sie die Fehlermeldung #WERT! liefert, wenn entweder der Parameter für *Position* kleiner als 0 bzw. größer als die Länge von *Text* eingegeben wurde oder *Suchtext* nicht gefunden werden konnte. Für unser Beispiel ist Letzteres der Fall.

Anmerkung:

Beachten Sie für das konkrete Beispiel, wie der Fehler zustande kommt. Die Funktion **FINDEN()** liefert, wenn der zu suchende Ausdruck (*Suchtext*) in *Text* gefunden werden kann, die Position von *Suchtext* in *Text* und nicht etwa einen Wahrheitsausdruck zurück. Weil jedoch *Suchtext* nicht gefunden wird, kommt es zur Fehlermeldung #WERT!, ein eigentlicher Rückgabewert der Funktion selbst existiert jedoch nicht. **WENN()** (IF) kann somit gar keine Prüfung durchführen, um zu entscheiden, ob *Dann-Wert* (Then) oder *Sonst-Wert* (Else) angezeigt werden soll.

Ein weiteres Hilfsmittel, das Sie zur Fehlersuche einsetzen können, ist der *Detektiv*. Mit Hilfe des Detektivs können Sie sich für jede Zelle, deren Wert sich aus anderen Zellen ergibt bzw. deren Wert in die Berechnung anderer Zellen eingeht, eine Markierung in Form eines Pfeils einblenden lassen, um den Rechenweg besser zu überblicken.

Falls in einer Zelle ein Fehler auftritt, können Sie sich mit dem Detektiv auch den Weg zum Fehler anzeigen lassen, d.h., der Detektiv zeigt die Abhängigkeit zu den Zellen, die in die Berechnung der fehlerhaften Zelle eingehen.

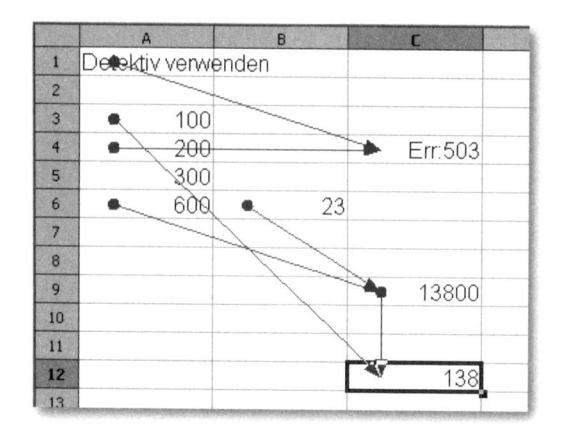

Abbildung 6.13 Rechenwege mit dem Detektiv visualisieren

Bei sehr großen Tabellen wirken die Markierungen des Detektivs teilweise etwas unübersichtlich, wenn die verbundenen Zellen weit auseinander liegen. Führen Sie in diesem Fall einen Doppelklick auf den entsprechenden Pfeil aus, um zur verbundenen Zelle zu springen. Ein nochmaliger Doppelklick führt zurück zur Ausgangszelle.

Die einzelnen Optionen des Detektivs erreichen Sie im Menü über **Extras • Detektiv**.

6.4 Probleme bei Zahlen, Zeitwerten und Texten

6.4.1 Allgemeines

Bereits in Kapitel 6.3 wurde auf mögliche Fehler beim Umgang mit Datums- und Zeitwerten hingewiesen. Leider erlebe ich in der Praxis immer wieder, dass bei Nutzern oftmals falsche Vorstellungen bezüglich der Handhabung von Inhalten von Tabellenzellen bestehen. Diese Handhabungsfehler gehen fast immer auf ein mangelndes Verständnis der Zusammenhänge zurück. Deshalb möchte ich im Folgenden nochmals vertiefend auf diesen Problemkreis eingehen.

Sehr häufig wird vergessen oder es ist nicht bekannt, dass Zell*werte* und die *Anzeige von* Zellwerten keinesfalls dasselbe sind. Um Probleme zu vermeiden, verinnerlichen Sie bitte die folgenden zwei Grundsätze:

1. Das Verhalten des Zellinhalts einer Zelle – bezüglich Berechnungen – wird durch den Zell*wert* bestimmt.
2. Aus einer bestimmten Zell*anzeige* allein, können Sie nicht verlässlich auf den Zellwert rückschließen.

Als *Zellwert* gilt hierbei der unformatierte Inhalt einer Zelle, wobei Inhalte Zahlen und Texte sein können[2]. Eine Zelle hat immer nur einen bestimmten Inhaltstyp, also entweder Zahl oder Text, und es gibt in diesem Sinne keine besonderen Zahlen. Letzteres meint, dass ein Datum oder eine Uhrzeit auch nur eine Zahl ist und keinesfalls »Datumszahlen« und »Uhrzeitzahlen« existieren. Mit Zellen verknüpfte Inhalte, z. B. an Zellen verankerte Bilder, sind im Übrigen keine Zellinhalte.

Als *Zellanzeige* gilt hingegen das, was Sie auf dem Monitor sehen, d. h. die durch Formatierung des Zellwertes erzielte Zellanzeige. Machen Sie sich bitte klar, dass eine Formatierung zwar mit dem Ziel verwendet wird, einen Zellwert zweckmäßig darzustellen, es sich letztlich aber um eine Verfälschung handelt, insofern der eigentliche Zellwert nicht angezeigt wird. Dies gilt streng genommen schon für die ganz einfache Darstellung von Zahlen, denn eine Zelle, die den Zellwert 10 enthält, enthält natürlich nicht einen Zellwert 10 plus Arial plus Schriftfarbe schwarz plus Schriftgröße 11 Punkt plus ... alle diese Formatierungen gehören nicht zum Zellwert.

6.4.2 Daten

In Kapitel 7.4 werden Sie Genaueres zu Datums- und Zeitberechnungen in Calc erfahren, es gilt jedoch, allgemein im Umgang mit Daten und Zeiten einiges zu beachten.

Bei der Eingabe von Daten existiert die Besonderheit, dass hierbei eine Wertumwandlung stattfindet, die auf direktem Weg nicht mehr rückgängig gemacht werden kann. Geben Sie per Tastatur zum Beispiel ein[3]:

`1` `7` `.` `0` `9` `.` `2` `0` `0` `7`

so ist das sichtbare Resultat nach Übernahme der Eingabe in die Zelle die Zellanzeige 17.09.07.

Wie kommt es zu dieser Anzeige?

Nach der Übernahme der Eingabe in die Zelle (indem Sie z. B. `↵` drücken) prüft Calc, was Sie übergeben haben, und erkennt dabei Folgendes[4]:

▶ Die Eingabe enthält Ziffern, jedoch nicht ausschließlich.

▶ Außer den Ziffern ist nur das Zeichen ».« enthalten, welches nicht dem Zeichen für Dezimaltrenner entspricht. Es liegt also insgesamt keine Zahl vor.

---

2 Eventuell nehmen Wahrheitswerte (wahr/falsch; 1/0) eine gewisse Sonderstellung ein.
3 Bei einer deutschsprachigen Version von OpenOffice.org.
4 Die Aussagen gelten für ein deutschsprachiges OpenOffice.org bei Standardeinstellungen.

▶ Das Zeichen ».« stellt jedoch einen zulässigen Trenner für Daten (Datumswerte) dar, und das Datum 17.09.2007 existiert tatsächlich.

Hieraus kommt Calc zu dem Schluss, dass ein gültiges Datum vorliegt, und wandelt deshalb(!) Ihre Eingabe in einen Zahlenwert um, den es gleichzeitig in Datumsformatierung (TT.MM.JJ) darstellt. Der Zahlenwert ist hierbei eine *serielle* Zahl (also eine Zahl, die folgend von einem bestimmten Ausgangspunkt »hochgezählt« wird) und bestimmt sich aus der Einstellung unter **Extras • Optionen • OpenOffice.org Calc • Berechnen** (siehe Abbildung 6.14).

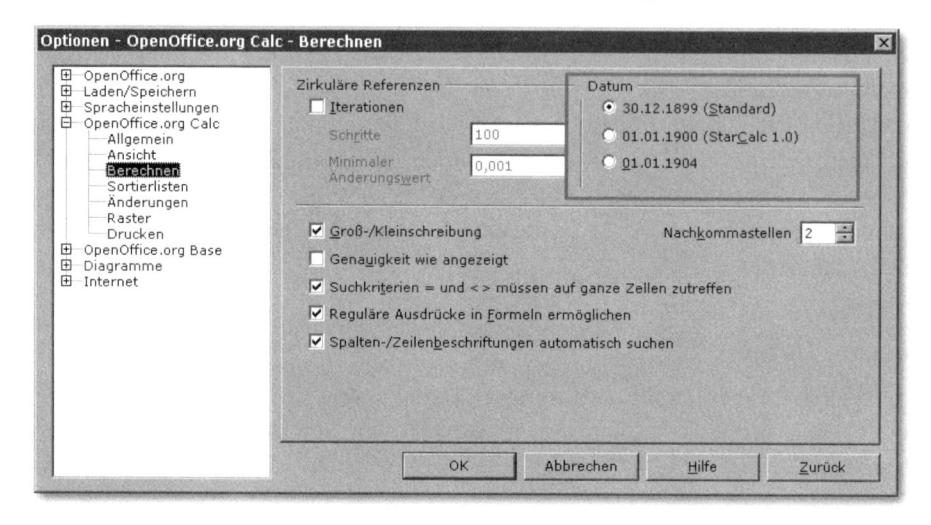

Abbildung 6.14 Bezugspunkte für Datumswerte festlegen

Bei Standardeinstellung wird ein Wert von 39342 ermittelt und in die Zelle eingetragen. Dieser Wert kommt deshalb zustande, weil der 30.12.1899 als Bezugspunkt gilt und einen Wert von 0 repräsentiert, d. h., der 30.12.1899 wird als nullter Tag gezählt, der 31.12.1899 als erster, der 31.01.1900 als zweiunddreißigster und der 17.09.2007 als 39342. Tag.

Die sich ergebene Situation in der Zelle ist also: In der Zelle steht ein Zellwert von 39342, der mittels der Formatierung TT.MM.JJ als 17.09.07 angezeigt wird. Diese Situation unterscheidet sich *nicht* gegenüber derjenigen, wenn Sie 39342 als Zahl eingegeben und manuell als Datum formatiert hätten.

Betrachten Sie nun den Fall der Eingabe von:

1 7 . 0 9 . 2 0 0 7

Calc analysiert hier wiederum Ihre Eingabe, kommt nun aber zu folgenden Schlüssen:

- Die Eingabe enthält Ziffern, jedoch nicht ausschließlich.
- Außer den Ziffern ist nur das Zeichen »,« enthalten, welches dem Zeichen für Dezimaltrenner entspricht. Allerdings liegt es mehr als einmal vor. Es liegt also insgesamt keine Zahl vor.
- Das Zeichen »,« stellt jedoch keinen zulässigen Trenner für Daten (Datumswerte) dar – weitere zulässige Trenner für Datumswerte wären »/« und »-«.

Es liegt also letztlich weder eine Zahl noch ein Datum vor, und Calc interpretiert Ihre Eingabe somit als Text, der völlig unverändert in die Zelle übernommen wird, der Zellinhalt (Zell*wert*) ist also »17,09,2007«.

> Wollen Sie ein Datum tatsächlich als Text in eine Zelle eingeben, also die automatische Datumserkennung (und Wertumwandlung) vermeiden, gibt es zwei Möglichkeiten:
>
> - Formatieren Sie die Zelle *vor der Eingabe* als Text.
> - Geben Sie das Datum mit führendem Hochkomma ein, also beispielsweise als `'` `1` `7` `.` `0` `9` `.` `2` `0` `0` `7`.

Weitere Besonderheiten können sich bei der verkürzten Eingabe von Daten ergeben. Ganz allgemein können Sie ein Datum verkürzt eingeben, beispielsweise:

`1` `6` `.` `1` `1` `.` `0` `5`

Wenn Sie einen kurzen, vorausschauenden Blick auf Kapitel 6.4.3 werfen, können Sie dort lesen, dass Calc keine »allgemeinen« Datumswerte kennt. Der 16.11. kann also nur ein konkreter Tag sein, in einem bestimmten Jahr. Wie aber bestimmt Calc hier das konkrete Datum?

Bei verkürzter Eingabe richtet sich die (von Calc angenommene) Jahreszahl nach der entsprechenden Einstellung unter **Extras • Optionen • OpenOffice.org • Allgemein** (siehe Abbildung 6.15). Bei der in der Abbildung sichtbaren Einstellung würde die Eingabe von `1` `6` `.` `1` `1` `.` `0` `5` also zum Datum 16.11.2005 (und zum Zellwert 38672) führen.

Eine weitere Verkürzung der Eingabe auf

`1` `6` `.` `1` `1` `.`

führt zum Datum mit der – zum Zeitpunkt der Eingabe – aktuellen Jahreszahl. Sie können unter diesen Umständen auch auf die Eingabe des zweiten Punktes verzichten, beachten Sie dabei jedoch, dass diese Möglichkeit auch dazu führen kann, dass kein Datum, sondern eine Zahl erkannt wird. Dies ist dann der Fall, wenn Sie mit einem OpenOffice.org arbeiten, welches per Default den ».« als Dezimaltrenner wertet, was beispielsweise bei einem englischsprachigen OpenOffice.org der Fall ist.

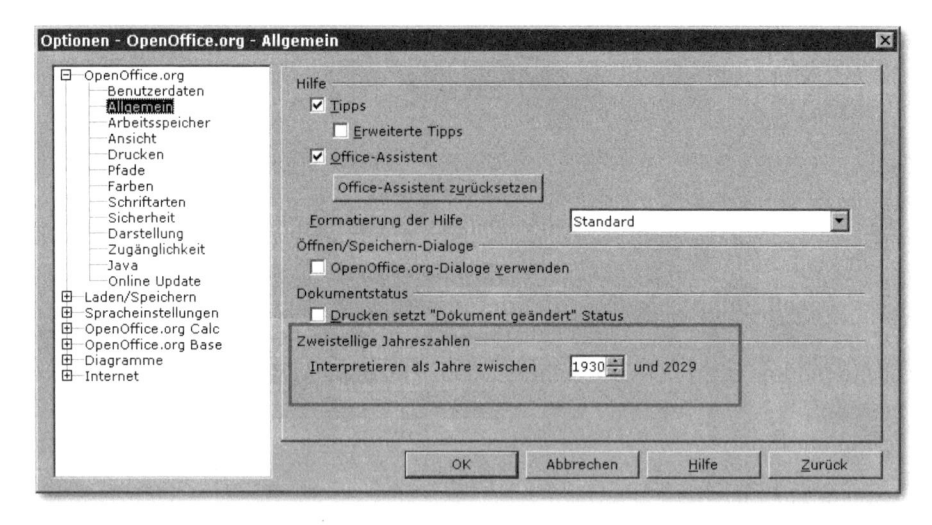

Abbildung 6.15 Zweistellige Jahreszahlen konfigurieren

Sie können dieses Verhalten auch bei einem deutsch lokalisierten OpenOffice.org erreichen, wenn Sie die Sprache für die Zellformatierung auf Englisch umstellen.

[»] Beachten Sie bitte die jeweils unterschiedlichen Konsequenzen aus den Einstellungen gemäß Abbildung 6.14 und Abbildung 6.15. Im ersten Fall wirkt die Einstellung dynamisch, d.h., auch neu importierte Dateien werden entsprechend interpretiert (der vorhandene Zellwert wird also auf Grundlage dieser Einstellung unter Beachtung der in der Zelle vorgegebenen Datumsformatierung angezeigt), im zweiten Fall wirkt die Einstellung statisch, da der Zellwert nur einmalig erzeugt wird und sich nicht mehr ändert.

6.4.3 Der 29.02.1900 – ein ganz besonderer Tag

Weiter oben war die Rede davon, dass Calc bei der Eingabe prüft, ob ein Datum »tatsächlich existiert« – was bedeutet diese Aussage?

Calc kennt keine allgemeinen Daten, ein Datumswert ist also immer konkret. Bei der Datumserkennung wird also nicht nur geprüft, ob ein bestimmtes Datum existiert haben könnte, sondern ob es wirklich existiert. Offensichtlich ist, dass ein 32.01.1900 nicht existiert hat, aber wie war das beim 29.02.1900?

Augenscheinlich kann der 29.02.1900 existiert haben, nämlich dann, wenn das Jahr 1900 ein Schaltjahr war, die Frage bleibt jedoch, ob es das war.

	A	B	C
1	Eingabe	Anzeige	Zellwert
2	29.02.1900	29.02.1900	29.02.1900 (Text)

	A	B	C
1	Eingabe	Anzeige	Zellwert
2	29.02.1900	29.02.1900	60

Abbildung 6.16 29.02.1900 (oben in OOo Calc, unten in MS Excel)

Geben Sie 29.02.1900 in Calc ein, erhalten Sie anschließend Zelltext, versuchen Sie das Gleiche in MS Excel, ergibt sich ein Datum – was ist hier los?

Calc wertet, im Gegensatz zu MS Excel, das Jahr 1900 nicht als Schaltjahr. Leider liegt hier ein Fehler in MS Excel vor, denn 1900 war tatsächlich kein Schaltjahr[5].

Problematisch sind unter Umständen die Konsequenzen, wenn Sie Excel-Dateien mit diesem Datum importieren (oder exportieren) müssen, da sich ja die Anzeige des Datums nach Zellwerten richtet.

Eigentlich sind sogar alle Werte vor dem 01.03.1900 von diesem Problem betroffen. Um die konkrete Situation zu verstehen, betrachten Sie bitte zunächst die Definitionen der Bezugsdaten der »Jahre 0« in Calc und in Excel:

Bezugsdatum	Zahlenwerte für das Bezugsdatum	
	OOo Calc	MS Excel
30.12.1899	0 (Standard)	
01.01.1900	0	1 (Standard)
01.01.1904	0	
02.01.1904		1

Tabelle 6.1 Bezugsdaten in OOo Calc und MS Excel

Nach Tabelle 6.1 sollte eigentlich für alle Datumswertanzeigen, bei jeweiliger Standardeinstellung der Programme, eine Differenz von einem Tag existieren bzw. umgekehrt sollten bei automatischer Datumserkennung bei Eingabe von Daten diese Differenzen bei den Zellwerten auftreten. Oder, anders gesagt, sollte es Übereinstimmung nur geben, wenn beide Programme mit der Einstellung 1904 betrieben werden, denn hier lässt sich ein gemeinsamer Bezugspunkt finden (entweder 01.01.1904 mit Wert 0 oder 02.01.1904 mit Wert 1).

---

5 Wovon Sie sich beispielsweise unter *www.ewigerkalender.de* überzeugen können.

Glücklicherweise ergeben sich jedoch, bei Standardeinstellungen, wechselseitig korrekte Datumsanzeigen ab dem 01.03.1900, sodass sich der Fehler des 29.02.1900 gegen die unterschiedliche Definition des Startdatums aufhebt.

Erläuterung:

Der erste März des Jahres 1900 war der 60. Tag des Jahres 1900, gemäß der Definition (siehe Tabelle 6.1) sollte dieser Tag (bei jeweiliger Standardeinstellung) einem Zellwert von:

- 61 in OOo Calc
- 60 in MS Excel

entsprechen. Diese Werte sollten also zustande kommen bei Eingabe von:

`0` `1` `.` `0` `3` `.` `1` `9` `0` `0`

sowohl in Calc als auch in Excel. In Wahrheit liefert Excel bei dieser Eingabe jedoch den Zellwert von 61, da für 1900 (fälschlicherweise) die Existenz des 29.02. angenommen wird.

Das Standardbezugsdatum in Calc ist unter diesen Umständen geschickt gewählt, denn es gleicht die Differenz, beginnend ab 01.03.1900, aus.

6.4.4 Uhrzeiten

Bei Uhrzeiten setzt sich die Handhabung von Zellwerten so fort, wie Sie es bei Datumswerten gesehen haben. Der Unterschied eines Tages bei Daten entspricht genau dem Wert 1 und 1/24 genau einer Stunde bei Uhrzeiten. Geben Sie also in eine Zelle Folgendes ein:

`1` `3` `:` `0` `0`

führt dies zu einer Anzeige von 13:00:00 und einem Zellwert von (1/24)*13 (=0,541666666666667).

Sie müssen sich hierbei wiederum verdeutlichen, dass eigentlich der Zellwert das Entscheidende ist, denn die Anzeige wird nur durch die Formatierung HH:MM:SS, die Calc beim Erkennen einer Zeiteingabe automatisch verwendet, bewirkt.

Zeit und Datum verhalten sich hier völlig konsistent, denn wenn Sie beispielsweise:

`3` `0` `.` `1` `2` `.` `1` `8` `9` `9` ` ` `1` `3` `:` `0` `0`

eingeben, erzeugt das genau den gleichen Zellwert wie nur die Eingabe von
`1` `3` `:` `0` `0`. Einzig die von Calc automatisch gewählte Formatierung ist jetzt
eine andere, nämlich TT.MM.JJ HH:MM. Sie können es auch so verstehen, dass
»übliche« Zeiteingaben eigentlich meist Zeiten sind, die am 30.12.1899 »statt-
finden«.

Weil aber Daten und Zeiten so nahtlos ineinander übergehen, ergibt sich eine
Quelle für Fehler, wenn Sie den Zusammenhang von Zellanzeige und Zellwert
nicht verstehen. Betrachten Sie folgendes einfaches Beispiel:

Öffnen Sie eine neue Calc-Datei, und geben Sie in Zelle A1 `0` `8` `:` `0` `0` ein,
die Anzeige in der Zelle ist anschließend 08:00:00. Ziehen Sie diese Anzeige nun
bis Zelle A4 herunter, und in den Zellen A1 bis A4 steht einheitlich 08:00:00. Es
sieht also so aus, als wenn in allen 4 Zellen die Uhrzeit 08:00:00 stünde, und da
Sie bereits wissen, dass das einem Zellwert von (1/24)*8 entspricht, könnten Sie
annehmen, dass dieser Zellwert in allen Zellen der gleiche ist.

Geben Sie nun in Zelle B1 09:15, in Zelle B2 11:20, in Zelle B3 14:00 und in Zelle
B4 18:45 per Tastatur ein. Bilden Sie anschließend die Differenzen der Zeiten,
indem Sie in C1 folgende Formel eingeben:

=B1-A1

und diese bis Zelle C4 herunterziehen.

Sind Sie von den Ergebnissen (siehe Abbildung 6.17, oben) überrascht?

	A	B	C
1	08:00:00	09:15:00	01:15:00
2	08:00:00	11:20:00	-20:40:00
3	08:00:00	14:00:00	-42:00:00
4	08:00:00	18:45:00	-61:15:00

	A	B	C
1	30.12.99 08:00	30.12.99 09:15	01:15:00
2	31.12.99 08:00	30.12.99 11:20	-20:40:00
3	01.01.00 08:00	30.12.99 14:00	-42:00:00
4	02.01.00 08:00	30.12.99 18:45	-61:15:00

Abbildung 6.17 Zeitberechnung

Falls ja, markieren Sie bitte den Zellbereich A1 bis B4, und weisen Sie das Zahlenformat TT.MM.JJ HH:MM zu. Sie erhalten damit eine Zellanzeige wie im unteren
Teil von Abbildung 6.17 dargestellt.

Was ist geschehen?

Als Sie in Zelle A1 die Zeitangabe 08:00 eintrugen, hat Calc diese in den adäquaten Zellwert von (1/24)*8 umgewandelt. Beim Herunterziehen dieses Wertes verhielt sich Calc nun völlig standardkonform, vergrößerte also den Zellwert immer um 1, also einen ganzen Tag. Ohne dass Sie die Formatierung änderten, war das jedoch nicht offensichtlich, und die Ergebnisse der Berechnung erschienen eigenartig.

Bezüglich der Formatierung der Ergebniszellen beachten Sie bitte, dass Calc hier eine Standardformatierung zugewiesen hat. Wenn Sie sich den Formatcode ansehen, werden Sie dort nur Standard lesen. Die Formatierung entspricht aber dem Äquivalent von [HH]:MM und nicht von HH:MM, der Unterschied ist, dass bei [HH]:MM alle Stunden angezeigt werden, bei HH:MM wird jedoch nur die Anzahl der Stunden angezeigt, welche dem Nachkommateil des Ergebnisses entspricht.

Zur Verdeutlichung dieses Verhaltens geben Sie in eine Zelle die Formel:

="08:00"-"09:00"

ein. Formatieren Sie anschließend die Zelle mit dem Formatcode HH:MM, erhalten Sie eine Ergebnisanzeige von 23:00. Bei Formatierung der Zelle mit [HH]:MM erhalten Sie hingegen die Anzeige –01:00.

[»] Die Darstellung der Formel als **="08:00"-"09:00"** bewirkt übrigens nur, dass die Zeitwerte für Sie erkennbar erhalten bleiben. Würden Sie die Zeitwerte nicht in Anführungszeichen setzen, so würden diese mit Abschluss der Eingabe in Dezimalzahlen umgewandelt (**=0,333333333333333-0,375**), was das Ergebnis nicht beeinflusst hätte.

6.4.5 Import von Einzelwerten und Dateien

Die in den vorhergehenden Kapiteln (6.4.1 bis 6.4.4) beschriebenen Probleme können auch beim Import von Daten in Erscheinung treten. Typisch sind hierbei (neben Formelinkompatibilitäten) zwei Fälle:

- Die zu importierenden Werte sind unsauber formatiert.
- Die zu importierenden Werte sind ungünstig formatiert.

Unsaubere Formatierung meint hierbei, dass die Werte nicht einheitlich formatiert sind; typisches Problem ist hier zum Beispiel das gemischte Vorkommen von Datumswerten als Text und als Zahlen. Solche Fehler sind bei gleicher (optischer) Darstellung in den Zellen schwer zu erkennen.

6.4 Probleme bei Zahlen, Zeitwerten und Texten

	A	B	C
1	Anzeige	ISTTEXT()	formatiert mit tt.mm.jj
2	27.03.2007	WAHR	27.03.2007
3	27.03.2007	FALSCH	27.03.2007
4	27.03.07	FALSCH	27.03.2007
5	27.03.07	WAHR	27.03.07
6	12.04.07	FALSCH	12.04.1907
7	12.04.07	FALSCH	12.04.2007

Abbildung 6.18 Importierte Werte

In Spalte A (siehe Abbildung 6.18) sehen Sie einige Werte, wie sie beispielsweise auch beim Öffnen einer unbekannten Datei vorhanden sein könnten. Jeweils die Zellanzeige in zwei untereinander liegenden Zellen ist gleich, sodass man leicht zu der Annahme kommt, dass auch die Zellwerte gleich sind.

Wenden Sie in Spalte B jedoch die Funktion **ISTTEXT()** auf die Inhalte der Zellen in Spalte A an, erkennen Sie, dass die Inhalte zweier Zellen Text sind. Beachten Sie zusätzlich, dass Sie hieraus noch nicht entscheiden können, welche Zellwerte in den Nicht-Text-Zellen tatsächlich vorliegen. Erst wenn Sie beispielsweise die Werte nach Spalte C kopieren, um sie dort mittels des Formatcodes TT.MM.JJ zu formatieren, erkennen Sie, dass die Zellwerte in den Zellen A6 und A7 verschieden sind.

Ungünstige Formatierung liegt hingegen vor, wenn die Werte nicht in einer Form vorliegen, die für die unmittelbare Weiterverarbeitung günstig ist. In der Praxis gibt es hierfür unzählige Beispiele: Datumswerte, die als Text vorliegen, Zahlenwerte, welche ungeeignete Dezimaltrenner enthalten, Adressen, bei denen alle Angaben in einer Zelle zusammengefasst sind.

Ihr Ziel muss es in diesen Fällen sein, die Ausgangsdaten mit möglichst geringen Aufwand so umzuwandeln, dass sie für die Weiterverarbeitung geeignet sind. Falls Sie sehr viele Daten umwandeln müssen, sollten Sie immer darüber nachdenken, ob sich der Aufwand für die Programmierung eines entsprechenden Makros lohnt. Falls hingegen nicht zu viele Werte umzuwandeln sind, sollten Sie pragmatisch vorgehen und alle Möglichkeiten nutzen, die Ihnen das Programm bietet.

Ein Problem, das in der Praxis häufig auftritt, ist beispielsweise, dass Zahlenwerte mit ungünstigen Dezimaltrennern als CSV-Datei vorliegen. In Abbildung 6.19 sehen Sie einen möglichen Inhalt einer solchen Datei.

```
test.csv - Editor
Datei Bearbeiten Format ?
10.04,76.71,9.78,49.72,47.14,49.03,73.38
22.97,18.31,13.75,91.58,90.01,75.91,93.91
4.94,50.3,8.14,15.16,15.64,9.88,9.19
7.92,43.6,25.45,9.67,28.42,25.85,18.79
95.61,14.33,12.1,2.47,94.01,40.59,59.85
7.23,53.09,91.03,81.87,51.8,95.5,11.49
49.51,45.63,72.37,59.94,4.69,65.38,96.54
19.39,83.82,95.59,83,89.02,6.8,74.24
74.74,19.28,34.19,33.81,81.91,6.65,45.58
78.55,12.8,13.48,42.47,88.35,24.36,28.68
```

Abbildung 6.19 Inhalt einer CSV-Datei

Wenn Sie versuchen, diese Datei mit Calc zu öffnen, und nehmen dabei keine geeigneten Einstellungen des Importfilters vor, erhalten Sie beim Import in ein deutsch lokalisiertes Calc ein ziemliches Kauderwelsch (siehe Abbildung 6.20).

Wie ist das zu erklären, und vor allem, was können Sie dagegen tun?

In der Ausgangsdatei wird als Dezimaltrenner der Punkt (».«) verwendet, was bei Standardimporteinstellungen dazu führt, dass ein Teil der Werte als Datumswerte, ein Teil als Zahlen und ein Teil als Text interpretiert wird.

[»] Meine Aussage, dass in der Datei der Punkt als Dezimaltrenner verwendet wird, ist im Übrigen nur die nahe liegende Aussage. Es wäre, bezüglich der CSV-Datei in Abbildung 6.19, ebenfalls berechtigt, auch das Komma als Dezimaltrenner zu betrachten.

Zwar ist CSV die Abkürzung für *Comma Separated Values*, jedoch ist die Auslegung in der allgemeinen Praxis nicht so streng, dass sie ausschließlich auf das Komma als Trenner für die Einzelwerte fixiert wäre.

	A	B	C	D	E	F	G
1	10.04.07	76.71	01.09.78	49.72	47.14	49.03	73.38
2	22.97	18.31	13.75	91.58	90.01	75.91	93.91
3	01.04.94	50.3	01.08.14	15.16	15.64	01.09.88	01.09.19
4	01.07.92	43.6	25.45	01.09.67	28.42	25.85	18.79
5	95.61	14.33	12.01.07	01.02.47	94.01	40.59	59.85
6	01.07.23	53.09	91.03	81.87	51.8	95.5	01.11.49
7	49.51	45.63	72.37	59.94	01.04.69	65.38	96.54
8	19.39	83.82	95.59	83	89.02	06.08.07	74.24
9	74.74	19.28	34.19	33.81	81.91	01.06.65	45.58
10	78.55	12.08.07	13.48	42.47	88.35	24.36	28.68

Abbildung 6.20 CSV-Datei nach Import

Ein Datum sehen Sie beispielsweise in Zelle A1. Dieses Datum kam beim Import zustande, weil der entsprechende Wert (10.04 – siehe Abbildung 6.19) als 10.

April des aktuellen Jahres (2007) interpretiert wurde, da der Punkt bei einem deutsch lokalisierten Calc nicht als Dezimaltrenner gilt.

Einen Text sehen Sie in Zelle A2. Die Ursache dafür ist, dass der entsprechende Wert (22.97) wegen des als Dezimaltrenner ungeeigneten Punkts keine Zahl sein kann, aber andererseits auch kein gültiges Datum abgeleitet werden kann, denn der 22.97.2007 existiert nicht.

In Zelle D8 sehen Sie schließlich noch ein Beispiel für einen erkannten Zahlenwert. Dieser entstand beim Import, weil ihm die ganze Zahl 83 zugrunde liegt.

Neben der Tatsache, dass das Importergebnis als solches sicherlich unbefriedigend ist, beachten Sie bitte, dass nicht nur eine falsche Formatierung vorliegt, sondern auch Werte umgewandelt wurden. Hinter allen angezeigten Datumswerten verbergen sich nämlich von den ursprünglichen Werten völlig abweichende Zellwerte.

Betrachten Sie beispielsweise nochmals die Situation in Zelle A1. Hier wurde der ursprüngliche Wert (10.04) in den Wert 39182 umgewandelt und Letzterer wird mittels Datumsformatierung als Datum angezeigt. Der ursprüngliche Wert ist also überhaupt nicht mehr vorhanden. Würden Sie die Datei jetzt beispielsweise – unter neuem Namen – wiederum als CSV-Datei speichern, wäre der Inhalt dieser Datei ein völlig anderer als der der Ausgangsdatei, obwohl Sie selbst ja nur die Ausgangsdatei geöffnet haben, ohne selbst aktiv Werte zu verändern.

Aber auch die Werte, die als Text erkannt wurden, können Sie nicht durch einfaches Umformatieren in Zahlenwerte zurückverwandeln. Wenn Sie Zelle A2 auswählen, erkennen Sie, dass in der Eingabezeile nur 22.97 steht, was ja mit entsprechender Formatierung auch als Zahl darstellbar sein sollte. Jedoch täuscht hier der erste Eindruck.

Wenn Sie für Zelle A2 die Sprache *Englisch (USA)* vorgeben, können Sie feststellen, dass die Zahl zum Text gewandelt wurde, da ihr ein Hochkomma vorangestellt ist. Dieses Hochkomma wurde nicht durch die Umstellung der Sprache erzeugt, sondern wurde nur dadurch sichtbar; erzeugt wurde es bereits beim Import bzw. beim Öffnen der Datei.

Es wäre möglich, die gerade angesprochenen Texte mittels *Suchen und Ersetzen* in Zahlen umzuwandeln, hierzu müssten Sie Folgendes durchführen:

▶ Stellen Sie die Sprache der betreffenden Zellen auf (beispielsweise) *Englisch (USA)* um.

▶ Suchen Sie nun nach dem regulären Ausdruck ^[0-9] und tragen sie bei *Ersetzen* ein **&** ein (so erhalten Sie entsprechende Zahlenwerte mit dem Punkt als Dezimaltrenner).

▶ Ändern Sie die Spracheinstellung wieder auf *Standard* bzw. *Deutsch*, und Sie erhalten Dezimalzahlen mit dem Komma als Dezimaltrenner.

Um alle gerade dargestellten Probleme beim Öffnen (bzw. beim Import) der CSV-Datei aus Abbildung 6.19 zu umgehen, müssen Sie lediglich beim Importfilter entsprechende Einstellungen vornehmen.

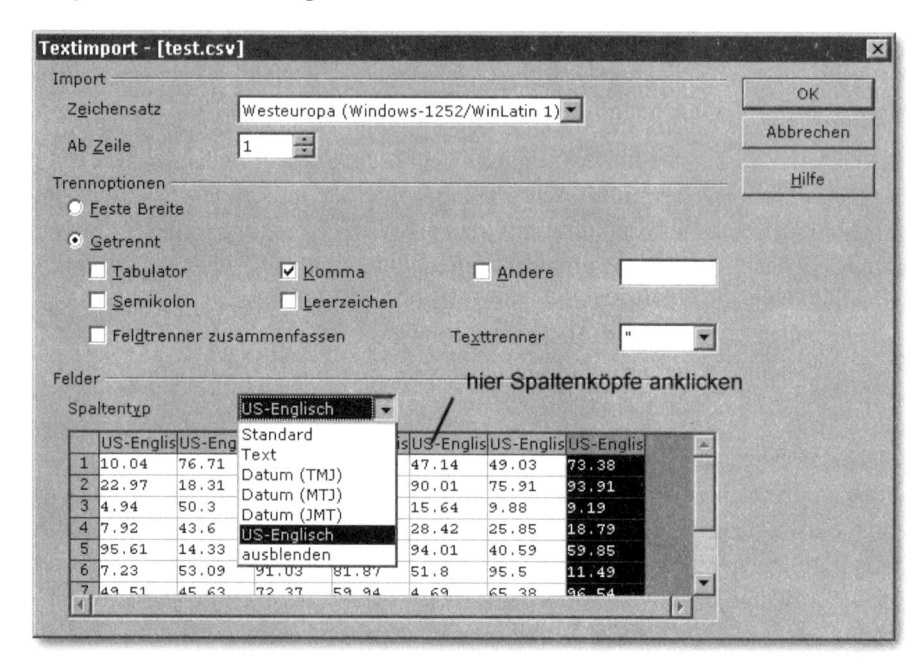

Abbildung 6.21 Importdialog

Hierzu müssen Sie wie folgt vorgehen:

▶ Wählen Sie in Calc **Datei • Öffnen** und stellen Sie gegebenenfalls im **Öffnen**-Dialog den Dateityp *Text CSV (*.csv *.txt *.xls)* ein.

▶ Wählen Sie die CSV-Datei aus und klicken Sie auf **Öffnen**. Es erscheint nun der Importdialog für CSV-Dateien (siehe Abbildung 6.21).

▶ Klicken Sie im unteren Bereich des Dialogs alle Spaltenköpfe (nacheinander) an und wählen Sie im Kombinationsfeld *US-Englisch*.

▶ Klicken Sie auf **OK**.

Ergebnis ist, dass die Datei nun wie gewünscht geöffnet wird (siehe Abbildung 6.22). Alle Ursprungswerte wurden also als Dezimalzahlen importiert und besitzen im Tabellenblatt den richtigen Dezimaltrenner (das Komma).

	A	B	C	D	E	F	G
1	10,04	76,71	9,78	49,72	47,14	49,03	73,38
2	22,97	18,31	13,75	91,58	90,01	75,91	93,91
3	4,94	50,3	8,14	15,16	15,64	9,88	9,19
4	7,92	43,6	25,45	9,67	28,42	25,85	18,79
5	95,61	14,33	12,1	2,47	94,01	40,59	59,85
6	7,23	53,09	91,03	81,87	51,8	95,5	11,49
7	49,51	45,63	72,37	59,94	4,69	65,38	96,54
8	19,39	83,82	95,59	83	89,02	6,8	74,24
9	74,74	19,28	34,19	33,81	81,91	6,65	45,58
10	78,55	12,8	13,48	42,47	88,35	24,36	28,68

Abbildung 6.22 Importierte Werte

6.5 Matrixformeln

6.5.1 Einführung

Matrixformeln? Ja, schon mal gehört ... Aber was ist das?

Ein Mathematiker würde Ihnen, wenn Sie ihn nach einer Matrix fragen, möglicherweise Folgendes antworten:

> »Eine Matrix ist ein rechteckiges System von Zahlen, Rechengrößen oder sonstigen mathematischen Objekten.«

Nun ... ein rechteckiges System von Zahlen ... Ja, richtig, jede Calc-Tabelle ist eigentlich so etwas, oder richtiger: kann so etwas sein, weil nämlich die Zahlen in einer Beziehung zueinander stehen müssen. Und das ist nicht bei jeder x-beliebigen Calc-Tabelle der Fall. In der Praxis sind jedoch Matrizen in Calc-Tabellen immer nur bestimmte Bereiche und keine kompletten Tabellen.

Was für uns wichtig ist, ist, dass man mit Matrizen Berechnungen vereinfachen kann. Calc hält hierfür auch eine ganze Anzahl von Matrix*funktionen* bereit. Mehr über die eigentlichen Matrixfunktionen erfahren Sie in Kapitel 7, »Funktionen im Detail«. Sprechen wir also zunächst über Matrix*formeln*. Um das Rechnen mit Matrixformeln zu verstehen, ist es zunächst einmal wichtig zu begreifen, was eine Matrix ist. Betrachten Sie folgende Abbildung:

Bei Matrix 1 sind fünf Zahlen (mathematisch: Elemente) in einer Spalte angeordnet, diese Matrix ist vom Format (m, 1), analog ist Matrix 2 vom Format (1, n). Matrizen mit nur einer Spalte oder Zeile werden auch als Vektoren (Spaltenvektoren, Zeilenvektoren) bezeichnet. Matrix 3 hingegen ist vom Format (m, n), mit m=3 und n=3. Da m=n, spricht man auch von einer quadratischen Matrix.

6 | Formeln und Funktionen

	A	B	C	D	E	F
1	Matrix 1			Matrix 2		
2						
3	1		3	8	9	11
4	4					
5	5					
6	9					
7	14					
8						
9			Matrix 3			
10						
11			1	2	3	
12			8	9	4	
13			7	6	5	
14						

Abbildung 6.23 Matrizen

Mit Matrizen kann man nun rechnen. Im Folgenden sehen Sie ein kleines Beispiel, in dem die Gesamtsumme einiger Artikel berechnet werden soll. Zum besseren Verständnis sind die notwendigen Formeln eingeblendet:

	A	B	C	D	E	F	G
1	Art.-Nr.	Anzahl	Einzelpreis	Gesamtpreis			
2	3914	3	73,70 €	=B2*C2			
3	2607	5	75,70 €	=B3*C3			
4	8438	11	47,64 €	=B4*C4			
5	6079	4	67,50 €	=B5*C5			
6	2941	7	42,44 €	=B6*C6			
7	8208	8	39,42 €	=B7*C7			
8							
9				=SUMME(D2:D7)			
10							
11			Oder:	=SUMME(B2*C2;B3*C3;B4*C4;B5*C5;B6*C6;B7*C7)			
12							

Abbildung 6.24 Berechnungsbeispiel

Um die Summe aller Preise in Zelle D9 berechnen zu können, ist es notwendig, zunächst die entsprechenden Beträge in den Zeilen zu ermitteln (D2 bis D7). Wenn auf die Berechnung in den Zeilen verzichtet werden soll, z. B. weil nur die Endsumme an anderer Stelle benötigt wird, könnte man die Formel beispielsweise so formulieren, wie in Zelle D11 zu sehen, und die Einzelberechnungen wären überflüssig. Allerdings haben Sie es in der Praxis oftmals mit erheblich größeren Tabellen zu tun, und die Formel in Zelle D11 müsste vielleicht 200 Summanden haben. Selbst wenn Sie die Arbeit der Eingabe einer so langen Formel nicht scheuen würden, kommen Sie so nicht weiter, weil im Konkreten die Anzahl der Summanden der Summenfunktion begrenzt ist. Und genau an dieser

Stelle ist eine Matrixformel nützlich. Sie könnten nämlich in Zelle D11 auch folgende Formel verwenden:

{=SUMME(B2:B7*C2:C7)}

Bei dieser Formel handelt es sich um eine Matrixformel, kenntlich an den geschweiften Klammern.

Beachten Sie, dass Matrixformeln etwas anders als normale Formeln eingegeben werden müssen. Wenn Sie die Formel per Tastatur eingeben, müssen Sie schreiben **=SUMME(B2:B7*C2:C7)** und anschließend ⬆ + Strg + ⏎ drücken. Hierbei werden die geschweiften Klammern automatisch ergänzt. Bitte versuchen Sie nicht, die geschweiften Klammern normal einzugeben, da dies zu einer fehlerhaften Formel führen würde. Wenn Sie es vorziehen, die Formel mittels Funktions-Assistenten einzugeben, aktivieren Sie im Dialogfenster das Kontrollkästchen *Matrix* (siehe Abbildung 6.8 links unten).

Diese Formel besagt Folgendes: »Erzeuge durch Multiplikation der äquivalenten Elemente der Matrizen (B2:B7 und C2:C7) die entsprechende Anzahl von Summanden und summiere diese anschließend.« Äquivalente Elemente sind hierbei diejenigen Elemente, welche die gleiche Position innerhalb der Matrix besitzen, in der Sie sich befinden. Also: B2 ist das erste Element der einen Matrix und C2 das erste der anderen, somit ist der erste Summand B2*C2. Der zweite Summand wird aus den zweiten Elementen gebildet, B3*C3 und weitere Summanden analog. Wenn Sie zurückblicken auf Abbildung 6.24, können Sie diese Rechnung leicht nachvollziehen.

Sie können für unseren konkreten Anwendungsfall auch eine Matrix*funktion* verwenden. Sie könnten nämlich schreiben:

=SUMMENPRODUKT(B2:B7;C2:C7)

Erinnern Sie sich noch an die Einführung zum Unterschied von Formeln und Funktionen? Genauso ist es auch hier. Mehr zu der Matrix*funktion* **SUMMENPRODUKT()** erfahren Sie in Kapitel 7, »Funktionen im Detail«.

Falls Sie schon einmal mit einer Tabellenkalkulation gearbeitet haben, werden Sie wissen, dass man einen Ausdruck wie **B2:B7*C2:C7** auch mit Hilfe der Produkt*funktion* schreiben kann. Sie würden daraus möglicherweise schlussfolgern, dass sich unsere Matrixformel auch so schreiben ließe:

{ =SUMME(PRODUKT(B2:B7;C2:C7))}

Nur werden Sie über das Ergebnis möglicherweise sehr überrascht sein, denn Sie erhalten einen völlig anderen Wert. Warum?

Ganz einfach: Zum Beispiel kann allgemein A1*B1*C1 auch geschrieben werden als **=PRODUKT(A1;B1;C1)** oder als **=PRODUKT(A1:C1)**. Somit wird klar, dass der oben stehende Ausdruck dasselbe wäre wie:

{=SUMME(PRODUKT(PRODUKT(B2:B7);PRODUKT(C2:C7)))}

Diese Formel würde jedoch bewirken, dass die Inhalte aller Zellen (B2:B7 und C2:C7) miteinander multipliziert und dann die »Summe« eines Summanden gebildet würde.

Weiterhin gibt es auch noch eine Besonderheit von Matrixformeln, die Sie kennen sollten. Blicken Sie noch einmal zurück auf Abbildung 6.24, dort sehen Sie in Spalte D normale Produktformeln. Auch diese hätte man als Matrixformeln schreiben können, sodass sich folgendes Bild ergäbe:

	A	B	C	D
1	Art.-Nr.	Anzahl	Einzelpreis	Gesamtpreis
2	3914	3	73,70 €	{=B2:B7*C2:C7}
3	2607	5	75,70 €	{=B2:B7*C2:C7}
4	8438	11	47,64 €	{=B2:B7*C2:C7}
5	6079	4	67,50 €	{=B2:B7*C2:C7}
6	2941	7	42,44 €	{=B2:B7*C2:C7}
7	8208	8	39,42 €	{=B2:B7*C2:C7}

Abbildung 6.25 Matrix- statt Produktformeln

Die Ergebnisse wären für die Zellen D2 bis D7 die gleichen, die Besonderheit ist jedoch, dass Matrixformeln – in dieser Art verwendet – sich immer auf einen Bereich beziehen. Was heißt das?

Wenn Sie zur Eingabe der Formeln zunächst die Zelle D2 aktiviert und dann eingegeben hätten **=B2:B7*C2:C7** (Strg + ⇧ + ↵), wären die Formeln in den Zellen D3 bis D7 automatisch ergänzt worden. Überzeugen Sie sich hiervon einmal, indem Sie das in der Beispieldatei nachvollziehen. Dieses Verhalten tritt deshalb auf, weil bei unserem Beispiel drei Bereiche durch eine Matrixformel in einen Zusammenhang gebracht werden.

Damit dieser Zusammenhang gewahrt bleibt, stellt Calc sicher, dass einzelne Formeln in den Zellen D2 bis D7 nicht mehr geändert werden können, sondern nur alle gleichzeitig. Falls Sie dennoch versuchen, die Formel in einer dieser Zellen separat zu ändern, gibt Calc einen Hinweis aus und deaktiviert den Zugriff auf Eingabezeile, Zelle und Funktions-Assistenten:

Auch ein Verschieben, Kopieren, Einfügen oder Löschen von einzelnen Zellen ist im genannten Bereich nicht möglich. Einzig Änderungen an der Formatierung der entsprechenden Zellen sind weiterhin erlaubt.

Matrixformeln | 6.5

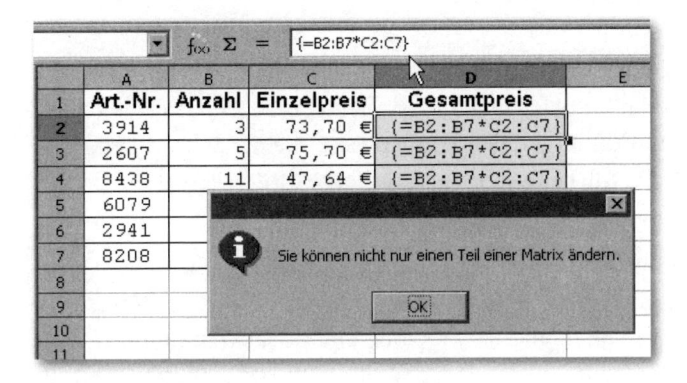

Abbildung 6.26 Einzelne Formel kann nicht geändert werden.

Falls Sie die Formeln dennoch ändern müssen, ist es notwendig, zunächst alle Zellen (D2 bis D7) zu markieren und dann die Änderung vorzunehmen.

Nach diesem Exkurs sind Sie nun eventuell der Meinung, Sie sollten weiterblättern, weil es zu kompliziert wird. Bitte tun Sie das nicht, weil es noch einiges zu verstehen gilt.

6.5.2 Mit Matrizen rechnen

Im vorherigen Kapitel 6.5.1 haben wir zwei Zellbereiche innerhalb von zwei Spalten (Quellmatrizen) mittels Matrixformel als Produkt verknüpft und so eine Ergebnismatrix erhalten. Bei allen drei Matrizen handelte es sich um einspaltige Matrizen und somit im mathematischen Sinne um Vektoren.

Einerseits muss es sich jedoch nicht um einspaltige oder einzeilige Matrizen handeln, sondern es können auch Matrizen beliebiger Dimension (m, n) auftreten. Andererseits gibt es bei dieser Art der Multiplikation von Matrizen innerhalb von Calc, eine Besonderheit zu beachten. Hierzu sehen Sie bitte folgendes Beispiel:

Abbildung 6.27 Produkt zweier Matrizen

Wenn Sie das Beispiel des vorigen Kapitels noch vor Augen haben, sollte die Berechnung leicht nachvollziehbar sein. In den sechs Zellen der Ergebnismatrix (G3:H5) steht analog jeweils die Matrixformel:

{=A3:B5*D3:E5}

Diese Art der Berechnung ist nun für beliebig große Matrizen (n, m) durchführbar, wobei jedoch m und n für beide Quellmatrizen und die Zielmatrix gleich sein müssen, oder es wird nur die Ergebnismatrix erzeugt, die der Schnittmenge der Quellmatrizen entspricht. Allerdings entspricht diese Art der Berechnung einer Berechnung des Produktes zweier Matrizen im mathematischen Sinn nicht.

Wenn eine Multiplikation zweier Matrizen in mathematisch exakter Weise erfolgen soll, ist dies mit der Matrix*funktion* **MMULT()** leicht möglich. **MMULT()** liefert in Calc immer das mathematische Ergebnis einer Matrizenmultiplikation. Diese und weitere Matrixfunktionen werden in Kapitel 7, »Funktionen im Detail«, beschrieben.

Matrixformeln sind ein interessantes Gebiet innerhalb der Tabellenkalkulation, und es wurden in OpenOffice.org Calc erhebliche Anstrengungen zur Verbesserung der Kompatibilität für die Verwendbarkeit von Matrixformeln unternommen. Insbesondere funktionieren in OOo 2.x auch mehrstufige Ausdrücke wie beispielsweise:

{=SUMME(WENN((A2:A8="B")*(B2:B8="Y");D2:D8))}

{=KKLEINSTE(Wenn(A1:A2=D1;B1:B2);1}

Trotzdem werden Sie an einigen Stellen noch auf Matrixformeln stoßen, die sich nicht realisieren lassen. Beachten Sie diese Tatsache insbesondere, wenn Sie Dateien aus MS Excel in Calc importieren.

6.6 Entwicklung komplexer Formeln

In der Praxis stehen Sie häufig vor dem Problem, komplexe Fragestellungen lösen zu müssen. Wichtig ist dabei zunächst, das gestellte Problem genau zu analysieren, um einen Lösungsansatz in allgemeiner Hinsicht zu finden. Ist der Ansatz gefunden, muss dieser dann in eine Formel umgesetzt werden, was meist gar nicht so schwer ist, wenn Sie schrittweise vorgehen.

Blicken Sie beispielsweise zurück auf die Formel in Kapitel 6.3.3, dort lieferte die Formel:

=WENN(FINDEN("*";G33;1);SUMME(A33:C33);0)

einen Fehler, wenn der Suchausdruck »*« in einem Text nicht gefunden werden konnte. Da gleichzeitig jedoch bekannt ist, warum der Fehler auftritt, können Sie nun die Formel so schreiben, dass sie den Fehler automatisch abfängt. In Worten

6.6 Entwicklung komplexer Formeln

formuliert heißt das nichts weiter als: »Wenn der Fehler auftritt, unterdrücke die Ausgabe der Fehlermeldung.«

Die Aufgabe ist durch diese verbale Formulierung in zwei Teilaufgaben gegliedert, nämlich:

- Festzustellen, dass der Fehler auftritt
- die Ausgabe einer Fehlermeldung zu unterdrücken

Zum Feststellen, dass ein Fehler auftritt, dient in Calc die Funktion **ISTFEHLER()**, die einen Wahrheitswert zurückliefert. Sie müssen sich nun überlegen, wie Sie diese Funktion in Ihre Formel einbauen, damit sie das Gewünschte bewirkt. Bedenken Sie, dass Sie speziell den Fehler ermitteln wollen, der möglicherweise aus der Funktion **FINDEN()** resultiert, also muss dieser Teilausdruck Parameter für **ISTFEHLER()** sein. Damit könnte die Funktion zunächst lauten:

`=WENN(ISTFEHLER(FINDEN("*";G33;1));SUMME(A33:C33);0)`

Allerdings liefert diese nicht das gewünschte Ergebnis, weil nun bewirkt wird, dass sich das Ergebnis in Abhängigkeit von **FINDEN()** gerade ins Gegenteil verkehrt. Dennoch bringt Sie genau diese Tatsache auf den richtigen Weg, da **WENN()** in Abhängigkeit von der Prüfung eines Wertes zwei verschiedene Werte zurückgibt, abhängig davon, ob das Ergebnis der Prüfung wahr oder falsch ist. Es ist also nur nötig, diese Rückgabewerte in der Formel zu vertauschen, also:

`=WENN(ISTFEHLER(FINDEN("*";G33;1));0;SUMME(A33:C33))`

Diese Formel liefert wie gewünscht die Summe von A33 bis C33, wenn der Suchausdruck in G33 gefunden werden konnte, anderenfalls 0.

Allerdings ist die Rückgabe von 0 nicht unbedingt optimal, weil es sich bei **SUMME(A33:C33)** um Lagerbestände handelt, die auch 0 sein können. In diesem Fall wäre keine Unterscheidung gegeben, ob das Ergebnis 0 einem Fehler oder einem nicht vorhandenen Lagerbestand entspricht. Um das zu vermeiden, müssen Sie nun nur im Fehlerfall einen spezifischeren Wert zurückgeben. Es ergibt im Speziellen wohl wenig Sinn, einen Hinweis auf den aufgetretenen Fehler auszugeben, also können Sie beispielsweise die Zelle leer lassen, wenn es zum Fehler kommt:

`=WENN(ISTFEHLER(FINDEN("*";G33;1));"";SUMME(A33:C33))`

Der statt 0 verwendete Ausdruck **""** ist der *Leerstring*, also quasi ein Text ohne Inhalt. Das Ergebnis der Formel ist nun verschieden für die Fälle, dass ein Fehler auftritt oder die Summe =0 ist.

Ein sehr schönes Beispiel zur Verdeutlichung, wie Sie eine komplexe Formel schrittweise erstellen, ist die Entwicklung einer Formel, die den Dateinamen der aktuellen Datei zurückgibt.

Allgemein liefert die Funktion **ZELLE()** einige Informationen zu Zellen, so auch deren vollständige Adresse. Für eine bestimmte Datei liefert:

=ZELLE("FILENAME")

beispielsweise:

'file:///D:/Beispiele/Fehlerbeispiel.ods'#$Tabelle3

Sie erkennen, dass dieses Ergebnis den Dateinamen (*Fehlerbeispiel.ods*) enthält, den Sie eigentlich nur abtrennen müssen. Um zur Lösung dieses Problems eine Formel zu entwickeln, müssen Sie sich verdeutlichen, wie die Rückgabe von **=ZELLE("FILENAME")** allgemein aussähe, nämlich:

'<vollständiger Pfad und Dateiname>**'#$**<Tabellenname>

Die fett markierten Teile werden also immer gleich sein, und das können Sie zur Entwicklung einer Formel nutzen. Sie wissen weiterhin, dass der (rechtsseitig) letzte Abschnitt von <vollständiger Pfad und Dateiname> dem gesuchten Dateinamen entspricht. Das Zeichen vor dem gesuchten Dateinamen ist auch immer ein »/«.

[»] Das Auftreten des Trenners »/« im Rückgabeausdruck ist im vorliegenden Fall systemunabhängig, Sie müssen also beispielsweise nicht zwischen »/« und »\« unterscheiden. Im Hilfeabschnitt zur Makroprogrammierung der OpenOffice.org-Hilfe finden Sie nähere Erläuterungen.

Da die nun folgende Formel ziemlich unübersichtlich sein wird, sollten Sie bei der Entwicklung schrittweise vorgehen.

Öffnen Sie ein leeres Tabellendokument, und speichern Sie es (beispielsweise *D:\Beispiele\Fehlerbeispiel.ods*). Tragen Sie nun in Zelle A1 die schon genannte Formel ein:

=ZELLE("FILENAME")

(ergibt: *'file:///D:/Beispiele/Fehlerbeispiel.ods'#$Tabelle3*)

Da Sie den allgemeinen Aufbau der Rückgabe dieser Formel kennen (siehe oben), wissen Sie, dass der Pfadtrenner »/« nur im Bereich <vollständiger Pfad und Dateiname> vorkommen kann. Von allen dort enthaltenen »/« müssen Sie nun die Position des letzten (von links betrachtet) ermitteln, da unmittelbar dahinter der gesuchte Dateiname steht. Wenn Sie also die Länge des Rückgabeausdrucks ermitteln und anschließend in der Rückgabe alle »/« entfernen und auch davon wiederum die Länge ermitteln, muss die Differenz beider Werte der Anzahl aller »/« in der Rückgabe entsprechen. Schreiben Sie hierzu in A2 die Formel:

=LÄNGE(A1)-LÄNGE(WECHSELN(A1;"/";""))

(ergibt: 5)

Da Sie die Position des letzten Auftretens von »/« im Wert von Zelle A1 suchen, müssen Sie nun zunächst das letzte »/« ersetzen, um anschließend die Position zu ermitteln. Schreiben Sie in A3:

=WECHSELN(A1;"/";"#";A2)

(ergibt: 'file:///D:/Beispiele#Fehlerbeispiel.ods'#$Tabelle3)

und suchen Sie nun nach »#«. Der Ausdruck enthält jetzt zwar zwei »#«, aber die folgende Formel ermittelt nur das erste Auftreten von »#« (in Zelle A4):

=FINDEN("#";A3;1)

(ergibt: 22)

Suchen Sie nun »#« im Ursprungswert (in Zelle A5):

=FINDEN("#";A1;1)

(ergibt: 42)

Nun müssen Sie nur noch den Dateinamen separieren (in Zelle A6):

=TEIL(A1;A4+1;A5-A4-2)

(ergibt: Fehlerbeispiel.ods)

Somit haben Sie den Dateinamen bestimmt, allerdings stehen die Einzelschritte noch in sechs verschiedenen Formeln in sechs Zellen. Da Sie schrittweise vorgegangen sind, ist es aber leicht, daraus eine Formel zu erstellen. Ersetzen Sie hierzu in der Formel in Zelle A6 alle Zelladressen durch die Formeln in den Zellen, die diesen Adressen entsprechen.

Im ersten Schritt müssen Sie also in der Formel **=TEIL(A1;A4+1;A5-A4-2)** an den Stellen, wo A1, A4 oder A5 steht, statt der Zelladressen die entsprechenden Formeln aus A1, A4 bzw. A5 einfügen. Das ergibt folgende Formel:

**=TEIL(ZELLE("FILENAME");FINDEN("#";A3;1)
+1;FINDEN("#";A1;1)-FINDEN("#";A3;1)-2)**

Diese enthält nun wieder Zelladressen (A3, A1), die Sie analog durch die entsprechenden Formeln in den Zellen ersetzen. Machen Sie das so lange, bis die Formel keine Zelladressen mehr enthält.

6 | Formeln und Funktionen

[»] Sie können zum Ersetzen auch die Funktion *Suchen und Ersetzen* von Calc verwenden ([Strg] + [F]).

Die fertige Formel können Sie nun in beliebigen Calc-Dateien verwenden, um den Dateinamen in einer Zelle anzuzeigen.

=TEIL(ZELLE("FILENAME");FINDEN("#";WECHSELN (ZELLE("FILENAME");"/";"#";LÄNGE(ZELLE ("FILENAME"))-LÄNGE(WECHSELN(ZELLE ("FILENAME");"/";"")));1)+1;FINDEN("#";ZELLE ("FILENAME");1)-FINDEN("#";WECHSELN (ZELLE("FILENAME");"/";"#";LÄNGE(ZELLE ("FILENAME"))-LÄNGE(WECHSELN(ZELLE ("FILENAME");"/";"")));1)-2)

Beachten Sie jedoch, dass eine Calc-Datei, in der Sie die Formel verwenden, schon einen Dateinamen haben muss, also bereits gespeichert sein muss, sonst erhalten Sie bei der Verwendung der Formel eine Fehlermeldung (Err:504).

Sie konnten also sehen, dass das Entwickeln auch von komplexen Formeln eigentlich gar nicht so schwierig ist, wenn Sie zielgerichtet und schrittweise vorgehen.

Allerdings lässt das Beispiel auch erkennen, dass Sie sich bei komplexen Problemstellungen auch mit der Frage beschäftigen müssen, ob Sie die Aufgabe überhaupt mit einer Formel lösen sollten. Ein Grund, eine Formel zu verwenden, kann beispielsweise der sein, dass Sie ein Tabellendokument erstellen möchten, das sowohl in OpenOffice.org Calc als auch in MS Excel funktioniert.

Umstieg Ich habe im behandelten Beispiel darauf verzichtet, eine Formel zu entwickeln, die gleichzeitig unter Calc und Excel funktioniert. Eine entsprechende Formel (als Äquivalent der gerade für Calc entwickelten Formel) für MS Excel möchte ich Ihnen jedoch nicht vorenthalten:

=TEIL(ZELLE("DATEINAME";A1);FINDEN("[";ZELLE ("DATEINAME";A1))+1;FINDEN("]";ZELLE("DATEINAME" ;A1))-FINDEN("[";ZELLE("DATEINAME";A1))-1)

In diesem Fall wäre es nämlich nicht möglich, mit benutzerdefinierten Funktionen zu arbeiten, weil VBA (MS Office) und OOoBasic (OpenOffice.org) nicht kompatibel sind.

[»] Im Folgenden wird häufiger der Begriff *OOoBasic* (OpenOffice.org Basic) verwendet, was jedoch nicht bedeutet, dass OOoBasic und StarBasic verschiedene Dialekte von Basic wären. Beide Namen bezeichnen dieselbe Sprache bzw. OOoBasic und StarBasic sind identisch.

Falls diese oder andere Gründe nicht gegen eine benutzerdefinierte Funktion sprechen, sollten Sie bei komplexen Problemstellungen auch immer die Möglichkeiten von benutzerdefinierten Funktionen im Auge haben. Viele Aufgaben lassen sich nämlich mit einer benutzerdefinierten Funktion einfacher und schneller lösen.

6.7 Benutzerdefinierte Funktionen

6.7.1 Einführung

Häufig schrecken Anwender davor zurück, benutzerdefinierte Funktionen zu verwenden, obwohl diese die Arbeit sehr erleichtern können. Benutzerdefinierte Funktionen bieten Möglichkeiten, die mit reinen Zellformeln nicht oder nur ungleich schwerer zu erreichen sind. Ebenfalls ein großer Vorteil ist die Tatsache, dass benutzerdefinierte Funktionen sehr viel übersichtlicher zu erstellen sind und anschließend auch in der Tabelle zu übersichtlicheren Formeln führen.

> Beginnend mit Version 2.0 von OpenOffice.org ist die Möglichkeit gegeben, Makros (bzw. Funktionen) in verschiedenen Sprachen zu schreiben (OOoBasic, Python, BeanShell, JavaScript), ich werde mich im Folgenden jedoch ausschließlich mit OOo-Basic beschäftigen.

Wie vorteilhaft benutzerdefinierte Funktionen sein können, wird Ihnen sofort einleuchten, wenn ich Ihnen sage, dass die im letzten Kapitel entwickelte Formel zur Ermittlung des Dateinamens als benutzerdefinierte Funktion so formuliert werden könnte:

```
Function DATEINAME()
pfad = ThisComponent.URL
teilen = split(pfad,"/")
DATEINAME = teilen(UBound(teilen))
End Function
```

In der Tabellenzelle stünde zusätzlich nur noch der Aufruf der Funktion:

=DATEINAME()

Die Vorteile sind offensichtlich:

- Die benutzerdefinierte Funktion erfordert weniger Code (Text) als die vergleichbare Formel, allein dadurch wird die Gefahr von Fehlern reduziert.
- Die benutzerdefinierte Funktion ist übersichtlicher und somit leichter zu erstellen und zu warten. Es besteht die Möglichkeit von Kommentaren direkt im Code, was bei einer Formel nur mit einer Zellnotiz möglich wäre.

- Lange Formelausdrücke werden entbehrlich, was während der Eingabe die Übersichtlichkeit steigert, beispielsweise in der Eingabezeile der Rechenleiste.
- Benutzerdefinierte Funktionen können besser wiederverwertet werden, weil sie zentral organisiert werden können.
- In benutzerdefinierten Funktionen sind Dinge möglich, die mit Formeln nur schwer oder gar nicht realisierbar sind.

Folgende »Nachteile« bestehen:

- Sie müssen darauf achten, dass die benutzerdefinierten Funktionen verfügbar sind, beispielsweise indem Sie sie im Dokument speichern.
- Sind Sie gezwungen, Ihre Dokumente auf verschiedenen Programmen zu bearbeiten, müssen Sie beachten, dass im Allgemeinen keine Codekompatibilität besteht, beispielsweise sind VBA und OOoBasic nicht kompatibel.
- Wenn Sie Dokumente mit benutzerdefinierten Funktionen weitergeben, werden Sie den Code üblicherweise im Dokument speichern. Zumindest in theoretischer Hinsicht lassen sich Risiken bei der Weitergabe (bzw. dem Ausführen von Code) nicht 100%ig ausschließen, beachten Sie auch die mögliche Gefahr der Manipulation Ihres Codes.

6.7.2 Organisation von Makros in OpenOffice.org

Um eine benutzerdefinierte Funktion zu erstellen, müssen Sie zunächst die Basic-IDE öffnen. Wählen Sie im Menü **Extras • Makros • Makros verwalten • OpenOffice.org Basic...**, um den Dialog **OpenOffice.org Makros** aufzurufen.

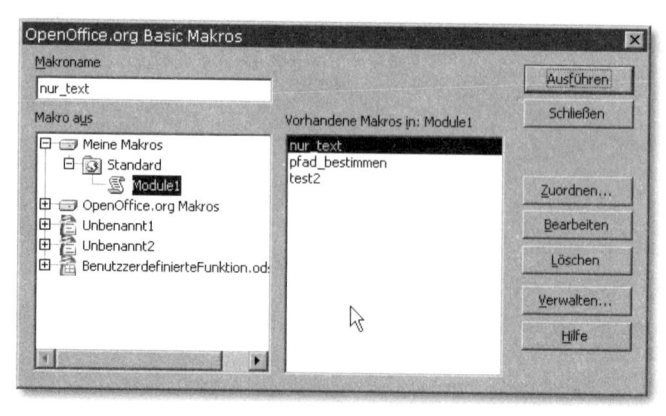

Abbildung 6.28 Dialog zum Verwalten der Basic-Makros

Im linken Teil des Dialogs gibt es die zwei Bereiche *Meine Makros* und *OpenOffice.org Makros*, außerdem einen Eintrag für jedes aktuell geöffnete Dokument. In Abbildung 6.28 erkennen Sie beispielhaft drei Dokumente, zwei neu erstellte (Unbenannt 1 und 2) sowie ein bereits gespeichertes Tabellendokument.

Der Bereich *Meine Makros* enthält die Makros, die Sie selbst erstellen und speichern. Wo diese Makros gespeichert werden, können Sie unter **Extras • Optionen • OpenOffice.org • Pfade • Basic** auch konfigurieren. Makros sind immer in *Bibliotheken* und *Modulen* organisiert, in der Abbildung sehen Sie die Bibliothek *Standard* sowie das Modul *Modul1*. Die Module wiederum enthalten die Makros (und Funktionen); im rechten Fensterteil erkennen Sie, dass das gewählte Modul drei Makros beinhaltet. Rechts unten können Sie mit der Schaltfläche **Verwalten...** einen Dialog aufrufen, der es ermöglicht, weitere Module und Bibliotheken zu erstellen.

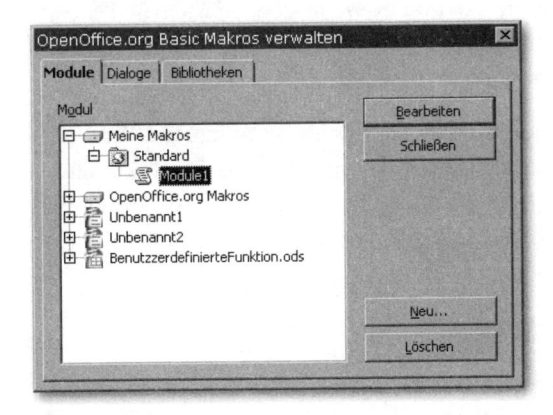

Abbildung 6.29 Verwalten von Bibliotheken, Modulen und Dialogen

Neu in OpenOffice.org 2.x ist, dass die Basic-Dialoge jetzt getrennt verwaltet werden, wie das Register *Dialoge* deutlich macht. Dialoge und Module können Sie auch direkt in der Basic-IDE erstellen.

> Wenn bei OOoBasic von *Basic-Dialog* die Rede ist, geht es um das Äquivalent zu einer *UserForm* in VBA. Da für UserForm auch Begriffe wie *Form* oder *Formular* gebräuchlich sind, sollten Sie beachten, dass der Begriff *Formular* in OpenOffice.org etwas anderes als eine UserForm bezeichnet.
>
> Ein *Formular* in OpenOffice.org ist im Wesentlichen ein Textdokument (Writer-Dokument) mit enthaltenen Formularfeldern bzw. Steuerelementen.

Der Bereich *OpenOffice.org Makros* wiederum enthält Makros, die bereits mit OpenOffice.org zusammen installiert wurden. In diesem Bereich können Sie normalerweise keine direkten Änderungen vornehmen, weil die Bibliotheken schreibgeschützt sind. Diese Bibliotheken werden meistens als OpenOffice.org-Bibliotheken bezeichnet.

[+] Falls Sie doch einmal Änderungen vornehmen wollen, beachten Sie, dass die Bibliotheken im Dateisystem in Ordnern (Verzeichnissen) organisiert sind, die den Namen der jeweiligen Bibliothek tragen. In jedem dieser Ordner befindet sich eine Datei *script.xlb*, in der Sie den Eintrag *library:readonly="true"* finden werden. Ändern Sie hier von *true* auf *false*, um in der Bibliothek Änderungen vornehmen zu können (bevor Änderungen tatsächlich möglich sind, müssen Sie OpenOffice.org eventuell beenden und neu starten).

Die aufgelisteten Dokumente können ebenfalls Bibliotheken (*Dokumentbibliotheken*) und somit Module und Dialoge enthalten. Makros und Funktionen sind wiederum in den Modulen organisiert. Diese Makros (Funktionen) sind nur für das jeweilige Dokument verfügbar. Da sie im Dokument selbst gespeichert sind, werden sie aber zusammen mit dem Dokument weitergegeben. Öffnen Sie ein neues (leeres) Dokument, beinhaltet dieses bereits eine noch leere Bibliothek mit Namen *Standard*. Diese kann nicht gelöscht werden.

Abhängig von den Einstellungen unter **Extras • Optionen • OpenOffice.org • Sicherheit • Makrosicherheit (Schaltfläche)** werden Makros in Dokumenten (*Dokumentmakros*) möglicherweise gar nicht oder nur auf Nachfrage ausgeführt. Falls eine Nachfrage erfolgt, sehen Sie ein Meldungsfenster, in dem Sie die Ausführung der Makros bestätigen müssen.

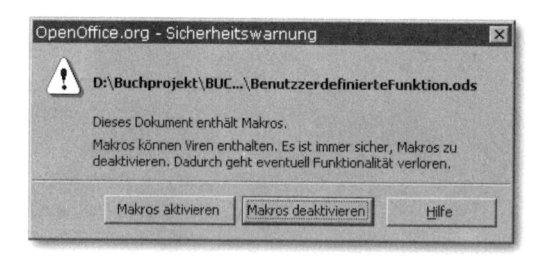

Abbildung 6.30 Sicherheitsabfrage

Wenn Sie hier *Makros aktivieren* bestätigen, können sämtliche Makros aus den Dokumentbibliotheken ausgeführt werden. Dies kann ein Risiko darstellen, insbesondere weil es so auch möglich wird, automatisch startende Makros auszuführen. Sie sollten sich also sicher sein, dass das Dokument aus einer verlässlichen Quelle stammt.

Da es sich bei den Dokumentformaten von OpenOffice.org (Versionen 1.x und 2.x) um gepackte Archive handelt, können Sie das Archiv (ZIP-Archivformat) mit einem Packprogramm entpacken und den enthaltenen Code einsehen.

Alle in OOoBasic relevanten Inhalte befinden sich im Archiv in einem Unterordner mit dem Namen *Basic*.

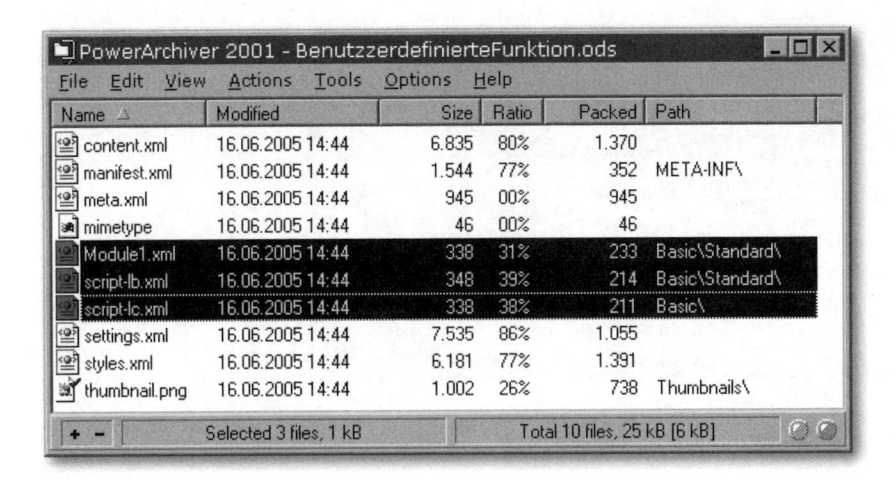

Abbildung 6.31 Der Inhalt einer Calc-Datei

> Gemäß den Einstellungen unter **Extras • Optionen • Laden/Speichern** ist es zwar möglich, VBA-Code zu laden, wenn Sie ein Dokument in einem MS Office-Format (z. B. *.xls) mit OpenOffice.org öffnen, enthaltene Makros werden jedoch in keinem Fall ausgeführt.

Umstieg

Für eine benutzerdefinierte Funktion müssen Sie nun entscheiden, wo sie gespeichert werden soll, also entweder im Bereich *Meine Makros* oder im Dokument selbst. Wenn Sie Ihre benutzerdefinierte Funktion häufiger in verschiedenen Dokumenten benutzen möchten, kann es sinnvoll sein, diese im zentralen Bereich *Meine Makros* zu speichern.

> Benutzerdefinierte Funktionen sollten Sie im Bereich *Meine Makros* in einem Modul der Bibliothek *Standard* speichern, damit sie automatisch im jedem Dokument zur Verfügung stehen.
>
> Wenn Sie allerdings das erstellte Dokument weitergeben möchten, sollten Sie die Funktion in einer Bibliothek des Dokumentes speichern, um sicherzustellen, dass diese auch verfügbar ist. Es wäre prinzipiell auch möglich, den entsprechenden Code separat weiterzugeben.

[«]

Für das folgende Beispiel soll der Code der Funktion im Dokument selbst gespeichert werden, deshalb müssen Sie zunächst ein Modul in der noch leeren Bibliothek *Standard* des Dokuments erstellen.

Markieren Sie dazu im linken Dialogteil die Bibliothek *Standard* des Dokuments, und klicken Sie rechts auf die Schaltfläche **Neu**. Im erscheinenden Dialog vergeben Sie einen Namen für das Modul. Sobald Sie den Namen für das neue Modul bestätigt haben, wird automatisch die Basic-IDE geöffnet.

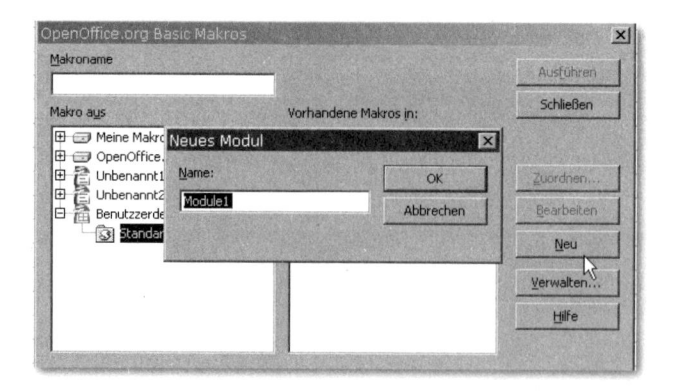

Abbildung 6.32 Neues Modul erstellen

6.7.3 Benutzerdefinierte Funktionen schreiben

In der Basic-IDE sehen Sie nun das gerade erstellte Modul, das im Wesentlichen noch leer ist. Sie können die vorhandenen drei Zeilen löschen oder einfach stehen lassen.

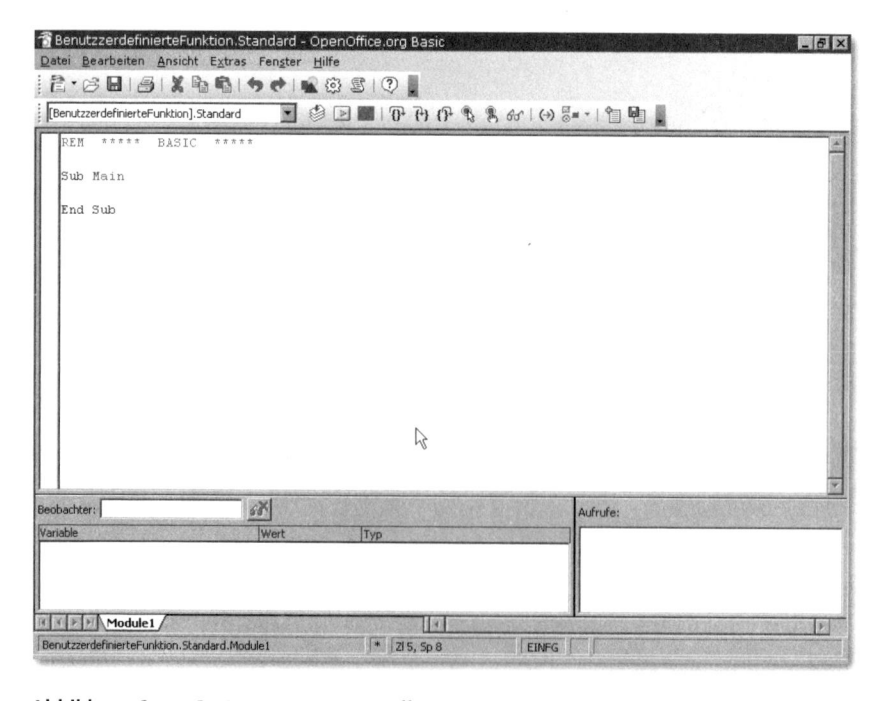

Abbildung 6.33 Basic-IDE von OpenOffice.org

Als erstes kleines Beispiel soll eine benutzerdefinierte Funktion erstellt werden, die aus dem Durchmesser und der Höhe das Volumen eines Zylinders berechnet.

Setzen Sie den Cursor in eine Zeile unterhalb von »End Sub«, und geben Sie folgenden Code ein:

```
Function VOL(Durchmesser, Hoehe)
VOL = Pi * (Durchmesser/2)^2 * Hoehe
End Function
```

Drücken Sie anschließend die Schaltfläche **Speichern** oder [Strg] + [S], um den Code in der Dokumentbibliothek zu speichern.

Die benutzerdefinierte Funktion VOL() ist nun verfügbar, und Sie können sie wie jede der integrierten Calc-Funktionen verwenden. Sie müssen nur in einer Tabellenzelle die Funktion korrekt mit Parametern eintragen, beispielsweise:

=VOL(2,5; 4)

=VOL(A2; B2)

Beachten Sie, dass in der Funktion selbst die Parameter mit Komma getrennt sind, beim Aufruf aus der Zelle jedoch wie üblich mit Semikolon getrennt werden müssen.

Außerdem müssen Sie die richtigen Parameter übergeben, also Zahlenwerte, oder Zelladressen von Zellen, die Zahlenwerte enthalten, sonst kommt es zu einem Fehler. Um das zu vermeiden, können Sie Ihre Funktion um eine kurze Fehlerroutine ergänzen:

```
Function VOL(Durchmesser, Hoehe)
On Error Goto fehler
VOL = Pi * (Durchmesser/2)^2 * Hoehe
Exit Function
fehler:
VOL = "mein Fehler"
End Function
```

Falls jetzt in Ihrer Funktion aus irgendeinem Grund ein Fehler auftritt, wird in die Zelle eine Fehlermeldung eingetragen.

Natürlich können Sie auch viel komplexere Funktionen schreiben. Zwei Beispiele, die der Autor aufgrund von Benutzeranfragen geschrieben hat, sollen hier zur Anschauung dienen.

Beispiel 1:

Aus einer Ganzzahl soll ein String erstellt werden, der die Wörter für die Ziffern der Zahl aneinander reiht und ausgibt. Mittels benutzerdefinierter Funktion ist das schnell getan:

6 | Formeln und Funktionen

```
Function ZIW (a)
a = TRIM(STR(a))
For i = 1 to LEN(a)
    j = MID(a,i,1)
    Select Case j
        Case "1"
            k = k & "eins-"
        Case "2"
            k = k & "zwei-"
        Case "3"
            k = k & "drei-"
        Case "4"
            k = k & "vier-"
        Case "5"
            k = k & "fünf-"
        Case "6"
            k = k & "sechs-"
        Case "7"
            k = k & "sieben-"
        Case "8"
            k = k & "acht-"
        Case "9"
            k = k & "neun-"
        Case "0"
            k = k & "null-"
    End Select
Next i
ZIW = LEFT(k, LEN(k)-1)
End Function
```

Beim Aufruf mit **=ZIW(12345)** ist der Rückgabewert also: eins-zwei-drei-vier-fünf.

[+] Um die Inhalte der Zellen einer Tabelle manuell zu aktualisieren, drücken Sie einfach F9. In bestimmten Situationen können Sie mit Strg + ⇧ + F9 die Aktualisierung erzwingen.

Von etwas höherem allgemeinen Interesse dürfte die folgende Funktion sein.

Beispiel 2:

In OpenOffice.org Calc stehen leider nicht wie im Writer Feldbefehle zur Verfügung, um beispielsweise Benutzerdaten ins Dokument einzufügen. Die folgende Funktion macht es möglich, auf alle unter **Extras • Optionen • OpenOffice.org • Benutzerdaten** eingetragenen Daten zuzugreifen:

```
Function BEDA (wert as String)
Dim nutzer as Object
Dim reg_daten as Object
Dim profil(0) _
as new com.sun.star.beans.PropertyValue
nutzer = createUnoService _
("com.sun.star.configuration.ConfigurationProvider")
profil(0).Name = "nodepath"
profil(0).Value = "org.openoffice.UserProfile/Data"
reg_daten = nutzer.createInstanceWithArguments _
("com.sun.star.configuration.ConfigurationAccess" _
, profil())
Select Case wert
   Case "Firma"
      BEDA = reg_daten.o
   Case "Vorname"
      BEDA = reg_daten.givenname
   Case "Nachname"
      BEDA = reg_daten.sn
   Case "Kürzel"
      BEDA = reg_daten.initials
   Case "Titel"
      BEDA = reg_daten.title
   Case "Position"
      BEDA = reg_daten.position
   Case "Telefon-geschäftlich"
      BEDA = reg_daten.telephonenumber
   Case "Fax"
      BEDA = reg_daten.facsimiletelephonenumber
   Case "Telefon-privat"
      BEDA = reg_daten.homephone
   Case "Email"
      BEDA = reg_daten.mail
   Case "Strasse"
      BEDA = reg_daten.street
   Case "PLZ"
      BEDA = reg_daten.postalcode
   Case "Land"
      BEDA = reg_daten.c
   Case = "Ort"
      BEDA = reg_daten.l
   Case Else
      BEDA = "Fehler aufgetreten"
End Select
End Function
```

Der Aufruf mit:

=BEDA("Vorname")&" "&BEDA("Nachname")

würde also den vollständigen Benutzernamen in eine Zelle ausgeben.

Mit benutzerdefinierten Funktionen ist also vieles machbar. Eine wichtige Einschränkung in einer Calc-Tabelle ist jedoch, dass mit einer benutzerdefinierten Funktion keine Zellinhalte geändert werden können, was zunächst vielleicht etwas seltsam klingt.

Wenn sich der Wert in einer Zelle ändert, in der Ihre Funktion aufgerufen wurde, ist jedoch die Änderung eigentlich nur Ausdruck dafür, dass die Funktion einen Rückgabewert liefert. Es ist aber nicht möglich, mittels einer benutzerdefinierten Funktion schreibend auf andere Zellen zuzugreifen, weil alle Zellen, während die Funktion abläuft, quasi schreibgeschützt sind. Die folgende Funktion versucht, auf die Zelle A1 des aktiven Tabellenblattes schreibend zuzugreifen:

```
Function A1_aendern()
Doc = ThisComponent.Currentcontroller.ActiveSheet
Zelle = Doc.GetCellByPosition(0,0)
Zelle.Value = 123
End Function
```

Das gelingt aber nicht, wenn die Funktion in einer Zelle mittels **= A1_aendern()** aufgerufen wird. Zwar erfolgt keine Fehlermeldung, aber es ist trotzdem so nicht möglich, einen Zellwert zu ändern. Um mit der Funktion den Zellwert von A1 zu ändern, müssen Sie sie beispielsweise mit einem Makro aufrufen, das Sie über **Extras • Makros • Makro ausführen** starten können.

```
Sub start()
A1_aendern()
End Sub
```

Andererseits können bestimmte Änderungen im Dokument durchaus mittels einer Funktion bewirkt werden. Zum Beispiel ermöglicht es diese Funktion, den Namen des aktiven Tabellenblatts zu ändern:

```
Function Blattname(a)
Doc = ThisComponent.Currentcontroller.ActiveSheet
Doc.Name = a
End Function
```

Tragen Sie in der Tabelle in einer Zelle den Funktionsaufruf **= Blattname(A1)** ein, können Sie anschließend durch einfaches Ändern des Inhalts von A1 den Tabellennamen ändern. Natürlich müssen Sie in A1 einen zulässigen Namen für das Tabellenblatt eintragen.

Dieses Kapitel bietet Erläuterungen zu allen in Calc enthaltenen Funktionen. Zur Verdeutlichung werden entsprechende Beispiele zur Verwendung dargestellt.

7 Funktionen im Detail

7.1 Kategorien und Funktionen im Überblick

Die in Calc enthaltenen Funktionen sind in verschiedene Kategorien gegliedert. Kategorien fassen hierbei Funktionen zusammen, die zum gleichen Anwendungsgebiet gehören. Die Einordnung der Funktionen in Kategorien entspricht der Darstellung im Funktions-Assistenten, der in Kapitel 5, »Diagramme«, ausführlich vorgestellt wurde.

Im Einzelnen existieren folgende Kategorien:

- Datenbank
- Datum und Zeit
- Finanz
- Information
- Logisch
- Mathematik
- Matrix
- Statistik
- Tabelle
- Text
- AddIn

Nicht zu den Kategorien gehören einfache Operatoren wie z. B. »+«.

> **Umstieg**
>
> Falls Sie bisher mit Excel gearbeitet haben, werden Sie feststellen, dass die Zuordnung zu Kategorien bei einzelnen Funktionen in Calc anders ist. Wenn Sie eine bestimmte Funktion nicht sofort finden können, kann es deshalb nützlich sein, im Funktions-Assistenten die »Pseudokategorie« *Alle* zu verwenden, da bei dieser alle enthaltenen Funktionen alphabetisch aufgelistet werden.

Beachten Sie Funktionen gleichen Namens, die sich nur im Zusatz »_ADD« unterscheiden. Diese sind in Calc aus Konformitätsgründen bzw. Kompatibilitätsgründen enthalten. Betroffen sind die Funktionen:

- DURATION_ADD()
- EFFEKTIV_ADD()/EFFEKTIV()
- GGT_ADD()/GGT()
- ISTGERADE_ADD()/ISTGERADE()
- ISTUNGERADE_ADD()/ISTUNGERADE()
- KALENDERWOCHE_ADD()/KALENDERWOCHE()
- KGV_ADD()/KGV()
- KUMKAPITAL_ADD()/KUMKAPITAL()
- KUMZINS_ADD()/KUMZINS()
- NOMINAL_ADD()/NOMINAL()
- UMWANDELN_ADD()

Diese »_ADD«-Funktionen werden beim Im- bzw. Exportieren in das Format von MS Excel automatisch konvertiert. Folgendes Beispiel veranschaulicht die Situation anhand der Funktion **KALENDERWOCHE()**:

Ausgehend von OpenOffice.org Calc:

	Ergebnis in Calc	eingegebene Formel
Schritt 1:		
Geben Sie die Formeln in ein Calc-Dokument ein	52	=KALENDERWOCHE("01.01.2005";1)
	1	=KALENDERWOCHE_ADD("01.01.2005";1)
Schritt 2:		
Speichern Sie das Dokument im Dateiformat von MS Excel (*.xls)		
	Ergebnis in MS Excel	Zellformel ist:
Schritt 3:		
Öffnen Sie das so gespeicherte Dokument in MS Excel und Sie erhalten:	#NAME?	=KALENDERWOCHE("01.01.2005";1)
	1	=KALENDERWOCHE("01.01.2005";1)

Abbildung 7.1 Von Calc nach Excel

Ausgehend von MS Excel:

Um in Calc also das exakt gleiche Ergebnis wie in MS Excel zu erhalten bzw. zu internationalen Normen konform zu sein, existiert somit in einigen Funktionen der »_ADD«-Zusatz.

Kategorien und Funktionen im Überblick | 7.1

			Ergebnis in Excel	eingegebene Formel
Schritt 1:				
Geben Sie die Formel in ein Excel-Dokument ein			1	=KALENDERWOCHE("01.01.2005";1)
Schritt 2:				
Speichern Sie das Dokument im Dateiformat von MS Excel (*.xls)				
			Ergebnis in Calc	Zellformel ist:
Schritt 3:				
Öffnen Sie das so gespeicherte Dokument in MS Excel und Sie erhalten:			1	=KALENDERWOCHE_ADD("01.01.2005";1)

Abbildung 7.2 Von Excel nach Calc

Für das gerade angeführte Beispiel finden Sie auch eine genauere Übersicht bei der Beschreibung der Funktion **KALENDERWOCHE()** (vgl. Kapitel 6.4.2).

Anmerkung:

Der vorstehenden Gegenüberstellung der Funktionen mit »_ADD«-Zusatz und der gleichnamigen Funktionen ohne diesen können Sie entnehmen, dass die Funktionen **DURATION()** und **UMWANDELN()** nicht existieren.

Was ist der Grund dafür?

Wie ich in Erfahrung bringen konnte, liegt hier ein einfaches Übersetzungsproblem vor. In der englischsprachigen Version existieren die Funktionen auch namentlich »konsistent«, beim Übertragen der Funktionsnamen wurde das jedoch nicht beibehalten.

Funktionsname in englischsprachiger Version	Funktionsname in deutschspachiger Version
DURATION	LAUFZEIT()
DURATION_ADD()	DURATION_ADD()
CONVERT()	UMRECHNEN()
CONVERT_ADD()	UMWANDELN_ADD()

Im Folgenden werden die einzelnen Funktionen geordnet nach Kategorien beschrieben.

Für die Beschreibung der Funktionen im vorliegenden Buch wurde die Kategorien-Zuordnung entsprechend OpenOffice.org Calc beibehalten, wobei diese Zuordnung in Calc nicht in allen Fällen vollkommen logisch ist. [«]

7.2 Die Operatoren

[o] Die Operatoren lassen sich einteilen in drei bzw. vier verschiedene Bereiche. Ich möchte mit der Darstellung der *numerischen* Operatoren beginnen.

Diese Gruppe umfasst die vier Grundrechenarten + (addieren), - (subtrahieren), * (multiplizieren), / (dividieren) sowie das Potenzieren (^) und das Prozentrechnen (%). Diese Operatoren werden wie in der Mathematik üblich verwendet. Beachten Sie jedoch die richtige Schreibweise bzw. die Verwendung des richtigen Zeichens für die Operatoren innerhalb der Tabellenkalkulation, insbesondere für die Multiplikation und Division.

Operator	Beispiel
+ (Addition)	2 + 3 | A1+ 8
(Subtraktion)	4 – 7 | b3 – c2
* (Multiplikation)	8 * 4 | 7 * D4
/ (Division)	3 / 4 | E2 / F1
^ (Potenzieren)	2^4
% (Prozent)	16 %

Tabelle 7.1 Beispiele für numerische Operatoren

Bei der Eingabe der Ausdrücke können Sie Leerzeichen verwenden oder darauf teilweise oder vollständig verzichten. Folgende Ausdrücke sind zum Beispiel äquivalent:

= 2+5 = 2+5 = 2+5 usw.

Beachten Sie jedoch, dass die üblichen Regeln der Vorrangigkeit bestimmter Rechenoperationen gelten:

=3+4*7   (Ergebnis ist 31)

=(3+4)*7   (Ergebnis ist 84)

Natürlich ist auch die Schachtelung mehrerer Klammerebenen möglich.

Wie Sie in der oben stehenden Tabelle sehen, können Sie auch Zelladressen und Zahlen innerhalb desselben Ausdrucks verwenden. Sie müssen jedoch berücksichtigen, dass sich Zellwerte ändern können, woraus möglicherweise Fehler resultieren, die zum Zeitpunkt der Eingabe der Formel noch nicht vorhanden waren. Typisches Beispiel hierfür ist die nicht erlaubte Division durch 0. Je nach Ziel Ihrer Berechnung kann es sinnvoll sein, solche Fehler aufzufangen oder auch nicht. Ein Beispiel soll dies verdeutlichen. Verwenden Sie z. B. folgende Formel:

= A1/A2

(also Division des Inhalts der Zelle A1 durch den der Zelle A2), darf der Inhalt der Zelle A2 niemals den Wert 0 annehmen, da Sie sonst von Calc eine entsprechende Fehlermeldung erhalten:

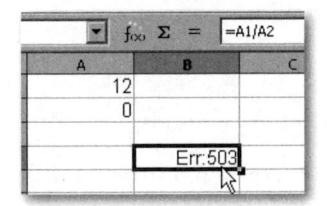

Abbildung 7.3 Fehlermeldung bei Division durch Null

Eine Möglichkeit, eine solche Fehlermeldung abzufangen, ist es beispielsweise, die spezielle Funktion **ISTFEHLER()** zu verwenden.

Die zweite Gruppe der Operatoren bilden die *Vergleichsoperatoren*, die als Rückgabe immer einen Wahrheitswert liefern. Die Operatoren sind **=** (gleich), **>** (größer), **<** (kleiner), **>=** (größer und gleich), **<=** (kleiner und gleich) sowie **<>** (ungleich).

> Versuchen Sie, als Vergleichsausdrücke => oder =< zu verwenden, blendet Calc ein Meldungsfenster ein und fordert Sie auf, die vorgeschlagene Korrektur (>= oder >=) zu akzeptieren. Falls Sie ablehnen, wird Ihre Eingabe akzeptiert, jedoch der Fehlercode Err:510 angezeigt.

Sie können Vergleichsoperatoren natürlich auch kombinieren, allerdings gelten auch hier Vorrangregeln, sodass Sie entsprechende Klammern verwenden müssen. Hierzu folgendes Beispiel, das verdeutlicht, dass geschlossene Zellausdrücke so wirken, als wenn Sie Klammern verwenden:

Abbildung 7.4 Formel mit Zellwerten und Klammern

Sie erkennen in der Abbildung, dass »Wahr« größer als »Falsch« ist (Formel in Zelle B5), was daraus resultiert, dass der Wahrheitswert (*boolscher Wert*) für »Wahr« 1 ist, für »Falsch« hingegen 0. Da sich die Formel in Zelle B5 aus den Formeln in den Zellen B1 und B2 zusammensetzt, kann man beide Vergleiche auch in einer Formel kombinieren. Allerdings ist die Klammersetzung zu beachten (B7), da Sie sonst falsche Werte erhalten würden (B6).

Als dritte Gruppe der Vergleichsoperatoren kann man die *Bezugsoperatoren* »:« und »!« sehen. Beispiele hierfür sind Zellbereiche und Schnittmengen:

=SUMME(A1:A4)   (Summe der Zellen A1 bis A4)

=SUMME(A1:A4!A3:A5)   (Summe der Zellen A3 und A4)

Die letzte Gruppe enthält nur einen Operator, den **Textverknüpfungsoperator** »&« (auch als *Kaufmanns-Und* bezeichnet). Dieser Operator dient zum Verknüpfen von Texten (Strings), z. B.:

="Open" & "Office" & ".org"   (ergibt: OpenOffice.org)

Wie in der Formel ersichtlich, stehen Strings immer in Anführungszeichen. Sie können den Operator auch verwenden, um Zahlen so zu verknüpfen, als wenn sie Zeichenkettenausdrücke bzw. Strings wären, ohne dass Sie diese vorher in Text umwandeln müssten:

=3&4   (ergibt 34)

Das Ergebnis 34 ist jetzt ein String, also keine Zahl mehr, sodass numerische Berechnungen damit nicht mehr möglich sind, ohne 34 vorher in eine Zahl umzuwandeln. Hierzu werden Sie später die Funktion **WERT()** kennenlernen.

[»] Da der Inhalt einer Zelle entweder eine Zahl oder Text sein kann, gibt es auch gewisse »Überschneidungen«. Stünde in einer Zelle, z. B. A1, die Formel **=3&4**, ist das Ergebnis wie oben gezeigt 34 als String, und die Formel **=2*A1** würde 0 liefern, nur **=2*WERT(A1)** liefert eine Zahl. Steht jedoch die Kombination beider Formeln in einer Zelle, also **=2*(3&4)**, lautet das Ergebnis 68 (numerisch).

7.3 Datenbankfunktionen

7.3.1 Allgemeines

[o] Wenn im Folgenden von Datenbankfunktionen die Rede ist, darf das nicht mit dem eigentlichen Datenbankmodul von OpenOffice.org (Base) verwechselt werden, da sich diese Funktionen natürlich auf Calc beziehen. Spricht man in Calc von einer Datenbank, so bezieht sich das lediglich darauf, dass sich in der Tabellenstruktur einer Tabellenkalkulation Werte (Daten) strukturiert zusammenstellen lassen.

Die im nächsten Unterkapitel folgenden Erläuterungen zu Datenbankfunktionen beziehen sich auf die hier abgebildete Tabelle.

	A	B	C	D	E	F
1	Hersteller	Artikel-Beschreibung	Verpackung	Inhalt	Artikelnummer	Preis
2	23	CD-R 700 MB 52fach	Jewel Case	10 Stück	CDR-23-1324	4,40 €
3	23	CD-R 700 MB 52fach	Spindel	50 Stück	CDR-23-64708	11,00 €
4	23	CD-R 700 MB 52fach	Slim Case	10 Stück	CDR-23-9454	4,30 €
5	23	CD-R 700 MB 52fach	Spindel	25 Stück	CDR-23-59523	6,70 €
6	23	CD-R 700 MB 52fach	Slim Case	20 Stück	CDR-23-91872	8,70 €
7	23	CD-R 700 MB 52fach, bedruckbar	Spindel	100 Stück	CDR-23-26169	55,50 €
8	23	CD-R 700 MB 52fach, bedruckbar	Spindel	25 Stück	CDR-23-15503	7,30 €
9	23	CD-R 700 MB 48fach, bedruckbar mit Tintendrucker	Spindel	100 Stück	CDR-23-35459	49,10 €
10	23	CD-R 700 MB 48fach, bedruckbar mit Thermodrucker	Spindel	100 Stück	CDR-23-35676	49,10 €
11	11	CD-R 700 MB 52fach	Slim Case	10 Stück	CDR-11-32856	3,60 €
12	11	CD-R 700 MB 52fach	Papierhülle	10 Stück	CDR-11-63612	2,80 €
13	11	CD-R 700 MB 52fach, inkl. Stift	Spindel	100 Stück	CDR-11-11108	16,35 €
14	11	CD-R 700 MB 52fach	Spindel	50 Stück	CDR-11-19705	10,80 €
15	11	CD-R 700 MB 52fach, bedruckbar	Spindel	100 Stück	CDR-11-9887	26,00 €
16	14	CD-R 700 MB 48fach	Spindel	50 Stück	CDR-14-39643	17,30 €
17	14	CD-R 700 MB 48fach	Slim Case	10 Stück	CDR-14-56843	5,10 €
18	21	CD-R 700 MB 52fach, fullsize-bedruckbar	Spindel	50 Stück	CDR-21-68776	14,90 €
19	21	CD-R 700 MB 52fach	Slim Case	10 Stück	CDR-21-18436	4,30 €
20	21	CD-R 700 MB 52fach, fullsize-bedruckbar	Spindel	25 Stück	CDR-21-40882	7,90 €
21	21	CD-R 700 MB 52fach	Spindel	100 Stück	CDR-21-61583	21,50 €
22	4	CD-R 700 MB 52fach	Spindel	25 Stück	CDR-4-56666	6,20 €
23	4	CD-R 700 MB 52fach	Jewel Case	10 Stück	CDR-4-32096	5,80 €
24	4	CD-R 700 MB 52fach, bedruckbar	Jewel Case	10 Stück	CDR-4-84954	7,50 €
25	10	CD-R 700 MB 52fach, Extra Plus	Slim Case	20 Stück	CDR-10-71831	9,90 €
26	10	CD-R 700 MB 48fach, Extra Plus, bedruckbar	Spindel	50 Stück	CDR-10-56624	19,10 €
27	10	CD-R 700 MB 52fach, Extra Plus, bedruckbar	Slim Case	25 Stück	CDR-10-97805	8,80 €
28	10	CD-R 700 MB 52fach, Extra Plus	Spindel	25 Stück	CDR-10-31488	7,50 €
29	10	CD-R 700 MB 52fach, Extra Plus	Spindel	100 Stück	CDR-10-77071	26,30 €

Abbildung 7.5 Calc-Tabelle als »Datenbank«

Wie Sie in der Abbildung erkennen können, sind die Datensätze in einzelnen Zeilen der Tabelle angeordnet, wobei jede Zeile einen kompletten Datensatz darstellt. Diese Datensätze setzen sich aus den einzelnen Datenfeldern zusammen (*Hersteller, Artikelbeschreibung, Verpackung, Inhalt, Artikelnummer, Preis*). Zeile 1 in der abgebildeten Tabelle beinhaltet diese Feldnamen in Form von Tabellenüberschriften. Die vorhandenen Werte sind also in einer ganz bestimmten Struktur angeordnet, die einer normalen Datenbanktabelle äquivalent ist.

Durch gleiche Struktur solcher Art von Tabellen ist es möglich, spezielle Funktionen zur Auswertung der Daten zu verwenden. Dies geschieht im Wesentlichen aus Vereinfachungsgründen, denn natürlich wäre eine Datenauswertung auch ohne spezielle Datenbankfunktionen für solche Tabellen möglich.

Charakteristisch für Datenbankfunktionen in Calc ist, dass sie Suchkriterien in Form eines (separat) festgelegten Zellbereichs erwarten. Die verdeutlicht den Aufbau eines solchen Zellbereichs.

	Hersteller	Artikel-Beschreibung	Verpackung	Inhalt	Artikelnummer	Preis
33	Hersteller	Artikel-Beschreibung	Verpackung	Inhalt	Artikelnummer	Preis
34			Slim Case	10		
35			Papierhülle			

Abbildung 7.6 Bereich mit Suchkriterien

Um einen solchen Kriterienbereich anzulegen, geben Sie an beliebiger Stelle (jedoch außerhalb der eigentlichen Datentabelle) zunächst die Überschriften der Datentabelle in einzelne Zellen einer Zeile ein. Es ist nicht nötig, alle Überschriften zu verwenden, sondern es genügt, nur die Überschriften heranzuziehen, welche die Kriterien (Felder) bezeichnen, auf die Sie später Ihre Auswertung stützen wollen.

Unterhalb der Überschriften müssen Sie nun Werte als Kriterien angeben, wobei gilt, dass Werte, die in gleicher Zeile stehen, mit einem logischen UND und Werte in verschiedenen Zeilen mit einem logischen ODER verknüpft sind. Diese logischen Verknüpfungen stellt Calc selbst her, Sie müssen nur die Werte in den richtigen Zeilen entsprechend eintragen.

Im Beispiel sehen Sie in der ersten Zeile, dass das Kriterium für Verpackung »Slim Case« und für Inhalt 10 ist. In der zweiten Zeile gibt es lediglich das Kriterium »Papierhülle« für Verpackung. Bei Verwendung in einer Datenbankfunktion entstehen daraus folgende Konsequenzen:

- Übergeben Sie nur die Kriterien der ersten Zeile, so werden alle Einträge des Datenbankbereichs berücksichtigt, bei denen Verpackung = »Slim Case« und (!) Inhalt = 10 ist.

- Übergeben Sie beide Zeilen, so werden Einträge mit Verpackung = »Slim Case« und Inhalt = 10 (ein geschlossenes Kriterium) berücksichtigt und zusätzlich Einträge, in denen Verpackung = »Papierhülle« ist.

[»] Beachten Sie, dass im zweiten Fall die ODER-Verknüpfung beider Zeilen somit einem OR (ODER) und nicht einem XOR (Exklusiv-ODER) entspricht. (Umgangssprachlich könnten Sie formulieren, dass OR einem ODER der Form »sowohl als auch« und XOR einem ODER von »entweder oder« entspricht.)

7.3.2 Erläuterungen zu den Funktionen

In allen folgenden Funktionen wird die Datenbank über den entsprechenden Bereich in der Tabelle (A1:F29) referenziert. Genauso gut wäre es möglich, diesen Bereich als Datenbankbereich festzulegen und in den Formeln mittels des festgelegten Namens des Datenbankbereichs anzusprechen.

Zum Festlegen eines Namens für einen Datenbankbereich wählen Sie bitte im Menü **Daten • Bereich festlegen...** Beachten Sie, dass unter *Zusätze* der Punkt *enthält Spaltenbeschriftungen* aktiviert ist.

DBANZAHL(Datenbank; Datenbankfeld; Suchkriterien)

Diese Funktion ermittelt die Anzahl der Datensätze, die den Suchkriterien entsprechen.

	Hersteller	Artikel-Beschreibung	Verpackung	Inhalt	Artikelnummer	Preis
32						
33				25		<10
34						
35						
36	6	=DBANZAHL(A1:F29;0;A33:F34)				

Abbildung 7.7 DBANZAHL()

DBANZAHL2(Datenbank; Datenbankfeld; Suchkriterien)

DBANZAHL2() bestimmt die Anzahl der Datensätze, die mit bestimmten Kriterien in einem Kriterienbereich übereinstimmen. Die Kriterien können numerische oder alphanumerische Werte sowie reguläre Ausdrücke (bei alphanumerischen Werten) enthalten.

	Hersteller	Artikel-Beschreibung	Verpackung	Inhalt	Artikelnummer	Preis
40						
41		.*bedruckbar.*	Spindel			
42						
43	8	=DBANZAHL2(A1:F29;"Artikel-Beschreibung";B40:C41)				
44						

Abbildung 7.8 DBANZAHL2()

DBAUSZUG(Datenbank; Datenbankfeld; Suchkriterien)

Ermittelt wird der Inhalt der einen Zelle im Datenbankbereich, die den Suchkriterien entspricht. Resultieren aus dem Suchkriterium mehrere Ergebniszellen, so liefert die Funktion die Fehlermeldung Err:502. Im Falle, dass keine Zelle gefunden werden kann, erfolgt die Fehlermeldung #WERT!.

	Verpackung	
45		
46	**Verpackung**	
47	Papierhülle	
48		
49	CD-R 700 MB 52fach	
50		
51	=DBAUSZUG(A1:F29;"Artikel-Beschreibung";A46:A47)	

Abbildung 7.9 DBAUSZUG()

DBMIN(Datenbank; Datenbankfeld; Suchkriterien)
DBMAX(Datenbank; Datenbankfeld; Suchkriterien)

Die Funktionen ermitteln das Maximum bzw. Minimum in einer Reihe von Werten, die sich aus dem Suchkriterium ergeben.

	Hersteller	
54		
55	23	
56		
57	100	=DBMAX(A1:F29;D1;A54:A55)
58	10	=DBMIN(A1:F29;D1;A54:A55)

Abbildung 7.10 DBMAX() und DBMIN()

DBMITTELWERT(Datenbank; Datenbankfeld; Suchkriterien)

Bestimmt wird – in Analogie zu den beiden vorstehenden Funktionen – der Mittelwert der Werte, die sich aus einem Kriterium ergeben.

	Inhalt	
61		
62	50	
63		
64	14,62	=DBMITTELWERT(A1:F29;F1;A61:A62)

Abbildung 7.11 DBMITTELWERT()

DBPRODUKT(Datenbank; Datenbankfeld; Suchkriterien)

Die Inhalte aller Zellen, die sich aus einem bestimmten Kriterium ergeben, werden multipliziert und das Produkt ausgegeben.

Für die vorliegende Beispieltabelle gibt es kein sinnvolles Beispiel. Formal entspräche **DBPRODUKT()** bei gleichen Kriterien wie denen des vorstehenden Beispiels für **DBMITTELWERT()** jedoch 584900,75.

DBSTDABW(Datenbank; Datenbankfeld; Suchkriterien)
DBSTDABWN(Datenbank; Datenbankfeld; Suchkriterien)

DBSTDABW() bestimmt die Standardabweichung einer Menge von Werten, die aus dem Suchkriterium resultieren und im statistischen Sinn eine Stichprobe darstellen. Beachten Sie bitte, dass diese Berechnung nur sinnvolle (statistisch gesicherte) Ergebnisse liefert, wenn der Umfang der Stichprobe genügend groß ist (für das Beispiel nicht gegeben).

	Inhalt		
69	Inhalt		
70		10	
71			
72		1,44	=DBSTDABW(A1:F29;F1;A69:A70)
73		1,34	=DBSTDABWN(A1:F29;F1;A69:A70)

Abbildung 7.12 DBSTDABW() und DBSTDABWN()

DBSUMME(Datenbank; Datenbankfeld; Suchkriterien)

Ermittelt die Summe der Werte, die sich aus einem bestimmten Suchkriterium ergeben. Die konkrete Beispieltabelle lässt kein inhaltlich sinnvolles Beispiel für **DBSUMME()** zu, jedoch zeigt die Abbildung, dass **DBANZAHL()** auch durch eine Formel mit **DBSUMME()** ersetzt werden könnte.

	Hersteller		
76	Hersteller		
77		23	
78			
79		9	=DBSUMME(A1:F29;A1;A76:A77)/23
80		9	=DBANZAHL(A1:F29;A1;A76:A77)

Abbildung 7.13 DBSUMME()

DBVARIANZ(Datenbank; Datenbankfeld; Suchkriterien)
DBVARIANZEN(Datenbank; Datenbankfeld; Suchkriterien)

DBVARIANZ() bestimmt die Varianzen aller Zellen eines Feldes der Datenbank, die zu Zeilen gehören, die dem Suchkriterium genügen. Die Varianz ergibt sich in der Statistik auch aus dem Quadrat der Standardabweichung.

	Inhalt		
83	Inhalt		
84		25	
85			
86		0,83	=DBVARIANZ(A1:F29;F1;A83:A84)
87		0,69	=DBVARIANZEN(A1:F29;F1;A83:A84)
88		0,83	=DBSTDABW(A1:F29;F1;A83:A84)^2
89		0,69	=DBSTDABWN(A1:F29;F1;A83:A84)^2

Abbildung 7.14 DBVARIANZ() und DBVARIANZEN()

7.4 Datums- und Zeitfunktionen

7.4.1 Allgemeines

[o] Calc verwendet für Datums- und Zeitberechnungen serielle Zahlen, hierbei entspricht in Standardeinstellung der 30.12.1899 der Zahl 0. Diese Einstellung können Sie unter **Extras • Optionen • Calc • Berechnen** auch anpassen auf die Daten 01.01.1900 oder 01.01.1904. Beachten Sie jedoch folgende Konsequenzen:

In Kapitel 5, »Diagramme«, wurde erläutert, wie Calc automatisch Datums- und Zeitwerte bei der Eingabe erkennt, das heißt dann aber auch, dass die zum Zeitpunkt der Eingabe vorhandenen Einstellungen relevant für die Erkennung sind und berücksichtigt werden. Calc wandelt eine als Datum erkannte Eingabe zum Zeitpunkt der Eingabe in eine serielle Zahl um und berücksichtigt dabei die vorhandenen Einstellungen. Das heißt konkret, wenn Sie bei Standardeinstellung (30.12.1899) das Datum 01.01.1900 eingeben, sehen Sie in der Eingabezelle dieses Datum. Der für Calc maßgebliche Wert ist jedoch der serielle Zahlenwert in der Zelle, und dieser ist 2. Ändern Sie nach der beschriebenen Eingabe die Voreinstellungen auf 01.01.1900 (siehe oben), so ändert sich das angezeigte Datum in der Zelle auf 03.01.1900, die dahinter stehende Zahl ist immer noch 2.

Aufbauend hierauf sind weitere Berechnungen leicht verständlich, denn 1 entspricht genau einem (ganzen) Tag. Somit entspricht eine Sekunde dem 86.400stel eines Tages. Geben Sie beispielsweise in eine Zelle den Zahlenwert 0,5 ein, so entspricht das dem Datumswert 30.12.1899 12:00, wovon Sie sich leicht überzeugen können, wenn Sie das Format der Zelle auf »TT.MM.JJ HH:MM« ändern.

Calc stellt, wie schon in Kapitel 6 erwähnt, automatisch sicher, dass – wenn Ihre Eingabe als Datum interpretiert wird – dieses Datum auch tatsächlich existiert und eindeutig ist. »Allgemeine« Daten der Form 24.12. sind somit ausgeschlossen bzw. werden automatisch um die aktuelle Jahreszahl ergänzt.

[»] Bitte beachten Sie das Kapitel 6.4, »*Probleme bei Zahlen, Zeitwerten und Texten*«, dort werden weitere wichtige Hinweise gegeben.

Viele der Datumsfunktionen, welche als Parameter ein Datum erfordern, weisen ein typisches Verhalten bei der Interpretation der Eingabe dieses Parameters auf. Übergeben Sie das Datum formal als String (also in »« eingeschlossen), bleibt das Datum, als Anzeige innerhalb der Formel, erhalten. Verzichten Sie darauf und geben das Datum ohne Anführungsstriche ein, so wird in der Formel das Datum in die entsprechende serielle Zahl umgewandelt.

Beispielsweise ergibt die Eingabe von:

`=TAGEIMJAHR("03.02.2007")`

in der Eingabezelle die Formel:

=TAGEIMJAHR("03.02.2007")

die Eingabe von:

`=TAGEIMJAHR(03.02.2007)`

jedoch:

=TAGEIMJAHR(39116)

Die Zahl 39116 ist hierbei der serielle Wert des Datums, also die Differenz der Anzahl der Tage zwischen dem 30.12.1899[1] und dem 03.02.2007. Das Ergebnis beider Formeln ist natürlich gleich (=365).

Eine Besonderheit ist, dass sich allein stehende Jahreszahlen nicht so verhalten, denn:

`=TAGEIMJAHR(2007)`

wird *nicht* zu **=TAGEIMJAHR(39083)**, sondern bleibt erhalten als:

=TAGEIMJAHR(2007)

7.4.2 Berechnen und Auswerten von Daten

HEUTE();
JETZT()

Die beiden einfachsten Funktionen, die keine Parameter erwarten, sind **HEUTE()** und **JETZT()**, wobei **HEUTE()** immer einen ganzzahligen Wert liefert. Grundsätzlich ergeben somit die Ausdrücke **=HEUTE()** sowie **=GANZZAHL(JETZT())** ein gleiches Ergebnis.

Beachten Sie, dass die Rückgabewerte der beiden Funktionen immer aktualisiert werden, wenn eine Aktualisierung des Inhalts des Tabellenblattes erfolgt. Eine Eingabe feststehender Werte muss somit manuell erfolgen.

DATUM(Jahr; Monat; Tag);
DATWERT("Text")

Beide Funktionen liefern im Prinzip dasselbe Ergebnis, ausgehend von verschiedenartiger Angabe der notwendigen Ausgangsinformationen. Lediglich die von

---

[1] Wenn unter **Extras • Optionen • OpenOffice.org Calc • Berechnen**, im Bereich **Datum**, die Standardeinstellung 30.12.1899 vorliegt.

Calc automatisch vorgegebene Standardformatierung des Ergebnisses ist verschieden. Nach der Formeleingabe könnte es z. B. so aussehen:

	A	B	C	D
1				
2		12.05.2005		=DATUM(2005;5;12)
3		38484		=DATWERT("12-05-2005")
4				

Abbildung 7.15 DATUM() und DATWERT() in Standardformatierung

Es ist zu erkennen, dass die Werte in den Zellen B2 und B3 gleich sind und lediglich wegen unterschiedlicher Zellformatierung eine jeweils andere Anzeige des Ergebnisses erfolgt.

Beachten Sie, dass gültige Jahreszahlen für **DATUM()** im Bereich von 1583 bis 9956 liegen müssen, zweistellige Jahreszahlen sind möglich. Die Werte für Monat und Tag werden, falls sie größer als zulässig sind, automatisch übertragen und verrechnet, beispielsweise liefert **=DATUM(2005;1;32)** als Rückgabewert 01.02.2005.

ISTSCHALTJAHR(Datum)

Diese Funktion ermittelt zu einem angegebenen Datum, ob sich dieses in einem Jahr befindet, das ein Schaltjahr ist. Der Rückgabewert der Funktion ist ein boolscher Wert, d.h., die Rückgabe von 0 (=Nein) bedeutet, es liegt kein Schaltjahr vor, bzw. 1 (=Ja) bedeutet, es liegt ein Schaltjahr vor.

Beispiel:

=ISTSCHALTJAHR("03.05.2003")   (0)

JAHRE(Ausgangsdatum, Enddatum, Art)
MONATE(Ausgangsdatum, Enddatum, Art)
WOCHEN(Ausgangsdatum, Enddatum, Art)

Mittels dieser Funktionen bestimmen Sie Zeitdifferenzen zwischen zwei Daten.

Beispiele:

=JAHRE("23.04.2001";"27.05.2004";0)   (3)

=MONATE("23.04.2001";"27.05.2004";0)   (37)

=WOCHEN("23.04.2001";"27.05.2004";0)   (161)

Die zwei ersten Beispiele sind das Äquivalent zu folgenden Funktionsausdrücken in MS Excel:

=DATEDIF("23.04.2001";"27.05.2004";"y")

=DATEDIF("23.04.2001";"27.05.2004";"m")

Exkurs zu Excel:

Eigenartig ist, dass die Funktion **DATEDIF()** in Excel eine Sonderstellung einnimmt, insofern als sie weder über den Funktions-Assistenten erreichbar ist noch in der Hilfedatei dokumentiert wird.

Diese Funktion hat folgende Syntax:

DATEDIF(Startdatum; Enddatum; "Zeiteinheit")

Wobei für **Zeiteinheit** folgende Parameter gelten:

Zeiteinheit	Beschreibung
y	Anzahl kompletter Jahre
m	Anzahl kompletter Monate
d	Anzahl der Tage
md	Unterschied in Tagen, wobei Monate und Jahre ignoriert werden
ym	Unterschied in Monaten, Tage und Jahre bleiben unberücksichtigt
yd	Unterschied in Tagen, wobei die Jahre ignoriert werden

TAGEIMJAHR(Datum)

TAGEIMMONAT(Datum)

Diese Funktionen ermitteln zu einem gegebenen Datum die Anzahl der Tage des zugehörigen Monats bzw. Jahres.

Beispiele:

=TAGEIMJAHR("03.02.2007")   (365)

=TAGEIMMONAT("09.05.2007")   (31)

WOCHENIMJAHR(Datum)

Hiermit ist die Bestimmung der Wochen (Kalenderwochen) eines Jahres möglich. Da zum Jahresanfang und Jahresende auch unvollständige Kalenderwochen auftreten können, beachten Sie bitte, dass eine Woche zu einem bestimmten Jahr gehört, wenn mindestens vier Tage der betreffenden Woche in dem entsprechenden Jahr liegen.

Beispiele:

=WOCHENIMJAHR("04.03.2007")   (52)

=WOCHENIMJAHR("2007")   (52)

JAHR(Zahl);
MONAT(Zahl);
TAG(Zahl)

Diese drei Funktionen dürften selbsterklärend sein. Zum Parameter **Zahl** ist zu sagen, dass bei allen drei Funktionen gilt, dass hierfür sowohl die Eingabe einer Dezimalzahl, einer Zelladresse oder eines Datums in gültigem Format möglich ist. Datumsangaben werden jedoch mit Abschluss der Eingabe automatisch in eine Dezimalzahl umgewandelt, wenn sie nicht in Anführungszeichen eingeschlossen werden (siehe Kapitel 7.4.1). Beispielsweise liefert **=MONAT(30000)** als Rückgabe 2 oder **=TAG("17.03.1988")** als Rückgabe 17.

[»] Beachten Sie jedoch, dass falsche Datumsangaben nicht automatisch übertragen werden, wodurch z. B. **=TAG("32.03.1988")** zu einer Fehlermeldung führt, die möglicherweise auch verwirrt, weil sie #NAME? lautet.

Bei Verwendung von Ausdrücken mit Zellbezügen wie **=JAHR(C4)** wird jeder gültige Wert der Zelle (hier C4) verwendet, was auch unerwünscht sein kann, wenn der Wert der Zelle nicht als Datum interpretiert werden soll.

TAGE(Enddatum;Startdatum);
TAGE360(Startdatum; Enddatum; Art)

Die Funktionen liefern einen Zahlenwert zurück, welcher der Differenz zwischen den angegebenen Daten entspricht, wobei **TAGE()** die dem Kalender entsprechende Differenz liefert, **TAGE360()** jedoch die Anzahl der *Zinstage* basierend auf 360 Tagen für ein Jahr.

Beachten Sie die unterschiedliche Reihenfolge der Parameter in beiden Funktionen, da – falls die Parameter vertauscht werden – die Funktionen eine negative Zahl als Ergebnis liefern.

Der nur bei der Funktion **TAGE360()** verwendete, optionale Parameter Art bestimmt die Art der Berechnung. Ist dieser Parameter 0 oder nicht vorhanden, wird nach der US-Methode gerechnet, falls der Parameter 1 ist, nach der europäischen Methode.

WOCHENTAG(Zahl; Art)

Die Funktion liefert als Rückgabe einen Zahlenwert für den Wochentag.

Der Parameter Zahl entspricht wiederum einer Dezimalzahl, einem Datum oder einem Zellbezug. Die optionale Angabe Art regelt die Weise der Berechnung. Es gilt für Art=1 (oder fehlend), dass Sonntag=1, für Art=2 ist Montag=1, und für Art=3 ist Montag=0.

Betrachten Sie folgendes Beispiel:

	A	B	C	D	E
1	reale Daten:				
2					
3	Samstag, 01. 01. 2005		3		=WOCHENTAG(04.01.2005)
4	Sonntag, 02. 01. 2005		2		=WOCHENTAG(04.01.2005;2)
5	Montag, 03. 01. 2005		1		=WOCHENTAG(04.01.2005;3)
6	Dienstag, 04. 01. 2005				
7	Mittwoch, 05. 01. 2005				
8	Donnerstag, 06. 01. 2005				
9	Freitag, 07. 01. 2005				
10					

Abbildung 7.16 Beispiel für WOCHENTAG()

Der Ausdruck **=WOCHENTAG("04.01.2005")** enthält keinen Parameter für Art, somit ist dieser 1. Hieraus folgt, dass die Zählung so durchzuführen ist, dass Sonntag der erste Tag der Woche ist, also Sonntag=1. Hiervon abgeleitet ist Montag=2, Dienstag=3 usw., womit sich als Ergebnis 3 ergibt. Die anderen in der Abbildung gezeigten Ergebnisse demonstrieren die Auswirkung der anderen möglichen Parameter (2 und 3) auf das Ergebnis.

Natürlich können die Ergebniszellen auch so formatiert werden, dass statt der Zahlenwerte der Wochentag als Text (eigentlich als Datum) angezeigt wird. Die entsprechenden Formatcodes wären »NN« für Kurzbezeichnung (z. B. »Di«) oder »NNN« für z. B. »Dienstag«.

KALENDERWOCHE(Zahl; Art);
KALENDERWOCHE_ADD(Zahl; Art)

Beide Funktionen erfordern als Parameter für Zahl die Angabe eines Datums sowie für Art die Angabe des Wochenbeginns. Ist Art=1, beginnt die Woche am Sonntag, für Art=2 beginnt sie am Montag.

Wo liegt der Unterschied zwischen beiden Funktionen?

Bei der Aufteilung des Jahres in Kalenderwochen wird normalerweise davon ausgegangen, dass die erste vollständige Kalenderwoche des Jahres die Kalenderwoche Nummer 1 oder kurz Kalenderwoche 1 ist. Eine möglicherweise am Jahresanfang vorhandene, jedoch nicht vollständige Kalenderwoche zählt somit als letzte Kalenderwoche des vorangehenden Jahres.

Das folgende Beispiel illustriert die Verhältnisse am Jahresübergang von 2004 zu 2005 für die Funktion **KALENDERWOCHE()**:

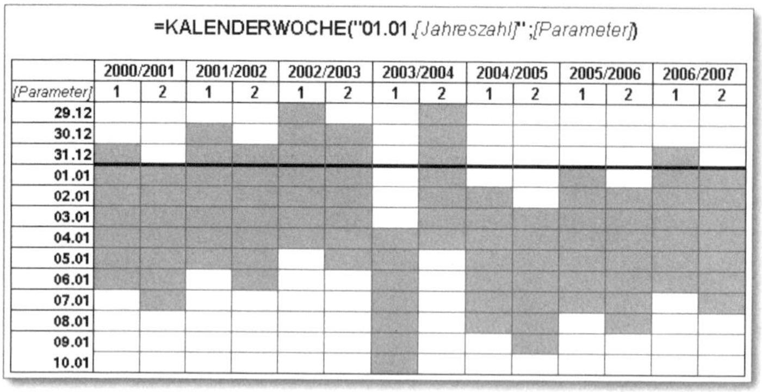

Abbildung 7.17 Erste Jahreswochen aus Sicht von KALENDERWOCHE()

Betrachten Sie jetzt die Funktionen:

=KALENDERWOCHE("01.01.2005";2)   (liefert 53)

=KALENDERWOCHE("07.01.2005";1)   (liefert 1)

=KALENDERWOCHE_ADD("07.01.2005";1)   (liefert 2)

Der Unterschied in der Berechnung ist, dass **KALENDERWOCHE()** immer die Woche des Jahres als Woche 1 betrachtet, bei der die Mehrzahl der Tage im neuen Jahr liegt.

KALENDERWOCHE_ADD() hingegen betrachtet generell die erste Woche des Jahres als Woche 1 (egal ob diese vollständig ist oder nicht). **KALENDERWOCHE_ADD()** wird benötigt, um einerseits kompatibel zu internationalen Standards zu sein und andererseits das gleiche Ergebnis wie MS Excel berechnen zu können, ohne Funktionsparameter ändern zu müssen.

Die spezifische Situation entnehmen Sie bitte der Übersicht in Abbildung 7.18. Beachten Sie dabei, dass die Ergebnisse in der rechten Tabelle natürlich denen in der Excel-Spalte der linken Tabelle entsprechen, denn der Funktionsausdruck **KALENDERWOCHE_ADD()** (in Calc) wird natürlich beim Speichern als *.xls in **KALENDERWOCHE()** umgewandelt.

Formel ist	Ergebnis ist		Formel ist	Ergebnis in OOo Calc
	MS Excel	OOo Calc		
=KALENDERWOCHE("30.12.2006";1)	52	52	=KALENDERWOCHE_ADD("30.12.2006";1)	52
=KALENDERWOCHE("30.12.2006";2)	53	52	=KALENDERWOCHE_ADD("30.12.2006";2)	53
=KALENDERWOCHE("31.12.2006";1)	53	1	=KALENDERWOCHE_ADD("31.12.2006";1)	53
=KALENDERWOCHE("31.12.2006";2)	53	52	=KALENDERWOCHE_ADD("31.12.2006";2)	53
=KALENDERWOCHE("01.01.2007";1)	1	1	=KALENDERWOCHE_ADD("01.01.2007";1)	1
=KALENDERWOCHE("01.01.2007";2)	1	1	=KALENDERWOCHE_ADD("01.01.2007";2)	1
=KALENDERWOCHE("02.01.2007";1)	1	1	=KALENDERWOCHE_ADD("02.01.2007";1)	1
=KALENDERWOCHE("02.01.2007";2)	1	1	=KALENDERWOCHE_ADD("02.01.2007";2)	1
=KALENDERWOCHE("03.01.2007";1)	1	1	=KALENDERWOCHE_ADD("03.01.2007";1)	1
=KALENDERWOCHE("03.01.2007";2)	1	1	=KALENDERWOCHE_ADD("03.01.2007";2)	1
=KALENDERWOCHE("04.01.2007";1)	1	1	=KALENDERWOCHE_ADD("04.01.2007";1)	1
=KALENDERWOCHE("04.01.2007";2)	1	1	=KALENDERWOCHE_ADD("04.01.2007";2)	1
=KALENDERWOCHE("05.01.2007";1)	1	1	=KALENDERWOCHE_ADD("05.01.2007";1)	1
=KALENDERWOCHE("05.01.2007";2)	1	1	=KALENDERWOCHE_ADD("05.01.2007";2)	1
=KALENDERWOCHE("06.01.2007";1)	1	1	=KALENDERWOCHE_ADD("06.01.2007";1)	1
=KALENDERWOCHE("06.01.2007";2)	1	1	=KALENDERWOCHE_ADD("06.01.2007";2)	1
=KALENDERWOCHE("07.01.2007";1)	2	2	=KALENDERWOCHE_ADD("07.01.2007";1)	2
=KALENDERWOCHE("07.01.2007";2)	1	1	=KALENDERWOCHE_ADD("07.01.2007";2)	1
=KALENDERWOCHE("08.01.2007";1)	2	2	=KALENDERWOCHE_ADD("08.01.2007";1)	2
=KALENDERWOCHE("08.01.2007";2)	2	2	=KALENDERWOCHE_ADD("08.01.2007";2)	2

Abbildung 7.18 KALENDERWOCHE()/KALENDERWOCHE_ADD()

Zur allgemeinen Problematik des Funktionszusatzes »_ADD« beachten Sie bitte auch das Einführungskapitel (7.1).

OSTERSONNTAG(Jahr)

Diese Funktion ermittelt nur einen spezifischen Tag im Jahr, trotzdem ist sie nützlich, weil sich vom Datum des Ostersonntags viele bewegliche Feiertage ableiten.

- Fastnacht: Ostersonntag – 47 Tage
- Palmsonntag: Ostersonntag – 7 Tage
- Karfreitag: Ostersonntag – 2 Tage
- Ostermontag: Ostersonntag + 1 Tag
- Christi Himmelfahrt: Ostersonntag + 39 Tage
- Pfingstsonntag: Ostersonntag + 49 Tage
- Pfingstmontag: Ostersonntag + 50 Tage
- Fronleichnam: Ostersonntag + 60 Tage

Natürlich wäre die Berechnung des Ostersonntags auch ohne diese Funktion möglich, jedoch basierend auf der Definition des Ostersonntags (der erste Sonntag nach dem ersten Vollmond im Frühling) relativ aufwendig.

Wichtig ist, für den Parameter Jahr tatsächlich nur das Jahr und nicht ein Datum zu verwenden.

MONATSENDE(Bezugsdatum; Monate)

Ermittelt wird der letzte Tag des Monats, der die Anzahl von Monaten, die dem Parameter Monate entspricht, von einem bestimmten Bezugsdatum entfernt ist.

Der Parameter Monate kann auch als negativer Wert angegeben werden, dann wird rückwärts gerechnet. Er darf jedoch nicht weggelassen werden.

Wollen Sie beispielsweise den letzten Tag des aktuellen Monats berechnen, verwenden Sie folgende Formel:

=MONATSENDE(HEUTE();0)

EDATUM(Anfangsdatum; Monate)

Die Funktion EDATUM() liefert als Ergebnis, dass eine bestimmte Anzahl von Monaten von einem Anfangsdatum entfernt ist. Bei der Berechnung werden nur Monate und nicht einzelne Tage berücksichtigt, woraus sich folgende Konsequenz ergibt:

	A	B	C	D	E
1	01.03.2001		01.02.2001		=EDATUM(A1;-1)
2	02.03.2001		02.02.2001		=EDATUM(A2;-1)
3	03.03.2001		03.02.2001		=EDATUM(A3;-1)
4	04.03.2001		04.02.2001		=EDATUM(A4;-1)
5	05.03.2001		05.02.2001		=EDATUM(A5;-1)
6	06.03.2001		06.02.2001		=EDATUM(A6;-1)
7	...		...		...
8	24.03.2001		24.02.2001		=EDATUM(A8;-1)
9	25.03.2001		25.02.2001		=EDATUM(A9;-1)
10	26.03.2001		26.02.2001		=EDATUM(A10;-1)
11	27.03.2001		27.02.2001		=EDATUM(A11;-1)
12	28.03.2001		28.02.2001		=EDATUM(A12;-1)
13	29.03.2001		28.02.2001		=EDATUM(A13;-1)
14	30.03.2001		28.02.2001		=EDATUM(A14;-1)
15	31.03.2001		28.02.2001		=EDATUM(A15;-1)
16					

Abbildung 7.19 EDATUM() berücksichtigt nur ganze Monate.

ARBEITSTAG(Datum; Tage; Freie Tage)
NETTOARBEITSTAGE(Datum; Enddatum; Freie Tage)

Der Parameter für freie Tage ist bei beiden Funktionen optional. Wird er jedoch angegeben, so muss es sich um einen Bereich von Zellen handeln, welche die Daten der freien Tage enthalten. Einzelne Tage können auch direkt als Parameter in der Funktionsgleichung übergeben werden. Zu beachten ist außerdem der

Unterschied, dass das Berechnungsintervall einmal durch Anfangs- und Enddatum begrenzt ist (**NETTOARBEITSTAGE()**) und im anderen Fall (**ARBEITSTAGE()**) durch ein Anfangsdatum und eine Zeitangabe in Tagen.

Wesentlicher Unterschied ist, dass die Rückgabe von **ARBEITSTAG()** ein Datumswert ist und die Rückgabe von **NETTOARBEITSTAGE()** eine Zahl, die einer Anzahl von Tagen entspricht.

Beispiele:

=NETTOARBEITSTAGE("05.01.2004";"13.01.2004") (ergibt 7)

=ARBEITSTAG("05.01.2004";6) (ergibt 13.01.2004 bzw. 37999)

Der Unterschied in den Beispielen bezüglich der Tage (6 bzw. 7) ergibt sich daraus, dass bei der Funktion **NETTOARBEITSTAGE()** der Anfangs- und Endtag in die Berechnung mit einbezogen ist, wenn es sich um Arbeitstage handelt. Für die in den Beispielformeln angegebenen Daten ist dies der Fall.

BRTEILJAHRE(Ausgangsdatum; Enddatum; Basis)

Liefert einen Zahlenwert, der dem Bruchteil eines Jahres zwischen Ausgangs- und Enddatum entspricht. Ein (ganzes) Jahr entspricht hierbei dem Wert 1.

Ausgangsdatum und Enddatum begrenzen das zu berechnende Intervall.

Der optionale Parameter Basis gibt den genauen Berechnungsmodus an, hierbei bedeuten:

Basis	Berechnungsmodus	
	Jahr hat Tage	Monat hat Tage
0	(US-Methode)	30
1	genaue Anzahl	genaue Anzahl
2	360	genaue Anzahl
3	365	genaue Anzahl
4	(Europa-Methode)	30

Beispiel:

=BRTEILJAHRE ("1.1.2003"; "1.9.2003"; 1) (ergibt 0,67)

7.4.3 Berechnen und Auswerten von Zeiten

Informationen zur Funktion **JETZT()** finden Sie im vorhergehenden Kapitel.

SEKUNDE(Zahl);
MINUTE(Zahl);
STUNDE(Zahl)

Diese Funktionen sind selbsterklärend, der Parameter Zahl ist eine Uhrzeit oder ein Datum inklusive Uhrzeit. Sie können auch nur ein Datum übergeben, allerdings liefert das für alle drei Funktionen jeweils die Rückgabe 0.

Die Rückgabe der drei Funktionen ist jeweils eine Ganzzahl, die der Anzahl der vollendeten Sekunden, Minuten oder Stunden entspricht. Allerdings hängt die Rückgabe auch von der konkreten Beschaffenheit des übergebenen Parameters ab. Wird beispielsweise der Parameter im Format "HH:MM:SS,00" übergeben, so liefert **SEKUNDE()** auch aufgerundete Werte.

Beispiele:

=MINUTE("12:22:45")   (ergibt 22)

=STUNDE("12.10.2003 11:00:07")   (ergibt 11)

=SEKUNDE("23:45:37,54")   (ergibt 38, es wird aufgerundet)

=SEKUNDE("17.10.2000")   (ergibt 0)

Der letzte Ausdruck **=SEKUNDE("17.10.2000")** ergibt das Ergebnis 0, weil nur das Datum 17.10.2000 als Parameter übergeben wurde, was zum Ausdruck **=SEKUNDE("17.10.2000 00:00:00")** äquivalent ist.

ZEIT(Stunde; Minute; Sekunde);
ZEITWERT("Text")

Beide Funktionen liefern als Rückgabe eine Zeitangabe bzw. eine Dezimalzahl, die mit entsprechender Zeitformatierung der Zelle als Zeit angezeigt wird. Ein kompletter Tag entspricht hierbei dem Zahlenwert 1. Unzutreffende (zu große) Werte der Parameter für Minute und Sekunde werden automatisch übertragen und verrechnet.

Beispiele:

=ZEIT(20;34;12)   (liefert 20:34:12)

=ZEIT(20;99;12)   (liefert 21:39:12, wegen Übertrag 99 = 60 + 39)

=ZEIT(76;23;45)   (liefert 76:23:45 bei Formatcode "[HH]:MM:SS" oder bei "HH:MM:SS" 04:23:45 usw.)

=ZEITWERT("12:23:01")   (liefert 0,52 (0,515983796296296) bzw. 12:23:01)

7.5 Finanzmathematische Funktionen

7.5.1 Allgemeines

In der Kategorie der finanzmathematischen Funktionen finden sich Funktionen zu Berechnungen rund um Darlehen, Investitionen, Wertpapiere und Abschreibungen. Neben allgemein gebräuchlichen finden sich in dieser Kategorie teilweise auch sehr spezielle Funktionen.

[O]

> Bitte beachten Sie, dass nicht alle aufgeführten Funktionen in Bezug auf das deutsche Handelsrecht auch tatsächlich anwendbar sind.

[«]

Im Folgenden wird in den Funktionen oftmals ein Parameter (bezeichnet als »Basis«) zur Festlegung der genauen Berechnungsart von Datumswerten verwendet, hierfür gilt allgemein folgende Tabelle:

Zeiteinheit	Beschreibung	Zeiteinheit
0	(US-Methode)	30
1	genaue Anzahl	genaue Anzahl
2	360	genaue Anzahl
3	365	genaue Anzahl
4	(Europa-Methode)	30

7.5.2 Abschreibung von Gütern

> **AMORDEGRK(Kosten; Kaufdatum; Erste Periode; Restwert; Periode; Rate; Basis)**
> **AMORLINEARK(Kosten; Kaufdatum; Erste Periode; Restwert; Periode; Rate; Basis)**

Beide Funktionen liefern den für eine bestimmte Abschreibungsperiode zutreffenden Abschreibungsbetrag nach französischem Buchführungssystem.

AMORDEGRK() führt die Berechnung gemäß der degressiven Abschreibungsmethodik durch, **AMORLINEARK()** hingegen nach der linearen Methode zur Abschreibung.

Die Funktion **AMORDEGRK()** arbeitet mit folgenden Abschreibungskoeffizienten:

Nutzungsdauer	Koeffizient
3 bis 4 Jahre	1,5
5 bis 6 Jahre	2,0
über 6 Jahre	2,5

Details zu weiteren Parametern entnehmen Sie der Hilfedatei des Calc-Moduls in OpenOffice.org.

Beispiel:

Ein Betrieb kauft am 14.04.2004 eine Maschine zum Preis von 57.000 €. Diese Maschine wird einen geplanten Restwert von 9.500 € am Ende der Nutzungsdauer haben. Der Abschreibungssatz ist mit 15 % anzusetzen, die erste Abschreibungsperiode endet am Ende des Kalenderjahres der Anschaffung. Die Berechnung hat nach taggenauer Methode zu erfolgen.

Wie hoch ist die Abschreibung in der ersten Periode bei linearer bzw. degressiver Abschreibung?

linear:

=AMORLINEARK(57000;38456;38717;9500;1;15 %;1)   (8.550 €)

degressiv:

=AMORDEGRK(57000;"14.04.2004";"31.12.2004";9500;1;15 %;1)   (15.659 €)

Beachten Sie die Gleichwertigkeit der Eingabe der Kalenderdaten als serielle Zahlen bzw. im Datumsformat. Letzteres erfordert die Verwendung von Anführungszeichen, wenn verhindert werden soll, dass Calc die Eingabe automatisch vom Datumsformat in eine Zahl umwandelt.

DIA(Anschaffungswert; Restwert; Nutzungsdauer; Periode)
GDA(Anschaffungswert; Restwert; Nutzungsdauer; Periode; Faktor)
GDA2(Anschaffungswert; Restwert; Nutzungsdauer; Periode; Monate 1. Jahr)

Die Funktion **DIA()** dient zur Berechnung der Abschreibungsbeträge bei arithmetisch-degressiver Abschreibung (auch als **DI**gitale **A**bschreibung bezeichnet). Bei dieser Abschreibungsart ist die Differenz der Abschreibungsraten konstant.

Beispiel:

Ein Betrieb beschafft eine Produktionsanlage für 155.000 €. Die Nutzungsdauer wird voraussichtlich fünf Jahre betragen, und es wird mit einem Resterlös (Schrottwert) von 5.000 € für die Anlage gerechnet. Die Anlage ist arithmetisch-degressiv abzuschreiben.

Wie hoch ist die Abschreibungsrate im dritten Jahr?

=DIA(155000;5000;5;3)   (30.000 €)

Bei der Methode der degressiven *Doppelraten*abschreibung mittels **GDA()** ergibt sich für oben stehendes Beispiel:

=GDA(155000;5000;5;3)   (22.320 €)

Da der fünfte Parameter nicht angegeben ist, wird mit Standardwert von 2 gerechnet.

Soll im Beispiel jedoch geometrisch-degressiv abgeschrieben werden, so ist mit **GDA2()** zu rechnen:

=GDA2(155000;5000;5;3)   (19.490 €)

Auch hier wurde auf die Angabe des fünften, optionalen Parameters verzichtet.

LIA(Anschaffungswert; Restwert; Nutzungsdauer)

Die vorstehenden Abschreibungsmethoden waren allgemein Methoden der degressiven Abschreibung. Kennzeichnendes Merkmal dieser Methoden ist, dass die abzuschreibenden Güter in den anfänglichen Abschreibungsperioden mit höheren Beträgen abgeschrieben werden als in den Folgeperioden. Dieses Vorgehen entspricht meist praktischen Erwägungen, insofern die (wirtschaftliche) Abnutzung von Investitionsgütern in der Anfangszeit besonders hoch ist. In der Praxis sind für die konkrete Abschreibung jedoch handelsrechtliche Gegebenheiten zu beachten, auf die hier nicht weiter eingegangen wird.

Ganz anders funktioniert die lineare Abschreibung, bei der ein Wirtschaftsgut über alle Perioden völlig gleichmäßig abgeschrieben wird. Für das im letzten Unterkapitel angeführte Beispiel würde bei linearer Abschreibung gelten:

=LIA(155000;5000;5)   (30.000 €)

Die Abschreibung von 30.000 € ist hierbei für alle Perioden (1 bis 5) konstant.

In der Praxis treten lineare und degressive Abschreibungsmethoden auch kombiniert auf, wobei ein Wirtschaftsgut zunächst nach degressiven Verfahren abgeschrieben wird und mit Erreichen eines bestimmten Restwertes der Übergang zur linearen Abschreibung erfolgt. Auch hierbei sind handelsrechtliche Fragen zu beachten.

VDB(Anschaffungswert; Restwert; Nutzungsdauer; Periodenanfang; Periodenende; Faktor; Art)

Diese Funktion liefert die degressive Doppelratenabschreibung eines Wirtschaftsgutes für eine bestimmte Periode (VDB steht für »*Variable Declining Balance*«). Diese Funktion ist verwandt mit der Funktion **GDA()**.

Durch den Parameter Art haben Sie die Möglichkeit zu bestimmen, ob ein Übergang von degressiver zu linearer Abschreibung erfolgen soll. Die Konsequenzen zeigt das folgende Beispiel (die entsprechende Datei ist auf der CD enthalten) (siehe Abbildung 7.20).

3	Anschaffungskosten:	60.000,00 €		
4	Restwert:	3.000,00 €		
5	Nutzungsdauer:	20		
6	Faktor:	2		
7				
8		I	II	III
9	1. Jahr	6.000,00 €	6.000,00 €	6.000,00 €
10	2. Jahr	5.400,00 €	5.400,00 €	5.400,00 €
11	3. Jahr	4.860,00 €	4.860,00 €	4.860,00 €
12	4. Jahr	4.374,00 €	4.374,00 €	4.374,00 €
13	5. Jahr	3.936,60 €	3.936,60 €	3.936,60 €
14	6. Jahr	3.542,94 €	3.542,94 €	3.542,94 €
15	7. Jahr	3.188,65 €	3.188,65 €	3.188,65 €
16	8. Jahr	2.869,78 €	2.869,78 €	2.869,78 €
17	9. Jahr	2.582,80 €	2.582,80 €	2.582,80 €
18	10. Jahr	2.324,52 €	2.324,52 €	2.324,52 €
19	11. Jahr	2.092,07 €	2.092,07 €	2.092,07 €
20	12. Jahr	1.882,86 €	1.882,86 €	1.882,86 €
21	13. Jahr	1.694,58 €	1.743,22 €	1.694,58 €
22	14. Jahr	1.525,12 €	1.743,22 €	1.525,12 €
23	15. Jahr	1.372,61 €	1.743,22 €	1.372,61 €
24	16. Jahr	1.235,35 €	1.743,22 €	1.235,35 €
25	17. Jahr	1.111,81 €	1.743,22 €	1.111,81 €
26	18. Jahr	1.000,63 €	1.743,22 €	1.000,63 €
27	19. Jahr	900,57 €	1.743,22 €	900,57 €
28	20. Jahr	810,51 €	1.743,22 €	810,51 €
29				
30	Summe:	52.705,40 €	57.000,00 €	52.705,40 €

Abbildung 7.20 Funktionen VDB() und GDA() im Vergleich

In den Spalten stehen jeweils in Zeile 9 folgende Formeln:

Spalte I:

=VDB($C$3;$C$4;$C$5;A9-1;A9;$C$6;1)

Spalte II:

=VDB($C$3;$C$4;$C$5;A9-1;A9;$C$6;0)

Spalte III:

=GDA($C$3;$C$4;$C$5;A9;$C$6)

Es ist zu erkennen, dass degressive Abschreibungsverfahren bei vorgegebenem Abschreibungsfaktor (hier 2) nicht zu einem Restwert von 3000 führen sowie dass die Funktionen **VDB()** und **GDA()** völlig gleiche Ergebnisse liefern, wenn Sie für den Parameter Art in **VDB()** den Wert 1 verwenden.

Verwenden Sie jedoch für Art den Wert 0, so erfolgt der Übergang zu linearer Abschreibung in der Periode, in der erstmalig die lineare Abschreibung die degressive betragsmäßig übertrifft. Aus der ist zu ersehen, dass das im 13. Jahr der Nutzung der Fall ist, weil dort einer degressiven Abschreibung von 1694,58 € eine lineare von 1743,22 € gegenübersteht.

7.5.3 Zinsrechnung

BW(Zins; Perioden; Zahlung; Restzahlung; Fälligkeit)

BW liefert den Barwert einer Zahlungsreihe/Investition. Der Barwert ist ein Maß dafür, was eine zukünftige Zahlung (oder Reihe von Zahlungen) heute wert ist.

Beispiel:

Ein Pensionär erhält das Angebot, nach einer einmaligen Zahlung von 120.000 € für 20 Jahre eine monatliche Auszahlung von 1.000 € zu erhalten. Der zu berücksichtigende Zinssatz ist 8 % pro Jahr, die Auszahlung erfolgt jeweils zum Monatsende. Wie ist dieses Angebot zu bewerten?

Die folgende Formel liefert den Barwert:

=BW(0,08/12;20*12;1000;0;0)   (ergibt −119.554,29 €)

Das Ergebnis ist negativ, weil es sich um einen Betrag handelt, den der Pensionär (zunächst) zu zahlen hätte. Da der einzuzahlende Betrag von 120.000 € höher ist als der errechnete Barwert (119.554,29 €), ist das Angebot bei gegebenem Zinssatz als ungünstig zu bewerten.

Selbstverständlich haben Sie die Möglichkeit, in der Funktion auch Zellen anzugeben, welche die entsprechenden Parameterwerte enthalten. Hierdurch ist es einfach möglich, verschiedene Szenarien durchzuspielen.

EFFEKTIV(Nominalzins; Perioden)
EFFEKTIV_ADD(Nominalzins; Perioden)
NOMINAL(Effektivzins; Perioden)
NOMINAL_ADD(Effektivzins; Perioden)

Die Funktionen **EFFEKTIV()** und **EFFEKTIV_ADD()** unterscheiden sich nur in der Rückgabe des Ergebnisses, sie liefern die Effektivverzinsung einer Nominalverzinsung unter Berücksichtigung der Zahlungsperioden.

Beispiele:

=EFFEKTIV(6,4 %;12)

=EFFEKTIV_ADD(6,4 %;12)

Beide Formeln liefern 7 % (6,59111120848706) als Ergebnis, unterschiedlich ist nur die Anzeige dieses Werts, einmal als 6,59 % und einmal als 0,07.

Leicht ist erkennbar, dass die Funktionen **NOMINAL()** und **NOMINAL_ADD()** die entsprechenden Umkehrfunktionen darstellen, beispielsweise ergibt:

=NOMINAL(EFFEKTIV(6,4 %;12);12)

natürlich wieder den Ausgangswert von 6,4 %.

IKV(Werte; Schätzwert)
QIKV(Werte; Investitionszins; Reinvestitionszins)
XKAPITALWERT(Zins; Werte; Zeitpunkte)
NBW(Zins; Werte)
XINTZINSFUSS(Werte; Zeitpunkte; Schätzwert)

Beispiel:

Zur Erweiterung seines Geschäfts um eine Zweigniederlassung in der Schweiz investiert ein Unternehmer zum 01.03.1996 die Summe von 180.000 SFr. Der Betrag wird kreditfinanziert zu einem Zinssatz von 7 % p.a.

Im Geschäftsverlauf der neuen Zweigstelle ergeben sich folgende Rückflüsse:

Datum	Betrag
31.12.1996	SFr. 22.000,00
30.09.1997	SFr. 31.000,00
30.06.1998	SFr. 23.000,00
31.12.1999	SFr. 45.000,00
31.12.2000	SFr. 30.000,00
31.03.2002	SFr. 48.000,00
31.05.2003	SFr. 51.000,00

die zu 11 % p.a. reinvestiert werden.

Finanzmathematische Funktionen | 7.5

	A	B	C	D	E
1	01.03.1996	SFr. -180.000,00		Anfangsinvestion zu 7% p.a.	
2	31.12.1996	SFr. 22.000,00			
3	30.09.1997	SFr. 31.000,00			
4	30.06.1998	SFr. 23.000,00			
5	31.12.1999	SFr. 45.000,00			
6	31.12.2000	SFr. 30.000,00			
7	31.03.2002	SFr. 48.000,00			
8	31.05.2003	SFr. 51.000,00			
9					
10		-5,26%		IKV (5 Jahre)	=IKV($B$1:B6)
11		2,65%		IKV (6 Jahre)	=IKV($B$1:B7)
12		7,82%		IKV (7 Jahre)	=IKV($B$1:B8)
13					
14		0,45%		QIKV (5 Jahre)	=QIKV($B$1:B6;7%;11%)
15		5,79%		QIKV (6 Jahre)	=QIKV($B$1:B7;7%;11%)
16		9,10%		QIKV (7 Jahre)	=QIKV($B$1:B8;7%;11%)
17					
18		SFr. -17.901,46		XKAPITALWERT()	=XKAPITALWERT(11%;B1:B8;A1:A8)
19					
20					
21		8,10%		interner Zinsfuß	=XINTZINSFUSS(B1:B8;A1:A8;4%)

Abbildung 7.21 Zahlungsreihe einer Investition

ISPMT(Zins; Anzahl d. Perioden; Gesamtzahl; Investitionsbetrag)

Diese Funktion berechnet die Höhe der Zinsen für eine Investition bei gleich bleibenden Tilgungsraten über die gesamte Laufzeit.

Beispiel:

Eine Investition von 10.000 € ist bei jährlichen Zinsen von 7 % in 36 Monatsraten zu tilgen. Wie hoch sind die Zinsen im 14. Monat bei gleich bleibenden Tilgungsraten?

=ISPMT((7/12)%;14;36;10000)   (–35,65 €)

KAPZ(Zins; Periode; ZZR; BW; ZW; F)

Liefert die Kapitalrückzahlung einer Investition für die angegebene Periode. Für die Kapitalrückzahlung wird ein gleich bleibender Zinssatz bei konstanten Rückzahlungsbeträgen vorausgesetzt (Annuitätentilgung).

Beispiele:

=KAPZ(8 %/12; 1; 24; 12000)   (–462,73 €)

(Tilgungsanteil im ersten Monat eines über zwei Jahre laufenden Kredits von 12.000 € zu 8 % p.a.)

=KAPZ(5 %; 10; 10; 100000) (–12.333,77 €)

(Tilgungsanteil des letzten Jahres für einen Kredit von 100.000 € mit einer Laufzeit von zehn Jahren zu 5 % p.a.)

KUMKAPITAL(Zins; ZZR; BW; Anfang; Ende; F)
KUMKAPITAL_ADD(Zins; ZZR; BW; Anfang; Ende; F)

Berechnet wird die kumulierte Tilgung eines Darlehens in einer Periode gerechnet von der Anfangsperiode (*Anfang*) bis zur Endperiode (*Ende*) bezogen auf die gesamte Laufzeit (*ZZR*) bei gegebenem Barwert (*BW*) der Zahlungsreihe. Der Parameter F bestimmt die Fälligkeit (F=0 entspricht Ende der Periode, F=1 entspricht Anfang der Periode).

Beispiele:

=KUMKAPITAL(0,05/12;240;125000;13;24;0) (–3.925,18 €)

=KUMKAPITAL(0,05/12;240;125000;1;1;0) (–304,11 €)

(Summe der Tilgungsanteile für das zweite Jahr bzw. für den ersten Monat eines Kredites über 125.000 € zu 5 % p.a. mit einer Laufzeit von 20 Jahren und Fälligkeit der Raten jeweils am Ende der Periode)

KUMZINSZ(Zins; ZZR; BW; Anfang; Ende; F)
KUMZINSZ_ADD(Zins; ZZR; BW; Anfang; Ende; F)

Diese Funktionen liefern analog zu den zwei vorstehenden die kumulierten Zinsen.

Beispiele:

=KUMZINSZ(0,05/12;240;125000;13;24;0) (–5.974,15 €)

=KUMZINSZ(0,05/12;240;125000;1;1;0) (–520,83 €)

(Summe der Zinsanteile für das zweite Jahr bzw. für den ersten Monat eines Kredites über 125.000 € zu 5 % p.a. mit einer Laufzeit von 20 Jahren und Fälligkeit der Raten jeweils am Ende der Periode)

Da Annuitätentilgung vorliegt, ist die Summe von Zins und Tilgung konstant, was folgende Berechnungen belegen:

=KUMKAPITAL(0,05/12;240;125000;1;1;0)
+KUMZINSZ(0,05/12;240;125000;1;1;0)   (−824,94 €)

=KUMKAPITAL(0,05/12;240;125000;2;2;0)
+KUMZINSZ(0,05/12;240;125000;2;2;0)   (−824,94 €)

RMZ(Zins; ZZR; BW; ZW; F)

RMZ() liefert die im letzten Beispiel mittels **KUMKAPITAL()** und **KUMZINSZ()** berechnete Annuität direkt:

=RMZ(0,05/12;240;125000;0;0)   (−824,94 €)

ZINS(ZZR; RMZ; BW; ZW; F; SW)
ZINSZ(Zins; P; ZZR; BW; ZW; F)

Ist die Annuität bekannt, können Sie mittels **ZINS()** den konstanten Zinssatz für eine Zahlungsreihe berechnen. Mittels **ZINSZ()** wiederum können Sie die kumulierten Zinsen (Zinseszinsen) berechnen.

Unter Zugrundelegung des bereits in den vorherigen Funktionen verwendeten Szenarios lassen sich folgende Beispiele angeben:

=ZINS(240;-824,94;125000)*12 (0,05 – d.h. 5 % p.a.)

=ZINSZ(0,05/12;1;240;125000) (−520,83 € – der Zins der ersten Periode)

LAUFZEIT(Zins; BW; ZW)
ZGZ(P; BW; ZW)

Mittels **LAUFZEIT()** können Sie ermitteln, wie viele Zinsperioden nötig sind, um ein gegenwärtiges Kapital (BW) auf eine bestimmte zukünftige Summe (ZW) bei gegebenem Zinssatz (Zins) anwachsen zu lassen.

ZGZ() ist im Prinzip die entsprechende Umkehrfunktion, denn hier wird bei gegebenem Ausgangs- und Zielkapital sowie der Anzahl der Perioden berechnet, welcher Zinssatz nötig ist, um unter diesen Bedingungen durch Verzinsung aus dem Ausgangskapital das Zielkapital zu erreichen.

Beispiele:

=LAUFZEIT(1,7 %;10000;15000)   (24,05)

=ZGZ(24;10000;15000)   (1,70 %)

Die geringfügigen Ungenauigkeiten beruhen auf der begrenzten Genauigkeit der Eingabe der Werte. Natürlich liefert somit:

=LAUFZEIT(ZGZ(24;10000;15000);10000;15000)

das genaue Ergebnis von 24.

(streng genommen allerdings, durch die begrenzte Stellengenauigkeit der Berechnung, als 24,0000000000001)

ZW(Zins; ZZR; RMZ; BW; F)

Die Funktion **ZW()** ermittelt den Endwert einer Zahlungsreihe bei gegebenem Zinssatz (Zins) der Anzahl der Perioden (ZZR) und eines bereits vorhandenen Kapitals (BW).

Beispiel:

Für zwei Jahre sollen monatlich 500 € auf ein Konto eingezahlt werden. Das Kapital auf dem Konto wird mit 12 % jährlich verzinst, die Zinsgutschrift erfolgt monatlich (nachschüssig). Wie hoch ist der Kontostand nach zwei Jahren, wenn keine Gelder entnommen werden und der Anfangsstand 0 war?

=ZW(10 %/12;24;500)   (ergibt –13.223,46 €)

ZW2(Kapital; Bereich mit Zinswerten)

Mittels **ZW2()** können Sie berechnen, auf welchen Endwert ein Anfangskapital anwächst, wenn es in einer Anzahl von aufeinander folgenden Perioden zu unterschiedlichen Zinswerten verzinst wird.

Beispiel:

In einem Zellbereich stünden die Werte 10 %, 9 %, 9,25 %. Dieser dreizellige Zellbereich sei mittels **Einfügen • Namen • Festlegen...** als »Zinswerte« benannt. Dann liefert:

=ZW2(1000;Zinswerte)

den Endwert von 1309,91 €, d.h., ein Kapital von 1000 € wächst auf diesen Wert, wenn es in drei Perioden mit 10 % – 9 % – 9,25 % verzinst wird.

ZZR(Zins; RMZ; BW; ZW; F)

Liefert die Anzahl der Zahlungsperioden einer Zahlung, die auf gleichem Zinssatz und gleichen Zahlungen je Periode (Annuitäten) beruht.

Beispiele:

=ZZR(1,5 %; −100; −1000; 10000)   (52,16)

=ZZR(0,75 %; −100; 1000)   (10,43)

7.5.4 Wertpapierfunktionen

Bei den Wertpapierfunktionen finden Sie Funktionen, die spezifische Berechnungen für Wertpapiere ermöglichen. Bitte beachten Sie, dass einige dieser Funktionen auf die Gegebenheiten des US-Marktes zugeschnitten sind und ihre Verwendung für den deutschsprachigen Raum mit Vorsicht erfolgen sollte.

Für die Berechnung ist häufig die Verwendung des Parameters *Basis* nötig, der den genauen Berechnungsmodus bestimmt. Wie bereits bei den Datums-/Zeitfunktionen gilt für Basis:

Basis	Berechnungsmodus	
	Jahr hat Tage	Monat hat Tage
0	360 (US-Methode)	30
1	genaue Anzahl	genaue Anzahl
2	360	genaue Anzahl
3	365	genaue Anzahl
4	360 (Europa-Methode)	30

AUFGELZINS(Emission; Erster Zinstermin; Abrechnung; Nominalzins; Nennwert; Häufigkeit; Basis)

Ermittelt die aufgelaufenen Zinsen für ein Wertpapier mit periodischer Zahlung der Zinsen.

Beispiel:

Emission: 31.03.2003

Erster Zinstermin: 30.09.2003

Abrechnung: 01.06.2003

Nominalzins: 8 %

Nennwert: 1000 €

Zweimalige Auszahlung pro Jahr, Berechnung nach US-Methode

=AUFGELZINS("31.03.2003";"30.09.2003";"01.06.2003";0,08;1000;2;0)   (13,3333)

AUFGELZINSF(Emission; Abrechnung; Nominalzins; Nennwert; Basis)

Ermittelt die aufgelaufenen Zinsen eines Wertpapiers, die (einmalig) am Fälligkeitstermin ausgezahlt werden.

Beispiel:

=AUFGELZINSF("31.03.2003";"30.09.2003";0,08;1000;0)   (39,7778)

AUSZAHLUNG(Abrechnung; Fälligkeit; Anlage; Disagio; Basis)

Berechnet den Auszahlungsbetrag eines Wertpapiers zu einem bestimmten Zeitpunkt.

Beispiel:

Abrechnung:	31.01.2001
Fälligkeit:	30.10.2001
Anlage:	10.000 €
Disagio:	3,5 %

Berechnung nach US-Methode

=AUSZAHLUNG("31.01.2001";"30.10.2001";10000;0,035;0)(10268,55 €)

DISAGIO(Abrechnung; Fälligkeit; Kurs; Rückzahlung; Basis)

Berechnet den Ausgabeabschlag (Disagio) eines Wertpapiers.

Beispiel:

Ein Wertpapier wird am 15. Februar 2004 zu einem Kaufpreis (Kurs) von 97,975 € erworben. Der Rückzahlungswert beträgt am Fälligkeitstermin (10.06.2004) 100 €, die Berechnung soll taggenau erfolgen auf Basis 360 Tage.

=DISAGIO("15.02.2004";"10.06.2004";97,975;100;2)   (0,06284)

Der Abschlag beträgt somit rund 6,3 %.

> **DURATION_ADD(Abrechnung; Fälligkeit; Nominalzins; Rendite; Häufigkeit; Basis)**
> **MDURATION(Abrechnung; Fälligkeit; Nominalzins; Rendite; Häufigkeit; Basis)**

DURATION_ADD() berechnet die Duration eines festverzinslichen Wertpapiers, **MDURATION()** die modifizierte *Macauley-Duration* eines Wertpapiers. Die Duration ist ein Maß dafür, wie stark der Kurs des Wertpapiers auf Schwankungen der Rendite reagiert.

Beispiel:

Abrechnung:	1. Januar 1996
Fälligkeit:	1. Januar 2004
Nominalzins:	8,5 %
Rendite:	9,0 %

Zahlungshäufigkeit ist halbjährlich, die Abrechnung erfolgt taggenau auf Basis 360 Tage.

=DURATION_ADD("1.1.1996";"1.1.2004";0,085;0,09;2;2)   (5,93)

=MDURATION("1.1.1996";"1.1.2004";0,085;0,09;2;2)   (5,67)

> **KURS(Abrechnung; Fälligkeit; Zins; Rendite; Rückzahlung; Häufigkeit; Basis)**

Berechnet den Kurswert eines festverzinslichen Wertpapiers mit regelmäßiger Zinszahlung.

Beispiel:

Am 01.03.2000 wird ein Wertpapier mit Fälligkeit 30.11.2004 erworben. Der Zins beträgt 4,25 %, die Rendite 5,75 %. Der Rückzahlungswert liegt bei 100 Währungseinheiten. Die Zinszahlung erfolgt halbjährlich, und die Berechnung soll auf Basis 30/360 nach US-Methode erfolgen.

=KURS("1.3.2000";"30.11.2004";0,0425;0,0575;100;2;0)   (93,84)

> **KURSDISAGIO(Abrechnung; Fälligkeit; Disagio; Rückzahlung; Basis)**

Ermittelt den Kurs bezogen auf den Nennwert eines unverzinslichen Wertpapiers.

Beispiel:

Abrechnung:	15.04.2001
Fälligkeit:	1.3.2003
Disagio:	5 %
Rückzahlung:	100 €

Es soll taggenaue Berechnung bei 360 Tagen p.a. erfolgen.

=KURSDISAGIO("15.4.2001";"1.3.2003";0,05;100;2)   (90,49)

KURSFÄLLIG(Abrechnung; Fälligkeit; Emission; Zins; Rendite; Basis)

Liefert den Kurs eines Wertpapiers (bezogen auf 100 Währungseinheiten), das Zinsen am Fälligkeitstag zahlt.

Beispiel:

Abrechnung:	01.02.2002
Fälligkeit:	01.06.2002
Emissionstag:	30.11.2000
Zins:	4 %
Rendite:	4,5 %

Basis: taggenau/360

=KURSFÄLLIG("01.02.2002";"01.06.2002";"30.11.2000";0,04;0,045;2)(99,77)

NOTIERUNGBRU(Zahl; Teiler)
NOTIERUNGDEZ(Zahl; Teiler)

Beide Funktionen dienen zum Umwandeln von Kurswertzahlen. Benötigt werden solche Umrechnungen vorrangig auf dem US-Markt.

Beispiele:

=NOTIERUNGBRU(5,5;16)	(liefert 5,08 für 5 (plus) 8/16)
=NOTIERUNGDEZ(5,08;16)	(kehrt die Berechnung um zu 5,5)

Finanzmathematische Funktionen | 7.5

RENDITE(Abrechnung; Fälligkeit; Zins; Kurs; Rückzahlung; Häufigkeit; Basis)

Liefert die Rendite eines Wertpapiers mit periodischer Zinszahlung.

Beispiel:

Abrechnung: 15.02.2001
Fälligkeitstermin: 01.12. 2009
Zins: 5,25 %
Kurs: 95,1
Rückzahlungswert: 100 €

halbjährliche Zahlung auf Basis 30/360

=RENDITE("15.02.2001";"01.12.2009";0,0525;95,1;100;2;0)
(0,0597 – also 5,97 %)

RENDITEDIS(Abrechnung; Fälligkeit; Kurs; Rückzahlung; Basis)

Ermittelt die jährliche Rendite eines unverzinslichen Wertpapiers.

Beispiel:

Eine Obligation wird am 01.02.2000 gekauft, der Fälligkeitstermin ist der 01.04.2001. Wie hoch ist die Rendite bei einem Kurs von 99 Währungseinheiten, wenn der Rückzahlungswert bei 100 Währungseinheiten liegt und taggenau bei 360 Tagen pro Jahr abgerechnet werden soll?

=RENDITEDIS("01.02.2000";"01.04.2001";99;100;2)   (0,85 %)

RENDITEFÄLL(Abrechnung; Fälligkeit; Emission; Zins; Kurs; Basis)

Berechnet die jährliche Rendite eines Wertpapiers, dessen Zinszahlung zu einem Fälligkeitsdatum erfolgt.

Beispiel:

Abrechnung: 15.04.2003
Fälligkeit: 01.11.2003
Emission: 01.12.2000

Zinssatz: 6,25 %

Kurs: 100

Berechnung auf Grundlage 30/360 Tage und halbjährlicher Zinszahlung.

=RENDITEFÄLL("15.04.2003";"01.11.2003";"01.12.2000";0,0625;100;0)   (5,44 %)

TBILLÄQUIV(Abrechnung; Fälligkeit; Disagio)
TBILLKURS(Abrechnung; Fälligkeit; Disagio)
TBILLRENDITE(Abrechnung; Fälligkeit; Kurs)

Diese Funktionen finden Anwendung für US-Schatzwechsel (Treasury Bills).

Beispiel:

Für einen Schatzwechsel gelten:

Abrechnungstermin: 01.04.2003

Fälligkeitstermin: 01.07.2003

Disagio: 9 %

Für die jährliche Verzinsung gilt dann:

=TBILLÄQUIV("01.04.2003";"01.07.2003";0,09)   (9,34 %)

Der Kurs beliefe sich auf:

=TBILLKURS("01.04.2003";"01.07.2003";0,09)   (97,7250)

UNREGER.KURS(Abrechnung; Fälligkeit; Emission; Erster Zinstermin; Zins; Rendite; Rückzahlung; Häufigkeit; Basis)
UNREGER.REND(Abrechnung; Fälligkeit; Emission; Erster Zinstermin; Zins; Kurs; Rückzahlung; Häufigkeit; Basis)
UNREGLE.KURS(Abrechnung; Fälligkeit; Letzter Zinstermin; Zins; Rendite; Rückzahlung; Häufigkeit; Basis)
UNREGLE.REND(Abrechnung; Fälligkeit; Letzter Zinstermin; Zins; Kurs; Rückzahlung; Häufigkeit; Basis)

UNREGER.KURS() und **UNREGER.REND()** liefern Kurs bzw. Rendite eines Wertpapiers mit unregelmäßigem *ersten* Zinstermin. **UNREGLE.KURS()** bzw. **UNREGLE.REND()** liefern die äquivalenten Angaben für Wertpapiere mit unregelmäßigem *letzten* Zinstermin. Alle vier Funktionen sind spezifisch für den US-Markt.

Parameter	Bedeutung
Abrechnung	Datum des Kaufs des Wertpapiers
Fälligkeit	Datum des Ablaufs des Wertpapiers
Emission	Datum der Herausgabe
Erster Zinstermin	Datum der ersten Zinszahlung
Letzter Zinstermin	Datum der letzten Zinszahlung
Zins	Jährlicher Zinssatz
Rendite	Jährliche Rendite
Rückzahlung	Rückzahlungswert in Bezug zum Nennwert
Häufigkeit	Anzahl der Zinszahlungen pro Jahr
Basis	Berechnungsbasis für Tage im Monat und Jahr
Kurs	Wertpapierkurs

Die beiden Funktionen **UNREGER.KURS()** und **UNREGER.REND()** funktionieren in Calc derzeit nicht korrekt, ein Öffnen von *.xls-Dateien, die diese Funktionen verwenden, führt in Calc zur Fehleranzeige #WERT!.

ZINSSATZ(Abrechnung; Fälligkeit; Anlage; Rückzahlung; Basis)

Berechnet den Zinssatz, wenn ein Anlagewert (Anlageobjekt) zu einem Zeitpunkt gekauft und zu einem späteren Zeitpunkt (zu anderem Preis) verkauft wird. Eine Zinszahlung im Anlagezeitraum erfolgt nicht.

Beispiel:

Ein Oldtimer wird am 01.01.2000 für 25.000 € gekauft und am 01.03.2001 mit einem Gewinn von 2800 € verkauft. Wie hoch ist der rechnerische Zinssatz dieser Anlage?

=ZINSSATZ("01.01.2000";"01.03.2001";25000;27800)   (9,6 %)

ZINSTERMNZ(Abrechnung; Fälligkeit; Häufigkeit; Basis)
ZINSTERMTAGE(Abrechnung; Fälligkeit; Häufigkeit; Basis)
ZINSTERMTAGNZ(Abrechnung; Fälligkeit; Häufigkeit; Basis)
ZINSTERMTAGVA(Abrechnung; Fälligkeit; Häufigkeit; Basis)
ZINSTERMVZ(Abrechnung; Fälligkeit; Häufigkeit; Basis)
ZINSTERMZAHL(Abrechnung; Fälligkeit; Häufigkeit; Basis)

Diese für den US-Markt spezifischen Funktionen berechnen Daten bzw. Zeitintervalle bezogen auf die Anlage von verzinslichen Wertpapieren.

7.6 Informationsfunktionen

[o] Die Funktionen in dieser Kategorie liefern Informationen über den Inhalt von Zellen.

AKTUELL()

Diese Funktion benötigt keinen Parameter und gibt den aktuellen Wert einer Zelle zurück. Beispielsweise lassen sich einer Zelle so in Kombination mit **VORLAGE()** Vorlagen zuweisen.

Beispiele:

=(SUMME(3;4)+AKTUELL())/2   (7)

="abc"&AKTUELL()&T(VORLAGE("Neu"))   (abcabc)

In der letzten Formel ist die Funktion **T()** erforderlich, weil eine Stringverkettung vorliegt, die für **VORLAGE()** den Wert 0 (als String) liefert, ohne **T()** wäre der Wert somit »*abcabc0*«.

Formel(Zelladresse)

Hiermit kann die Formel einer Zelle in einer anderen Zelle als Text angezeigt werden. Enthält beispielsweise die Zelle A1 die Formel **=WENN(B2<3;C2;D2)**, so wird mit **=FORMEL(A1)** (in Zelle E1) diese Formel als Text in Zelle E1 angezeigt.

Wird in der Parameterzelle keine Formel gefunden oder ist der Parameter keine Zelladresse, wird die Fehlermeldung #NV zurückgegeben. Somit erfolgt die Anzeige von #NV, wenn die Parameterzelle den Eintrag '123 (als Text formatierte Zahl) enthält, jedoch nicht, wenn Sie denselben Wert als Formel (="123") in der Parameterzelle eingegeben haben.

INFO(Typ)

Die Funktion **INFO()** liefert einige Informationen zur Systemumgebung.

Typ	Rückgabe
"osversion"	Rückgabe ist aus Kompatibilitätsgründen immer *"Windows (32-bit) NT 5.01"*
"system"	Aktuelles Betriebssystem (*"WNT"* für MS Windows; *"LINUX"* für Linux; *"SOLARIS"* für Solaris)
"release"	Die (detaillierte) Versionsnummer des verwendeten OpenOffice.org.

Typ	Rückgabe
"numfile"	Immer 1
"recalc"	Aktueller Formelneuberechnungsmodus (**Extras • Zellinhalte • Automatisch berechnen**), Rückgabe ist entweder "*Automatisch*" oder "*Manuell*".

Die Funktion verwendet keine sprachlich lokalisierten Parameter, beim Export von **INFO()** aus Calc nach *.xls werden Parameter ebenfalls nicht in Landessprache übersetzt. Ein Import von Dateien mit landessprachlichen Parametern (z. B. **=INFO("Rechenmodus")**) führt zu einer Fehlermeldung (Err:504).

Beispiel:

=INFO("release")
(680m222(Build:9183)[CWS:localisation21])

Die Rückgabe *680m222(Build:9183)[CWS:localisation21]* entspricht hierbei der ablesbaren Anzeige, wenn Sie im Menü **Hilfe • Info über OpenOffice.org** aufrufen und Strg + S + D + T drücken (siehe Abbildung 7.22).

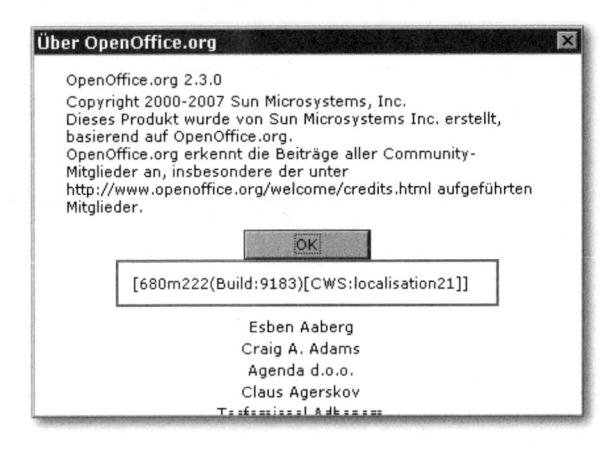

Abbildung 7.22 Infodialog

Die Funktion **INFO()** ist – hinsichtlich ihrer Rückgaben – nur sehr begrenzt kompatibel zu MS Excel. Zudem ist der Vorrat an Parametern für **INFO()** bei MS Excel größer. Bei Import (in Calc) von Dateien nicht bekannten Parametern (z. B. **=INFO("Gesamt-Speich")**) erhalten Sie Fehlernummer Err:504.

ISTBEZUG(Wert)

Es wird geprüft, ob der übergebene Parameter Wert einem Bezug entspricht. Interessant zum Beispiel, um zu prüfen, ob ein bestimmter Bereich existiert. Die

Formel **=ISTBEZUG(Bereich1)** liefert *Wahr*, wenn ein Zellbereich mit dem Namen Bereich1 definiert ist.

Sinnvoll kann beispielsweise die Prüfung auf die Existenz eines Bereichs sein, um diesen als Parameter zu verwenden. Falls der Bereich nicht existiert, kann dann ein alternativer Zellbereich als Parameter verwendet werden:

=WENN(ISTBEZUG(Bereich1);SUMME(Bereich1);SUMME(A1:B4))

ISTFEHL(Wert)
ISTFEHLER(Wert)

Beide Funktionen prüfen darauf, ob Wert einem Fehlerwert entspricht, d.h. einem zulässigem Wert für einen Fehlercode. Der einzige Unterschied ist, dass bei **ISTFEHL()** für #NV nicht *Wahr* zurückgegeben wird.

Damit können Sie Formeln erstellen, die darauf reagieren, wenn ein Fehler auftritt. Ein Beispiel wäre das Abfangen eines Fehlers, der bei der Division durch 0 entsteht. Enthalten die Zellen A1 und A2 beliebige Zahlen, und in Zelle D4 steht die Formel **=WENN(ISTFEHLER(A1/A2);"";A1/A2)**, so wird jede auftretende Fehlermeldung unterdrückt, und in D1 stünde der Leerstring. Um in der Formel selektiv auf Division durch 0 zu prüfen, könnten Sie so erweitern:

=WENN(ISTFEHLER(A1/A2);WENN(A2=0;"?";"??");A1/A2)

Falls jetzt die Division durch 0 auftritt, erhalten Sie ? angezeigt, falls ein anderer Fehler vorliegt, erscheint ??.

ISTFORMEL(Wert)
ISTTEXT(Wert)
ISTZAHL(Wert)

Die drei Funktionen prüfen, ob der übergebene Parameter Wert einer Formel, einem Text oder einer Zahl entspricht.

Beachten Sie bitte: Wenn Wert eine Zelladresse ist, können auch zwei Bedingungen erfüllt sein, weil bei einer Zelle mit einer Formel, die als Ergebnis einen Zahlenwert liefert, sowohl **ISTFORMEL()** als auch **ISTZAHL()** den Wahrheitswert *Wahr* liefern würden. Um lediglich festzustellen, ob in Zelle A9 eine Formel steht, die als Ergebnis eine Zahl liefert, könnten Sie diese Formel verwenden:

=WENN(ISTFORMEL(A9)*ISTZAHL(A9);
"Formel liefert numerischen Wert")

Denn das Produkt der zurückgegebenen Wahrheitswerte ist nur 1 (wahr), wenn beide Bedingungen der Prüfung erfüllt sind.

ISTKTEXT(Wert)

Prüft, ob Text oder Zahl vorliegt. Beachten Sie bitte die logische Umkehrung im Vergleich zur Funktion **ISTTEXT()**.

Beispiele:

=ISTKTEXT("3")   (liefert *FALSCH*)

=ISTKTEXT(3)   (liefert *WAHR*)

Da **ISTKTEXT()** für Leerzellen *Wahr* liefert, ist zum Abbilden der Funktion **ISTKTEXT()** der einfache Ausdruck:

=WENN(ISTTEXT(D1);FALSCH();ISTZAHL(D1))

nicht geeignet, weil er bei einer Leerzelle *Falsch* liefern würde. Sie könnten aber beispielsweise folgendes Äquivalent verwenden:

=WENN(ISTTEXT(D1);FALSCH();
ODER(ISTZAHL(D1);ISTLEER(D1)))

Wenn Sie zum vorhergehenden Abschnitt zurückblicken, können Sie auch unter Verwendung von **ISTKTEXT()** eine einfache Formel aufstellen, die prüft, ob eine Formel *und* ein Text *oder* eine Zahl vorliegen, z. B.:

=WENN(ISTFORMEL(A9)*ISTKTEXT(A9);"Formel liefert numerischen Wert";
WENN(ISTFORMEL(A9);"Formel liefert String"; "keine Formel"))

ISTGERADE_ADD(Wert)
ISTUNGERADE_ADD(Wert)

Beide Funktionen liefern den entsprechenden Wahrheitswert, wenn Wert gerade oder ungerade ist, somit sind beide Funktionen durch Ergänzung mit **NICHT()** wechselseitig ersetzbar.

Beispiele:

=ISTGERADE_ADD(4)   (1)

=WERT(NICHT(ISTUNGERADE_ADD(4)))   (1)

=TEXT(ISTGERADE_ADD(4);"LOGISCH")   (WAHR)

ISTLEER(Zelladresse)
ISTLOG(Wert)
ISTNV(Wert)

ISTLEER() prüft, ob eine Zelle leer ist. Natürlich ist eine Zelle nur leer, wenn sie nichts enthält, d.h., beispielsweise ist eine Zelle nicht leer, wenn sie eine Formel enthält (egal wie das Ergebnis der Formel ist).

ISTNV() prüft, ob der Fehlerwert *#NV* vorliegt.

ISTLOG() liefert als Rückgabe *wahr*, wenn ein logisches Zahlenformat vorliegt. Beachten müssen Sie jedoch, dass manche Funktionen, die einen Wahrheitswert in Form von 0 oder 1 liefern, bei Formatierung der Ergebniszelle im Standardformat diese Bedingung erst erfüllen, wenn Sie die Zellformatierung *LOGISCH* verwenden. Die Situation lässt sich durch folgende Formeln verdeutlichen:

=ISTLOG(ISTGERADE_ADD(2))   (FALSCH)

=ISTLOG(ISTGERADE(2))   (WAHR)

Im ersten Fall wird *FALSCH* zurückgegeben, weil die Funktion **ISTGERADE_ADD()** den Wahrheitswert in Form einer Zahl (1) liefert.

N(Wert)

N() dient eigentlich der Überführung der Wahrheitsausdrücke *WAHR* oder *FALSCH* in die entsprechenden Wahrheitswerte in Form der Zahlen 1 oder 0. Übergeben Sie jedoch für Wert eine Zahl, so wird die Zahl zurückgegeben. Im Falle, dass Wert ein Text ist, beträgt die Rückgabe 0.

Beispiele:

=N(WENN(3=3))   (1)

=N(123,45)   (123,45)

=N("abc")   (0)

NV()
TYP(Wert)

NV() setzt in einer Zelle den Fehlerwert #NV (nicht verfügbar).

Mittels **TYP()** ermitteln Sie den Typ eines Wertes, wobei für die Rückgabe gilt:

Parameter Wert entspricht	Ergebnis von TYP(Wert)
Zahl	1
Text	2
Wahrheitswert	4
Formel	8
Fehlerwert	16
Matrix[2]	64

Beispiele:

=TYP(3) (1)

=TYP("nur_ein_Text") (2)

=TYP({1;2;3;4}) (64)

ZELLE(Infotyp; Referenz)

Mittels dieser Funktion kann eine ganze Reihe von Informationen über eine Zelle ausgegeben werden. In Kapitel 5.5 wurde bereits an einem Beispiel erläutert, wie sich der Dateiname der Calc-Datei ermitteln lässt, in der sich eine bestimmte Zelle befindet.

Infotyp	Ergebnis
COL	Nummer der Spalte
ROW	Nummer der Zeile
SHEET	Nummer bzw. Index der Tabelle
ADDRESS	absolute Adresse der Zelle
FILENAME	Dateiname plus Tabellenname
COORD	Zelladresse in LOTUS-Notation
CONTENTS	Ergibt den Inhalt der referenzierten Zelle, ohne jede Formatierung.
TYPE	Typ des Zellinhalts
WIDTH	Breite der Spalte
PREFIX	Ausrichtung in der Zelle
PROTECT	Status des Zellschutzes
FORMAT	Zahlenformat in der Zelle
COLOR	Falls negative Werte farbig wiedergegeben werden, wird 1 geliefert.

---

[2] In der Hilfe von OpenOffice.org u.U. noch undokumentiert.

Infotyp	Ergebnis
PARENTHESES	Liefert 1, wenn sich im Formatcode eine Klammer befindet.
Infotyp	Ergebnis
COL	Nummer der Spalte

Geben Sie für den Parameter Referenz keinen Wert an, so gilt dafür die Zelle, in der sich die Formel befindet.

7.7 Logikfunktionen

[●] UND(Wahrheitswert1; ...; Wahrheitswert30)

Die Logikfunktion **UND()** liefert als Ergebnis *WAHR*, wenn alle Argumente der Funktion wahr sind. Entspricht nur eines der Argumente dem Wahrheitswert *FALSCH*, wird *FALSCH* zurückgegeben.

Neben der direkten Eingabe von Wahrheitswerten als Argument können als Parameter auch logische Ausdrücke oder Zellen bzw. Zellbereiche dienen, die solche Ausdrücke enthalten. Beachten Sie, dass die direkte Eingabe von Wahr bzw. Falsch mit Abschluss der Eingabe in 0 bzw. 1 umgewandelt wird und Eingaben nicht als Texte erfolgen dürfen.

Beispiele:

=UND(1;1)   (WAHR)

=UND(0; 3>2)   (FALSCH)

=UND(3+5=8; 5<6)   (WAHR)

=UND("wahr"; "wahr")   (#WERT!)

Es wäre auch möglich, **UND()** als **WENN()** in der Form:

=WENN(Wahrheitswert1 * Wahrheitswert2 * ...)

zu schreiben, denn entspricht auch nur einer der Wahrheitswerte dem Wert *Falsch*, (0) ist das gesamte Produkt 0 (*FALSCH*).

ODER(Wahrheitswert1; ...; Wahrheitswert30)

ODER() ergibt *Wahr*, wenn mindestens einer der Parameter dem Wahrheitswert *Wahr* entspricht.

Ähnlich wie bei **UND()** lässt sich auch **ODER()** mittels der Wenn-Funktion schreiben:

=WENN(Wahrheitswert1 + Wahrheitswert2 + ...)

Es lässt sich allgemein sagen: Wenn für eine bestimmte Anzahl von Wahrheitsparametern die Funktion **UND()** *Wahr* liefert, muss für die gleichen Parameter **ODER()** auch *Wahr* ergeben. Die Umkehrung gilt jedoch nicht.

Beispiel:

	A	B	C	D	E	F	G
1	WAHR		=3<8		FALSCH		=3<2
2	WAHR		=4=4		WAHR		=6*3>17
3	WAHR		=3+7=10		WAHR		="A"="A"
4							
5	WAHR		=UND(A1:A3)		WAHR		=ODER(E1:E3)
6	WAHR		=ODER(A1:A3)		FALSCH		=UND(E1:E3)
7							
8					WAHR		=ODER(E2:E3)
9					WAHR		=UND(E2:E3)
10							

Abbildung 7.23 Beziehungen zwischen UND() und ODER()

Die zu prüfenden drei Wahrheitswerte in den Zellen A1 bis A3 sind alle *Wahr*, weshalb **=UND(A1:A3)** (Zelle A5) ebenfalls *Wahr* liefert. Deshalb muss **=ODER(A1:A3)** in Zelle A6 ebenfalls *Wahr* sein, weil die gleichen Parameter Verwendung finden.

Dass die Umkehrung zutreffen kann, zeigen die Formeln in Zelle E8 und E9, jedoch ist aus den Zellen E5 und E6 ersichtlich, dass die Umkehrung nicht zwingend ist.

Es kann bezüglich **ODER()** ein Verständnisproblem geben, wenn man sich am umgangssprachlichen »Oder« orientiert. Existieren zwei Bedingungen, die *WAHR* oder *FALSCH* sein können:

Fall	Bedingung1	Bedingung2
A	WAHR	WAHR
B	WAHR	FALSCH
C	FALSCH	WAHR
D	FALSCH	FALSCH

so entspricht **ODER()** den Fällen **A**, **B** und **C** und somit dem booleschen Oder (OR). Umgangssprachlich wird Oder aber häufig im Sinne »entweder – oder« aufgefasst, was den Fällen **B** und **C** entspräche. Im Sinne der booleschen Logik bezeichnen die Fälle **B** und **C** jedoch ein *XOR (exklusives Oder)*.

Schreiben ließe sich dieses XOR beispielsweise als:

=WENN(Wahrheitswert1 + Wahrheitswert2 = 1)

WAHR()
FALSCH()

Durch die Verwendung dieser Funktionen können Sie in Zellen oder Funktionen die entsprechenden Wahrheitswerte einfügen. In Zellen können Sie auch nur WAHR und FALSCH (statt **WAHR()** und **FALSCH()**) verwenden, und die Wahrheitswerte werden als solche erkannt. Beachten Sie jedoch, dass vor den Funktionen das »=«-Zeichen stehen muss, weil sie sonst nicht erkannt werden.

In Formeln ist die Verwendung beliebig, jedoch werden Eingaben ohne den Zusatz von »()« mit Beendigung der Eingabe automatisch in den numerischen Wahrheitswert (1 oder 0) umgewandelt.

NICHT()

Diese Funktion kehrt die Wahrheitswerte um.

Beispiele:

=NICHT(WAHR())   (FALSCH)

=NICHT(UND(2=2;4>6))   (WAHR)

WENN(Wahrheitswert; Dann_Wert; Sonst_Wert)

Die Funktion **WENN()** wurde weiter oben bereits verwendet. Sie dient zum Prüfen eines Wahrheitswertes und einer entsprechenden Rückgabe eines Ergebnisses abhängig von diesem Wahrheitswert. Im Prinzip entspricht **WENN()** somit einer If...Then...Else-Entscheidung.

Die Parameter *Dann_Wert* (Then) und *Sonst_Wert* (Else) sind beide optional, im Fall, dass keiner dieser Parameter angegeben wird, liefert wenn als Rückgabe nur den Wahrheitswert der Prüfung.

Beispiele:

=WENN(1=1)
(gibt WAHR zurück)

=WENN(B8=23;"OK";"falscher Wert")
(prüft, ob der Zellwert in Zelle B8 gleich 23 ist, falls ja, wird »OK« zurückgegeben, sonst »falscher Wert«)

=WENN(C9=C10;"Werte sind gleich")
(prüft die Werte in C9 und C10 auf Gleichheit und gibt »Werte sind gleich« zurück, wenn die Bedingung erfüllt ist – Achtung: Ist die Bedingung nicht erfüllt, wird FALSCH zurückgegeben.)

> Beachten Sie bitte bei **WENN()** und ähnlichen Funktionen, die Zellwerte prüfen, dass sich die Prüfung immer auf den Zell**wert** und *nicht* auf dessen Anzeige bezieht.

Zur Verdeutlichung ein Beispiel:

Geben Sie in einer Zelle das Datum 23.08.2005 ein und formatieren Sie dieses mit dem Format-Code MMMM, so wird in der Zelle »August« angezeigt, was jedoch *nicht* heißt, dass Sie nun (direkt) prüfen könnten, ob »August« in der Zelle steht. Beispielsweise liefert (wenn die betreffende Zelle A13 wäre):

=ZELLE("CONTENTS"; A13)

als Rückgabe 38587 und die folgende Formel liefert FALSCH als Rückgabe:

=WENN(A13="August"; "der Monat August")

Was ist da los und was ist 38587 für eine Zahl?

38587 ist die serielle Zahl, die das Datum 25.08.2005 repräsentiert. Genaueres dazu lesen Sie bitte in den Kapiteln 5.3.1 und 6.4.1 nach. Eine Prüfung auf »August« ist so ebenfalls nicht möglich, da »August« nicht der Zell**wert** ist, dieser ist ja 38587.

Um nun trotzdem eine Prüfung auf »August« durchzuführen, haben Sie verschiedene Möglichkeiten, beispielsweise:

=WENN(TEXT(A13;"MMMM")="August"; "der Monat August")

=WENN(MONAT(A13)=8;"der Monat August")

7.8 Mathematische Funktionen

7.8.1 Grundrechenarten

ABS(Zahl)

Mit **ABS()** berechnen Sie den Absolutwert (Betrag) einer Zahl.

Beispiele:

=ABS(23)	(23)
=ABS(-12,345)	(12,345)

GGT(Zahl1; ... Zahl30)
GGT_ADD(Zahl1; ... Zahl30)

Beide Funktionen berechnen den größten gemeinsamen Teiler einer Gruppe von (Ganz-)Zahlen. Statt einzelner Zahlen können Sie auch einen Zellbereich übergeben. Die zweite Funktion wahrt die Kompatibilität zu MS Excel (beispielsweise werden negative Zahlen und Strings als Parameter zurückgewiesen).

Beispiele:

=GGT(4;8;16)	(4)
=GGT(-4;8;16)	(–4)
=GGT_ADD(-4;8;16)	(Err:502)

ISTGERADE(Zahl)
ISTUNGERADE(Zahl)

Liefert einen Wahrheitswert als Aussage dafür, ob die übergebene Zahl gerade bzw. ungerade ist. Bei Nichtganzzahlen wird nur der ganzzahlige Anteil berücksichtigt.

Zu beiden Funktionen existieren auch entsprechende Funktionen mit dem Zusatz »_ADD«.

Beispiele:

=ISTGERADE(34)	(WAHR)
=ISTUNGERADE(62)	(FALSCH)
=ISTGERADE_ADD(12,45)	(1)

KGV(Zahl1; ... Zahl30)
KGV_ADD(Zahl1; ... Zahl30)

Beide Funktionen liefern das kleinste gemeinsame Vielfache einer Gruppe von (Ganz-)Zahlen. Nachkommastellen werden im Gegensatz zu beispielsweise

ISTGERADE() berücksichtigt. Das kleinste gemeinsame Vielfache ist die kleinste Zahl, die durch alle in der Gruppe enthaltenen Zahlen ohne Rest teilbar ist, in der Bruchrechnung auch als Hauptnenner bezeichnet.

Beispiele:

=KGV(2;4;20)   (20)

=KGV(2;4;20,5)   (164)

=KGV(-2;4;20)   (-20)

| PRODUKT(Zahl1; ... Zahl30) |
| QUOTIENT(Zähler; Nenner) |
| SUMME(Zahl1; ... Zahl30) |

Diese einfachen Funktionen können prinzipiell auch durch entsprechende Operatoren ersetzt werden. **PRODUKT()** bzw. **SUMME()** sind jedoch unentbehrlich, wenn Sie eine größere Anzahl von Werten multiplizieren oder addieren wollen, wie bereits in Kapitel 5, »Diagramme«, erläutert.

Bei **QUOTIENT()** müssen Sie beachten, dass diese Funktion nur den ganzzahligen Anteil der Division liefert.

=QUOTIENT(28;9)   (3)

Verwenden Sie also gegebenenfalls den Operator »/« anstelle von Quotient.

=28/9   (3,11 ...)

Außerdem stellt **QUOTIENT()** eine relativ häufige Fehlerquelle dar, falls Sie Zelladressen als Parameter verwenden und nicht darauf achten, dass die Zelladresse für den Parameter Nenner immer ungleich 0 ist. Um eine entsprechende Fehlermeldung zu vermeiden, können Sie diesen Fehler gegebenenfalls auch in der Formel abfangen.

=WENN(E2=0;"";QUOTIENT(E1;E2))

Den Leerstring können Sie durch einen alternativen Ausdruck ersetzen, beispielsweise durch den aus MS Excel bekannten Fehlerausdruck #DIV/0! oder weitere Formel-/Funktionsausdrücke.

> In Calc erhalten Sie auch bei Division durch Null unter Verwendung des Operators »/« nicht die Fehlermeldung #DIV/0!, sondern lediglich Err:503. Für die Verwendung der Funktion **QUOTIENT()** erhalten Sie unter gleichen Bedingungen Err:502.

Umstieg

VORZEICHEN(Zahl)

VORZEICHEN() liefert als Rückgabe für negative Zahlen –1, für positive 1 und für die Zahl 0 wiederum 0.

Beispiele:

=VORZEICHEN(COS(RAD(180)))	(-1)
=VORZEICHEN(2,64)	(1)

REST(Dividend; Divisor)

Das Ergebnis von **Rest()** ist der übrig bleibende Teil des Dividenden bei ganzzahligem Ergebnis der Division.

Für die zwei Zellwerte A1 und A2 ist **=Rest(A1;A2)** folglich dasselbe wie **=A1-QUOTIENT(A1;A2)*A2**.

Beispiele:

=REST(13;4)	(1)
=REST(16;4)	(0)

SUMMEWENN(Bereich; Kriterium; Summenbereich)

SUMMEWENN() ist eine häufig gebrauchte Funktion, um Werte nur dann zu summieren, wenn ein bestimmtes Kriterium erfüllt ist. Fehlt der Parameter Summenbereich, so werden die dem Kriterium entsprechenden Werte von Bereich summiert. Im Kriterium sind auch Vergleichsoperatoren, reguläre Ausdrücke oder Strings zulässig.

	A	B	C	D
1	0	5,63		
2	1	3,15		
3	1	8,26		
4	0	7,54		
5	1	6,74		
6	0	0,41		
7		18,15		=SUMMEWENN(A1:A6,1,B1:B6)
8		3		=SUMMEWENN(A1:A6,1)
9		28,17		=SUMMEWENN(B1:B6,">5")
10				

Abbildung 7.24   Beispiele zu SUMMEWENN()

Bereich und Summenbereich müssen nicht zwangsläufig nebeneinander liegen, jedoch müssen die Bereiche gleich beschaffen sein (Zeilen – Spalten).

7.8.2 Funktionen zum Runden

RUNDEN(Zahl; Stellen)
ABRUNDEN(Zahl; Stellen)
AUFRUNDEN(Zahl; Stellen)

Diese drei Funktionen unterscheiden sich nur darin, wie gerundet wird.

RUNDEN() rundet nach normalen mathematischen Prinzipien, **AUFRUNDEN()** und **ABRUNDEN()** runden demgegenüber um eine Ziffer in der letzten Stelle auf oder ab.

Für alle drei Funktionen gilt unter Beachtung des Gesagten für den Parameter Stellen:

- Wenn > 0, wird auf die angegebene Zahl von Stellen gerundet.
- Wenn < 0, wird auf die entsprechende Ziffer, links vom Dezimaltrenner gezählt, gerundet.
- Wenn = 0, wird auf die nächste Ganzzahl gerundet.

Beispiele:

=ABRUNDEN(123,567; 2)	(123,56)
=RUNDEN(123,567; 2)	(123,57)
=AUFRUNDEN(123,561; 2)	(123,57)
=AUFRUNDEN(123,567; 0)	(124)
=ABRUNDEN(123,567; -1)	(120)

GANZZAHL(Zahl)
GERADE(Zahl)
UNGERADE(Zahl)

GANZZAHL() rundet auf die nächste Ganzzahl *ab*, die beiden anderen Funktionen runden jeweils auf die nächste (gerade oder ungerade) Ganzzahl *auf*.

Beispiele:

=GANZZAHL(12,34)	(12)
=UNGERADE(15,01)	(17)
=GERADE(-9,7)	(–10)

KÜRZEN(Zahl; Stellen)
VRUNDEN(Zahl;Vielfaches)

KÜRZEN() rundet nicht, sondern schneidet einfach alle Nachkommastellen bis auf die als Stellen angegebene Anzahl ab.

VRUNDEN() liefert die Zahl, die als ganzzahliges Vielfaches von Vielfaches dem Parameter Zahl am nächsten kommt, egal ob kleiner oder größer Zahl.

Beispiele:

=KÜRZEN(1,2345; 1) (1,2)

=VRUNDEN(12,5; 3) (12)

=VRUNDEN(14,8; 4) (16)

UNTERGRENZE(Zahl; Schrittweite; Modus)
OBERGRENZE(Zahl; Schrittweite; Modus)

Eine Zahl wird entsprechend der Schrittweite auf den nächsten ganzzahligen Wert von Schrittweite ab- oder aufgerundet. Der Parameter Modus ist optional.

Beispiele:

=OBERGRENZE(1,01; 0,05) (1,05)

=UNTERGRENZE(-7,412; -0,3; 0) (-7,5)

Wird wie im letzten Beispiel eine negative Zahl für *Zahl* und *Schrittweite* angegeben und zusätzlich der Parameter Modus mit 0, so ist das Ergebnis bei Export nach MS Excel verfälscht. Für das letzte Beispiel ergibt sich bei Export nach MS Excel −7,2.

7.8.3 Potenzrechnung und Logarithmus

EXP(Zahl)
LN(Zahl)
LOG(Zahl; Basis)
LOG10(Zahl)
POTENZ(Basis; Zahl)

Mittels **EXP()** wird der Exponent zur Basis e *(Euler'sche Zahl e=2,718281...)* berechnet, also e^{Zahl}. Die Umkehrung davon entspricht gerade dem natürlichen

Logarithmus **LN()**, sodass gilt: **=LN(EXP(A1))** ergibt wieder den Wert von Zelle A1. Somit können Sie die Euler'sche Zahl selbst ermitteln unter Verwendung von **=EXP(1)**.

LOG() berechnet einen Logarithmus zu einer (beliebigen) Basis, womit:

=LOG(0,5;EXP(1)) (-0,69)

=LN(0,5) (-0,69)

zum gleichen Ergebnis führen.

LOG10() berechnet ausschließlich Logarithmen zur Basis 10 (dekadische Logarithmen), es gilt also:

=LOG10(100) (2)

=LOG(100;10) (2)

bzw. auch die Umkehrung mittels **POTENZ()**:

=POTENZ(10;2) (100)

=10^2 (100)

WURZEL(Zahl)
WURZELPI(Zahl)

Die Wurzelfunktion liefert die Quadratwurzel einer Zahl, beispielsweise:

=WURZEL(625) (25)

was man gleichwertig mittels Operators schreiben könnte:

=625^0,5 (25)

Die Funktionsweise von **WURZELPI()** lässt sich verdeutlichen durch:

=WURZELPI(10) (5,6050)

=WURZEL(10*PI()) (5,6050)

QUADRATESUMME(Zahl1; ... Zahl30)

Ermittelt wird die Summe der Quadrate von Zahlen, folgende Ausdrücke sind damit gleichwertig:

=QUADRATESUMME(5;6;7) (110)

=SUMME(5*5;6*6;7*7) (110)

=SUMME(5^2;6^2;7^2) (110)

POTENZREIHE(X;N;M;Koeffizienten)

Für die Verwendung der Funktion **POTENZREIHE()** möchte ich als Beispiel eine Näherungsberechnung für e (Eulersche Zahl) basierend auf der Potenzreihe der Funktion $f(x) = e^x$ anführen. Die hergeleitete Gleichung für die Potenzreihe sowie die mittels **POTENZREIHE()** ermittelten Näherungswerte sind aus der Abbildung ersichtlich.

$$e = 1 + x + \frac{x^2}{2!} + \frac{x^3}{3!} + \frac{x^4}{4!} + \ldots = \sum_{k=0}^{\infty} \frac{x^k}{k!} \quad ; x \in P$$

	1/k!	Näherung für e	
0	1,000000000000000000	1,000000000000000000	=POTENZREIHE(1;0;1;B26:B26)
1	1,000000000000000000	2,000000000000000000	=POTENZREIHE(1;0;1;B26:B27)
2	0,500000000000000000	2,500000000000000000	=POTENZREIHE(1;0;1;B26:B28)
3	0,166666666666667000	2,666666666666667000	=POTENZREIHE(1;0;1;B26:B29)
4	0,041666666666666700	2,708333333333330000	=POTENZREIHE(1;0;1;B26:B30)
5	0,008333333333333330	2,716666666666667000	=POTENZREIHE(1;0;1;B26:B31)
6	0,001388888888889800	2,718055555555556000	=POTENZREIHE(1;0;1;B26:B32)
7	0,000198412698412698	2,718253968253970000	=POTENZREIHE(1;0;1;B26:B33)
8	0,000024801587301587	2,718278769841270000	=POTENZREIHE(1;0;1;B26:B34)
9	0,000002755731922398	2,718281525573190000	=POTENZREIHE(1;0;1;B26:B35)
10	0,000000275573192239	2,718281801146380000	=POTENZREIHE(1;0;1;B26:B36)

Abbildung 7.25 Verwendung von POTENZREIHE()

Für die in der Abbildung gezeigte Potenzreihe gilt für die Berechnung von e das $e = e^1$ somit x = 1.

7.8.4 Trigonometrische Funktionen

Die Trigonometrie ist ein Teilgebiet der Mathematik, das sich hauptsächlich mit Dreiecksberechnungen beschäftigt. Den Berechnungen gemeinsam ist, dass ihnen die Definitionen der trigonometrischen Funktionen eines Winkels (Winkelfunktionen) zugrunde liegen.

Ausgehend von Abbildung 7.26 sind im rechtwinkligen Dreieck definiert:

sin() = a/c

cos() = b/c

tan() = a/b

cot() = b/a

Mathematische Funktionen | **7.8**

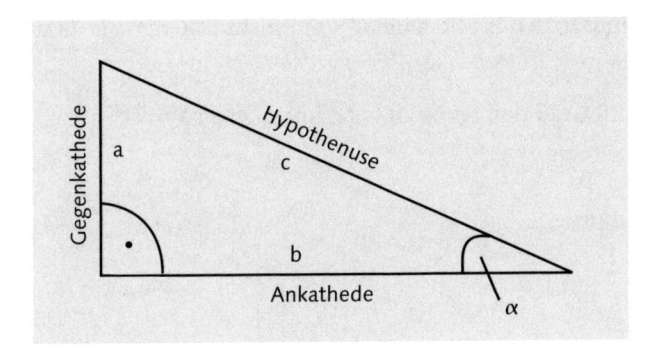

Abbildung 7.26   Rechtwinkliges Dreieck

DEG(Winkel in Grad)
RAD(Winkel im Bogenmaß)
PI()

Die Funktion **PI()** liefert den Wert der Zahl (3,14159...). Die Funktionen **RAD()** und **DEG()** dienen der Umrechnung von Winkeln.

Der Vollkreis entspricht einem Winkel von 360° (in Grad) oder 2 (im Bogenmaß).

Beispiele:

=PI()	(3,14 ...)
=RAD(90)	(1,57 – Bogenmaß)
=DEG(PI())	(180 – Grad)
=RAD(0)	(0 – Bogenmaß)
=DEG(0,3)	(17,19 – Grad)

Beim Ex- bzw. Import von Excel-Dateien (*.xls) erfolgt automatisch die Umwandlung der Funktionen **DEG()** und **RAD()** in die Excel-Funktionen **BOGENMASS()** und **GRAD()**.

Umstieg

SIN(Winkel)
COS(Winkel)
TAN(Winkel)
COT(Winkel)

Die Definition dieser Winkelfunktionen wurde bereits zu Beginn des Kapitels gegeben. Bei der Verwendung der entsprechenden Calc-Funktionen sind die

Werte für den Winkel grundsätzlich im Bogenmaß (und nicht in Grad) als Parameter zu übergeben.

Um für einen Winkel von 30 Grad den Sinus zu berechnen, ist also zu schreiben:

=SIN(RAD(30))   (0,5)

Für den Tangens von 45 Grad:

=TAN(RAD(45))   (1)

=SIN(RAD(45))/COS(RAD(45))   (1)

Letzterer Ausdruck berechnet ebenfalls den Tangens unter Verwendung des Sinus und Cosinus, weil gilt: (a/c)/(b/c) = (a/c)*(c/b) = a/b. Letzteres entspricht dem Tangens (siehe Definition am Kapitelanfang).

ARCSIN(Winkel)
ARCCOS(Winkel)
ARCTAN(Winkel)
ARCCOT(Winkel)

Diese Funktionen stellen die Umkehrfunktionen der gerade erläuterten vier Funktionen dar. Somit gilt beispielsweise, dass:

=ARCCOT(COT(RAD(180)))   (3,14)

(ergibt wieder Ausgangswinkel – im Bogenmaß)

=DEG(ARCCOT(COT(RAD(180))))   (180)

(ergibt wieder Ausgangswinkel – in Grad)

Letztlich stellen die Winkelfunktionen nur Verhältnisse zwischen Seiten des Dreiecks dar. Sicherlich ist Ihnen der Satz des Pythagoras ($c^2 = a^2 + b^2$) geläufig, woraus sich ergibt, dass ein Dreieck mit den Seitenlängen von 3 – 4 – 5 ein rechtwinkliges Dreieck sein muss, weil $5^2 = 3^2 + 4^2$.

Da a und b hierbei die Seiten sind, die rechtwinklig aufeinander stehen müssen, und die Innenwinkelsumme des Dreiecks 180 Grad beträgt, gilt, dass:

=SUMME(DEG(ARCSIN(4/5));DEG(ARCSIN(3/5)))

genau 90 Grad entspricht.

ARCTAN2(x-Koordinate; y-Koordinate)

ARCTAN2() liefert den Winkel zwischen der x-Achse und Verbindungslinie zwischen dem Koordinatenursprung und dem Punkt mit den Koordinaten (x-Koordinate; y-Koordinate). Bei gleichem Wert für beide Koordinaten sollte sich also die Winkelhalbierende von 90 Grad ergeben, was die folgende Formel bestätigt:

=DEG(ARCTAN2(1;1))   (45)

SINHYP(Zahl)
COSHYP(Zahl)
TANHYP(Zahl)
COTHYP(Zahl)
ARCSINHYP(Zahl)
ARCCOSHYP(Zahl)
ARCTANHYP(Zahl)
ARCCOTHYP(Zahl)

Die hyperbolischen Funktionen sind definiert als:

$\sinh(x) = (e^x - e^{-x}) / 2$

$\cosh(x) = (e^x + e^{-x}) / 2$

$\tanh(x) = \sinh(x) / \cosh(x)$

$\coth(x) = \cosh(x) / \sinh(x)$

$\text{arcsinh}(x) = \ln(x + (x^2 + 1)^{0,5})$

$\text{arccosh}(x) = \ln(x + (x^2 - 1)^{0,5})$

$\text{arctanh}(x) = 0,5 * \ln((1 + x) / (1 - x))$

$\text{arccoth}(x) = 0,5 * \ln((x + 1) / (x - 1))$

Beispiele:

=SINHYP(1)   (1,18)

=COSHYP(4)   (27,31)

=ARCSINHYP(1)   (0,88)

=LN(1+(2^0,5))   (0,88)

7.8.5 Sonstige mathematische Funktionen

ANZAHLLEEREZELLEN(Zellbereich)

Diese Funktion zählt die Anzahl der leeren Zellen in einem angegebenen Zellbereich. Eine *leere Zelle* ist hierbei eine Zelle ohne Inhalt, beispielsweise sind also Zellen mit " " oder dem Wert 0 nicht leer, obwohl bei erster nichts zu sehen ist und bei zweiter auch nichts in der Zelle erscheint, wenn die Anzeige von Nullwerten unter **Extras • Optionen** abgeschaltet wurde.

FAKULTÄT(Zahl)
KOMBINATIONEN(Gesamtzahl; Auswahl)
KOMBINATIONEN2(Gesamtzahl; Auswahl)

Alle drei Funktionen betreffen das mathematische Gebiet der Kombinatorik, das Rechnen mit Wahrscheinlichkeiten. Zentraler Punkt kombinatorischer Berechnungen ist die Beantwortung der Frage, wie viele Möglichkeiten es beim Zusammenstellen einer Menge von gleichartigen Elementen gibt.

Von Permutationen spricht man, wenn die gegebenen Elemente in jeder möglichen Reihenfolge zusammengestellt werden. Für drei Elemente (1, 2, 3) bestehen offensichtlich sechs Möglichkeiten: 123, 213, 312, 132, 231, 321, was sich auch mittels der Funktion **FAKULTÄT()** berechnen lässt:

=FAKULTÄT(3)   (6)

Kombinationen wiederum bezeichnen die Anzahl der Möglichkeiten zur Zusammenstellung von Elementen unter der Bedingung, dass jeweils nur eine bestimmte Anzahl von Elementen zusammengefasst wird (also nicht alle), wobei die Reihenfolge der Elemente unwesentlich ist.

Sollen beispielsweise drei Elemente in Gruppen zu zwei Elementen zusammengefasst werden, ergeben sich folgende Möglichkeiten: 12, 13, 23. Diese Anzahl (= $n!/k!(n-k)!$) lässt sich mit **KOMBINATIONEN()** berechnen:

=KOMBINATIONEN(3;2)   (3)

=FAKULTÄT(3)/FAKULTÄT(2)*FAKULTÄT(3-2)   (3)

Die Funktion **KOMBINATIONEN2()** ermöglicht dieselbe Berechnung, wenn Wiederholungen zulässig sind. Für unser Beispiel also: 12, 13, 23, 11, 22, 33.

=KOMBINATIONEN2(3;2)   (6)

POLYNOMIAL(Zahl1; ...; Zahl30)

Diese Funktion berechnet den Ausdruck:

(Zahl1+ ... +Zahl30)!/ (Zahl1!* ... *Zahl30!)

Beispiel:

=POLYNOMIAL(1;2;3)   (60)

=FAKULTÄT(SUMME(1;2;3))/
(FAKULTÄT(1)*FAKULTÄT(2)*FAKULTÄT(3))   (60)

TEILERGEBNIS(Funktion; Gesamtbereich)

Die Funktion **TEILERGEBNIS()** ist in der Lage, bestimmte andere Funktionen nur auf den, durch Autofilter, gefilterten Bereich eines Gesamtbereichs anzuwenden. Für den Parameter Funktion müssen Sie folgende Konstanten verwenden:

1 – **MITTELWERT()**

2 – **ANZAHL()**

3 – **ANZAHL2()**

4 – **MAX()**

5 – **MIN()**

6 – **PRODUKT()**

7 – **STABW()**

8 – **STABWN()**

9 – **SUMME()**

10 – **VARIANZ()**

11 – **VARIANZEN()**

Die Abbildung zeigt ein Anwendungsbeispiel.

	A	B	C	D	E	F	G
1	Hersteller	Artikel-Beschreibung	ach	h	tikelnum	Preis	pro Stück
7	23	CD-R 700 MB 52fach, bedruckbar	Spin	###	CDR-23-26	55,50 €	0,56 €
8	23	CD-R 700 MB 52fach, bedruckbar	Spin	###	CDR-23-15	7,30 €	0,29 €
15	11	CD-R 700 MB 52fach, bedruckbar	Spin	###	CDR-11-98	26,00 €	0,26 €
24	4	CD-R 700 MB 52fach, bedruckbar	Jewe	###	CDR-4-849	7,50 €	0,75 €
30							
31							
32	4	=TEILERGEBNIS(2;D1:D29)					
33	0,26 €	=TEILERGEBNIS(5;G1:G29)					
34							

Abbildung 7.27   Funktion TEILERGEBNIS()

UMRECHNEN(Betrag; "Quellwährung"; "Zielwährung")

Weitgehend nur noch von historischem Interesse ist die Möglichkeit, mittels dieser Funktion ehemalige Währungen der Mitgliedsstaaten der europäischen Währungsunion in Euro (zum Kurs am Stichtag) umzurechnen.

Beispiele:

=UMRECHNEN(100;"DEM";"EUR")   (51,129188)

=UMRECHNEN(100;"EUR";"DEM")   (195,583000)

ZUFALLSBEREICH (Untergrenze; Obergrenze)
ZUFALLSZAHL( )

Beide Funktionen liefern Zufallszahlen, **ZUFALLSBEREICH()** eine Zahl in den Grenzen des angegebenen Bereichs, **ZUFALLSZAHL()** im Bereich zwischen >= 0 und < 1.

Beispiele:

=ZUFALLSZAHL()

=ZUFALLSZAHL()*100

=ZUFALLSBEREICH(1;10)

Bei jeder Änderung in der Tabelle werden bei aktivierter automatischer Berechnung (**Extras • Zellinhalte • Automatisch berechnen**) die Zufallswerte neu ermittelt. Stehen mehrere gleiche Formeln mit Zufallsfunktionen in einer Tabelle, sind Ergebnisduplikate nicht grundsätzlich ausgeschlossen.

ZÄHLENWENN(Bereich; Kriterien)

Zählt alle Werte in einem Zellbereich, die bestimmten Kriterien entsprechen. Kriterien können auch reguläre Ausdrücke sein.

Beispiele:

=ZÄHLENWENN(C1:D30; "S.*")

=ZÄHLENWENN(G2:G29;"<0,3")

=ZÄHLENWENN(B1:D7; "Wort")

7.9 Matrixfunktionen

7.9.1 Einführung

Bereits in Kapitel 6 wurde einiges über Matrixformeln gesagt. Wie dort angeführt, gibt es (formale) Unterschiede zwischen Matrix*formeln* und Matrix*funktionen*, teilweise sind hierbei die Übergänge fließend, an anderen Stellen jedoch gravierend.

Gravierende Unterschiede erwachsen beispielsweise daraus, dass der Begriff der Matrix bzw. Rechenbegriffe, die Matrizen betreffen, nicht durchgängig konsequent an das entsprechende mathematische Begriffsäquivalent angelehnt sind. Folgendes Beispiel kann diese Aussage verdeutlichen.

	A	B	C
1		**Matrix 1:**	
2	1	2	3
3	8	9	4
4	7	6	5
5			
6		**Matrix 2:**	
7	1	2	3
8	8	9	4
9	7	6	5
10			
11		**Ergebnis 1:**	
12	1	4	9
13	64	81	16
14	49	36	25
15			
16		**Ergebnis 2:**	
17	38	38	26
18	108	121	80
19	90	98	70
20			
21			
22		**Formeln für Ergebnis 1:**	
23	{=A2:C4*A7:C9}	{=A2:C4*A7:C9}	{=A2:C4*A7:C9}
24	{=A2:C4*A7:C9}	{=A2:C4*A7:C9}	{=A2:C4*A7:C9}
25	{=A2:C4*A7:C9}	{=A2:C4*A7:C9}	{=A2:C4*A7:C9}
26			
27		**Formeln für Ergebnis 2:**	
28	{=MMULT(A2:C4;A7:C9)}	{=MMULT(A2:C4;A7:C9)}	{=MMULT(A2:C4;A7:C9)}
29	{=MMULT(A2:C4;A7:C9)}	{=MMULT(A2:C4;A7:C9)}	{=MMULT(A2:C4;A7:C9)}
30	{=MMULT(A2:C4;A7:C9)}	{=MMULT(A2:C4;A7:C9)}	{=MMULT(A2:C4;A7:C9)}

Abbildung 7.28 Matrizen multiplizieren

Betrachten Sie in der Abbildung die zwei auftretenden Formeln:

{=A2:C4*A7:C9}   (*)

{=MMULT(A2:C4; A7:C9)}   (**)

Dass es sich um Matrixformeln handelt, ist natürlich an den geschweiften Klammern zu erkennen, andererseits fällt Ihnen aber vielleicht auch eine gewisse Ähnlichkeit in der Struktur der Formelausdrücke zu Formelkonstruktionen auf wie:

=A1*A2

=PRODUKT(A1; A2)

Letztere Formeln zur einfachen Multiplikation zweier Werte würden zum gleichen Ergebnis führen. Bei den Matrixformeln sind die Ergebnisse in Calc jedoch völlig unterschiedlich.

Die Ursache dafür ist, dass Matrizen in Calc auch als Bereiche aufgefasst werden können, in denen Einzelzellen dann quasi relative Koordinaten besitzen. Wenn Sie sich nun vorstellen, dass die zwei Zellbereiche in (*) komplette Tabellen wären, könnte man sagen, dass die Zellen A2 bzw. A7 in diesen Tabellen immer der Zelle A1 entsprächen. Im Fall der Matrixformel (*) erfolgt nun die Multiplikation immer zwischen den Werten in Zellen gleicher relativer Koordinaten.

Im Fall (**) erfolgt jedoch mittels der Matrixfunktion **MMULT()** die mathematisch korrekte Multiplikation der zwei Matrizen. Das gesamte Rechenschema für die Matrizenmultiplikation ist gegeben durch das sogenannte *Falk'sche Schema*. Hiernach würde sich der Wert in der Ergebnismatrix in Zelle A17 (38) wie folgt ergeben (absolute Koordinaten bezüglich der Abbildung):

= A2*A7 + A3*B7 + A4*C7

= 1 + 16 + 21 = 38

Alle anderen Zellwerte der Ergebnismatrix (A17:C19) werden analog berechnet. Natürlich erfolgt diese Berechnung automatisch, da Sie die Funktion **MMULT()** verwendet haben, sodass Sie sich nicht mit Details beschäftigen müssen.

Auch sei nochmals auf den etwas fließenden Übergang der Bezeichnungen Matrixformel und Matrixfunktion hingewiesen. Natürlich handelt es sich bei den Ausdrücken (*) und (**) jeweils um Matrixformeln, allerdings ist letztere gleichzeitig auch als eine Matrixfunktion aufzufassen.

[»] Die geschweiften Klammern in den Matrixformeln werden niemals direkt mit der Tastatur eingegeben. Außerdem bestehen einige Besonderheiten beim Ändern von Matrixformeln. Bitte informieren Sie sich in Kapitel 6.5 darüber.

7.9.2 Die einzelnen Matrixfunktionen

EINHEITSMATRIX(Dimension)

Eine Einheitsmatrix ist einfach eine Matrix, in der die *Hauptdiagonale* mit Einsen und alle anderen Zellen mit Nullen gefüllt sind. Mit dieser Funktion können Sie eine solche Matrix schnell erzeugen.

Wählen Sie auf einem Tabellenblatt die Zellen A1:D4 aus (die Auswahl der gleichen Zahl von Spalten und Zeilen ist erforderlich), geben Sie, ohne die Auswahl aufzuheben, die Formel **=EINHEITSMATRIX(4)** ein, und schließen Sie Ihre Eingabe *nicht* mit ⏎, sondern mit Strg + ⇧ + ⏎ ab. In allen Zellen im Bereich A1:D4 steht nun die Matrixformel:

{=EINHEITSMATRIX(4)}

und die Einheitsmatrix wird angezeigt.

	A	B	C	D
1	1	0	0	0
2	0	1	0	0
3	0	0	1	0
4	0	0	0	1

Abbildung 7.29 Einheitsmatrix der Dimension 4

Es wäre auch möglich gewesen, nur die Zelle A1 zu markieren und ansonsten gleich vorzugehen, allerdings besteht dann die erhöhte Gefahr, dass Zellwerte überschrieben werden, falls Sie die Dimension der Matrix unabsichtlich zu groß eingeben.

> Jederzeit können Sie zur Eingabe auch den Funktions-Assistenten verwenden, der den Vorteil der Ergebniskontrolle bietet, noch bevor Sie die Formel endgültig in die Tabelle übernehmen. [+]

HÄUFIGKEIT(Daten; Klassen)

Ermittelt die Häufigkeit des Vorkommens von Werten innerhalb einer Spaltenmatrix (Häufigkeitsverteilung). Die Ermittlung der Häufigkeitswerte erfolgt in Klassen.

In Spalte A gegeben ist eine Menge von Zahlen, von denen die Häufigkeit des Auftretens von Werten in bestimmten Klassen berechnet werden soll. Die Klassen sind hierbei in der Spalte B eingetragen (siehe Abbildung), der Eintrag 1 bei Klassen meint <=1, der Eintrag 2 berücksichtigt >1 bis <=2 usw.

	A	B	C	D	E
1	Zahlen	Klassen	Häufigkeit	Klassen*	Häufigkeit*
2	5	1	1	1	1
3	2	2	3	1,9	2
4	3	3	6	2	1
5	3,9	4	5	2,9	3
6	4	5	5	3	3
7	2,5			3,9	1
8	4			4	4
9	2,8			4,9	1
10	5			5	4
11	2,1				
12	4				
13	1,9				
14	1				
15	4,9				
16	3				
17	5				
18	1,3				
19	4				
20	3				
21	5				
22					
23					

Abbildung 7.30 Beispiel für HÄUFIGKEIT()

Da fünf Klassen definiert wurden, markieren Sie fünf Zellen (zusammenhängende Zellen einer Spalte), rufen den Funktions-Assistenten auf, wählen dort die Funktion **HÄUFIGKEIT()** und geben für *Daten* den Bereich A2:A21 und für *Klassen* den Bereich B2:B6 ein.

Die Spalten D und E in der Abbildung zeigen, dass Sie Klassen auch so bestimmen können, dass nur ganz bestimmte Werte der Klasse zugeordnet werden. Im Beispiel wurde davon ausgegangen, dass nur Werte im Bereich >=1 und <=5 vorkommen können, die maximal eine Nachkommastelle haben. Darauf basierend können Sie die Klassen so definieren, dass nur die ganzen Zahlen ermittelt werden, indem Sie die Klassengrenzen so definieren, dass unter Beachtung der Genauigkeit der Ausgangswerte (0,1) nur die gewünschten Werte erfasst werden. Existiert beispielsweise das Klassenintervall ... <=1,9 ... <=2 ..., so werden dort nur die Zweien gezählt.

[»] Die Funktion **HÄUFIGKEIT()** gibt ausschließlich eine Spaltenmatrix zurück, die Ausgangswerte können jedoch durchaus in einer Zeile stehen, die Klassendefinitionen ebenfalls. Soll das Ergebnis von **HÄUFIGKEIT()** in einer Zeile erscheinen, kombinieren Sie die Funktion einfach mit **MTRANS()**, also: {=MTRANS(HÄUFIGKEIT(Daten; Klassen))}.

MDET(Matrix)

Diese Funktion bestimmt den Wert der Determinante einer Matrix. Als Beispiel habe ich eine 2x2-Matrix gewählt, weil sich diese leicht nachrechnen lässt.

	A	B	C	D	E
1	2	3			
2	8	7			
3					
4				-10	{=MDET(A1:B2)}

Abbildung 7.31 Funktion MDET()

Der ermittelte Wert (–10) ist einfach nachrechenbar als:

= A1*B2 – A2*B1 = 14 – 24 = –10

MINV(Matrix)

Die inverse Matrix einer Matrix A ist diejenige Matrix B, für die gilt, dass das Produkt von A und B gerade der Einheitsmatrix entspricht. Auf Erläuterung der manuellen Berechnung einer inversen Matrix möchte ich hier verzichten.

F	G	H	I	J	K	L
	Matrix 1:					
45	67	89				
62	12	23				
95	71	84				
	Matrix 2:					
-0,01	0,01	0,01	{=MINV(F2:H4)}	{=MINV(F2:H4)}	{=MINV(F2:H4)}
-0,05	-0,08	0,08	{=MINV(F2:H4)}	{=MINV(F2:H4)}	{=MINV(F2:H4)}
0,05	0,05	-0,06	{=MINV(F2:H4)}	{=MINV(F2:H4)}	{=MINV(F2:H4)}
Matrix 1 x Matrix 2 = E (Einheitsmatrix)						
1	0	0	{=MMULT(F2:H4;F7:H9)}	{=MMULT(F2:H4;F7:H9)}	{=MMULT(F2:H4;F7:H9)}
0	1	0	{=MMULT(F2:H4;F7:H9)}	{=MMULT(F2:H4;F7:H9)}	{=MMULT(F2:H4;F7:H9)}
0	0	1	{=MMULT(F2:H4;F7:H9)}	{=MMULT(F2:H4;F7:H9)}	{=MMULT(F2:H4;F7:H9)}

Abbildung 7.32 Funktion MINV()

Die Eingabe der entsprechenden Formel zur Berechnung der inversen Matrix können Sie wieder mit dem Funktions-Assistenten durchführen. Markieren Sie einen Ergebnisbereich, rufen Sie den Funktions-Assistenten auf und wählen Sie bei der Funktion **MINV()** dann die zu invertierende Matrix aus. Die Abbildung lässt erkennen, dass die Kontrollrechnung tatsächlich die Einheitsmatrix als Produkt von Matrix und inverser Matrix liefert.

MMULT(Matrix 1; Matrix 2)

Mit dieser Funktion können Sie zwei Matrizen multiplizieren.

Ein ausführliches Beispiel zu **MMULT()** finden Sie im einleitenden Kapitel zu den Matrixfunktionen (siehe Kapitel 7.9.1).

MTRANS(Matrix)

Hiermit erzeugen Sie die transponierte Matrix aus einer bestehenden Matrix.

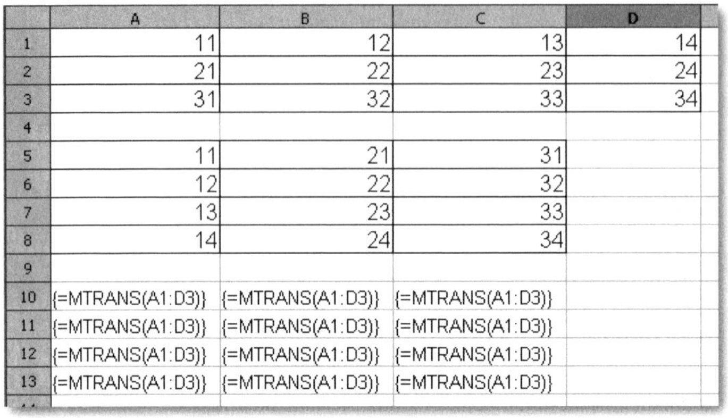

	A	B	C	D
1	11	12	13	14
2	21	22	23	24
3	31	32	33	34
4				
5	11	21	31	
6	12	22	32	
7	13	23	33	
8	14	24	34	
9				
10	{=MTRANS(A1:D3)}	{=MTRANS(A1:D3)}	{=MTRANS(A1:D3)}	
11	{=MTRANS(A1:D3)}	{=MTRANS(A1:D3)}	{=MTRANS(A1:D3)}	
12	{=MTRANS(A1:D3)}	{=MTRANS(A1:D3)}	{=MTRANS(A1:D3)}	
13	{=MTRANS(A1:D3)}	{=MTRANS(A1:D3)}	{=MTRANS(A1:D3)}	

Abbildung 7.33 Matrix transponieren

Bei einer transponierten Matrix sind einfach Zeilen und Spalten der Ausgangsmatrix vertauscht. Zum Eingeben der Formel markieren Sie die Zelle, die später die linke obere Zelle der Ergebnismatrix darstellen soll, und geben Sie die Formel mit der Tastatur oder dem Funktions-Assistenten ein. Calc gewährleistet anschließend den Schutz beider Matrizen vor dem Ändern oder Löschen einzelner Zellen.

RGP(y-Werte; x-Werte; Art der Geraden; Kenngrößen)
RKP(y-Werte; x-Werte; Art der Funktion; Kenngrößen)

Beide Funktionen berechnen Werte, mit denen die Aufstellung einer Regressionsfunktion (Ausgleichsfunktion) ermöglicht wird. In Kapitel 5.7 wurde bereits anhand einer linearen Regression in Verbindung mit einem Diagramm gezeigt, wie die Funktion **RGP()** verwendet wird.

Der wesentliche Unterschied zwischen **RGP()** und **RKP()** ist die Art der Ausgleichsfunktion, die der Berechnung zugrunde liegt:

RGP(): lineare Regression f(x) = a*x + b

RKP(): exponentielle Regression f(x) = a*b^x

Ein kommentiertes Beispiel zu beiden Funktionen finden Sie auf der CD.

SUMMENPRODUKT(Matrix 1; Matrix 2 ... Matrix 30)

SUMMENPRODUKT() gestattet die Berechnung des Produktes mehrerer Matrizen und die anschließende Summenbildung aller Elemente der Ergebnismatrix in einem Rechenschritt.

	A	B	C	D	E
1	2	4		3	6
2	16	8		24	12
3					
4	6	24		{=(A1:B2*D1:E2)}	{=(A1:B2*D1:E2)}
5	384	96		{=(A1:B2*D1:E2)}	{=(A1:B2*D1:E2)}
6					
7	510			=SUMME(A4:B5)	
8					
9	510			=SUMMENPRODUKT(A1:B2;D1:E2)	

Abbildung 7.34 Erläuterung von Summenprodukt

Die Einzelschritte der Berechnung sind aus der Abbildung ersichtlich. Bitte beachten Sie, dass die Multiplikation der Matrizen nicht im mathematischen Sinne der Produktbildung von Matrizen erfolgt, sondern dass hier die Matrizen Bereiche darstellen, von denen jeweils Elemente gleicher relativer Koordinaten multipliziert werden.

SUMMEX2MY2(Matrix 1; Matrix 2)
SUMMEX2PY2(Matrix 1; Matrix 2)
SUMMEXMY2(Matrix 1; Matrix 2)

Auch diese Matrixfunktionen dienen der Zusammenfassung mehrerer Rechenschritte in einen Rechenschritt. Beachten Sie bitte, dass die Reihenfolge der Angabe der Matrizen Bedeutung für das Endergebnis haben kann.

In der Abbildung sehen Sie die Berechnungen als Einzelschritte dargestellt, die Funktionen fassen somit folgende Rechenschritte zusammen:

7 | Funktionen im Detail

	A	B	C	D	E
1	Die Matrizen:				
2	2	4		3	6
3	16	8		24	12
4					
5	Quadrate der Matrizen:				
6	4	16		9	36
7	256	64		576	144
8	Differenz der Quadrate:			Summe der Quadrate:	
9	-5	-20		13	52
10	-320	-80		832	208
11	Differenz der Matrizen:			Quadrate der Differenz:	
12	-1	-2		1	4
13	-8	-4		64	16
14					
15	-425		=SUMME(A9:B10)		
16	-425		**=SUMMEX2MY2(A2:B3;D2:E3)**		
17	1105		=SUMME(D9:E10)		
18	1105		**=SUMMEX2PY2(A2:B3;D2:E3)**		
19	85		=SUMME(D12:E13)		
20	85		**=SUMMEXMY2(A2:B3;D2:E3)**		

Abbildung 7.35 Erläuterung

- **SUMMEX2MY2():**
  - Quadrate der Elemente der Ausgangsmatrizen bilden (zwei Matrizen)
  - Differenz der Elemente bilden (eine Matrix)
  - Summe der Elemente der letzteren Matrix bilden
- **SUMMEX2PY2():**
  - Quadrate der Elemente der Ausgangsmatrizen bilden (zwei Matrizen)
  - Summe der Elemente bilden (eine Matrix)
  - Summe der Elemente der letzteren Matrix bilden
- **SUMMEXMY2():**
  - Differenz der Elemente der zwei Matrizen bilden (eine Matrix)
  - Quadrate der Elemente bilden (eine Matrix)
  - Summe der Elemente bilden

TREND(y-Werte; x-Werte; neue x-Werte; Art der Geraden)
VARIATION (y-Werte; x-Werte; neue x-Werte; Art der Funktion)

Berechnet wird aus zwei Matrizen gegebener x- und y-Werte eine neue Matrix von x-Werten, die sich aus der zugehörigen Ausgleichsfunktion ergibt:

TREND(): lineare Regression f(x) = a*x + b

VARIATION(): exponentielle Regression f(x) = a*b^x

sowie den angegebenen Werten für y gemäß der entsprechenden Matrix. Das Ergebnis ist also in beiden Fällen eine Matrix, welche die – zu den in der Ausgangsmatrix für die y-Werte gehörigen – x-Werte für die Wertepaare der Ausgleichsfunktion enthält.

7.10 Statistikfunktionen

7.10.1 Regressionsfunktionen [O]

Für die folgenden Funktionen werden zur Berechnung der Beispiele diese Ausgangswerte verwendet:

x-Werte	y-Werte
1	1,10
2	1,95
3	3,02
4	4,10
5	5,15
6	5,98

ACHSENABSCHNITT(x-Werte; y-Werte)

Liefert den Schnittpunkt der Regressionsgeraden einer linearen Regression mit der y-Achse (für x_0 = 0).

Für die Beispielwerte ergibt sich: 0,0420, also als Schnittpunkt [0; 0,042].

SCHÄTZER(x-Wert; y-Werte; x-Werte)

SCHÄTZER() liefert für einen bestimmten x-Wert die y-Koordinate des zugehörigen Punktes auf der Regressionsgeraden. Für die Beispielwerte ergibt sich:

x-Wert	y-Wert auf Regressionsgerade
0	0,0420
1	1,0443
2	2,0466

x-Wert	y-Wert auf Regressionsgerade
3	3,0489
4	4,0511
5	5,0534
6	6,0557

SCHÄTZER() liefert für den x-Wert 0 somit das gleiche Ergebnis wie **ACHSENAB-SCHNITT()**.

STFEHLERYX(y-Werte; x-Werte)

Berechnet den Standardfehler der mittels **SCHÄTZER()** für die Regression ermittelten y-Werte nach folgender Formel:

$$=\left\{\left[\frac{1}{n(n-2)}\right]\left[n\sum y^2-(\sum y)^2\frac{\left[n\sum xy-(\sum x)(\sum y)\right]^2}{n\sum x^2-(\sum x)^2}\right]\right\}^{0,5}$$

Abbildung 7.36 Berechnung von STFEHLERXY()

Für die Beispielwerte ergibt sich: 0,0876.

STANDARDISIERUNG(x-Wert; Mittelwert; Standardabweichung)

Berechnet einen standardisierten Wert für den x-Wert, basierend auf Mittelwert und Standardabweichung gemäß (Wert – Mittelwert)/Standardabweichung. Für das Beispiel ergibt sich beispielsweise für x = 4 der Wert für **STANDARDISIERUNG()** von 0,29 – wobei Standardabweichung (**STABWN()**) gleich 1,71 und Mittelwert gleich 3,5.

STEIGUNG(y-Werte; x-Werte)

Ermittelt die Steigung der Regressionsgeraden, für unser Beispiel ergibt sich 1,0023.

Abbildung 7.37 verdeutlicht abschließend die Gesamtsituation für das gewählte Beispiel.

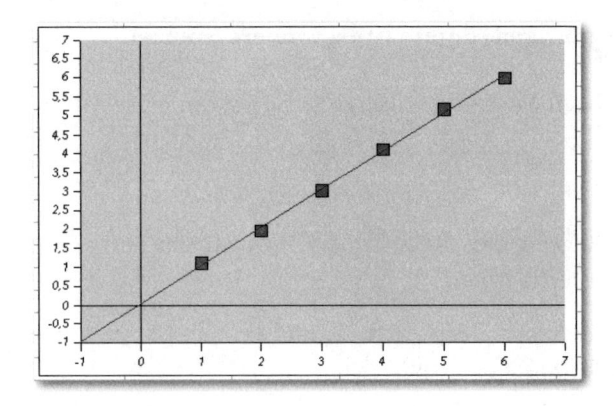

Abbildung 7.37   Ausgangswerte und Regressionsgerade

7.10.2 Sonstige

ANZAHL(Zahl 1; Zahl 2; ...Zahl 30)
ANZAHL2(Wert 1; Wert 2; ...Wert 30)

Diese beiden Funktionen liefern die Anzahl der Argumente einer Argumentenliste, wobei **ANZAHL()** nur die numerischen Argumente berücksichtigt und Text ignoriert.

ANZAHL2() ermittelt alle Zellen in einem Bereich (bzw. einer Liste), die nicht leer sind.

Beispiele:

=ANZAHL(1;5;"abc";7)   (3)

=ANZAHL2(1;5;"abc";7)   (4)

Beachten Sie bitte, dass das Verhalten von **ANZAHL()** in Calc anders als in MS Excel ist. Genaueres zeigt die folgende Abbildung.

	A	B	C	D	E
1	7				
2	abc		Excel	Formel	Calc
3	34		4	=ANZAHL(A1:A9)	Err:503
4	WAHR		2	=ANZAHL(A1:A4)	3
5	Err:503		2	=ANZAHL(A5:A9)	Err:503
6			7	=ANZAHL2(A1:A9)	7
7					
8	4		Hinweis:		
9	5		in MS Excel würde in Zelle A5 angezeigt: **#DIV/0!**		
10					

Abbildung 7.38   Verhalten von ANZAHL()

B(Anzahl; Einzelwahrscheinlichkeit; untere Grenze; obere Grenze)

Berechnet die Wahrscheinlichkeit eines Versuchsergebnisses, wenn Binomialverteilung zugrunde liegt.

Beispiel:

Wie hoch ist die Wahrscheinlichkeit, dass Sie aus einem Skatblatt eine bestimmte Karte ziehen, wenn Sie 10 Versuche haben?

Bei einem Skatblatt beträgt die Anzahl der Karten 32, und deshalb ist die Wahrscheinlichkeit für jede Karte 1/32. Daraus ergibt sich:

=B(10;1/32;1)   (0,2348)

PEARSON(Matrix1; Matrix2)
BESTIMMTHEITSMASS(Matrix1; Matrix2)

Ermittelt den Pearson'schen Korrelationskoeffizienten. Allgemein ist dieser ermittelbar über:

$$= \frac{n(\sum XY) - (\sum X)(\sum Y)}{\sqrt{[n\sum X^2 - (\sum X)^2][n\sum X^2 - (\sum X)^2]}}$$

Abbildung 7.39   Korrelationskoeffizient nach Pearson

Unter Benutzung der Werte des Beispiels für **KOVAR()** (siehe dort) ergibt sich für **PEARSON()** entsprechend der Wert 0,9873.

BESTIMMTHEITSMASS() ergibt sich aus dem Quadrat von **PEARSON()**, ist also für das Beispiel 0,9749.

BETAINV(Zahl; Alpha; Beta; Anfang; Ende)
BETAVERT(Zahl; Alpha; Beta; Anfang; Ende)

BETAINV() liefert die Quantile der Betaverteilung, **BETAVERT()** ist die entsprechende Umkehrfunktion.

Beispiele:

=BETAINV(0,95;3;4)   (0,73)

=BETAVERT(0,73; 3; 4)   (0,95)

BINOMVERT(Anzahl; Gesamtzahl; Erfolgswahrscheinlichkeit; Kumuliert)

Liefert Wahrscheinlichkeitswerte für eine binomial verteilte Zufallsvariable. Verwenden Sie diese Funktion für Versuche (Tests), bei welchen das Ergebnis jedes einzelnen Versuchs als »Erfolg« oder »Misserfolg« aufgefasst werden kann und die Einzelversuche voneinander unabhängig sind.

Beispiel:

=BINOMVERT(1;10;1/32;0)   (0,2348)

(siehe Funktion **B()**)

CHIINV(Zahl; Freiheitsgrade)
CHIVERT(Zahl; Freiheitsgrade)
CHITEST(Beobachtungswerte; Erwartungswerte)

CHINV() liefert Quantile der Chi-Quadrat-Verteilung, **CHIVERT()** ist die entsprechende Umkehrfunktion. **CHITEST()** liefert anhand des Chi-Quadrat-Tests direkt einen Wahrscheinlichkeitswert als Bewertung dafür, ob eine Hypothese zutrifft.

Beispiel:

In einer Calc-Tabelle steht in den Zellen A1 bis A1000 jeweils die Formel **=ZUFALLSBEREICH(1;10)**, womit entsprechende Ganzzahlen von 1 bis 10 ermittelt werden. Theoretisch wäre zu erwarten, dass alle Werte von 1 bis 10 gleich häufig, also je 100 Mal auftreten. Praktisch wurde mittels **{=HÄUFIGKEIT(A1:A1000;B1:B10)}** die Häufigkeit der einzelnen Werte ermittelt (in B1 bis B10 sind die Werte von 1 bis 10 als Klassen angegeben). Es ergeben sich folgende Werte:

Beobachtete Häufigkeit (b)	Erwartete Häufigkeit (e)	=(b−e)^2/e
108	100	0,64
97	100	0,09
112	100	1,44
83	100	2,89
108	100	0,64
102	100	0,04
92	100	0,64
107	100	0,49
94	100	0,36
97	100	0,09

CHITEST() liefert für oben stehende Werte 0,6038 als Wahrscheinlichkeit dafür, dass die Werte einer Chi-Quadrat-Verteilung genügen. Den gleichen Wert liefert **CHIVERT()** aus der Summe der Werte der dritten Spalte der Tabelle (7,32) unter Berücksichtigung der Freiheitsgrade (9).

EXPONVERT(Zahl; Lambda; Kumuliert)

Liefert Wahrscheinlichkeiten einer exponentialverteilten Zufallsvariable, welche folgender Verteilungsfunktion unterliegen:

$F(x;) = 1 - e^{-x}$

(wobei dem Parameter Lambda in der Liste der Funktionsparameter entspricht)

Beispiel:

=EXPONVERT(0,2;10;1)   (0,8647)

FINV(Wahrscheinlichkeit; Freiheitsgrade1; Freiheitsgrade2)
FTEST(Daten 1; Daten 2)
FVERT(Wert d. Verteilung; Freiheitsgrade 1; Freiheitsgrade 2)

FVERT() liefert die Werte der Verteilungsfunktion einer F-verteilten Zufallsvariablen. **FINV()** ist hierzu die Umkehrfunktion. Es besteht folgender Zusammenhang:

wenn a = FVERT(x,...), dann FINV(a,...) = x

Beispiele:

=FINV(0,02;6;3)   (17,2451)

=FVERT(17,2451;6;3)   (0,02)

FTEST() bestimmt die einseitige Wahrscheinlichkeit, dass sich die Varianzen von *Daten 1* und *Daten 2* signifikant unterscheiden. Hiermit lässt sich ermitteln, ob die Werte, die Bestandteil von *Daten 1* und *Daten 2* sind, aus einer gemeinsamen Grundgesamtheit stammen.

FISHER(Zahl)
FISHERINV(Zahl)

FISHER() berechnet die Fisher-Transformation von Zahl. Diese entspricht 0,5*ln((1+Zahl)/(1-Zahl)). **FISHERINV()** kehrt die Berechnung um.

Beispiel:

=FISHER(0,8)	(1,0986)
=0,5*LN((1+0,8)/(1-0,8))	(1,0986)
=FISHERINV(FISHER(0,8))	(0,8)

GAMMAINV(Zahl; Alpha; Beta)
GAMMAVERT(Zahl; Alpha; Beta; Kumuliert)

GAMMAVERT() liefert Wahrscheinlichkeiten einer gammaverteilten Zufallsvariablen. Zwischen **GAMMAVERT()** und **GAMMAINV()** besteht der folgende Zusammenhang:

wenn a = GAMMAVERT(x;...), dann GAMMAINV(a;...) = x

Beispiele:

=GAMMAVERT(10;4;2;1)	(0,7350)
=GAMMAINV(0,735;4;2)	(10)

GAMMALN(Zahl)

Berechnet den natürlichen Logarithmus der Gamma-Funktion eines Wertes.

$$\Gamma(x) = \int_0^\infty e^{-t} t^{x-1} dt \quad (x>0)$$

Abbildung 7.40 Gamma-Funktion

Beispiel:

=GAMMALN(5)	(3,1781)

GAUSS(Zahl)
GTEST(Daten; x; Standardabweichung)

GAUSS() bestimmt den Integralwert der Standardnomalverteilung, die Zusammenhänge seien kurz skizziert:

$$\Phi(u) = \frac{1}{\sqrt{2\Pi}} \int_{-u}^{u} e^{-\frac{x^2}{2}} dx$$

mit Mittelwert(μ) und Streuungsmaß(σ)

gilt wegen:

$$P(|x-\mu| < a) = \Phi\left(\frac{a}{\sigma}\right)$$

$$P = \left(\frac{a}{\sigma}\right)$$

Abbildung 7.41   Abweichungsintegral der Normalverteilung

GTEST() liefert die zweiseitige Prüfstatistik für eine Normalverteilung (Gausstest), wobei gilt:

$$GTEST(Daten;x) = 1 - STANDNORMVERT\left(\frac{\mu - x}{\sigma / \sqrt{n}}\right)$$

Abbildung 7.42   GTEST() und STANDNORMVERT()

Beispiele:

=GAUSS(1)   (0,3413)[*]

(*) entspricht 0,5 * P (siehe Abb. 7.40)

=GTEST(D11:D21;D19)

GESTUTZTMITTEL(Daten; Alpha)

Bestimmt wird der Mittelwert einer Anzahl von Werten, die als Matrix (Zellbereich) für Daten einzugeben sind. Hierbei werden so viele Werte aus der Stichprobe entfernt, wie es Alpha (prozentual) entspricht.

Liegen beispielsweise 20 Werte vor und Alpha ist 0,1 (10%), so werden aus der Stichprobe vor der Mittelwertbestimmung zwei Werte (10% von 20) symmetrisch von oben und unten entfernt. Das heißt, hier werden der Größtwert und der Kleinstwert entfernt.

GEOMITTEL(Zahl 1; Zahl 2 ... Zahl 30)

Berechnet den geometrischen Mittelwert einer Anzahl von Werten. Dieser entspricht dem Produkt aller Werte hoch der reziproken Anzahl der Werte.

Beispiel:

=GEOMITTEL(1;2;3;4;5)	(2,6052)
=(1*2*3*4*5)^(1/5)	(2,6052)

HARMITTEL(Zahl 1; Zahl 2 ... Zahl 30)

Berechnet das harmonische Mittel einer Stichprobe. Dieses ergibt sich als das Reziproke eines arithmetischen Mittels, das aus den Reziprokwerten der Werte bestimmt wurde.

Also:

=MITTELWERT(1;2;3;4)	(arithmetisches Mittel)
=MITTELWERT(1/1;1/2;1/3;1/4)	(dasselbe aus reziproken Werten)
=1/(MITTELWERT(1/1;1/2;1/3;1/4))	(das Reziproke, entspricht 1,92)
=HARMITTEL(1;2;3;4)	(dasselbe direkt berechnet)

HYPGEOMVERT(X; Anzahl ; M; Gesamtanzahl)

HYPGEOMVERT() berechnet die Wahrscheinlichkeit bezüglich einer hypergeometrisch verteilten Zufallsvariablen.

Beispiel:

Eine Gesamtmenge von 20 Kugeln besteht aus 12 blauen und 8 roten Kugeln. Entnehmen Sie hieraus wahllos 4 Kugeln, so entspricht die Wahrscheinlichkeit, dass sich eine rote Kugel unter den 4 Kugeln befindet:

=HYPGEOMVERT(1;4;8;20) (0,3633)

KGRÖSSTE(Daten; Rang)
KKLEINSTE(Daten; Rang)
RANG(Wert; Daten; Art)

Berechnen den Rang-größten oder Rang-kleinsten Wert einer Stichprobe von Daten (Matrix bzw. Zellbereich). Beispielsweise ist in einer Stichprobe 1;2;3;4;5 der Wert 3 sowohl drittgrößter als auch drittkleinster Wert, der Rang ist also jeweils 3.

RANG() bestimmt den Rang (Platz, Position) eines Wertes in einer Reihe von Daten.

KONFIDENZ(Alpha; Standardabweichung; Anzahl)

KONFIDENZ() berechnet das Konfidenzintervall (1-Alpha) für den Erwartungswert einer Zufallsvariablen.

Beispiel:

Ein Betrieb stellt Fruchtjoghurt her, der in Bechern abgefüllt wird. Aus der laufenden Produktion werden 50 Becher entnommen, deren mittleres Füllgewicht 150g beträgt. Es sei angenommen, dass die zugehörige Standardabweichung der Grundgesamtheit 3 beträgt, und als zugrunde gelegte Wahrscheinlichkeit gelte 95 %.

=KONFIDENZ(0,05;3;50)   (0,8317)

Somit liegt der mittlere Inhalt eines Bechers bei 150 ± 0,8317g.

KORREL(Matrix1; Matrix2)

Berechnet die zwischen zwei Wertereihen bestehende Korrelation, d.h., ob die zwei Wertereihen in einem Zusammenhang stehen.

Liegt das Ergebnis bei −1, so besteht gerade ein Zusammenhang im umgekehrten Verhältnis, liegt das Ergebnis bei +1, ergibt sich eine direkte Abhängigkeit. Ein Ergebnis, was nahe bei 0 liegt, ist Beleg dafür, dass zwischen beiden Reihen kein Zusammenhang besteht.

KOVAR(Matrix1; Matrix2)

Ermittelt die Kovarianz zweier Wertereihen. Die Kovarianz ergibt sich hierbei aus: 1/(Anzahl der Wertepaare)*((Summe aller Produkte x*y) – (Anzahl der Wertepaare*Mittelwert(x)*Mittelwert(y))).

Beispiel:

x-Werte (Matrix1)	y-Werte (Matrix2)
20	0,0400
30	0,0510
40	0,0730
50	0,0790
60	0,1020

KOVAR() liefert für diese Werte 0,3040. Ohne **KOVAR()** ließe sich dieser Wert wie folgt berechnen:

=MITTELWERT(20;30;40;50;60)   (40,0000)

=MITTELWERT(0,04;0,051;0,073;0,079;0,102)   (0,0690)

=SUMME(20*0,04;30*0,051;40*0,073;50*0,079;60*0,102)   (15,3200)

somit:

=(1/5)*(15,32-(5*40*0,069))   (0,3040)

(Die in der Mathematik gebräuchliche **empirische** Kovarianz würde als ersten Faktor 1/4 (entspricht 1/(n – 1)) verwenden und somit 0,38 liefern.)

KRITBINOM(Anzahl; Erfolgswahrscheinlichkeit; Alpha)

Berechnet den kleinsten Wert, für den gilt, dass die kumulierten Wahrscheinlichkeiten der Binomialverteilung größer oder gleich einer Grenzwahrscheinlichkeit sind.

Beispiel:

=KRITBINOM(6;0,5;0,75)   (4)

KURT(Zahl 1; Zahl 2; ...Zahl 30)

Bestimmt die Kurtosis einer Gruppe von Werten gemäß folgender Formel:

$$=\left\{\frac{n(n+1)}{(n-1)(n-2)(n-3)}\sum\left(\frac{x_i-\bar{x}}{s}\right)^4\right\}-\frac{3(n-1)^2}{(n-2)(n-3)}$$

s ... Standardabweichung

Abbildung 7.43 Berechnung von KURT()

Wie aus der Formel ersichtlich, ist eine Mindestzahl von vier Werten erforderlich (sonst Fehler, weil Division durch Null).

LOGINV(Zahl; Mittelwert; Standardabweichung)
LOGNORMVERT(Zahl; Mittelwert; Standardabweichung)

LOGINV() liefert Quantile der Lognormalverteilung von Zahl, wobei ln(Zahl) mit den Parametern Mittelwert und Standabweichung der Normalverteilung unterliegt. Es gilt für den Zusammenhang mit **LOGNORMVERT()**:

wenn a = LOGNORMVERT(x,...), dann LOGINV(a;...) = x

Beispiele:

=LOGINV(0,1233;3;1,2)   (5)

=LOGNORMVERT(5;3;1,2)   (0,1233)

MAX(Zahl 1; Zahl 2 ... Zahl 30)
MIN(Zahl 1; Zahl 2 ... Zahl 30)
MAXA(Wert 1; Wert 2 ... Wert 30)
MINA(Wert 1; Wert 2 ... Wert 30)

Diese Funktionen bestimmen den jeweiligen Maximal- bzw. Minimalwert einer Stichprobe. In den Fällen, wo die Parameter die Bezeichnung Wert haben, sind auch Texte zulässig, die bei der Bestimmung als 0 bewertet werden.

MEDIAN(Zahl 1; Zahl 2 ... Zahl 30)

Gibt den »mittleren« Wert einer Gruppe von Zahlen zurück. Ist die Anzahl der Werte ungerade, ist dies die »mittlere« Zahl der Gruppe, sonst der Mittelwert der zwei »mittleren« Zahlen.

Beispiele:

=MEDIAN(1;2;3) (2)

=MEDIAN(1;2;3;4) (2,5)

MITTELABW(Zahl 1; Zahl 2; ...Zahl 30)

Liefert die absolute durchschnittliche Streuung (Abweichung) einer Anzahl von Werten um ihren Mittelwert.

Beispiel:

=MITTELABW(1;1,1;1,2;1,3) (0,1)

Der Mittelwert der vier Werte ist beispielsweise =SUMME(1;1,1;1,2;1,3)/4, daraus ergibt sich 1,15. Bildet man die Differenz jedes Einzelwerts zu diesem Mittelwert und addiert die Beträge dieser Differenzen, also =SUMME(ABS(1,15-1);ABS(1,15-1,1);ABS(1,15-1,2);ABS(1,15-1,3))/4, erhält man 0,1, was **MITTELABW()** dieser vier Werte entspricht.

MITTELWERT(Zahl 1; Zahl 2 ... Zahl 30)
MITTELWERTA(Wert 1; Wert 2 ... Wert 30)

Beide Funktionen bestimmen den arithmetischen Mittelwert einer Anzahl von Werten. Bei letzter Funktion sind auch Texte (Strings) als Argumente zulässig, diese werden jedoch als 0 bewertet. Der arithmetische Mittelwert entspricht der Summe aller Werte geteilt durch deren Anzahl.

Beispiele:

=MITTELWERT(1;2;3;4) (2,5)

=MITTELWERT(1;"abc";3;4) (#WERT!)

=MITTELWERTA(1;"abc";3;4) (2)

MODALWERT(Zahl 1; Zahl 2 ...Zahl 30)

Ermittelt den Wert, der in einer Anzahl von Werten am häufigsten vorkommt. Gibt es mehrere Werte gleicher Häufigkeit, wird der kleinste Wert zurückgegeben. Kommt kein Wert häufiger als einmal vor, wird ein Fehler zurückgegeben.

Beispiele:

=MODALWERT(1;2;2;2;3;3)   (2)

=MODALWERT(1;2;2;2;1;1;3)   (1)

=MODALWERT(1;2;3)   (#WERT!)

NEGBINOMVERT(Mißerfolge; Erfolge; Erfolgswahrscheinlichkeit)

Liefert die Wahrscheinlichkeiten einer Zufallsvariablen mit negativer Binomialverteilung.

Beispiel:

=NEGBINOMVERT(1;1;0,25)   (0,1875)

NORMINV(Zahl; Mittelwert; Standardabweichung)
NORMVERT(Zahl; Mittelwert; Standardabweichung; K)

NORMVERT() liefert Wahrscheinlichkeiten einer normalverteilten Zufallsvariablen für einen angegebenen Mittelwert und eine angegebene Standardabweichung. **NORMINV()** liefert die Quantile der Normalverteilung.

$$f(x) = \frac{1}{\sigma\sqrt{2\pi}}\, e^{-\frac{(x-\mu)^2}{2\sigma^2}}$$

σ ... Standardabweichung
μ ... Erwartungswert

Abbildung 7.44 Dichtefunktion der Normalverteilung

Beispiele:

=NORMINV(0,95;20;3)   (24,94)

=NORMVERT(24,94;20;3;1)   (0,95)

PHI(Zahl)

PHI() berechnet aus Zahl den Wert der Standardnormalverteilung als Verteilungsfunktion.

Beispiele:

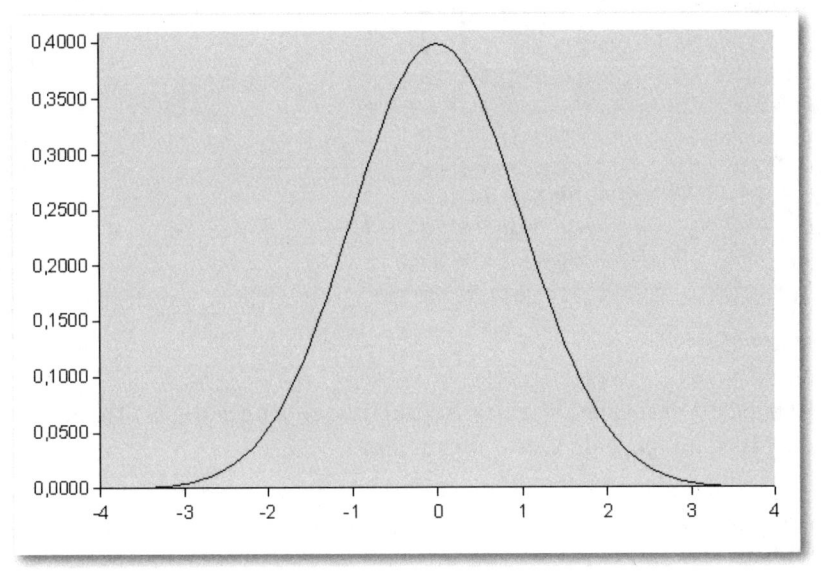

=PHI(0)   (0,4)

=PHI(1)   (0,24)

Abbildung 7.45   Standardnormalverteilung – Grafik d. Dichtefunktion

POISSON(Zahl; Mittelwert; K)

POISSON() liefert Wahrscheinlichkeiten einer Zufallsvariablen, für die Poissonverteilung gilt.

Beispiele:

=POISSON(2;5,5;0)   (0,0618)

=POISSON(2;5,5;1)   (0,0884)

QUANTIL(Daten; Alpha)
QUANTILSRANG(Daten; Wert)
QUARTILE(Daten; Typ)

Berechnet den »Schwellenwert« einer Stichprobe basierend auf dem größten und kleinsten Wert der Stichprobe und einer prozentualen Angabe Alpha, die beschreibt, wo dieser Wert zu bestimmen ist relativ zu Unter- und Obergrenze. Die Abbildung verdeutlicht die Wirkung von **QUANTIL()**.

QUANTILSRANG() ist die Umkehrfunktion und liefert folglich für **=QUANTILS-RANG(A1:A10;4,6)** den Wert 0,4 (40%), siehe Abbildung.

	A	B	C	D	E	F
1	1	0,1	1,9		=QUANTIL($A$1:$A$10;B1)	
2	2	0,2	2,8		=QUANTIL($A$1:$A$10;B2)	
3	3	0,25	3,25		=QUANTIL($A$1:$A$10;B3)	
4	4	0,4	4,6		=QUANTIL($A$1:$A$10;B4)	
5	5	0,5	7,5		=QUANTIL($A$1:$A$10;B5)	
6	10	0,6	14		=QUANTIL($A$1:$A$10;B6)	
7	20	0,75	27,5		=QUANTIL($A$1:$A$10;B7)	
8	30	0,8	32		=QUANTIL($A$1:$A$10;B8)	
9	40	0,9	41		=QUANTIL($A$1:$A$10;B9)	
10	50	1	50		=QUANTIL($A$1:$A$10;B10)	
11						

Abbildung 7.46 QUANTIL()

QUARTILE() liefert die Quartile einer Anzahl zusammengehöriger Daten. Der Parameter Typ kann folgende Werte annehmen:

Typ	Entspricht
0	MIN()
1	25%
2	MEDIAN()
3	75%
4	MAX()

=QUARTILE(A1:A10;1) liefert 3,25 für die Beispielwerte (siehe Abbildung).

SCHIEFE(Zahl1;Zahl2 ...)

Liefert die Schiefe einer Häufigkeitsverteilung. Diese ist ein Maß für die Symmetrie einer eingipfligen Häufigkeitsverteilung um ihren Mittelwert.

STABW(Zahl 1;Zahl 2...Zahl 30)
STABWA(Wert 1;Wert 2...Wert 30)
STABWN(Zahl 1;Zahl 2...Zahl 30)
STABWNA(Wert 1;Wert 2...Wert 30)

Diese Funktionen berechnen die Standardabweichung basierend auf zwei unterschiedlichen Gleichungen. Die Methoden werden auch bezeichnet als *erwar-*

tungstreue Schätzung (n(n–1)) bzw. *asymptotisch erwartungstreue Schätzung* (n²). Für eine hohe Anzahl von Werten liefern beide Methoden näherungsweise gleiche Ergebnisse.

STABW() / STABWA():

$$= \sqrt{\frac{n \sum x^2 - (\sum x)^2}{n(n-1)}}$$

STABWN() / STABWNA():

$$= \sqrt{\frac{n \sum x^2 - (\sum x)^2}{n^2}}$$

Abbildung 7.47 Gleichungen für Standardabweichung

Die Funktionen **STABWA()** und **STABWNA()** akzeptieren als Argumente auch Text, wobei dieser als Wert 0 berücksichtigt wird.

Beispiele:

=STABW(108;97;112;83;108;102;92;107;94)   (9,5000)

=STABWN(108;97;112;83;108;102;92;107;94)   (8,9566)

STANDNORMINV(Zahl)
STANDNORMVERT(Zahl)

STANDNORMINV() berechnet die Quantile der Standardnormalverteilung, **STANDNORMVERT()** liefert die Werte der Verteilungsfunktion einer standardnormalverteilten Zufallsvariablen.

Beispiele:

=STANDNORMINV(0,8413)   (1,00)

=STANDNORMVERT(1)   (0,8413)

SUMQUADABW(Zahl 1; Zahl 2 ... Zahl 30)

Berechnet die Summe der quadrierten Abweichungen der einzelnen Werte zum Mittelwert der Werte.

Beispiel:

Werte	(Wert − Mittelwert)²
3	5,22
4	1,65
6	0,51
2	10,8
5	0,08
8	7,37
9	13,8

Der Mittelwert aller Werte (Summe der Werte geteilt durch Anzahl) ist 5,29. Dieser Mittelwert ist von jedem Einzelwert zu subtrahieren und die Differenz ins Quadrat zu erheben. Die Summe dieser Werte entspricht der sogenannten Fehlerquadratsumme (39,43).

SUMQUADABW() liefert dieses Ergebnis direkt, im vorliegenden Fall mittels:

=SUMQUADABW(3;4;6;2;5;8;9) (39,43)

TINV(Zahl; Freiheitsgrade)
TTEST(Daten 1; Daten 2; Modus; Typ)
TVERT(Zahl; Freiheitsgrade; Modus)

TINV() liefert die Quantile der t-Verteilung (*Student-Verteilung*), **TVERT()** berechnet die Werte der entsprechenden Verteilungsfunktion (1-Alpha) einer t-verteilten Zufallsvariablen. **TTEST()** ermittelt die Teststatistik eines Student'schen t-Tests.

Beispiele:

=TINV(0,054645;60) (1,96)

=TVERT(1,96;60;2) (0,054645)

VARIANZ(Zahl 1; Zahl 2; ... Zahl 30)
VARIANZA(Wert 1; Wert 2; ...Wert 30)
VARIANZEN(Zahl 1; Zahl 2; ... Zahl 30)
VARIANZENA(Wert 1; Wert 2; ...Wert 30)

Diese Funktionen rechnen entsprechend der abgebildeten Gleichungen. Die Funktionen mit Wert in der Parameterliste (**VARIANZA()** und **VARIANZENA()**)

berücksichtigen Texte mit dem Wert 0, die anderen Funktionen ignorieren Text. Ebenso werden von letzteren Funktionen Wahrheitswerte als Parameter ignoriert.

VARIANZ() / VARIANZA():

$$= \frac{n\sum x^2 - (\sum x)^2}{n(n-1)}$$

VARIANZEN() / VARIANZENA():

$$= \frac{n\sum x^2 - (\sum x)^2}{n^2}$$

Abbildung 7.48 Berechnungsformeln

Das folgende Beispiel zeigt die Verwendung der Funktionen:

	A	B	C	D
1	x	x^2		
2	11	121		
3	94	8836		VARIANZ():
4	94	8836		1118,19
5	15	225		=VARIANZ(A2:A16)
6	57	3249		
7	59	3481		VARIANZA():
8	37	1369		1378,27
9	56	3136		=VARIANZA(A2:A16)
10	abc			
11	98	9604		VARIANZEN():
12	34	1156		1032,18
13	86	7396		=VARIANZEN(A2:A16)
14	17	289		
15	def			VARIANZEN():
16	99	9801		1286,38
17				=VARIANZENA(A2:A16)
18	757	57499		

Abbildung 7.49 Berechnungsbeispiel

VARIATIONEN(Anzahl 1; Anzahl 2)
VARIATIONEN2(Anzahl 1; Anzahl 2)

Bereits im Kapitel über die mathematischen Funktionen wurden die Funktionen **FAKULTÄT()**, **KOMBINATIONEN()** und **KOMBINATIONEN2()** behandelt. Dort finden Sie einige Erläuterungen zum Bereich Kombinatorik, der den Berechnungen zugrunde liegt.

Für die Berechnung der Variationen gilt folgende Formel:

Variationen = n! / (n-k)! (= *Kombinationen* k!*)

Die Funktion **VARIATIONEN2()** berücksichtigt auch Wiederholungen.

Beispiele:

=VARIATIONEN(3;2) (6)

=VARIATIONEN2(3;2) (9)

Das erste Beispiel führt somit zu:

12 13 21 23 31 32

Im zweiten Beispiel werden zusätzlich die drei möglichen Wiederholungen berücksichtigt, also:

11 22 33

WAHRSCHBEREICH(Daten; Wahrscheinlichkeiten; Anfang; Ende)

Berechnet die Wahrscheinlichkeit für ein von zwei Werten begrenztes Intervall. Ist das Argument Ende nicht angegeben, berechnet diese Funktion die Wahrscheinlichkeit, dass zu *Daten* gehörende Werte gleich dem Wert von *Anfang* sind.

Daten erwartet hierbei einen Bereich, der die beobachteten Werte enthält, und *Wahrscheinlichkeiten* einen Bereich mit den zugehörigen Wahrscheinlichkeiten.

	A	B	C	D
1	0	0,2		
2	1	0,3		
3	2	0,1		
4	3	0,4		
5				
6	0,8	=WAHRSCHBEREICH(A1:A4;B1:B4;1;3)		
7				

Abbildung 7.50 Beispiel zu WAHRSCHBEREICH()

WEIBULL(Zahl; Alpha; Beta; K)

WEIBULL() ermittelt Wahrscheinlichkeiten zu einer der Weibull-Verteilung unterliegenden Zufallsvariablen.

Beispiel:

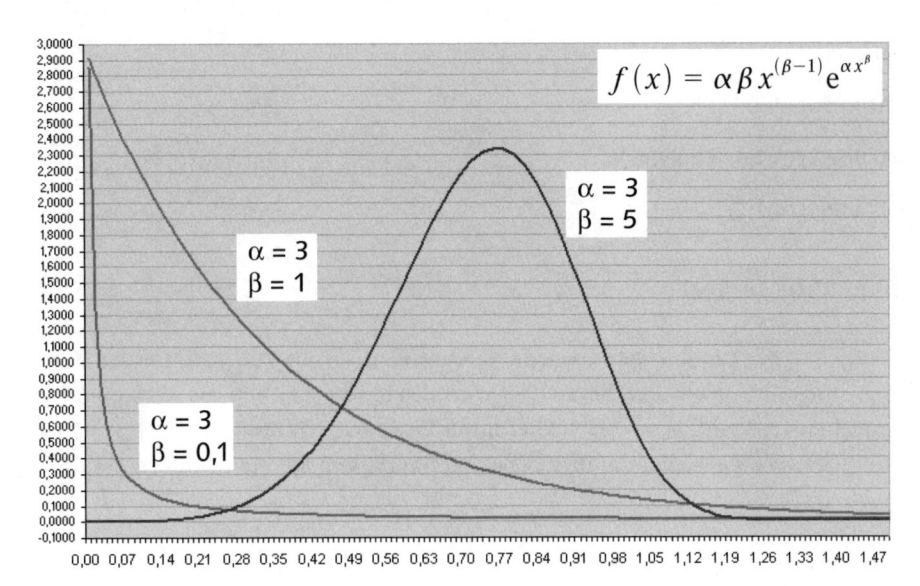

=WEIBULL(1,05;1;5;0) (0,1621)

$$f(x) = \alpha \beta x^{(\beta-1)} e^{\alpha x^\beta}$$

Abbildung 7.51 Dichtefunktionen der Weibull-Verteilung – Beispiele

7.11 Tabellenfunktionen

ADRESSE(Zeile; Spalte; Art des Bezugs; Tabelle) [○]

Ermittelt einen Textausdruck für eine Zelladresse, wenn diese Adresse durch die Angaben für Zeile und Spalte beschrieben ist. Der Parameter Art des Bezugs bestimmt hierbei, wie die Ausgabe erfolgt (relativ oder absolut). Folgende Werte sind zulässig:

Parameter	Art des Bezugs	Beispiel für Ergebnis
1 oder fehlend	absolut	$A$1
2	Zeile absolut	A$1
3	Spalte absolut	$A1
4	relativ	A1

Für den Parameter Tabelle wird der Name einer Tabelle erwartet, der in Anführungszeichen zu setzen ist.

Letztere beide Parameter sind optional. Sinnvoll weiterverwendet werden können Ergebnisse der Funktion **ADRESSE()** beispielsweise mit der Funktion **INDIREKT()**.

Beispiele:

=ADRESSE(2;2)	($B$2)
=ADRESSE(3;1;4;"Einkauf")	(Einkauf.A3)
=ADRESSE(4;1;2)	(A$4)

BEREICHE(Bezüge)

Übergeben Sie für Bezüge eine oder mehrere Adressen von Zellen oder Bereichen, um die Anzahl der Bereiche zu ermitteln. Sie können auch Namen von Bereichen verwenden, die Sie vorher unter **Einfügen • Namen...** festgelegt haben. Übergeben Sie Bereiche, die nicht existieren, erhalten Sie eine Fehlermeldung.

Beispiele:

=BEREICHE(A1:D4;F2:G10;G1)	(3)
=BEREICHE(Bereich_1;Bereich_2) *(wenn beide Bereiche definiert sind)*	(2)
=BEREICHE(A0:A3;A1:A3)	(#NAME?)

DDE(Server; Dateipfad; Bereich; Modus)

Erzeugt in einer Zelle eine DDE-Verknüpfung. Ausführliche Informationen hierzu erhalten Sie in Kapitel 9.1.1. Um die Gefahr von Eingabefehlern zu verringern, sollten Sie zur Eingabe das dort angegebene Verfahren verwenden.

Beachten Sie, dass die im Parameter Dateipfad vorhandenen Pfadtrenner betriebssystemspezifisch angegeben werden.

DDE-Feld im Writer:

Häufig fragen Nutzer nach einer Möglichkeit, einzelne Calc-Zellen mittels DDE so in Writer zu verknüpfen, dass der Ausgabewert keine Tabellenzelle bildet, sondern sich in den Fließtext eingliedert. Um dies zu erreichen, gehen Sie bitte wie folgt vor:

▶ Setzen Sie den Cursor an die Stelle des Textes, an welcher Sie die DDE-Verknüpfung einfügen möchten.

- Wählen Sie im Menü (im Writer): **Einfügen • Feldbefehl • Andere...** und wechseln Sie im erscheinenden Dialog zum Register **Variablen**.
- Wählen Sie links (unter Typ) **DDE-Feld** und geben Sie links unten (unter **Name**) einen eindeutigen Namen für das Feld ein. Geben Sie unter **DDE-Anweisung** die Anweisung zur Verknüpfung ein, beispielsweise:

  soffice D:\Verknüpfungstest.ods Tabelle10.A1

  Hiermit verknüpfen Sie den Inhalt der Zelle A1 in Tabelle namens *Tabelle10* der Datei D:\Verknüpfungstest.ods. Als DDE-Server dient hierbei OpenOffice.org (*soffice*), das Betriebssystem ist augenscheinlich MS Windows (*D:*).
- Klicken Sie rechts auf **DDE automatisch** und abschließend auf **Einfügen**.

Sie erhalten hierdurch ein DDE-Feld, welches sich normal in den Fließtext Ihres Dokuments eingliedert.

FEHLERTYP(Bezug)

Hiermit können Sie den Fehlertyp (Fehlercode) einer Zelle ermitteln. Enthält die Zelle, die Sie als *Bezug* übergeben, keinen Fehler, erhalten Sie als Rückgabe #NV (nicht verfügbar).

Der Ausdruck **=FEHLERTYP(NV())** liefert übrigens 32767, was Sie auch erhalten, wenn in der Bezugszelle #NV steht.

HYPERLINK (URL; Zelltext)

Mittels der Funktion **HYPERLINK()**, können Sie einen Hyperlink in einer Zelle erzeugen.

Beispiel:

=HYPERLINK("http://de.openoffice.org";"Informationen")

Im Gegensatz zur Verwendung des Menübefehls **Einfügen • Hyperlink** ist es somit möglich, Parameter des Hyperlinks auch dynamisch zu berechnen, beispielsweise:

=HYPERLINK("http://«&A1&«de.openoffice.org";A2)

Auch können solche Hyperlink-Zellen frei formatiert werden, beispielsweise bezüglich Schriftart oder Zellhintergrund.

Um innerhalb einer Calc-Datei einen Link auf eine bestimmte Zelle zu setzen, beachten Sie bitte die Raute »#« in der Adressangabe, beispielsweise:

=HYPERLINK("#Tabelle3.A4";"Link auf Zelle")

INDEX(Bezug; Zeile; Spalte; Bereich)

Mittels **INDEX()** greifen Sie auf den Wert einer Zelle zu, die festgelegt ist durch den Parameter Bezug (der einen Einfach- oder Mehrfachbereich darstellt) sowie einen Zeilen- und/oder Spaltenbezug in diesem Bereich. Bei Mehrfachbereichen bestimmt zusätzlich der Parameter Bereich, auf welchen Teilbereich sich die Angabe unter Zeile (Spalte) bezieht.

Obwohl Sie für den Parameter Bezug auch Bereiche mittels Zelladressen angeben können, ist es bei **INDEX()** besonders vorteilhaft, als Bereiche benannte Bereiche zu verwenden, weil dann automatisch auf eine bestimmte Zelle relativ zur linken oberen Zelle des Bereichs zugegriffen werden kann, unabhängig davon, wie die Absolutadresse der Zelle oder des Bereichs lautet.

Benannte Bereiche sind hierbei Bereiche, die Sie mittels **Daten • Bereich festlegen** oder **Einfügen • Namen** (vorher) festgelegt haben.

Beispielsweise gibt **=INDEX((Einnahmen);1;1;1)** den Wert der Zelle zurück, die sich im Mehrfachbereich Einnahmen in Zeile 1 Spalte 1 des Teilbereichs mit dem Index 1 befindet (linke obere Zelle).

INDIREKT(Bezug)

Manchmal stehen Sie vor der Aufgabe, einen Zellbezug zu übergeben, der erst vorher berechnet werden muss. Beispielsweise möchten Sie den Wert einer Zelle mit einer von einer anderen Berechnung abhängigen Zelladresse bestimmen. Angaben für eine Zelladresse wie »A«&«100« oder ähnliche Konstruktionen können Sie nicht direkt an eine Funktion übergeben.

Mittels **INDIREKT()** können Sie jedoch beliebige Strings (Texte) verwenden, die einer Zelladresse (oder Zellbereichsadresse) entsprechen. Beispielsweise berechnet **=SUMME(INDIREKT(»A«&«1:«& ADRESSE(4;4)))** die Summe aller Werte in den Zellen A1:D4.

PIVOTDATENZUORDNEN(Pivottabelle; Datenfeld)

[O] Mit der Funktion **PIVOTDATENZUORDNEN()** können Sie auf Daten aus *Pivottabellen* (Tabellen des Datenpiloten) zugreifen. Es können hierbei nur Werte zurückgegeben werden, welche in der Pivottabelle sichtbar sind. Für nicht sichtbare Werte liefert Calc die Fehlermeldung #REF! (ungültiger Bezug). Der Parameter Pivottabelle bezeichnet eine beliebige Zelle der Pivottabelle.

Die Verwendung von **PIVOTDATENZUORDNEN()** sei anhand eines Beispiels verdeutlicht, siehe Abbildung 7.52.

7.11 | Tabellenfunktionen

	A	B	C	D	E	F	G	H	I	J
1	Filter									
2	Vertriebsgebiet	- alle -								
3										
4	Summe - Umsatz	Warengruppe								
5	Verkäufer	A1	A2	A3	B1	B2	C1	C2	C3	Gesamt Ergebnis
6	Faulgerber	11.057,30 €		7.463,13 €		20.925,90 €			5.340,27 €	44.786,60 €
7	Grützmann	12.270,41 €			3.746,59 €	7.973,71 €		4.630,71 €		28.621,42 €
8	Hellwig		5.100,70 €				8.687,23 €	6.111,16 €		19.899,09 €
9	Link		11.764,72 €				10.794,23 €	6.405,67 €	11.545,90 €	34.104,85 €
10	Münzmann	21.197,82 €		11.512,33 €			8.404,63 €			47.520,45 €
11	Schulz	11.057,30 €			5.821,85 €			9.395,87 €		26.275,02 €
12	Schwarz		13.421,87 €	12.966,84 €				3.538,45 €		29.927,16 €
13	Wellnitz		11.513,55 €	7.308,71 €	10.344,39 €					29.166,65 €
14	Gesamt Ergebnis	55.582,83 €	28.378,97 €	39.706,04 €	32.879,67 €	28.899,61 €	27.886,09 €	30.081,86 €	16.886,17 €	260.301,24 €

(Markierungen: B unter Spalte A1 Summe, C unter A3 Summe, D unter C2 Summe, A unter Gesamt Ergebnis-Spalte)

Abbildung 7.52 Pivottabelle – Beispiel

Zum Ermitteln der in Abbildung 7.52 hervorgehobenen Werte (A bis D) verwenden Sie:

Summe aller Umsätze (A):

=PIVOTDATENZUORDNEN(A2;"Umsatz")   (260.301,24 €)

Summe der Umsätze für Warengruppe A1 (B):

=PIVOTDATENZUORDNEN(A2;"A1")   (55.582,83 €)

Summe der Umsätze des Verkäufers Grützmann für Warengruppe A1(C):

=PIVOTDATENZUORDNEN(A2;"A1 Grützmann")   (12.270,41 €)

Summe der Umsätze des Verkäufers Grützmann (D):

=PIVOTDATENZUORDNEN(A2;"Grützmann")   (28.621,42 €)

> Vorstehende Schreibweise der Formeln für **PIVOTDATENZUORDNEN()** ist kompatibel zu MS Excel.   *Umstieg*

Für Calc ist auch eine weitere Schreibweise der Funktionsparameter möglich:

allgemein:

PIVOTDATENZUORDNEN(Datenfeld; Pivottabelle; Feldname1; Datenfeld1; ...)

für oben stehende Beispiele (A bis D):

=PIVOTDATENZUORDNEN("Umsatz";A2)

=PIVOTDATENZUORDNEN("Umsatz";A2;"Warengruppe";"A1")

=PIVOTDATENZUORDNEN("Umsatz";A2;"Warengruppe";"A1"; "Verkäufer";"Grützmann")

=PIVOTDATENZUORDNEN("Umsatz";A2;"Verkäufer";"Grützmann")

SPALTE(Bezug)
ZEILE(Bezug)

Durch diese Funktionen können Sie die Zeilennummern eines Bezuges ermitteln, wobei ein Bezug eine einzelne Zelle oder ein Bereich sein kann.

Im Fall einer einzelnen Zelle wird deren Zeilen- bzw. Spaltennummer zurückgegeben, im Fall eines Bereiches die entsprechenden Zeilen- bzw. Spaltennummern in Form einer Matrix. Lassen Sie den Parameter Bezug gänzlich weg, steht in der Zelle die Zeilen- oder Spaltennummer der Zelle selbst.

Beispiele:

=SPALTE(B3)	(2)
=ZEILE(Bereich_1)	([erste] Zeile des benannten Bereiches)
{=SPALTE(A1:C3)}	(1; 2; 3 – in drei Einzelzellen als Matrix)

(Die Ergebniszellen müssen in einer Zeile stehen, sonst erhalten Sie für letztere zwei Matrixelemente #NV.)

SPALTEN(Bezug)
ZEILEN(Bezug)

Mit diesen Funktionen lässt sich die Anzahl der Spalten bzw. Zeilen eines übergebenen Bezugs ermitteln. Eine einzelne Zelle als Bezug ist zulässig, sinnvoll ist aber ein Bereich bzw. sind mehrere Bereiche. Nützlich Sind diese Funktionen zum Beispiel, wenn Sie die Größe benannter Bereiche bestimmen wollen.

Beispiele:

=SPALTEN(A1:C1;D1:F1)	(6)
=ZEILEN(A2:C2;A3:C3)	(2)

="der benannte Bereich (Bereich_1) ist "&ZEILEN(Bereich_1)&" Zeilen hoch und "&SPALTEN(Bereich_1)&" Spalten breit"

SVERWEIS(Suchkriterium; Matrix; Index; Sortiert)
WVERWEIS(Suchkriterium; Matrix; Index; Sortiert)

Mit **SVERWEIS()** sind Sie in der Lage, in einer (zwei)spaltigen Matrix einen Wert zu suchen und den dazugehörigen Wert der Nachbarspalte auszugeben.

	A	B	C
1	Artikelnummer	Bezeichnung	
2	03347-31-0089	s/w Momitor 800 TV-Linien	
3	01238-31-9907	Farbmonitor 10"	
4	00784-09-3388	Farbmonitor 12"	
5	00723-08-8871	Farbmonitor 14"	
6			
7	Farbmonitor 10"	=SVERWEIS("01238-31-9907";A2:B5;2;0)	

Abbildung 7.53 Verwendung von SVERWEIS()

Nach dem Suchkriterium wird immer in der ersten Spalte der angegebenen Matrix gesucht, der Parameter Index bestimmt, aus welcher Spalte der Matrix ein Wert zurückgegeben werden soll, wenn der Suchwert gefunden wird.

Mittels des Parameters Sortiert geben Sie an, ob die Werte in der ersten Spalte der Matrix aufsteigend sortiert vorliegen. Übergeben Sie diesen Parameter als booleschen Wert. Ist der Parameter vom Wert *FALSCH* (bzw. 0), werden nur exakte Übereinstimmungen gefunden, für den Wert 1 (*WAHR*) erhalten Sie hingegen immer ein Ergebnis, wenn Ober- und Untergrenze der Suchspalte der Matrix das Suchkriterium einschließen.

Die Funktion **WVERWEIS()** verhält sich völlig gleich wie **SVERWEIS()**, außer dass hier statt Spalten für den Such- bzw. Rückgabebereich entsprechend Zeilen verwendet werden.

TABELLE(Bezug)
TABELLEN(Bezug)

Die Rückgabe ist ein Äquivalent der entsprechenden Funktionen für Zeile(n) bzw. Spalte(n). Für **TABELLE()** beachten Sie bitte, dass die Zählung bei der ganz linken Tabelle (bezüglich der Reihenfolge der Tabellenreiter) mit dem Wert 1 beginnt.

Beispiele:

=TABELLE(Tabelle2.A1)
(Wenn die Tabelle mit Namen »Tabelle2« die zweite von links ist, erhalten Sie 2.)
=TABELLEN(Tabelle1.A1:Tabelle3.G12)
(Wenn die angegebenen Tabellen – in der angegebenen Reihenfolge (!) – existieren, erhalten Sie 3.)

VERGLEICH(Suchkriterium; Matrix; Typ)

VERGLEICH() sucht in einer (einzeiligen oder einspaltigen) Matrix einen bestimmten Wert. Der Parameter Suchkriterium gibt den entsprechenden Suchwert an, wobei auch reguläre Ausdrücke zulässig sind, falls *Matrix* Textausdrücke enthält. Der Parameter Typ übergibt, wie die Werte in der Matrix sortiert sind, und beeinflusst dadurch auch indirekt das Ergebnis von **VERGLEICH()**.

Typ	Matrix	Rückgabe
0	Einträge in der Matrix liegen unsortiert vor	Gefunden wird die erste exakte Übereinstimmung
1 (oder fehlend)	Einträge sind aufsteigend sortiert	Der letzte Wert kleiner oder gleich dem Suchkriterium
–1	Einträge sind absteigend sortiert	Der erste Wert größer oder gleich dem Suchkriterium

Der Rückgabewert ist eine relative Angabe, beispielsweise liefert

=VERGLEICH(100; D10:D100) die Rückgabe 5, wenn der Wert 100 erstmalig in Zelle D14 (im Bereich D10:D100) auftaucht.

VERSCHIEBUNG(Bezug; Zeilen; Spalten; Höhe; Breite)

Ermöglicht die Angabe von Zelladressen indirekt dadurch, dass für eine Zelladresse zusätzlich Korrekturwerte angegeben werden, die bestimmen, mit welcher Adresse (ausgehend von der gegebenen Adresse) gerechnet werden soll. Die Wirkung zeigt folgendes Beispiel:

=SUMME(B10:B12)

=SUMME(VERSCHIEBUNG(A1;9;1;3;1))

Beide Ausdrücke führen zum selben Ergebnis, weil für die zweite Formel gilt:

A1 ist Bezugszelle, davon neun Zeilen tiefer ist A10, hiervon eine Spalte nach rechts ist B10. Zelle B10 ist somit die linke obere Zelle eines Bereichs, der drei Zellen hoch und eine Zelle breit ist, was zu B10:B12 als Bereich für die Summenbildung führt.

VERWEIS(Suchkriterium; Suchvektor; Ergebnisvektor)

Mittels **VERWEIS()** suchen Sie in einem Suchvektor nach einem Wert, der durch Suchkriterium gegeben ist. Wird dieser Wert im Suchvektor gefunden, so wird der zugehörige Index bestimmt und der zu diesem Index gehörige Wert des Ergebnisvektors zurückgegeben.

Ist das Suchkriterium im Suchvektor mehrfach vorhanden, so gilt als Index die Stelle des letzten Auftretens.

	A	B	C	D	E	F
1	Suchvektor:					
2	1	5	5	7	3	9
3						
4	Ergebnisvektor:					
5	2					
6	7					
7	4					
8	8					
9	11					
10	45					
11						
12						
13		8	=VERWEIS(7;A2:F2;A5:A10)			
14		4	=VERWEIS(5;A2:F2;A5:A10)			
15						

Abbildung 7.54 Beispiele für VERWEIS()

VORLAGE(Vorlagenname1; Zeit in Sekunden; Vorlagenname2)

Diese Funktion weist einer Zelle eine Zellvorlage zu, die vorher definiert werden muss. Diese Zellvorlage bleibt für eine gewisse Zeit (*Zeit in Sekunden*) nach der letzten Neuberechnung der Zelle bestehen und wird dann gegen eine andere Zellvorlage getauscht. Zum Erstellen von Zellvorlagen beachten Sie bitte die Informationen in Kapitel 4.1.2.

Da sowohl der Parameter für *Zeit in Sekunden* als auch der für die zweite Zellvorlage optional ist, können Sie diese Funktion nutzen, um einer Zelle eine bestimmte Zellvorlage zuzuweisen oder besser eine Zellvorlage in Abhängigkeit des Zellwertes zuzuweisen. Natürlich können Sie auch Abhängigkeiten für die Zellvorlage wählen, die außerhalb der spezifischen Zelle bestehen.

VORLAGE() wird einem in der Zelle vorhandenen Wert oder einer Funktion durch einfache Ergänzung mittels »+« hinzugefügt.

Beispiele:

=SUMME(A2:C2)+VORLAGE("Vorlage_1")
(Weist der Zelle die Vorlage »Vorlage_1« zu.)

=SUMME(A3:C3)+WENN(AKTUELL()<10;
VORLAGE("Vorlage_1");VORLAGE("Vorlage_2"))
(Weist der Zelle in Abhängigkeit vom Zellwert (Summe(A3:C3)) eine Zellvorlage zu.)

Anmerkung:

Es mag Ihnen überflüssig erscheinen, mit der Funktion **VORLAGE()** zu arbeiten, da Sie Formatierungen beispielsweise auch direkt zuweisen können oder zellwertabhängige Formatierungen über *bedingte Formatierung* oder den *Format-Code* der Zelle zuweisen können. Auch ist nicht zu leugnen, dass mittels der Funktion **VORLAGE()** eine saubere Trennung von Zellwert und Zellformatierung gewissermaßen unterlaufen wird.

Trotzdem sollten Sie im Auge haben, dass es mittels der Funktion **VORLAGE()** möglich ist, die Zellformatierung in geschützten Zellen zu ändern, indem Sie entsprechende Parameterwerte in nicht geschützten Zellen ablegen und diese in der Formel referenzieren.

WAHL(Index; Wert1...Wert30)

WAHL() liefert aus einer Liste von Werten den Wert, der einem bestimmten Index entspricht.

Beispiele:

=WAHL(2;5;10;15)   (10)

=WAHL(3;A1;2;B7;5;C4)   (liefert Wert der Zelle B7)

7.12 Textfunktionen

[o] In der Kategorie Textfunktionen sind Funktionen zusammengefasst, welche die Bearbeitung bzw. die Umwandlung von Texten (Strings) ermöglichen.

ARABISCH(Text)
RÖMISCH(Zahl; Modus)

Mit diesen Funktionen können Sie Zahlen von römischer zu arabischer Darstellung konvertieren und umgekehrt, der Zahlenwert muss im Bereich von 0 bis 3999 liegen. Bei **RÖMISCH()** bestimmt der Parameter Modus (0 bis 4) den Grad der Vereinfachung (»Zusammenfassung«) des Ergebnisses.

Beispiele:

=ARABISCH("MMIM")   (2999)

=RÖMISCH(2999;0)   (MMCMXCIX)

=RÖMISCH(2999;1)	(MMLMVLIV)
=RÖMISCH(2999;2)	(MMXMIX)
=RÖMISCH(2999;3)	(MMVMIV)
=RÖMISCH(2999;4)	(MMIM)

ASC(Text)
JIS()

Bei Sprachen mit Double-Byte-Zeichensatz wandelt **ASC()** Double-Byte-Zeichen in Single-Byte-Zeichen um. Ist das Argument ein numerischer Wert, so wird dieser als Text zurückgegeben. **JIS()** ist die Umkehrfunktion, konvertiert also Single-Byte-Zeichen in Double-Byte-Zeichen.

BASIS(Zahl; Radix; Mindestlänge)
DEZIMAL(Text; Radix)

Hiermit können Sie Ganzzahlen in unterschiedliche Zahlensysteme konvertieren oder umgekehrt.

Beispiele:

=BASIS(255;2;8)	(11111111)
=BASIS(255;2;16)	(0000000011111111)
=BASIS(12;16)	(C)
=DEZIMAL(111;2)	(7)

BAHTTEXT (Zahl)

Die Funktion **BAHTTEXT()** wandelt numerische Werte in das entsprechende Zahlwort in der Sprache Thai um.

Das Ergebnis in Zelle A1 (siehe Abbildung 7.55) entspricht also: »*einhundertdreiundzwanzig Baht und fünfundvierzig Satang*«.

	A	B
1	หนึ่งร้อยยี่สิบสามบาทสี่สิบห้าสตางค์	=BAHTTEXT(123,45)

Abbildung 7.55   BATHTEXT()

CODE(Text)
ZEICHEN(Zahl)

Wechselseitiges Umwandeln von Zeichen und Zeichencodes, beim Umwandeln mittels **CODE()** ist nur das erste Zeichen des Strings relevant.

Beispiele:

=ZEICHEN(75)	(K)
=CODE("OOo")	(79)
=CODE(RECHTS("OOo";1))	(111)

GLÄTTEN(Text)

Diese Funktion entfernt unnötige Leerzeichen am Anfang und Ende eines Textes, gleichzeitig werden auch mehrfache Leerzeichen innerhalb des Textes entfernt.

Beispiel:

=GLÄTTEN(" ABC DEF ")	(ABC DEF)

SÄUBERN(Text)

Entfernt aus einem Text nicht druckbare Zeichen.

Beispiel:

=LÄNGE(ZEICHEN(10))	(1)
=LÄNGE(SÄUBERN(ZEICHEN(10)))	(0)

VERKETTEN(Text 1; ...; Text 30)

Hiermit können Sie Einzeltexte zu längeren Texten verbinden. Beachten Sie, dass Sie Leerzeichen selbst einfügen müssen. Gleiches wie mit **VERKETTEN()** können Sie auch mit dem &-Operator erreichen.

Beispiel:

=VERKETTEN("OpenOffice";".org";" Calc")

=VERKETTEN(2;3)	(23 als Text)

DM(Wert; Dezimalstellen)

Hiermit können Sie eine Zahl als Währung darstellen, das Ergebnis ist jedoch ein Text. Für die Darstellung der Währungseinheit gelten die Einstellungen des Systems. Bei der Eingabe der Zahl müssen Sie ebenfalls beachten, welcher Dezimaltrenner Ihren Systemeinstellungen entspricht, sonst erhalten Sie einen Fehler.

Beachten Sie auch die Konsequenzen des optionalen Parameters Dezimalstellen, denn falls Sie mit den Werten weiterrechnen möchten, bestimmt dieser Parameter letztlich die numerische Genauigkeit, denn bei der Anzeige handelt es sich um Text. Zum Weiterrechnen müssen Sie die Werte natürlich erst in Zahlen umwandeln (siehe Abbildung). Bei Nichtvorhandensein des Parameters wird übrigens 2 angenommen.

	A	B	C
1	12,35 €		=DM(12,34567)
2	12,346 €		=DM(12,34567;3)
3	#NAME?		=DM(12.34567)
4	0		=A1*2
5	12,3500		=WERT(A1)*1
6	12,3460		=WERT(A2)*1

Abbildung 7.56 Funktion DM()

IDENTISCH(Text1; Text2)

Diese Funktion vergleicht zwei Texte auf vollkommene Gleichheit und liefert je nach Ergebnis der Prüfung den booleschen Wert *WAHR* oder *FALSCH*.

=IDENTISCH("Berlin"; "BerIin")   (FALSCH)

=IDENTISCH("Berlin"; "Berlin")   (WAHR)

FINDEN(Suchtext; Text; Position)
SUCHEN(Suchtext; Text; Position)

Mittels **SUCHEN()** und **FINDEN()** können Sie innerhalb von Texten suchen. Beide Funktionen unterscheiden sich darin, dass **SUCHEN()** auch reguläre Ausdrücke findet sowie dass **FINDEN()** Groß- und Kleinschreibung unterscheidet. Einige Beispiele (siehe) sollen Ihnen den Gebrauch verdeutlichen.

7 | Funktionen im Detail

	A	B	C	D	E	F
1	Weltall			Erklärung:		
2		5	=SUCHEN("alt?";A1;1)	„t" ist beliebig; „al" muss vorhanden sein		
3		#WERT!	=SUCHEN("atl?";A1;1)	„t" ist nicht beliebig		
4		#WERT!	=SUCHEN("W$";A1;1)	„W" wird am Ende erwartet		
5		1	=SUCHEN("^W";A1;1)	„W" wird am Anfang gefunden		
6		3	=SUCHEN("l";A1;1)	erstes „l" von links wird gefunden		
7		6	=SUCHEN("l";A1;4)	zweites „l" von links wird gefunden		
8		#WERT!	=FINDEN("E";A1;1)	nur „E" (groß) wird gesucht		
9		2	=SUCHEN("E";A1;1)	„e" oder „E" wird gefunden		
10		2	=FINDEN("e";A1;1)	„e" wird gefunden		
11		#WERT!	=FINDEN("e";A1;3)	„e" ab Position 3 wird nicht gefunden		

Abbildung 7.57 Unterschiede von SUCHEN() und FINDEN()

ERSETZEN(Text; Position; Länge; Textersatz)
WECHSELN(Text; Suchtext; Textersatz; Auftreten)

ERSETZEN() und **WECHSELN()** haben ähnliche Aufgaben, arbeiten jedoch im Detail unterschiedlich.

Die Funktion **ERSETZEN()** ersetzt in einem Text ab einer bestimmten Position eine bestimmte Anzahl von Zeichen durch einen Ersatztext.

Beispiele:

=ERSETZEN("1234567";1;1;"444")   (444234567)
(Ersetzt wird ab Position 1 ein Zeichen durch »444«, d. h., »1« wird durch »444« ersetzt.)

=ERSETZEN("1234567";1;3;"444")   (4444567)
(Ersetzt werden ab Position 1 drei Zeichen durch »444«, d. h., »123« wird durch »444« ersetzt.)

Die Funktion **WECHSELN()** ersetzt in einem Text einen bestimmten Teiltext an der Stelle, wo er zum wiederholten Male auftritt, durch einen Ersatztext. Ohne den Parameter Auftreten wird jedes Auftreten von *Suchtext* ersetzt.

Beispiele:

=WECHSELN("123123123"; "3"; "444"; 3)   (12312312444)
(Ersetzt wird die Ziffer »3« (der Text) an der Stelle, wo sie das dritte Mal auftritt.)

=WECHSELN("123123123"; "3"; "444"; 2)   12312444123
(Ersetzt wird die Ziffer »3« (der Text) an der Stelle, wo sie das zweite Mal auftritt.)

FEST(Zahl; Dezimalstellen; Tausenderseparator)

FEST() wandelt eine Zahl in einen Text (Zahl) mit einer bestimmten Anzahl von Dezimalstellen um. Bei einer Rückverwandlung in eine (echte) Zahl bestimmt die Anzahl der Dezimalstellen die numerische Genauigkeit.

Der Parameter Tausenderseparator bestimmt, ob Tausenderseparatoren in das Ergebnis eingefügt werden. Fehlt der Parameter oder ist null, werden Tausenderseparatoren eingefügt.

Beispiele:

=FEST(1234567,89; 3)   (1.234.567,890)

=FEST(1234567,89; 3; 1)   (1234567,890)

LINKS(Text; Anzahl)
RECHTS(Text; Anzahl)
TEIL(Text; Anfang; Anzahl)

Mit diesen Funktionen können Sie Teile eines Textes am Anfang, am Ende oder aus der Mitte eines Textes ab- bzw. heraustrennen.

Beispiele:

=LINKS("Tabellenkalkulation";7)   (Tabelle)

=GROSS2(RECHTS("Tabellenkalkulation";11))   (Kalkulation)

=GROSS2(TEIL("Tabellenkalkulation";4;4))   (Elle)

(In den letzten zwei Beispielen bewirkt **GROSS2()**, *dass die Anfangsbuchstaben der Teiltexte großgeschrieben werden.)*

LÄNGE(Text)

Ermittelt die Länge aller Zeichen eines Textes, hierbei werden auch Leerzeichen mitgerechnet.

Beispiele:

=LÄNGE("abc")   (3)

=LÄNGE("abc,def   g")   (12 – der Text enthält vier Leerzeichen)

KLEIN(Text)
GROSS(Text)
GROSS2(Text)

KLEIN() und **GROSS()** verwandeln alle Buchstaben eines Textes in Klein- bzw. Großbuchstaben. **GROSS2()** verwandelt bei Texten, die aus einzelnen Wörtern bestehen, nur die Anfangsbuchstaben der Wörter in Großbuchstaben und alle anderen in Kleinbuchstaben.

Beispiele:

=GROSS("Textfunktionen in Calc")   (TEXTFUNKTIONEN IN CALC)

=KLEIN("Textfunktionen in Calc")   (textfunktionen in calc)

=GROSS2("textFunktionen in calc")   (Textfunktionen In Calc)

=GROSS2("textFunktionen,in,calc")   (Textfunktionen,In,Calc)

ROT13(Text)

Mittels der Funktion **ROT13()** können Sie Texte (leicht) verschlüsseln.

Die Arbeitsweise ist einfach zu verstehen:

Jeder Buchstabe eines Textes wird durch den Buchstaben ersetzt, welcher sich im Alphabet entweder 13 Stellen dahinter befindet oder 13 Stellen davor. Für die Buchstaben A bis M wird 13 Stellen vorgezählt und für N bis Z 13 Stellen zurück.

Beispiel:

=ROT13("Somit wird aus A ein N aus einem B ein O oder aus P ein C.")

ergibt:

Fbzvg jveq nhf N rva A nhf rvarz O rva B bqre nhf C rva P.

Sie werden sich jetzt sicherlich fragen, was das soll, denn von einer Verschlüsselung kann doch gar nicht die Rede sein. So erscheint dieses Verfahren eher lächerlich. Nun, ROT-13-Verschlüsselung dient dem Schutz von Inhalten vor ungewollter Entdeckung.

Beispielsweise wurde/wird dieses Verfahren in Newsgroups verwendet, um leicht erregbare Gemüter dadurch zu schützen, dass die Nachricht beim bloßen Betrachten sofort ihren Inhalt preisgibt, denken Sie an Newsgroups, in denen Fußballergebnisse diskutiert werden. Wenn Sie ein entsprechendes Fußballspiel noch nicht gesehen haben und sich erst später eine Aufzeichnung anschauen wollen, möchten Sie vielleicht doch schon einen Blick auf die Nachrichten werfen, denn es werden ja auch andere Dinge im Bereich Fußball diskutiert. Sehen Sie nun in die Newsgroup, und das Ergebnis stünde in Klartext da, wäre es nicht zu vermeiden, dass Sie es beim reinen Durchblättern der Postings lesen. ROT-13 ermöglicht es, dies zu vermeiden.

T(Wert)
TEXT(Zahl; Format)
WERT(Text)

Diese Funktionen dienen zum Umwandeln von Zahlen bzw. Texten. Interessant ist hierbei, dass Sie mittels **T()** auch prüfen können, ob beispielsweise in einer Zelle überhaupt ein Textwert oder eine Zahl vorliegt.

Beispiele:

=T(23)   (liefert Leerstring)

=T("23")   (23 als Text)

=WERT("123")   (liefert 123 als Zahl)

=TEXT(23000;"TT.MM.JJ")   (20.12.62)

Erinnern Sie sich noch an die Zusammenhänge von Zahlen und Datumswerten? In Kapitel 7.4.1 können Sie nachlesen, warum aus 23000 das Datum 20.12.62 wird. Oder geben Sie einfach einmal 23000 in eine Zelle ein und formatieren Sie die Zahl als Datum. [«]

WIEDERHOLEN(Text; Anzahl)

Mit **WIEDERHOLEN()** können Sie den gleichen Text mehrfach wiederholen, d.h. aneinander ketten.

Die Länge des Ergebnistextes darf – im Gegensatz zur Angabe in der Hilfe von Calc – bis zu (unter) 64kB Zeichen betragen. Die Formel **=WIEDERHOLEN("A";65535)** liefert also gerade noch ein gültiges Ergebnis.
Hingegen liefert **=WIEDERHOLEN("A";65536)** den Fehler Err:513. [«]

In bestimmten Fällen kann es sinnvoll sein, anstatt **WIEDERHOLEN()** einfach einen Format-Code in der betreffenden Zelle zu verwenden. Beispielsweise liefert der Format-Code "@@@" die Anzeige "TestTestTest", wenn der Zellwert "Test" ist.

7 | Funktionen im Detail

Beachten Sie dabei Folgendes:

- Mit **WIEDERHOLEN()** erzeugte Zellinhalte sind »echte« Zellwerte.
- Mittels Format-Code erzeugte Anzeigen sind keine Zellwerte, sondern lediglich die durch den Format-Code erzwungene Darstellung des vorhandenen Zellwertes.
- Die oben dargestellte Verwendung des Format-Codes ist unwirksam, wenn der Text in der Zelle Rechtschreibfehler enthält. Das gilt nur, wenn die automatische Rechtschreibprüfung aktiviert ist (verwenden Sie gegebenenfalls bei der Zellfomatierung unter **Schrift** als Sprache **[Keine]**).

	A	B	C
1	Wort	WortWortWort	=WIEDERHOLEN(A1;3)
2		12	=LÄNGE(B1)
3		WortWortWort	Zellwert ist „Wort" Format-Code ist „@@@"
4		4	=LÄNGE(B3)
5		Woort	Zellwert ist „Woort" Format-Code ist „@@@"
6		WoortWoortWoort	Zellwert ist „Woort" Format-Code ist „@@@" Sprache ist „[Keine]"

Abbildung 7.58 Erläuterungen zu WIEDERHOLEN()

Die Funktion **WIEDERHOLEN()** kann beispielsweise auch zur Visualisierung von Werten in Form von »Pseudodiagrammen« verwendet werden (siehe Abbildung 7.59).

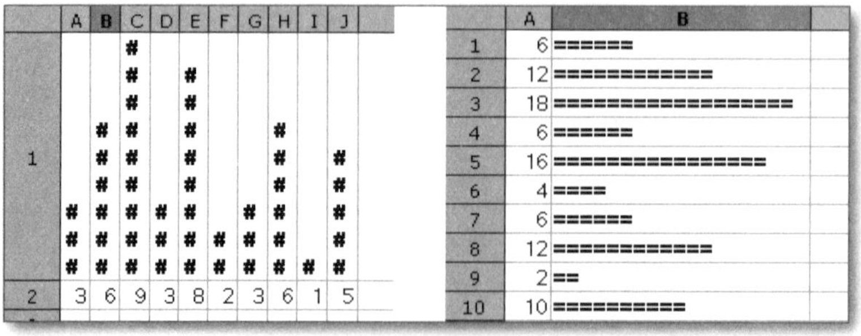

Abbildung 7.59 WIEDERHOLEN()

7.13 AddIn–Funktionen

BININDEZ(Zahl) [○]
BININHEX(Zahl; Stellen)
BININOKT(Zahl; Stellen)
DEZINBIN(Zahl; Stellen)
DEZINHEX(Zahl; Stellen)
DEZINOKT(Zahl; Stellen)
HEXINBIN(Zahl; Stellen)
HEXINDEZ(Zahl)
HEXINOKT(Zahl; Stellen)
OKTINBIN(Zahl; Stellen)
OKTINDEZ(Zahl)
OKTINHEX(Zahl; Stellen)

Alle aufgeführten Funktionen ermöglichen die Umrechnung von Zahlen von einem bestimmten Zahlensystem in ein anderes.

Einige Werte sind in der Tabelle gegenübergestellt.

	A	B	C	D
1	Dezimal	Hexadezimal	Binär	Oktal
2	0	0	00000000	00000000
3	1	1	00000001	00000001
4	2	2	00000010	00000002
5	3	3	00000011	00000003
6	4	4	00000100	00000004
7	5	5	00000101	00000005
8	10	A	00001010	00000012
9	20	14	00010100	00000024
10	30	1E	00011110	00000036
11	40	28	00101000	00000050
12	50	32	00110010	00000062

Abbildung 7.60 Beispielwerte

Beispiele:

=DEZINBIN(123;8)   (01111011)

=BININHEX(1111011)   (7B)

=HEXINOKT("7B")   (173)

=OKTINDEZ(173)   (123)

Exkurs Zahlensysteme:

Dezimalsystem:

Wir sind gewohnt mit Dezimalzahlen zu rechnen, aber was bedeutet das eigentlich?

Betrachten Sie beispielsweise die Zahl 1234. Diese setzt sich zusammen aus der Tausender- (1), der Hunderter- (2), der Zehner- (3) und der Einerstelle (4). Der Zusammenhang lässt sich verdeutlichen durch:

1234 = 1*1000 + 2*100 + 3*10 + 4*1

oder etwas anders:

1234 = 1*10^3 + 2*10^2 + 3*10^1 + 4*10^0

Man nennt 10 die *Basis* des Zahlensystems. Nochmals in Tabellenform:

Zahl	Als Potenz geschrieben	Zahl als Dezimalzahl
1	10^0	1
10	10^1	10
100	10^2	100
1000	10^3	1000
10000	10^4	10000
...	...	...

Nun fällt es leicht, die anderen Zahlensysteme zu begreifen, da sie analog aufzufassen sind, nur dass jeweils die Basis eine andere ist.

Binärsystem:

Zahl (binär)	Als Potenz geschrieben	Zahl als Dezimalzahl
1	2^0	1
10	2^1	2
100	2^2	4
1000	2^3	8
10000	2^4	16
...	...	...
10000000000	2^{10}	1024
...	...	...

Die Ausdrücke in der ersten Spalte der Tabelle sind rein aus Verständnisgründen in der vorliegenden Form geschrieben, weil üblicherweise eine ausführliche Darstellung erfolgt. Dem Binärausdruck "10" identisch (und in der Praxis üblicher) wären beispielsweise "0010" oder "00000010". Um diese Ausdrücke als Binärzahlen zu kennzeichnen, ist der Zusatz "0b" üblich, aus "0010" wird also "0b0010" (auch "0b 0010" bzw. "0010b").

Wie wandelt man nun (manuell) eine Dezimal- in eine Binärzahl um?

Als Beispiel soll hier die Dezimalzahl 1234 dienen. Es ist notwendig, einen Anfangspunkt für die Berechnung zu bestimmen. Da wir eine Dezimalzahl in eine Binärzahl (Basis 2) wandeln wollen, kann man sich dazu folgende Gleichung aufstellen:

$2^x = 1234$

Als Startpunkt für die Umrechnung ist nun die Ermittlung des ganzzahligen Anteils von x notwendig. Man erkennt, dass es sich um einen logarithmischen Zusammenhang handelt (dualer Logarithmus), sodass man auch schreiben kann:

$x = \log_2 1234$

oder als Calc-Formel (unter Berücksichtigung der Ganzzahl):

=GANZZAHL(LOG(1234;2))   (10)

Hieraus ergibt sich als Anfangswert für die Berechnung 2^{10}, also 1024 (diesen Wert hätten Sie natürlich auch aus der weiter oben stehenden Tabelle direkt entnehmen können).

Der Rechengang ist nun folgender: **[o]**

1234	dividiert durch 1024	= 1	Rest 210
210	dividiert durch 512	= 0	Rest 210
210	dividiert durch 256	= 0	Rest 210
210	dividiert durch 128	= 1	Rest 82
82	dividiert durch 64	= 1	Rest 18
18	dividiert durch 32	= 0	Rest 18
18	dividiert durch 16	= 1	Rest 2
2	dividiert durch 8	= 0	Rest 2
2	dividiert durch 4	= 0	Rest 2
2	dividiert durch 2	= 1	Rest 0
0	dividiert durch 1	= 0	Rest 0

also: 1234 (dezimal) = 10011010010 (binär).

Hexadezimalsystem:

Bei Hexadezimalzahlen erfolgt der Übertrag nicht wie bei Dezimalzahlen nach der 10. (bzw. 9.), sondern nach der 16. (bzw. 15.) Stelle, also:

dezimal:

0 – 1 – 2 – ... – 9 – **10** – 11 ...

hexadezimal:

0 – 1 – 2 – ... – 9 – A – B – C – ... – F – **10** – 11 ...

Zahl (hexadezimal)	Als Potenz geschrieben	Zahl als Dezimalzahl
1	16^0	1
10	16^1	16
100	16^2	256
1000	16^3	4096
...	...	...

Vorteil des Hexadezimalsystems ist die effiziente Ausnutzung der vorhandenen Bits. Ein Bit ist die kleinste Informationseinheit und kann den Zustand 0 oder 1 haben. Nimmt man nun 4 Bit (auch »Nibble« genannt), kann man damit insgesamt $2^4 = 16$ verschiedene Zustände erfassen. Diese können im Hexadezimalsystem als 0 bis F geschrieben werden. Dies lässt sich verdeutlichen durch:

255 (dezimal) = 11111111 (binär) = FF (hexadezimal)

Wobei 256 verschiedene Zustände (0 bis 255) beschrieben werden, die hier auftretende Kombination von 8 Bit (= 2 Nibble) wird Byte genannt.

Im Gegensatz zur Schreibweise in Dezimalziffern (255 = 2 Schreibstellen) sind in hexadezimaler Schreibweise nur 2 Schreibstellen (FF) nötig.

Oktalsystem:

Zahl (oktal)	Als Potenz geschrieben	Zahl als Dezimalzahl
1	8^0	1
10	8^1	8
100	8^2	64
1000	8^3	512
...	...	...

In der Geschichte der Computertechnik gab es für begrenzte Zeit auch Rechner, welche direkt mit Oktalzahlen arbeiteten. Heutzutage findet das Oktalsystem beispielsweise noch Anwendung bei der Vergabe von Zugriffsrechten auf UNIX-Systemen mittels des *chmod*-Befehls, wo der die Zugriffsrechte bestimmende Parameter auch direkt als Oktalzahl übergeben werden kann. Hierbei bedeuten:

1 = x   (Executable)

2 = w   (Write)

4 = r   (Read)

Somit erzeugt der Befehl *chmod 755 Dateiname* die Dateiflags rwxr-xr-x, wegen:

755 (oktal) = 111101101 (binär).

BESSELI(x; n)
BESSELJ(x; n)
BESSELK(x; n)
BESSELY(x; n)

Diese vier Funktionen dienen zum Lösen von Differenzialgleichungen, auf eine genauere Herleitung sei hier verzichtet. Eine gute Einstiegsseite im Internet ist beispielsweise: *http://mathworld.wolfram.com/BesselDifferentialEquation.html*.

Die Formeln, nach denen die vier Funktionen rechnen, seien hier – ohne weitere Erläuterungen – kurz wiedergegeben.

BESSELJ: $$J_n(x) = \sum_{k=0}^{\infty} \frac{(-1)^k}{k!\,\Gamma(n+k+1)} \left(\frac{x}{2}\right)^{n+2k}$$

mit:

$$\Gamma(n+k+1) = \int_0^{\infty} e^{-x} \cdot x^{n-2k} dx$$

BESSELI: $I_n(x) = (i)^{-n} J_n(ix)$

BESSELY: $Y_n(x) = \lim_{\nu \to n} \dfrac{J_\nu(x)\cos(\nu\Pi) - J_{-\nu}(x)}{\sin(\nu\Pi)}$

BESSELK: $K_n(x) = \dfrac{p}{2} i^{n+1} \left[J_n(ix) + iY_n(ix) \right]$

Abbildung 7.61   BESSEL-Funktionen

Beispiele:

=BESSELI(1,4; 1)	(0,886092)
=BESSELJ(1,8; 2)	(0,306144)
=BESSELK(1,4; 1)	(0,320836)
=BESSELY(2,4; 1)	(0,100489)

DELTA(Z1; Z2)

Die Funktion **DELTA()** prüft zwei Zahlen (Z1 und Z2) auf Gleichheit. Sind die beiden als Argumente übergebenen Zahlen gleich, gibt die Funktion den Wahrheitsausdruck 1 (*Wahr*) zurück, sonst 0 (*Falsch*).

GAUSSFEHLER(Obergrenze; Untergrenze)

GAUSSFEHLER() liefert die Werte der Gauss'schen Fehlerfunktion. Geben Sie nur die Obergrenze an, so liegt dem Ergebnis folgende Gleichung zugrunde:

$$GAUSSFEHLER(z) = \frac{2}{\sqrt{\pi}} \int_0^z e^{-t^2} dt$$

Abbildung 7.62 GAUSSFEHLER() – nur Obergrenze

Geben Sie zusätzlich den optionalen Parameter Untergrenze mit an, wird das Ergebnis basierend auf folgender Gleichung bestimmt:

$$GAUSSFEHLER(a,b) = \frac{2}{\sqrt{\pi}} \int_a^b e^{-t^2} dt$$
$$= GAUSSFEHLER(b) - GAUSSFEHLER(a)$$

Abbildung 7.63 GAUSSFEHLER() – Ober- und Untergrenze

Beispiele:

=GAUSSFEHLER(0,75)	(0,7112)
=GAUSSFEHLER(1; 2)	(0,1526)
=GAUSSFEHLER(2)-GAUSSFEHLER(1)	(0,1526)

GAUSSFKOMPL(Untergrenze)

Liefert das Komplement zu **GAUSSFEHLER()**.

$$GAUSSFKOMPL(z) = \frac{2}{\sqrt{\pi}} \int_{z}^{\infty} e^{-t^2} dt = 1 - GAUSSFEHLER(z)$$

Abbildung 7.64 GAUSSFKOMPL()

Beispiel:

=GAUSSFKOMPL(0,75)　　　　　　　　　　　　　　　(0,2888)

GGANZZAHL(Zahl; Schwellenwert)

GGANZZAHL() vergleicht eine Zahl mit einem Schwellenwert. Ist die Zahl gleich oder größer dem Schwellenwert, gibt die Funktion 1 zurück, sonst 0.

Beispiele:

=GGANZZAHL(5;6)　　　　　　　　　　　　　　　　(0)

=GGANZZAHL(3;1,2)　　　　　　　　　　　　　　　(1)

IMABS(Komplexe Zahl)

Mit dieser Funktion betreten wir den Teil der Funktionen in OpenOffice.org Calc, welcher die Funktionen zusammenfasst, die für das Rechnen mit imaginären Zahlen bestimmt sind.

Was sind imaginäre (komplexe) Zahlen?

Für jede reelle Zahl a gilt, dass a^2 größer oder gleich 0 ist, anders gesagt: a^2 kann nie negativ werden. Aus dieser Eigenschaft der reellen Zahlen erwächst die Tatsache, dass es nicht möglich ist, aus einer negativen reellen Zahl eine Wurzel zu ziehen.

Durch die Einführung des Bereichs der komplexen (imaginären) Zahlen wird diese Beschränkung überwunden und es wird möglich, die Wurzel aus einer negativen Zahl zu bestimmen. Hierzu wird eine komplexe Zahl als geordnetes Paar reeller Zahlen betrachtet:

Z = (a; b)

Die komplexe Zahl (Z) lässt sich auch als Summe einer reellen und einer imaginären Zahl darstellen:

Z = a + bi

Wobei bi als *Imaginärteil* bezeichnet wird und i als *imaginäre Einheit*, mit der Eigenschaft:

$i^2 = -1$ bzw. $i = (-1)^{1/2}$

Eine komplexe Zahl kann man sich auch als Vektor vorstellen.

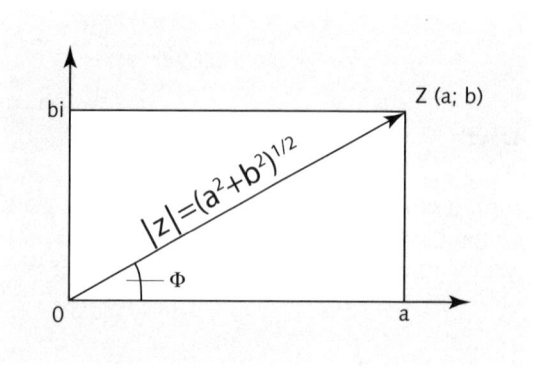

Abbildung 7.65 Komplexe Zahl als Vektor

Auf weitere Details sei hier verzichtet. An Stellen, an denen es zweckmäßig schien, finden Sie bei den einzelnen Funktionen kurze Erläuterungen zum mathematischen Hintergrund.

Die Funktion **IMABS()** ermittelt nun den Betrag der komplexen Zahl, wobei dieser dem Betrag des in der Abbildung dargestellten Vektors entspricht. In die Funktion müssen Sie die komplexe Zahl immer entweder als "a+bi" oder "a+bj" eingeben, sonst erhalten Sie einen Fehler.

[»] Das gerade Gesagte gilt auch für alle folgenden Funktionen zum Rechnen mit komplexen Zahlen. Immer sind diese als "a+bi" oder "a+bj" einzugeben, überflüssige Leerzeichen ("a + bi" oder "a + bj") führen zu einem Fehler.

Beispiel:

=IMABS("12+5i") (13)

wegen:

$= (12^2 + 5^2)^{1/2} = (144 + 25)^{1/2} = 169^{1/2} = 13$

IMAGINÄRTEIL(Komplexe Zahl)
IMREALTEIL(Komplexe Zahl)

Diese Funktionen geben lediglich den Imaginärteil und Realteil einer komplexen Zahl zurück.

Beispiele:

=IMAGINÄRTEIL("4+7j")   (7)

=IMREALTEIL("4+7j")   (4)

IMAPOTENZ(Komplexe Zahl; Potenz)

Hiermit berechnen Sie die Potenz einer komplexen Zahl.

Beispiel:

=IMAPOTENZ("12+5i"; 2)   (119+120i)

wegen:

$Z^n = [r(\cos\Phi + i \cdot \sin\Phi)]^n$

und:

$(\cos\Phi + i \cdot \sin\Phi)^n = \cos(n\Phi) + i \cdot \sin(n\Phi)$ *(Satz von Moivre)*

$r = (a^2 + b^2)^{1/2}$

$= \arcsin(b/r)$

$(a^b)^c = a^{bc}$

$Z^n = r^n \cdot [\cos(n) + i \cdot \sin(n)]$

$Z^n = (a^2 + b^2) \cdot [\cos(n \cdot (\arcsin(b/r))) + i \cdot \sin(n \cdot (\arcsin(b/r)))]$

somit:

$Z^2 = 169 \cdot \cos(2 \cdot (\arcsin(5/13))) + 169 \cdot i \cdot \sin(2 \cdot (\arcsin(5/13)))$

$Z^2 = 119 + 120i$

IMARGUMENT(Komplexe Zahl)

Bestimmt den Wert des Winkels (im Bogenmaß).

Beispiel:

=IMARGUMENT("12+5i") (0,3948)

=IMARGUMENT("12+5i")*180/PI() (22,6199)

wegen:

Φ = arctan(b/a) = arctan(5/12) = 22,6199

IMCOS(Komplexe Zahl)
IMSIN(Komplexe Zahl)

Diese Funktionen berechnen den Kosinus bzw. Sinus einer komplexen Zahl, es gilt hierbei:

cos(a + bi) = cos(a)·cosh(b) − sin(a)·sinh(b)·i

sin(a + bi) = sin(a)·cosh(b) − cos(a)·sinh(b)·i

(a im Bogenmaß beachten)

Beispiele:

=IMCOS("1+1i") (0.833730025131149-0.988897705762865i)

=IMSIN("5+7j") (-525.794515221654+155.536549852413j)

IMDIV(Zähler als komplexe Zahl; Nenner als komplexe Zahl)
IMPRODUKT(Komplexe Zahl; Komplexe Zahl;...)

IMDIV() bestimmt den Quotienten zweier komplexer Zahlen, **IMPRODUKT()** multipliziert bis zu 29 komplexe Zahlen miteinander.

Es gilt:

$Z_1/Z_2 = r_1/r_2[\cos(\Phi_1 - \Phi_2) + i \cdot \sin(\Phi_1 - \Phi_2)]$

$Z_1 \cdot Z_2 \cdot ... = r_1(\cos\Phi_1 + i\sin\Phi_1) \cdot r_2(\cos\Phi_2 + i\sin\Phi_2) \cdot ...$

Bitte beachten Sie die Definition von r und bei den Erläuterungen zu der Funktion **IMAPOTENZ()**.

Beispiele:

=IMDIV("-8+24i";"1+2i") (8+8i)

=IMPRODUKT("5+4j";"1-3j") (17-11j)

IMEXP(Komplexe Zahl)

IMEXP() potenziert die Eulersche Zahl (e) mit der als Parameter übergebenen komplexen Zahl.

Es gilt:

$e^{(a + bi)} = e^a \cdot (\cos(b) + \sin(b) \cdot i)$

Beispiel:

=IMEXP("2+2i") (-3.07493232063936+6.71884969742825i)

IMKONJUGIERTE(Komplexe Zahl)

IMKONJUGIERTE() liefert die konjugiert komplexe Zahl zu einer komplexen Zahl.

Beispiel:

=IMKONJUGIERTE("3+4i") (3-4i)

IMLN(Komplexe Zahl)
IMLOG10(Komplexe Zahl)
IMLOG2(Komplexe Zahl)

Diese drei Funktionen berechnen den jeweiligen Logarithmus einer komplexen Zahl.

Es gilt:

$\ln(a + bi) = \ln[(a^2 + b^2)^{1/2}] + \arctan(b/a) \cdot i$

$\log_{10}(a + bi) = (\log_{10} e) \cdot \ln(a + bi) = (\log_{10} e) \cdot [\ln[(a^2 + b^2)^{1/2}] + \arctan(b/a) \cdot i]$

$\log_{2}(a + bi) = (\log_{2} e) \cdot \ln(a + bi) = (\log_{2} e) \cdot [\ln[(a^2 + b^2)^{1/2}] + \arctan(b/a) \cdot i]$

Beispiele:

=IMLN("5+7i") (2.15203254660208+0.950546840812075i)

=IMLOG10("5+7i") (0.934615859865488+0.412817247755253i)

=IMLOG2("5+7i") (3.10472668281447+1.37134921337225i)

IMSUB(Komplexe Zahl; Komplexe Zahl)
IMSUMME(Komplexe Zahl; Komplexe Zahl; ...)

IMSUB() ermittelt die Differenz zweier komplexer Zahlen, **IMSUMME()** die Summe von bis zu 29 komplexen Zahlen.

Addition und Subtraktion komplexer Zahlen sind einfach durchzuführen, da lediglich der jeweilige Imaginärteil und der Realteil addiert bzw. subtrahiert wird, womit gilt:

$Z_1 \pm Z_2 = (a + bi) \pm (c + di) = (a \pm c) + (b \pm d)i$

Beispiele:

=IMSUB("15+4j";"9+3j") (6+j)

=IMSUMME("1+4j";"5+j";"6-5j") (12)

IMWURZEL(Komplexe Zahl)

IMWURZEL() bestimmt die Wurzel aus einer komplexen Zahl, hierbei gilt:

Wurzel aus $(a + bi) = (a + bi)^{1/2} = r^{1/2} \cdot \cos(/2) + r^{1/2} \cdot \sin(/2) \cdot i$

Bitte beachten Sie die Definition von r und bei den Erläuterungen zu der Funktion **IMAPOTENZ()**.

Beispiel:

=IMWURZEL("3+4i") (2+i)

KOMPLEXE(Realteil; Imaginärteil; Suffix)

Die Rückgabe dieser Funktion ist eine komplexe Zahl, die sich aus den Argumenten für den Realteil, den Imaginärteil sowie dem (optionalen) Suffix zusammensetzt. Für das Suffix sind nur "i" oder "j" zulässig.

Beispiel:

=KOMPLEXE(-56;23;"j") (-56+23j)

UMWANDELN_ADD(Zahl; von Maßeinheit; in Maßeinheit)

Mit der Funktion **UMWANDELN_ADD()** können Sie Zahlenwerte von einem Maßsystem in ein anderes System umrechnen. Die zur Verfügung stehenden Maßsysteme sind sehr umfangreich und in verschiedene Bereiche gegliedert. Obwohl diese Gliederung natürlich auch die Übersicht erleichtert, ist sie schon deshalb notwendig, weil Sie Umrechnungen immer nur innerhalb eines Bereiches vornehmen können.

Beispiele:

=UMWANDELN_ADD(2,75; "lbm"; "kg")   (1,2474)

=UMWANDELN_ADD(100; "F"; "C")   (37,78)

Die für die Funktion **UMWANDELN_ADD()** verfügbaren Einheiten sind in der nachfolgenden Tabelle zusammengestellt. Im Anschluss finden Sie auch eine Tabelle mit den zulässigen Präfixen für die Maßeinheiten.

Bereich	Kürzel	Bezeichnung
Masse	g	Gramm
	sg	Stück
	lbm	Pfund
	u	Atomare Masseneinheit
	ozm	Unze
	stone	Stone
	ton	Amerik. Tonne
	grain	Grain
	pweight	Pennyweight
	hweight	
	shweight	
Länge	m	Meter
	mi	Brit. Meile
	Nmi	Nautische Meile
	in	Zoll
	ft	Fuß
	yd	Yard
	ang	Ångström
	Pica	Pica
	ell	Ell
	parsec	Parsec
Zeit	yr	Jahr
	day	Tag
	hr	Stunde
	mn	Minute
	sec	Sekunde

Tabelle 7.2 Maßeinheiten für die Funktion UMWANDELN_ADD()

Bereich	Kürzel	Bezeichnung
Druck	Pa	Pascal
	atm	Atmosphäre
	mmHg	mm Quecksilber
	Torr	Torr
	psi	
Kraft	N	Newton
	dyn	Dyn
	pond	Pond
Energie	J	Joule
	e	Erg
	c	thermodyn. Kalorie
	cal	Kalorie
	eV	Elektronenvolt
	HPh	PS-Stunde
	Wh	Wattstunde
	BTU	BTU
Leistung	W	Watt
	HP	Brit. Pferdestärke
	PS	Pferdestärke
Feldstärke	T	Tesla
	ga	Gauß
Temperatur	C	Grad Celsius
	F	Grad Fahrenheit
	K	Grad Kelvin
	Reau	Grad Réaumur
	Rank	Grad Rankine
Volumen	l	Liter
	tsp	Teaspoon
	tbs	Tablespoon
	oz	Flüssige Unze
	cup	Cup
	pt	Pint
	qt	Quart
	gal	Gallone
	m3	Kubikmeter
	mi3	

Tabelle 7.2 Maßeinheiten für die Funktion UMWANDELN_ADD() (Forts.)

Bereich	Kürzel	Bezeichnung
Volumen	Nmi3	
	in3	Kubikzoll
	ft3	Kubikfuß
	yd3	Kubikyard
	ang3	
	Pica3	
	barrel	Barrel
	bushel	Scheffel
	regton	
	Schooner	
	Middy	
	Glass	
Fläche	m2	Quadratmeter
	mi2	Quadratmeile
	Nmi2	
	in2	Quadratzoll
	ft2	Quadratfuß
	yd2	Quadratyard
	ang2	
	Pica2	
	Morgen	Morgen
	ar	Ar
	acre	Acre
	ha	Hektar
Geschwindigkeit	m/s	Meter pro Sekunde
	m/h	Meter pro Stunde
	mph	Meilen pro Stunde
	kn	Knoten
	admkn	

Tabelle 7.2 Maßeinheiten für die Funktion UMWANDELN_ADD() (Forts.)

Liste der zulässigen Präfixe:

Vorsatz	Multiplikator	Abkürzung
Yotta	1,00E+24	Y
Zetta	1,00E+21	Z
Exa	1,00E+18	E
Peta	1,00E+15	P
Tera	1,00E+12	T
Giga	1,00E+09	G
Mega	1,00E+06	M
Kilo	1,00E+03	k
Hekto	1,00E+02	h
Deka	1,00E+01	e
Dezi	1,00E-01	d
Zenti	1,00E-02	c
Milli	1,00E-03	m
Mikro	1,00E-06	u
Nano	1,00E-09	n
Piko	1,00E-12	p
Femto	1,00E-15	f
Atto	1,00E-18	a
Zepto	1,00E-21	z
Yokto	1,00E-24	y

ZWEIFAKULTÄT(Zahl)

ZWEIFAKULTÄT() berechnet die Fakultät einer Zahl mit der Schrittweite 2.

Für gerade Zahlen gilt:

n! = n·(n-2)·(n-4)· ... ·4·2

für ungerade:

n! = n·(n-2)·(n-4)· ... ·3·1

Beispiele:

=ZWEIFAKULTÄT(17) (34459425)

=ZWEIFAKULTÄT(22) (81749606400)

7.14 MEHRFACHOPERATION()

MEHRFACHOPERATION(Parameter)

Bei der Funktion **MEHRFACHOPERATION()** handelt es sich um eine Funktion, welche nicht direkt mit dem Funktions-Assistenten eingefügt werden kann, sie ist jedoch bequem über **Daten • Mehrfachoperationen...** zu erreichen.

Als Funktion können Sie **MEHRFACHOPERATION()** auch normal per Tastatur eingeben, es ist jedoch meist bequemer, den genannten Menüeintrag zu verwenden.

Am besten verdeutlichen lässt sich die Arbeitsweise der Funktion an einem einfachen Beispiel:

Nehmen wir an, Sie möchten für das Volumen eines Zylinders eine Übersicht erstellen, die die Abhängigkeit des Volumens von Durchmesser und Höhe in einem bestimmten Bereich zeigt.

	A	B	C	D	E	F	G	H	I	J	K
1	Zylindervolumen										
2											
3	Höhe:	1									
4	Durchmesser:	1									
5	Volumen:	0,7854	=PI()*(B4/2)^2*B3								
6											
7											
8			0,1	0,2	0,3	0,4	0,5	0,6	0,7	0,8	0,9	1
9		0,1	0,0008	0,0016	0,0024	0,0031	0,0039	0,0047	0,0055	0,0063	0,0071	0,0079
10		0,2	0,0031	0,0063	0,0094	0,0126	0,0157	0,0188	0,0220	0,0251	0,0283	0,0314
11		0,3	0,0071	0,0141	0,0212	0,0283	0,0353	0,0424	0,0495	0,0565	0,0636	0,0707
12		0,4	0,0126	0,0251	0,0377	0,0503	0,0628	0,0754	0,0880	0,1005	0,1131	0,1257
13		0,5	0,0196	0,0393	0,0589	0,0785	0,0982	0,1178	0,1374	0,1571	0,1767	0,1963
14		0,6	0,0283	0,0565	0,0848	0,1131	0,1414	0,1696	0,1979	0,2262	0,2545	0,2827
15		0,7	0,0385	0,0770	0,1155	0,1539	0,1924	0,2309	0,2694	0,3079	0,3464	0,3848
16		0,8	0,0503	0,1005	0,1508	0,2011	0,2513	0,3016	0,3519	0,4021	0,4524	0,5027
17		0,9	0,0636	0,1272	0,1909	0,2545	0,3181	0,3817	0,4453	0,5089	0,5726	0,6362
18		1	0,0785	0,1571	0,2356	0,3142	0,3927	0,4712	0,5498	0,6283	0,7069	0,7854

Abbildung 7.66 Beispieldatei

Tragen Sie zunächst zwei Ausgangswerte für Höhe und Durchmesser ein (Zellen B3 und B4) und anschließend die Formel, nach der die Berechnung erfolgen soll. Erstellen Sie nun ein Koordinatenkreuz mit gestaffelten Werten für Höhe und Durchmesser in einem frei wählbaren Bereich der Tabelle (im Beispiel Zellen B8 bis K8 und A9 bis A18).

Markieren Sie den Bereich A8:K18 und wählen Sie im Menü **Daten • Mehrfachoperationen...**, um den Eingabedialog aufzurufen.

7 | Funktionen im Detail

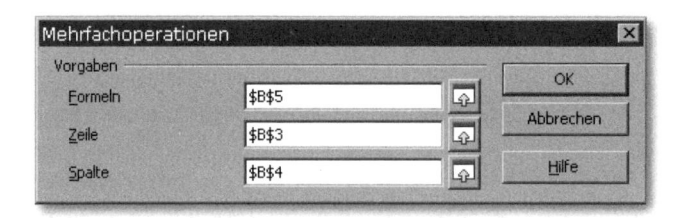

Abbildung 7.67 Dialog »Mehrfachoperationen«

In die Eingabefelder müssen Sie Folgendes eintragen:

- *Formeln:*
  die Zelle, in der Ihre Berechnungsformel steht

- *Zeile:*
  die Zelle, in der die Variable steht, die im Ausgabebereich als erste Zeile der Tabelle eingetragen ist (dort stehen die zu berücksichtigenden Werte dieser Variable)

- *Spalte:*
  die Zelle, in der die Variable steht, die im Ausgabebereich als erste Spalte der Tabelle eingetragen ist

> **Umstieg**
> Um Ihre Calc-Tabelle beim Speichern als *.xls »kompatibel« zum Verhalten von MS Excel zu halten, ist es notwendig, die Formel aus B5 zunächst in Zelle A8 zu übertragen (A8 ist die Zelle, in der sich erste Zeile bzw. Spalte des Ausgabebereichs »schneiden«) und anschließend diese Zelle unter *Formel* anzugeben.

Bestätigen Sie Ihre Eingabe, und die Ausgabezellen des markierten Bereichs werden automatisch mit Werten (bzw. den erzeugten Formeln) ausgefüllt.

Dieses Kapitel versucht, einen ersten Einblick in die Makroprogrammierung in Calc bzw. OpenOffice.org zu geben. Leider ist die Thematik sehr umfangreich, sodass Sie aus Platzgründen nur eine Einführung erwarten dürfen. Die beiliegende Buch-CD enthält jedoch weitere Informationen zur Makroprogrammierung.

8 Makros in Calc

8.1 Allgemeines

Die Möglichkeit, Makros in Office-Programmen verwenden zu können, war ursprünglich dazu gedacht, immer wiederkehrende Folgen von Bedienschritten automatisieren zu können, um dem Nutzer ein bequemeres Abarbeiten von Befehlsfolgen zu ermöglichen. In modernen Office-Suiten sind die Möglichkeiten von Makros jedoch so umfangreich, dass man schon von richtiger Programmierung sprechen kann.

Einerseits ist diese Tatsache angenehm, weil hieraus die Möglichkeit erwächst, auch persönlich gewünschte Features in der Office-Umgebung zu ergänzen, die mit »Bordmitteln« nicht verfügbar sind. Andererseits sollte sich aber jeder der Risiken des Ganzen bewusst sein. Es ist trotz Schutzmechanismen niemals grundsätzlich auszuschließen, dass Makros, die Sie beispielsweise in *.ods-Dateien eingebunden erhalten haben, auch Dinge tun könn(t)en, die in ihren Auswirkungen »nicht so angenehm« sind. Sagen wir es ganz offen: Es ist nicht grundsätzlich auszuschließen, dass auch in OOo-Makros Makroviren vorhanden sein könnten.

Sie sollten sich dieser prinzipiellen Möglichkeit daher bewusst sein und sie nicht als praxisfern abtun, denn dort, wo ein Programm zunehmend mehr Nutzer gewinnen kann, wird es natürlich auch ein zunehmend attraktiveres Ziel für Zeitgenossen, die einen Faible für destruktiven Code haben. Nein, keine Sorge, es geht in diesem Kapitel um nützliche Dinge und nicht um Methoden des »Missbrauchs«, gleichwohl sollten Sie die potenziellen Gefahren immer im Gedächtnis behalten.

8 | Makros in Calc

[»] Immer wieder begegnet mir in der Praxis die Annahme, das Makroviren etwas Besonderes sind, sich also irgendwie von »normalen« Makros unterscheiden. Diese allgemeine Annahme ist jedoch nicht gerechtfertigt, denn ob ein Makro ein Makrovirus ist, bemisst sich letztlich daran, was es tut, denn in allgemeiner Form sind Makroviren letztlich nur Makros, die unerwünschte, destruktive Aktionen ausführen.

In den folgenden Kapiteln werden Sie einige grundsätzliche Dinge zu (OOoBasic-) Makros in OpenOffice.org finden. Ich bedaure gleichzeitig, dass es sich um einen sehr oberflächlichen Einblick handeln muss, da der zur Verfügung stehende Platz sehr begrenzt ist.

8.2 Makros aufzeichnen und ausführen

8.2.1 Aufzeichnung und Wiedergabe kurz erklärt

Der eine Vorgang, ein Makro mittels des Makrorekorders aufzuzeichnen, ist nicht schwierig, Sie müssen jedoch im Umfeld einige Dinge beachten, damit das Ergebnis Ihren Erwartungen entspricht.

Zunächst muss eine Besonderheit hervorgehoben werden, der Makrorekorder von OpenOffice.org erzeugt *Dispatcher-Code*. Die mittels des Makrorekorders aufgezeichneten Makros können nur *Aktionen* enthalten, die sogenannten Dispatch-Commands entsprechen. Ein Dispatch-Command ist hierbei im Prinzip eine (interne) Folge von Befehlen, die abgearbeitet wird, oder anders gesagt, es muss für die Aktion, die Sie aufzeichnen möchten, ein Kommando existieren.

[o] Eine Zusammenstellung aller verfügbaren *Dispatch-Commands* finden Sie auf der beiliegenden CD.

Beispielsweise ist es möglich, ein Makro aufzuzeichnen, das den Inhalt einer Zelle fett formatiert, weil das Dispatch-Command ".*uno:Bold*" existiert. Andererseits ist es jedoch nicht möglich, ein Makro aufzuzeichnen, das in einer Zelle nur das zweite Zeichen fett formatiert. Im diesem Fall müssten Sie ein Makro in der Basic-IDE selbst schreiben, weil es hierbei möglich ist, auf die UNO-Objekte von OpenOffice.org direkt zuzugreifen. Bei UNO-Objekten (Universal Network Objects) handelt es sich um eine objektorientierte Programmierschnittstelle, die OpenOffice.org in verschiedene (Teil-)Objekte gliedert, die ihrerseits den programmgesteuerten Zugriff auf OpenOffice.org ermöglichen.

Anmerkung:

Der Makrorekorder erzeugt, wie Sie gerade lesen konnten oder auch schon selbst festgestellt haben, ausschließlich *Dispatcher-Code*. Sicherlich ist dieser Code nicht besonders geeignet um die Programmierung in OOoBasic zu erlernen – in dem Sinne zu erlernen, wie das viele Verwender des Makrorekorders von MS Office tun.

Ob der Begriff *Dispatcher-Code* nun die günstigste Wortwahl ist, kann natürlich in Zweifel gezogen werden, aber sie hat sich, mehr oder minder, eingebürgert für Code, der mittels Makrorekorders aufgezeichnet wird bzw. für Code, der *dispatch-commands* beinhaltet und welcher sich deshalb des Service *DispatchHelper* und der damit verfügbaren Funktion *executeDispatch* bedient.

```
sub Main
rem ----------------------------------------------------------------
rem define variables
dim document    as object
dim dispatcher as object
rem ----------------------------------------------------------------
rem get access to the document
document    = ThisComponent.CurrentController.Frame
dispatcher = createUnoService("com.sun.star.frame.DispatchHelper")
rem ----------------------------------------------------------------
dim args2(0) as new com.sun.star.beans.PropertyValue
args2(0).Name = "Bold"
args2(0).Value = true
dispatcher.executeDispatch(document, ".uno:Bold", "", 0, args2())
end sub
```

Abbildung 8.1 Typischer Dispatcher-Code

Dass allerdings die Unterscheidung in »richtiger« Basic-Code und Dispatcher-Code die Situation korrekt beschreibt, darf getrost verneint werden.

Sie haben recht, wenn Sie der Meinung sind, dass der Makrorekorder von MS Office Ihnen den Einstieg erleichtert. Doch leider gibt es auch eine Kehrseite: In der Praxis finden Sie nämlich Makros, die eine »furchtbare Allianz« zwischen aufgezeichnetem Code und manueller Programmierung demonstrieren. Der Makrorekorder von MS Office hat keine Wahl, er muss selektieren, d.h. Selektionen bzw. Selektionsanweisungen aufzeichnen. Leider bleibt es meist auch bei der Nachbearbeitung dieser Selektionen von Objekten, wo doch entsprechende Verweise angezeigt wären. Diese Unsitte führt in der Praxis häufig zu VBA-Makros, die kaum zu überschauen und schwer zu warten sind.

Es mag nun für einen Anfänger in der OOoBasic-Programmierung ein schwacher Trost sein, aber der Makrorekorder von OpenOffice.org erzwingt nahezu, sich mit Programmierung ernsthafter auseinanderzusetzen. Langfristig liegt also die Überschaubarkeit und Wartungsfreundlichkeit Ihrer Makros vollkommen in Ihrer Hand, denn Sie sind gezwungen, eigenen Code tatsächlich zu schreiben, und weniger verführt, aufgezeichneten Code nur durch fragmentarische Ergänzungen anzupassen. Nicht gesagt sein soll hiermit, dass Sie nicht auch in OpenOffice.org aufgezeichneten Code ergänzen können oder dass diese Art der Makroerzeugung grundsätzlich zu »verdammen« wäre.

[o] Es gibt allerdings auch einen Lichtblick. Paolo Mantovani hat einen Makrorekorder geschrieben, der in der Lage ist, Dispatcher-Code quasi umzusetzen. Leider wird dieser Makrorekorder nicht mehr weiterentwickelt und ist ursprünglich für die 1.x Versionen von OpenOffice.org Calc programmiert worden. Dieser Makrorekorder ist selbst in OooBasic programmiert und ist auch nicht in der Lage, alle Arten von Dispatcher-Code umzusetzen. Allerdings dürfte sich ein Blick auf das Programm lohnen, wenn Sie Programmieranfänger sind, weil es mir übertrieben (bzw. untertrieben) scheint, wenn Paolo Mantovani seinen Makrorekorder so kommentiert:[1]

> *This is a very basic(!) macro recorder for Calc. This means that it's a very poor and incomplete implementation of a macro recorder! Useful for simple tasks only.*

Also probieren Sie es am besten einfach aus, ob dieser Makrorekorder hilfreich für Ihre ersten Lernschritte in OOoBasic ist. Nach meiner Erfahrung funktioniert dieser Makrorekorder, obwohl für OpenOffice.org 1.x programmiert, auch in OpenOffice.org 2.x noch. Allerdings ist er ausschließlich für Calc und kein anderes Modul von OpenOffice.org geeignet.

Wichtiger als diese Fragen sind in der Praxis (soweit Sie nur den Makrorekorder benutzen und nicht selbst programmieren wollen) Fragen, die Ihr Vorgehen beim Aufzeichnen eines Makros betreffen. Beachten Sie bitte den ganz wesentlichen Grundsatz, dass der Makrorekorder nur das aufzeichnet, was Sie an Aktionen durchführen, und nicht das eigentliche Ergebnis Ihrer Aktionen. Es klingt vielleicht etwas verwirrend, aber ist doch verständlich, wenn Sie folgendes Beispiel betrachten. Sie befinden sich in einer Tabelle und möchten aufzeichnen, dass die Zelle D10 markiert wird. Ist die gerade aktive Zelle die Zelle B10, so gibt es verschiedene Möglichkeiten, beispielsweise können Sie:

▶ mit der →-Taste durch zweimaliges Drücken dorthin gelangen
▶ mit der Maus auf D10 klicken
▶ mittels Strg + Ende zu D10 springen, wenn D10 die letzte Zelle des benutzten Blattbereichs ist

Für Sie sieht das Ergebnis (Zelle D10 ist markiert) immer gleich aus, aus Sicht des Makrorekorders haben Sie jedoch verschiedene Dinge getan, und nur diese wer-

---

1 Zitiert aus der Datei *BasicmacroRecorder_2003-12-16.sxc* (diese Datei enthält den Makrorekorder). Zu finden unter *http://ooomacros.org/user.php*.

den aufgezeichnet. Die oben beschriebenen Aktionen würde der Makrorekorder in verschiedene Dispatch-Commands übersetzen, nämlich in:

- `.uno:GoRight`
- `.uno:GoToCell`
- `.uno:GoToEndOfData`

Praktisch bedeutet das für Sie, dass Sie vor der Aufzeichnung eines Makros überlegen müssen:

1. was das Makro tun soll
2. auf welche Ausgangssituation es bei Ausführung treffen wird

Aber Schluss mit der Vorrede, jetzt geht es ans Aufzeichnen.

Starten Sie den Makrorekorder mittels **Extras • Makros • Makro aufzeichnen**.

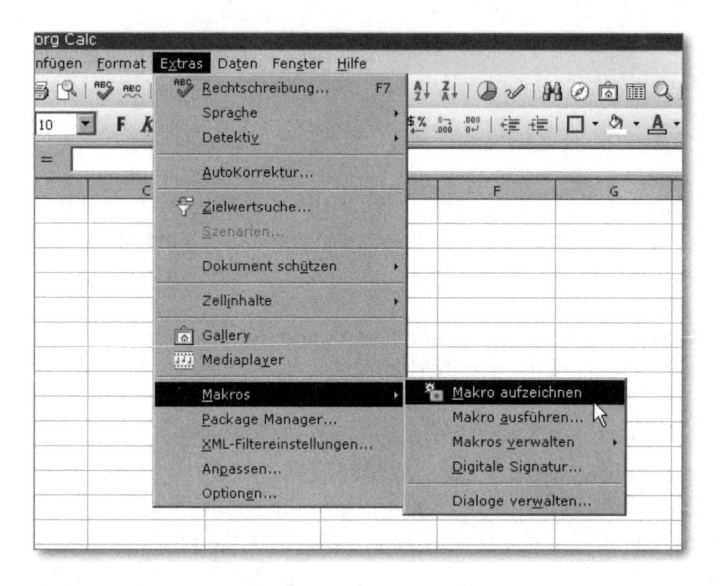

Abbildung 8.2 Makrorekorder starten

Sie sehen dann das kleine Fenster des Makrorekorders.

Abbildung 8.3 Der Makrorekorder ist aktiv.

Nun können Sie Ihre Aktionen ausführen. Beachten Sie dabei das Gesagte, und zwar dass der Rekorder das aufzeichnet, was Sie tun, und führen Sie die gewünschten Aktionen durch. Zwischenzeitlich können Sie auch beliebige Pausen einlegen. Ist alles aufgezeichnet, beenden Sie den Makrorekorder nun, indem Sie auf **Aufzeichnung beenden** klicken, und es erscheint der Dialog zum Speichern des Makros.

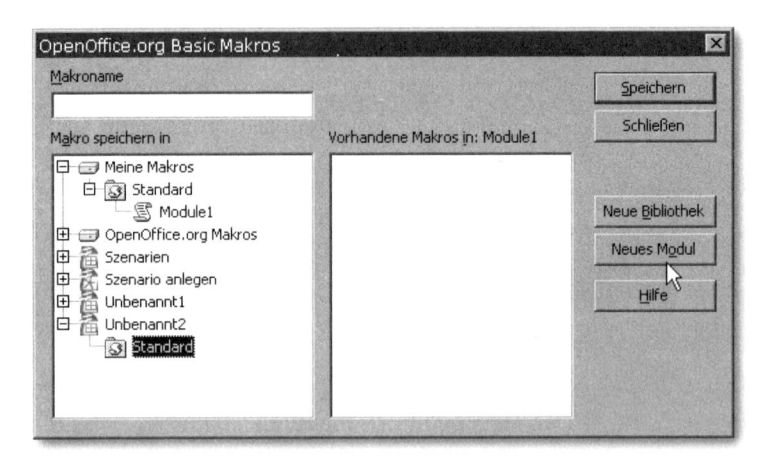

Abbildung 8.4 Aufgezeichnetes Makro speichern

Sie haben jetzt die Möglichkeit, einen Speicherort für das Makro zu wählen. Diese Entscheidung ist abhängig davon, wo das Makro später zur Verfügung stehen soll.

[»] Die gesamte Thematik Speicherorte wurde bereits im Kapitel für benutzerdefinierte Funktionen besprochen (6.7.2), lesen Sie bitte dort nach.

Für unser Beispiel soll das Makro in einer Dokumentbibliothek des gerade aktiven Dokuments (Unbenannt2) gespeichert werden. Da es sich um ein nicht gespeichertes Dokument handelt, existiert zwar schon die Bibliothek *Standard*, aber noch kein Modul darin. Um ein Modul zu erzeugen, klicken Sie die Schaltfläche **Neues Modul** und vergeben einen Namen, beispielsweise *Modul1*. Das Modul wird nun erzeugt und links unterhalb der Bibliothek angezeigt. Rechts sehen Sie, dass das Modul bereits ein (leeres) Makro (»*Main*«) enthält. Geben Sie jetzt für Ihr Makro im Feld *Makroname* einen Namen ein, und klicken Sie auf **Speichern**. Hiermit wird der Dialog geschlossen.

Um jetzt den Inhalt Ihres Makros einzusehen, wählen Sie **Extras • Makros • Makros verwalten • OpenOffice.org Basic...**, und markieren Ihr gerade erstelltes Makro (in Abbildung 8.5 »MeinMakro«), und klicken Sie auf **Bearbeiten**.

8.2 | Makros aufzeichnen und ausführen

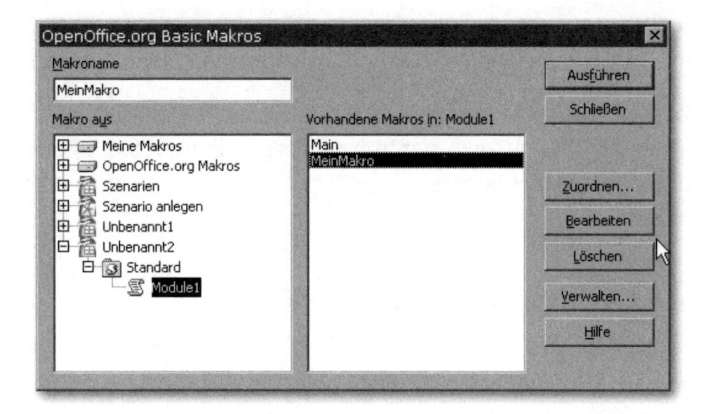

Abbildung 8.5 Makro zum Bearbeiten öffnen

Nun wird die Basic-IDE geöffnet, und Ihr Makro bzw. der Inhalt des Moduls *Modul1* ist zu sehen.

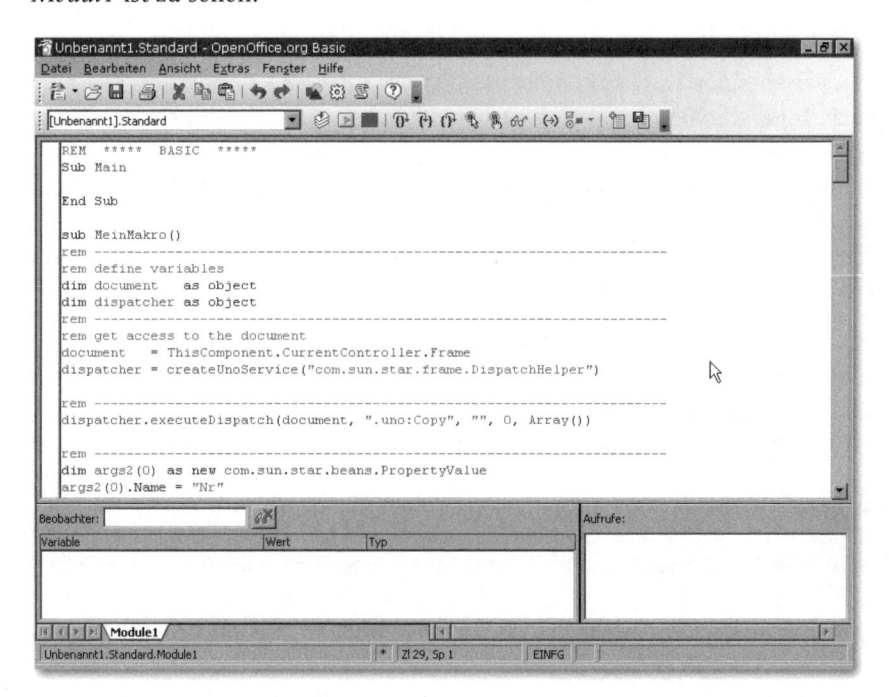

Abbildung 8.6 Makrocode in Basic-IDE

Hier könnte jetzt eine manuelle Bearbeitung des Makrocodes erfolgen. Zunächst sollten Sie aber Ihr Makro erst einmal auf die Funktion hin testen. Schließen Sie die Basic-IDE deshalb wieder, und testen Sie Ihr Makro, indem Sie es über **Extras**

• **Makros** • **Makro ausführen...** aufrufen. Beachten Sie bitte, dass vor dem Start gleiche Ausgangsbedingungen bestehen müssen, z. B. die gleiche Zelle markiert.

Ist das Ergebnis des Makrolaufs nicht wie erwartet, müssten Sie nun wieder zur Basic-IDE wechseln, um den Code zu analysieren bzw. zu bearbeiten. Sie sollten aber vielleicht auch einmal das fehlerhafte Ergebnis Ihres Makros betrachten und überlegen, ob Ihre Aufzeichnung wirklich korrekt war.

8.2.2 Verschiedene Arten, ein Makro zu starten

Es ist nicht besonders bequem, das Makro so zu starten, wie Sie es gerade getan haben. Deshalb sollten Sie überlegen, welche Methode die günstigste für Ihre konkrete Anwendung ist. Neben der Methode über das Menü gibt es im Wesentlichen drei weitere Möglichkeiten:

- ▶ Makro eine Tastaturkombination zuweisen
- ▶ Makro einer Schaltfläche (oder Ähnlichem) zuweisen
- ▶ Makro automatisch starten, wenn ein bestimmtes Ereignis eintritt

Das Zuweisen einer Tastaturkombination ist über **Extras** • **Anpassen** • **Tastatur** möglich. Im erscheinenden Dialog suchen Sie links unten die Bibliothek, die Ihr Makro enthält, sodass alle Makros der Bibliothek angezeigt werden (unten – Mitte). Markieren Sie Ihr Makro mittels Einfachklick. Wählen Sie oben eine freie Tastaturkombination, und markieren Sie sie. Klicken Sie nun auf **Ändern**. Haben Sie alles richtig gemacht, muss die Tastaturkombination nun rechts neben dem Makro stehen (siehe Abbildung 8.7).

Beachten Sie bitte die Optionen *OpenOffice.org* und *Calc* (rechts oben in der Abbildung). Damit bestimmen Sie, in welchem Kontext Ihr Makro läuft. Für ein Makro, das Aktionen in Tabellenzellen durchführt, wäre die Option *OpenOffice.org* ohne Nutzen und würde bestenfalls zu einer Fehlermeldung führen.

[»] Beachten Sie bitte bei der Auswahl der Tastaturkombinationen, dass nicht alle Kombinationen zu verändern sind und es eine Rangfolge zwischen OpenOffice.org-weit gültigen Tastaturkombinationen sowie nur für einen Dokumenttyp gültigen gibt.

Im gleichen Dialog können Sie das Makro auch in die Menüs oder Symbolleisten integrieren.

Die zweite Möglichkeit, das Makro zu starten, ist es, das Makro einer Schaltfläche zuzuweisen. In Symbolleisten gelingt dies über den Dialog *Anpassen* wie oben angedeutet, im Dokument selbst können Sie aber auch Schaltflächen verwenden.

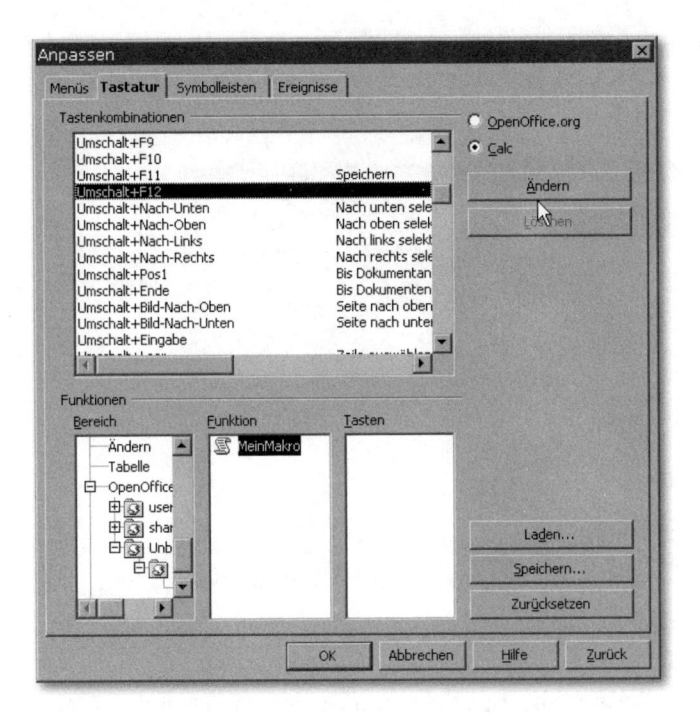

Abbildung 8.7 Makro einem Shortcut zuweisen

Um im Dokument eine Schaltfläche zu erzeugen und dieser ein Makro zuzuweisen, sind folgende Schritte notwendig:

Aktivieren Sie über **Ansicht • Symbolleisten • Formular Steuerelemente** die Symbolleiste mit den Steuerelementen. Klicken Sie auf das Schaltflächensymbol, und ziehen Sie mit der Maus eine passende Schaltfläche in Ihrer Tabelle auf.

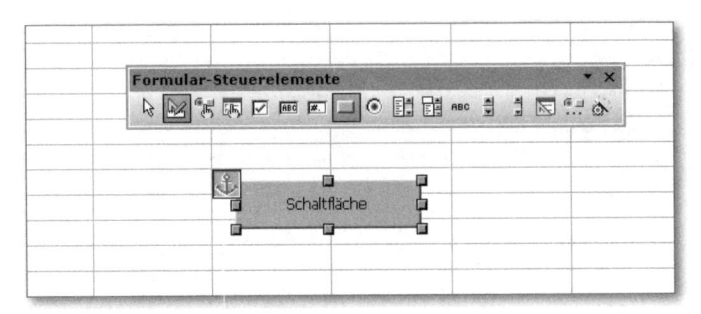

Abbildung 8.8 Schaltfläche einfügen

Erzeugen Sie nun das Kontextmenü der Schaltfläche, klicken dort auf **Kontrollfeld**, und wechseln Sie im erscheinenden Dialog ins Register *Ereignisse*. Dort können Sie ein Ereignis auswählen und ein Makro zuweisen, indem Sie auf die Schaltfläche neben dem Ereignis klicken und zunächst den entsprechenden Dialog aufrufen.

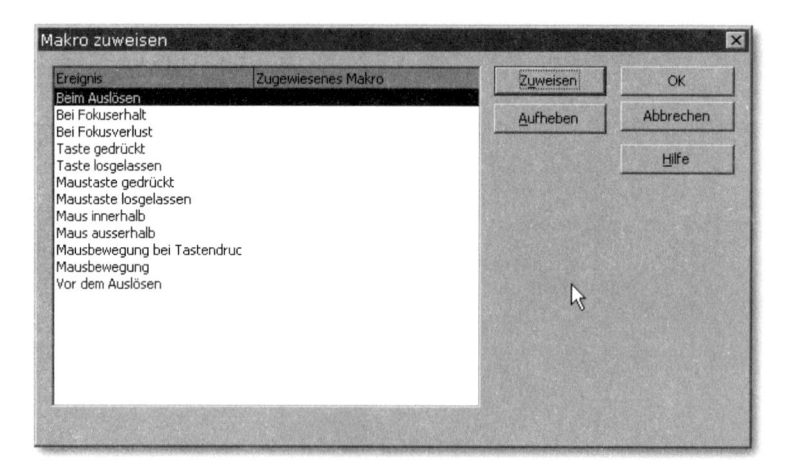

Abbildung 8.9 Makro einem Steuerelement zuweisen

Klicken Sie nun auf die Schaltfläche **Zuweisen**, um den schon bekannten Dialog aufzurufen, mit dem Sie aus dem Menü heraus Makros starten (der konkrete Dialog hat hier eine andere Titelzeile, ist aber sonst gleich). Wählen Sie das Makro aus, und bestätigen Sie Ihre Auswahl. Klicken Sie nochmals auf **OK**, um das Fenster *Makro zuweisen* zu beenden, und schließen Sie das Eigenschaftenfenster der Schaltfläche.

Danach schalten Sie bitte noch den Entwurfsmodus aus und schließen die Symbolleiste **Steuerelemente** mittels Klick auf **[x]**.

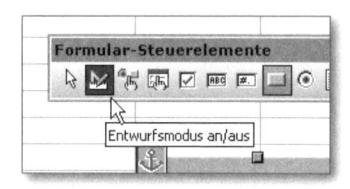

Abbildung 8.10 Entwurfsmodus beenden

Ein weiterer Weg, ein Makro zu starten, ist es, auf Ereignisse zu reagieren. Um beispielsweise ein Makro immer zu starten, wenn ein Dokument geöffnet wird, ein *Autostartmakro*, müssen Sie so vorgehen:

▸ Erstellen Sie ein Makro und speichern es in (einer) der Dokumentbibliothek(en).

Es ist im Prinzip auch möglich, das Makro in den OpenOffice.org-Bibliotheken zu speichern, allerdings müssen Sie in jedem Fall sicherstellen, dass das Makro auch verfügbar ist, wenn das Ereignis auftritt, durch welches das Makro gestartet werden soll. Für eine unkomplizierte Weitergabe der Datei kann es deshalb der beste Weg sein, das Makro im Dokument zu speichern.

▶ Öffnen Sie **Extras • Anpassen**, und wechseln Sie zum Register *Ereignisse*.

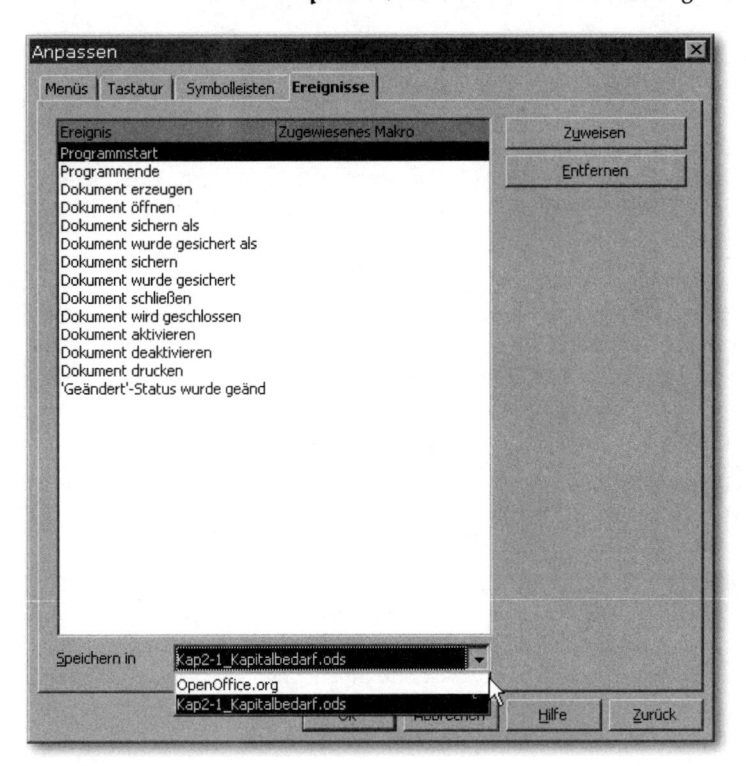

Abbildung 8.11 Makro einem Ereignis zuweisen

▶ Markieren Sie zunächst das gewünschte Ereignis für ein Autostartmakro, das beim Öffnen des Dokuments starten soll, also *Dokument öffnen*.

▶ Mit der Schaltfläche **Zuweisen** öffnen Sie nun wieder den bereits bekannten Dialog zur Auswahl des Makros.

▶ Nachdem Sie ein Makros ausgewählt und die Auswahl bestätigt haben, müssen Sie nun im noch offenen Dialog *Anpassen* die Auswahl *Speichern in* treffen. Bitte beachten Sie, dass die Bezeichnung hier etwas verwirrend ist. Es geht nicht etwa darum, wo das Makro (oder eine Kopie davon) gespeichert wird, sondern darum, welches Ereignis der Auslöser für das Makro sein soll. Konkret heißt das, wenn Sie hier *OpenOffice.org* wählen, startet das Makro immer, wenn irgendein beliebiges Dokument in OpenOffice.org geöffnet wird. Für unser Beispiel sollten Sie also das angezeigte Dokument auswählen.

▸ Abschließend bestätigen Sie mittels **OK**.

Immer wenn das Dokument nun geöffnet wird, startet das Makro automatisch, es sei denn, Sie hätten unter **Extras • Optionen • OpenOffice.org • Sicherheit** (Schaltfläche **Makrosicherheit...**) etwas anderes festgelegt.

[»] Die gerade angesprochene Einstellung zur Makrosicherheit ist ein wichtiger Punkt, um sich vor unabsichtlicher Ausführung von Makros zu schützen. Schalten Sie keinesfalls den Schutz auf Einstellung **niedrig**, sonst würden sämtliche Makros ungefragt ausgeführt. Durch die verschiedenen Sicherheitsstufen sowie die in OpenOffice.org 2.x neue Möglichkeit, nur signierte Makros zuzulassen, ist es möglich, eine für Ihre Verhältnisse angemessene Einstellung auf der Skala 'unsicher, aber bequem' bis 'sicher, aber unbequem'[2] zu wählen.

Umstieg — VBA-Code wird beim Öffnen einer Excel- oder sonstigen MS Office-Datei nicht ausgeführt.[3] Hier besteht also vollständige Sicherheit, sodass OpenOffice.org auch nützlich sein kann zum Öffnen von MS Office-Dateien, deren Quelle Sie nicht gänzlich vertrauen.

Umstieg — So angenehm das vorstehend Genannte für Ihre unmittelbare Sicherheit vor Makroviren sein mag, so gibt es auch noch einen anderen Aspekt, den man nicht verschweigen sollte:

Obwohl OpenOffice.org nicht in der Lage ist, VBA-Code auszuführen, besteht sehr wohl die Möglichkeit, VBA-Code eines Excel-Dokuments (*.xls) beim Öffnen des Dokuments zum Bearbeiten zu laden. Es muss an dieser Stelle betont werden, dass auf diesem Weg auch das Einsehen von VBA-Code möglich ist, welcher sich in einer passwortgeschützten Dokumentbibliothek der Excel-Datei befindet. Genaueres zu dieser Thematik finden Sie in Kapitel 10.

8.3 Hello World ...

[o] Bei dieser Überschrift verbieten sich weitere Einleitungen, also sollten Sie gleich beginnen. Öffnen Sie die Basic-IDE beispielsweise, indem Sie ein Modul der Standardbibliothek von OpenOffice.org zum Bearbeiten öffnen.

---

2 Die entsprechenden Sicherheitsstufen (siehe: **Extras • Optionen • OpenOffice.org • Sicherheit**) lauten *Niedrig*, *Mittel*, *Hoch* und *Sehr hoch*.
3 Diese Aussage gilt nicht mehr uneingeschränkt für alle Distributionen von OpenOffice.org, da inzwischen Entwicklungen laufen (maßgeblich von der Firma Novell), VBA-Code in OpenOffice.org ausführbar zu machen. Einige Hinweise dazu finden Sie in Kapitel 10.

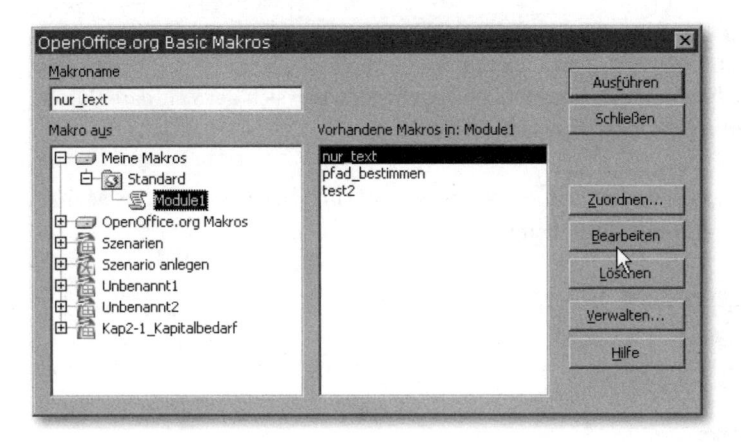

Abbildung 8.12 Die Standardbibliothek von OOo unter »Meine Makros«

Welches Makro ausgewählt ist, ist nicht entscheidend, da es nur darauf ankommt, ein bestimmtes Modul zu öffnen. Mittels Klick auf **Bearbeiten** öffnet sich entsprechend der Abbildung das Modul1 der Standardbibliothek von OpenOffice.org.

Scrollen Sie in der Basic-IDE im geöffneten Modul nach unten, und geben Sie folgenden Code ein:

```
Sub hallo()
Msgbox "Hello World"
End Sub
```

Leider ist das Starten des Makros nicht mittels der entsprechenden Schaltfläche in der Basic-IDE möglich, weil es nicht das erste (bzw. oberste) Makro im Modul ist.

Abbildung 8.13 Makro starten – bitte Beschreibung im Text beachten

Die entsprechende Schaltfläche startet immer nur das erste Makro eines Moduls. Eine Möglichkeit, ein bestimmtes Makro zu starten, ist deshalb der Weg über **Extras • Makros • Makro ausführen** direkt in der Basic-IDE.

Umstieg — Es sei auch für VBA-Programmierer noch einmal betont, dass es nicht möglich ist, mit der Schaltfläche **BASIC-Programm ausführen** ein anderes als das erste Makro des gerade aktiven Moduls direkt zu starten. Das gilt auch, wenn sich der sichtbare Cursor in einem anderen Makro des Moduls befindet.

Wenn es auch etwas gedauert hat, erhalten Sie natürlich beim Starten des Makros das »klassische« Hello-World-Fenster.

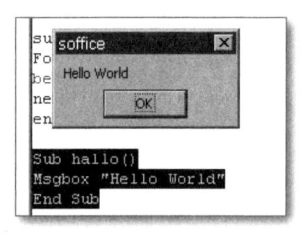

Abbildung 8.14 Hello World in OooBasic

8.4 Makros manuell erstellen oder bearbeiten

8.4.1 Einige Worte zu Beginn

Office-Suiten wie OpenOffice.org sind heute ohne die Möglichkeit der Makroprogrammierung kaum noch denkbar, gestatten sie es doch, bestimmte Abläufe zu automatisieren und das Programm zu erweitern. Natürlich ist OOoBasic nicht in der Lage, eigenständige Anwendungen zu erzeugen, welche außerhalb von OpenOffice.org lauffähig sind.

Trotzdem halten Sie mit OOoBasic ein mächtiges Werkzeug in der Hand, um Ihre Arbeiten effektiver und leichter zu gestalten, einige Gründe seien aufgeführt:

- Makros bieten die Möglichkeit, häufig wiederkehrende Arbeitsschritte zu wiederholen, gerade hierzu bietet sich auch die reine Aufzeichnung mit dem Makrorekorder an.
- Sie können OpenOffice.org gezielt erweitern um Funktionen, die Sie individuell benötigen. Insbesondere können Sie hiermit den Umgang mit Dokumenten erleichtern, indem Sie gezielt gewisse Funktionen durch Makros steuern, was besonders interessant ist, wenn Sie Dokumente für andere erstellen.
- Benutzerdefinierte Funktionen in Calc sind beispielsweise nützlich, um bestimmte (Rechen)Ergebnisse erreichen zu können oder um unübersichtlich lange Zellformeln zu vermeiden.

Mit Makros können Sie ebenfalls auf die »Umgebung« von OpenOffice.org, also beispielsweise auf das Dateisystem oder (in bestimmten Fällen) auf Einstellungen des Betriebssystems zugreifen. Zudem ist es in bestimmten Fällen ein einfacher Weg, aus anderen Programmen heraus ein in OpenOffice.org erstelltes Makro zu starten, anstatt den Zugriff komplett von außerhalb zu erledigen.

Es dürfte heute für viele der normale Weg sein, über die Benutzung von OpenOffice.org – zunächst verbunden mit der Aufzeichnung einfacherer Abläufe mit dem Makrorekorder – letztlich auch zur OOoBasic-Programmierung zu finden. Im Folgenden werden einige Informationen zu OOoBasic gegeben, die schon aufgrund des Umfangs der Darlegungen nicht vollständig sein können, Sie werden also zusätzlich auf weitere Informationen angewiesen sein.

Quellen im Internet zur Thematik OOoBasic finden Sie im Anhang des vorliegenden Buches. Inzwischen ist ebenfalls einige gute Literatur zur Thematik verfügbar.

8.4.2 Makros in OpenOffice.org

In OpenOffice.org werden Makros in Modulen verwaltet, die ihrerseits in Bibliotheken zusammengefasst sind. Bibliotheken existieren sowohl in OpenOffice.org zentral als auch in Dokumenten. Eine Bibliothek darf maximal 16.000 Module umfassen, was natürlich ein für die Praxis wenig relevanter Wert ist. Module dürfen eine Größe von maximal 64 kB besitzen.

In den Modulen befindet sich der eigentliche Code in Sub's (Subroutinen) und Function's (Funktionen), wobei Funktionen einen Rückgabewert liefern, was Subroutinen nicht tun. Der Code selbst besteht aus den eigentlichen Befehlen und den Kommentaren, wobei OOoBasic als Kennzeichnung für Kommentare sowohl das Hochkomma »'« als auch das Schlüsselwort Rem akzeptiert.

```
Rem ich bin ein Kommentar
a = mein_wert * 2 'ich auch
```

Im Fenster der Basic-IDE wird der Code nicht automatisch umgebrochen. Um unübersichtlich lange Codezeilen umzubrechen, verwenden Sie den Unterstrich mit vorgestelltem Leerzeichen. Kurze Codeabschnitte können Sie auch in einer Zeile hintereinander schreiben und dazwischen den Doppelpunkt verwenden.

```
'...
zellbereich = _
ThisComponent.Sheets(0).getCellRangeByName( "A1:D40" )
Msgbox "Meldung" : MSGBOX zellbereich.dbg_properties
'...
```

Wie Sie an der letzten Zeile sehen, unterscheidet OpenOffice.org (häufig) nicht zwischen Groß- und Kleinschreibung bei Anweisungen. Aber Vorsicht:

- Sprechen Sie beispielsweise Elemente eines Basic-Dialogs über ihren Namen an, wird natürlich zwischen Groß- und Kleinschreibung unterschieden.
- Es gibt sehr wohl auch andere Stellen, an denen Groß- und Kleinschreibung in Makros unterschieden wird. In folgendem Makro

```
Sub kritische_schreibung()
If ThisComponent.SupportsService _
    ("com.sun.star.sheet.SpreadsheetDocument") Then
MsgBox "Tabellendokument"
End if
End Sub
```

existiert eine solche, denn es wird beispielsweise zwischen »Spreadsheet« und »spreadsheet« unterschieden.

Subroutinen und Funktionen werden allgemein immer wie folgt eingeleitet und abgeschlossen.

```
Sub Name()
End Sub
Function Name()
End Function
```

Hierbei gilt für die Namen, dass sie aus maximal 255 Zeichen bestehen dürfen, wobei Umlaute und Sonderzeichen mit Ausnahme des Unterstrichs »_« ausgeschlossen sind.

Manchmal ist es erwünscht, in Namen auch Leerzeichen zu verwenden. Setzen Sie dann den Namen in eckige Klammern. Insbesondere wenn Sie eigene Makros an Schaltflächen von Symbolleisten binden wollen, ist diese Art in älteren Versionen von OpenOffice.org der einzige Weg, um einen sprechenden Tooltip zu erzeugen. In neueren Versionen ist es möglich, entsprechende Tooltips – unabhängig vom Namen des Makros – anzeigen zu lassen, indem Sie die Bezeichnung für den Symbolleisteneintrag anpassen.

```
Sub [Berechnung des Zylindervolumens]()
'...
End Sub
```

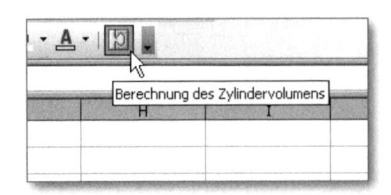

Abbildung 8.15 Tooltip einer Schaltfläche

Jede Art der Programmierung sollte immer damit beginnen, dass Sie sich zunächst einen Überblick verschaffen, wie das zu lösende Problem programmtechnisch am effektivsten bearbeitet werden kann. Nicht unbedingt erforderlich ist es, bei jedem kleinen Makro gleich einen Programmablaufplan zu erstellen. Andererseits sollten Sie sich darüber im Klaren sein, dass es meist mehrere Lösungen für ein Problem gibt, und gezielt überlegen, welche für Ihren Anwendungsfall die richtige ist und wie Sie Ihre Programmierung entsprechend gestalten können.

Ein gerade bei Makros, die in großen Tabellendokumenten Verwendung finden, nicht zu unterschätzender Faktor ist die Zeit, die zum Abarbeiten des Codes benötigt wird. In solchen Fällen ist nicht unbedingt der kürzeste Code auch der schnellste, und Sie können durch optimale Gestaltung Ihres Codes erhebliche Geschwindigkeitsvorteile erzielen. Beispielsweise stieß ich vor einiger Zeit im Forum auf eine sehr interessante Diskussion zum Thema: Sortieralgorithmen für Arrays, siehe: *http://www.oooforum.org/forum/viewtopic.phtml?t=20783*.

Informationen zur Organisation von Makros enthielt bereits Kapitel 6.7.2. Wollen Sie Makros weitergeben, die auf dem Zielrechner in die OOo-Bibliotheken integriert werden sollen, bestehen dazu folgende Möglichkeiten:

Der einfachste Weg ist es, die Makros in einem Dokument zu speichern, dieses auf dem Zielrechner zu öffnen und die bestehenden Bibliotheken innerhalb der Makroverwaltung zu verschieben. Öffnen Sie dazu die Bibliotheksverwaltung (siehe Kapitel 6.7.2) und verschieben Sie die gewünschten Module mittels Drag & Drop.

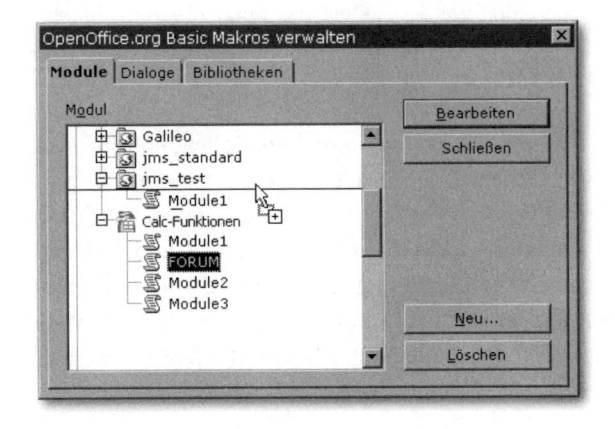

Abbildung 8.16 Modul kopieren

Halten Sie [Strg] gedrückt, um das Modul zu kopieren, da es ansonsten verschoben wird.

Ziemlich analog können Sie über die Bibliotheksverwaltung auch Bibliotheken aus Dokumenten importieren, wenn Sie die Schaltfläche **Hinzufügen...** betätigen und anschließend das Dokument auswählen. Es wäre auch möglich, für den Import nur die eigentlichen Containerdateien der Bibliotheken auszuwählen, sofern diese separat vorliegen.

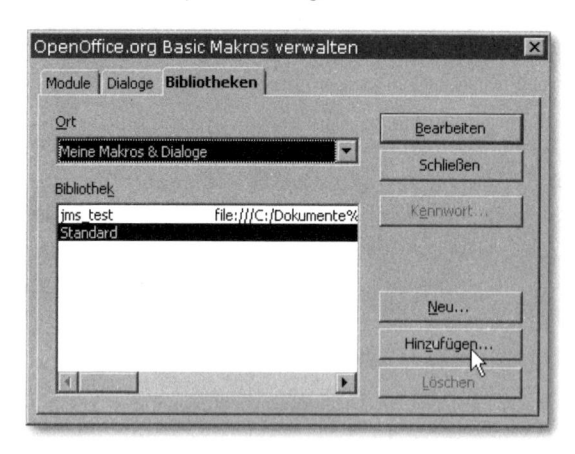

Abbildung 8.17 Bibliotheken importieren

[+] Für dieses Verfahren ist es notwendig, dass die zu importierende Dokumentbibliothek nicht den Namen »Standard« besitzt. Sie müssen also im Dokument selbst Ihre Makros und Funktionen in einem neu erstellten Modul (mit aussagekräftigem Namen) ablegen. Der Grund dafür ist, dass Sie zwar beim Importvorgang einzelne Bibliotheken auswählen können und so vermeiden können, dass bestehende, gleichnamige Bibliotheken nicht überschrieben werden. Allerdings nutzt Ihnen das dann wenig, wenn die zu importierende Bibliothek den Namen »Standard« trägt, da die gleichnamige Bibliothek bereits existiert.

Sollten Sie Makros an eher unerfahrene Nutzer weitergeben wollen, empfiehlt es sich beispielsweise, diese in einem Dokument weiterzugeben, welches gleichzeitig eine Installationsroutine für die Makros beinhaltet. Auch wird es dadurch möglich, automatisch eigene Menüeinträge vorzunehmen bzw. Symbolleistenschaltflächen zu erzeugen. Leider ist die Erzeugung solcher Installationsroutinen in OpenOffice.org mit Bordmitteln noch nicht automatisch möglich, sodass Sie auf externe Quellen angewiesen sind. Beispiele bzw. Makros, die diesen Vorgang automatisieren, finden Sie unter *www.ooomacros.org*.

Der große Vorteil eines eigenen Installers ist die Tatsache, dass Sie den Verlauf der Installation selbst gestalten können, es also möglich ist, dem Benutzer Auswahloptionen anzubieten oder Informationen während oder nach der Installation zu geben.

Relativ neu in OpenOffice.org sind *Extensions*, hier hat sich in den letzten Monaten eine recht stürmische Entwicklung vollzogen. Lesen Sie im folgenden Kapitel, was Sie zu Extensions wissen sollten.

8.4.3 Makros als Extensions weitergeben

Zunehmend werden Makros in Form einer Extension weitergegeben. Extensions haben seit OpenOffice.org 2.1 die früheren *Packages* abgelöst, wobei die internen Unterschiede zunächst gar nicht so groß sind. Extensions umfassen aber inzwischen erweiterte Möglichkeiten, wie beispielsweise die der Versionierung oder der Multiligualität.

Abbildung 8.18 Extension

Extensions sind jedoch weitaus mehr als nur Instrumente der Makroverteilung, denn Extensions eigen sich u. A. auch für:

- Erweiterungen für OpenOffice.org
- UNO-Komponenten (in C++, Java oder Python)
- Vorlagen und Gallery-Themen
- Symbolleisten
- Neue Diagrammtypen

Extensions verfügen über die Endung *.oxt und können sehr einfach installiert werden, indem Sie die Extension doppelklicken. Es erscheint anschließend eine Abfrage, ob Sie die Extension tatsächlich installieren möchten, und wenn Sie zustimmen, wird die Extension installiert und anschließend im Bereich der Makroverwaltung *Meine Makros* angezeigt. Physisch werden Extensions normalerweise im Verzeichnis *uno_packages* Ihres Benutzerverzeichnisses gespeichert.

Installierte Extensions können Sie über **Extras • Extension Manager** wieder entfernen.

> Es gibt noch weitere Möglichkeiten, wie Sie Extensions installieren können, zum einen über **Extras • Extension Manager** und zum anderen direkt mittels *unopkg.exe*. Letztere finden Sie im Programmverzeichnis von OpenOffice.org. Starten Sie *unopkg.exe* über die Kommandozeile, erhalten Sie detaillierte Informationen zum Gebrauch.

8 | Makros in Calc

Eine Extension zur Weitergabe einer bestehenden Makrobibliothek zu erzeugen, ist einfach:

- Rufen Sie den Dialog zum Verwalten der Makros mittels **Extras • Makros • Makros verwalten • OpenOffice.org Basic...** auf.
- Klicken Sie im erscheinenden Dialog auf die Schaltfläche **Verwalten...**.
- Wechseln Sie zum Register *Bibliotheken*, markieren Sie die zu exportierende Bibliothek, und klicken Sie auf **Export...**.
- Wählen Sie *Als Extension exportieren*, und vergeben Sie einen Namen.

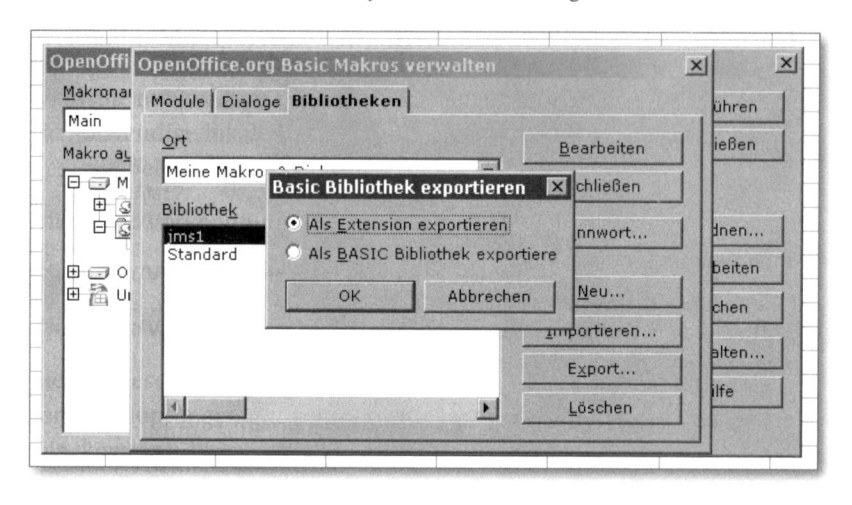

Abbildung 8.19 Extension erzeugen

Ergebnis ist eine Extension mit der Dateiendung *.oxt, die Sie einfach weitergeben können. Der Empfänger muss anschließend nur die Extension, installieren wie bereits oben beschrieben, und ihm steht Ihre Makrobibliothek zur Verfügung.

[+] Als Extension installierte Makros können Sie auch über den Extension Manager exportieren, indem Sie diesen über **Extras • Extension Manager** aufrufen.

Etwas schwieriger ist es, wenn Sie eine Extension so weitergeben wollen, dass auf dem Zielsystem – bei der Installation der Extension – automatisch Menüeinträge (oder Symbolleisten) erstellt werden. Zwar wäre es möglich, solche Extensions manuell zu erzeugen, aber inzwischen existiert dafür ein sehr guter Packager von Paolo Mantovani (siehe Abbildung 8.20), den Sie sich von:

http://www.paolo-mantovani.org/downloads/BasicAddonBuilder

herunterladen können.

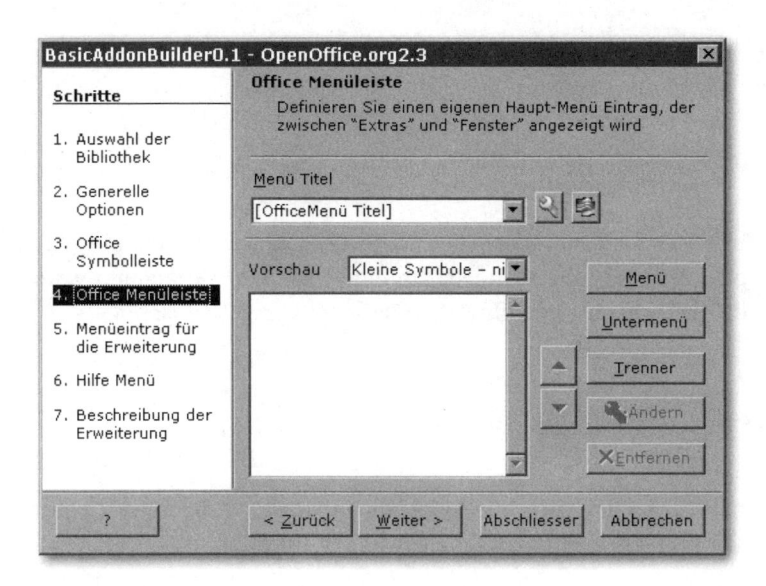

Abbildung 8.20 BasicAddonBuilder

Weitere Links zu Informationen über Extensions finden Sie im Anhang unter »Wichtige Internetadressen«.

> Eine wachsende Anzahl von Extensions ist unter: [+]
> http://wiki.services.openoffice.org/wiki/Extensions_repository
> verfügbar.

8.5 Codebeispiele für Calc-Makros

8.5.1 Dokumente

Ein neues leeres Dokument (basierend auf der gerade aktuellen Standardvorlage) erzeugen Sie folgendermaßen.

```
Sub NeuesDokumentErzeugen()
Dim oDokument as Object
Dim sUrl as String
Dim Dummy()
sUrl = "private:factory/scalc"
dokument = StarDesktop.loadComponentFromURL _
    ( sUrl , "_blank", 0, Dummy() )
End Sub
```

Um ein bestehendes Dokument zu öffnen, geben Sie einfach in der betreffenden Zeile dessen Adresse an:

```
...
sUrl = ConvertToUrl("D:\MeinDokument.ods")
...
```

Durch *ConvertToUrl* wird hierbei der in der Klammer angegebene Pfad in eine systemunabhängige Adresse umgewandelt, am einfachsten zu verstehen, wenn Sie sich einmal die Adresse eines geöffneten Dokuments ausgeben lassen.

```
Sub Adresse()
MsgBox ThisComponent.URL & CHR(13) & _
    ConvertFromUrl(ThisComponent.Url)
End Sub
```

Wobei hier durch *ConvertFromUrl* die systemunabhängige Adressangabe aus *ThisComponent.Url* in die systemspezifische gewandelt wird.

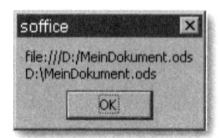

Abbildung 8.21 Sub Adresse()

Ebenso einfach können Sie das erzeugte Dokument nun auch speichern.

```
Sub DokumentSpeichern()
Dim oDokument as Object
Dim sUrl as String
Dim Dummy()
Url = "D:\test.ods"
Url = ConvertToUrl(Url)
oDokument = ThisComponent
oDokument.storeToUrl(Url, Dummy())
End Sub
```

Der Code gilt hierbei für ein noch nicht gespeichertes Dokument bzw. für ein Dokument, das unter neuem Namen gespeichert werden soll. Da kein Filter angegeben ist, wird das Dokument im Standardformat gespeichert, also *.ods bei Calc-Dokumenten.

[»] Beachten Sie bitte, dass die Angabe einer Dateiendung in der Dokumentadresse keinen Einfluss darauf hat, als welcher Dateityp das Dokument gespeichert wird. Sie könnten also eine völlig beliebige Endung verwenden (ob das zweckmäßig ist, sei dahingestellt).

> Anschließend wäre es möglich, das Dokument mittels OpenOffice.org zu öffnen, ohne dass Probleme mit der Dateiendung entstünden, da OpenOffice.org sich am Typ des Dokuments orientiert.

Um das Dokument in einem anderen Dateiformat zu speichern, müssen Sie explizit einen Exportfilter dafür angeben.

```
Sub DokumentSpeichern()
Dim oDokument as Object
Dim sUrl as String
Dim Filter(0) As New com.sun.star.beans.PropertyValue
Filter(0).Name = "FilterName"
Filter(0).Value = "MS Excel 97"
Url = "D:\test.xls"
Url = ConvertToUrl(Url)
oDokument = ThisComponent
oDokument.storeToUrl(Url, Filter())
End Sub
```

Hiermit speichern Sie das Dokument im Format von MS Excel 97, was natürlich nur zu einem sinnvollen Ergebnis führt, wenn das Dokument ein Tabellenkalkulationsdokument ist, was Sie gegebenenfalls zunächst prüfen müssten.

```
'...
If oDokument.SupportsService _
    ("com.sun.star.sheet.SpreadsheetDocument") Then
'...
```

Die genauen Namen aller verfügbaren Filter können Sie sich mit etwas Code ausgeben lassen, beachten Sie jedoch bitte, dass manche Filter zusätzliche Parameter erfordern.

```
Sub Filter_ausgeben()
filter = createUnoService( "com.sun.star.document.FilterFactory" )
filter_namen = filter.getElementNames()
oDoc = StarDesktop.loadComponentFromURL _
    ( "private:factory/swriter", "_blank", 0, Array() )
oText = oDoc.getText()
oCursor = oText.createTextCursor()
oCursor.gotoEnd(False)
For i = LBound(filter_namen) To UBound(filter_namen)
oText.insertString( oCursor, filter_namen(i), False )
oText.insertControlCharacter( oCursor, _
    com.sun.star.text.ControlCharacter.PARAGRAPH_BREAK, False )
Next
End Sub
```

8.5.2 Tabellen in Calc

Der Zugriff auf die einzelnen Tabellen (Tabellenblätter) einer Calc-Datei erfolgt über das *.sheets*-Objekt, folgender Code zeigt ein Beispiel:

```
Sub auf_tabellenblatt_zugreifen()
Dim oDokument as Object
Dim oblaetter
oDokument = ThisComponent
'Anzahl aller Tabellenblätter
oblaetter = oDokument.Sheets().Count
For i = 0 To oblaetter - 1
    MsgBox oDokument.Sheets(i).Name
Next i
'Namen vom ersten Blatt ändern
oDokument.Sheets(0).Name = "NeuerName"
End Sub
```

Das Erzeugen, Löschen, Verschieben und Ausblenden von Tabellen ist ebenfalls nicht schwer, der folgende Code gibt hierfür ein Beispiel.

```
Sub Tabellen_manipulieren()
Dim oDokument as Object
oDokument = ThisComponent
'neue Tabelle einfügen
oDokument.Sheets.insertNewByName("neueTabelle", 0)
'eingefügtes Blatt ans Ende stellen
oDokument.Sheets.moveByName("neueTabelle", _
    oDokument.Sheets.getCount())
'und kopieren
oDokument.Sheets.copyByName("neueTabelle", _
    "noch_eine_Tabelle", 0)
Msgbox "Bitte Resultat betrachten"
'das zuletzt eingefügte Blatt löschen
oDokument.Sheets.removeByName("noch_eine_Tabelle")
'ein Blatt ausblenden
oDokument.Sheets.getByName("neueTabelle").IsVisible = False
End Sub
```

In mancher Situation ist es auch nützlich zu ermitteln, welche Tabelle gerade die aktive Tabelle ist. Wie Sie den Namen der aktiven Tabelle herausbekommen, ist nachfolgend aufgezeigt. Hieraus könnten Sie anschließend in einer Schleife (durch Namensvergleich) auch den Index der gerade aktiven Tabelle ermitteln.

```
Sub aktives_blatt()
msgbox ThisComponent.CurrentController.activeSheet.Name
End Sub
```

Da es auch möglich ist, einen Blattschutz mit entsprechendem Passwort zu setzen, soll dafür ein (nicht ganz ernst gemeintes) Beispiel gegeben werden. Im Makro wird zunächst eine Zufallszahl ermittelt und deren ganzzahliger Anteil als Passwort für den Blattschutz verwendet. So gefährlich, wie das Makro heißt, ist es natürlich nicht, weil das passende Makro zum Aufheben des Schutzes gleich mitgeliefert wird.

```
Sub gefaehrlich()
Dim oDokument as Object
Dim zufall
oDokument = ThisComponent
zufall = INT(1000*RND())
oDokument.Sheets(0).protect(zufall)
End Sub

Sub nicht_wirklich()
Dim oDokument as Object
Dim i
oDokument = ThisComponent
i = 0
Do
    oDokument.Sheets(0).unprotect(i)
    i = i + 1
    If i > 1000 Then exit Do
Loop While oDokument.Sheets(0).IsProtected <> False
Msgbox "Passwort war: " & i - 1
End Sub
```

Um ein Blatt mit einem sinnvollen Passwort zu schützen, verwenden Sie einfach dieses Passwort anstelle der Variable *zufall*.

8.5.3 Zeilen, Spalten und Zellen

Für Zeilen, Spalten und Zellen sind alle Arten der Bearbeitung und Manipulation, die Sie in Calc manuell vornehmen können, natürlich auch mittels Makro möglich, im Folgenden ein Beispiel:

```
Sub Zeilen_Spalten()
Dim oDokument as Object
Dim oZeile as Object
Dim oSpalte as Object
oDokument = ThisComponent
'Spalte A
oSpalte = ThisComponent.Sheets(0).Columns(0)
'Zellhintergrund rot
```

```
oSpalte.CellBackColor = RGB (255,0,0)
'Zeile 1
oZeile = ThisComponent.Sheets(0).Rows(0)
'Schriftgrösse 10 Punkt
oZeile.CharHeight = 10
'Spalte ausblenden
oSpalte.IsVisible = False
MsgBox "Ausgeblendet"
'und wieder einblenden
oSpalte.IsVisible = True
End Sub
```

Der Zugriff auf einzelne Zellen kann über deren Index oder über den Namen der betreffenden Zelle erfolgen. Das Beispielmakro greift über den Index zu und demonstriert, wie Sie Zellen mit Werten, Texten oder Formeln füllen können.

```
Sub Zelle()
Dim oDokument as Object
Dim oTabelle as Object
Dim oZelle as Object
oDokument = ThisComponent
'erste Tabelle
oTabelle = oDokument.Sheets(0)
'Zelle A1
oZelle = oTabelle.getCellByPosition(0, 0)
'einen String eintragen
oZelle.String = "Mein Text"
MsgBox "Text eingetragen"
'eine Formel in die Zelle eintragen
oZelle.FormulaLocal = "=SUMME(B1:B10)"
MsgBox "Formel eingetragen"
'Wert eintragen
oZelle.Value = 20.22
End Sub
```

Beachten Sie bitte, dass die Zeile *oZelle.FormulaLocal = "=SUMME(B1:B10)"* für ein deutschsprachiges OpenOffice.org gilt. Ist in gleicher Situation nicht bekannt, welche Landesversion von OOo Ihr Makro erwartet, sollten Sie besser *oZelle.Formula = "=SUM(B1:B10)"* verwenden, wobei OOo die Formel in Landessprache »übersetzt«, d.h., in einem deutschsprachigen OpenOffice.org stünde wiederum *Summe()* in der Zelle. Die englischen Funktionsnamen für die einzelnen Calc-Funktionen finden Sie auf der Buch-CD.

So wie bei Tabellenblättern erwähnt, können Sie auch bei Zellen prüfen, welche aktiv, besser gesagt markiert sind, wenn Ihr Makro startet. Diese Aufgabe dürfte sich in Ihrer Programmierpraxis häufiger stellen, weil drei Fälle unterschieden werden müssen, welche für weitere Aktionen Ihrer Makros zu beachten sind. Es kann nämlich sein, dass entweder eine Zelle oder ein Zellbereich oder auch mehrere Zellbereiche markiert sind.

```
Sub Selektion_ermitteln()
Dim oDokument as Object
Dim oSelektion as Object
oDokument = ThisComponent
selektion = oDokument.getCurrentSelection()
If oSelektion.supportsService( _
    "com.sun.star.sheet.SheetCell") then
        MsgBox "Zelle"
    Elseif oSelektion.supportsService( _
        "com.sun.star.sheet.SheetCellRange") then
        MsgBox "Zellbereich"
    Elseif oSelektion.supportsService( _
        "com.sun.star.sheet.SheetCellRanges") then
        MsgBox "mehrere Zellbereiche"
End If
End Sub
```

An den Stellen, wo jetzt die Meldungen des Selektionstyps erfolgen, könnten Sie nun eigenen Code ergänzen, der entsprechend auf die vorliegende Selektion reagiert. Liegt eine einzelne selektierte Zelle vor, können Sie darauf zugreifen, wie schon weiter oben stehend demonstriert. Liegt ein Zellbereich vor, müssen Sie, um auf einzelne Zellen zuzugreifen, zunächst die vier begrenzenden »Eckpunkte« des Zellbereichs bestimmen. Liegen mehrere Zellbereiche vor, ist es nötig, durch die Einzelbereiche zu interieren und jeden Zellbereich getrennt zu bearbeiten.

```
Sub mehrere_Bereiche()
Dim oSelektion as Object
Dim oBereichsAdresse as Object
oSelektion = ThisComponent.getCurrentSelection()
'gibt es mehrere markierte Zellbereiche?
If Not(oSelektion.supportsService( _
    "com.sun.star.sheet.SheetCellRanges")) then
        MsgBox "Es liegt keine Mehrfachselektion vor"
        Exit Sub
End If
'durch alle Zellbereiche interieren
For i = 0 To oSelektion.getCount()-1
    'Adresse des Einzelbereichs
    oBereichsAdresse = oSelektion.getByIndex(i). _
        getRangeAddress()
```

```
            'durch alle Zellen des Bereiches interieren
            For x = oBereichsAdresse.StartColumn to _
                    oBereichsAdresse.EndColumn
                For y = oBereichsAdresse.StartRow to  _
                    oBereichsAdresse.EndRow
                'hier Code zum Bearbeiten der Einzelzellen
                '...
                Next y
            Next x
    Next i
End Sub
```

8.5.4 Zellnotizen auslesen

In Kapitel 4, »Das Tabellendokument«, ist beschrieben, wie Sie Zellnotizen mit dem PDF-Export von OpenOffice.org in ein PDF-Dokument exportieren oder auch Zellnotizen ausdrucken können. Manchmal sammeln sich jedoch in Dokumenten Zellnotizen an, die Sie gerne an anderer Stelle weiterverwenden möchten. Leider ist es jedoch arbeitsintensiv, diese Zellnotizen alle manuell zu kopieren. Dies ist eine Aufgabe für ein typisches Arbeitsmakro, was schnell geschrieben ist.

Nehmen Sie an, Sie möchten alle Notizen einer Tabelle in eine zweite Tabelle übertragen und Sie dort in die positionsgleichen Zellen einfügen, jedoch nicht als Notizen, sondern als Zellinhalte vom Typ Text.

```
Sub Notizen_kopieren()
doc = stardesktop.currentcomponent
sheet = doc.Sheets().getByName("Tabelle1")
Cursor = sheet.createCursor()
Cursor.GotoEndOfUsedArea(True)
letzte_Zeile = Cursor.getRangeAddress.EndRow
letzte_Spalte = Cursor.getRangeAddress.EndColumn
neu_tabelle = _
doc.createInstance("com.sun.star.sheet.Spreadsheet")
doc.Sheets.insertByName("Notizen", neu_tabelle)
sheet_notiz = doc.Sheets().getByName("Notizen")
For x = 0 to letzte_Spalte
For y = 0 to letzte_Zeile
sheet_notiz.getCellByPosition(x,y).String = _
 sheet.getCellByPosition(x,y).Annotation.String
Next y
Next x
End Sub
```

Anmerkung:

Alle bisherigen Makrobeispiele stellten den Verweis auf das Dokumentenobjekt über den Ausdruck *ThisComponent* her. In diesem Makro sehen Sie jedoch die Codezeile *doc = stardesktop.currentcomponent*. Was ist der Hintergrund?

Zunächst kein besonderer, aber die Verwendung von *ThisComponent* oder *StarDesktop.CurrentComponent* ist ein Thema, das für Probleme sorgen kann. Im Developersguide[4] finden Sie dazu folgende Aussage:

> The property StarDesktop gives access to the global OpenOffice.org application API while the property ThisComponent accesses the document related API.

Inhaltlich heißt das nichts weiter, als dass sich *StarDesktop.CurrentComponent* immer auf das aktive Fenster bezieht, *ThisComponent* hingegen verweist auf das letzte aktive Dokument oder auf das gerade aktuelle.

Praktisch bedeutet das, wenn Sie Ihren Code testen wollen und zu diesem Zweck direkt aus der Basic-IDE heraus starten, müssen Sie *ThisComponent* verwenden, da Sie mit *StarDesktop.CurrentComponent* einen Bezug auf das Fenster der Basic-IDE herstellen würden, denn dieses ist ja das gerade aktive Fenster.

Der oben stehende Code wird also nur richtig funktionieren, wenn zu dem Zeitpunkt, an dem Sie das Makro starten, das Dokumentfenster im Vordergrund ist.

8.5.5 Calc mit VBA fernsteuern

Schon mehrfach konnten Sie lesen, dass OpenOffice.org VBA-Code aus MS Office-Dokumenten zwar laden, jedoch nicht ausführen kann. Das schließt jedoch nicht aus, dass Sie OpenOffice.org von außen ansprechen können, beispielsweise mittels VBA aus MS Office heraus.

Der folgende Code demonstriert, wie Sie ein neues Dokument öffnen, etwas Text in die Zellen A1 bis C1 schreiben, das Dokument als *.xls speichern und schließen.

```
Sub vba_ooo()
'Achtung VBA Code
Set oServiceManager = CreateObject("com.sun.star.ServiceManager")
Set oDesktop = oServiceManager.createInstance _
("com.sun.star.frame.Desktop")
Dim no_arg()
```

---

4 http://api.openoffice.org/DevelopersGuide/DevelopersGuide.html

```
Set Doc = oDesktop.loadComponentFromURL _
("private:factory/scalc", "_blank", 0, no_arg)
Set sheet = Doc.getSheets().getByIndex(0)
Call sheet.getCellByPosition(0, 0).SetFormula("Zelle A1")
Call sheet.getCellByPosition(1, 0).SetFormula("Zelle B1")
Call sheet.getCellByPosition(2, 0).SetFormula("Zelle C1")
Dim sich_arg(0)
Set sich_arg(0) = _
 oServiceManager.Bridge_GetStruct _
("com.sun.star.beans.PropertyValue")
sich_arg(0).Name = "FilterName"
sich_arg(0).Value = "MS Excel 97"
Doc.storeToURL "file:///d:/calc_to_excel.xls", sich_arg
Doc.Close (True)
End Sub
```

8.5.6 Objekte analysieren

Die Codebeispiele im letzten Kapitel konnten nur andeutungsweise zeigen, wie Sie mit Makros auf Objekte zugreifen, um deren Eigenschaftswerte auszulesen oder zu ändern. Sicherlich stellen Sie sich nun die Frage, wie Sie überhaupt an Informationen gelangen können.

Jedes existierende UNO-Objekt können Sie analysieren, indem Sie die Eigenschaften:

- dbg_methods
- dbg_properties
- dbg_supportedInterfaces

des Objekts abfragen. Blicken Sie bitte zurück auf den letzten Beispielcode, dort können Sie beispielsweise die Eigenschaften *dbg_properties* von *oBereichsAdresse* abfragen, im Code sähe das so aus:

```
'...
oBereichsAddresse = oSelektion.getByIndex(i). _
       getRangeAddress()
       msgbox oBereichsAddresse.dbg_properties
'...
```

Das Resultat wird nun in einem Meldungsfenster ausgegeben.

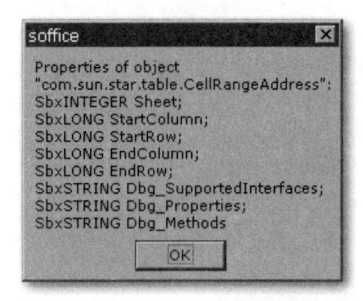

```
soffice                          [X]
Properties of object
"com.sun.star.table.CellRangeAddress":
SbxINTEGER Sheet;
SbxLONG StartColumn;
SbxLONG StartRow;
SbxLONG EndColumn;
SbxLONG EndRow;
SbxSTRING Dbg_SupportedInterfaces;
SbxSTRING Dbg_Properties;
SbxSTRING Dbg_Methods
              [ OK ]
```

Abbildung 8.22 dbg_properties

Dort sehen Sie die bereits im Code abgefragten Eigenschaften *StartColumn*, *StartRow*, *EndColumn*, *EndRow* sowie die weitere Eigenschaft *Sheet*. Außerdem können Sie erkennen, welchem Typ diese Eigenschaften entsprechen und von welchem Objekt diese Angaben stammen. Wichtiges Arbeitsmittel ist die API-Referenz, zu finden sowohl online als auch im SDK (*software development kit*) von OpenOffice.org. Die API-Referenz finden Sie online unter:

http://api.openoffice.org/docs/common/ref/com/sun/star/module-ix.html

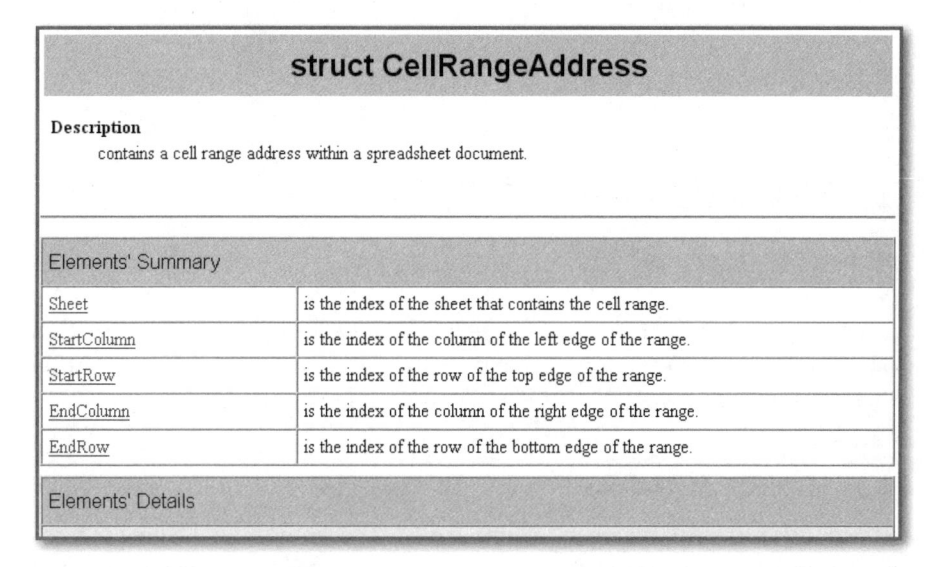

struct CellRangeAddress

Description
  contains a cell range address within a spreadsheet document.

Elements' Summary

Sheet	is the index of the sheet that contains the cell range.
StartColumn	is the index of the column of the left edge of the range.
StartRow	is the index of the row of the top edge of the range.
EndColumn	is the index of the column of the right edge of the range.
EndRow	is the index of the row of the bottom edge of the range.

Elements' Details

Abbildung 8.23 API-Referenz

Wie Sie in der Abbildung sehen, haben Sie nun die gewünschten Information gefunden und könnten auch Details abrufen.

Im gerade demonstrierten Beispiel war die Rückgabe nicht sehr umfangreich, sodass die reine Anzeige in einem Meldungsfenster übersichtlich war. Meistens sind jedoch die Rückgaben der Debug-Eigenschaften sehr viel umfangreicher, sodass es zweckmäßig sein kann, diese in ein Dokument zu schreiben, um eine bessere Übersicht zu erhalten. Allerdings haben bereits andere OOo-Benutzer dieses Problem erkannt, und es gibt inzwischen entsprechende Werkzeuge, die Ihnen die Arbeit erleichtern.

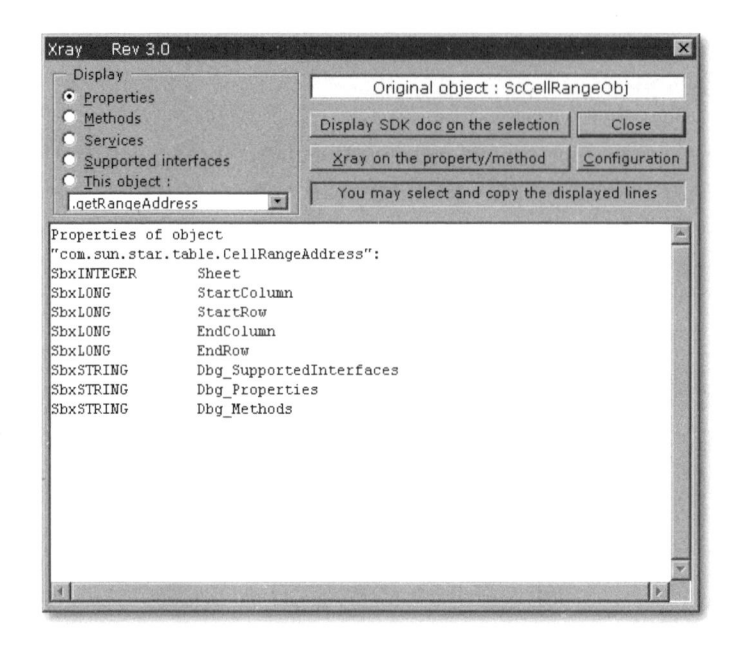

Abbildung 8.24 XRAY-Tool

In Abbildung 8.24 sehen Sie eines der möglichen Werkzeuge, das *XRAY-Tool*, zu finden im Internet. Besonders bequem ist bei XRAY, dass Sie auf die entsprechenden Informationen der API-Referenz direkt zugreifen können.

8.5.7 Dialoge in Makros

[o] Das Arbeiten mit Basic-Dialogen soll durch die Entwicklung eines kleinen Makros erläutert werden, das ein beliebiges festes Datum in eine Tabellenzelle einträgt.

Öffnen Sie zunächst ein Modul der Bibliothek *Standard* (OpenOffice.org-Bibliotheken) in der Basic-IDE.

Um einen Basic-Dialog zu erstellen, klicken Sie in der Basic-IDE auf einen der Modulreiter und erzeugen das Kontextmenü. Dort wählen Sie **Einfügen • Basic-Dialog**.

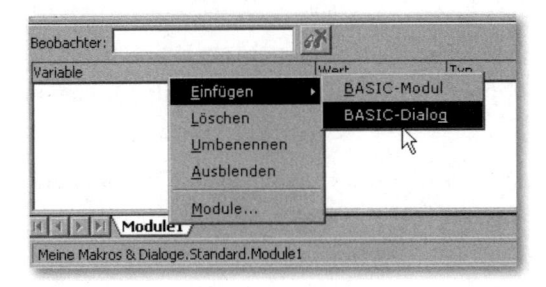

Abbildung 8.25 Basic-Dialog erstellen

Calc fügt nun einen neuen Basic-Dialog ein, der zunächst ohne Inhalt ist. Um auf dem Dialog Steuerelemente einzufügen, klicken Sie auf der Symbolleiste **Makros** auf die Schaltfläche **Bedienelemente einfügen**. Die ausklappende Symbolleiste ist eine Abreißleiste, ziehen Sie diese an der Titelzeile an eine freie Stelle des Arbeitsbereichs.

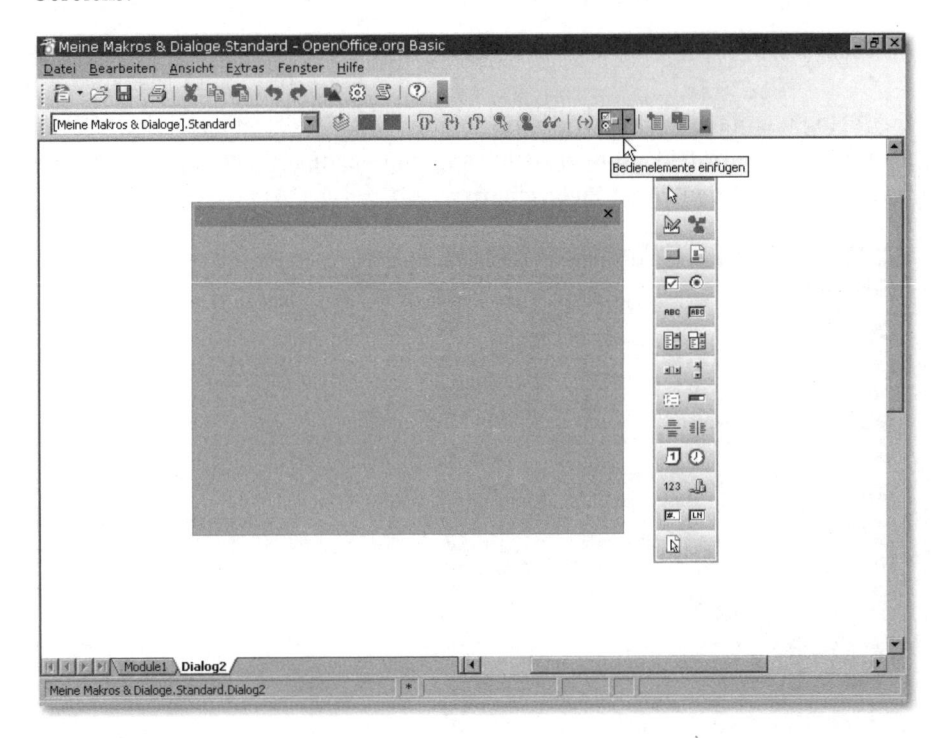

Abbildung 8.26 Der noch leere Dialog

Da für das Beispiel nur ein sehr kleiner Dialog benötigt wird, sollten Sie nun zunächst den leeren Dialog entsprechend verkleinern. Am einfachsten geht das per Maus. Klicken Sie auf den Dialog, um ihn zu markieren (Achtung, Sie müssen auf den Rand des Dialogs klicken), und gehen Sie dann mit der Maus zu den Ziehpunkten, bis der Mauspfeil zum Doppelpfeil wird, und passen Sie durch Ziehen die Größe des Dialogs an.

Klicken Sie in der Steuerelemente-Sammlung (Werkzeugleiste) auf **Datumsfeld**, und ziehen Sie auf dem Dialog ein Datumsfeld auf. Fügen Sie auf gleichem Weg zwei Schaltflächen ein, und richten Sie anschließend alle Steuerelemente aus.

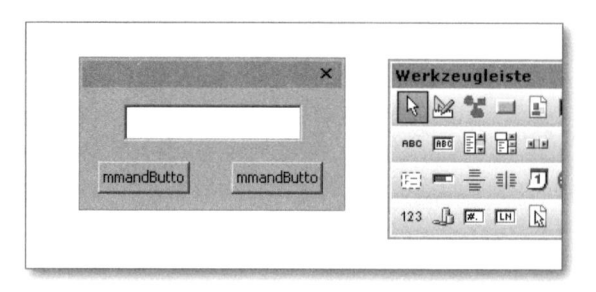

Abbildung 8.27 Angepasster Dialog mit Steuerelementen

Ihr Dialog könnte jetzt ähnlich wie in Abbildung 8.27 gezeigt aussehen. Klicken Sie nun das Datumsfeld auf dem Dialog an, um es zu markieren, und wählen Sie im Kontextmenü den Punkt **Eigenschaften**.

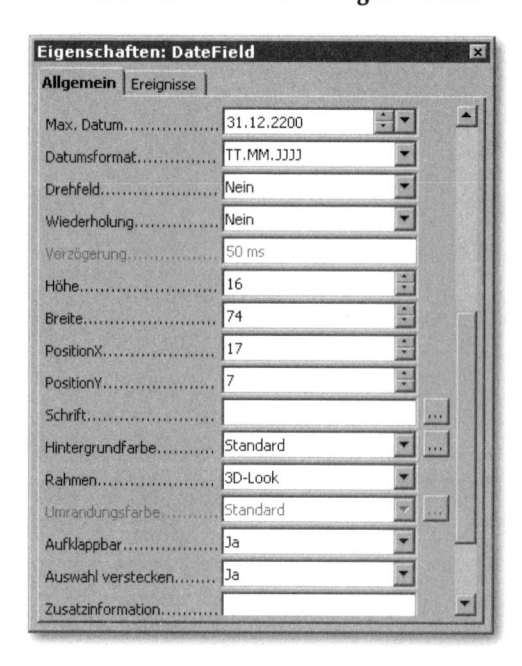

Abbildung 8.28 »Eigenschaften«-Dialog eines Steuerelements

Im erscheinenden **Eigenschaften**-Dialog stellen Sie jetzt die Eigenschaft *Aufklappbar* auf *ja* und ändern die Eigenschaft *Name* beliebig, beispielsweise auf *Datum*. Sie könnten auch den automatisch vergebenen Namen (*Datefield*) belassen, da der Name nur dazu dient, das Steuerelement später per Code ansprechen zu können. Entscheiden Sie sich bei der Eigenschaft *Datumsformat* für **TT.MM.JJJJ**.

> Die benutzerdefinierten Namen, die Sie für Steuerelemente vergeben, dienen der besseren späteren Übersicht. Verwenden Sie bei größeren Dialogen also möglichst aussagekräftige Namen. Beachten Sie bitte, dass die Namen später im Code exakt, auch in punkto Groß-/Kleinschreibung verwendet werden müssen.

[«]

Haben Sie die Änderungen vorgenommen, markieren Sie eine der Schaltflächen, um deren Eigenschaften anzuzeigen. Sie müssen den **Eigenschaften**-Dialog nicht schließen, positionieren Sie ihn so im Arbeitsbereich, dass der **Basic**-Dialog sichtbar ist, und klicken dann einfach die verschiedenen Steuerelemente nacheinander an.

Eine der Schaltflächen soll später als Schaltfläche zur Ergebnisübernahme dienen, die andere zum Abbrechen des Dialogs. Um die erste Schaltfläche zur Abbrechen-Schaltfläche zu machen, wählen Sie für die Eigenschaft *Art der Schaltfläche* nun *Abbrechen* aus und tragen bei der Eigenschaft *Titel* ebenfalls *Abbrechen* ein. Als *Namen* vergeben Sie beispielsweise *cb_abbr* ein.

Für die zweite Schaltfläche des **Basic**-Dialogs gehen Sie analog vor, verwenden hier jedoch für *Titel* jetzt *Eintragen* und als *Name* die Bezeichnung *cb_act*. Die Art der Schaltfläche belassen Sie auf der Einstellung *Standard*.

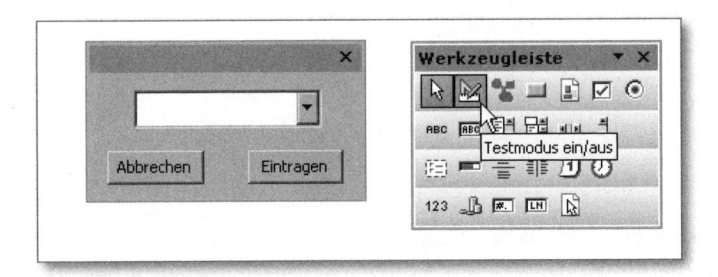

Abbildung 8.29 Der angepasste »Basic«-Dialog

Schließen Sie das **Eigenschaften**fenster. Das Ergebnis könnte nun so aussehen wie in Abbildung 8.29 gezeigt. Bereits jetzt können Sie einen ersten Test durchführen, indem Sie auf **Testmodus ein/aus** in der Werkzeugleiste klicken. Ihr **Basic**-Dialog wird nun angezeigt und sollte sich mit Klick auf **Abbrechen** beenden lassen.

Der eigentliche **Basic**-Dialog ist nun komplett, möglicherweise sollten Sie in der Titelzeile des Dialogs noch einen Hinweis anzeigen lassen. Genau wie die Steuerelemente besitzt auch der eigentliche **Basic**-Dialog ein Eigenschaftenfenster, wo Sie den gewünschten Hinweis als Wert für die Eigenschaft *Titel* eintragen können. Schließen Sie den Eigenschaften-Dialog, und erzeugen Sie das Kontextmenü auf dem Register des Dialogarbeitsbereichs, um den Namen zu ändern. Wählen Sie als Namen *Dtm*.

Nun müssen Sie als Nächstes den Code schreiben, der den Dialog aufruft, sowie den Code, mit dem Sie auf die Ereignisse der Steuerelemente reagieren. Wechseln Sie deshalb wieder in die Code-Ansicht des Moduls, indem Sie auf den Reiter des Moduls klicken. Zum Starten des Dialogs geben Sie folgenden Code ein:

```
Dim dialog1 As Object

Sub dlg_start()
DialogLibraries.LoadLibrary("Standard")
dialog1 = CreateUNODialog(DialogLibraries.Standard.Dtm)
dialog1.GetControl("Datum").Date = cDateToIso(Date)
dialog1.Execute()
End Sub
```

Außerdem benötigen Sie noch den Code, der ausgeführt wird, wenn Sie auf die Schaltfläche **Eintragen** klicken. Dieser kann so formuliert werden:

```
Sub datum_eintragen()
zelle = ThisComponent.GetCurrentSelection()
If zelle.supportsService("com.sun.star.sheet.SheetCell") Then
    aktuell = dialog1.GetControl("Datum").Date
    aktuell = cDateFromIso(aktuell)
    zelle.FormulaLocal = aktuell
End If
dialog1.EndExecute()
'dialog1.Dispose()
End Sub
```

Wechseln Sie nun nochmals zum **Basic**-Dialog, und rufen Sie das Eigenschaftenfenster der Schaltfläche **Eintragen** (cb_act) auf. Wechseln Sie dort zum Register *Ereignisse*, und weisen Sie dem Ereignis *Beim Auslösen* das Makro *datum_eintragen()* zu.

Nun können Sie Ihr Makro testen. Wechseln Sie zu einem bestehenden Tabellendokument oder öffnen ein leeres. Markieren Sie eine Zelle, und wählen Sie **Extras • Makros • Makro ausführen**. Im erscheinenden Dialog wählen Sie das Makro zum Starten Ihres Basic-Dialogs, und klicken Sie auf **Ausführen**.

8.5 | Codebeispiele für Calc-Makros

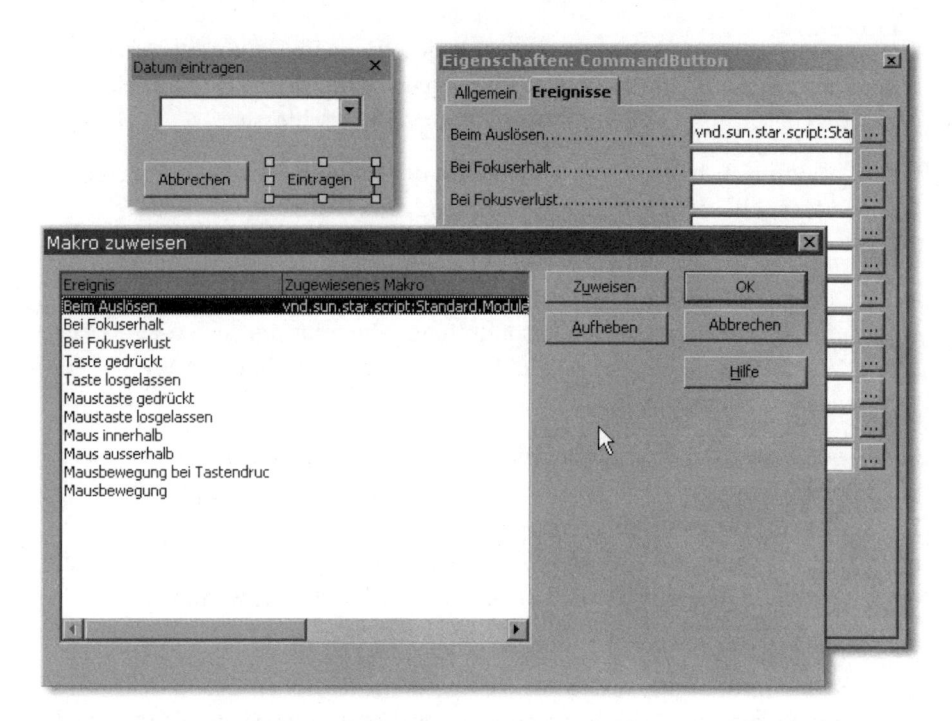

Abbildung 8.30 Schaltfläche mit Makro verknüpfen

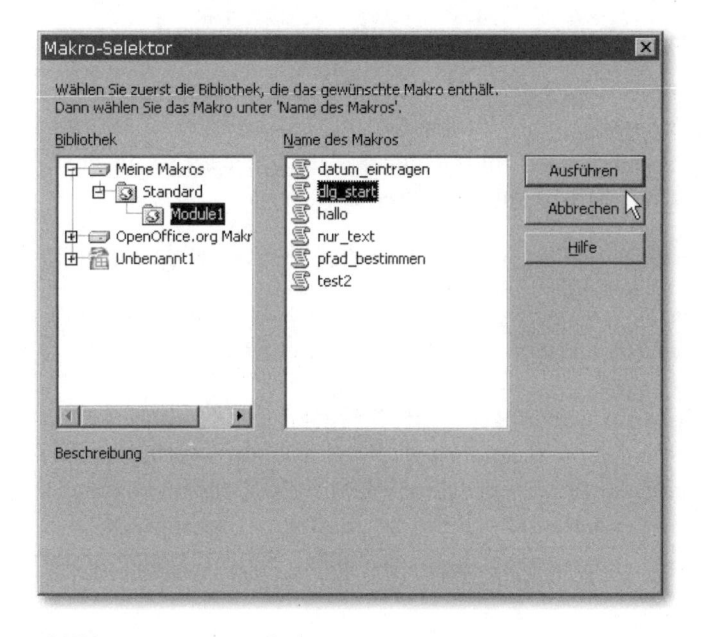

Abbildung 8.31 Das Makro starten

Der erstellte Dialog wird nun gestartet, und Sie können im Datumsfeld ein Datum auswählen, das nach dem Klicken auf **Eintragen** in die markierte Zelle eingetragen wird. Gleichzeitig wird der Dialog automatisch geschlossen.

Da Ihr Makro sich in einer der OpenOffice.org-Bibliotheken befindet, steht es Ihnen in jedem beliebigen Tabellendokument zur Verfügung.

Erinnern Sie sich noch an das Kapitel mit den benutzerdefinierten Funktionen (6.7)? Dort wurde erläutert, dass eine benutzerdefinierte Funktion nicht schreibend auf eine Zelle zugreifen kann, sondern nur einen Rückgabewert in die Zelle liefert. Wie Sie jetzt sehen, ist es mittels Makro ganz einfach, einen Wert in eine Tabellenzelle einzutragen.

Beachten Sie bitte den hier vorliegenden Unterschied zwischen dem Makro und einer (benutzerdefinierten) Funktion. Die Funktion würde beim Öffnen des Dokuments (oder beim Neuberechnen der Zellwerte) immer das aktuelle Datum eintragen. Der Eintrag des Makros ist jedoch im vorliegenden Fall ein Wert, der ein festes Datum darstellt; der Zellinhalt ändert sich also nur, wenn Sie ihn überschreiben würden.

Es ist natürlich mühselig, dieses Makro immer zu starten, wie gerade beschrieben. Deshalb können Sie es beispielsweise auch mit einer Symbolleistenschaltfläche starten.

So legen Sie eine neue Symbolleiste an und erstellen eine Schaltfläche zum Starten Ihres Makros:

Öffnen Sie **Extras • Anpassen...**, und klicken Sie auf **Neu...** Vergeben Sie einen Namen für die neue Symbolleiste, und achten Sie darauf, dass sie in OpenOffice.org Calc gespeichert wird, damit sie stets verfügbar ist.

[»] Natürlich können Sie auch ein Dokument als Speicherort wählen, die Symbolleiste ist dann aber nur in dem entsprechenden Dokument verfügbar. Dieses Vorgehen bietet sich an, wenn Sie ein Dokument mit darin enthaltenen Makros weitergeben möchten und diese über eine benutzerdefinierte Symbolleiste gestartet werden sollen.

Klicken Sie anschließend auf **Hinzufügen...**, um Ihr Makro zur Symbolleiste hinzuzufügen. Zuletzt klicken Sie auf **Ändern** und wählen dort **Symbol austauschen...**, um Ihre Schaltfläche mit einem Symbol auszustatten. Zudem können Sie mittels der Schaltfläche **Symbolleiste** wählen, ob zusätzlich Text angezeigt werden soll. Entspricht alles Ihren Vorstellungen, schließen Sie den Dialog mittels **OK**.

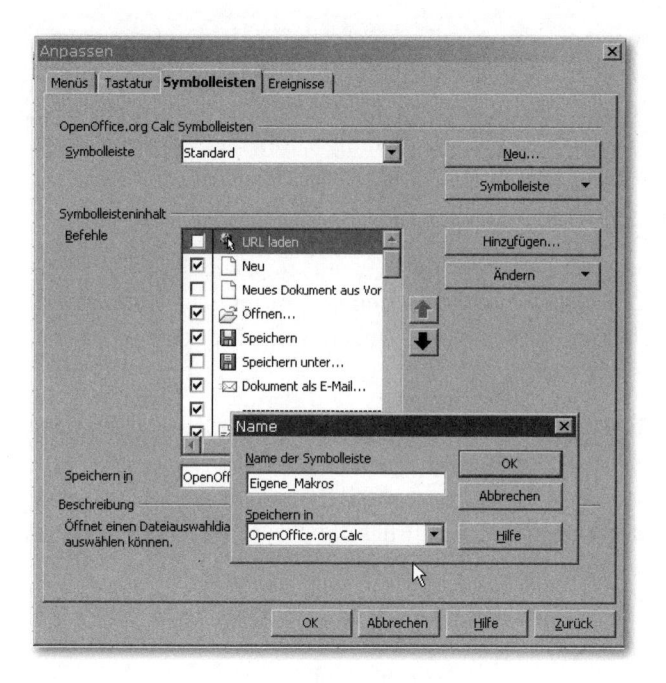

Abbildung 8.32 Eigene Symbolleiste erstellen

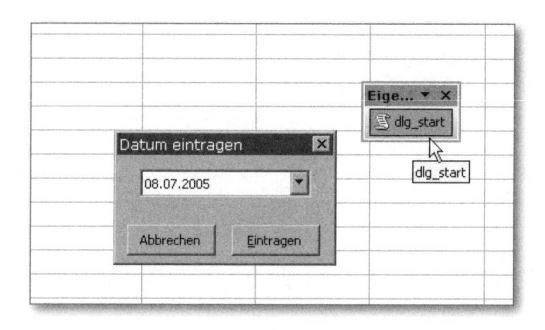

Abbildung 8.33 Die fertige Symbolleiste – frei schwebend

Die Symbolleiste können Sie nun frei schwebend nutzen oder andocken, sie verhält sich wie allen anderen Symbolleisten auch. Über **Ansicht • Symbolleisten** können Sie die Leiste aus- und bei Bedarf wieder einblenden.

8.5.8 Bedingte Formatierung mit mehr als drei Bedingungen

Der Dialog zum Zuweisen bedingter Formatierungen in Calc (**Format • Bedingte Formatierung...**) erlaubt leider nur die Anwendung von drei Bedingungen für die Zuweisung eines bedingten Zellformats.

Manchmal stehen Sie jedoch vor dem Problem, mehr als drei bedingte Formatierungen auf eine Zelle anwenden zu wollen. Mit einem Makro ist das keine große Schwierigkeit, da eine Grenze für drei Bedingungen Calc-intern nicht existiert, sondern nur durch den Dialog für die Anwendung bedingter Formatierungen gegeben ist. Das folgende Beispiel zeigt eine einfache funktionsfähige Lösung, die das Prinzip verdeutlicht.

Stellen Sie sich vor, Sie möchten in einer Calc-Tabelle zur Erhöhung der Übersichtlichkeit bestimmte Zellen automatisch mit einer bestimmten Hintergrundfarbe versehen, sobald ein bestimmter Name eingetragen wird. Gehen Sie wie folgt vor:

▶ Legen Sie zunächst für jeden zu berücksichtigenden Namen eine Zellvorlage an (in unserem Beispiel die Zellvorlagen namens Dieter, Dirk, Gerd, Hans, Klaus, Martin, Peter, Uwe, Wilfried) und wählen Sie in jeder Vorlage eine unterschiedliche Hintergrundfarbe. Natürlich könnten Sie auch weitere Eigenschaften der Zellvorlagen zusätzlich anpassen.

▶ Erstellen Sie ein Basic-Modul und geben Sie folgenden Code ein:

```
Sub bedingte_zellformatierung()
Dim kuv(0, 9) As String
'Bedingungen/Vorlagen
kuv(0, 0) = "Klaus"
kuv(0, 1) = "Peter"
kuv(0, 2) = "Hans"
kuv(0, 3) = "Martin"
kuv(0, 4) = "Uwe"
kuv(0, 5) = "Michael"
kuv(0, 6) = "Dieter"
kuv(0, 7) = "Wilfried"
kuv(0, 8) = "Gerd"
kuv(0, 9) = "Dirk"

Dim bf as Object
range = ThisComponent.GetCurrentSelection.rangeAddress
With range
    a_s = .startColumn
    a_z = .startRow
    e_s = .EndColumn
    e_z = .EndRow
End With

Dim zf(3) as New com.sun.star.beans.PropertyValue
zf(0).Name = "Operator"
```

```
zf(0).Value = com.sun.star.sheet.ConditionOperator.EQUAL
zf(1).Name = "Formula1"
zf(2).Name = "StyleName"

blatt = ThisComponent.CurrentController.ActiveSheet
For i = a_s to e_s
    For j = a_z to e_z
        bf = blatt.getCellByPosition(i, j).ConditionalFormat
        For k = 0 To 9
            zf(1).Value = CHR(34) & kuv(0, k) & CHR(34)
            zf(2).Value = kuv(0, k)
            bf.addNew( zf() )
        Next k
        blatt.getCellByPosition(i, j).ConditionalFormat = bf
    Next j
Next i

Msgbox "Fertig - bedingte Zellformatierungen" & _
    " wurden eingetragen."
End Sub
```

▶ Zum Zuweisen der bedingten Formatierung – mit im Beispiel 9 Bedingungen – markieren Sie bitte in der Tabelle eine Zelle oder einen geschlossenen Zellbereich und starten anschließend das Makro.

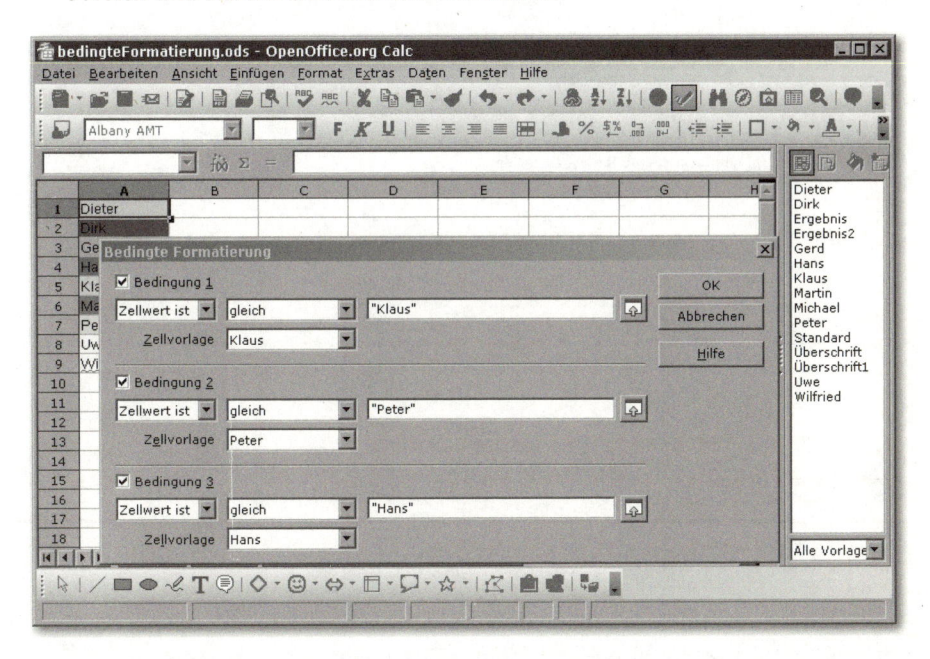

Abbildung 8.34 Bedingte Formatierung

Im Ergebnis enthalten alle markierten Zellen neun Bedingungen für die bedingte Formatierung, von denen die ersten drei auch im normalen Dialog für die bedingte Formatierung sichtbar sind (siehe Abbildung 8.34).

Betrachten Sie die hier aufgezeigte Möglichkeit als Anregung für eigene Experimente. Vielleicht versuchen Sie einmal, das Makro noch durch einen eigenen Dialog zu ergänzen, in dem Sie die Formatierungen flexibel auswählen bzw. zuweisen können.

8.5.9 Das ODF-Dateiformat nutzen

[o] Ganz am Anfang des Buches sprach ich bereits davon, dass das von OpenOffice.org verwendete Standardformat zum Speichern von Dateien (ODF – OpenDocument Format) inzwischen ein international anerkannter ISO-Standard ist (ISO/IEC 26300). Trotz der Vorteile, die ein solcher Standard im Allgemeinen bietet, ist natürlich auch die Frage berechtigt, wie Sie das ODF praktisch nutzen können. Ein kleines Beispiel mag eine Möglichkeit der Nutzung verdeutlichen.

Beim ODF handelt es sich um ein *XML-Dateiformat*, welches komprimiert als Zip-Archiv vorliegt. Wenn Sie bei einer normalen *.ods-Datei die Dateiendung auf *.zip ändern, ist es möglich, das Archiv mit einem gewöhnliches Packprogramm zu entpacken, um dessen Einzelbestandteile sichtbar zu machen (siehe Abbildung 8.35).

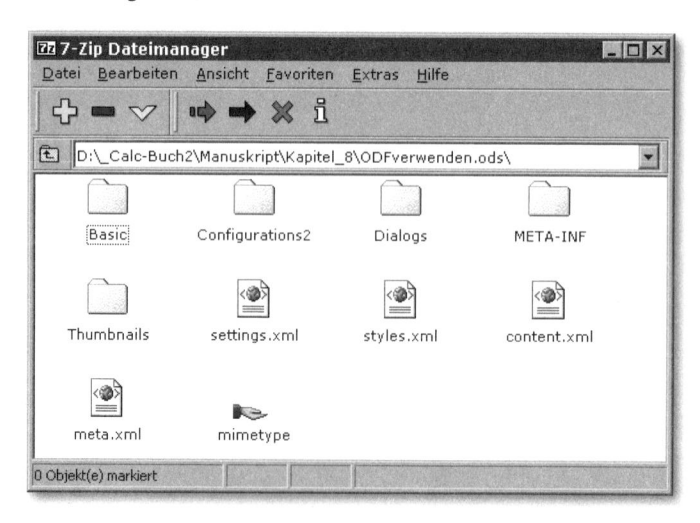

Abbildung 8.35 Inhalt eines Calc-Dokuments (*.ods)

Im Folgenden sei eine Möglichkeit aufgezeigt, wie Sie das Archiv nutzen können, um weitere Inhalte, zusammen mit einem Dokument, weiterzugeben.

Blicken Sie zurück auf das Beispielmakro zum Eintragen eines Datums (siehe Abbildung 8.33): sicherlich ein sehr einfaches Beispiel, für dessen Bedienung ein Nutzer keine Hilfe benötigen würde. Aber was wäre, wenn Sie doch eine Hilfe mitliefern wollten? Die einfachste Möglichkeit wäre es sicher, einen zweiten Dialog zu erstellen, auf welchem Sie einen (kurzen) Hilfetext anzeigen könnten. Für einfache Anwendungen mag das gehen, aber für komplexere Anwendungen ist das keine besonders befriedigende Lösung.

Es wäre nun einfach, eine Hilfedatei separat auszuliefern, aber lassen Sie uns überlegen, ob es nicht doch einen besseren Weg gibt. Da OpenOffice.org unter verschiedensten Betriebssystemen lauffähig ist, sollten Sie für Ihre Hilfedatei ein Format verwenden, welches unter den verschiedenen Systemen auch angezeigt werden kann. Für unser Beispiel nutze ich einmal das PDF. Erweitern wir den Dialog also zunächst um eine Schaltfläche, mit welcher die PDF-Datei später aufgerufen werden kann. Das Ganze könnte dann beispielsweise wie in Abbildung 8.36 gezeigt aussehen. Sie erkennen eine zusätzliche Schaltfläche zum Aufrufen der Hilfe, welche ein Hilfesymbol als Ersatz für eine Beschriftung beinhaltet.

Abbildung 8.36 Erweiterter Dialog

Erstellen Sie jetzt zunächst eine Hilfedatei und speichern Sie diese als PDF ab. Mit dem in OpenOffice.org integrierten PDF-Export ist diese Aufgabe – mit Hilfe des Writers – schnell erledigt.

Schreiben Sie nun ein Makro, welches die Hilfedatei aufruft, beispielsweise:

```
Sub hilfe_aufrufen()
Dim aufrufen As Object
aufrufen = createUnoService("com.sun.star.system.SystemShellExecute")
aufrufen.execute(ConvertToURL("D:\hilfe.pdf"), "", 0)
End Sub
```

Weisen Sie dieses Makro der Hilfeschaltfläche des Dialogs zu. Es ist somit möglich, die Hilfedatei vom Dialog aus aufzurufen, wenn sie sich im angegebenen Pfad (*D:\hilfe.pdf*) befindet.

Um jetzt diese Datei in das bestehende Dokument zu integrieren, können Sie wie folgt vorgehen:

- Benennen Sie die Dateiendung des Dokuments in *.zip um, und entpacken Sie den Inhalt des Zips in ein Verzeichnis.
- Erzeugen Sie innerhalb des Verzeichnisses einen Ordner (nennen Sie ihn beispielsweise *hilfe*).
- Kopieren Sie das PDF (hilfe.pdf) in diesen Ordner. Da für die Hilfeschaltfläche ein Bild (bild.png) benutzt wird, kopieren Sie dieses Bild ebenfalls in den Ordner.
- Wechseln Sie in den Ordner *META-INF* (siehe Abbildung 8.35), öffnen Sie die dort enthaltene Datei *manifest.xml* in einem Editor, und ergänzen Sie folgende drei Zeilen:

```
<manifest:file-entry manifest:media-type="meintyp" manifest:full-path="hilfe/"/>
<manifest:file-entry manifest:media-type="" manifest:full-path="hilfe/hilfe.pdf"/>
<manifest:file-entry manifest:media-type="" manifest:full-path="hilfe/bild.png"/>
```

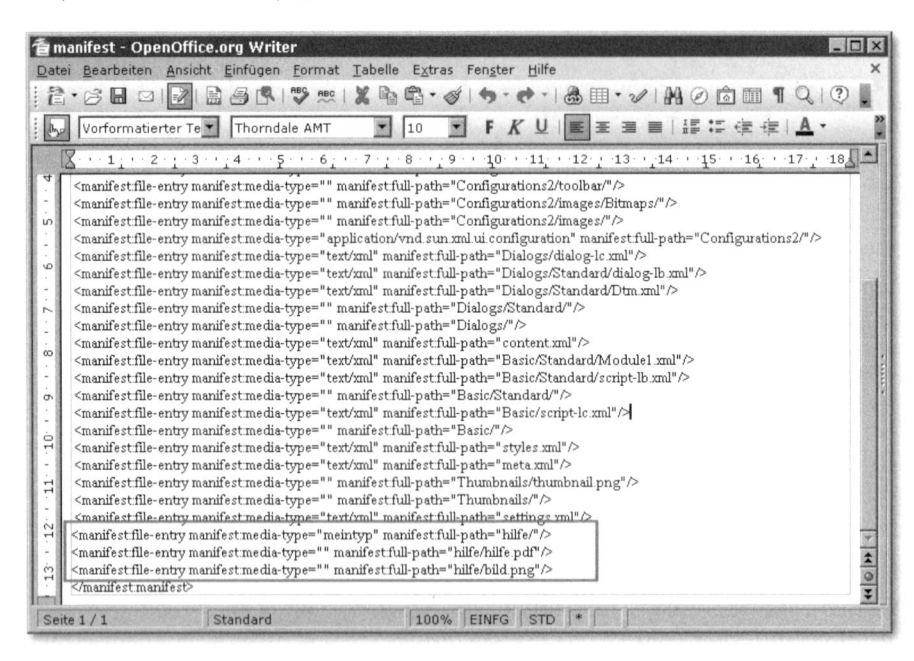

Abbildung 8.37 manifest.xml

Ich weiß nicht, welchen Editor Sie bevorzugen, notfalls können Sie die Datei *manifest.xml* auch mit OpenOffice.org öffnen. Folgende Schritte sind dazu notwendig:

▶ Wählen Sie **Datei • Öffnen**, wählen Sie die Datei *manifest.xml*, und klicken Sie auf **Öffnen**.

▶ Wählen Sie im erscheinenden Importfilter den UTF-8 Zeichensatz, und klicken Sie auf **OK**.

▶ Ergänzen Sie die drei oben aufgeführten Zeilen (siehe Abbildung 8.37), und speichern Sie die Änderung.

Es ist unbedingt erforderlich, dass Sie für den Ordner einen Typeintrag vornehmen, weil ihn OpenOffice.org sonst beim späteren Arbeiten mit der Datei wieder entfernen würde. Es reicht jedoch aus, wenn Sie einen »Phantasietyp« verwenden, ich habe beispielsweise »meintyp« benutzt.

Ihr ursprüngliches Verzeichnis sollte nun den zusätzlichen Ordner *hilfe* mit den zwei Dateien beinhalten (siehe Abbildung 8.38).

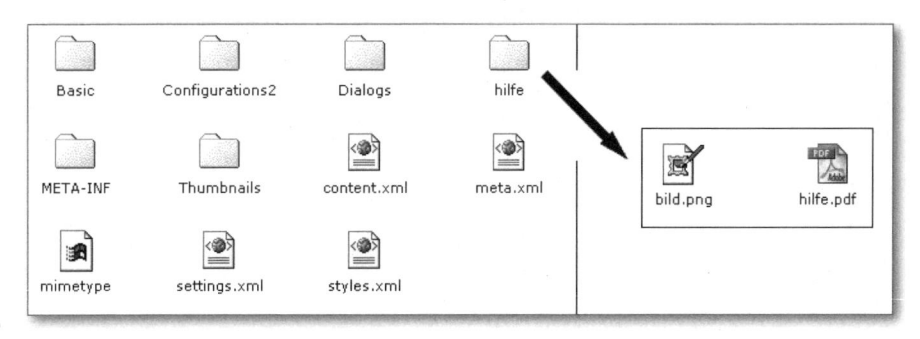

Abbildung 8.38 Hinzugefügter Ordner

Packen Sie dieses Verzeichnis wieder als Zip ein, und benennen Sie das Zip anschließend in die ursprüngliche Dateiendung (z. B. *.ods) um.

Sie verfügen nun über die ursprüngliche Datei, die sich in OpenOffice.org normal öffnen lassen sollte. Wechseln Sie in die Basic-IDE, und ergänzen Sie den Code der Dokumentbibliothek:

```
Dim dialog1 As Object

Sub initialisieren()
Dim args(0)
tmp = ermittle_pfad()
z = _
createUnoService("com.sun.star.packages.Package")
args(0) = ThisComponent.URL
z.initialize(Args())
```

```
ebene = z.getByHierarchicalName("hilfe")
alles = ebene.getElementNames()
schreiben = _
createUnoService("com.sun.star.ucb.SimpleFileAccess")
For i = LBOUND(alles()) To UBOUND(alles())
 stream = _
 z.getByHierarchicalName("hilfe/" & alles(i)). _
  GetInputStream()
 schreiben.WriteFile(tmp & "/" & alles(i), stream)
Next i
End Sub

Sub dlg_start()
tmp = ermittle_pfad()
DialogLibraries.LoadLibrary("Standard")
dialog1 = CreateUNODialog(DialogLibraries.Standard.Dtm)
dialog1.GetControl("Datum").Date = cDateToIso(Date)
dialog1.Model.GetByName("cmd_hilfe").ImageURL = _
 tmp & "/bild.png"
dialog1.Execute()
End Sub

Sub datum_eintragen()
zelle = ThisComponent.GetCurrentSelection()
If zelle.supportsService("com.sun.star.sheet.SheetCell") Then
 aktuell = dialog1.GetControl("Datum").Date
 aktuell = cDateFromIso(aktuell)
 zelle.FormulaLocal = aktuell
End If
dialog1.EndExecute()
End Sub

Sub hilfe_aufrufen()
tmp = ermittle_pfad()
Dim aufrufen As Object
aufrufen = _
createUnoService("com.sun.star.system.SystemShellExecute")
aufrufen.execute(tmp & "/hilfe.pdf", "", 0)
End Sub

Sub entfernen()
tmp = ermittle_pfad()
If FileExists(tmp & "/hilfe.pdf") Then
 Kill tmp & "/hilfe.pdf"
End If
```

```
If FileExists(tmp & "/bild.png") Then
 Kill tmp & "/bild.png"
End If
End Sub

Function ermittle_pfad()
pfad = _
createUnoService("com.sun.star.util.PathSettings")
ermittle_pfad = pfad.temp
End Function
```

Rufen Sie **Extras • Anpassen...** auf, und weisen Sie das Makro *initialisieren()* dem Ereignis *Dokument öffnen* zu. Weisen Sie das Makro *entfernen()* dem Ereignis *Dokument schließen* zu. Speichern Sie abschließend die Datei.

Im Ergebnis verfügen Sie nun über eine Datei, welche über ein integriertes PDF zur Hilfedarstellung verfügt. Beim Öffnen der Datei werden automatisch das Hilfe-PDF und das Bild für die Hilfe-Schaltfläche aus dem Dokument-Archiv ins aktuelle Temp-Verzeichnis entpackt. Beide Dateien stehen somit dem Makro zur Verfügung. Beim Schließen der Datei werden die beiden entpackten Dateien wieder gelöscht.

Sie können sich sicher weitere Anwendungsfälle denken, für die das gerade beschriebene Verfahren nützlich sein kann. Denn natürlich können Sie auch beliebige andere Dateien in geschilderter Weise in das Archiv integrieren, welche dann beim Öffnen der Datei zur Verfügung stehen.

Die komplette Beispieldatei finden Sie auf der Buch-CD unter dem Namen *ODF-verwenden.ods*.

9 Spezielle Arbeitstechniken

9.1 Externe Verknüpfungen

9.1.1 Einzelne Zellen (Zellbereiche) verknüpfen

Verknüpfungen zu externen Daten (Dateien) können in verschiedener Art und Weise hergestellt werden. Ihr konkretes Vorgehen bei der Herstellung von Verknüpfungen kann auch dadurch beeinflusst sein, was konkret bewirkt werden soll. [o]

Der einfachste Fall liegt vor, wenn Sie in einer Calc-Tabelle Verknüpfungen zu einzelnen Zellen eines zweiten Calc-Dokuments herstellen wollen. Markieren Sie die Zelle im zweiten Dokument, und wählen Sie **Kopieren** im Kontextmenü. Wechseln Sie ins erste Dokument, markieren Sie eine Zelle, wählen Sie **Inhalte einfügen**, und aktivieren Sie dort **Verknüpfen**. Das Ergebnis ist eine sogenannte DDE-Verknüpfung (DDE – Dynamic Data Exchange), die in der Zelle beispielsweise so aussieht:

{=DDE("soffice";"D:\Verknüpfungstest.ods";"Tabelle10.A1")}

Falls Sie Zellen von einer (in MS Excel geöffneten) Excel-Datei verknüpfen wollen, können Sie im Prinzip genauso vorgehen, allerdings erscheint beim Aufruf von **Inhalte einfügen** nicht der Dialog für Zellinhalte, sondern der für allgemeine Inhalte.

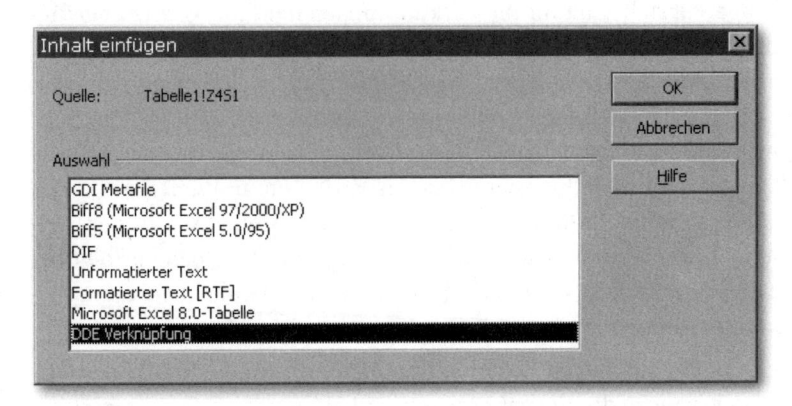

Abbildung 9.1 Einfügen einer Verknüpfung

Dort wählen Sie entsprechend **DDE** aus. Auch wäre es denkbar, die Excel-Datei ebenfalls in Calc zu öffnen, bevor Sie die Verknüpfung herstellen.

Als Beispiel wurden zwei identische Dateien erstellt und als *.ods sowie *.xls gespeichert. Es ergeben sich nun drei Möglichkeiten der Verknüpfung, so wie gerade beschrieben:

{=DDE("soffice";"D:\Verknüpfungstest.ods";"Tabelle10.A1")}(a)

{=DDE("Excel";"D:\[Verknüpfungstest.xls]Tabelle10";"Z1S1")}(b)

{=DDE("soffice";"D:\Verknüpfungstest.xls";"Tabelle10.A1")}(c)

[»] Sie können diese Verknüpfungen auch mit dem Funktions-Assistenten erstellen, dieser enthält die entsprechende Funktion im Bereich **Tabellenfunktionen**.

Was sind die Konsequenzen dieser verschiedenen Verknüpfungen?

Hinweis: Ich gehe im Folgenden davon aus, dass Sie unter **Extras • Optionen • OpenOffice.org Calc • Allgemein** die Einstellung so festgelegt haben, dass immer dann, wenn Sie ein Dokument öffnen, welches Verknüpfungen enthält, die Aktualisierung der Verknüpfungen auf Nachfrage erfolgt.

- Wenn die Dateien, von denen Zellen verknüpft sind, zum Zeitpunkt des Öffnens der Datei (welche die Verknüpfungen enthält) geschlossen sind:

  - Bestätigen Sie das Aktualisieren der Verknüpfungen beim Öffnen, so werden (a) und (c) aktualisiert, (b) kann nicht aktualisiert werden, weshalb in der Zelle nun *#NV* steht.

  - Bestätigen Sie das Aktualisieren der Verknüpfungen nicht, bleibt es bei den Werten, die beim letzten Speichern aktuell waren. Unter **Bearbeiten • Verknüpfungen** besteht nun für die Verknüpfungen der Eintrag **nicht verfügbar**, die Aktualisierung steht jedoch auf **automatisch**.
    Öffnen Sie nun die Quelldateien nachträglich und nehmen dort (in den verknüpften Zellen) Änderungen vor, werden diese am Ziel der Verknüpfung nicht automatisch aktualisiert. Erst wenn Sie zumindest einmalig in der Zieldatei manuell aktualisieren, ist das Verhalten im Weiteren so, dass erneute Veränderungen in der(n) Quelldatei(en) automatisch in der Zieldatei aktualisiert werden. Diese Aktualisierung in der Zieldatei erfolgt bei einer DDE-Verknüpfung unabhängig davon, ob in der Quelldatei die Änderungen nur temporär sind oder bereits gespeichert wurden.

- Wenn die Dateien, von denen Zellen verknüpft sind, zum Zeitpunkt des Öffnens der Datei (welche die Verknüpfungen enthält) geöffnet sind, erfolgt die Änderung aller Verknüpfungen, falls Sie das bestätigen. Der Unterschied ist also, dass auch die Verknüpfung zu MS Excel aktualisiert wird.

Es bleibt also als wichtigster Punkt festzuhalten:

Der Wert von DDE-Verknüpfungen wird in der Zieldatei aktualisiert, auch wenn die Änderungen in der Quelldatei zunächst nur temporär sind. Das gilt natürlich nur, wenn Sie der automatischen Aktualisierung der Zieldatei beim Öffnen zustimmen (siehe oben).

Eine andere Art der Verknüpfung können Sie zwischen (in Calc geöffneten Dateien) erzeugen, wenn Sie in der Zielzelle der Verknüpfung ein »=« eingeben und nun zur Quellzelle (in dem anderen geöffneten Dokument) wechseln und diese Zelle markieren. Abschließend gehen Sie zurück ins Quelldokument und beenden die Eingabe mittels ↵.

Für die zwei Beispieldokumente würden Sie nun erhalten:

='file:///D:/Verknüpfungstest.ods'#$Tabelle10.A1

='file:///D:/Verknüpfungstest.xls'#$Tabelle10.A3

Wie verhalten sich diese Verknüpfungen?

- Beim Öffnen der Zieldatei (und Bestätigen der Aktualisierungsnachfrage) werden diese Verknüpfungen natürlich aktualisiert, *unabhängig* davon, ob die Quelldatei gerade geöffnet ist.
- Nehmen Sie jedoch (bei geöffneter Zieldatei) an den Quelldateien Änderungen vor, werden diese Änderungen erst in der Zieldatei wirksam, wenn Sie sie in der Quelldatei abspeichern. Temporäre Änderungen in der Quelldatei werden also nicht übernommen.

Ein weiterer Unterschied zur DDE-Verknüpfung ist, dass im Zieldokument die Tabellen, die verknüpfte Zellen im Sinne der Quelle der Verknüpfung enthalten, als ausgeblendete Tabellen aus dem Quelldokument übernommen werden. Beachten Sie, dass auch diese ausgeblendeten Tabellen natürlich bei der möglichen Gesamtzahl von Tabellen in einem Calc-Dokument mitzählen. Die ausgeblendeten Tabellen werden automatisch entsprechend der Verknüpfung benannt. Sollten Sie später die Verknüpfung lösen, werden die ausgeblendeten Tabellen nicht automatisch gelöscht.

Für das obige Beispiel:

='file:///D:/Verknüpfungstest.ods'#$Tabelle10.A1

gilt somit, dass der Teil *='file:///D:/Verknüpfungstest.ods'#$Tabelle10* keine Adresse einer externen Datei ist, sondern tatsächlich der Name einer ausgeblendeten Tabelle im aktuellen Dokument, die Calc automatisch erzeugt hat. Sie dürfen also:

='file:///D:/Verknüpfungstest.ods'#$Tabelle10.A1

inhaltlich nicht anders verstehen als beispielsweise einen Ausdruck der Form:

=Tabelle1.A1

Sowohl *Tabelle1* als auch *='file:///D:/Verknüpfungstest.ods'#$Tabelle10* sind lediglich Namen von Tabellen.

Insgesamt handelt es sich bei der Formel also nur um eine ganz »gewöhnliche« Verknüpfung innerhalb einer Datei, lediglich die ausgeblendete Tabelle (=*'file:///D:/Verknüpfungstest.ods'#$Tabelle10*) ist dateiübergreifend verknüpft. Diese Verknüpfung können Sie über **Bearbeiten • Verknüpfungen** bearbeiten.

Wenn Sie nun weitere Zellen der gleichen externen Tabelle verknüpfen, wird nur die notwendige lokale Verknüpfung ergänzt, da ja die externe Verknüpfung zur Gesamttabelle bereits existiert. Beispielsweise verweisen die Verknüpfungen:

='file:///D:/Verknüpfungstest.ods'#$Tabelle10.A1

='file:///D:/Verknüpfungstest.ods'#$Tabelle10.A2

='file:///D:/Verknüpfungstest.ods'#$Tabelle10.A3

alle auf dieselbe (versteckte) Tabelle, welche nur einmal existiert. Für die Anzahl der Verknüpfungen gilt somit, dass es zwar beliebig viele Einzelverknüpfungen sein können, diese aber auf maximal 255 *verschiedene* externe Tabellen verweisen dürfen, da die mögliche Gesamtanzahl von Tabellen in einer Calc-Datei 256 ist und Sie mindestens eine Tabelle für die eigentlichen Verknüpfungen benötigen.

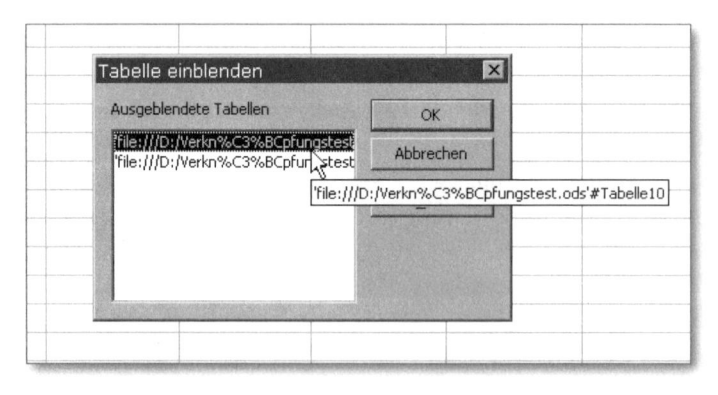

Abbildung 9.2 Automatisch erzeugte Tabellen

Beachten Sie bitte, dass sowohl bei DDE-Verknüpfungen als auch bei der gerade beschriebenen Möglichkeit der Verknüpfung in den Zielzellen *nur die Werte* der

Quellzellen stehen (auch in den ausgeblendeten Tabellen, die automatisch bei der zweiten Variante erzeugt werden).

Natürlich stehen in den Zielzellen die aufgeführten Verknüpfungsausdrücke. Es ist jedoch wichtig zu betonen, dass die Zielzelle nicht »weiß«, wie der Wert in der Quellzelle zustande kommt. Es ist also beispielsweise (aus »Sicht« der Zielzelle) nicht bekannt, ob der Wert in der Quellzelle das Ergebnis einer Formel oder einer direkten Eingabe ist.

9.1.2 Komplette Tabellen verknüpfen

Komplette Tabellen verknüpfen Sie über den Menüpunkt **Einfügen • Tabelle** (bzw. Tabelle aus Datei). Hierbei erscheint der Dateiauswahldialog, in dem Sie ein Tabellendokument auswählen können. Anschließend gelangen Sie zum Dialog **Tabelle einfügen**, in dem Sie die einzufügenden Tabellen des gerade ausgewählten Dokuments festlegen müssen.

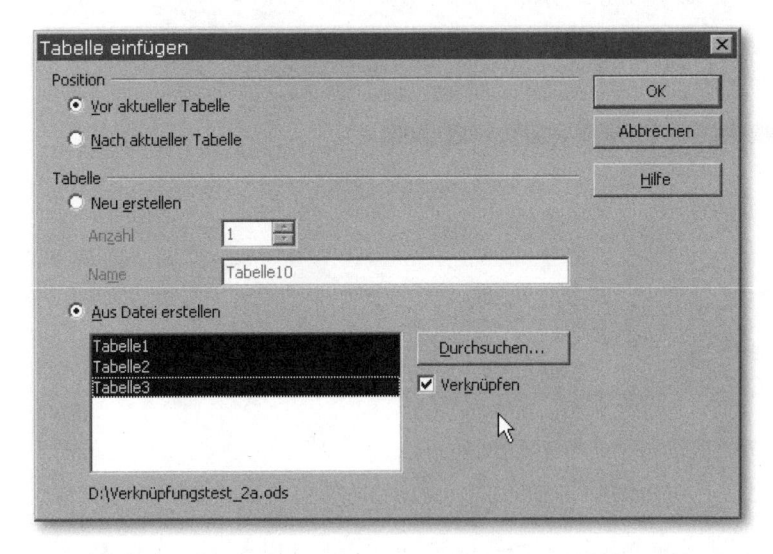

Abbildung 9.3 Dialog »Tabelle einfügen«

Aktivieren Sie hier auch den Punkt **Verknüpfen**, sonst werden die Tabellen nur eingefügt und nicht verknüpft.

Die Tabellen werden nun automatisch eingefügt und gegebenenfalls die Namen der Tabellen angepasst, falls gleichnamige Tabellen bereits im Dokument vorhanden sind.

Eine andere Art der Verknüpfung wäre auch die über **Einfügen • Verknüpfung zu externen Daten...**, falls diese externen Daten jedoch Tabellendokumente sind, müssen in diesen benannte Bereiche existieren. Nur diese Bereiche können als Ziel der Verknüpfung ausgewählt werden.

Bevor Sie den Dialog aufrufen, müssen Sie in einem Tabellenblatt die Zelle markieren, in die Sie den zu verknüpfenden Bereich einfügen wollen. Die markierte Zelle stellt später die linke obere Zelle des verknüpften Bereichs dar.

Im Gegensatz zu den im Vorgängerkapitel behandelten Verknüpfungen enthalten diese in den Zellen der Tabellen oder Bereichen die vollständige Information der Ausgangszellen, also beispielsweise auch Formeln. Änderungen in den Quelldokumenten können im Zieldokument nur übernommen werden, wenn sie vorher im Quelldokument gespeichert wurden.

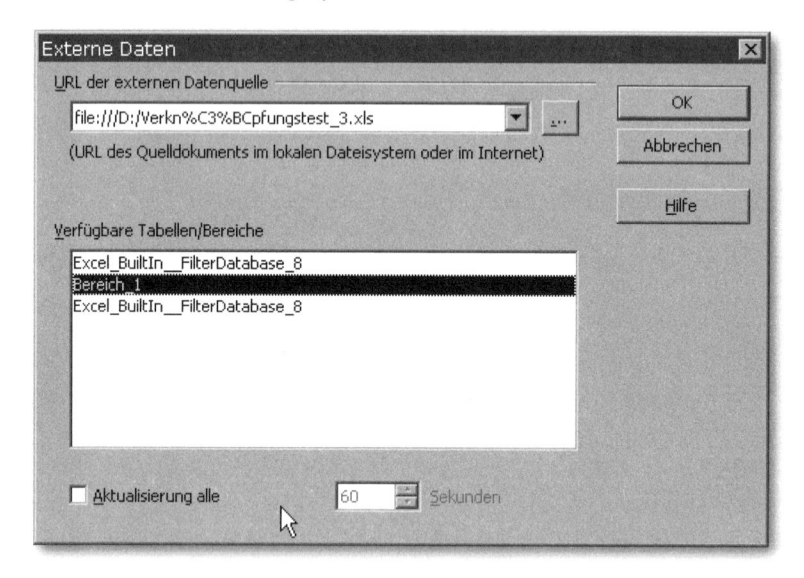

Abbildung 9.4 Verknüpfung zu Bereich herstellen

Falls Sie wollen, können Sie die automatische Aktualisierung aktivieren und ein Aktualisierungsintervall festlegen. Beachten Sie jedoch bitte, dass diese Aktualisierung bei umfangreichen Verknüpfungen Zeit benötigt und bei kurzer Intervalleinstellung möglicherweise Ihr System verlangsamt.

9.1.3 Verknüpfungen zu Online-Inhalten

Mit der gerade beschriebenen Art der Verknüpfung über **Einfügen • Verknüpfung zu externen Daten...** können auch Online-Inhalte mit einem Tabellendokument verknüpft werden. Es kann sich hierbei beispielsweise um Tabellen in HTML-Dokumenten handeln.

Rufen Sie hierzu den gerade genannten Dialog auf (stellen Sie sicher, dass eine Verbindung zum Internet besteht), und geben Sie die URL einer Webseite ein, welche die gewünschten Tabelle(n) enthält. Nun stehen Sie möglicherweise vor dem Problem, das die folgende Abbildung 9.5 illustriert.

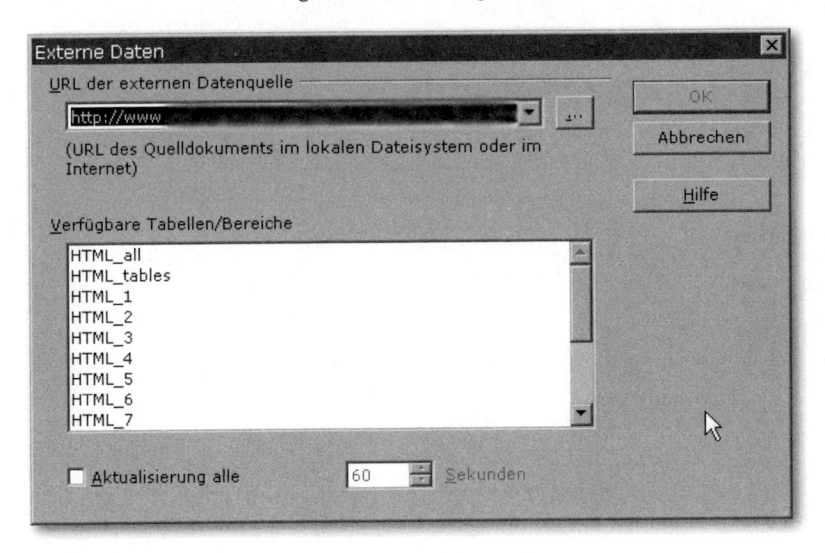

Abbildung 9.5 Auf Online-Quellen zugreifen

Das Dokument scheint zwar etliche Tabellen zu beinhalten, nur welche ist die gewünschte?

Die große Anzahl an Tabellen ist meist dadurch begründet, dass Tabellen zur Ausrichtung von Seiteninhalten in Form sogenannter Blindtabellen benutzt werden. Meiner Erfahrung nach ist es im Allgemeinen am einfachsten, ein separates Tabellenblatt zum Verknüpfen mit Online-Tabellen und im Dialog **HTML_all** zu verwenden. Sie verknüpfen dann zwar mehr als nur die gewünschte Tabelle, aber es ist einfacher, später zu den gewünschten Zellen eine lokale Verknüpfung zu legen.

Wieder ist es Ihnen überlassen, ob Sie die automatische Aktualisierung wählen. Doch bei Online-Verknüpfungen sollten Sie dies wirklich nur tun, wenn Sie über eine schnelle Verbindung zum Internet verfügen. Sind die Inhalte einmal übertragen, können Sie später bei Bedarf manuell aktualisieren. Generelle Ausnahme für die manuelle Aktualisierung dürften wohl Verknüpfungen zu zeitkritischen Werten wie Währungs- oder Aktienkursen sein.

Abbildung 9.6 Ergebnis von »HTML_all«

Da Sie nun den Inhalt der Webseite auf einem separaten Tabellenblatt verknüpft haben, können Sie von dort ausgehend die notwendigen Werte lokal verknüpfen und die Tabelle mit den »Rohdaten« ausblenden (**Format • Tabelle • Ausblenden**).

9.1.4 Verknüpfungen bearbeiten

Alle externen Verknüpfungen eines Tabellendokumentes können Sie zentral über den Dialog **Verknüpfungen bearbeiten** verwalten. Wählen Sie **Bearbeiten • Verknüpfungen** aus dem Menü, um den Dialog anzuzeigen.

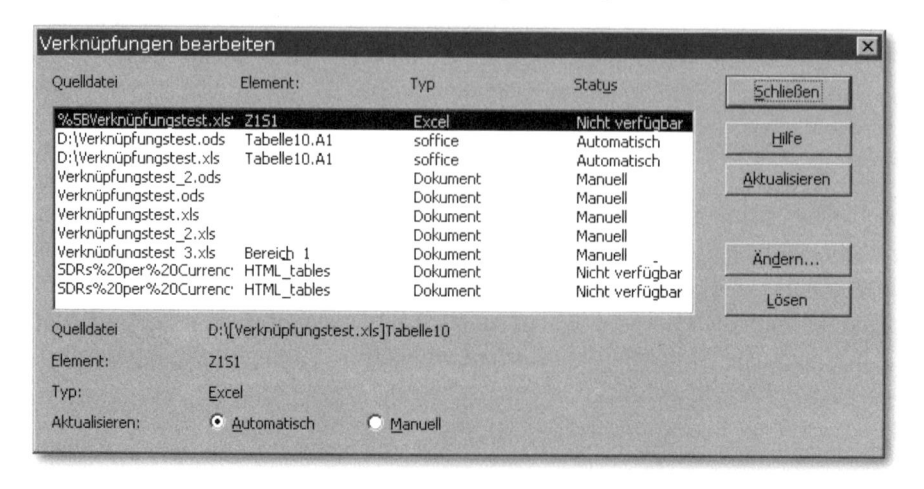

Abbildung 9.7 Verknüpfungen in einem Calc-Dokument

Im Dialog können Sie sich zunächst über den aktuellen Stand der Verknüpfungen informieren. In der Abbildung 9.7 sehen Sie oben drei DDE-Verknüpfungen, darunter einige lokale Verknüpfungen und ganz unten zwei Verknüpfungen zu Online-Tabellen. Am Statuseintrag jeder Verknüpfung erkennen Sie, ob die Quelle einer Verknüpfung derzeitig für eine Aktualisierung verfügbar ist.

Wollen Sie das Ziel einer Verknüpfung ändern, betätigen Sie die Schaltfläche **Ändern...**, und legen Sie im erscheinenden Dialog ein neues Ziel (Quelldatei) für die Verknüpfung fest. Mittels der Schaltfläche **Lösen** können Sie bestehende Verknüpfungen aufheben. Die letzten aktuellen Inhalte der Verknüpfung bleiben dabei natürlich im Dokument erhalten. Bei den Verknüpfungen, die Sie mittels **Inhalte einfügen** erstellt haben, können Sie auch direkt in diesem Dialog den Aktualisierungsmodus auf manuell umstellen.

Mit dem Speichern und Schließen des Dokuments werden die aktuellen Inhalte der verknüpften Zellen im Dokument gespeichert. Beim erneuten Öffnen des Dokuments erhalten Sie (je nach Voreinstellung unter **Extras • Optionen**) die Nachfrage, ob die Verknüpfungen aktualisiert werden sollen.

9.2 Calc als Datenbank

9.2.1 Tabellen erstellen

Sicherlich ist eine Tabellenkalkulation keine Datenbankanwendung, und mit der Einführung des neuen Moduls Base in OpenOffice.org 2.0 ist das Arbeiten mit Datenbanken deutlich einfacher geworden, vielfach wird jedoch Calc als kleine Datenbank verwendet. Eigentlich auch kein Problem, denn Calc bietet dafür einiges an Hilfsmitteln, und bei Datenbeständen von vielleicht einigen hundert Datensätzen müssen Sie auch keine Geschwindigkeitsprobleme befürchten.

[O]

Öffnen Sie ein leeres Dokument, und tragen Sie zunächst die Überschriften ein, welche die Datenfelder bezeichnen. Die einzelnen Datensätze sollten zweckmäßigerweise in Zeilen angeordnet sein. Zur rationellen Eingabe von Werten können Sie beispielsweise die Gültigkeitsprüfung für Zellen (**Daten • Gültigkeit...**) verwenden, um Vorgabewerte in eine Liste einzutragen, aus der Sie später nur noch den gewünschten Wert auswählen müssen.

Zum Eintragen und Bearbeiten von Werten nutzen Sie die normalen Möglichkeiten von Calc. Beachten Sie dabei bitte, dass Sie nicht versehentlich Daten durcheinander bringen, indem Sie beispielsweise versuchen, einzelne Zellen zu löschen. Zur Bearbeitung von Listen, wie sie hier vorliegen, empfiehlt es sich, immer zeilenorientiert zu arbeiten, d.h., löschen Sie stets ganze Zeilen, oder fügen Sie komplette Zeilen neu ein.

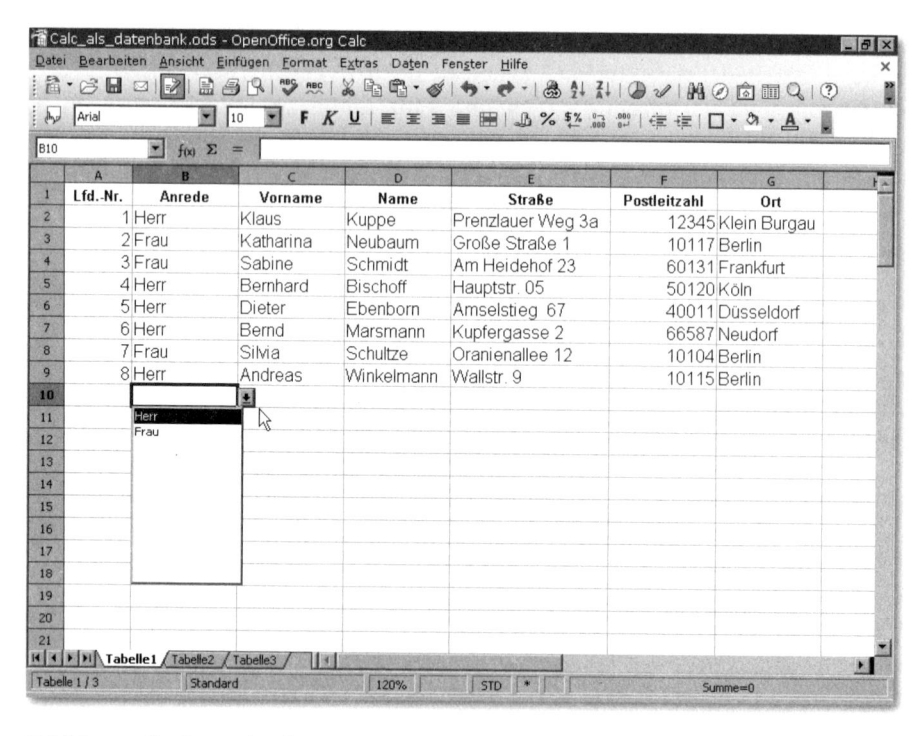

Abbildung 9.8 Eine Adressliste entsteht.

[+] Die Eingabe können Sie sich unter Umständen sehr erleichtern, indem Sie einen größeren Bereich markieren und anschließend mit der Taste [↹] arbeiten. Markieren Sie beispielsweise in der abgebildeten Tabelle den Bereich G20:A10, so werden beim Betätigen von [↹] die Zeilen von links nach rechts durchlaufen, und am Ende jeder Zeile wird der Fokus auf die erste Zelle der nächsten Zeile gesetzt.

Bitte vermeiden Sie es, zusätzliche Daten auf dem Tabellenblatt unterzubringen, das die Liste enthält, meist ist dafür eine *Hilfstabelle* besser geeignet. Falls Sie doch nicht zur Liste gehörige Daten auf demselben Tabellenblatt unterbringen möchten, achten Sie darauf, dass diese zumindest durch eine Leerzeile bzw. Spalte von der eigentlichen Liste getrennt sind.

Um nun für weitere Arbeiten die volle Funktionalität von Calc bezüglich Listen optimal nutzen zu können, sollten Sie Ihre Liste als Datenbankbereich festlegen. Folgende Schritte sind dafür notwendig:

▶ Markieren Sie den Bereich, der die Datensätze enthält, inklusive der Überschriften (oder setzen Sie den Cursor in eine Zelle des Bereichs, Calc erkennt dann den kompletten Bereich selbst).

- Wählen Sie **Daten • Bereich festlegen...**, und vergeben Sie im erscheinenden Dialog zunächst einen Namen für den Bereich.
- Klicken Sie auf die Schaltfläche **Zusätze**, um weitere Optionen zu erhalten.
  - Die Option **enthält Spaltenbeschriftungen** muss für unser Beispiel aktiviert werden.
  - **Zeilen einfügen/löschen** weist Calc an, den Bereich automatisch anzupassen.
  - **Formatierung beibehalten** bedeutet, dass in den Bereich kopierte Datensätze ihre ursprüngliche Formatierung behalten.
  - Sollen während der Arbeit mit dem Datenbankbereich importierte Daten (z. B. Filterergebnisse) nicht gespeichert werden, aktivieren Sie die betreffende Option.
- Klicken Sie auf **Hinzufügen**, um den Bereich zu übernehmen.

9.2.2 Filtern und Sortieren von Listen

Sortieren

Das Sortieren von Listen erledigen Sie am übersichtlichsten mit dem Dialog **Sortieren**. Markieren Sie eine Zelle im Datenbankbereich, und rufen Sie anschließend den Dialog über **Daten • Sortieren...** auf.

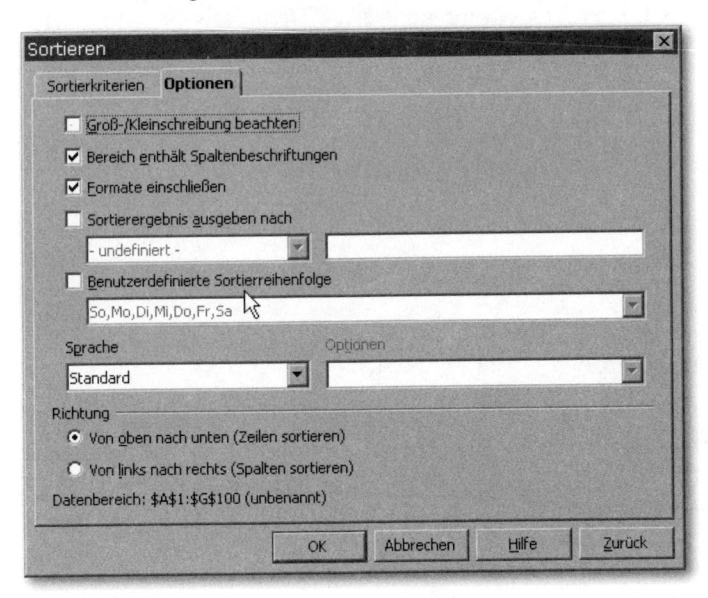

Abbildung 9.9 Der Dialog »Sortieren« in Calc

Auf dem Register **Sortierkriterien** können Sie festlegen, welche Sortiervorgänge in welcher Reihenfolge durchgeführt werden sollen. Beachten Sie bitte auch die Einstellungen des Registers **Optionen**.

Für unser Beispiel sollte dort **Bereich enthält Spaltenüberschriften** natürlich aktiviert sein. **Formate einschließen** belässt die Werte bei den Daten, wenn die Daten durch die Sortierung ihren Platz wechseln. Dies kann nachteilig sein, falls Sie beispielsweise Zeilen manuell gefärbt haben, um die Übersicht zu verbessern.

[+] Wie Sie Zeilen zur besseren Übersicht automatisch einfärben können, erläutert Ihnen Kapitel 4.2.3.

Außerdem können Sie festlegen, dass das Sortierergebnis an einer anderen Stelle ausgegeben wird, der Originalbereich bleibt dann unverändert. Bei **benutzerdefinierter Sortierreihenfolge** können Sie eine (beliebige) Sortierreihenfolge wählen, sofern diese vorher unter **Extras • Optionen • OpenOffice.org Calc • Sortierlisten** festgelegt wurde. Falls Sie übrigens gerade eine Liste per Hand in eine benutzerdefinierte Reihenfolge gebracht haben und wissen, dass Sie diese häufiger benötigen werden, können Sie diese Liste bequem dorthin übernehmen.

Die Möglichkeit, die Sortierrichtung festzulegen, kann in einigen Fällen nützlich sein. Da die Datensätze in unserem Beispiel jedoch in Zeilen angeordnet sind, sollten Sie die entsprechende Voreinstellung (**Zeilen sortieren**) belassen. Haben Sie alle nötigen Einstellungen vorgenommen, starten Sie mittels **OK** den Sortiervorgang.

Filtern

Zum Filtern von Listen stehen Ihnen drei Typen von Filtern zur Verfügung:

- Autofilter
- Standardfilter
- Spezialfilter

Alle sind über das Menü **Daten • Filter** zu erreichen.

Am einfachsten ist der Gebrauch des *Autofilters*, den Sie mit **Daten • Filter • Autofilter** in Ihren Datenbereich einfügen. Soll der Autofilter nur für bestimmte Spalten eingefügt werden, müssen Sie diese vorher markieren, ansonsten genügt es wieder, wenn eine beliebige Zelle im Datenbereich markiert ist, bevor Sie den Filter aufrufen.

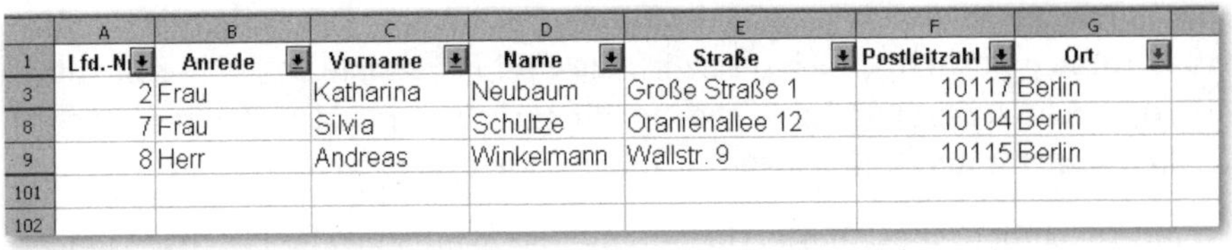

A B C D E F G
1 Lfd.-N Anrede Vorname Name Straße Postleitzahl Ort
3 2 Frau Katharina Neubaum Große Straße 1 10117 Berlin
8 7 Frau Silvia Schultze Oranienallee 12 10104 Berlin
9 8 Herr Andreas Winkelmann Wallstr. 9 10115 Berlin
101
102

Abbildung 9.10 Autofilter anwenden

Die gerade aktiven Filterbedingungen erkennen Sie daran, dass der entsprechende Pfeil blau eingefärbt ist. Sie können auch mehrere Filterbedingungen nacheinander verwenden.

Um eine Filterbedingung zu entfernen, wählen Sie entsprechend **-alle-** für diese Bedingung aus. Der Autofilter insgesamt kann entfernt werden, indem Sie im Menü nochmals den entsprechenden Eintrag klicken (bzw. das dort vorhandene Häkchen entfernen).

Die Verwendung des *Standardfilters* bietet die Möglichkeit, mehrere Filterkriterien automatisch (nacheinander) anzuwenden, wobei im Gegensatz zum Autofilter auch reguläre Ausdrücke möglich werden. Außerdem kann das Filterergebnis in einen anderen Bereich, in derselben oder einer anderen Tabelle ausgegeben werden.

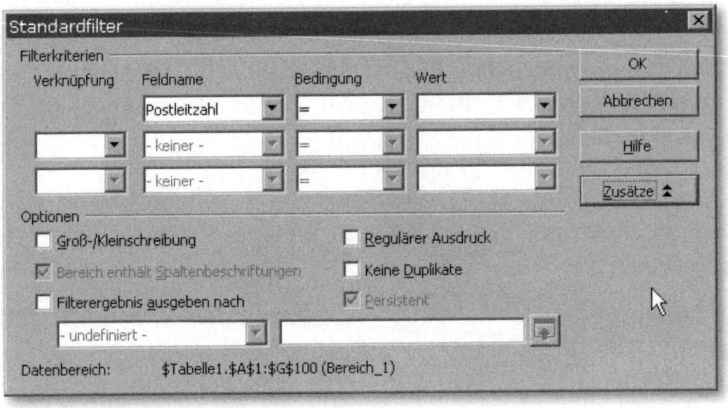

Standardfilter
Filterkriterien
Verknüpfung
Feldname
Bedingung
Wert
Postleitzahl
=
- keiner -
=
- keiner -
=
OK
Abbrechen
Hilfe
Zusätze
Optionen
Groß-/Kleinschreibung
Bereich enthält Spaltenbeschriftungen
Filterergebnis ausgeben nach
- undefiniert -
Regulärer Ausdruck
Keine Duplikate
Persistent
Datenbereich: $Tabelle1.$A$1:$G$100 (Bereich_1)

Abbildung 9.11 Standardfilter konfigurieren

Alle Einstellungen für den Standardfilter legen Sie im entsprechenden Dialog fest. Insgesamt sind drei Filterkriterien verwendbar, die durch logisches UND oder ODER verknüpft werden.

Beachten Sie die Option **Regulärer Ausdruck**, die Sie aktivieren müssen, um in **Wert** reguläre Ausdrücke verwenden zu können. Die Option, das Ergebnis an eine andere Stelle ausgeben zu lassen, kennen Sie bereits vom Sortierdialog. Beim Standardfilter existiert jedoch zusätzlich die Option **Persistent**, die es ermöglicht, dass das an anderer Stelle ausgegebene Filterergebnis mit dem Ausgangsbereich verknüpft bleibt und somit später (manuell) aktualisiert werden kann.

Wenn Sie häufiger mit Filtern arbeiten und diese auf ähnliche Listen anwenden, ist vielleicht die Option, einen *Spezialfilter* verwenden zu können, schon deshalb interessant, weil Sie die Filterkriterien unter Umständen zentral in einer Tabelle ablegen können, um sie anschließend entsprechend zu verknüpfen.

Der erscheinende Dialog des Spezialfilters ist zunächst unspektakulär, und doch ermöglicht der Spezialfilter sehr umfangreiche und detaillierte Filterkriterien.

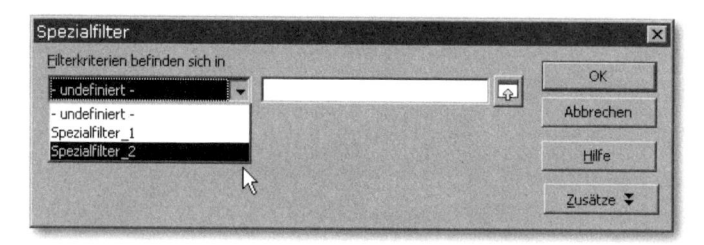

Abbildung 9.12 Spezialfilter – vordefinierte Kriterienbereiche

In Abbildung 9.12 sehen Sie, dass zwei Bereiche für Filterkriterien zur Auswahl stehen. Wie Sie sich vielleicht erinnern, konnten bereits bei den Datenbankfunktionen (siehe Kapitel 7.3) entsprechende Kriterienbereiche definiert werden. Das Verfahren, um einen Bereich zur Definition eines Filterkriteriums zu erstellen, ist hier völlig analog. Folgende Schritte sind notwendig:

▶ Legen Sie in einer Zeile zunächst die Überschriften für den Kriterienbereich fest; diese müssen den entsprechenden Überschriften des später zu filternden Bereichs entsprechen.

▶ Tragen Sie unterhalb dieser Überschriften die gewünschten Kriterien ein, wobei gilt:

  ▷ Kriterien innerhalb einer Zeile sind durch logisches UND verknüpft, Kriterien in verschiedenen Zeilen durch ODER.

  ▷ Sie können reguläre Ausdrücke für die Kriterien verwenden.

▶ Markieren Sie nun den gesamten Bereich, in dem Sie das (Gesamt-)Filterkriterium definiert haben (inklusive Überschriften), und vergeben Sie mittels **Einfügen • Namen** eine Bereichsnamen. Achten Sie darauf, dass unter **Zusätze** die Option **Filter** aktiviert ist, damit der Bereich später auch im Dialog **Spezialfilter** aufgelistet wird.

Der Kriterienbereich steht nun als Filterkriterium zur Verfügung.

	A	B	C	D	E	F	G
1	Lfd.-Nr.	Anrede	Vorname	Name	Straße	Postleitzahl	Ort
2		Frau					Berlin
3							Frankfurt
4							

Abbildung 9.13 Kriterienbereich

Diese Kriterienbereiche können auf beliebigen Tabellenblättern definiert werden, Sie müssen lediglich die Option **Filter** aktivieren, wenn Sie den Bereichsnamen vergeben, damit der Kriterienbereich im Dialog **Spezialfilter** auch zur Verfügung steht.

9.2.3 Liste in Datenbank überführen

Ein Calc-Tabellendokument können Sie auch als Datenquelle für eine Datenbank nutzen.

Wählen Sie im Menü **Datei • Neu • Datenbank**, um den Assistenten des OpenOffice.org-Datenbankmoduls Base zu starten.

Wählen Sie im ersten Schritt als Datenbanktyp **Tabellendokument-Datenbank**, und klicken Sie auf **Weiter**.

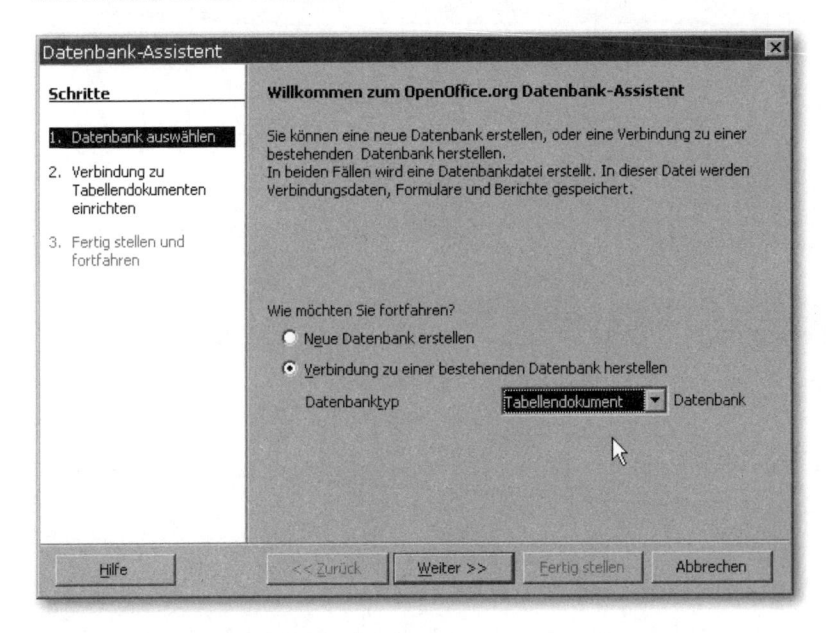

Abbildung 9.14 Datenbank mit Base erstellen

9 | Spezielle Arbeitstechniken

Im zweiten Schritt wählen Sie eine Datei im Format eines Tabellenkalkulationsdokuments aus, beispielsweise *.ods oder *.sxc.

Im letzten Schritt aktivieren Sie bitte die Option **Ja, die Datenbank soll angemeldet werden**, um die Datenbank den in OpenOffice.org verfügbaren Datenquellen hinzuzufügen, und klicken Sie auf **Fertig stellen**.

Die Datenbank wird nun fertig gestellt und als Open-Document-Datenbank (*.odb) gespeichert und gleichzeitig als verfügbare Datenquelle angemeldet.

Alle registrierten Datenbanken sind unter **Extras • Optionen • OpenOffice.org Base • Datenbanken** aufgelistet. Außerdem kann auf diese Datenbanken auch über **Ansicht • Datenquellen** (F4) wie in bisherigen OpenOffice.org-Versionen direkt zugegriffen werden.

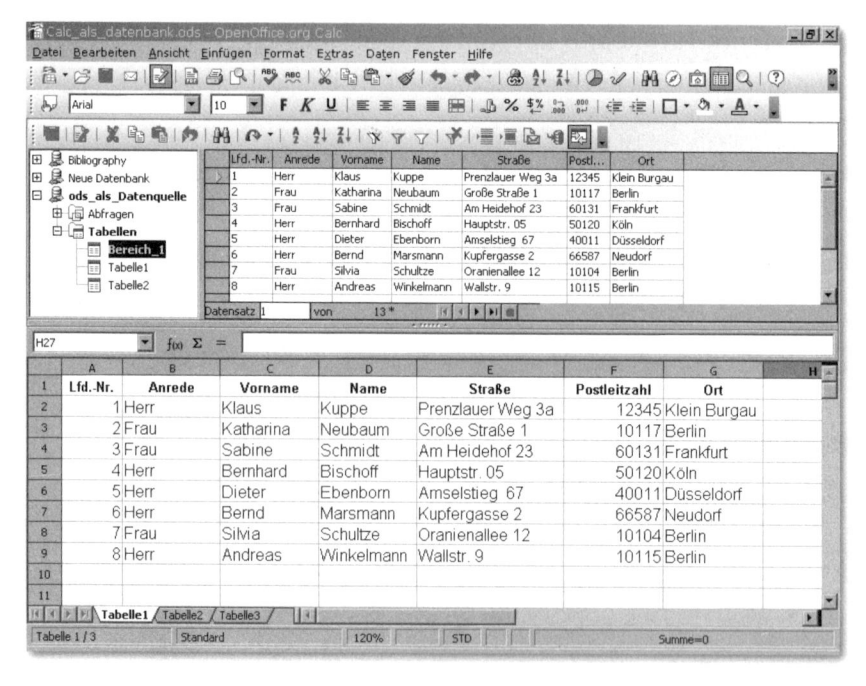

Abbildung 9.15 Tabellendokument als Datenquelle

[»] Ein Nachteil von Tabellendokumenten als Datenquellen soll nicht verschwiegen werden:

Zwar können Sie in Base für eine auf einem Tabellendokument basierende Datenbank ein normales Datenbankformular zum Navigieren durch die Datensätze erstellen, aber leider ist es bisher nicht möglich, dort Änderungen an den Daten vorzunehmen. Um Änderungen durchzuführen, müssen Sie also das Tabellendokument wiederum in Calc öffnen.

Falls Sie eine Calc-Tabelle als Datenquelle in Base verwenden wollen und gleichzeitig wünschen, dass die Datensätze auch innerhalb von Base in der Tabellenansicht oder mittels eines Formulars bearbeitet werden können, ist es am einfachsten, die Calc-Tabelle zunächst im dBase-Format (*.dbf) zu speichern und diese dBase-Datei als Datenquelle zu nutzen.

9.3 Kreuztabellen in Calc

Manchmal stehen Sie vor der Aufgabe, in Listen erfasste Datensätze in sinnvoller Form darzustellen, um sie besser lesbar zu machen. [O]

Beispiel:

In einem Heizungs- und Sanitärgroßhandel wurden als Erfolgskontrolle die Umsätze von drei Verkäufern in einer einfachen Liste chronologisch erfasst.

	A	B	C	D	E
1	Datum	Artikel-Nr.	Verkäufer	Warengruppe	Betrag
2	12.02.05	72-97311	Schulz	A-12	2.689,60 €
3	12.02.05	36-69985	Schulz	A-12	3.734,55 €
4	12.02.05	94-58500	Kersten	B-03	5.098,42 €
5	12.02.05	51-71868	Stellmann	B-09	8.659,63 €
6	12.02.05	4-2328	Stellmann	A-11	6.575,82 €
7	13.02.05	55-5865	Schulz	A-12	7.354,96 €
8	13.02.05	20-42936	Kersten	B-03	5.451,52 €
9	13.02.05	30-93050	Schulz	B-03	2.804,35 €
10	13.02.05	14-14587	Stellmann	A-12	1.984,92 €
11	13.02.05	82-43531	Kersten	B-03	7.225,87 €
12	14.02.05	29-23224	Kersten	B-09	8.657,80 €
13	14.02.05	45-45188	Schulz	B-09	1.389,81 €
14	14.02.05	74-70036	Schulz	B-03	1.635,18 €
15	14.02.05	76-1043	Stellmann	A-12	1.994,69 €
16	14.02.05	76-12759	Kersten	A-12	3.368,63 €
17	14.02.05	30-5880	Schulz	A-11	9.676,81 €
18					

Abbildung 9.16 Die erfassten Datensätze

Leider ist diese Art der Darstellung nicht sehr übersichtlich. Die Daten der Tabelle könnten nun mittels Formeln in einem anderen Tabellenbereich so zusammengestellt werden, dass beispielsweise erkennbar wird, wie sich die Umsätze auf Verkäufer und Warengruppen verteilen. Auch wäre es möglich, die Tabelle zu filtern und die Ergebnisse an einer anderen Stelle auszugeben.

Eine sehr elegante Möglichkeit ist es jedoch, die vorhandenen Daten mittels des *Datenpiloten* einfach neu anzuordnen.

Der Datenpilot in Calc fasst eine ähnliche Funktionalität zusammen wie der Pivot-Tabellenberichts-Assistent in MS Excel.

Umstieg

Folgende Schritte sind nötig:

- Markieren Sie den Bereich A1:E17, und rufen Sie den Datenpiloten auf (**Daten • Datenpilot • Aufrufen...**).
- Bestätigen Sie als Auswahl **Aktuelle Selektion**.
- Von den verfügbaren Feldern ordnen Sie nun das Feld **Verkäufer** dem Bereich **Spalte** zu, das Feld **Warengruppe** dem Bereich **Zeile** und das Feld **Betrag** dem mittleren Bereich **Daten**. Für diese Zuordnung ziehen Sie die Felder bei gedrückter Maustaste einfach an die gewünschte Stelle des Dialogs.

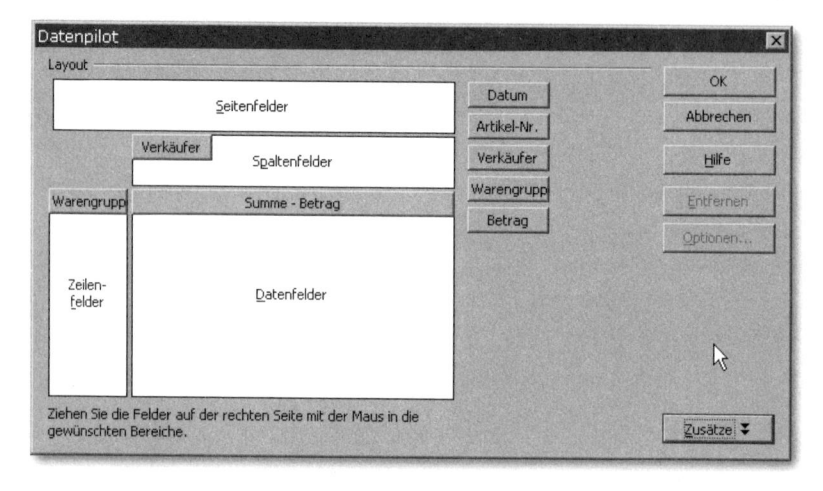

Abbildung 9.17 Zuordnen der Felder im Dialog Datenpilot

- Schließen Sie den Dialog mit **OK**, und Sie erhalten eine übersichtliche Aufstellung der Ausgangsdaten.

Summe - Betrag	Verkäufer			
Warengruppe	Kersten	Schulz	Stellmann	Gesamt Ergebnis
A-11		9.676,81 €	6.575,82 €	16.252,63 €
A-12	3.368,63 €	13.779,11 €	3.979,61 €	21.127,35 €
B-03	17.775,81 €	4.439,53 €		22.215,34 €
B-09	8.657,80 €	1.389,81 €	8.659,63 €	18.707,24 €
Gesamt Ergebnis	29.802,24 €	29.285,26 €	19.215,06 €	78.302,56 €

Abbildung 9.18 Die erstellte Kreuztabelle

Die erzeugte Kreuztabelle steht natürlich weiterhin in Verbindung mit Ihren Ausgangsdaten, sodass sich Änderungen dort auch in der Kreuztabelle auswirken. Markieren Sie zum Aktualisieren der Kreuztabelle eine Zelle, und erzeugen Sie das Kontextmenü, dort wählen Sie **Aktualisieren**.

Darüber hinaus ist es möglich, einen definierten Datenbankbereich in einer Tabelle als Bereich für eine Kreuztabelle zu verwenden. Falls Teile des Bereichs jedoch noch keine Daten enthalten, führt das dazu, dass der Datenpilot an diese Stellen das Kürzel (leer) einfügt und Ihre Kreuztabelle eine ungewollte leere Zeile für Warengruppe und eine leere Spalte für Verkäufer enthielte.

Diese leeren Zeilen können Sie ausblenden, indem Sie einen entsprechenden Filter auf die Kreuztabelle anwenden. Diesen Filter können Sie aus dem Kontextmenü der Kreuztabelle heraus hinzufügen, oder Sie wählen während der Erstellung der Kreuztabelle im Datenpiloten unter **Zusätze** die Option **Filter**, um eine entsprechende Schaltfläche zu erstellen.

> Bitte beachten Sie die Möglichkeiten der in OpenOffice.org 2.3 neu eingeführten Tabellenfunktion **PIVOTDATENZUORDNEN()** (siehe Kapitel 7.11).

9.4 Teilergebnisse

Bereits in Kapitel 7, »Funktionen im Detail«, hatten Sie die Funktion **TEILERGEBNIS()** kennengelernt. Diese Funktion findet auch Verwendung bei der Aufbereitung von Datenmaterial mittels der Menüfunktion **Daten • Teilergebnisse**.

	A	B	C	D	E
1	Standort	2001	2002	2003	2004
2	Berlin	19.560,84 €	19.110,84 €	28.700,83 €	29.550,92 €
3	Berlin	22.628,86 €	20.556,05 €	15.655,08 €	25.123,75 €
4	Berlin	15.693,99 €	29.733,57 €	29.828,33 €	17.008,27 €
5	Berlin	28.260,44 €	23.062,38 €	29.676,35 €	24.201,33 €
6	Berlin	27.754,14 €	17.530,59 €	18.939,63 €	28.864,25 €
7	Berlin	20.026,86 €	26.055,79 €	24.938,35 €	28.324,53 €
8	Bremen	18.196,48 €	15.362,29 €	22.231,88 €	19.428,82 €
9	Bremen	13.698,17 €	21.484,05 €	19.822,87 €	21.283,00 €
10	Bremen	16.779,20 €	20.740,26 €	13.268,23 €	17.169,59 €
11	Bremen	22.844,94 €	14.169,50 €	19.686,27 €	21.040,56 €
12	Bremen	16.132,08 €	12.785,91 €	12.859,89 €	13.065,71 €
13	Bremen	21.566,45 €	15.509,14 €	20.952,30 €	19.997,19 €
14	Duisburg	12.642,29 €	12.856,23 €	16.008,18 €	15.461,59 €
15	Duisburg	14.510,03 €	17.730,34 €	14.195,38 €	19.756,46 €
16	Duisburg	13.200,78 €	12.499,16 €	10.664,69 €	18.117,01 €
17	Duisburg	14.519,18 €	10.224,62 €	19.810,48 €	11.625,11 €
18	Duisburg	17.429,73 €	12.377,09 €	17.128,21 €	19.070,10 €
19	Duisburg	14.732,51 €	18.059,63 €	17.793,82 €	12.468,64 €
20	Essen	21.664,14 €	27.577,07 €	27.662,68 €	33.127,35 €
21	Essen	17.489,76 €	33.869,78 €	33.618,67 €	24.329,81 €

Abbildung 9.19 Der Datenbereich

In der Abbildung 9.19 sehen Sie einen Auszug aus einer Tabelle mit Umsatzzahlen für verschiedene Standorte eines Unternehmens. Häufig ist es erforderlich, solche Tabellen weiter zusammenzufassen, um wesentliche Dinge besser erkennen zu können. Für die vorliegenden Werte bietet es sich beispielsweise an, die jeweiligen Umsatzsummen für das erste Halbjahr eines Geschäftsjahres zu ermitteln.

Zur Auswertung sollte in der Tabelle bereits ein Daten(bank)bereich definiert sein, anschließend markieren Sie nur eine Zelle des Bereichs und rufen die Funktion **Teilergebnisse** über das Menü auf.

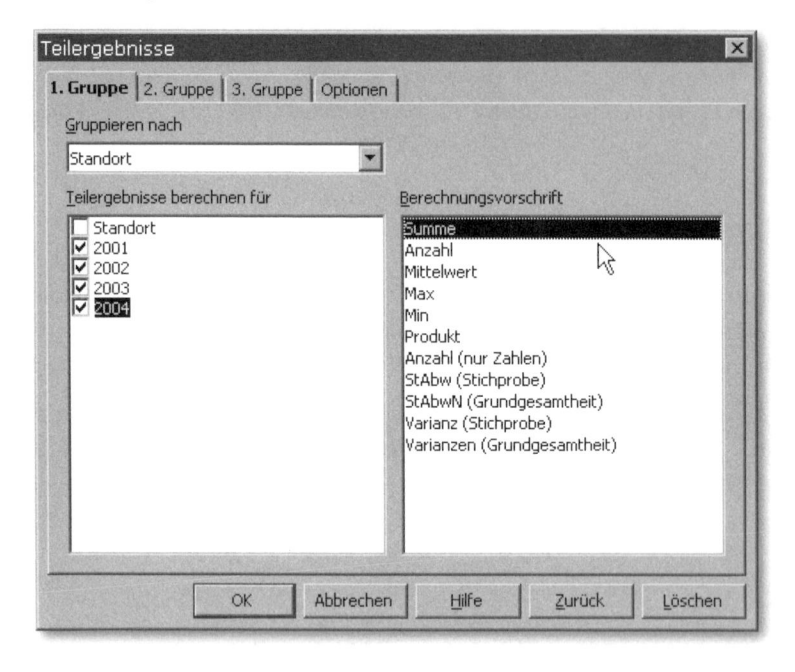

Abbildung 9.20 Der Dialog »Teilergebnisse«

Zunächst müssen Sie im Dialog festlegen, wonach gruppiert werden soll. Da nach Standorten getrennte Umsatzzahlen vorliegen, wählen Sie hier **Standorte**. Bestimmen Sie nun, für welche Jahre die Berechnung erfolgen soll (hier: **alle**), und wählen Sie die Berechnungsvorschrift aus. Bestätigen Sie die gemachten Eingaben.

Calc hat nun die Summen der Umsätze für den jeweiligen Standort und das entsprechende Halbjahr gebildet, eine zusätzliche Zeile dafür eingefügt und die Ergebnisse eingetragen. Wie Sie am linken Rand der Tabelle erkennen können, hat Calc auch eine Gliederung gemäß Ihrer Vorgaben eingefügt.

	A	B	C	D	E	F	G
1	Standort	2001	2002	2003	2004		
2	Berlin	19.560,84 €	19.110,84 €	28.700,83 €	29.550,92 €		
3	Berlin	22.628,86 €	20.556,05 €	15.655,08 €	25.123,75 €		
4	Berlin	15.693,99 €	29.733,57 €	29.828,33 €	17.008,27 €		
5	Berlin	28.260,44 €	23.062,38 €	29.676,35 €	24.201,33 €		
6	Berlin	27.754,14 €	17.530,59 €	18.939,63 €	28.864,25 €		
7	Berlin	20.026,86 €	26.055,79 €	24.938,35 €	28.324,53 €		
8	*Berlin Ergebnis*	*133.925,13 €*	*136.049,22 €*	*147.738,57 €*	*153.073,05 €*		
9	Bremen	18.196,48 €	15.362,29 €	22.231,88 €	19.428,82 €		
10	Bremen	13.698,17 €	21.484,05 €	19.822,87 €	21.283,00 €		
11	Bremen	16.779,20 €	20.740,26 €	13.268,23 €	17.169,59 €		
12	Bremen	22.844,94 €	14.169,50 €	19.686,27 €	21.040,56 €		
13	Bremen	16.132,08 €	12.785,91 €	12.859,89 €	13.065,71 €		
14	Bremen	21.566,45 €	15.509,14 €	20.952,30 €	19.997,19 €		
15	*Bremen Ergebnis*	*109.217,32 €*	*100.051,15 €*	*108.821,44 €*	*111.984,87 €*		
16	Duisburg	12.642,29 €	12.856,23 €	16.008,18 €	15.461,59 €		
17	Duisburg	14.510,03 €	17.730,34 €	14.195,38 €	19.756,46 €		
18	Duisburg	13.200,78 €	12.499,16 €	10.664,69 €	18.117,01 €		

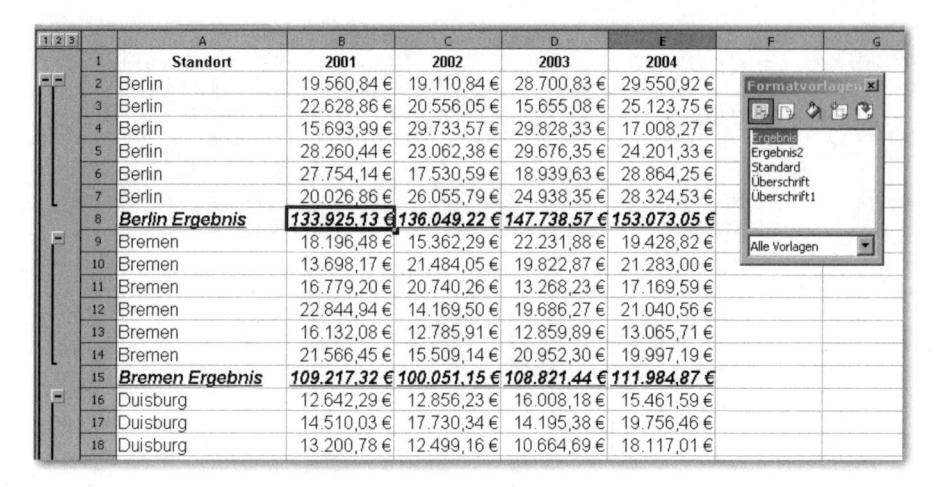

Abbildung 9.21 Das Resultat

Übrigens:

Rechts in der Abbildung sehen Sie das Fenster **Formatvorlagen**. Wie Sie erkennen können, sind die Ergebniszellen mit der Zellvorlage **Ergebnis** formatiert worden. Falls Ihnen die konkrete Formatierung der Summenzahlen nun nicht zusagt, können Sie im Fenster **Formatvorlagen** die Formatierung für alle Ergebniszellen gleichzeitig anpassen.

> Die Verwendung der Formatvorlage **Ergebnis** erfolgt automatisch durch Teilergebnisse. Es ist jedoch möglich, diese Vorlage dauerhaft zu ändern, indem Sie sie einmalig ändern und das entsprechende Dokument zur Standardvorlage machen. Lesen Sie mehr über Vorlagen in Kapitel 4.1.

Da die Ergebniszellen hervorgehoben sind, ist die Übersichtlichkeit schon besser, Sie können jedoch zusätzlich die Monatszahlen ausblenden, was besonders in langen Tabellen die Übersicht erhöht. Klicken Sie hierzu auf das kleine »-« der zweiten Ebene, links in der Gliederung. Die Gliederungsfunktion wirkt nun praktisch wie ein Filter. Wollen Sie alle Gliederungspunkte einer Ebene gleichzeitig reduzieren, klicken Sie einfach auf das kleine Quadrat mit der Nummer der Ebene.

Die wesentlich übersichtlicheren Daten können Sie nun beispielsweise in einem Diagramm visualisieren und dieses in eine Präsentation oder einen Geschäftsbericht direkt einfügen.

9 | Spezielle Arbeitstechniken

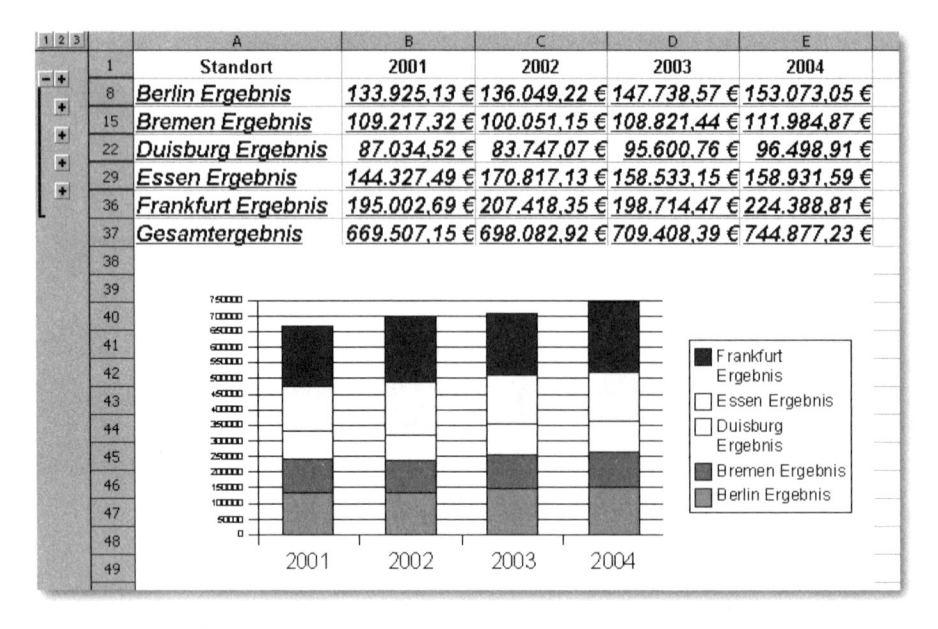

	A	B	C	D	E
1	Standort	2001	2002	2003	2004
8	Berlin Ergebnis	133.925,13 €	136.049,22 €	147.738,57 €	153.073,05 €
15	Bremen Ergebnis	109.217,32 €	100.051,15 €	108.821,44 €	111.984,87 €
22	Duisburg Ergebnis	87.034,52 €	83.747,07 €	95.600,76 €	96.498,91 €
29	Essen Ergebnis	144.327,49 €	170.817,13 €	158.533,15 €	158.931,59 €
36	Frankfurt Ergebnis	195.002,69 €	207.418,35 €	198.714,47 €	224.388,81 €
37	Gesamtergebnis	669.507,15 €	698.082,92 €	709.408,39 €	744.877,23 €

Abbildung 9.22 Überflüssige Daten ausgeblendet

Tabellen gliedern:

Die Funktion **Teilergebnisse** nutzt wie gerade beschrieben automatisch die Möglichkeit, Tabellendaten in Ebenen zu gliedern. Sie können diese Funktion aber auch getrennt von **Teilergebnisse** nutzen, um ohne Berechnungen die Übersichtlichkeit in Ihrer Tabelle zu verbessern.

Eine Gliederung fügen Sie manuell ein, indem Sie Zeilen bzw. Spalten markieren und **Daten • Gliederung • Gruppierung** aufrufen.

	A	B	C	D	E
1	Standort	2001	2002	2003	2004
2	Berlin	19.560,84 €	19.110,84 €	28.700,83 €	29.550,92 €
3	Berlin	22.628,86 €	20.556,05 €	15.655,08 €	25.123,75 €
4	Berlin	15.693,99 €	29.733,57 €	29.828,33 €	17.008,27 €
5	Berlin	28.260,44 €	23.062,38 €	29.676,35 €	24.201,33 €
6	Berlin	27.754,14 €	17.530,59 €	18.939,63 €	28.864,25 €
7	Berlin	20.026,86 €	26.055,79 €	24.938,35 €	28.324,53 €
8	Bremen	18.196,48 €	15.362,29 €	22.231,88 €	19.428,82 €
9	Bremen	13.698,17 €	21.484,05 €	19.822,87 €	21.283,00 €

Abbildung 9.23 Manuelle Gliederungen verschiedener Ebenen

Falls Ihr Datenbereich Formeln aufweist, anhand derer Calc die Struktur der Daten analysieren kann, ist auch die automatische Verwendung einer Gliederung über **Daten • Gliederung • Autogliederung** möglich.

9.5 Konsolidieren

Mittels der Konsolidierungsfunktion von Calc können Sie Daten, die in verschiedenen Tabellen gleichartig angeordnet sind, in einer Tabelle zusammenfassen.

Beispielsweise liegen die Umsätze verschiedener Warengruppen und Vertriebsstandorte quartalsweise in unterschiedlichen Tabellen vor.

	A	B	C	D	E	F
1	Umsatz Warengruppe I (2003)					
2						
3		Berlin	Bremen	Duisburg	Essen	Frankfurt
4	I. Quartal	7.149,88 €	7.396,69 €	7.680,44 €	7.851,59 €	7.149,88 €
5	II. Quartal	8.774,07 €	9.426,55 €	10.156,98 €	10.216,28 €	8.774,07 €
6	III. Quartal	7.749,57 €	8.003,43 €	8.684,85 €	9.005,42 €	7.749,57 €
7	IV. Quartal	6.255,38 €	6.276,09 €	6.745,61 €	6.937,02 €	6.255,38 €
8	Summe	**29.928,89 €**	**31.102,76 €**	**33.267,87 €**	**34.010,31 €**	**29.928,89 €**

Abbildung 9.24 Einzeltabelle

In der Abbildung sehen Sie eine einzelne Tabelle als Beispiel. Zudem sind zwei völlig analog aufgebaute Tabellen für die Warengruppen II und III vorhanden. Mittels der Funktion **Konsolidieren** ist es nun sehr einfach, diese drei Tabellen übersichtlich zu einer zusammenzufassen. Wechseln Sie zunächst in eine leere Tabelle, und markieren Sie dort Zelle A3.

Wählen Sie **Extras • Konsolidieren**, um den entsprechenden Dialog aufzurufen. Tragen Sie unter **Quelldatenbereich** den Datenbereich der ersten Tabelle (A3 bis F8) ein, und klicken Sie auf die nun aktive Schaltfläche **Hinzufügen**. Verfahren Sie analog mit den Bereichen in den weiteren zwei Tabellen. Klicken Sie auf die Schaltfläche **Zusätze**, und aktivieren Sie anschließend die Optionen **Zeilenbeschriftungen** und **Spaltenbeschriftungen** sowie die Option **Mit Quelldaten verbinden**. Schließen Sie den Dialog mittels **OK**.

Die drei Tabellen wurden nun in einer Tabelle zusammengefasst.

9 | Spezielle Arbeitstechniken

		A	B	C	D	E	F
	1	Umsatz gesamt (2003)					
	2						
	3		Berlin	Bremen	Duisburg	Essen	Frankfurt
	4	I. Quartal / WG_I	7.149,88 €	7.396,69 €	7.680,44 €	7.851,59 €	7.149,88 €
	5	I. Quartal / WG_II	17.944,56 €	28.469,41 €	16.539,66 €	23.778,97 €	17.944,56 €
	6	I. Quartal / WG_III	10.125,23 €	17.342,68 €	12.001,85 €	11.373,29 €	10.125,23 €
	7	I. Quartal	35.219,67 €	53.208,78 €	36.221,95 €	43.003,85 €	35.219,67 €
	11	II. Quartal	51.580,38 €	37.786,86 €	46.764,25 €	40.393,34 €	51.580,38 €
	15	III. Quartal	35.128,22 €	39.618,91 €	40.554,13 €	34.059,26 €	35.128,22 €
	19	IV. Quartal	33.168,63 €	45.678,17 €	35.643,99 €	37.438,60 €	33.168,63 €
	23	Summe	155.096,90 €	176.292,71 €	159.184,32 €	154.895,05 €	155.096,90 €
	24						

Abbildung 9.25 Konsolidierte Tabellen

9.6 Zielwertsuche und Szenarien

[o] In Tabellen werden gegebene Anfangswerte mittels Formeln verknüpft, um entsprechende Rechenergebnisse zu erhalten. Hierbei kann die Situation auftreten, dass ein bestimmtes Ergebnis erwartet wird. Hierzu müssen dann entsprechende Ausgangswerte bestimmt werden. Diese Bestimmung ist einfach mit der *Zielwertsuche* durchzuführen. Die Arbeitsweise lässt sich an folgendem Beispiel verdeutlichen.

Angenommen Sie möchten das Volumen eines Zylinders bestimmen, bei dem die Höhe gerade zweimal so groß wie der Durchmesser ist.

	A	B	C	D
1	Volumen eines Zylinders mit h=2d			
2				
3	Volumen	1570,8		=PI()*B3^2*B2
4	Höhe	20		=4*B3
5	Radius	5		
6				

Abbildung 9.26 Zylinderberechnung

Die Abbildung 9.26 zeigt die Situation in der Tabelle. Falls Sie nun (ohne eine Formel ändern zu müssen) bestimmen möchten, wie groß Radius und Höhe des Zylinders sein müssen, damit sich ein bestimmtes Volumen ergibt, können Sie **Zielwertsuche** verwenden.

Rufen Sie den entsprechenden Dialog mittels **Daten • Zielwertsuche...** auf. Für unser Beispiel müssen Sie, wenn das gewünschte Volumen 10.000 (Volumeneinheiten) betragen soll, Folgendes in den Dialog eintragen:

9.6 | Zielwertsuche und Szenarien

Abbildung 9.27 Dialog »Zielwertsuche«

Die Vorgaben haben folgende Bedeutung:

- **Formelzelle**
  Ist die Zelle, in der die Formel steht, mit Hilfe derer der Zielwert berechnet wird.

- **Zielwert**
  Ist der gewünschte Zielwert der Berechnung.

- **Variable Zelle**
  Ist die Zelle, die einen Ausgangswert enthält, der direkt oder über Zwischenschritte in die Berechnung des Wertes in **Formelzelle** einfließt.

Mit Klick auf die Schaltfläche **OK** beginnt Calc, den Ausgangswert so lange zu verändern, bis der Zielwert erreicht wird. Ist die Zielwertsuche beendet, und es konnte ein passendes Ergebnis gefunden werden, fragt Calc nach, bevor das Ergebnis in die Tabelle übernommen wird.

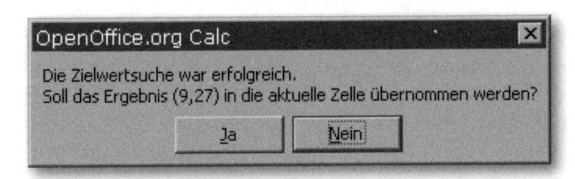

Abbildung 9.28 Der Zielwert wurde gefunden.

Bestätigen Sie diese Nachfrage, um den Zielwert in **Variable Zelle** zu übernehmen.

Angenommen Sie möchten einen Annuitätenkredit aufnehmen und fragen sich beispielsweise, wie hoch der Zinssatz des Krediles maximal sein darf, damit Sie in der Lage sind, ihn in einem vorgegebenen Zeitraum zu tilgen. Hierfür sei zunächst ein Tilgungsplan gegeben.

9 | Spezielle Arbeitstechniken

	A	B	C	D	E	F
1						
2						
3						
4	Kreditbetrag	100.000,00				
5	Laufzeit	10				
6	Zinssatz	3,50%				
7						
8	Laufzeit	Anfangsschuld	Zinsen	Tilgung	Annuität	Restschuld
9	1	100000,00	3500,00	8524,14	12024,14	91475,86
10	2	91475,86	3201,66	8822,48	12024,14	82653,38
11	3	82653,38	2892,87	9131,27	12024,14	73522,11
12	4	73522,11	2573,27	9450,86	12024,14	64071,25
13	5	64071,25	2242,49	9781,64	12024,14	54289,61
14	6	54289,61	1900,14	10124,00	12024,14	44165,61
15	7	44165,61	1545,80	10478,34	12024,14	33687,27
16	8	33687,27	1179,05	10845,08	12024,14	22842,18
17	9	22842,18	799,48	11224,66	12024,14	11617,52
18	10	11617,52	406,61	11617,52	12024,14	0,00
19						

Abbildung 9.29 Tilgungsplan

Da die Annuität nichts weiter als eine über die Laufzeit des Kredites konstante Rate darstellt, ist es leicht, mittels Zielwertsuche zu bestimmen, wie hoch der Zinssatz sein darf, der gerade noch akzeptabel ist, damit eine bestimmte Annuität bei vorgegebener Laufzeit erreicht werden kann. Die Berechnung der Annuität kann beispielsweise mit der Funktion **RMZ()** erfolgen.

=RMZ(B6;B5;B4;0;0)
(wenn gilt (Wert/in Zelle): Zins/B6; Zahlungsperioden/B5; Barwert des Kredites/B4; Restwert = 0 und Zahlungen erfolgen am Periodenende)

Sie müssen also nur eine der Zellen in der Annuitäten-Spalte markieren und die Zielwertsuche aufrufen. Die markierte Zelle ist die Formelzelle, als Zielwert tragen Sie die gewünschte jährliche Rate ein, und als variable Zelle wählen Sie B6. Das Ergebnis der Zielwertsuche ist dann der Zinssatz, der für die gegebene Annuität und die gegebene Laufzeit gerade zu einem Restwert von 0 führt.

Falls Sie nun mehrere Zielwertsuchen durchführen, um verschiedene Annuitäten als Varianten zu prüfen, wäre es bequem, die Ergebnisse weiterhin verfügbar zu haben, um sie beurteilen zu können.

Hierzu dienen in Calc die *Szenarien*. Um das jeweilige Ergebnis Ihrer Zielwertsuche festzuhalten, gehen Sie folgendermaßen vor:

▶ Markieren Sie den Zellbereich B4:B6, der in Ihrer Tabelle den Bereich der variablen Eingangsdaten darstellt.

- Wählen Sie im Menü **Extras • Szenarien**, um den Dialog zum Erstellen eines Szenarios anzuzeigen.
- Legen Sie einen Namen für das Szenario fest, und geben Sie einen Kommentar ein, der das Szenario beschreibt.
- Legen Sie die gewünschten Optionen fest:
  - **Rahmen anzeigen**
    Ist dieses Kontrollkästchen markiert, wird das Szenario in einem Kombinationsfeld auswählbar in der Tabelle angezeigt. In diesem Fall können Sie eine Rahmenfarbe auswählen, die für den Rahmen verwendet wird, der das spätere Kombinationsfeld sowie den anfangs markierten Zellbereich umgibt und die Szenarien optisch besser kenntlich macht.
  - **Zurückkopieren**
    Kopiert die Daten eines Szenarios bei Auswahl des Szenarios in die Tabelle zurück. Ist diese Option aktiviert, lassen sich die das Szenario bestimmenden Daten direkt in der Tabelle bearbeiten und werden bei Veränderung als neue Werte für das Szenario direkt genutzt. Beachten Sie bitte auch die Option **Änderungen verhindern**.
  - **Ganze Tabelle kopieren**
    Diese Option bewirkt, dass eine Kopie der gesamten Tabelle, die das Szenario enthält, gespeichert wird. Diese Tabellen sind durch blaue Beschriftung der Tabellenreiter von normalen Tabellen unterschieden.
  - **Änderungen verhindern**
    Verhindert Veränderungen am Szenario. Sie können Änderungen an Szenariozellwerten (den anfangs markierten Zellen) nur vornehmen, wenn diese Option und **Zurückkopieren** deaktiviert sind. Sie können Veränderungen an allgemeinen Zellwerten nur vornehmen, wenn diese Option aktiviert ist, die Zellen der Tabelle selbst nicht geschützt sind und die Option **Zurückkopieren** nicht ausgewählt ist.
- Bestätigen Sie Ihre Eingaben, und das Szenario wird gespeichert sowie gegebenenfalls eine Kopie der gesamten Tabelle angelegt (siehe Abbildung 9.30).

Hatten Sie die Option **Rahmen anzeigen** aktiviert, können Sie anschließend innerhalb der Tabelle mittels eines Kombinationsfeldes auf die Szenarien zugreifen, ansonsten besteht die Möglichkeit des Zugriffs über den Navigator. Beim Zugriff über den Navigator müssen Sie zunächst die Schaltfläche **Szenarien** im Navigator aktivieren, damit die Szenarien zugänglich werden (siehe Abbildung 9.31).

9 | Spezielle Arbeitstechniken

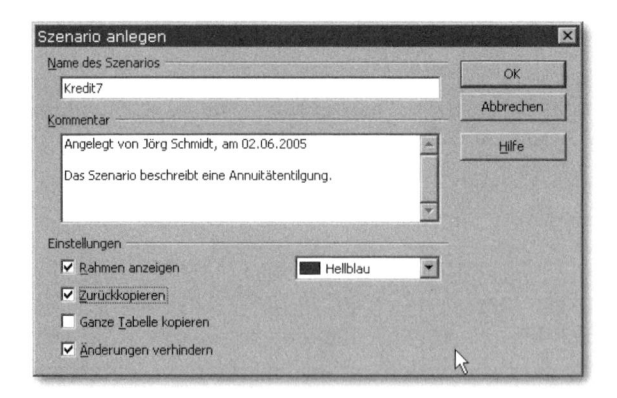

Abbildung 9.30 Ein Szenario anlegen

Abbildung 9.31 Ein Szenario auswählen

Je nach den gewählten Optionseinstellungen beim Anlegen des Szenarios können Sie dieses nun direkt in der Tabelle bearbeiten oder müssen für Änderungen zunächst die entsprechende Szenariotabelle einblenden. Calc legt bei der Erstellung eines Szenarios immer eine Tabelle an, in der die Zellen, die das Szenario betreffen (Eingangswerte), änderbar vorhanden sind. Nur bei der Option **Ganze Tabelle kopieren** werden alle zusätzlichen Inhalte kopiert, und die Tabelle wird nicht versteckt. Um Änderungen vorzunehmen, blenden Sie die entsprechenden Tabellen normal mittels **Format • Tabelle • Einblenden...** ein.

Direkt durch Bearbeiten des Reiternamens dieser Tabellen können Sie den Namen des Szenarios ändern (Kontextmenü des Reiters: **Tabelle umbenennen**). Durch normales Löschen der Szenariotabellen wird das gesamte Szenario gelöscht.

> Szenariotabellen verhalten sich im Prinzip wie gewöhnliche Tabellen, Sie können sie also beispielsweise verschieben, kopieren usw.

[«]

9.7 Formularfelder nach PDF exportieren

Eine sehr interessante Möglichkeit ist die Erzeugung funktionsfähiger PDF-Formulare mittels des integrierten PDF-Exports in OpenOffice.org. Obwohl Sie Formulare sicher vorrangig in der Textverarbeitung (Writer) erstellen werden, wäre das auch aus Calc heraus möglich. Außerdem können Sie Calc auch zur Auswertung von übertragenen Formulardaten nutzen.

Im Folgenden werden die notwendigen Schritte zur Formularerzeugung kurz erklärt:

- Erzeugen Sie ein neues Writer-Dokument.
- Gestalten Sie Ihr Dokument wie gewünscht.
    - Fügen Sie Text, grafische Elemente und sonstiges in Ihr Dokument ein.
    - Rufen Sie die Symbolleiste **Formular-Steuerelemente** über **Ansicht • Symbolleisten • Formular-Steuerelemente** auf.
    - Klicken Sie auf das Symbol **Entwurfsmodus an/aus**, um den Entwurfsmodus einzuschalten.
    - Ziehen Sie aus der Symbolleiste die gewünschten Steuerelemente ins Dokument.
    - Markieren Sie jedes Steuerelement und wählen Sie in dessen Kontextmenü den Eintrag **Kontrollfeld...**, um den Dialog zum Bearbeiten der Eigenschaften des Steuerelements aufzurufen, und nehmen Sie hier die gewünschten Anpassungen vor (siehe Abbildung 9.32).
- Ist Ihr Formular komplett gestaltet, müssen Sie zur späteren Datenübertragung noch eine Schaltfläche einfügen. Ziehen Sie deshalb eine Schaltfläche von der Steuerelemente-Symbolleiste in Ihr Dokument, und passen Sie deren Beschriftung unter der Eigenschaft **Titel** an.
    - Setzen Sie die Eigenschaft **Aktion** der Schaltfläche auf den Wert **Formular übertragen**.

9 | Spezielle Arbeitstechniken

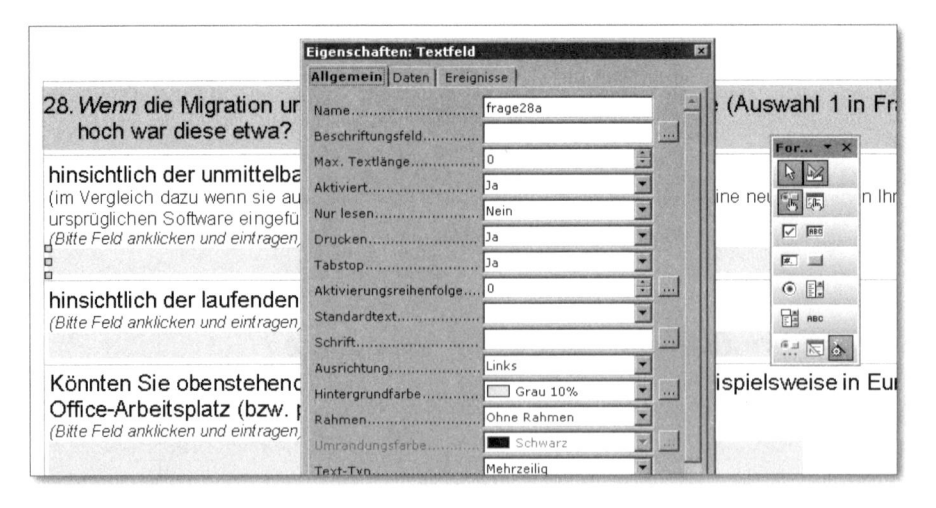

Abbildung 9.32 Formular-Steuerelement bearbeiten

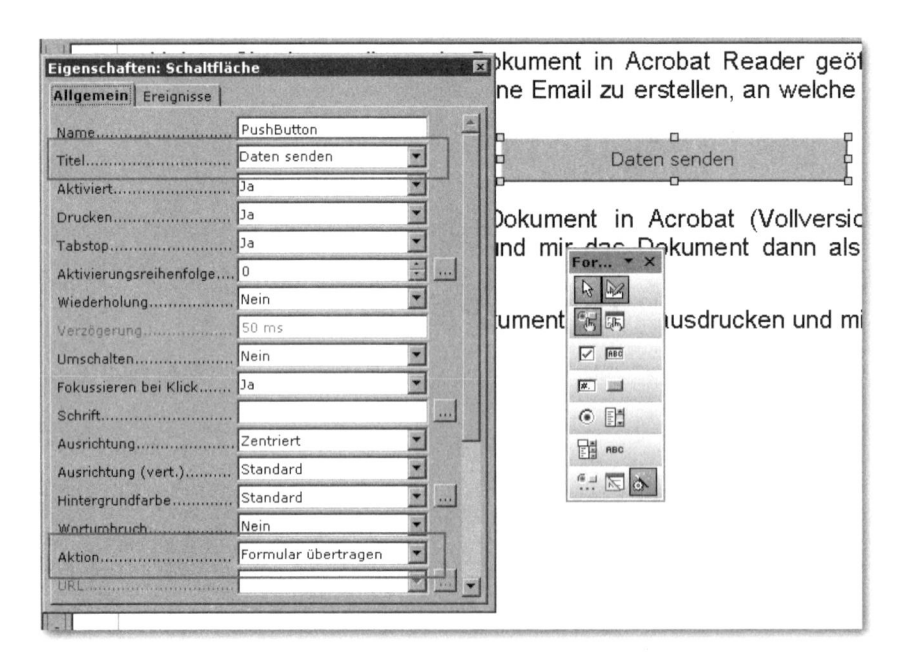

Abbildung 9.33 Eigenschaften der Schaltfläche anpassen

▶ Markieren Sie ein beliebiges Steuerelement des Dokuments, und wählen Sie in dessen Kontextmenü den Eintrag **Formular...**, um den Eigenschaften-Dialog für das Formular aufzurufen. Tragen Sie dort unter **URL** eine E-Mail-Adresse in der Form *mailto:<Email>* ein (siehe Abbildung 9.34).

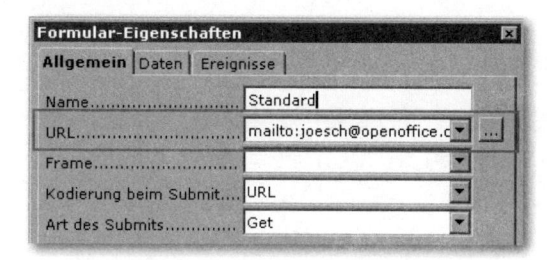

Abbildung 9.34 E-Mail-Adresse eintragen

- Schalten Sie auf der Symbolleiste **Steuerelemente** den Entwurfsmodus wieder aus, und speichern Sie Ihr Dokument im Format *.odt.
- Wählen Sie **Datei • Exportieren als PDF...**, und beachten Sie als notwendige Mindesteinstellungen die Aktivierung der Option **PDF Formular erzeugen**. Als Format für die Formularübermittlung wählen Sie **HTML** (siehe Abbildung 9.35).

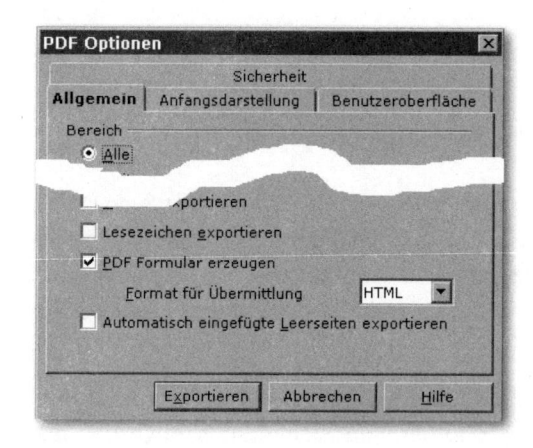

Abbildung 9.35 PDF-Formular erzeugen

- Starten Sie nun den PDF-Export durch Klick auf **Exportieren**, um das Formular zu erzeugen.

Im Ergebnis erhalten Sie ein PDF-Formular, welches Sie wie folgt nutzen können:

- Öffnen Sie das Formular in beispielsweise Adobe Reader, und füllen Sie es am Bildschirm aus.
- Klicken Sie auf die im Formular vorhandene Schaltfläche zur Datenübertragung, um eine E-Mail zu erzeugen, an welche die Formulardaten automatisch als Dateianhang angehängt werden.

▶ Ergänzen Sie die E-Mail gegebenenfalls um weiteren Text, und versenden Sie die E-Mail.

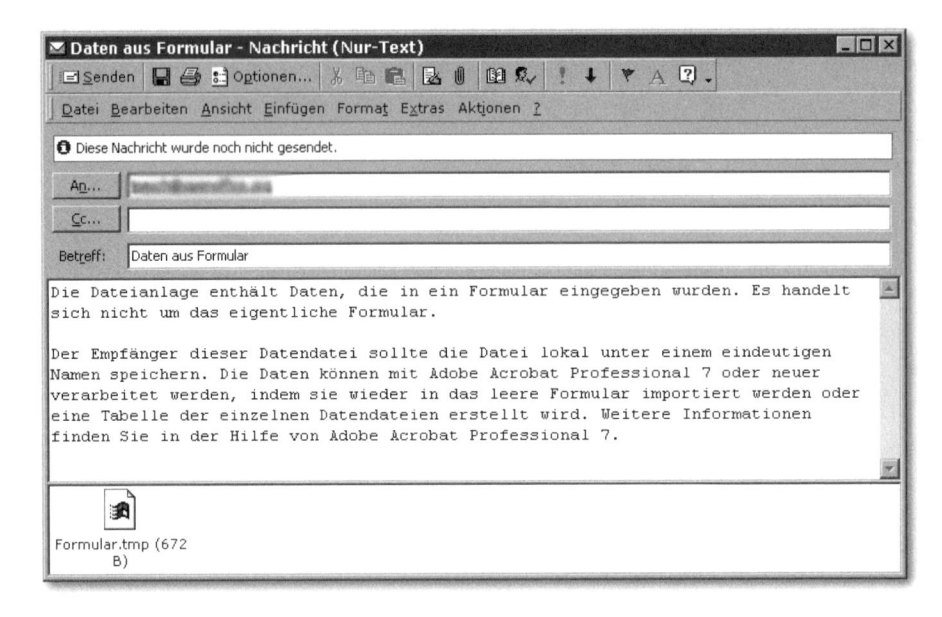

Abbildung 9.36 Automatisch generierte E-Mail

Der Empfänger der E-Mail erhält nun Ihre im PDF-Formular eingetragenen Daten als Dateianhang in der E-Mail zugesandt. Bei gewähltem Übermittlungsformat **HTML** (wie weiter oben bei der Erstellung des Formulars beschrieben) entspricht der automatisch erzeugte Dateianhang der E-Mail einer einfachen Textdatei, die Dateiendung ist jedoch *.tmp.

Falls Sie selbst Empfänger der E-Mail sind, können Sie diese Datei beispielsweise mit Calc öffnen und ihre Inhalte weiter aufbereiten. Gehen Sie zum Öffnen mit Calc wie folgt vor:

▶ Speichern Sie zunächst den Dateianhang der E-Mail (die *.tmp-Datei) in einem Verzeichnis Ihrer Wahl.

▶ Öffnen Sie Calc und wählen Sie im Menü **Datei • Öffnen**.

▶ Im erscheinenden Datei-Dialog navigieren Sie zu der *.tmp-Datei, und markieren Sie sie durch Einfachklick, damit der Dateiname in das Feld *Dateiname* übernommen wird. Stellen Sie erst jetzt den Dateityp (im Feld *Dateityp* des Dialogs) auf *Text CSV (.csv, *.txt, *.xls)* – (siehe Abbildung 9.37).

Dieses Vorgehen, in der beschriebenen Reihenfolge, ist nötig, weil die Datei die Endung *.tmp trägt und sie bei sofortiger Auswahl des Dateityps nicht mehr auswählbar gewesen wäre (es wären nur Dateien mit der Endung *.csv, *.txt und *.xls im Dialog angezeigt worden). Natürlich hätten Sie alternativ auch vorher die Dateiendung entsprechend abändern können.

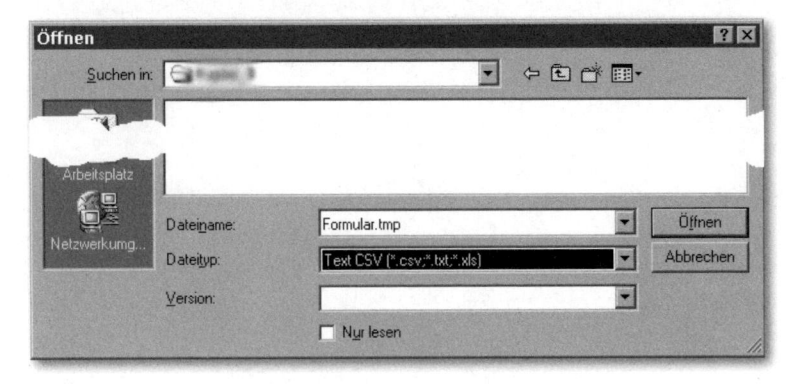

Abbildung 9.37 Datei auswählen

- Klicken Sie auf **Öffnen** und der Dialog zur Filteranpassung erscheint. Stellen Sie dort als Trenner **&** ein und klicken Sie auf **OK**, um die Datei zu öffnen.
- Unter den konkreten Bedingungen enthalten die Zellinhalte nun den übermittelten Inhalt der Formularfelder in der Form:

    <Formularfeldname>=<Formularfeldinhalt>

    um den (unnötigen) Zusatz »*Formularfeldname*>=« zu entfernen, können Sie beispielsweise die Suchfunktion von OpenOffice.org verwenden. Im Konkreten nutzen Sie den regulären Suchausdruck:

    [a-z0-9]+=

    und ersetzen die Fundstellen jeweils durch den Leerstring.

Die nun vorliegenden Werte können Sie entsprechend weiter bearbeiten bzw. auswerten.

Beim Umstieg sollen meist vorhandene Dokumente weiterverwendet werden, zudem ist es in der Praxis häufig notwendig, mit Excel und Calc parallel zu arbeiten. Dieses Kapitel versucht, einige generelle Hinweise für Excel-Tabellendokumente zu geben.

10 Hinweise für Nutzer von MS Excel

10.1 Einleitung

Es könnte so einfach sein: Sie öffnen Ihre Excel-Dokumente in Calc und arbeiten einfach weiter. Sehr häufig ist das auch der Fall, leider jedoch nicht immer.

Doch hat sich die Kompatibilität der Im- und Exportfilter für *.xls-Dateien in Calc seit Version 2.0 bis zur derzeit aktuellen Version 2.3 nochmals merklich verbessert. Trotzdem kann eine vollständige Kompatibilität nicht garantiert werden, da für das *.xls-Dateiformat keine offene Dokumentation existiert.

In Calc ist die Situation des Dokumentimports einerseits einfacher als in Writer, weil Layoutprobleme hier im Allgemeinen weniger gravierend wirken. Andererseits müssen Sie immer im Auge haben, dass Excel-Dokumente Zahlen enthalten und ein geringfügiger Importfehler an einer Stelle auch an anderen Stellen zum Tragen kommen kann.

Bei der Einführung von OpenOffice.org im Firmenumfeld ist eigentlich immer die Erarbeitung einer Migrationsstrategie angezeigt. Die sorgfältige Erarbeitung einer solchen Strategie vermeidet nicht nur unnötige Kosten, sondern ermöglicht auch eine reibungslose Durchführung der Migration, ohne dass betriebliche Abläufe darunter leiden.

Besonderen Wert sollten Sie auf eine sorgfältige Analyse der Ausgangsbedingungen, klare Definition der Migrationsziele, Mitarbeitermotivation und Kostenplanung legen. Für alle Fragen der Kostenbetrachtung ziehen Sie bitte stets Methoden der vollständigen Kostenberechnung (TCO) zu Rate. In Ihre Überlegungen zur Wirtschaftlichkeit einer Migration bzw. dem zeitlichen Wirksamwerden von Kosteneffekten (im Sinne des ROI), sollten Sie auch strategische Überlegungen zu Umfeldeffekten der eigentlichen Migration einfließen lassen.

10.2 Was ist generell zu beachten?

Sind größere Mengen an Dokumenten von MS Excel in Calc zu übernehmen, sollten Sie sich zunächst einen kritischen Überblick über den Inhalt der Dokumente in der Originalanwendung verschaffen. Zunächst ist es das wichtigste Ziel sicherzustellen, dass alle Formeln auch nach der Übernahme korrekt rechnen.

Grundsätzlich läuft das auf einen Vergleich der Werte in der Originalanwendung und nach Import in Calc hinaus. In Kapitel 9.1 wurde einiges zu dokumentübergreifenden Verknüpfungen gesagt, was Sie hier nutzen können.

	A	B	C
1	Ausgangssituation im MS Excel		
2		1	=KORREL({3;2;4;5;6};{9;7;12;15;17})
3			
4	Situation nach Öffnen in Calc		
5	#NAME?		=KORREL(;)
6			
7	Ergebnis der DDE-Verknüpfung		
8		1	{=DDE("Excel";"D:\[Vergleich.xls]Tabelle1";"Z2S1")}

Abbildung 10.1 Werte kontrollieren

In der Abbildung sehen Sie ein Beispiel, das einen Fall betrifft, in dem das Ergebnis einer Formel beim Import nicht dem zu erwartenden Ergebnis entspricht. (Die gezeigte Situation ist optisch zu Demonstrationszwecken »gestellt«, inhaltlich jedoch zutreffend.)

Sie erkennen, dass die ursprüngliche Formel in Calc ein richtiges Ergebnis in Zelle A2 liefert, beim Import wird jedoch die Formel nicht richtig wiedergegeben, und das Ergebnis ist fehlerhaft (siehe Zelle A5). Öffnen Sie nun jedoch die Datei gleichzeitig (zur Sicherheit als Kopien) in Calc und Excel, so können Sie in Excel, in dem das gewünschte Ergebnis angezeigt wird, den Zellinhalt kopieren und mit **Bearbeiten • Inhalte einfügen • DDE-Verknüpfung** in die in Calc geöffnete Datei einfügen und sehen das richtige Ergebnis.

Da jetzt beide Ergebnisse auf einem Tabellenblatt liegen, besteht zunächst nur der Vorteil, dass Sie einzelne Zellen vergleichen könnten. Da jedoch Ihre Tabellen aus einer Vielzahl von Zellen bestehen (die Inhalte besitzen), würden Sie bei diesem Vorgehen die Tabellenstruktur zerstören. Deshalb müssen Sie die DDE-Verknüpfungen auf einem separaten Tabellenblatt erstellen. Anschließend verfügen Sie über zwei Tabellen (Tabellenblätter), die in Calc innerhalb eines Dokuments geöffnet sind. Die Inhalte beider Tabellen lassen sich nun leicht vergleichen, und das Ergebnis des Vergleichs lässt sich in eine dritte Tabelle ausgeben.

Beim Umstellen größerer Mengen von Dokumenten wäre das Verfahren auch per Makro automatisierbar, da Sie aus Kapitel 8, »Makros in Calc«, bereits wissen, wie Sie Formeln per Makro in eine Zelle schreiben können.

> Beachten Sie bitte unbedingt, dass MS Excel natürlich bei den DDE-Verknüpfungen als Serverapplikation fungieren muss.
>
> *richtig:*
> {=DDE("Excel";"D:\[Vergleich.xls]Tabelle1";"Z2S1")}
> *falsch:*
> {=DDE("soffice";"D:\Vergleich.xls";"Tabelle1.A2")}

[«]

Ein zweiter gangbarer Weg des Vergleichs wäre es, wenn Sie zunächst in Excel selbst (manuell oder mittels VBA) von den Dateien Kopien fertigen, die keine Formeln, sondern nur noch die (fixierten) Ergebniswerte enthalten. Da sich Ihre Dokumentinhalte natürlich verändern können, sollten Sie zweckmäßigerweise nur mit einer Kopie der Ausgangsdatei arbeiten, bei der Sie wissen, dass sie nicht versehentlich verändert wird.

In jedem Fall erhalten Sie zwei Dateien, die gleiche Zellwerte besitzen, einmal dynamisch berechnet und einmal als fixierte Werte. Beide Dateien können Sie nun in Calc öffnen und ebenfalls auf zahlenmäßige Gleichheit prüfen.

10.3 Hinweise zu einigen typischen Problemen

Haben Sie den ersten oder zweiten Weg aus Kapitel 10.2 genutzt, um Ihre Zahlenwerte zu prüfen, und haben Unterschiede festgestellt, müssen Sie diese natürlich eliminieren. Hierbei müssen Sie zunächst überlegen, was Ihr Ziel ist:

- Sie wollen (oder sind gezwungen) die Datei zukünftig parallel in Calc und Excel bearbeiten.
- Sie wollen die Datei zukünftig nur noch in Calc bearbeiten.

Die Unterscheidung ist an dieser konkreten Stelle zunächst etwas deplaziert, da es bisher nur um Probleme mit Formeln ging und somit eine Überarbeitung der Formeln gemäß erstem Punkt auch eine Lösung für den zweiten böte, aber Sie müssen gegebenenfalls auch weitere Dinge berücksichtigen. Zwei wichtige seien hier genannt:

1. Ihr Ausgangsdokument kann *benutzerdefinierte Funktionen* enthalten.
2. Ihr Ausgangsdokument kann Makros enthalten.

Liegt der erste Fall vor, ist es häufig möglich, eine Lösung zu finden, die die Datei sowohl in Calc als auch in Excel »funktionieren« lässt und eine zukünftige Parallelbearbeitung ermöglicht. Der zweite Fall ist wesentlich komplizierter zu lösen, wenn Sie sicherstellen müssen, dass die Datei sowohl unter Calc als auch unter Excel vollständig funktioniert. Makros an sich stellen kein Problem dar, sie müssen nur konvertiert werden, was allerdings je nach konkreter Lage mit gewissem Aufwand verbunden ist.

[»] Nein, hier soll zum zweiten Fall keine Verwirrung gestiftet werden, denn Sie wissen ja bereits, dass VBA-Makros allgemein unter OpenOffice.org nicht funktionieren. Andererseits könnten Sie (insbesondere als Firmenanwender) zumindest in Betracht ziehen, sich zur Thematik beraten zu lassen, weil die Möglichkeit gegeben ist, dass die in der Ursprungsdatei durch Makros erzeugte Funktionalität in Calc durch Makros erzeugt werden könnte, welche in den OOo-Bibliotheken gespeichert werden. Diese Makros wären prinzipiell auch zentral verteil- und wartbar.

Es darf nicht verschwiegen werden, dass inzwischen auch Bestrebungen existieren, VBA-Code in OpenOffice.org direkt ausführbar zu machen. Entsprechende Entwicklungen sind maßgeblich getragen von den Firmen Novell (*www.novell.com*) und Sun (*www.sun.com*). Außerdem existiert inzwischen auch ein entsprechendes Unterprojekt bei OpenOffice.org selbst (*http://vba.openoffice.org*).

Versionen von OpenOffice.org, welche VBA-Unterstützung für Calc enthalten, sind derzeit beispielsweise bereits von Novell als *OpenOffice.org Novell Edition* (Windows) bzw. integriert in SuSE-Linux erhältlich. Sicherlich lohnt es sich, einmal einen Blick auf diese Entwicklungen zu werfen, allein schon um aktuell informiert zu sein. Insgesamt sind diese Lösungen aber bisher nur für eher einfache VBA-Makros geeignet.

Auf den Aspekt benutzerdefinierter Funktionen sei hier nochmals kurz eingegangen:

Liegen in der Ausgangsdatei benutzerdefinierte Funktionen vor, so müssen Sie versuchen, deren Funktionalität durch »normale« Funktionen abzubilden.

Wie bereits im Kapitel über benutzerdefinierte Funktionen angesprochen, gibt es für deren Verwendung verschiedene Gründe. Es kann Situationen geben, in denen eine benutzerdefinierte Funktion inhaltlich unumgänglich ist. Doch häufig werden Sie solche Funktionen eben auch aus Gründen der Übersichtlichkeit (bzw. leichteren Wartbarkeit) oder aus gestalterischen Gründen im Sinne des Vermeidens von Hilfstabellen verwenden.

Es ist richtig, genau in solchen Fällen sollten Sie die Verwendung von benutzerdefinierten Funktionen nicht scheuen. Im besonderen Fall jedoch, dass Sie nämlich eine Datei unter Calc und Excel funktionsfähig halten müssen, kann es eine Lösung sein, auf benutzerdefinierte Funktionen zu verzichten und diese aus »normalen« Funktionen nachzubilden.

Hilfstabellen sollten in solchen Fällen einfach akzeptiert werden, sodass meist das Problem unübersichtlicher Formeln bleibt. Hierzu der folgende Hinweis:

Sie können die entsprechenden Funktionen in Zellen einer Hilfstabelle schreiben und jede Zelle, die dort eine Funktion enthält, als benannten Bereich angeben. Dieser Weg böte sich auch normalerweise an, aber gerade hier ist er besonders zweckmäßig, da auf dem Weg der Umsetzung von benutzerdefinierten Funktionen in normale Formeln häufig etwas »sperrige« Ausdrücke entstehen werden.

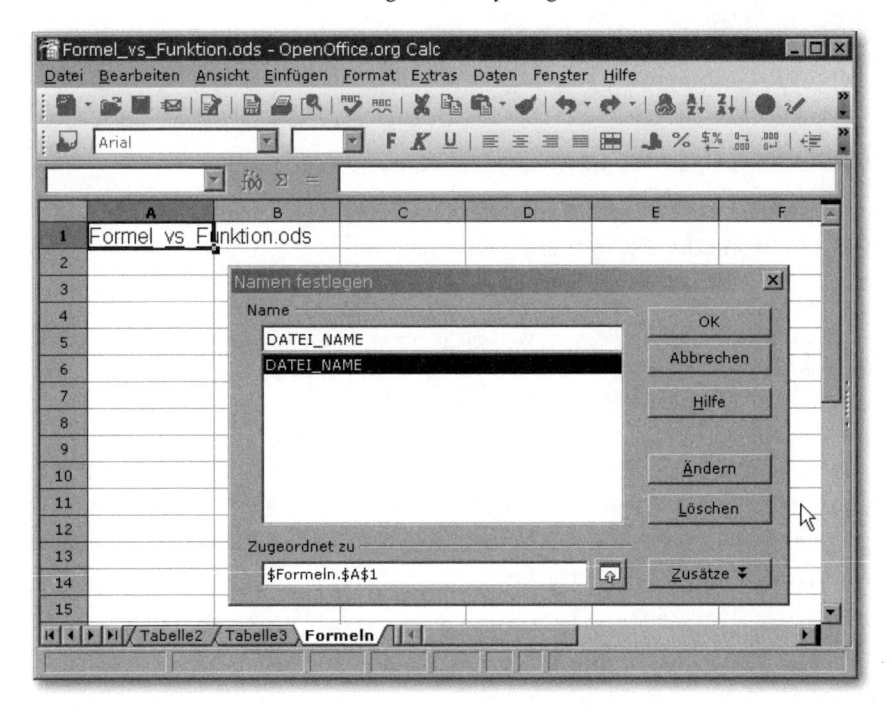

Abbildung 10.2 Komplexe Funktionen über Bereich verwalten

Für die Abbildung wurde als Formel die in Kapitel 5.5 entwickelte Formel zur Ermittlung des Dateinamens der gerade geöffneten Datei verwendet. Diese wurde nun in der Hilfstabelle in Zelle A1 eingetragen und anschließend für Zelle A1 der Bereichsname *DATEI_NAME* vergeben.

> Sie haben gerade die Zelle als namentlichen Bereich registriert. Es wäre auch möglich gewesen, die Formel selbst im Dialog *Namen festlegen* unter *zugeordnet zu* einzutragen. Dieses direkte Eintragen ist sehr bequem für kurze Ausdrücke oder auch Konstanten, im vorliegenden Fall sollten Sie entscheiden, was Sie als vorteilhafter empfinden. Die Eintragung einer Zelladresse bedingt, dass die Formel innerhalb der Zelle bearbeitet werden kann und auch dass der Funktions-Assistent zur Verfügung steht.

[«]

Wenn Sie sich noch an Kapitel 6.6 erinnern, wissen Sie, dass damit noch nicht das Ziel erreicht ist. Denn dort wurde aufgezeigt, dass eine entsprechende Formel für Excel ganz anders lauten würde.

Es wäre nun möglich, beide Ausdrücke in einer Formel zusammenzufassen, aber gerade die Methode, Formeln in benannten Zellen abzulegen, bietet hier einen einfacher zu realisierenden Ansatz. Schreiben Sie die für Excel kompatible Formel in Zelle A2 der Hilfstabelle, und vergeben Sie dafür auch einen Bereichsnamen z. B. *XLS_D_NAME*.

Die Bereichsnamen können Sie nun einfach in Formeln angeben. Zum Beispiel unter Verwendung der Formel:

=WENN(ISTFEHLER(DATEI_NAME);XLS_D_NAME;DATEI_NAME)

haben Sie somit einen Ausdruck, der den Dateinamen unabhängig davon, ob Sie die Datei in Excel oder Calc öffnen, richtig ermittelt.

[»] Natürlich müssen Sie nun im Dateiformat von MS Excel speichern, klar. Die Datei würde natürlich im offenen Format von Calc (*.ods) gespeichert genauso gut funktionieren, nur sollte ja die Datei in beiden Programmen (Calc und Excel) lauffähig sein, und leider kann MS Excel das freie *.ods-Format nicht öffnen.

Auf die genannte Weise haben Sie nun »Raum«, auch umfangreichere benutzerdefinierte Funktionen »nativ« abzubilden. Auch im normalen Einsatzfall ist das Vorgehen hilfreich, wenn Sie sich verdeutlichen, dass die (relativ) kurze Formel die abgebildeten Ausdrücke »ersetzt«.

Dass die *Formelkompatibilität* zu MS Excel seit OpenOffice.org 2.0 bis zur jetzigen Version 2.3 weiter verbessert wurde, hatte ich bereits eingangs erwähnt. Viele ärgerliche Detailprobleme sind damit entfallen, doch es gibt noch immer einige Schwierigkeiten.

Generell sollten Sie beachten, dass MS Excel teilweise ein anderes Verhalten bei Formeln zeigt, welche optionale Parameter enthalten.

Darüber hinaus gibt es Unterschiede beim konkreten Funktionieren von Formelausdrücken in Details, welche in komplexen Tabellen unter Umständen ein erhebliches Fehlerpotenzial besitzen, wenn berechnete Werte in weitere Berechnungen eingehen bzw. als Prüfkriterien in Formeln verwendet werden. Typisch hierfür ist beispielsweise das »Wirrwarr« bei der konkreten Behandlung von Summen. Enthalten die Zellen A1 bis A3 die Werte A1=1, A2="abc" und A3=3, ergibt sich beispielsweise:

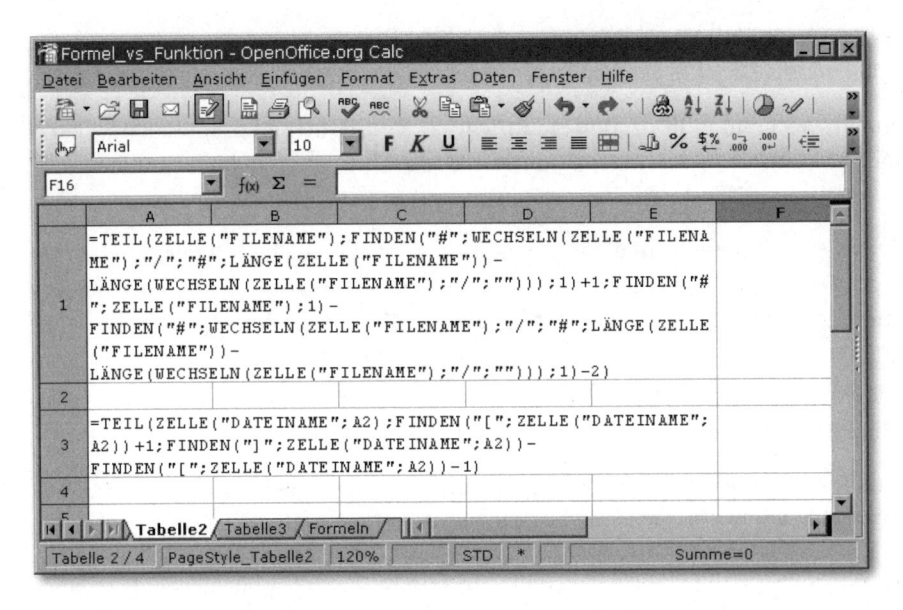

Abbildung 10.3 Die Formelausdrücke

Formel	Ergebnis in OOo Calc	Ergebnis in MS Excel
=SUMME(A1:A3)	4	4
=A1+A2+A3	4	#WERT!
jedoch:	Err:502	#WERT!
=1+"abc"+3		

Weitgehend beseitigt ist in OpenOffice.org 2.3 hingegen das Problem, was in älteren OpenOffice.org-Versionen daraus resultierte, dass MS Excel und OOo Calc unterschiedliche Trenner für die Adressierung verwenden, beispielsweise:

=Tabelle1.A1 (Calc)

=Tabelle1!A1 (Excel)

Das Problem besteht jedoch weiterhin, wenn die Zelladressierungen als Strings übergeben werden, was bei der Funktion **INDIREKT()** nötig ist. Eine Lösungsmöglichkeit besteht darin, mit Hilfe der Funktion ADRESSE() den gerade aktuell gültigen Trenner zu ermitteln[1], z. B.:

=INDIREKT("Tabelle1"&TEIL(ADRESSE(1;1;1;"Tabelle1");9;1)&"A1")

---

1 Ausführliche Erläuterung in: *http://www.ooowiki.de*.

Gewisse Verständnisprobleme entstehen bei Umsteigern gelegentlich auch beim Problemkreis *Drucken und Druckvorschau*.

Zum abweichenden Konzept der Einrichtung von Druckseiten in Calc und Excel finden Sie ausführliche Informationen in Kapitel 4.3, es sei jedoch kurz die Funktionsweise der Druckvorschau (Seitenansicht) in Calc erläutert:

Sind in einer Tabellenkalkulationsdatei keine Druckbereiche festgelegt, sehen Sie in der Druckvorschau (auch wenn Sie unter **Extras • Optionen • OpenOffice.org Calc • Drucken** die Einstellung **Nur ausgewählte Tabellen drucken** aktiviert haben!) immer alle Seiten der Datei, wobei auf der ersten Seite aller zu druckenden Seiten der Fokus liegt. Das Verhalten hat natürlich keinen Einfluss auf den Ausdruck, sondern lediglich auf die Seitenansicht.

[»] Falls Sie mit der integrierten PDF-Exportfunktion PDF exportieren wollen, müssen Sie beachten, dass hierfür die Einstellung *Nur ausgewählte Tabellen drucken* keine Wirksamkeit besitzt, Sie müssen also gegebenenfalls mit Druckbereichen arbeiten. Diese Besonderheit betrifft nur den integrierten PDF-Export, wenn Sie eine separate Lösung (z. B. das auf OOo abgestimmte AddIn *ExtendedPDF*) verwenden, ist das Verhalten wie beim normalen Drucken.

Falls Sie unter MS Excel in Ihre Dateien, Word-, Excel-, Powerpoint- oder Formelobjekte als *OLE-Objekte* eingebunden haben, beachten Sie bitte, dass wenn Sie diese Dateien anschließend in Calc (bzw. OpenOffice.org allgemein) öffnen, und auf dem gleichen System keine Parallelinstallation von MS Office besteht, Sie beim Aktivieren der OLE-Objekte eine Fehlermeldung erhalten werden, dass das betreffende Objekt schreibgeschützt sei.

In diesem Fall aktivieren Sie bitte die entsprechende Option für MS Office-Objekte unter **Extras • Optionen • Laden/Speichern • Microsoft Office**.

10.4 Sicherheitsaspekte

Bereits in Kapitel 4.2.2 wurde auf Sicherheitsaspekte im Hinblick auf den Schutz von Tabellen (bzw. Tabellenblättern) hingewiesen, nochmals sei gesagt, dass ein unter MS Excel erstellter *Blattschutz* einer Excel-Datei (*.xls) nur bei Öffnen der Datei in MS Excel einen gewissen Schutz darstellt. Gleiches gilt, wenn Sie die Datei in OpenOffice.org Calc erstellen und anschließend im Dateiformat *.xls speichern.

In beiden Fällen kann der Blattschutz der Dateien aufgehoben werden, ohne dass Sie ein bei der Anlage des Blattschutzes festgelegtes Passwort kennen müssen.

> Die Rede ist hier nur von einem Blattschutz für Dateien, welche im *.xls-Format vorliegen, beachten Sie jedoch auch die Möglichkeiten des Angriffs auf den Blattschutz in Dateien im OOo-Dateiformat (siehe Kapitel 4.2.2).

In Kapitel 8, »Makros in Calc«, wurde angesprochen, dass VBA-Makros, die sich in den Dokumentbibliotheken einer Excel-Datei befinden können, in OpenOffice.org grundsätzlich nicht ausgeführt werden können. Dadurch eignet sich OpenOffice.org auch zum Öffnen von Excel-Dateien, welche aus verdächtigen Quellen stammen und bei denen Sie nicht ausschließen können, dass Makroviren enthalten sind. Abgesehen von der sich daraus ergebenen Sicherheit, haben Sie den weiteren Vorteil, dass Sie den VBA-Code der Datei in OpenOffice.org gefahrlos einsehen können.

> Beachten Sie, dass inzwischen einige OpenOffice.org-Versionen unter Umständen begrenzt in der Lage sind, einfachen VBA-Code unter Calc auszuführen, wie in Kapitel 10.3 erwähnt.

Lassen Sie sich nicht verunsichern, falls Sie beim Öffnen einer Excel-Datei, die Makros enthält, eine Warnmeldung erhalten: Die enthaltenen Makros werden nicht ausgeführt. Ob eine Warnmeldung überhaupt erscheint, ist abhängig von den Einstellungen unter **Extras • Optionen • OpenOffice.org • Sicherheit** (Schaltfläche **Makrosicherheit...**).

> Wenn Sie bisher mit MS Excel gearbeitet haben, dürfte Ihnen die Makrowarnung nicht allzu ungewöhnlich vorkommen, da beispielsweise in Excel (entsprechende Einstellungen vorausgesetzt) auch eine Makrowarnung erscheint, selbst wenn das Dokument nur leere Bibliotheken besitzt.

Ob im Dokument enthaltener VBA-Code beim Laden des Dokuments überhaupt geladen wird, können Sie unter **Extras • Optionen • Laden/Speichern • VBA-Eigenschaften** festlegen. Hierbei bestehen zwei Optionen:

- **Basic Code zum Bearbeiten laden** bewirkt, dass der VBA-Code zusammen mit dem Dokument geladen wird und Sie ihn anschließend normal in der Basic-IDE bearbeiten können. Speichern Sie ein solches Dokument dann in einem OOo-Dateiformat, bleiben der Code und Ihre Bearbeitungen desselben erhalten. Natürlich ist auch in diesem Fall VBA-Code in OpenOffice.org nicht ausführbar, da Sie jedoch in der Basic-IDE den VBA-Code direkt im Original sehen, ist die Umarbeitung auf OOoBasic bequemer zu bewerkstelligen.

- **Original Basic Code wieder speichern** bewirkt, dass der mit dem Dokument geladene VBA-Code beim Schließen des Dokuments wieder mit gespeichert wird. Eventuelle Änderungen am Code, die Sie in OpenOffice.org vorgenommen haben, gehen dabei verloren. Das Speichern des Originalcodes erfolgt nur, wenn Sie im Excel-(bzw. MS Office-)Format speichern.

Da beide Optionen gemeinsam gewählt werden können, beachten Sie bitte, dass die letzte Option Vorrang hat.

Lassen Sie die letzte Option deaktiviert, und öffnen Sie ein Excel-Dokument, so wird beim Speichern dieses Dokumentes unter anderem Namen (im *.xls-Dateiformat) der Code nicht im neuen Dokument gespeichert. Damit besteht die Möglichkeit, virenverdächtigen Code zu entfernen.

Da Sie vielleicht bisher mit Microsoft Excel gearbeitet haben und gerade erst beginnen, mit OpenOffice.org zu arbeiten, wollen Sie vielleicht noch eine zeitlang beide Programme parallel nutzen. Wahrscheinlich wird Ihnen folgende Besonderheit im Zusammenhang mit Dokumentmakros schnell auffallen, da Sie aber möglicherweise selbst noch in VBA arbeiten möchten (und gewohnt sind, Ihre Programmierarbeit in den Dokumentbibliotheken der entsprechenden Excel-Dateien zu schützen), will ich das Folgende nicht unerwähnt lassen.

Wenn Sie eine VBA-Dokumentbibliothek in der Basic-IDE von MS Office normal mittels Passwort vor dem Zugriff (bzw. vor der Einsicht) durch Dritte schützen, so ist es (mit normalen Mitteln) nicht möglich, Ihren VBA-Code einzusehen.

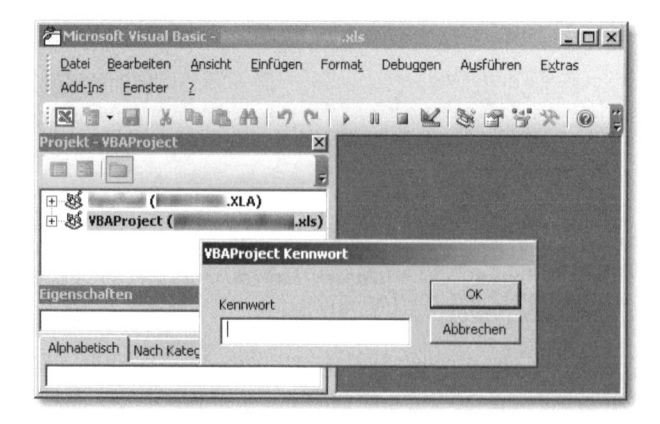

Abbildung 10.4 Passworteingabe in der IDE von MS Office

Um den Code einsehen zu können, ist normalerweise immer erst die Eingabe des richtigen Passwortes nötig. Hier müssen Sie umdenken, da wenn Sie ein entsprechendes Excel-Dokument in OpenOffice.org laden, auch immer der Code geladen wird, falls Sie das unter **Extras • Optionen** (siehe oben) so festgelegt haben.

Es spielt hierbei keine Rolle, ob Sie ursprünglich in MS Excel ein Passwort für das VBA-Projekt bestimmt hatten. Der Code solcher – wie auch anderer – Excel-Dokumente ist in OpenOffice.org direkt einsehbar. Aus Sicherheitsgründen sind alle Codezeilen auskommentiert.

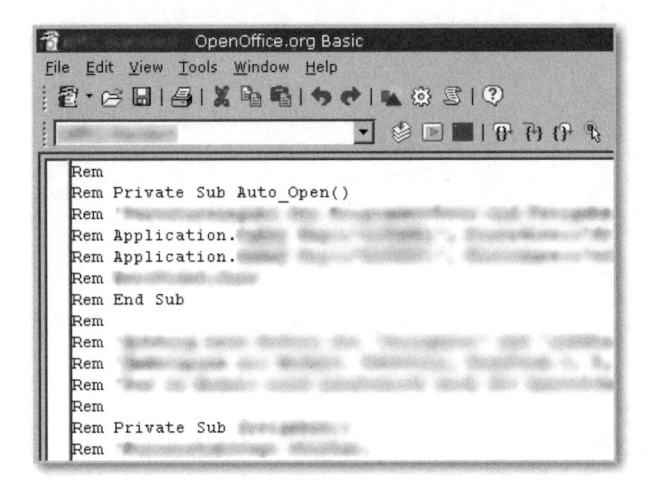

Abbildung 10.5 Geschützte VBA-Dokumentbibliothek in der IDE von OOo

Obwohl es nicht möglich ist, diesen Code nun einfach in der Basic-IDE von OpenOffice.org zu verändern und den veränderten Code wieder im Ursprungsdokument zu speichern (wie bereits weiter oben dargelegt), ist jedoch die Möglichkeit für Dritte gegeben, Ihren Code einzusehen.

Anhang

A	Glossar	477
B	Wichtige Internetadressen	483
C	Formelindex für OpenOffice.org Math	491
D	Tastaturkombinationen	507
E	Das OpenDocument-Format	517
F	Der Inhalt der DVD	523

A Glossar

- **Dialoge**
  Ein *Dialog* (genauer vielleicht Basic-Dialog) meint in OpenOffice.org das, was in MS Office als *Userform* bezeichnet wird.

- **Dispatcher-Code**
  Als Dispatcher-Code wird in OpenOffice.org im Allgemeinen Code bezeichnet, der durch den integrierten Makrorekorder beim Aufzeichnen von Makros erzeugt wird. Vom inhaltlichen Standpunkt ist der Begriff jedoch etwas weiter zu fassen (siehe Kapitel. 8.2).

- **Distribution**
  Eine Distribution ist eine Zusammenstellung von Software in einem »Paket«. Im vorliegenden Buch wird unter Distribution – in Bezug auf OpenOffice.org – eine Zusammenstellung verstanden, welche die »nackten« Installationsdateien um weitere Dinge (z. B. Dokumentvorlagen, Cliparts, zusätzliche Tools) ergänzt und das Ganze automatisch installierbar zusammenfasst. Gegebenenfalls können auch die originalen Programmdateien verändert und um weitere Features ergänzt sein.

  Beispiele für Distributionen von OpenOffice.org sind StarOffice (*http://www.sun.com/software/star/staroffice/index.jsp*) und OxygenOffice Professional (*http://sourceforge.net/projects/ooop*).

- **Drag & Drop**
  Beim Ziehen von Objekten mittels gedrückter primärer Maustaste signalisiert ein kleines Symbol neben dem Mauspfeil (Mauszeiger) das Ergebnis der Drag & Drop-Aktion, es bedeuten:

Mauspfeil	Aktion
	Verschieben
	Kopieren
	Verknüpfung anlegen

▶ **Europa-Methode/US-Methode**
Bei diversen Finanzfunktionen in OpenOffice.org Calc stoßen Sie häufig auf einen Parameter, welcher bestimmt, wie die Berechnung der Anzahl der Tage erfolgen soll, nachfolgende Tabelle gibt eine Übersicht.

Basis	Berechnung
0 oder fehlend	US-Methode (NASD), 12 Monate je 30 Tage
1	genaue Anzahl Tage im Monat, genaue Anzahl Tage im Jahr
2	genaue Anzahl Tage im Monat, Jahr hat 360 Tage
3	genaue Anzahl Tage im Monat, Jahr hat 365 Tage
4	Europa-Methode, 12 Monate je 30 Tage

Die genaue Unterscheidung zwischen beiden Methoden ist folgende:

US-Methode:

Ist das Ausgangsdatum der Berechnung der 31. des Monats, so wird dieses Datum zum 30. des Monats. Ist das Enddatum der 31. eines Monats und das Anfangsdatum ein Datum vor dem 30. eines Monats, wird das Enddatum zum 1. des darauf folgenden Monats. In allen übrigen Fällen wird das Enddatum zum 30. desselben Monats.

Europa-Methode:

Jedes Anfangs- oder Enddatum, was auf den 31. des Monats fällt, wird zum 30. desselben Monats.

▶ **Fontwork Gallery**
Die *Fontwork Gallery* bietet in OpenOffice.org ähnliche Möglichkeiten wie *WordArt* in MS Office. Zwar existierte Fontwork (ohne Zusatz Gallery) schon in früheren Versionen von OOo, jedoch ist nun seit Version 2.0 eine bequemere Benutzung möglich.

▶ harte/weiche **Formatierung**
Beim Zuweisen von Formatierungen können Sie diese *direkt (hart)* oder *indirekt* über eine Vorlage *(weich)* zuweisen. In Calc entspräche eine harte Formatierung der Arbeitsweise, dass Sie eine Zelle markieren und deren Inhalt direkt mit dem Attribut *fett* formatieren, beispielsweise über **Format • Zellen formatieren**. Eine weiche Formatierung läge hingegen vor, wenn Sie zunächst die Zelle markieren und dann durch Doppelklicken einer *Zellvorlage* (die die Information *fett* beinhaltet) im Fenster **Formatvorlagen** diese Zellvorlage der Zelle zuweisen. In Kapitel 4, »Das Tabellendokument«, finden Sie weitere Erläuterungen.

- Fenster **Formatvorlagen**
  Siehe: Stylist
- **Formulare**
  Der Begriff *Formular* beschreibt in OpenOffice.org im Wesentlichen ein Textdokument mit Formularfeldern. Er ist nicht zu verwechseln mit dem Begriff Formular im Sinne *Form* oder *UserForm* in MS Office.
- **Gallery**
  Die Gallery ist ein »Container«, der Ihnen die Arbeit mit Grafik und Klangobjekten erleichtert, wählen Sie **Extras • Gallery**, um die Gallery anzuzeigen. Genaueres zur Arbeit mit der Gallery finden Sie in Kapitel 3, »Die Programmumgebung«.
- **GUI**
  Abkürzung für *Graphical User Interface* – also grafische Benutzeroberfläche. Alle (bzw. die Summe aller) Menüs und Schaltflächen sowie alle weiteren Elemente eines Programmfensters lassen sich letztlich unter diesen Begriff fassen. Allgemein kann man auch jede grafische Oberfläche, die zur Interaktion zwischen Benutzer und Programm dient, als GUI aufzufassen, was in diesem Sinne z. B. für Basic-Dialoge zuträfe. »Gegenstück« eines GUI ist eine rein textbasierte Oberfläche im Sinne der *Kommandozeile* oder *Konsole*.
- **Hilfstabelle**
  In Tabellenkalkulationen bezeichnet man als Hilfstabellen Tabellen (in Excel: Tabellenblätter), welche dazu dienen, »Zwischenrechnungen« aufzunehmen. Einerseits ist das in manchen Fällen technische Notwendigkeit, insofern bestimmte Berechnungen nicht innerhalb einer Formel zusammengefasst werden können, andererseits gibt es gestalterische Gründe für Hilfstabellen oder auch Vereinfachungsgründe, um beispielsweise unübersichtlich lange Formeln zu vermeiden. Hilfstabellen werden im Allgemeinen in der weiteren Arbeit ausgeblendet, um die Übersicht zu erhöhen.
- **IDE**
  Integrated Development Environment – Integrierte Entwicklungs-umgebung, in OpenOffice.org die Basic-IDE.
- **Klonen** von Vorlagen
  Eine Vorlage in OpenOffice.org zu klonen heißt, eine Kopie einer Vorlage zu erzeugen. Die Kopie enthält anschließend alle Formatierungsinformationen der Ausgangsvorlage. Die geklonte Vorlage kann weiter angepasst werden, ohne dass die Ausgangsvorlage betroffen wird. Zum Klonen von Vorlagen verwenden Sie den Dialog **Formatvorlagen**. Lesen Sie Genaueres in Kapitel 4.1.2.

- **Kontextmenü**/Kontextmenü erzeugen
  Das Kontextmenü ist immer das Menü, das erscheint, wenn Sie bei einem markierten Objekt einen Klick mit der sekundären Maustaste ausführen. Üblich ist vielfach auch der Begriff *Rechtsklick*, obwohl die sekundäre Maustaste nicht zwingend die rechte sein muss.

- **LGPL**
  GNU Lesser General Public License, die Lizenz unter welcher OpenOffice.org entwickelt und veröffentlicht wird. Der wichtigste Unterschied zur weit verbreiteten GPL-Lizenz ist die Tatsache, dass Sie anderen Code gegen eine LGPL-lizensierte Software linken können, ohne dass dieser Code ebenfalls unter LGPL freigegeben werden muss.

- **Math**
  Der Formeleditor in OpenOffice.org, zu erreichen über **Einfügen · Objekt · Formel** oder **Datei · Neu · Formel**.

- Kurz- und Lang-**Mausklick**
  Eine in OpenOffice.org traditionell übliche Technik, beispielsweise für Schaltflächensymbole, hinter denen sich Abreißleisten verbergen. Klicken Sie lang auf eine solche Schaltfläche, entfaltet sich die Abreißleiste und Sie können sie von der Schaltfläche trennen (»abreißen«).

- primäre/sekundäre **Maustaste**
  Bei modernen Betriebssystemen ist es möglich, die Arbeitsweise der Maus Ihren Gepflogenheiten anzupassen. Im vorliegenden Buch werden deshalb bezüglich der Maustasten die »rechts/links neutralen« Begriffe primäre und sekundäre Maustaste verwendet. Im Allgemeinen verwenden Rechtshänder die linke Maustaste als primäre und die rechte als sekundäre, bei Linkshändern ist es gerade umgekehrt.
  Ist im Text von *Doppelklicken* die Rede, meint das, doppelt mit der primären Maustaste klicken (es sei eingeräumt, dass der Doppelklick unter Linux im Allgemeinen verpönt ist). Die Formulierung *Kontextmenü erzeugen* meint hingegen den einfachen Mausklick mit der sekundären Maustaste auf das entsprechende Objekt.

- **Navigator**
  Mit dem *Navigator* können Sie schnell zu verschiedenen Stellen des Dokumentes springen und haben Zugriff auf Objekte. Zugleich verwalten Sie mit dem Navigator Globaldokumente (das Äquivalent zu Zentraldokumenten in MS Office). Der konkrete Funktionsumfang des Navigators ist etwas vom Dokumenttyp bzw. dem Modul (Calc, Writer usw.) abhängig, mit dem Sie gerade arbeiten. Aufrufen können Sie den Navigator z. B. mittels der gleichnamigen Schaltfläche in der Standardsymbolleiste. Der Navigator kann auch

am Bildschirmrand angedockt und dann dort bei Nichtbenutzung ausgeblendet werden.

- **OASIS**

  Organization for the Advancement of Structured Information Standards

  Die OASIS ist eine internationale nicht gewinnorientierte Organisation, die sich mit der Entwicklung von Standards auf dem IT-Sektor (im weitesten Sinne) beschäftigt. Sie gründete zur Einführung des OpenDocument-Formats eine eigene Arbeitsgruppe, maßgeblich um die Vormachtstellung proprietärer Formate von Textverarbeitungen aufzuweichen.

- **OOoBasic/StarBasic**

  Beide Begriffe bezeichnen die (inhaltlich) gleiche Programmiersprache, der Unterschied liegt lediglich darin, dass StarBasic die Bezeichnung innerhalb des (kommerziellen) Office-Pakets *StarOffice* von SUN darstellt. Inhaltlich (Syntax) sind OOoBasic und StarBasic identisch.

- **OpenDocument (ODF)**

  Kurzform von *OASIS Open Document Format for Office Applications*. Bezeichnet die Austauschformate für Office-Dateien, welche von der OASIS spezifiziert wurden. Bei OpenDocument handelt es sich um freie Dateiformate, die auf zip-gepackten XML-Dateiformaten basieren. OpenDocument wurde im Mai 2005 veröffentlicht und wird von OpenOffice.org 2.x als Standarddateiformat verwendet.

  Seit 2006 ist OpenDocument von der ISO (International Organization for Standardization) als *internationale Norm (ISO/IEC 26300)* anerkannt.

- **OpenSource**

  Der Begriff *OpenSource* (oder OpenSource-Software) lässt sich zusammenfassend allgemein auf drei Grundbedingungen reduzieren, welche mindestens erfüllt sein müssen:

  - Die Software liegt in einer für Menschen lesbaren und verständlichen Form vor (Quellcode).
  - Die Software darf beliebig verbreitet kopiert und genutzt werden.
  - Die Software darf verändert und in veränderter Form weitergegeben werden.

  Im eigentlichen Sinne unterscheidet sich OpenSource nicht vom Begriff freier Software, jedoch kann es begriffliche Missinterpretationen geben, wenn man frei mit kostenlos assoziiert. OpenSource wird zwar häufig auch kostenlos weitergegeben, jedoch ist das nicht das eigentlich kennzeichnende Merkmal für OpenSource (siehe LGPL).

- **proprietäre** Dateiformate
  Als proprietäre Dateiformate bezeichnet man allgemein Dateiformate, die sich nicht an übliche Standards halten. Im Rahmen von freier Software bezeichnet man als proprietäre Dateiformate solche, die nicht mit freier Software implementierbar sind.

- **regulärer** Ausdruck
  Reguläre Ausdrücke dienen beispielsweise beim Suchen, Filtern oder in Formeln als Platzhalter. Bekannte Ausdrücke sind z. B. der Stern (*) oder das Fragezeichen (?). OpenOffice.org kennt jedoch erheblich mehr reguläre Ausdrücke, die Sie zu den genannten Aktionen verwenden können. Suchen Sie in der Online-Hilfe von OpenOffice.org nach »*Liste der regulären Ausdrücke*.

- **Stylist**
  Bisherige Bezeichnung für das in OpenOffice.org umbenannte Fenster **Formatvorlagen** – hiermit weisen Sie die verschiedenen Formatvorlagen zu, aktualisieren oder klonen Vorlagen. Seit OOo 2.0 können Sie dort auch Formatvorlagen aus anderen Dokumenten laden, was in Vorgängerversionen nur über das Menü möglich war.

- **Syntax**
  Der Begriff Syntax bezeichnet quasi die »Grammatik« einer Programmiersprache, beispielsweise von OOoBasic.

- **Tabellendokument/Tabelle**
  Im vorliegenden Buch wurden weitgehend die für OpenOffice.org zutreffenden Begriffe verwendet. An einigen Stellen wurde davon abgewichen, wenn es besser verständlich schien, die für MS Excel typischen Begriffe zu verwenden.

  In OOo bezeichnet *Tabellendokument* das, was in MS Excel eine *Arbeitsmappe* ist, und *Tabelle* ist in OOo ein Äquivalent zu *Tabellenblatt* in Excel.

- **URL_Notation** (URL-Schreibweise)
  OpenOffice.org verwendet intern eine systemunabhängige URL-Notation, zusammen mit dem file:///-Protokoll zur Lokalisation von Dateien. Eine Datei, die Sie in Windows über *C:\Test Ordner\testdatei.abc* ansprechen, ist wie folgt anzusprechen: *file:///C:/Test%20Ordner/testdatei.abc* – der große Vorteil bei der Makroprogrammierung ist hierbei die Unabhängigkeit von systemspezifischen Pfadtrennern (z. B. »/« oder »\«).

- **Zeichenfunktionen**
  Über die Schaltfläche **Zeichenfunktionen** in der Standardsymbolleiste von OOo blenden Sie die Symbolleiste **Zeichenfunktionen** ein, dort finden Sie unter anderem eine große Auswahl verschiedenster Zeichenobjekte, die den *AutoFormen* in MS Office entsprechen.

B   Wichtige Internetadressen

B.1   Hier können Sie Fragen stellen

> Im Folgenden führe ich einige Internetadressen auf. Angemerkt sei, dass es sich hier um eine mehr oder weniger subjektive Zusammenstellung handelt. Weder ist diese Aufstellung vollständig noch stellt die Reihenfolge (bzw. allein das Vorhanden- oder Nichtvorhandensein) einer Seite irgendeine Wertung dar.
>
> Die Untergliederung der Quellen in Schwerpunkte sollten Sie nur als relativ grobe Unterteilung verstehen, da der Inhalt vieler Internetseiten ein breites Spektrum umfasst, sodass es schwer fällt, die entsprechenden Seiten einer bestimmten Rubrik zuzuordnen.

[«]

Im Wesentlichen gibt es drei bevorzugte Arten der Kommunikation:

- Mailinglisten
- Foren
- News

Aufgrund der Größe des Gesamtprojekts OpenOffice.org finden Sie im Netz besonders viele **Mailinglisten**, die direkt dem Projekt zugehörig sind. Die Anlaufseite der deutschsprachigen Mailinglisten ist:

http://de.openoffice.org/servlets/ProjectMailingListList

bzw.

http://de.openoffice.org/about-ooo/about-mailinglist.html

> Falls Sie mit dem Medium Mailingliste noch nicht vertraut sind, finden Sie unter der zweiten Adresse Hinweise zur Anmeldung und zum Umgang mit den Mailinglisten.

[+]

Besonders wichtig für Sie als Anwender dürfte hierbei die spezifische Liste *users@de.openoffice.org* sein, auf welcher allgemeine Fragen zur Benutzung von OpenOffice.org beantwortet werden. Erläuterungen, welche Themen auf den anderen Listen behandelt werden, finden Sie direkt im Netz.

Das zweite Medium sind die **Foren** zu OpenOffice.org. Obwohl es auch hier sehr viele weitere gibt, möchte ich drei herausgreifen:

http://de.openoffice.info/index.php

www.ooo-portal.de/index.php

www.oooforum.org (englischsprachig)

Das englischsprachige Forum bietet hierbei zweifelsfrei den Vorteil der Internationalität und dürfte auch besonders dann erste Wahl sein, wenn Sie sich für Fragen der Makroprogrammierung interessieren.

Eine Quelle mit ständig wachsender Fülle an Material ist das deutschsprachige Wiki zu OpenOffice.org: *http://www.ooowiki.de*. Dort finden Sie sowohl Grundlagenartikel als auch praxisorientierte Anleitungen und Beispiele.

Sollten Sie eher das USENET (**Newsgroups**) bevorzugen, seien zwei deutschsprachige Groups zu OpenOffice.org/StarOffice genannt:

de.comp.office-pakete.staroffice.writer

de.comp.office-pakete.staroffice.misc

Auf diese Groups können Sie beispielsweise auch ohne News-Client über das Web-Interface von Google zugreifen:

http://groups.google.com/group/de.comp.office-pakete.staroffice.writer/topics

bzw.:

http://groups.google.com/group/de.comp.office-pakete.staroffice.misc/topics

B.2 Ergänzende Materialien

Es ist Stärke und Schwäche eines großen OpenSource-Projektes wie OpenOffice.org zugleich, dass es in der Peripherie des Projektes weitere Entwicklungsaktivitäten gibt, die mehr oder weniger in Beziehung zum eigentlichen Projekt stehen. Stärke in der Hinsicht, dass viele Entwickler nützliche Ergänzungen beitragen, welche meist sehr praxisbezogen sind. Schwäche insofern, als dass es natürlich keine zentrale Koordinationsstelle für derartige Aktivitäten gibt, sodass einige Dinge im Netz nur schwer zu finden sind.

Die erste Möglichkeit, die sich Ihnen bietet, ist es natürlich nachzufragen, falls Sie entsprechende Materialien suchen. Hierzu können Sie sich der im vorhergehenden Kapitel genannten Informationsquellen bedienen.

Auch ist es keine schlechte Idee, sich OpenOffice.org auf einer CD zu beschaffen. Diese CDs enthalten meist umfangreiches Begleitmaterial. Eine Übersicht, wo Sie solche CDs erhalten können, finden Sie beispielsweise auf der deutschsprachigen Projektseite:

http://de.openoffice.org/about-ooo/about-cdrom.html

http://de.openoffice.org/downloads/cd.html

Einige sehr gute AddIn's für Calc finden Sie auf der Seite:

http://www.hajoschepker.biz/

Eine Fülle an Makros, die Sie sofort verwenden können, ist erreichbar über:

www.ooomacros.org

sowie über die aktuell im Aufbau befindliche Extension-Seite:

http://wiki.services.openoffice.org/wiki/Extensions_repository

Sie finden dort Makros bzw. Extensions zu allen Bereichen von OpenOffice.org.

Da die Möglichkeiten des PDF-Exports in OpenOffice.org 2 stark verbessert wurden (insbesondere der Export von Hyperlinks und Formularelementen), dürfte das Frontend zum PDF-Export mittels Ghostscript (*http://www.cs.wisc.edu/~ghost*) für Standardaufgaben weitgehend entbehrlich sein. Trotzdem möchte ich Ihnen den Link zum angeführten Frontend (ExtendedPDF) nicht vorenthalten, da durch die weitgehende Konfigurierbarkeit von Ghostscript auch zukünftig Gründe für die Nutzung existieren könnten:

www.jdisoftware.co.uk/pages/epdf-home.php

Zu allen Fragen der Installation und Konfiguration von Ghostscript bzw. zu Fragen der PDF-Erstellung, Bearbeitung und Konvertierung, sei auf die hervorragende Seite:

www.rumborak.de

verwiesen.

Weitere Makros finden Sie beispielsweise unter:

http://homepages.paradise.net.nz/hillview/OOo

www.winnirohr.de/ooo/makros/index.html

www.ooo-portal.de

www.dmaths.com

http://oooconv.free.fr/index_en.html

Sammlungen von Cliparts und Ähnlichem sind abrufbar unter folgenden Adressen:

www.openclipart.org/downloads/index.php

http://sourceforge.net/projects/xfig2sml

http://ooo.hg.free.fr/

http://opensource-dvd.de/

http://www.ooo42.de/download-ooo42-cd.html

Dokumentvorlagen für OpenOffice.org sind beispielsweise erreichbar über:

http://ooextras.sourceforge.net

http://de.openoffice.org/downloads/komponenten.html#vorlagen

http://sourceforge.net/project/showfiles.php?group_id=170021

www.prooo-box.org

www.ooo-portal.de

Beachten Sie auch die Möglichkeit, Vorlagen von MS Excel in Calc verwenden zu können.

Interessante Möglichkeiten bietet Portable OpenOffice.org, erreichbar z. B. über:

http://portableapps.com/apps/office/openoffice_portable

http://www.ooodev.org/projekte/oooportable/index.php

http://www.freesmug.org/portableapps/openoffice

Drei grundlegende Links seien nochmals aufgeführt, auf die Downloadseite des deutschsprachigen Projekts (hier können Sie jederzeit die aktuellen Installationsdateien herunterladen):

http://de.openoffice.org/downloads/quick.html

Die Einstiegsseite zu Wörterbüchern, Rechtschreibprüfung, Thesaurus:

http://de.openoffice.org/spellcheck/about-spellcheck-dicoooinfo.html

Die Einstiegsseite zu Java (hier finden Sie die zur Installation der JRE notwendigen Dateien):

http://java.sun.com

B.3 Makros und Programmierung

Augenscheinlich der Tatsache geschuldet, dass OpenOffice.org OpenSource-Software ist, wird die Mehrzahl der Makros ebenfalls unter OpenSource-Lizenz veröffentlicht.

Bereits im vorstehenden Kapitel sind etliche Quellen aufgeführt, bei denen Sie Makros finden, die Ihnen die Arbeit mit OpenOffice.org erleichtern. Da Sie den Makrocode nahezu aller dort genannten Makros frei einsehen können, liegt hier eine Quelle zur Anregung für eigene Makroentwicklungen.

> Bereits in Kapitel 1, »Einführung«, wurde verdeutlicht, dass die klare Möglichkeit besteht, Software, die sich an OpenOffice.org »anlehnt«, auch kommerziell zu vertreiben. Lediglich Code der direkt in OpenOffice.org Eingang finden soll, muss wiederum unter der Lizenz LGPL stehen, was auch die Offenlegung des Codes bedeutet. [«]
>
> Wenn also die Rede davon ist, dass Makros derzeit meist als OpenSource veröffentlicht werden, so ist das keine Bedingung. Leider ist dem Autor bisher keine für die allgemeine Öffentlichkeit erhältliche Makrosammlung zu OpenOffice.org bekannt, welche kommerziell (beispielsweise als Shareware) vertrieben wird. Hier gibt es reichlich ungenutzte Möglichkeiten für entsprechende Aktivitäten.
>
> Diese Betrachtungsweise mag insofern nicht von jedem begrüßt werden, als von einigen OpenSource meist auch mit kostenlos assoziiert wird. Andererseits lässt gerade LGPL als Lizenz derartige Entwicklungen zu, und es wäre ein Stück Normalität, wenn diese genutzt würden.

Einige interessante Quellen zu OOoBasic sind:

Das **StarBasic Programmierhandbuch** von SUN (Übersicht über wichtige Bereiche der SO/OOo-Programmierung in StarBasic, informativ, verständlich, größere Menge an Beispielcode): *http://docs.sun.com/app/docs/doc/819-1326*

Wichtig für Administratoren und doch kaum bekannt, ist **Der StarOffice 8 Administration Guide** von Sun:

http://docs.sun.com/app/docs/doc/817-7496?l=de&q=staroffice

Das **OpenOffice.org Software Development Kit** (SDK – englisch), wichtige Informationen, Dokumentationen, Programmiertools, Beispiele – nicht nur, aber auch für Basic-Programmierer. Darin enthalten ist der **Developersguide** (englisch) – wichtiges Nachschlagewerk, sehr tiefgehende Informationen, wenig konkrete Codebeispiele zur StarBasic-Programmierung. Schwerpunkt der Codebeispiele ist Java, für Programmieranfänger teils schwer verständlich, gleichwohl unverzichtbar. Ein drittes wichtiges Dokument ist die **API-Referenz**, ebenfalls enthalten im SDK.

http://api.openoffice.org/DevelopersGuide/DevelopersGuide.html

http://www.openoffice.org/dev_docs/source/sdk/

Ein nützliches Dokument ist »How to Use BASIC Macros in OpenOffice.org«, es liefert eine Einführung in die Programmierung mit Schritt-für-Schritt-Anleitungen. *http://documentation.openoffice.org/HOW_TO/various_topics/How_to_use_basic_macros.sxw*

Das Dokument »Nützliche Makro-Informationen für OpenOffice« (englisch, deutsch) enthält sehr viel Beispielcode, auch für spezielle Probleme. *http://www.pitonyak.org/oo.php*

Die **StarBasic FAQ** (deutsch) enthält Informationen und Beispielcode zu ausgewählten Schwerpunkten der Programmierung in StarBasic.

http://www.dannenhoefer.de/faqstarbasic/index.html

Das **StarOffice Programmer's Tutorial** (englisch) enthält spezifische Informationen zu Besonderheiten der SO/OOo-Programmierung. Für die Calc-Programmierung besonders interessant ist dabei die Beschreibung der Parameter zum Ex- bzw. Import von CSV-Dateien.

http://api.openoffice.org/basic/man/tutorial/tutorial.pdf

Das Dokument »Porting Excel/VBA to Calc/StarBasic« (englisch) gibt Hinweise, Informationen und Beispielcode zur Portierung von VBA-Code in StarBasic.

http://www.openoffice.org/nonav/issues/showattachment.cgi/15705/VbaStarBasicXref.sxw

Über das **OpenOffice.org-Basic: Einstiegs-Tutorial** (deutsch) schrieb ich in der ersten Auflage des Buches, dass es noch im Entstehen begriffen sei. Leider ist seitdem keine Weiterentwicklung erfolgt, so das praktisch davon auszugehen ist, dass die Entwicklung eingestellt wurde.

http://www.openoffice.org/issues/show_bug.cgi?id=18327

Einer der Autoren war jedoch so freundlich, mir zu gestatten, den immer noch mit Gewinn zu lesenden Calc-Teil »*Programmieren in Basic mit OOo-Calc*« weiter verfügbar zu halten. Ich halte dieses Dokument für eine gute Hilfe für Einsteiger und habe es deshalb hier abgelegt:

http://www.prooo-box.org/~schmidjo/forum/calc_basic.pdf

Eine Menge an interessantem Beispielcode finden Sie unter *http://kosh.datateamsys.com/~danny/OOo/*, wobei diese Quelle auch deshalb interessant ist, weil dort (zumindest bisher) auch Codebeispiele veröffentlicht waren, welche nicht im

Sinne des Programmierers funktionierten. Sie sind interessant, wenn Sie Probleme analysieren wollen. Einige sorgfältig zusammengestellte Codebeispiele zu allen Bereichen der OOoBasic-Programmierung gibt es unter: *http://codesnippets.services.openoffice.org/*. Beachten Sie auch die Makros und Informationen auf der Seite *http://homepages.paradise.net.nz/hillview/OOo/*.

Zudem sei hier nochmals auf die bereits genannten Foren verwiesen. Im englischsprachigen, internationalen Forum *www.oooforum.org* finden Sie eine Fülle an Codebeispielen und meist auch rasch eine Antwort auf konkrete Fragen zur Programmierung.

B.4 Sonstiges

Neben der Tatsache, dass der eigentliche Quellcode von OpenOffice.org offen liegt, dürfte es für Sie als Nutzer auch von Interesse sein, dass Spezifikationen offen dokumentiert und für jeden einsehbar sind. Leider gilt auch hier, dass Sie durch die Fülle des Material »erschlagen« werden. Einige wesentliche Anlaufstellen seien jedoch genannt.

An den Anfang gestellt sei die Dokumentation zum neuen OASIS-Dateiformat (OpenDocumentFormat), welche Sie beispielsweise unter *http://www.oasis-open.org/specs/index.php* finden können. Aus anderer Richtung dürfte auch die vom OOo-Projekt erarbeitete Dokumentation zum Dateiformat von MS Excel von Interesse sein, zu finden unter *http://sc.openoffice.org/excelfileformat.odt*.

Eine Übersicht über alle Teilprojekte des OOo-Projekts finden Sie im Netz unter *http://projects.openoffice.org/*, als Beispiele für Teilprojekte seien an dieser Stelle noch genannt:

- *http://sc.openoffice.org/* (Spreadsheet-Projekt – Calc)
- *http://xml.openoffice.org/* (XML-Dateiformat in OOo)
- *http://api.openoffice.org/* (das API-Projekt – Application Programming Interface)

Vielleicht erkunden Sie ja auch einmal selbst die Welt von OpenOffice.org, ausgehend von der zentralen Seite des Gesamtprojekts *www.openoffice.org* oder von der Seite *http://de.openoffice.org/*.

Nicht vergessen werden soll an dieser Stelle der OpenOffice.org Deutschland e.V., welcher die Entwicklung und Verbreitung von OpenSource-Software mit Schwerpunkt OpenOffice.org fördert (*www.ooodev.org*) sowie der Hauptsponsor des OpenOffice.org-Projektes, SUN Microsystems (*www.sun.com*), ohne dessen ursprüngliche Freigabe des Quellcodes das Projekt nicht hätte entstehen können.

C Formelindex für OpenOffice.org Math

C.1 Unäre/binäre Operatoren

Bedeutung	Befehl	Beispiel
Pluszeichen	+1	$+1$
Minuszeichen	–1	-1
Plus-/Minuszeichen	+-1	± 1
Minus-/Pluszeichen	-+1	∓ 1
Logisches NICHT	neg a	$\neg a$
Addition	a + b	$a+b$
Subtraktion	a – b	$a-b$
Multiplikation (Punkt)	a cdot b	$a \cdot b$
Multiplikation (X)	a times b	$a \times b$
Multiplikation (*)	a * b	$a \ast b$
Division (Bruch)	a over b	$\dfrac{a}{b}$
Division (÷)	a div b	$a \div b$
Division (/)	a / b	a/b
Logisches UND	a and b	$a \wedge b$
Logisches ODER	a or b	$a \vee b$
Verkettung	a circ b	$a \circ b$
Schrägstrich (gross, nach rechts)	a wideslash b	$a\,/\,b$

Bedeutung	Befehl	Beispiel
Schrägstrich (gross, nach links)	a widebslash b	$\begin{smallmatrix}&b\\a&\end{smallmatrix}$

C.2 Relationen

Bedeutung	Befehl	Beispiel
gleich	a = b	$a = b$
ungleich	a <> 2	$a \neq 2$
ungefähr gleich	a approx 2	$a \approx 2$
entspricht	hat "="	$\triangleq$
teilt	a divides b	$a \mid b$
teilt nicht	a ndivides b	$a \nmid b$
kleiner als	a < 2	$a < 2$
grösser als	a > 2	$a > 2$
ähnlich oder gleich	a simeq b	$a \simeq b$
ist parallel	a parallel b	$a \parallel b$
senkrecht zu	a ortho b	$a \perp b$
kleiner gleich (schräg)	a leslant b	$a \leqslant b$
grösser gleich (schräg)	a geslant b	$a \geqslant b$
ähnlich	a sim b	$a \sim b$
identisch	a equiv b	$a \equiv b$
kleiner gleich	a <= b	$a \leq b$
grösser gleich	a >= b	$a \geq b$
proportional	a prop b	$a \propto b$

Bedeutung	Befehl	Beispiel
strebt gegen	a toward b	$a \to b$
Doppelpfeil (links)	a dlarrow b	$a \Leftarrow b$
Doppelpfeil (rechts)	a dlrarrow b	$a \Rightarrow b$
Doppelpfeil (beidseitig)	a drarrow b	$a \Leftrightarrow b$
sehr viel grösser (zwei Schreibweisen)	a >> b newline a gg b	$a \gg b$ $a \gg b$
sehr viel kleiner (zwei Schreibweisen)	a << b newline a ll b	$a \ll b$ $a \ll b$
per Definition gleich	a def b	$a \stackrel{\text{def}}{=} b$
Relation	a transl b	$a \multimap b$
Relation	a transr b	$a \multimap b$

C.3 Mengenoperatoren

Bedeutung	Befehl	Beispiel
ist Element von	a in B	$a \in B$
ist nicht Element von	a notin B	$a \notin B$
enthält	A owns b	$A \ni b$
leere Menge	emptyset	$\emptyset$
geschnitten	A intersection B	$A \cap B$
vereinigt mit	A union B	$A \cup B$
Mengendifferenz	A setminus B	$A \setminus B$
Quotientenmenge	A slash B	A / B
Kardinalzahl (Aleph)	aleph	$\aleph$

Bedeutung	Befehl	Beispiel
Teilmenge	A subset B	$A \subset B$
Teilmenge oder gleich	A subseteq B	$A \subseteq B$
Obermenge	A supset B	$A \supset B$
Obermenge oder gleich	A supseteq B	$A \supseteq B$
nicht Teilmenge	A nsubset B	$A \not\subset B$
weder Teilmenge noch gleich	A nsubseteq B	$A \nsubseteq B$
nicht Obermenge	A nsupset B	$A \not\supset B$
weder Obermenge noch gleich	A nsupseteq B	$A \nsupseteq B$
Menge der natürlichen Zahlen	setN	$\mathbb{N}$
Menge der ganzen Zahlen	setZ	$\mathbb{Z}$
Menge der rationalen Zahlen	setQ	$\mathbb{Q}$
Menge der reellen Zahlen	setR	$\mathbb{R}$
Menge der komplexen Zahlen	setC	$\mathbb{C}$

C.4 Funktionen

Bedeutung	Befehl	Beispiel
Exponentialfunktion	func e^{a}	e^a
natürlicher Logarithmus	ln(a)	$\ln(a)$
allgemeine Exponentialfunktion	exp(a)	$\exp(a)$
dekadischer Logarithmus	log(a)	$\log(a)$
n-te Potenz	a^{b}	a^b
Sinus	sin(a)	$\sin(a)$

Bedeutung	Befehl	Beispiel
Kosinus	cos(a)	$\cos(a)$
Tangens	tan(a)	$\tan(a)$
Kotangens	cot(a)	$\cot(a)$
Quadratwurzel	sqrt{a}	$\sqrt{a}$
Arcussinus	arcsin(a)	$\arcsin(a)$
Arcuskosinus	arccos(a)	$\arccos(a)$
Arcustangens	arctan(a)	$\arctan(a)$
Arkuskotangens	arccot(a)	$\operatorname{arccot}(a)$
n-te Wurzel	nroot{a}{b}	$\sqrt[a]{b}$
hyperbolischer Sinus	sinh(a)	$\sinh(a)$
hyperbolischer Kosinus	cosh(a)	$\cosh(a)$
hyperbolischer Tangens	tanh(a)	$\tanh(a)$
hyperbolischer Kotangens	coth(a)	$\coth(a)$
Betrag	abs{a}	$\lvert a \rvert$
umgekehrter hyperbolischer Sinus	arsinh(a)	$\operatorname{arsinh}(a)$
umgekehrter hyperbolischer Kosinus	arccosh(a)	$\operatorname{arcosh}(a)$
umgekehrter hyperbolischer Tangens	arctanh(a)	$\operatorname{artanh}(a)$
umgekehrter hyperbolischer Kotangens	arccoth(a)	$\operatorname{arcoth}(a)$
Fakultät	fact(a)	$a!$
umgedrehtes Epsilon	backepsilon	$\backepsilon$

C.5 Operatoren

Bedeutung	Befehl	Beispiel
Grenzwert (Limes)	lim(a)	$\lim a$
Summe	sum(a)	$\sum a$
Produkt	prod(a)	$\prod a$
Koprodukt	coprod(a)	$\coprod a$
Integral	int{a}	$\int a$
Doppelintegral	iint{a}	$\iint a$
Dreifachintegral	iiint{a}	$\iiint a$
Ringintegral	lint a	$\oint a$
Doppelringintegral	llint a	$\oiint a$
Dreifachringintegral	lllint a	$\oiiint a$
obere Grenze	sum to{3} r	$\sum^{3} a$
untere Grenze	sum from{3}b	$\sum_{3} b$
obere und untere Grenze	sum from {0} to {c} ab	$\sum_{0}^{c} ab$
Limes inferior	liminf [...]	$\liminf [...]$
Limes superior	llimsup [...]	$\limsup [...]$

C.6 Attribute

Bedeutung	Befehl	Beispiel
Accent nach rechts	acute a	á
Accent nach links	grave a	à
Häkchen über	check a	ǎ
umgedrehtes Dach über	breve a	ă
Kreis über	circle a	å
Vektorpfeil über	vec a	$\vec{a}$
Tilde	tilde a	ã
umgedrehtes Häkchen über	hat a	â
Strich über	bar a	ā
Punkt über	dot a	ȧ
breiter Vektorpfeil über	widevec abc	$\overrightarrow{abc}$
breite Tilde	widetilde abc	$\widetilde{abc}$
breites Dach über	widehat abc	$\widehat{abc}$
Doppelpunkt über	ddot	ä
überstrichen	overline abc	$\overline{abc}$
unterstrichen	underline abc	$\underline{abc}$
durchgestrichen	overstrike acb	a̶c̶b̶
drei Punkte über	dddot a	a⃛
unsichtbar (die Größe richtet sich nach dem angegebenen Zeichen)	phantom a	
fett	bold a	**a**
kursiv	ital a	*a*

Bedeutung	Befehl	Beispiel
nicht fett	bold {a nbold b}	$\mathbf{a}b$
nicht kursiv	italic {a nitalic b}	$a\mathit{b}$
Fontgröße	size 16 abc	abc
Sans Serif Font	font sans abc	abc
Serif Font	font serif abc	abc
Fixed Fond	font fixed abc	abc
Farbe Cyan	color cyan abc	abc
Farbe Gelb	color yellow abc	abc
Farbe Weiß	color white abc	
Farbe Grün	color green abc	abc
Farbe Blau	color blue abc	abc
Farbe Rot	color red abc	abc

C.7 Klammern

Bedeutung	Befehl	Beispiel
runde Klammern	(abc)	(abc)
eckige Klammern	[abc]	[abc]
doppelte eckige Klammern	ldbracket abc rdbracket	⟦abc⟧
senkrechte Linien	lline abc rline	|abc|
doppelte senkrechte Linien	ldline abc rdline	‖abc‖
geschweifte Klammern	lbrace abc rbrace	{abc}
spitze Klammern	langle abc rangle	⟨abc⟩

Bedeutung	Befehl	Beispiel
Operatorklammern	langle a mline b rangle	$\langle a \| b \rangle$
geschweifte Klammern (in dieser Form zum Gruppieren von Ausdrücken, die Klammern sind unsichtbar)	{abc}	abc
runde Klammern (automatische Größenanpassung)	left (stack{a # b # c} right)	$\begin{pmatrix} a \\ b \\ c \end{pmatrix}$
eckige Klammern (automatische Größenanpassung)	left [stack{ a # b } right]	$\begin{bmatrix} a \\ b \end{bmatrix}$
doppelte eckige Klammern (automatische Größenanpassung)	left ldbracket abc right rdbracket	$[\![abc]\!]$
senkrechte Linien (automatische Größenanpassung)	left lline abc right rline	$\|abc\|$
doppelte senkrechte Linien (automatische Größenanpassung)	left ldline abc right rdline	$\|\|abc\|\|$
geschweifte Klammern (automatische Größenanpassung)	left lbrace abc right rbrace	$\{abc\}$
spitze Klammern (automatische Größenanpassung)	left langle abc right rangle	$\langle abc \rangle$
Operatorklammern (automatische Größenanpassung)	left langle a mline b right rangle	$\langle a \| b \rangle$
geschweifte Mengenklammern (oberhalb)	{abcabc} overbrace x	$\overbrace{abcabc}^{x}$
geschweifte Mengenklammern (unterhalb)	{abcabc}underbrace {x}	$\underbrace{abcabc}_{x}$
linke und rechte Linie mit Kanten unten	lfloor abc rfloor	$\lfloor abc \rfloor$
linke und rechte Linie mit Kanten oben	lceil abc rceil	$\lceil abc \rceil$
geschweifte Klammer (links oder rechts) alleinstehend	\lbrace abc	$\{ abc$
runde Klammer (links oder rechts) alleinstehend	abc \)	$abc)$
eckige Klammer (links oder rechts) alleinstehend	\] abc	$] abc$

Bedeutung	Befehl	Beispiel
spitze Klammer (links oder rechts) alleinstehend	\langle abc	$\langle abc$
senkrechte Linie (links oder rechts) alleinstehend	\lline abc	$\lvert abc$
doppelte senkrechte Linie (links oder rechts) alleinstehend	abc \rdline	$abc\rVert$
Linie mit Kanten unten (links oder rechts) alleinstehend	\lfloor abc	$\lfloor abc$
Linie mit Kanten oben (links oder rechts) alleinstehend	abc \rceil	$abc\rceil$

C.8 Formatierungen

Bedeutung	Befehl	Beispiel
Exponent links oben	a lsup{b}	^{b}a
Exponent oben zentriert	a csup{b}	$\overset{b}{a}$
Exponent oben rechts	a^{b}	a^b
Indizes links unten	a lsub{b}	$_{b}a$
Indizes unten zentriert	a csub{b}	$\underset{b}{a}$
Indezes links unten	a_{b}	a_b
Links ausrichten	stack { Beispiel # alignl (abc) }	Beispiel (abc)
Zentriert ausrichten	stack{Beispiel # alignc(abc)}	Beispiel (abc)
Rechts ausrichten	stack { Beispiel # alignr(abc)}	Beispiel (abc)
Binom	binom{a}{b}	$a \atop b$

Bedeutung	Befehl	Beispiel
Vektor vertikal (einspaltige Matrix)	stack{a # b # c}	$\begin{array}{c}a\\b\\c\end{array}$
Matrix	matrix{a # b ## c # d}	$\begin{array}{cc}a & b\\c & d\end{array}$
Anordnung	matrix {a # "="b ## { } # "="c}	$\begin{array}{cc}a & =b\\ & =c\end{array}$
Zeilenumbruch	abc newline abc	abc abc
kleiner Zwischenraum	abc`abc	abc abc
grosser Zwischenraum	abc~abc	abc abc

C.9 Griechische Buchstaben

Bedeutung	Befehl	Beispiel
Alpha	%ALPHA	A
	%alpha	α
Beta	%BETA	B
	%beta	β
Gamma	%GAMMA	Γ
	%gamma	γ
Delta	%DELTA	Δ
	%delta	δ
Epsilon	%EPSILON	E
	%epsilon	ϵ

Bedeutung	Befehl	Beispiel
Zeta	%ZETA	Z
	%zeta	ζ
Eta	%ETA	H
	%eta	η
Theta	%THETA	Θ
	%theta	θ
Jota	%IOTA	I
	%iota	ι
Kappa	%KAPPA	K
	%kappa	κ
Lambda	%LAMBDA	Λ
	%lambda	λ
My	%MY	M
	%my	μ
Ny	%NY	N
	%ny	ν
Xi	%XI	Ξ
	%xi	ξ
Omikon	%OMICRON	O
	%omicron	o
Pi	%PI	Π
	%pi	π
Rho	%RHO	P
	%rho	ρ

Bedeutung	Befehl	Beispiel
Sigma	%SIGMA	Σ
	%sigma	σ
Tau	%TAU	T
	%tau	τ
Ypsilon	%YPSILON	Y
	%ypsilon	υ
Phi	%PHI	Φ
	%phi	ϕ
Chi	%CHI	X
	%chi	χ
Ps	%PSI	Ψ
	%psi	ψ
Omega	%OMEGA	Ω
	%omega	ω

C.10 Sonstiges

Bedeutung	Befehl	Beispiel
	%varepsilon	ε
	%vartheta	ϑ
	%varpi	ϖ
	%varrho	ϱ
	%varsigma	ς
	%varphi	φ

Bedeutung	Befehl	Beispiel
AND	%und	∧
unendlich	%unendlich	∞
Promille	%promille	‰
Winkel	%winkel	∢
kein Element	%keinelement	∉
sehr viel grösser	%großgegen	≫
Element	%element	∈
ungleich	%ungleich	≠
sehr viel kleiner	%kleingegen	≪
identisch	%identisch	≡
OR	%oder	∨
strebt gegen	%strebt	→
unendlich	infinity	∞
partielle Ableitung	partial	∂
Nablavektor	nabla	∇
Existenzquantor, es existiert mind. ein	exists	∃
Allquantor, für alle	forall	∀
h mit waagerechtem Strich	hbar	ℏ
Lambda mit waagerechtem Strich	lambdabar	$\bar{\lambda}$
Realteil einer komplexen Zahl	re	ℜ
Imaginärteil einer komplexen Zahl	im	ℑ
p-Funktion (Weierstrass)	wp	℘

Bedeutung	Befehl	Beispiel
Pfeil links	leftarrow	←
Pfeil rechts	rightarrow	→
Pfeil nach oben	uparrow	↑
Pfeil nach unten	downarrow	↓
Punkte unten	dotslow	...
Punkte mittig	dotsaxis	⋯
Punkte senkrecht	dotsvert	⋮
Punkte diagonal rechts	dotsup	⋰
Punkte diagonal links	dotsdown	⋱
nachfolgenden Operator groß schreiben mittels oper z.B.:	oper %or from{i=1} to{m} x_i	$\bigvee_{i=1}^{m} x_i$
Platzhalter	<?>	□
Fehler im Formelausdruck		¿

Einige Leser der ersten Auflage des Buches hatten mich gebeten, eine Übersicht der Tastaturkombinationen ins Buch aufzunehmen. Im Folgenden finden Sie wichtige Tastaturkombinationen (Shortcuts) für Calc, Math, Chart sowie allgemeine Tastaturkombinationen für OpenOffice.org.

D Tastaturkombinationen

D.1 Allgemeine Hinweise

Häufiger erreichen mich Anfragen von Nutzern, die bisher mit anderen Programmen gearbeitet haben und ihre von dort vertrauten Tastaturkombinationen in OpenOffice.org beibehalten wollen oder bestimmte Tastaturkombinationen suchen. In den weiter unten folgenden Übersichtstabellen habe ich die Tastaturkombinationen getrennt nach dem jeweiligen Modul zusammengestellt.

> Die Übersichtstabellen erheben keinen Anspruch auf Vollständigkeit und Fehlerfreiheit. Sie geben inhaltlich den aktuellen Stand zum Zeitpunkt der Drucklegung des Buches wieder und gelten für OpenOffice.org 2.3.
>
> Die Tastaturkombinationen in früheren oder späteren Versionen von OpenOffice.org können abweichend sein.

[«]

Wenn Sie für eine bestimmte Funktion eine Tastaturkombination suchen, sollten Sie immer zwei Stellen zu Rate ziehen:

▶ Die Hilfe von OpenOffice.org

▶ Die Einträge im Konfigurationsdialog unter **Extras • Anpassen**

Beachten Sie bitte auch die Angaben zu Tastaturkombinationen in den Menüeinträgen (siehe Abbildung D.1).

Unter **Extras • Anpassen...** können Sie im Register *Tastatur* Änderungen von bestehenden Tastaturkombinationen vornehmen oder neue hinzufügen.

Folgende Arbeitsschritte sind dafür notwendig:

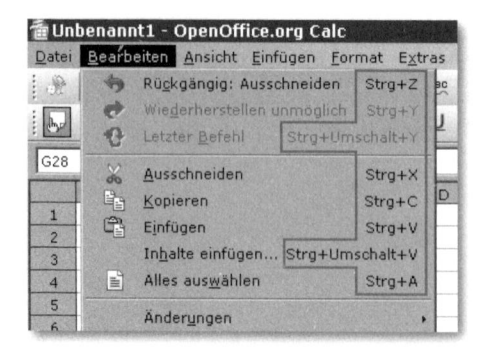

Abbildung D.1 Tastaturkombinationen im Menü

- Rufen Sie mittels **Extras • Anpassen...** den Dialog auf, und aktivieren Sie das Register *Tastatur*.

- Treffen Sie die Auswahl, wofür Ihre Anpassung gelten soll, d.h. für das gerade aktive Modul (z. B. Calc) oder OpenOffice.org insgesamt (siehe A in Abbildung D.2).

- Wählen Sie den Bereich und dann die konkrete Funktion aus, für die Sie die Tastaturkombination bearbeiten wollen (B und C in Abbildung D.2).

- Wählen Sie eine Tastenkombination aus (siehe D in Abbildung D.2). Entweder wählen Sie eine, die rechts in D noch keinen Eintrag hat, also bisher keiner Funktion zugewiesen ist, oder Sie wählen eine, die bereits einen Eintrag hat.

- Klicken Sie nun auf **Ändern**, um die Tastaturkombination zuzuweisen. Falls sie im vorgehenden Schritt eine Tastaturkombination gewählt hatten, der bereits eine Funktion zugewiesen war, wird die alte Zuweisung durch die neue Zuweisung (also die, die Sie gerade vorgenommen haben) ersetzt.

- Klicken Sie auf **OK**, um den Dialog zu schließen und die Änderungen zu übernehmen.

Mit der Schaltfläche **Löschen** können Sie bestehende Zuweisungen von Tastaturkombinationen löschen, ohne eine Neuzuweisung vorzunehmen. Es reicht dazu aus, die bestehende Tastaturkombination im Bereich D (siehe Abbildung D.2) zu markieren und auf **Löschen** zu klicken.

Mittels der Schaltflächen **Laden...** und **Speichern...** können Sie einmal durchgeführte Änderungen speichern und bei Bedarf wieder laden. Mittels der Schaltfläche **Zurücksetzen** setzen Sie sämtliche Tastaturkombinationen wieder auf die Default-Einstellung (die Einstellung, die unmittelbar nach Installation von OpenOffice.org bestand) zurück.

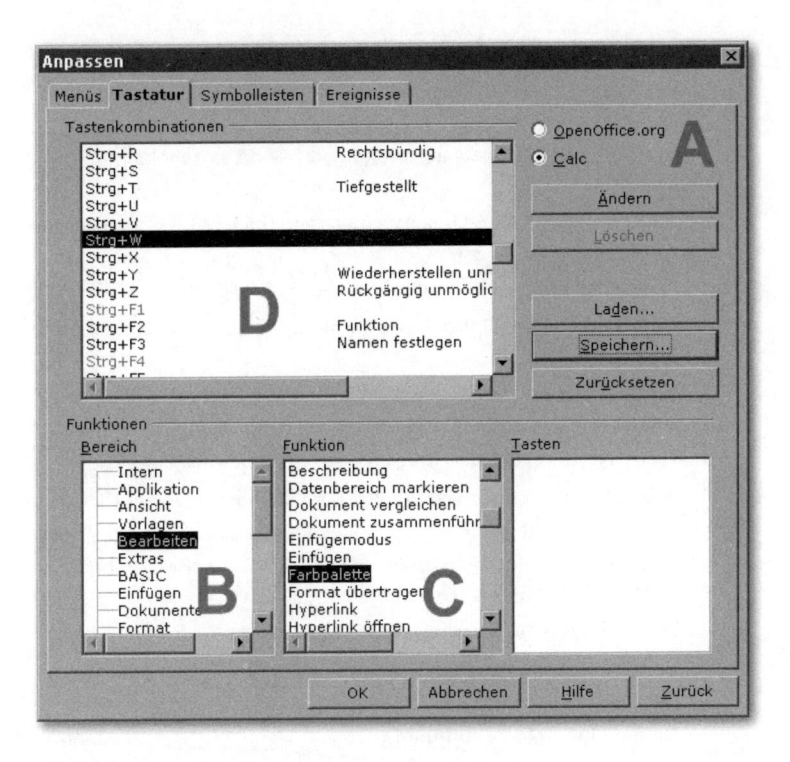

Abbildung D.2 Tastaturkombinationen anpassen

> Es sind möglicherweise nicht alle Kombinationen im Dialog verfügbar, es ist jedoch in bestimmten Fällen auch möglich, manuelle Anpassungen an Konfigurationsdateien vorzunehmen. In diesen Fällen sollte Sie beispielsweise auf einer der deutschen Projektmailinglisten anfragen, um Hilfe zu erhalten.

[«]

Sie haben sicherlich recht, wenn Sie der Meinung sind, dass das Anpassen einigen Aufwand bedeutet. Allein, Sie sollten diesen nicht scheuen, denn er fällt nur einmalig an und Sie haben anschließend genau die Einstellungen, die Sie benötigen. Die sehr weitgehend freie Anpassbarkeit hat auch den Vorteil, dass Sie sich nicht bestimmte Kombinationen neu merken müssen, sondern gegebenenfalls Ihnen schon aus anderen Programmen vertraute Kombinationen auch für OpenOffice.org einrichten können.

D.2 Tastaturkombinationen für OpenOffice.org

Die Tastaturkombinationen in der folgenden Tabelle können Sie in OpenOffice.org allgemein (modulunabhängig) verwenden.

Tastaturkombination	Aktion
⏎	Bestätigen der Schaltfläche eines Dialogs, auf der gerade der Fokus liegt.
⏎	Aktivieren der Texteingabe, wenn vorher ein Zeichenobjekt markiert war.
⏎	Aktivieren eines OLE-Objekts, wenn das Objekt vorher markiert war.
ESC	Abbrechen einer Aktion oder Schließen eines Dialogs.
Leertaste	Durchlaufen einer Optionsfeldgruppe, wenn auf dieser der Fokus liegt.
↑ ↓ → ←	Wechseln des aktiven Kontrollfelds in einem Optionsbereich eines Dialogs
Tab	Wechseln zum nächsten Bereich oder Element in einem Dialog.
⇧ Tab	Wechseln zum vorherigen Bereich oder Element in einem Dialog.
Alt ↓	Öffnet eine Liste des gerade aktiven Elements in einem Dialog, falls dieses Element über eine Liste verfügt, beispielsweise Kombinationsfelder. Schließen der Liste über ESC.
Entf	Löschen des aktuell ausgewählten Objekts.
Strg ⇧ Leer	Entfernen direkter (*harter*) Formatierungen bei Texten oder Objekten.
Strg O	Datei-Öffnen-Dialog aufrufen.
Strg S	Speichern des aktiven Dokuments oder Aufrufen des Speichern-Dialogs, wenn das aktive Dokument noch keine Adresse besitzt.
Strg N	Neues Dokument anlegen.
⇧ Strg N	Den Dialog *Vorlagen und Dokumente* aufrufen.
Strg P	Aktives Dokument auf aktuellem Drucker ausdrucken.
Strg Q	OpenOffice.org beenden (schließt alle Fenster, bei ungespeicherten Änderungen erfolgt eine Speichernachfrage)
Strg X	Ausschneiden der Auswahl in die Zwischenablage.
Strg C	Kopieren der Auswahl in die Zwischenablage.
Strg V	Einfügen des Inhalts der Zwischenablage an aktueller Position.
Strg ⇧ V	Öffnen des Dialogs *Inhalte einfügen*.
Strg A	Alles auswählen.
Strg Z	Letzte Aktion rückgängig machen.
Strg Y	Letzte Aktion wiederholen.
Strg F	Dialog *Suchen und Ersetzen* aufrufen.
Strg G	Nach dem aktuellen Suchbegriff suchen.
Strg ⇧ J	Zwischen Vollbild- und Normalansicht wechseln.
Strg ⇧ R	Dokumentansicht aktualisieren.
Strg ⇧ K	Aktuelle Textauswahl wird kursiv formatiert.

Tastaturkombination	Aktion
[Strg] [⇧] [F]	Aktuelle Textauswahl wird fett formatiert.
[Strg] [⇧] [U]	Aktuelle Textauswahl wird (einfach) unterstrichen formatiert.
[F1]	Hilfe aufrufen.
[⇧] [F1]	Kontextsensitive Hilfe aufrufen.
[Strg] [F4] oder: [Alt] [F4]	Aktuelles Dokument schließen (ist das aktuelle Dokument das letzte offene Dokument, wird auch OpenOffice.org geschlossen).
[F6]	Fokus auf nächstes Teilfenster verschieben.
[⇧] [F6]	Fokus auf vorheriges Teilfenster verschieben.
[F10]	Aktivieren des ersten Hauptmenüs (Datei).
[⇧] [F10]	Kontextmenü anzeigen.
[Strg] [F11]	Dialog *Dokumentvorlagen* aufrufen.

D.3 Tastaturkombinationen für Calc

Tastaturkombination	Aktion
[Strg] [Pos1]	Hiermit springen Sie zur ersten Zelle (A1) der aktiven Tabelle.
[Strg] [Ende]	Springt die Zelle an deren Position bestimmt ist durch die jeweilige Zelle welche in horizontaler und vertikaler Richtung die Letzte ist die Inhalt aufweist.
	Sie springen also nicht (wie die Hilfe von OOo behauptet) zwangsläufig zu einer Zelle mit Inhalt, sondern ggf. zu einer leeren Zelle. Haben in einer Tabelle beispielsweise nur Zelle A3 und B2 Inhalt, springen Sie mit [Strg] + [Ende] zur (leeren) Zelle B3.
[Pos1]	Springt zur ersten Zelle der aktuellen Zeile.
[Ende]	Springt zur letzten Zelle der aktuellen Zeile.
[Strg] [←]	Springt zum linken Rand des aktuellen Datenbereichs. Falls die Zelle unmittelbar links neben der aktuelle Zelle leer ist, zur ersten Zelle nach links, welche Inhalt enthält.
[Strg] [→]	Springt zum rechten Rand des aktuellen Datenbereichs. Falls die Zelle unmittelbar rechts neben der aktuelle Zelle leer ist, zur ersten Zelle nach rechts, welche Inhalt enthält.
[Strg] [↑]	Springt zum oberen Rand des aktuellen Datenbereichs. Falls die Zelle unmittelbar über der aktuellen Zelle leer ist, zur ersten Zelle nach oben, welche Inhalt enthält.
[Strg] [↓]	Springt zum unteren Rand des aktuellen Datenbereichs. Falls die Zelle unmittelbar unter der aktuellen Zelle leer ist, zur ersten Zelle nach unten, welche Inhalt enthält.

Tastaturkombination	Aktion

`Strg` `⇧` `→`
 oder:
 `Strg` `⇧` `←`
 oder:
 `Strg` `⇧` `↑`
 oder:
 `Strg` `⇧` `↓`
	Wählt beginnend mit der aktuellen Zelle alle aufeinander folgenden Zellen in Pfeilrichtung aus, welche Daten enthalten.
	
	 Ist bereits die Anfangszelle leer, wird sie in die Markierung mit einbezogen.

`Strg` `Bild↑`	Aktiviert die Tabelle links der gerade aktiven Tabelle. In der Seitenansicht: Springt zur vorigen Druckseite.
`Strg` `Bild↓`	Aktiviert die Tabelle rechts der gerade aktiven Tabelle. In der Seitenansicht: Springt zur nächsten Druckseite.
`Alt` `Bild↑`	Springt um die Breite des sichtbaren Tabellenblattes nach links.
`Alt` `Bild↓`	Springt um die Breite des sichtbaren Tabellenblattes nach rechts.
`Strg` `⇧` `Bild↑`	Fügt das vorherige Tabellenblatt zur aktuellen Auswahl der Tabellenblätter hinzu. Wenn alle Tabellenblätter in einem Tabellendokument ausgewählt sind, wird das vorherige Tabellenblatt lediglich zur aktuellen Tabelle.
`Strg` `⇧` `Bild↓`	Fügt das nächste Tabellenblatt zur aktuellen Auswahl der Tabellenblätter hinzu. Wenn alle Tabellenblätter in einem Tabellendokumente ausgewählt sind, wird das nächste Tabellenblatt lediglich zur aktuellen Tabelle.
`Strg` (plus Multiplikationstaste auf dem numerischem Block der Tastatur)	Wählt den zusammenhängenden Datenbereich aus, in dem sich die aktuelle Zelle befindet.
`Strg` (plus Divisionstaste auf dem numerischem Block der Tastatur)	Wählt den Matrixformelbereich aus, in dem sich die aktuelle Zelle befindet.
`↵` (in einem markierten Bereich)	Verschiebt die Auswahl der aktiven Zelle in die Richtung, welche unter **Extras • Optionen** als Richtung für die `↵`-Taste festgelegt ist.
`Strg` `F1`	Zeigt die Notiz der aktiven Zelle an.
`F2`	Schaltet die aktive Zelle in den Bearbeitungsmodus und platziert den Cursor ans Ende eventuell schon bestehenden Zellinhalts.
`Strg` `F2`	Funktions-Assistent aufrufen.
`Strg` `⇧` `F2`	Setzt den Cursor in die Eingabezeile.
`Strg` `F3`	Öffnet den Dialog zum Einfügen eines benannten Zellbereiches.
`F4`	Datenbank-Explorer ein- oder ausschalten.

Tastaturkombination	Aktion
⇧ F4	Ändert in der aktiven Zelle die Formelbezüge hinsichtlich absolut oder relativ.
F5	Navigator ein- oder ausschalten.
⇧ F5	Spur zum Nachfolger einschalten.
⇧ F7	Spur zum Vorgänger einschalten.
⇧ Strg F5	Setzt den Cursor in das Namensfeld.
F7	Rechtschreibprüfung durchführen.
Strg F7	Thesaurus öffnen, wenn die aktuelle Zelle Text enthält.
F8	Erweiterungsmodus für Markierung einschalten.
Strg F8	Zellen hervorheben, die Werte enthalten.
F9	Neuberechnen.
Strg ⇧ F9	Neuberechnen erzwingen.
Strg F9	Ausgewähltes Diagramm aktualisieren.
F11	Fenster *Formatvorlagen* (Stylist) öffnen.
⇧ F11	Fenster für Dokumentvorlagen öffnen.
⇧ Strg F11	Dokumentvorlagen aktualisieren.
F12	Ausgewählten Datenbereich gruppieren.
Strg F12	Gruppierung des ausgewählten Datenbereichs aufheben.
Alt ↓	Höhe der aktuellen Zeile vergrößern.
Alt ↑	Höhe der aktuellen Zeile verringern.
Alt →	Breite der aktuellen Spalte vergrößern.
Alt ←	Breite der aktuellen Spalte verringern.
Alt ⇧ → (oder: ← → ↓)	Spaltenbreite oder Zeilenhöhe auf Optimum setzen.
Strg ⇧ 1 (nicht auf dem Ziffernblock)	Formatierung mit Tausendertrenner und zwei Nachkommastellen.
Strg ⇧ 2 (nicht auf dem Ziffernblock)	Formatierung mit Standard-Exponentialformat.
Strg ⇧ 3 (nicht auf dem Ziffernblock)	Formatierung mit Standard-Datumsformat.
Strg ⇧ 4 (nicht auf dem Ziffernblock)	Formatierung mit Standard-Währungsformat.

Tastaturkombination	Aktion
`Strg` `⇧` `5` (nicht auf dem Ziffernblock)	Formatierung mit Standard-Prozentformat.
`Strg` `⇧` `6` (nicht auf dem Ziffernblock)	Standardformat.

Folgende Tastaturkombinationen gelten, wenn Sie mit dem Datenpiloten (**Daten • Datenpilot**) arbeiten:

Tastaturkombination	Aktion
`Tab`	Durchläuft die Bereiche und Schaltflächen.
`⇧` `Tab`	Durchläuft die Bereiche und Schaltflächen in umgekehrter Reihenfolge.
`↑`	Setzt den Fokus auf das folgende Element im aktuellen Dialogbereich.
`↓`	Setzt den Fokus auf das vorhergehende Element im aktuellen Dialogbereich.
`←`	Setzt den Fokus auf das nächste Element nach links im aktuellen Dialogbereich.
`→`	Setzt den Fokus auf das nächste Element nach rechts im aktuellen Dialogbereich.
`Pos1`	Wählt das erste Element aus.
`Ende`	Wählt das letzte Element aus.
`Strg` `↑`	Aktuelles Feld um eine Position nach oben verschieben.
`Strg` `↓`	Aktuelles Feld um eine Position nach unten verschieben.
`Strg` `←`	Aktuelles Feld um eine Position nach links verschieben.
`Strg` `→`	Aktuelles Feld um eine Position nach rechts verschieben.
`Strg` `Pos1`	Aktuelles Feld an die erste Position verschieben.
`Strg` `Ende`	Aktuelles Feld an die letzte Position verschieben.
`Alt` `O`	Optionen für das aktuelle Feld anzeigen.
`Entf`	Aktuelles Feld löschen.

D.4 Tastaturkombinationen für Chart

Tastaturkombination	Aktion
`Tab`	Nächstes Objekt auswählen.
`⇧` `Tab`	Vorheriges Objekt auswählen.

Tastaturkombination	Aktion
Pos1	Erstes Objekt auswählen.
Ende	Letztes Objekt auswählen.
ESC	Auswahl aufheben.
↑ ↓ → ←	Aktuelles Objekt in Pfeilrichtung verschieben.
↑ ↓ → ← *(bei Kreisdiagrammen)*	Aktuelles Kreissegment in Pfeilrichtung verschieben.
F2 *(bei Titeln)*	Texteingabemodus für aktuellen Titel aktivieren.
F3	Gruppe betreten (z. B. bei Legenden).
Strg F3	Gruppe verlassen (z. B. bei Legenden).
- oder: +	Verkleinert oder vergrößert das Diagramm.
- oder: + *(bei Kreisdiagrammen)*	Rückt das aktuelle Segment aus oder ein.

D.5 Tastaturkombinationen für Math

Tastaturkombination	Aktion
F3	Zum nächsten Fehler.
⇧ F3	Zum vorherigen Fehler.
F4	Zum nächsten Platzhalter.
⇧ F4	Zum vorherigen Platzhalter.
F9	Aktualisieren.
← →	Zur nächsten Kategorie oder Funktion <innerhalb des Auswahlfensters>.
↵	Wählt eine Kategorie <innerhalb des Kategorienbereichs des Auswahlfensters>.
↵	Fügt eine Funktion in das Befehlsfenster ein <innerhalb des Funktionsbereichs des Auswahlfensters>.
⇥	Springt vom ersten Kategorieeintrag zur ersten Funktion der Kategorie <innerhalb des Auswahlfensters>.
⇧ ⇥	Springt vom letzten Kategorieeintrag zur letzten Funktion der Kategorie <innerhalb des Auswahlfensters>.

E Das OpenDocument-Format

Das Open Document Format for Office Applications (OpenDocument/ODF) bezeichnet die ursprünglich von der OASIS (Organization for the Advancement of Structured Information Standards) spezifizierten offenen Austauschformate für Office-Programme. Grundgedanke des ODF war es, einen offen dokumentierten Standard zum Dokumentenaustausch zu etablieren. Hierzu bildete die OASIS eine Arbeitsgruppe und entwickelte die ODF-Spezifikation, welche im Mai 2005 erstmalig veröffentlicht wurde.

Seit 2006 ist ODF als *Internationaler Standard ISO/IEC 26300* der ISO (International Organization for Standardization) anerkannt.

Wichtige Gründe für die Notwendigkeit eines solchen Standards sind die langfristige Zukunftssicherheit des Dokumentenaustausches und die Verringerung der Abhängigkeit von proprietären (d.h. nicht offen dokumentierten) Formaten einzelner Hersteller. Vorrangig in den USA sowie in verschiedenen europäischen Staaten sprechen sich insbesondere öffentliche Institutionen für die (zukünftige) Notwendigkeit solcher offenen Standards für den Austausch von Office-Dokumenten aus.

Technisch gesehen handelt es sich beim ODF um ein auf XML basierendes Dateiformat, welches physisch eine Anzahl von Einzeldateien in einem Zip-Archiv zusammenfasst. Eine typische einfache *.odt-Datei enthält beispielsweise den in Abbildung E.1 veranschaulichten Inhalt.

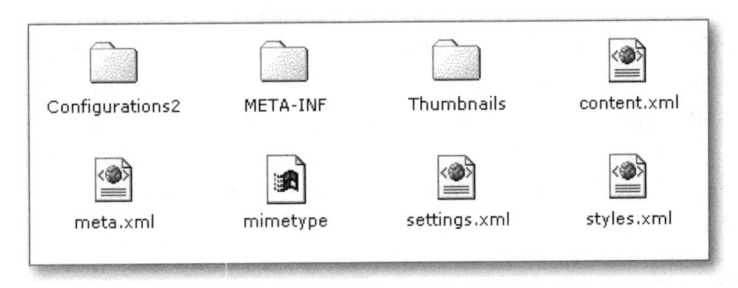

Abbildung E.1   Inhalt einer *.odt-Datei

E | Das OpenDocument-Format

[»] Um diesen Inhalt einsehen zu können, ist es lediglich nötig, die ODF-Datei mit einem Entpacker wie einem normalen Zip-Archiv zu entpacken, gegebenenfalls müssen Sie dazu zunächst die Dateiendung von beispielsweise *.odt in *.zip ändern.

Für OpenOffice.org ist im Übrigen die Dateiendung nicht von Bedeutung, da es sich ausschließlich am Mimetype der Datei orientiert. Sie können also eine von *.odt in *.zip umbenannte Datei problemlos direkt mit OpenOffice.org öffnen, wählen Sie dazu **Datei • Öffnen** innerhalb von OpenOffice.org.

Konkrete Inhalte des Archivs sind immer auch von der konkreten Datei abhängig, jedoch gehorchen alle ODF-Formate einer bestimmten Grundstruktur. Jedes Archiv enthält beispielsweise die Datei *mimetype*, in welcher der *Mimetype* des Dokuments in Klartext verzeichnet ist (siehe Tabelle E.1). Ebenfalls existiert immer der Ordner *META-INF* und enthält eine XML-Datei namens *manifest.xml*, in welcher die Einzelbestandteile des Archivs aufgelistet sind (siehe Abbildung E.2).

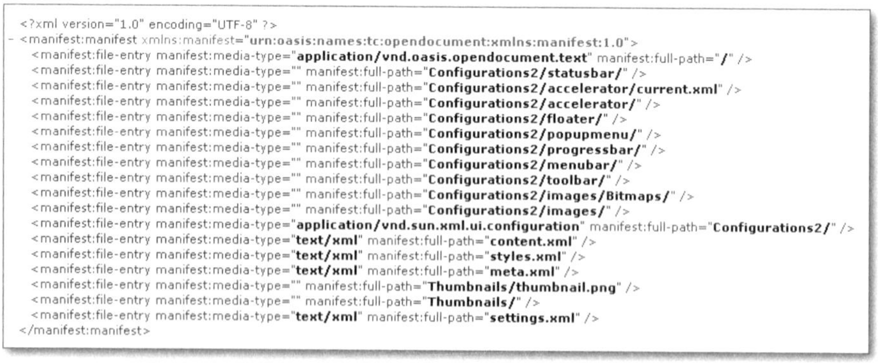

```xml
<?xml version="1.0" encoding="UTF-8" ?>
<manifest:manifest xmlns:manifest="urn:oasis:names:tc:opendocument:xmlns:manifest:1.0">
    <manifest:file-entry manifest:media-type="application/vnd.oasis.opendocument.text" manifest:full-path="/" />
    <manifest:file-entry manifest:media-type="" manifest:full-path="Configurations2/statusbar/" />
    <manifest:file-entry manifest:media-type="" manifest:full-path="Configurations2/accelerator/current.xml" />
    <manifest:file-entry manifest:media-type="" manifest:full-path="Configurations2/accelerator/" />
    <manifest:file-entry manifest:media-type="" manifest:full-path="Configurations2/floater/" />
    <manifest:file-entry manifest:media-type="" manifest:full-path="Configurations2/popupmenu/" />
    <manifest:file-entry manifest:media-type="" manifest:full-path="Configurations2/progressbar/" />
    <manifest:file-entry manifest:media-type="" manifest:full-path="Configurations2/menubar/" />
    <manifest:file-entry manifest:media-type="" manifest:full-path="Configurations2/toolbar/" />
    <manifest:file-entry manifest:media-type="" manifest:full-path="Configurations2/images/Bitmaps/" />
    <manifest:file-entry manifest:media-type="" manifest:full-path="Configurations2/images/" />
    <manifest:file-entry manifest:media-type="application/vnd.sun.xml.ui.configuration" manifest:full-path="Configurations2/" />
    <manifest:file-entry manifest:media-type="text/xml" manifest:full-path="content.xml" />
    <manifest:file-entry manifest:media-type="text/xml" manifest:full-path="styles.xml" />
    <manifest:file-entry manifest:media-type="text/xml" manifest:full-path="meta.xml" />
    <manifest:file-entry manifest:media-type="" manifest:full-path="Thumbnails/thumbnail.png" />
    <manifest:file-entry manifest:media-type="" manifest:full-path="Thumbnails/" />
    <manifest:file-entry manifest:media-type="text/xml" manifest:full-path="settings.xml" />
</manifest:manifest>
```

Abbildung E.2 Inhalt einer manifest.xml

Ein technischer Vorteil von ODF ist die Tatsache, dass es sich bei den XML-Dateien quasi um Klartextdateien handelt, die Sie mit jedem gewöhnliche Editor öffnen und bearbeiten können, was auch von Vorteil ist, falls einmal eine Datei beschädigt sein sollte und nicht mehr direkt geöffnet werden kann. Betrachten Sie bitte Abbildung E.4, dort sehen Sie eine Gegenüberstellung einer Calc-Tabelle in OpenOffice.org und ihre inhaltliche Wiedergabe in der Datei *content.xml* des Archivs (*.ods) der Calc-Datei.

[»] Ein komplexes Beispiel, welches die mögliche erweiterte Nutzung des ODF-Formats beschreibt, finden Sie in Kapitel 8.5.9.

Sollte es Ihnen in der Praxis einmal passieren, dass eine ODF-Datei beschädigt ist und nicht mehr geöffnet werden kann, gibt OpenOffice.org meist auch eine Meldung aus, wo Sie nach dem Fehler suchen müssen (siehe Abbildung E.3).

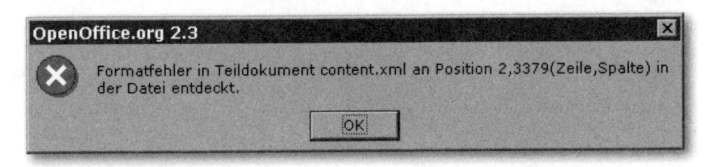

Abbildung E.3 Fehlermeldung bei Öffnen einer defekten Datei

Im Fall der in Abbildung E.3 gezeigten Fehlermeldung wüssten Sie also, wo Sie nach dem Fehler zu suchen hätten, und könnten Ihr Dokument retten, indem Sie es entpacken und die Datei *content.xml* an der in der Fehlermeldung angegebenen Stelle (Zeile 2, Spalte 3379) bearbeiten. Sie müssen hierzu natürlich über entsprechende Kenntnisse verfügen und sollten eventuell die Spezifikationsdokumente für das ODF-Format zu Rate ziehen. Diese finden Sie beispielsweise direkt bei der OASIS[1] zum Download.

In der Praxis bewährt es sich, für eine einfache Rettung Ihres Dokumentes (vorausgesetzt, es ist nicht die *content.xml* beschädigt) häufig auch das Dokument zu entpacken und die *content.xml* in ein (ebenfalls vorher entpacktes) leeres Dokument zu kopieren. Anschließend packen Sie die Datei und können sie, falls die Reparatur geklappt hat, wieder öffnen.

Es bestehen somit für den Notfall recht gute Chancen, Ihr Dokument doch noch zu retten. Sie sollten sich bei wichtigen Dokumenten nicht scheuen, einen entsprechenden Versuch zu unternehmen.

Natürlich sind auch ODF-Dateien letztlich nicht ›unsterblich‹ und eine überlegte Backup-Strategie, welche Datenverlust vorbeugt, immer das erste Mittel der Wahl. Jedoch, wie Sie vielleicht auch schon bemerkt haben, gehen Dateien (wie beispielsweise auch Festplatten) meist nur kaputt, wenn Sie zufällig gerade über kein Backup verfügen – oder anders gesagt: Es scheint gesetzmäßig zu sein, dass wenn Sie ein Backup besitzen, Sie dieses nicht brauchen werden.

Der ODF-Formatstandard beinhaltet eine ganze Anzahl einzelner Formate, welche in Tabelle E.1 aufgezählt sind.

---

1 *http://www.oasis-open.org/commitees/tc_home.php?wg_abbrev=office*

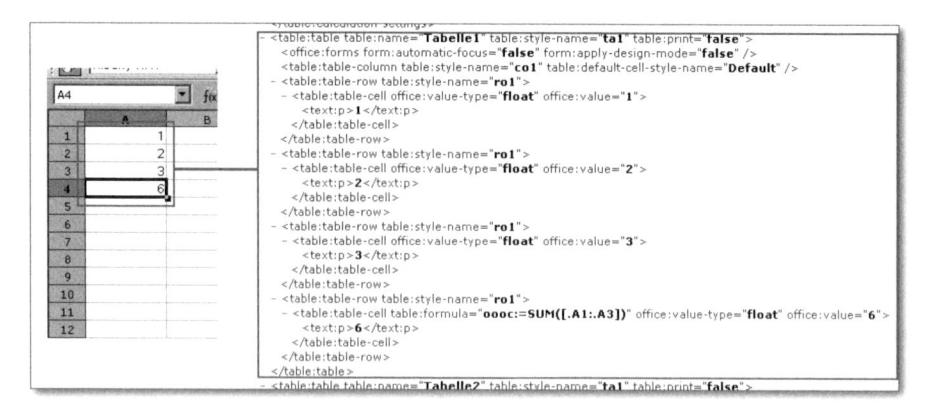

Abbildung E.4 Calc-Dokument – links Anzeige in OOo, rechts content.xml

Dateiendung	Mimetype
odt	application/vnd.oasis.opendocument.text
ott	application/vnd.oasis.opendocument.text-template
odg	application/vnd.oasis.opendocument.graphics
otg	application/vnd.oasis.opendocument.graphics-template
odp	application/vnd.oasis.opendocument.presentation
otp	application/vnd.oasis.opendocument.presentation-template
ods	application/vnd.oasis.opendocument.spreadsheet
ots	application/vnd.oasis.opendocument.spreadsheet-template
odc	application/vnd.oasis.opendocument.chart
otc	application/vnd.oasis.opendocument.chart-template
odi	application/vnd.oasis.opendocument.image
oti	application/vnd.oasis.opendocument.image-template
odf	application/vnd.oasis.opendocument.formula
otf	application/vnd.oasis.opendocument.formula-template
odm	application/vnd.oasis.opendocument.textmaster
oth	application/vnd.oasis.opendocument.text-web

Tabelle E.1 Übersicht der Formate

Betont werden muss, dass OpenDocument nicht nur ein offen dokumentiertes sowie standardisiertes Format ist, sondern auch ein herstellerunabhängiges Format. ODF wird also keinesfalls nur von Openoffice.org genutzt, sondern von einer zunehmenden Anzahl weiterer Programme, beispielsweise von:

- KOffice (ab Version 1.5)
- AbiWord (ab Version 2.4.2)

- Textmaker (ab Version 2006 Import, ab Revision 467 auch Export)
- Scribus (importiert Text und Zeichnungen im ODF)

Auch Microsoft Office kann inzwischen mit ODF umgehen, es existieren hierzu zwei Möglichkeiten:

1. Das AddIn von Microsoft selbst (Lesen und Schreiben des ODF in MS Word 2007 sowie, mit Installation des »*Office Compatibility Packs*«, auch in Word XP und 2003). Den Download finden Sie unter:

   https://sourceforge.net/projects/odf-converter

   Hier gibt es inzwischen auch entsprechende Versionen für MS Powerpoint und MS Excel.

2. Das ODF PlugIn von Sun (für MS Word, Excel und Powerpoint in Versionen 2000, XP und 2003) zu finden unter:

   http://ww.sun.com/software/star/odf_plugin/specs.jsp

F   Der Inhalt der DVD

Buchbeispiele, Installationsdateien und weitere Materialien

Auf der DVD finden Sie die im Buch erwähnten Beispiele:

- Installationsdateien für OpenOffice.org 2.3 (Windows, Linux, MacOS und Solaris)
- Installationsdateien für das JRE (Windows, Linux)
- Das aktuelle deutschsprachige Installationshandbuch zu OpenOffice.org
- Portable OpenOffice.org
- Den Quellcode von OpenOffice.org 2.3
- Das SDK für OpenOffice.org 2.3 (Windows, Linux)
- Das Paket aller aktuell verfügbaren Wörterbücher für Rechtschreibprüfung und Thesaurus
- Eine Auswahl von Gallery-Themen, Dokumentvorlagen und freien Cliparts
- Die aktuelle Spezifikation des OpenDocument-Dateiformats

Video-Lektionen zu OpenOffice.org

Als Bonus befindet sich auf der DVD eine Auswahl von Themen des bei Galileo Computing erschienenen Video-Trainings zu OpenOffice.org. Enthalten sind die folgenden Lektionen:

- Writer – die Textverarbeitung
    - Einleitung
    - Grundlagen von Writer
    - Absätze und Bereiche
    - Kopf- und Fußzeilen
    - Tabellen im Textdokument
- Calc – die Tabellenkalkulation
    - Einleitung
    - Grundlagen von Calc

- Zellen formatieren und Zellinhalte
- Bedingte Formatierung und Listen
- Draw – das Zeichenprogramm
  - Einleitung
  - Grundlagen von Draw
  - Zeichnungsobjekte allgemein
  - Zeichnungsobjekte ändern
  - Linien und Linienobjekte
  - Mit Flächenobjekten arbeiten
  - Objekte gruppieren, kombinieren
- Mit Impress präsentieren
  - Einleitung
  - Die schnelle Präsentation

Funktionen

*Bei den mit * gekennzeichneten Funktionen handelt es sich um AddIn-Funktionen.*

A

ABRUNDEN() 307
ABS() 303
ACHSENABSCHNITT() 325
ADRESSE() 345
AKTUELL() 294
AMORDEGRK()* 277
AMORLINEARK()* 277
ANZAHL() 327
ANZAHL2() 327
ANZAHLLEEREZELLEN() 314
ARABISCH() 354
ARBEITSTAG()* 274
ARCCOS() 312
ARCCOSHYP() 313
ARCCOT() 312
ARCCOTHYP() 313
ARCSIN() 312
ARCSINHYP() 313
ARCTAN() 312
ARCTAN2() 313
ARCTANHYP() 313
ASC()JIS() 355
AUFGELZINS()* 287
AUFGELZINSF()* 288
AUFRUNDEN() 307
AUSZAHLUNG()* 288

B

B() 328
BAHTTEXT() 355
BASIS() 355
BEREICHE() 346
BESSELI()* 367
BESSELJ()* 367
BESSELK()* 367
BESSELY()* 367
BESTIMMTHEITSMASS() 328
BETAINV() 328
BETAVERT() 328
BININDEZ()* 363
BININHEX()* 363
BININOKT()* 363
BINOMVERT() 329
BRTEILJAHRE()* 275
BW() 281

C

CHIINV() 329
CHITEST() 329
CHIVERT() 329
CODE() 356
COS() 311
COSHYP() 313
COT() 311
COTHYP() 313

D

DATUM() 267
DATWERT() 267
DBANZAHL() 263
DBANZAHL2() 263
DBAUSZUG() 263
DBMAX() 264
DBMIN() 264
DBMITTELWERT() 264
DBPRODUKT() 264
DBSTDABW() 264
DBSTDABWN() 264
DBSUMME() 265
DBVARIANZ() 265
DBVARIANZEN() 265
DDE() 346
DEG() 311
DELTA()* 368
DEZIMAL() 355
DEZINBIN()* 363
DEZINHEX()* 363
DEZINOKT()* 363
DIA() 278

DISAGIO() 288
DM() 357
DURATION_ADD() 289

E

EDATUM()* 274
EFFEKTIV() 281
EFFEKTIV_ADD()* 281
EINHEITSMATRIX() 319
ERSETZEN() 358
EXP() 308
EXPONVERT() 330

F

FAKULTÄT() 314
FALSCH() 302
FEHLERTYP() 347
FEST() 359
FINDEN() 357
FINV() 330
FISHER() 330
FISHERINV() 330
Formel() 294
FTEST() 330
FVERT() 330

G

GAMMAINV() 331
GAMMALN() 331
GAMMAVERT() 331
GANZZAHL() 307
GAUSS() 331
GAUSSFEHLER()* 368
GAUSSFKOMPL()* 369
GDA() 278
GDA2() 278
GEOMITTEL() 333
GERADE() 307
GESTUTZTMITTEL() 332
GGANZZAHL()* 369
GGT() 304
GGT_ADD()* 304
GLÄTTEN() 356
GROSS() 360
GROSS2() 360
GTEST() 331

H

HARMITTEL() 333
HÄUFIGKEIT() 319
HEUTE() 267
HEXINBIN()* 363
HEXINDEZ()* 363
HEXINOKT()* 363
HYPERLINK() 347
HYPGEOMVERT() 333

I

IDENTISCH() 357
IKV() 282
IMABS()* 369
IMAGINÄRTEIL()* 371
IMAPOTENZ()* 371
IMARGUMENT()* 371
IMCOS()* 372
IMDIV()* 372
IMEXP()* 373
IMKONJUGIERTE()* 373
IMLN()* 373
IMLOG10()* 373
IMLOG2()* 373
IMPRODUKT()* 372
IMREALTEIL()* 371
IMSIN()* 372
IMSUB()* 374
IMSUMME()* 374
IMWURZEL()* 374
INDEX() 348
INDIREKT() 348
INFO() 294
ISPMT() 283
ISTBEZUG() 295
ISTFEHL() 296
ISTFEHLER() 296
ISTFORMEL() 296
ISTGERADE() 304
ISTGERADE_ADD()* 297
ISTKTEXT() 297
ISTLEER() 298
ISTLOG() 298
ISTNV() 298
ISTSCHALTJAHR()* 268
ISTTEXT() 296
ISTUNGERADE()* 304

ISTUNGERADE_ADD() 297
ISTZAHL() 296

J

JAHR() 270
JAHRE() 268
JETZT() 267

K

KALENDERWOCHE() 271
KALENDERWOCHE_ADD()* 271
KAPZ() 283
KGRÖSSTE() 334
KGV() 304
KGV_ADD()* 304
KKLEINSTE() 334
KLEIN() 360
KOMBINATIONEN() 314
KOMBINATIONEN2() 314
KOMPLEXE()* 374
KONFIDENZ() 334
KORREL() 334
KOVAR() 335
KRITBINOM() 335
KUMKAPITAL() 284
KUMKAPITAL_ADD()* 284
KUMZINSZ() 284
KUMZINSZ_ADD() 284
KURS() 289
KURSDISAGIO()* 289
KURSFÄLLIG()* 290
KURT() 335
KÜRZEN() 308

L

LÄNGE() 359
LAUFZEIT() 285
LIA() 279
LINKS() 359
LN() 308
LOG() 308
LOG10() 308
LOGINV() 336
LOGNORMVERT() 336

M

MAX() 336
MAXA() 336
MDET() 321
MDURATION()* 289
MEDIAN() 336
MIN() 336
MINA() 336
MINUTE() 276
MINV() 321
MITTELABW() 337
MITTELWERT() 337
MITTELWERTA() 337
MMULT() 322
MODALWERT() 337
MONAT() 270
MONATE()* 268
MONATSENDE()* 274
MTRANS() 322

N

N() 298
NBW() 282
NEGBINOMVERT() 338
NETTOARBEITSTAGE()* 274
NICHT() 302
NOMINAL() 281
NOMINAL_ADD()* 281
NORMINV() 338
NORMVERT() 338
NOTIERUNGBRU()* 290
NOTIERUNGDEZ()* 290
NV() 298

O

OBERGRENZE() 308
ODER() 300
OKTINBIN()* 363
OKTINDEZ()* 363
OKTINHEX()* 363
OSTERSONNTAG() 273

P

PEARSON() 328
PHI() 338

PI() 311
PIVOTDATENZUORDNEN() 348
POISSON() 339
POLYNOMIAL()* 315
POTENZ() 308
POTENZREIHE()* 310

Q

QIKV() 282
QUADRATESUMME() 309
QUANTIL() 339
QUANTILSRANG() 339
QUARTILE() 339

R

RAD() 311
RANG() 334
RECHTS() 359
RENDITE()* 291
RENDITEDIS()* 291
RENDITEFÄLL()* 291
REST() 306
RGP() 322
RKP() 322
RMZ() 285
RÖMISCH() 354
ROT13()* 360
RUNDEN() 307

S

SÄUBERN() 356
SCHÄTZER() 325
SCHIEFE() 340
SEKUNDE() 276
SIN() 311
SINHYP() 313
SPALTE() 350
SPALTEN() 350
STABW() 340
STABWA() 340
STABWN() 340
STABWNA() 340
STANDARDISIERUNG() 326
STANDNORMINV() 341
STANDNORMVERT() 341
STEIGUNG() 326

STFEHLERYX() 326
STUNDE() 276
SUCHEN() 357
SUMMENPRODUKT() 323
SUMMEWENN() 306
SUMMEX2MY2() 323
SUMMEX2PY2() 323
SUMMEXMY2() 323
SUMQUADABW() 341
SVERWEIS()WVERWEIS() 350

T

T() 361
TABELLE() 351
TABELLEN() 351
TAG() 270
TAGE() 270
TAGE360() 270
TAGEIMJAHR()* 269
TAGEIMMONAT()* 269
TAN() 311
TANHYP() 313
TBILLÄQUIV() 292
TBILLKURS() 292
TBILLRENDITE() 292
TEIL() 359
TEILERGEBNIS() 315
TEXT() 361
TINV() 342
TREND() 324
TTEST() 342
TVERT() 342
TYP() 298

U

UMRECHNEN() 316
UMWANDELN_ADD()* 374
UND() 300
UNGERADE() 307
UNREGER.KURS()* 292
UNREGER.REND()* 292
UNREGLE.KURS()* 292
UNREGLE.REND()* 292
UNTERGRENZE() 308

V

VARIANZ() 342
VARIANZA() 342
VARIANZEN() 342
VARIANZENA() 342
VARIATION() 324
VARIATIONEN() 343
VARIATIONEN2() 343
VDB() 279
VERGLEICH() 351
VERKETTEN() 356
VERSCHIEBUNG() 352
VERWEIS() 352
VORLAGE() 353
VORZEICHEN() 306
VRUNDEN()* 308

W

WAHL() 354
WAHR() 302
WAHRSCHBEREICH() 344
WECHSELN() 358
WEIBULL() 344
WENN() 302
WERT() 361
WIEDERHOLEN() 361
WOCHEN()* 268
WOCHENIMJAHR()* 269
WOCHENTAG() 271
WURZEL() 309

WURZELPI()* 309

X

XINTZINSFUSS() 282
XKAPITALWERT() 282

Z

ZÄHLENWENN() 316
ZEICHEN() 356
ZEILE() 350
ZEILEN() 350
ZEIT() 276
ZEITWERT() 276
ZELLE() 299
ZGZ() 285
ZINS() 285
ZINSSATZ()* 293
ZINSTERMNZ()* 293
ZINSTERMTAGE()* 293
ZINSTERMTAGNZ()* 293
ZINSTERMTAGVA()* 293
ZINSTERMVZ()* 293
ZINSTERMZAHL()* 293
ZINSZ() 285
ZUFALLSBEREICH()* 316
ZUFALLSZAHL() 316
ZW() 286
ZW2()* 286
ZWEIFAKULTÄT()* 378
ZZR() 286

Index

#DIV/0! 19, 305
#NAME? 270
#WERT! 220, 221
*.oxt 399
_ADD-Funktionen 256

A

Abreißleisten 67
AddIn–Funktionen 363
Aktienkurse 435
API-Referenz 411
Arbeitstechniken
   Calc als Datenbank 437
   Filtern und Sortieren 439
   konsolidieren 451
   Kreuztabellen 445
   Online-Quellen 435
   Szenarien 452
   Teilergebnisse 447
   Verknüpfungen 429
   Zellbereiche verknüpfen 429
   Zielwertsuche 452
Autoausfüllen 120
Autofilter 440
Autoformat 104
Autoformatierung 124
Autogliederung 451
Autokorrekturfunktion 216
Autostartmakro 390

B

Base 260, 437, 443
BasicAddonBuilder 401
Basic-Dialog 247, 412
Basic-IDE 250, 387
bedingte Formatierung 118, 354
Benutzerdaten 74
Benutzerdefinierte Funktionen 245, 466
   Einschränkungen 254
Bereichsname 467
Bezugsoperatoren 260
Bordmittel 381

C

Calc
   als Datenbank 261, 437
   Schnelleinstieg 43
Codebeispiele 401
content.xml 518
CSV 145, 232, 460
CSV-Datei 231, 234
CVS importieren 231, 234

D

DATEDIF() 269
Datei-Dialog 47
Dateiname 242
Datenbanken 78
Datenbankfunktionen 260
Dateneingabe
   Datumswerte 214
   Eingabeverhalten 45
   Fehleingaben 46
   Tipp 45
Datenpilot 446
Datenquellen 78
Datums- und Zeitformate 129
Datums- und Zeitfunktionen 266
Datumserkennung 225
Datumswerte
   als Text 225
   Bezugspunkte 224, 227
   Erkennung 224
   Trenner 214
   verkürzte Eingabe 225
dBase-Format 445
dbg_methods 410
dbg_properties 410
DDE 429
DDE-Verknüpfung 346, 430
Debug-Eigenschaften 412
Detektiv 221
Dezimaltrenner 232
Diagramm
   3D-Diagramme 184
   anpassen 166, 173

Diagramm (Forts.)
    Datenbereiche bearbeiten 180
    Datenpunkt 184
    Datenreihen 183
    Diagrammachsen 177
    Diagramm-Assistent 52, 163
    Diagrammfläche 179
    Diagrammtitel 176
    Diagrammtypen 194
    Diagrammvorlagen 187
    Diagrammwand 179
    Editiermodus 154, 166, 174
    erstellen 52, 162
    Fehlerindikatoren 198
    Funktionsverbesserungen in Chart2 153
    Gitter 179
    Grundfarben 157
    Impress 55
    Lissajous-Figuren 156
    Mittelwert 198
    Regression 154, 200
    Regressionsgerade 189
    Regressionsgleichung 155, 189
    Statistik 198
    Verknüpfen 171
    Verschieben und Kopieren 169
    xy-Diagramm 189
    Zentrale Einstellungen 157
Diagramm-Assistent 163
Diagramme 153
Dialog 74
DicOOo.sxw 37
Dispatch-Command 382
Dispatcher-Code 382
Division durch Null 259
Dokumentbibliotheken 248
Dokumentvorlagen 91
    bearbeiten 95
    erstellen 91
    Standarddokumentvorlage 97
    Vererbung 102
    verwalten 92
Druckbereiche 135
Drucken
    Druckbereiche 135
    Optionen-Dialog 135
    Probleme 470
    Seitenansicht 131

Drucken (Forts.)
    Seitenvorlagen 132
    Vorgehensweise 131
    Wiederholungsspalten 135
    Wiederholungszeilen 135

E

Ereignisse 389
Err (Err:xxx)
    Err:502 305, 469
    Err:503 19, 259, 305
    Err:509 207
    Err:510 259
    Err:519 220
    Err:522 218
Eulersche Zahl 373
Europa-Methode 275
Excel
    _ADD-Funktionen 256
    29.02.1900 226
    benutzerdefinierte Funktion 466
    Blattschutz 108, 470
    DATEDIF() 269
    Dokumentimport 463
    Formelkompatibilität 468
    Makrorekorder 383
    Migrationsstrategie 463
    OLE-Objekte 470
    Seitenvorlage 87
    Seitenvorlagen 90, 91
    Sicherheitsaspekte 470
    Umstieg 463
    UserForm 247
    VBA-Code 249
    VBA-Makros 383, 466
    VBA-Projekt 472
    WordArt 148
Exportieren
    CSV-Format 145
    PDF 138
Extensions 399
    BasicAddonBuilder 401
    erzeugen 400
    installieren 399
    unopkg.exe 399

F

Fehleingaben 46
Fehler
   Datums- und Zeitformate 129
   Datumsangaben 214
   Dezimalzahlen 215
   Eingabefehler 214
   Fehlercodes 219
   in Formeln 217
   in Formeln finden 219
   Leerzeichen 216
   optionale Parameter 219
   Tippfehler 214
   Uhrzeiten 214, 228
   Verwechslungen 217
   Währungsformat 214
   Zellanzeige 222
   Zellwert 222
   Zirkelbezug 218
Fehlercodes 219
Feldbefehle 252
Fenster fixieren 116
Filterkriterium 443
Filtern 439
Finanzmathematische Funktionen 277
FINDEN() 221, 241
Fontwork Gallery 148
Format übertragen 63
Formatcode 130
Formate übertragen 122
Formatierung
   bedingte 118
   harte 51, 86, 121
   Uhrzeiten 230
   weiche 121
Formeleditor 147
Formeln
   bearbeiten 210
   eingeben 206
   Funktions-Assistent 208
   Grundlagen 205
   komplexe 240
   manuelle Eingaben 212
   Matrixformeln 235
Formelobjekte 147
Formular übertragen 457
Formular-Elemente 150
Formularerzeugung 457

Funktion 205
Funktionen
   AddIn–Funktionen 363
   benutzerdefinierte 244
   Datenbankfunktionen 260
   Datums- und Zeitfunktionen 266
   Finanzmathematische Funktionen 277
   Informationsfunktionen 294
   Logikfunktionen 300
   Mathematische Funktionen 303
   Matrixfunktionen 317
   MEHRFACHOPERATION() 379
   Operatoren 258
   Parameter 210
   Statistikfunktionen 325
   Tabellenfunktionen 345
   Textfunktionen 354
Funktions-Assistent 208, 220
Funktionsliste 213
Funktionsparameter 210
Fußzeilen 133

G

Gallery 64, 76, 146
Gallery-Themen 77
Grafiken 146
Gültigkeit von Eingaben 118

H

Handelsrecht 277
Hilfe
   Installation 40
   Mailinglisten 41
   Online-Hilfe 40
Hilfefunktion 60
Hilfstabelle 438
Hilfstabellen 466

I

Imaginärteil 370
Impress 55
INDIREKT() 469
Informationsfunktionen 294
Inhalte einfügen 111, 129
Inhalte einfügen... 48

Installation 20
   Benutzer einrichten 33
   Benutzerprofil 32
   CD 42
   Hilfe 40
   Java 36
   Java-Laufzeitumgebung 31
   Linux 30
   MS-Dateiformate 28
   Online Update 35
   Systemvoraussetzungen 20
   Vorbereitungen 21
   Windows 20, 22
   Wörterbücher 37
ISO/IEC 26300 17
ISTFEHLER() 241
ISTTEXT() 231

J

Java 31, 36
JavaScript 245
JRE 31

K

Konsolidieren 451
Kopfzeilen 133
Kreuztabellen 445
Kriterienbereich 262
Kriterienbereiche 442

L

LÄNGE() 243
LGPL 17
Logikfunktionen 300

M

Makrorekorder 382
Makros
   aufzeichnen 382, 384
   Autostartmakro 390
   Basic-IDE 387
   Bibliotheken 247
   Codebeispiele 401
   Dialoge 412
   Dispatcher-Code 382

Makros (Forts.)
   Dokumentbibliothek 386
   Ereignisse 391
   Extensions 399
   Gefahren 381
   Hello World 392
   Makrosicherheit 248, 392
   Makroverwaltung 397
   Makroviren 381, 471
   Module 247
   Namen 396
   Objekte analysieren 410
   Organisation 246
   Sicherheitsabfrage 248
   Speicherort 386
   starten 150, 388
   testen 409
   VBA 409
   verwalten 246
Makrosicherheit 248, 392
Makroverwaltung 397
Makroviren 381, 392, 471
manifest.xml 424, 518
Math 147
Mathematische Funktionen 303
Matrix 317
Matrixformeln 235
Matrixfunktionen 235, 317
Matrizen 239
MEHRFACHOPERATION() 379
Menüleiste 65
Menüleisten
   konfigurieren 65
META-INF 518
Mimetype 520
MMULT() 240

N

Navigator 64, 78, 107
Nibble 366
Notizen 123

O

Objekte
   Formelobjekte 147
   Grafiken 146
   zeichnen 148

ODF 17, 422
  Aufbau 517
  Dokumente retten 519
  Entstehung 517
  ISO/IEC 26300 517
  Nutzung mit MS Office 521
  OASIS 517
  Übersicht der Formate 520
OLE-Objekte 470
Online-Inhalte 434
Online-Verknüpfungen 435
OOoBasic 244
Open Document 517
OpenDocument 17
OpenOffice.org
  auf CD 42
  auf USB-Stick 39
  Dokumentformate 248
  Eigenentwicklungen 18
  Kostenaspekt 16
  Lizenz 17
  OpenSource 17
  was ist neu 18
OpenSource 17
Operatoren 258
OR 262, 301

P

PDF exportieren 138
PDF-Export 459
PDF-Formulare 139, 457
PDF-Optionen 143
Pfad 242
Pinselfunktion 63, 122
Portable OpenOffice.org 39
Präsentation 55
Programmoberfläche
  Datenquellen 78
  Dialog 64
  Formatvorlagen 78
  Gallery 64, 76
  Konfiguration 59
  Menüleiste 60
  Navigator 64, 78
  Programmfenster 59
  Rechenleiste 60
  Stylist 63, 78
  Symbolleisten 60

Projekt OpenOffice.org
  Entstehung 15
  erste offizielle Version 15
  StarDivision 15
  Sun 15
  Unterstützer 15
Python 245

Q

Quelldatei 430

R

Rechenleiste 60
Regressionsfunktionen 325
Regressionsgerade 327
RGP() 191
RMZ() 454

S

script.xlb 248
Seitenvorlagen 87
  beim Import 90
  Einstellungen 133
  erstellen 89
  Kopf- und Fußzeilen 133
  zuweisen 90, 133
serielle Zahl 125, 266, 303
Serverapplikation 465
Sicherheitsaspekte 470
sortieren 439
Sortierlisten 120
Spaltenbreite 115
Spaltenvektoren 235
Spezialfilter 440
Splash-Screen 33
Standarddokumentvorlage 82, 97
Standardfilter 440
StarBasic 244
stardesktop.currentcomponent 409
Statistikfunktionen 325
Stylist 63, 78
SUMME() 206, 208, 211
SUMMENPRODUKT() 237
Summenschaltfläche 208
Symbolleisten 60, 66
  Abreißleisten 67

Symbolleisten (Forts.)
  andocken 68
  Bedienung 67
  konfigurieren 66
Szenarien 452
Szenariotabellen 457

T

Tabellen
  einfügen 106
  formatieren 50
  gliedern 450
  gruppieren 108
  kopieren 106
  schützen 107, 108
  verknüpfen 433
  verschieben 106
Tabellendokument
  Berechnungen 48
  Daten eingeben 44
  erzeugen 43
  schützen 108
  Standardvorlage 43
Tabellenfunktionen 345
Tastaturkombinationen anpassen 507
TEIL() 243
Teilergebnis 211, 447
Textfunktionen 354
Themen 104
Themen-Dialog 105
ThisComponent 409

U

Uhrzeiten 228
Universal Network Objects 382
UNO-Objekte 382
unopkg.exe 399
USB-Stick 39
UserForm 247
US-Methode 275

V

VBA 392, 409
VBA-Code 392, 466
VBA-Eigenschaften 471
VBA-Makros 383, 466

VBA-Unterstützung 466
Vergleichsoperatoren 259
Verknüpfungen 429
  bearbeiten 436
  lösen 94
Vorlagen 81
  aktualisieren 83
  aus Selektion 82
  Benutzervorlagen 83
  Dokumentvorlagen 81, 91
  Gießkannenmodus 82
  Hierarchien 99
  klonen 89
  kopieren 98
  Pfade 96
  Seitenvorlagen 87
  speichern 93
  Vererbung 101
  Verknüpfungen 94
  verschieben 98
  verwalten 92, 96
  Vorlagenverwaltung 92
  Zellvorlage 82, 84
Vorlagenkonzept
  Formatvorlagen 81
  in OpenOffice.org 81
  Vererbung 101
  Vorlagentypen 82
Vorlagenverwaltung 92

W

WECHSELN() 243
WENN() 221
Werkzeugsymbolleiste 105
Wertumwandlung 223
Wiederholungsspalten 135
Wiederholungszeilen 135

X

XML-Dateiformat 422
XOR 262, 302
XRAY 412
xy-Diagramm 189

Z

Zahlenerkennung 125
Zahlenformatcode 126
Zahlensysteme 364
Zeichenfunktionen 149
Zeichnen 148
Zeilenhöhe 115
Zeilenvektoren 235
Zellanzeige 222
ZELLE() 242
Zellen
  ausfüllen 120
  einfügen 112
  formatieren 121
  kopieren 109
  löschen 112
  markieren 109
  Notizen 123

Zellen (Forts.)
  transponieren 111
  überlange Texte 115
  verbinden 113
  verdeckte 115
  verschieben 109
  Zahlenformate 125
  Zellinhalte löschen 112
Zellvorlage 84
Zellvorlagen 82
  erstellen 86
  Hierarchien 99
  klonen 85
Zellwert 222, 303
Zellwerte 129
Zielwertsuche 452
Zinsrechnung 281
ZIP-Archivformat 248
Zirkelbezug 218

OpenOffice.org Deutschland e.V.

Das Projekt **OpenOffice.org** braucht Ihre Unterstützung!

Tagtäglich arbeiten viele Helfer daran, **OpenOffice.org** zu entwickeln, zu verbessern, zu testen und zu verbreiten, viele davon ehrenamtlich und freiwillig. Diese Arbeit wird häufig mit großem persönlichen Aufwand und Einsatz angegangen und oft selbst finanziert.

Das **Projekt OpenOffice.org** ist darüber hinaus eine große, internationale Online-Community, organisiert in nationale Sprachprojekte sowie in länderübergreifende Fachprojekte. Diese organisieren und koordinieren unter anderem die Qualitätssicherung, die Freigabe der jeweiligen Programmversionen, die Distribution der ausführbaren Programme, die Dokumentation, die Marketingaktivitäten, den Anwender-Support über Mailinglisten und vieles mehr. Und natürlich wird so auch die Weiterentwicklung des Open Source-Quellcodes vorangetrieben und abgeglichen. Die Community ist das Herz von OpenOffice.org.

Wenn Ihnen das Produkt **OpenOffice.org** gefällt, dann laden wir Sie herzlich dazu ein, uns bei dieser Arbeit zu unterstützen:

- durch aktive Mitarbeit im Rahmen Ihrer Möglichkeiten
- durch eine Spende (Sach- oder Geldspende)
- durch Mitgliedschaft im Verein OpenOffice.org Deutschland e.V.

Der Verein **OpenOffice.org Deutschland e.V.** hat es sich zum Ziel gesetzt, freie Projekte - allen voran OpenOffice.org - zu fördern und zu unterstützen:

Weitere Informationen:

http://de.openoffice.org
http://www.ooodev.org

email: verein_de@openoffice.org

Spendenkonto:

OpenOffice.org Deutschland e.V.
Sparkasse Rhein-Haardt
BLZ 546 512 40 • Kto-Nr: 96 09 71
IBAN: DE18 5465 1240 0000 9609 71
SWIFT-BIC: MALADE51DHK

Inkl. OpenOffice 2.3
auf Buch-DVD

Für Umsteiger
von Microsoft Word

Einstieg und Praxiswissen

587 S., 2007, 2. Auflage, mit DVD,
34,90 Euro, 59,90 CHF
ISBN 978-3-8362-1115-4

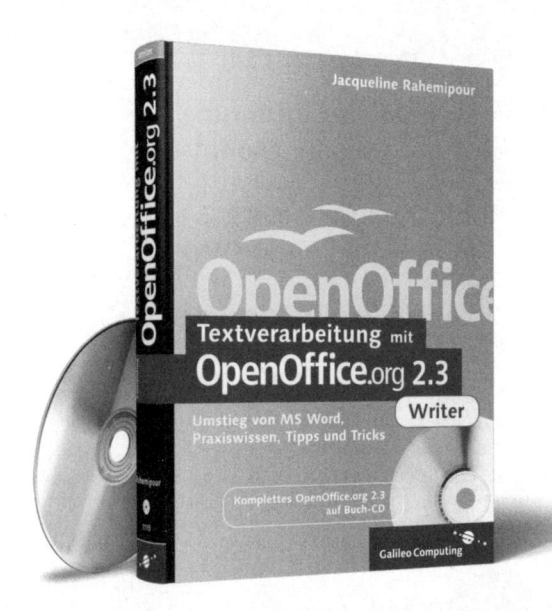

Textverarbeitung mit OpenOffice.org 2.3
www.galileocomputing.de

Jacqueline Rahemipour

Textverarbeitung mit OpenOffice.org 2.3 Writer

Umstieg von MS Word, Praxiswissen, Tipps und Tricks

Unser Buch zu Writer bietet eine ausführliche Einführung in die Grund- und Spezialfunktionen, die für den professionellen Einsatz notwendig sind. Typische Fallstricke werden ebenso erwähnt wie die Unterschiede zu anderen Programmen.

>> www.galileocomputing.de/1621

Kompakte Einführung
in alle Module

Inkl. OpenOffice.org 2.3
auf DVD

Viele Praxisbeispiele

664 S., 3. Auflage, mit DVD,
29,90 Euro, 49,90 CHF
ISBN 978-3-8362-1114-7

OpenOffice.org 2.3

www.galileocomputing.de

Thomas Krumbein

OpenOffice.org 2.3

Kompakte Einführung in alle Module,
mit OpenOffice 2.3 auf DVD

Dieses Buch behandelt alle wichtigen Module von OpenOffice.org 2.3. Neben der Beschreibung der wichtigen Funktionen erfahren Sie, wie ein Umstieg ohne Daten- und Makroverlust reibungslos funktioniert.

>> www.galileocomputing.de/1623

Inkl. OpenOffice 2.3
und Beispielen
auf der Buch-DVD

Für Umsteiger von
Microsoft VB und VBA

Einstieg, Praxis, Referenz

800 S., 2007, 2. Auflage, mit DVD,
44,90 Euro, 74,90 CHF
ISBN 978-3-8362-1111-6

Makros in OpenOffice.org

www.galileocomputing.de

Thomas Krumbein

**Makros in OpenOffice.org –
Basic/StarBasic**

Einstieg, Praxis, Referenz, inkl. OpenOffice 2.3
auf der Buch-DVD

Neben einer allgemeinen Einführung in die Sprache
»Basic« werden detailliert die Möglichkeiten der
Automatisierung und der Programmierung anhand
vieler praktischer Beispiele vorgestellt.

>> www.galileocomputing.de/1625

Inkl. OpenOffice 2.3
auf Buch-DVD

Für Umsteiger von
Microsoft Access

Inkl. SQL- und
HSQLDB-Kapitel

ca. 500 S., 2. Auflage, mit DVD,
34,90 Euro, 59,90 CHF
ISBN 978-3-8362-1112-3, November 2007

Datenbanken mit OpenOffice.org 2.3
www.galileocomputing.de

Thomas Krumbein

Datenbanken mit OpenOffice.org 2.3
Base und HSQLDB

Inkl. OpenOffice.org 2.3 auf Buch-DVD,
Bonus-Kapitel, Beispiele

Die wohl bedeutendste Neuerung der zweiten OpenOffice.org-Hauptversion stellt die Datenbankanwendung Base dar. Mit ihr erhält die Bürosuite endlich ein Pendant zu Microsoft Access. Das Buch gibt praktische Hinweise zum Einsatz des zum Lieferumfang von OpenOffice.org oder StarOffice gehörenden Base-Moduls sowie der mitgelieferten HSQLDB. Neben einer allgemeinen Einführung in die Datenbanktechnik werden detailliert die Möglichkeiten der Zusammenstellung von Formularen und Abfragen sowie der Bearbeitung direkt in der Tabellenansicht dargestellt. Ein eigenes Kapitel zu HSQLDB und SQL runden das Buch ab.

>> www.galileocomputing.de/1627